统计学与生活
（第8版）

Elementary Statistics: Picturing the World, Eighth Edition

［美］ Ron Larson 著

彭 艳　罗厚义　沈明霞 译

电子工业出版社
Publishing House of Electronics Industry
北京·BEIJING

内 容 简 介

统计学是通过搜索、整理、分析、描述数据等手段，以达到推断所测对象的本质，甚至预测对象未来的一门综合性科学。本书介绍统计学的基本概念、原理和应用，详细内容包括统计学导论、描述统计学、概率、离散概率分布、正态概率分布、置信区间、单样本假设检验、双样本假设检验、相关和回归、卡方检验与 F 分布、非参数检验等。全书以真实的统计例题为引导，内容前后连贯，语言简洁，定义和公式明确，针对每个重要的概念都提供例题和自测题，每节的末尾都提供习题，每章的末尾都提供复习题、测验题和测试题。全书以图形方式进行表述，所用的数据能够充分体现相关的概念，可用不同的软件实现；同时，全书在强化理解基本概念的同时，强调统计学的日常应用，所用的数据均为现实生活中的真实数据。

本书可作为高等学校统计学及相关专业学生的教材，也可作为对统计学感兴趣的人们的入门读物。

Authorized translation from the English language edition, entitled Elementary Statistics: Picturing the World, Eighth Edition by Ron Larson by Pearson Education, Inc. Copyright © 2022 Pearson Education, Inc.

All rights reserved. No part of this book may be reproduced or transmitted in any forms or by any means, electronic or mechanical, including photocopying, recording or by any information storage retrieval systems, without permission from Pearson Education, Inc.

CHINESE SIMPLIFIED language edition published by PUBLISHING HOUSE OF ELECTRONICS INDUSTRY, CO., LTD., Copyright © 2023.

本书中文简体字版专有出版权由Pearson Education（培生教育出版集团）授予电子工业出版社，未经出版者预先书面许可，不得以任何方式复制或抄袭本书的任何部分。

本书封面贴有Pearson Education（培生教育出版集团）激光防伪标签，无标签者不得销售。

版权贸易合同登记号　图字：01-2022-6080

图书在版编目（CIP）数据

统计学与生活：第 8 版 /（美）罗恩·拉森（Ron Larson）著；彭艳等译. —北京：电子工业出版社，2023.4
书名原文：Elementary Statistics: Picturing the World, Eighth Edition
ISBN 978-7-121-45314-4

Ⅰ. ①统⋯　Ⅱ. ①罗⋯ ②彭⋯　Ⅲ. ①统计学－高等学校－教材　Ⅳ. ①C8

中国国家版本馆 CIP 数据核字（2023）第 070627 号

责任编辑：谭海平
印　　刷：北京市大天乐投资管理有限公司
装　　订：北京市大天乐投资管理有限公司
出版发行：电子工业出版社
　　　　　北京市海淀区万寿路 173 信箱　邮编：100036
开　　本：787×1 092　1/16　印张：27.5　字数：739.2 千字
版　　次：2023 年 4 月第 1 版（原著第 8 版）
印　　次：2023 年 4 月第 1 次印刷
定　　价：158.00 元

凡所购买电子工业出版社图书有缺损问题，请向购买书店调换。若书店售缺，请与本社发行部联系，联系及邮购电话：(010) 88254888，88258888。

质量投诉请发邮件至 zlts@phei.com.cn，盗版侵权举报请发邮件至 dbqq@phei.com.cn。
本书咨询联系方式：(010) 88254552，tan02@phei.com.cn。

译 者 序

统计学是关于认识客观现象总体数量特征和数量关系的科学，是通过搜集、整理、分析统计资料，认识客观现象数量规律性的方法论科学。

这是一本关于统计学的基础性教材，可让初学者轻松地阅读、学习和理解。作为一本基础性统计学教材，本书在介绍统计学知识、运用统计学知识分析应用实例等方面无疑是成功的，并且让人有耳目一新之感。

专业教材或科普图书常常会因太过专业和深奥而让人晦涩难懂，进而让人在阅读过程中感到枯燥乏味而半途放弃。因此，成功且受欢迎的专业教材或科普图书必须要具备专业性、趣味性、可读性。而本书自出版以来，就深受读者的欢迎和好评，并且一直畅销不衰，原因是书中很好地融合了专业性、趣味性和可读性。

本书抛开了深奥的数学模型，代之以形象思维和直观判断，采用案例分析方法，通过大量应用实例，引导读者正确地收集数据资料进行统计分析，进而得出有意义的参考性结论。全书通过循序渐进的章节安排，配以翔实的数据和丰富的应用实例，系统、详细、深入浅出地介绍了统计学的基础概念和应用方法，可让读者直观、理性地认识统计学。同时，书中涉及的基本概念并不深奥，也没有累牍连篇的复杂数学公式，并且给出的习题和案例大都选自美国，数据详实可信，便于读者应用统计学知识进行统计分析。

读完本书，相信读者会在一定程度上了解统计学，为将来的深入学习打下深厚的理论基础，进而利用统计学知识做出正确且有效的决策。

本书由彭艳、罗厚义、沈明霞翻译，译稿不可避免地存在错误，敬请读者批评指正。

译者

前 言

欢迎阅读这本既严谨又简单的统计学图书。本书理论、方法和设计相结合，介绍统计学的基本内容和决策过程。

第 8 版修订了 50%的例题、40%的自测题以及插图、习题和统计数据等，全书以真实的统计例题为引导，内容前后连贯，语言简洁，定义和公式明确。针对每个重要的概念都提供例题和自测题，每节的末尾都提供习题，每章的末尾都提供小结、复习题、测验题和测试题。

全书以图形化方式进行表述，所用的数据能够充分体现相关的概念，可以使用不同的软件实现。此外，全书在强化理解基本概念的同时，强调统计学的日常应用，所用的数据均为现实生活中的真实数据。

感谢 Chris Bendixen、Seunghee Lee、Nancy Liu、Lohuwa Mamadu、Ashley Nicoloff、Jason Samuels 对本书第 8 版的评阅；感谢 Betsy Farber 对前 7 版所做的贡献；感谢 Larson Texts 公司的员工制作了本书。感谢爱人 Deanna Gilbert Larson 的支持与耐心；还要特别感谢 R. Scott O'Neil。

为了使本书易于阅读，我已尽最大的努力，但错误在所难免，敬请读者批评指正。

Ron Larson

部分习题答案

自测题答案

目 录
CONTENTS

第 1 章　统计学导论········1
  1.1　统计学简介·········1
    1.1.1　统计学的定义·······2
    1.1.2　数据集·········2
    1.1.3　统计学的分支·······4
    1.1.4　习题··········4
  1.2　数据分类··········6
    1.2.1　数据类型·········6
    1.2.2　计量尺度·········7
    1.2.3　习题··········9
  1.3　数据收集与实验设计······11
    1.3.1　统计研究的设计······11
    1.3.2　数据收集········12
    1.3.3　实验设计········13
    1.3.4　抽样技术········14
    1.3.5　习题·········16
  1.4　第 1 章复习题········18
  1.5　第 1 章测验题········19
  1.6　第 1 章测试题········20
  1.7　统计历史时间线·······21
    1.7.1　17 世纪·········21
    1.7.2　18 世纪·········21
    1.7.3　19 世纪·········21
    1.7.4　20 世纪·········22
    1.7.5　20 世纪（后期）······22

第 2 章　描述统计学········23
  2.1　频数分布及其图形······23
    2.1.1　频数分布········23
    2.1.2　频数分布图·······26
    2.1.3　习题·········31
  2.2　其他图形和显示·······34
    2.2.1　绘制定量数据集的图形····34
    2.2.2　绘制定性数据集······36
    2.2.3　绘制成对数据集······38
    2.2.4　习题·········39
  2.3　集中趋势度量········43
    2.3.1　均值、中位数和众数·····43
    2.3.2　加权平均值和分组数据的平均值·46
    2.3.3　分布形状········48
    2.3.4　习题·········49

2.4	度量变异	54
	2.4.1　极差	54
	2.4.2　方差和标准差	55
	2.4.3　解释标准差	59
	2.4.4　分组数据的标准差	61
	2.4.5　变异系数	63
	2.4.6　习题	64
2.5	位置度量	68
	2.5.1　四分位数	68
	2.5.2　百分位数和其他分位数	71
	2.5.3　标准分数	73
	2.5.4　习题	74
2.6	第2章复习题	77
2.7	第2章测验题	79
2.8	第2章测试题	80
2.9	第1~2章总复习	81

第3章　概率 83

3.1	概率与计数的基本概念	83
	3.1.1　概率实验	83
	3.1.2　基本计数原理	85
	3.1.3　概率的类型	86
	3.1.4　互补事件	89
	3.1.5　概率应用	90
	3.1.6　习题	91
3.2	条件概率与乘法法则	95
	3.2.1　条件概率	95
	3.2.2　独立事件和相关事件	96
	3.2.3　乘法法则	97
	3.2.4　习题	99
3.3	加法法则	102
	3.3.1　互斥事件	102
	3.3.2　加法法则	103
	3.3.3　概率小结	105
	3.3.4　习题	105
3.4	概率和计数的附加主题	108
	3.4.1　排列	109
	3.4.2　组合	111
	3.4.3　计数原理的应用	111
	3.4.4　习题	113
3.5	第3章复习题	116
3.6	第3章测验题	119
3.7	第3章测试题	119

第4章　离散概率分布 121

4.1	概率分布	121
	4.1.1　随机变量	122
	4.1.2　离散概率分布	123

	4.1.3	均值、方差和标准差	125
	4.1.4	期望值	126
	4.1.5	习题	127
4.2	二项分布	129
	4.2.1	二项实验	129
	4.2.2	二项概率公式	130
	4.2.3	求二项概率	132
	4.2.4	绘制二项分布	134
	4.2.5	均值、方差和标准差	135
	4.2.6	习题	135
4.3	其他离散概率分布	138
	4.3.1	几何分布	138
	4.3.2	泊松分布	139
	4.3.3	离散概率分布小结	140
	4.3.4	习题	141
4.4	第 4 章复习题	143
4.5	第 4 章测验题	145
4.6	第 4 章测试题	145

第 5 章 正态概率分布 147

5.1	正态分布和标准正态分布简介	147
	5.1.1 正态分布的性质	147
	5.1.2 标准正态分布	150
	5.1.3 习题	154
5.2	正态分布：求概率	156
	5.2.1 概率与正态分布	156
	5.2.2 习题	159
5.3	正态分布：求值	161
	5.3.1 求 z 分数	161
	5.3.2 将 z 分数转换为 x 值	163
	5.3.3 求给定概率的特定数据值	163
	5.3.4 习题	164
5.4	抽样分布和中心极限定理	167
	5.4.1 抽样分布	167
	5.4.2 中心极限定理	169
	5.4.3 概率与中心极限定理	171
	5.4.4 习题	174
5.5	二项分布的正态近似	176
	5.5.1 近似二项分布	177
	5.5.2 连续性校正	178
	5.5.3 近似二项概率	179
	5.5.4 习题	181
5.6	第 5 章复习题	183
5.7	第 5 章测验题	186
5.8	第 5 章测试题	186
5.9	第 3～5 章总复习	188

第6章 置信区间 ... 190
6.1 均值的置信区间（σ已知） ... 190
6.1.1 估计总体参数 ... 190
6.1.2 总体均值的置信区间 ... 193
6.1.3 样本量 ... 195
6.1.4 习题 ... 196
6.2 均值的置信区间（σ未知） ... 199
6.2.1 t分布 ... 199
6.2.2 置信区间与t分布 ... 200
6.2.3 习题 ... 203
6.3 确定总体比例的置信区间 ... 205
6.3.1 总体比例的点估计 ... 206
6.3.2 总体比例的置信区间 ... 206
6.3.3 求最小样本量 ... 209
6.3.4 习题 ... 209
6.4 方差和标准差的置信区间 ... 212
6.4.1 卡方分布 ... 212
6.4.2 σ^2和σ的置信区间 ... 213
6.4.3 习题 ... 215
6.5 第6章复习题 ... 217
6.6 第6章测验题 ... 218
6.7 第6章测试题 ... 219

第7章 单样本假设检验 ... 220
7.1 假设检验简介 ... 220
7.1.1 假设检验 ... 220
7.1.2 陈述假设 ... 221
7.1.3 错误类型和显著性水平 ... 223
7.1.4 统计检验和P值 ... 224
7.1.5 做出并解释决定 ... 226
7.1.6 假设检验的策略 ... 228
7.1.7 习题 ... 229
7.2 均值的假设检验（σ已知） ... 231
7.2.1 使用P值进行决策 ... 231
7.2.2 使用P值进行z检验 ... 233
7.2.3 拒绝区域和临界值 ... 235
7.2.4 使用拒绝区域进行z检验 ... 237
7.2.5 习题 ... 239
7.3 均值的假设检验（σ未知） ... 242
7.3.1 t分布中的临界值 ... 242
7.3.2 均值μ的t检验 ... 243
7.3.3 在t检验中使用P值 ... 245
7.3.4 习题 ... 246
7.4 比例假设检验 ... 249
7.4.1 比例假设检验基础 ... 249
7.4.2 习题 ... 251
7.5 方差和标准差的假设检验 ... 252
7.5.1 卡方检验的临界值 ... 253

	7.5.2 卡方检验	254
	7.5.3 习题	257
7.6	第7章复习题	259
7.7	第7章测验题	262
7.8	第7章测试题	262

第8章 双样本假设检验 … 264

8.1	检验均值之差（独立样本，σ_1和σ_2已知）	264
	8.1.1 独立样本和相关样本	264
	8.1.2 双样本假设检验综述	265
	8.1.3 双样本之差的z均值检验	267
	8.1.4 习题	270
8.2	检验均值之差（独立样本，σ_1和σ_2未知）	272
	8.2.1 均值之差的双样本t检验	272
	8.2.2 习题	275
8.3	检验均值之差（相关样本）	278
	8.3.1 均值之差的t检验	278
	8.3.2 习题	283
8.4	检验比例之差	285
	8.4.1 比例之差的双样本z检验	285
	8.4.2 习题	288
8.5	第8章复习题	291
8.6	第8章测验题	293
8.7	第8章测试题	294
8.8	第6～8章总复习	295

第9章 相关和回归 … 297

9.1	相关	297
	9.1.1 相关概述	298
	9.1.2 相关系数	301
	9.1.3 使用表格检验总体相关系数r	303
	9.1.4 总体相关系数ρ的假设检验	305
	9.1.5 相关和因果关系	307
	9.1.6 习题	308
9.2	线性回归	310
	9.2.1 回归直线	310
	9.2.2 回归直线的应用	313
	9.2.3 习题	313
9.3	回归和预测区间的测量	318
	9.3.1 关于回归直线的变差	318
	9.3.2 决定系数	319
	9.3.3 估计标准误差	319
	9.3.4 预测区间	321
	9.3.5 习题	322
9.4	多元回归	324
	9.4.1 求多元回归方程	325
	9.4.2 预测y值	326
	9.4.3 习题	327
9.5	第9章复习题	329

9.6　第 9 章测验题 ································· 331
9.7　第 9 章测试题 ································· 331

第 10 章　卡方检验和 F 分布 ··················· 333
10.1　拟合优度检验 ····························· 333
　　10.1.1　卡方拟合优度检验 ················· 333
　　10.1.2　习题 ······························· 338
10.2　独立 ····································· 340
　　10.2.1　列联表 ····························· 340
　　10.2.2　卡方独立检验 ····················· 342
　　10.2.3　习题 ······························· 345
10.3　比较两个方差 ····························· 349
　　10.3.1　F 分布 ····························· 349
　　10.3.2　方差的双样本 F 检验 ············· 351
　　10.3.3　习题 ······························· 353
10.4　方差分析 ································· 355
　　10.4.1　单向方差分析 ····················· 355
　　10.4.2　双向方差分析 ····················· 359
　　10.4.3　习题 ······························· 360
10.5　第 10 章复习题 ··························· 363
10.6　第 10 章测验题 ··························· 366
10.7　第 10 章测试题 ··························· 366
10.8　第 9~10 章总复习 ························· 368

第 11 章　非参数检验 ··························· 370
11.1　符号检验 ································· 370
　　11.1.1　总体中位数的符号检验 ············· 370
　　11.1.2　配对样本符号检验 ················· 373
　　11.1.3　习题 ······························· 374
11.2　威尔科克森检验 ··························· 377
　　11.2.1　威尔科克森符号秩检验 ············· 377
　　11.2.2　威尔科克森秩和检验 ··············· 379
　　11.2.3　习题 ······························· 381
11.3　克鲁斯卡尔-沃利斯检验 ··················· 383
　　11.3.1　克鲁斯卡尔-沃利斯检验 ··········· 383
　　11.3.2　习题 ······························· 386
11.4　秩相关 ··································· 387
　　11.4.1　斯皮尔曼秩相关系数 ··············· 387
　　11.4.2　习题 ······························· 389
11.5　游程检验 ································· 390
　　11.5.1　随机性游程检验 ··················· 390
　　11.5.2　习题 ······························· 394
11.6　第 11 章复习题 ··························· 395
11.7　第 11 章测验题 ··························· 397
11.8　第 11 章测试题 ··························· 397

附录 A　标准正态分布的另一种表示方法 ········· 400
附录 B　随机数与各种分布表 ··················· 406
附录 C　正态概率图 ··························· 428

第1章　统计学导论

你可能熟悉许多统计学实践，如开展调查、收集数据、描述总体，但你现在可能不知道的是收集准确的统计数据通常很困难且成本高昂。例如，思考计数和描述美国所有人口的任务。如果由你负责这样的人口普查，你应该如何做？如何确保你得到的结果是准确的？这些事情及许多其他事情由美国人口普查局负责，这个机构每十年进行一次人口普查。

本章介绍统计学的基本概念和目标。例如，我们用统计学来构建下面的数据，即显示从2019年到2020年美国人口增长最快的几个州的增长率（百分比）、增长数量及这些州所属的地区。

在2010年的人口普查过程中，美国人口普查局向每个家庭发放短表单，要求填写家庭成员的性别、年龄、民族和国籍。在此之前，人口普查局向17%的人口发放了涉及其他主题的长表单。但是，从1940年起，长表单就被"美国社区调查表"代替，以调查美国超过350万个家庭十年中的一年的情况。本章介绍如何使用从样本中收集的数据来了解总体的情况。

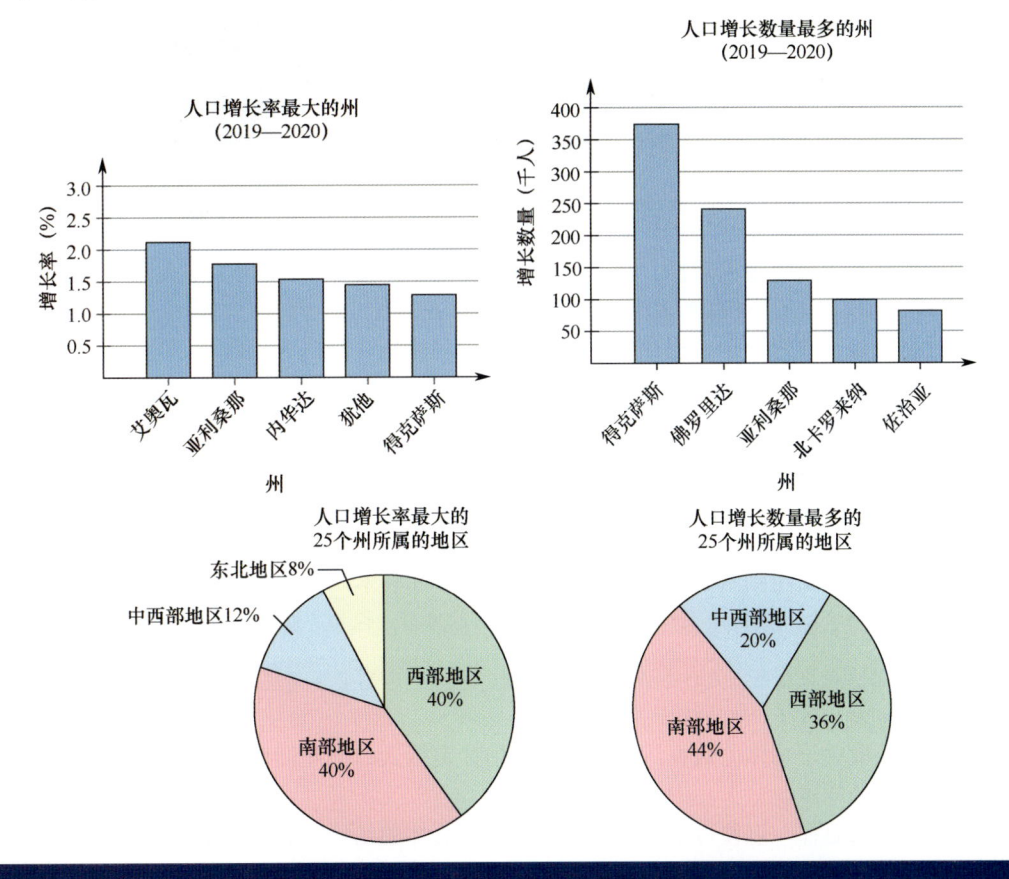

1.1　统计学简介

学习目标
- 统计学的定义
- 区分总体与样本以及参数和统计量
- 区分描述统计学与推断统计学

1.1.1 统计学的定义

我们几乎每天都要接触统计学。例如，思考下面两段话：
- "十个美国人中有七人相信艺术是社区的纽带，五个美国人中有两人基于艺术体验改变了他们的看法或认知。"
- "显然，在8~11岁的人中，有21%的人具有社交媒体档案。"

通过学习本节中的概念，你会拥有成为知情消费者、了解和开展统计研究的工具，进而提高你的批判性思维能力。

许多统计数据是以图形方式展示的。例如，考虑下图。

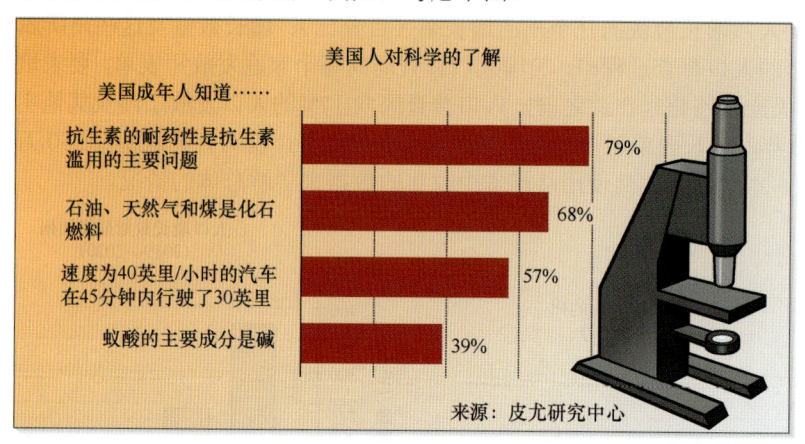

美国人对科学的了解

美国成年人知道……
- 抗生素的耐药性是抗生素滥用的主要问题 79%
- 石油、天然气和煤是化石燃料 68%
- 速度为40英里/小时的汽车在45分钟内行驶了30英里 57%
- 蚁酸的主要成分是碱 39%

来源：皮尤研究中心

图中的信息基于所收集的数据。在本例中，数据来自对4464名美国成年人的科学测试。

> **定义** 数据由信息组成，而信息来自观察、计数、计量或响应。

统计数据的应用要追溯至古巴比伦、古埃及和罗马帝国，当时人们收集了出生人数和死亡人数等状态数据。事实上，"统计学"一词源自拉丁语 status，其含义是"状态"。统计学的现代应用远不止统计出生人数和死亡人数，详见下面的定义。

> **定义** 统计学是收集、组织、分析和解释数据，进而做出决策的科学。

1.1.2 数据集

研究统计学时，要用到两类数据集，分别称为总体和样本。

> **定义** 总体是所有感兴趣的结果、响应、计量或计数的集合；样本是总体的一部分或子集。

> **提示：** 人口普查结果由所有人口数据组成。除非人口很少，否则通常无法得到所有人口数据。在多数研究中，必须由随机样本得到一些信息。

样本用于获取关于总体的数据。例如，为了估计美国人口的雇佣率，美国劳工统计局使用了约60000个家庭的样本。

样本应能代表总体，以便可用样本数据得到关于总体的结论。必须使用适当的方法收集样本数据，如随机抽样法。使用不适当的方法收集的样本数据无法得出关于总体的结论（关于随机抽样和数据收集的详细信息，见1.3节）。

【例题1】识别数据集

一项调查询问了美国751名员工的工作紧张度。在751名调查对象中，616名调查对象声称工作紧张。识别总体与样本，并描述样本数据集。

解答：

总体由美国所有员工的响应组成。样本由被调查的 751 名员工的响应组成。在右侧的维恩图中，样本是美国所有员工的响应的一个子集。此外，样本数据集由声称工作紧张的 616 名员工及声称工作不紧张的 135 名员工组成。

自测题 1

在一项针对美国 1516 名青年的调查中，1228 名青年声称"精神健康问题是美国年轻人最重要的问题"。识别总体和样本，并描述数据集。

数据集是总体还是样本通常取决于现实生活场景。例如，在例题 1 中，总体是美国所有员工的响应集合。取决于调查的目的，总体可以是加州所有员工的响应集合，也可以是健康福利行业的员工的响应集合。

本节所用的两个重要术语是参数和统计量。

定义 参数是总体特征的数值描述；统计量是样本特征的数值描述。

注意，不同样本有着不同的样本统计量，而总体参数对总体来说是不变的。例如，思考例题 1 中的调查。结果表明，在 751 名员工中，616 名员工感到工作紧张。在另一个样本中，有不同数量的员工声称工作紧张。然而，对于总体来说，感到紧张的员工数量是不变的。

【例题 2】区分参数和统计量

确定描述总体参数或样本统计量的每个数字，并说明原因。
1. 美国针对 9400 名年龄大于或等于 15 岁的人的调查发现，他们每天花 5.19 小时从事休闲和体育运动。
2. 大学新生的 SAT 数学平均分为 514 分。
3. 美国食品和药物管理局随机检查几百家零售店后发现，34%的零售店未以正确的温度存储鱼。

解答：

1. 因为每天平均 5.19 小时基于总体的一个子集，所以它是一个样本统计量。
2. 因为 514 分的 SAT 数学平均分基于所有新生，所以它是一个总体参数。
3. 因为 34%基于总体的一个子集，所以它是一个样本统计量。

自测题 2

确定描述总体参数或样本统计量的每个数字并说明原因。(a)去年一家小公司支付的员工薪水合计为 5150694 美元。(b)美国针对年龄为 65~80 岁的 1000 名成年人的调查发现，47%的人声称年轻时大声或非常大声地听音乐损害了听力。

描绘世界

美国人口普查的成本是多少？据估计，成本每十年都在增长。1950 年人口普查的成本约为 9.15 亿美元，而最近一次美国人口普查是在 2020 年进行的，人口普查的成本估计高达 156 亿美元。

本节介绍如何使用统计量来做出明智的决策。思考美国政府每十年进行的人口普查。人口普查局试图联系居住在美国的每个人。尽管对所有人员进行计数不可行，但人口普查要尽可能精确，以便公共部门能够基于人口普查信息做出许多决策。人口普查收集的数据将决定国会席位和公共资金的分配。

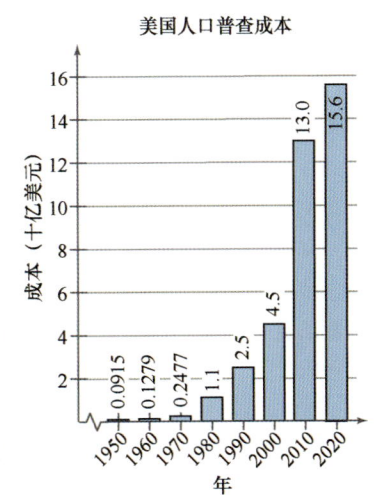

1.1.3 统计学的分支

统计学有两个分支,即描述统计学和推断统计学。

定义 描述统计学是统计学的一个分支,指数据库的组织、汇总和显示;推断统计学是统计学的另一个分支,指使用样本得出关于总体的结论。研究推断统计学的一个基本工具是概率(关于概率的详细内容,见第3章)。

【例题3】描述统计学和推断统计学

识别每项研究的总体和样本,确定哪部分研究代表描述统计学。采用推断统计学,由该研究可以得出什么结论?

1. 针对美国 1502 名成年人的调查发现"在年收入低于 30000 美元的家庭的成年人中,18%的人不上网",如右图所示。
2. 针对1000名美国401(k)养老计划参与者的研究发现,32%的人不知道其退休储蓄能够维持多少年。

解答:

1. 总体是所有美国成年人的响应,样本是1502名美国成年人的响应。代表描述统计学的研究部分是语句"在年收入低于30000美元的家庭的成年人中,18%的人不上网"。此外,图中显示了描述统计学分支。由该研究得到的一个推断是低收入家庭无法接入互联网。
2. 总体是美国401(k)退休计划所有参与者的响应,样本是1000名美国401(k)退休计划参与者的响应。研究中代表描述统计学分支的部分是语句"32%的人不知道其退休储蓄能够维持多少年"。由该研究得出的一个推断是一个人退休后所需的费用是很难确定的。

自测题 3

一项针对 513 名调查对象的网络调查发现,97%的调查对象声称音乐对他们很重要,83%的调查对象声称他们正在积极寻找新音乐。(a)识别总体和样本;(b)确定哪部分研究代表描述统计学;(c)采用推断统计学,由该研究可以得出什么结论?

提示: 书中关于统计学的两个分支的应用很多。本节的主题之一是如何使用样本统计量来推断未知总体参数。

1.1.4 习题

掌握基本技能与词汇

01. 样本与总体是如何关联的?
02. 为什么样本比总体更常用?
03. 参数和统计量有什么不同?
04. 统计学的两个分支是什么?

判断正误。 对习题 05~10,判断句子的正误并写出正确的句子。

05. 统计量是总体特征的数值描述。
06. 样本是总体的子集。
07. 不可能得到美国的所有人口普查数据。
08. 推断统计学是指使用总体得出对应样本的结论。
09. 总体是感兴趣的部分结果、响应、计量或计数的集合。
10. 不同样本的样本统计量是相同的。

分类数据集。 对习题 11~20,确定数据集是总体还是样本,并说明原因。

11. 一家广告公司的每位员工的薪水。
12. 光伏发电厂的每块太阳能板收集的能量。
13. 针对成员达两万多名的工会中的 250 名成员的调查。

14. 职业体育联盟中每支球队的年收入。
15. 逃离失火大楼的 49 人中 12 人的一氧化碳水平。
16. 美国各州和哥伦比亚特区的选举团票数。
17. 旅馆的每个房间的客人数量。
18. 十人中一人在商店的消费金额。
19. 过海关的每个人的国籍。
20. 某国 15 个不同位置的降水量。

图形分析。对习题 21~24 使用维恩图识别总体和样本。

21. 登记选民的政党。

    回复调查的登记选民的政党

    未回复调查的登记选民的政党

22. 大学生的膳食计划选择。

    新生的膳食计划选择

    除新生外的所有大学生的膳食计划选择

23. 美国拥有机动车的成年人的年龄。

    美国拥有两轮机动车的成年人的年龄

    美国拥有多轮机动车的成年人的年龄

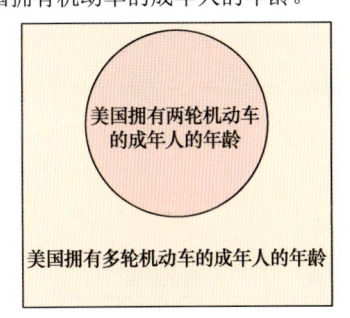

24. 内华达州成年人的收入。

    内华达州拥有房子的成年人的收入

    内华达州不拥有房子的成年人的收入

使用和解释概念

识别数据集。对习题 25~34，识别总体和样本，并描述样本数据集。

25. 针对 1021 名美国成年人的调查发现，45%的人对古巴有好感。
26. 为了探索健康婴儿肠道微生物群的标准，针对 227 名美国婴儿进行的调查。
27. 针对 1500 名美国成年人的调查发现，59%的人从未有过疫苗反应。
28. 针对 1028 名美国成年人的调查发现，7%的调查对象从未听说过器官和组织捐赠。
29. 针对美国 2111 名小企业主的调查发现，54%的小企业主反对提高最低工资。
30. 针对将获得大学理学学士学位的 214 名学生的调查发现，15%的学生计划找健康领域的初级工作。
31. 针对 1001 名美国成年人的调查发现，47%的调查对象常在工作日感觉休息得很好。
32. 针对 366 名购买了延长保修服务的车主的调查发现，44%的车主从未使用这一服务。
33. 为了采集标准普尔 500 指数的公司的起薪信息，研究人员联系了 500 家公司中的 74 家。
34. 针对当地儿童博物馆的 679 名成员关于育儿态度的调查发现，575 名成员是女性，423 名成员是两个或两个以上孩子的父母。

区分参数和统计量。对习题 35~42，确定描述总体参数或样本统计量的数字。

35. 在一家医院的 82 名注册护士中，24 名护士的平均年薪为 71000 美元。
36. 针对 919 名大学董事的调查发现，89%的董事认为他们的机构是少数民族成员的好地方。
37. 兴登堡飞艇上的 97 名乘客中有 62 名在爆炸中幸存。
38. 2021 年 1 月，美国 50 个州的州长中有 54%是共和党人。
39. 针对车主的调查发现，6%的车主至少要更换一次发动机控制模块。
40. 选民登记记录表明，一个县中 47%的选民登记为民主党人。
41. 针对 1000 名美国成年人的调查发现，79%的人认为传染病的传播是对美国福祉的重大威胁。
42. 近几年所有毕业生 ACT 的数学平均分为 20.2 分。
43. **描述统计学和推断统计学**。习题 31 中的哪部分调查代表描述统计学？采用推断统计学，由该调查能得出什么结论？

44. **描述统计学和推断统计学**。习题 32 中的哪部分调查代表描述统计学？采用推断统计学，由该调查能得出什么结论？

概念扩展

45. **识别文章中的数据集**。找到描述一项调查的文章。(a)识别调查所用的样本；(b)总体是什么？(c)基于调查的结果做出关于总体的推断。

46. **写作**。对如下研究，写一篇关于统计量重要性的文章：(a)关于某种新药有效性的研究；(b)一种制造工艺的分析；(c)通过调查得出关于选民意见的结论。

47. **运动与免疫**。研究表明，曾为业余自行车运动员的老年人与年轻人的 T 细胞生成水平相同，但运动不规律的老年人的 T 细胞生成水平显著降低。推断运动刺激 T 细胞的产生合适吗？为什么？

48. **减肥和高血压**。研究表明，有意减肥和降低高血压风险之间是有关联的。由这项研究推断减肥可导致高血压风险降低合适吗？为什么？

49. **睡眠与学生成绩**。针对大学生的研究表明，睡眠较好的参与者在测验和期中考试中得分较高。(a)识别研究所用的样本；(b)总体是什么？(c)哪部分研究代表描述统计学？(d)根据研究结果对总体进行推断。

1.2 数据分类

> **学习目标**
> ▶ 区分定性数据和定量数据
> ▶ 根据四个计量尺度对数据分类：定类、定序、定距、定比

1.2.1 数据类型

进行研究时，知道所用数据的类型是很重要的。所用数据的类型将决定所用的统计程序。本节介绍如何按类型和计量尺度对数据进行分类。数据集由两类数据组成，即定性数据和定量数据。

> **定义** 定性数据由属性、标签或非数值项组成；定量数据由计量或计数的数字组成。

【例题 1】按类型分类数据

下表显示了部分脆弱、濒危或极度濒危物种及每个物种的剩余数量。哪些是定性数据？哪些是定量数据？说明原因。

脆弱、濒危或极度濒危物种

常见物种名称	剩余数量	常见物种名称	剩余数量
非洲象	415000	北大西洋露脊鲸	400
黑脚貂	370	巽他虎	400
大熊猫	1864	塔巴努里猩猩	800
爪哇犀	60	小头鼠海豚	10

解答：

表中的信息可分为两个数据集。一个数据集包含常见物种名称，另一个数据集包含剩余数量。常见物种名称是非数值项，因此是定性数据；剩余数量是数值项，因此是定量数据。

自测题 1

下表中显示了美国几个城市的人口，哪些数据是定性数据？哪些数据是定量数据？说明原因。

城　市	人　口	城　市	人　口
巴尔的摩	593490	丹佛	727211
芝加哥	2693976	波特兰	654741
格兰岱尔	252381	旧金山	881549

1.2.2　计量尺度

数据的另一个特征是其计量尺度。计量尺度决定了哪些统计计算是有意义的。按从低到高的顺序，四个计量尺度分别是定类、定序、定距和定比。

定义　定类计量尺度的数据是定性数据，这类数据使用名称、标签或品质分类，不能进行数学计算；定序计量尺度的数据是定性或定量数据，这类数据是按序排列的，但数据项之间的差无意义。

数据是定类计量尺度的数据时，只表示标签。作为标签使用的数字包括社保号、球衣号等。例如，将芝加哥熊队的运动员的号码相加是没有意义的。

描绘世界

30 多年来，哈里斯民调机构一直在根据消费者的响应研究多个行业的最强品牌。近期的研究确定了下面显示了排名前五的健康非营利品牌。

1. 圣犹大儿童研究医院
2. 许愿基金会
3. 美国癌症学会
4. 圣地兄弟会儿童医院
5. 乳腺癌研究基金会

这个列表的计量尺度是什么？

【例题 2】按尺度分类数据

对每个数据集，确定数据是定类的还是定序的，并说明原因。

1. 就业增长最快的五大美国职业（预计到 2029 年）
1. 家庭健康和个人护理助理。
2. 快餐和柜台工作人员。
3. 餐厅厨师。
4. 软件开发和软件质量保证分析师与测试人员。
5. 注册护士。

2. 电影类型
动作、冒险、喜剧、剧情、恐怖。

解答：

1. 这个数据集列出了美国未来几年就业增长最快的五大职业的顺序。序号为 1, 2, 3, 4, 5。因为可按序列出，所以数据是定序的。注意，序号 1 和 5 的差没有数学意义。
2. 这个数据集由五类电影的名称组成，对这些名称不能做数学计算，对名称也无法排序，因此数据是定类的。

自测题 2

对下面的每个数据集，确定数据是定类的还是定序的，并说明原因。

1. 国家篮球协会太平洋赛区的最终排名。
2. 电话号码本。

两个最高的计量尺度仅由定量数据组成。

定义 定距计量尺度的数据可以是顺序排列的,两个数据项的差有意义。用定距计量尺度表示时,零数据项仅表示尺度上的一个位置,而不是固有零。定比计量尺度的数据类似于定距计量尺度的数据,只是其零数据项是固有零。可以计算两个数据项之比,将一个数据项表示为另一个数据项的倍数是有意义的。

固有零意味着"无"。例如,储蓄账户中的存款金额可能是零美元。这时,零表示无钱,是一个固有零。相比之下,0℃不表示没有热量,而表示摄氏温标上的一个位置,不是一个固有零。

为了区分定距数据和定比数据,可在数据背景下确定"两倍"是否有意义。例如,2美元是1美元的两倍,因此数据是定比数据。相比之下,2℃不比1℃温暖两倍,因此是定距数据。

【例题 3】按尺度分类数据

下面显示了两个数据集,哪个数据集的数据是定距数据?哪个数据集的数据是定比数据?说明原因。

纽约洋基队的世界大赛胜利(年)
1923 1927 1928 1932 1936 1937 1938 1939 1941 1943 1947 1949 1950 1951 1952 1953 1956 1958 1961 1962 1977 1978 1996 1998 1999 2000 2009

2020 年美国联赛本垒打总数(按球队)

巴尔的摩	77	波士顿	81	芝加哥	96	克里夫兰	59	底特律	62	休斯敦	69
堪萨斯城	68	洛杉矶	85	明尼苏达	91	纽约	94	奥克兰	71	西雅图	60
坦帕湾	80	得克萨斯	62	多伦多	88

解答:

这些数据集都包含定量数据。思考纽约洋基队世界大赛胜利的日期。这些日期之间的差是有意义的。例如,纽约洋基队第一次和最后一次世界大赛胜利的日期之差是 2009 - 1923 = 86 年。

然而,我们说其中的一年是另一年的倍数是没有意义的,因此这些数据是定距数据。使用本垒打总数,可以求出差值并写出比率。例如,波士顿队的本垒打总数比克里夫兰队的多 22 次,即 81 - 59 = 22。此外,芝加哥队的本垒打总数是巴尔的摩队的 1.25 倍,因为 96/77 ≈ 1.25。因此,这些数据是定比数据。

自测题 3

对下面的每个数据集,确定数据是定距数据还是定比数据,并说明原因。

1. 运动员运动期间的体温(华氏度)
2. 运动员运动期间的心率(次/分钟)

下表汇总了四种计量尺度下的哪些操作是有意义的。当识别一个数据集的计量尺度时,要使用适用的最高尺度。

计量尺度	对数据分类	按顺序排列数据	减去数据项	确定一个数据项是否是另一个数据项的倍数
定类	是	否	否	否
定序	是	是	否	否
定距	是	是	是	否
定比	是	是	是	是

四种计量尺度小结

	数据集示例	有意义的计算
定类尺度 (定性数据)	网络电视播放的节目类型 喜剧 纪录片 戏剧 烹饪 真人秀 肥皂剧 体育 脱口秀	将数据分类。例如,一档网络电视节目可分类为前述八个类别之一

(续表)

	数据集示例	有意义的计算
定序尺度 （定性或定量数据）	美国电影协会评级说明 G　　　普通受众 PG　　家长指引 PG-13　家长强烈警告 R　　　限制 NC-17　17岁及以下禁看	按序分类。例如，PG级别的限制要比G级别的高
定距尺度 （定量数据）	丹佛的月平均气温（℉） 1月 30.9　7月 73.6 2月 32.8　8月 71.5 3月 40.0　9月 62.4 4月 47.5　10月 50.3 5月 57.2　11月 38.6 6月 67.0　12月 30.0	按序分类，且可求数据项之差。例如，71.5 − 62.4 = 9.1℉。因此，8月的平均气温要比9月的高9.1℉
定比尺度 （定量数据）	奥兰多的月平均降水量（in） 1月 2.35　7月 7.27 2月 2.38　8月 7.13 3月 3.77　9月 6.06 4月 2.68　10月 3.31 5月 3.45　11月 2.17 6月 7.58　12月 2.58	按序分类，可求数据项之差与数据项之比。例如，7.58/3.77 ≈ 2in。因此，6月的平均降水量约为3月的两倍

1.2.3　习题

掌握基本技能与词汇

01．给出定性数据的所有计量尺度。
02．给出定量数据的所有计量尺度。

判断正误。对习题03～06，判断句子的正误并写出正确的句子。

03．定序数据仅是定量数据。
04．对于定距数据，算数据项之间的差无意义。
05．与定距数据相比，对定类数据可执行更多类型的计算。
06．定比数据不能排序。

使用和解释概念

按类型分类数据。对习题07～14，确定数据是定量的还是定性的，并说明原因。

07．飞机乘客的国籍。
08．邮政编码。
09．救援机构的狗的年龄。
10．商用冷冻柜的容量。
11．花的类型。
12．大学分校所在城镇的名称。
13．田径项目的距离。
14．客户服务代表的响应时间。

按尺度分类数据。对习题15～20，确定数据集的计量尺度，并说明原因。

15．喜剧。ABC电视节目获得最佳喜剧的年份（年）：1955 1979 1980 1981 1982 1988 2010 2011 2012 2013 2014。

16．商学院。《美国新闻与世界报道》就性价比列出的排名前十的商学院：1．哈佛大学商学院；2．普林斯顿大学商学院；3．劳德特大学商学院；4．耶鲁大学商学院；5．麻省理工大学商学院；6．哥伦比亚大学商学院；7．斯坦福大学商学院；8．莱斯大学商学院；9．范德比尔特大学商学院；10．达特矛斯大学商学院。

17．汽车。22辆福特汽车的长度（cm）：404 407 410 416 421 438 440 443 461 467 471 478 480 483 483 485 487 487 497 505 534 536。

18．教室。某大学科学大楼的房间数（间）：112 113 114 116 117 118 122 212 213 214 215 216 217 219。

19. **销售排行**。《纽约时报》根据销量列出的截至 2021 年 3 月 6 日排名前十的硬封小说：1.《生与死》；2.《四场风暴》；3.《克拉拉与太阳》；4.《暗鸦》；5.《婚外情事》；6.《午夜图书馆》；7.《迷失的药剂师》；8.《消失的另一半》；9.《无限国家》；10.《荆棘与玫瑰法庭》。

20. **响铃时间**。高中响铃时间表如下：上午 8:00，上午 8:52，上午 8:56，上午 9:48，上午 9:52，上午 10:44，上午 10:48，上午 11:40，上午 11:44，下午 1:08，下午 1:12，下午 2:04，下午 2:08，下午 3:00。

图形分析。对习题 21～24，确定图中横轴和纵轴上所列数据的计量尺度。

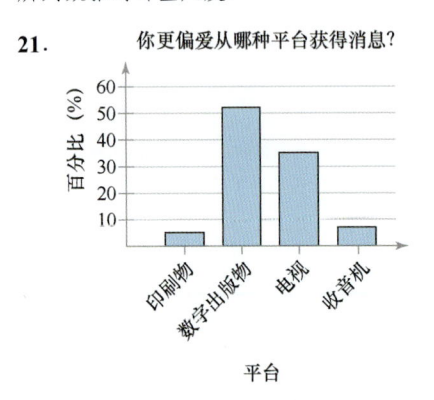

21. 你更偏爱从哪种平台获得消息？

22. 哪些年龄段的孩子经常参与你的假期计划？

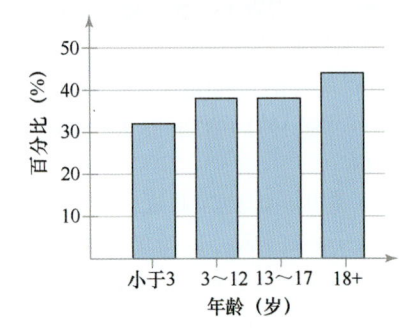

23. 第117届大会参会人员的性别概况

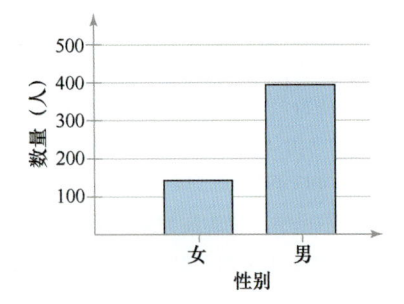

24. 按年份统计的机动车辆死亡人数

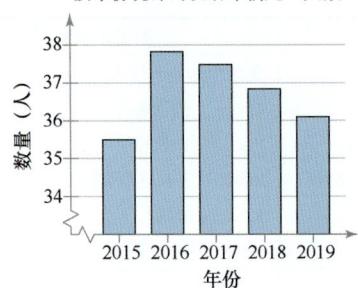

25. 以下是医生量表上的项目。确定每类数据的计量尺度：(a)温度；(b)过敏反应；(c)体重；(d)疼痛级别（0～10）。

26. 以下是就业申请表上的项目。确定每类数据的计量尺度：(a)学历；(b)性别；(c)大学毕业年份；(d)上一份工作持续的年数。

按类型和尺度分类数据。对习题 27～32，确定数据是定性数据还是定量数据，以及数据集的计量尺度。

27. **足球**。2021 年 1 月发布的在大学橄榄球决赛中排名前十的球队：1. 亚拉巴马大学；2. 俄亥俄州立大学；3. 克莱姆森大学；4. 得州农工大学；5. 圣母大学；6. 俄克拉何马大学；7. 佐治亚大学；8. 辛辛那提大学；9. 艾奥瓦州立大学；10. 西北大学。

28. **咖啡**。四种主要咖啡豆：阿拉比卡、罗布斯塔、利比里卡、艾克赛尔莎。

29. **普查地区**。美国人口普查局识别的四个地理区域：东北地区、南部地区、中西部地区、西部地区。

30. **花样滑冰**。2021 年美国女子花样滑冰锦标赛排名前六的最终得分：232.61 215.33 214.98 213.39 199.95 178.89。

31. **最富的人**。截至 2021 年 3 月 30 日世界排名前十的富翁：1. 杰夫·贝佐斯；2. 伊隆·马斯克；3. 比尔·盖茨；4. 伯纳德·阿诺特；5. 马克·扎克伯格；6. 沃伦·巴菲特；7. 拉里·佩奇；8. 谢尔盖·布林；9. 史蒂夫·鲍尔默；10. 拉里·埃里森。

32. **演出次数**。截至 2020 年 3 月 15 日百老汇排名前十的最长演出次数：13370 9692 9302 7485 6836 6680 6137 5959 5758 5461。

概念扩展

33. **写作**。什么是固有零？给出有固有零和没有固有零的三个例子。

34. 对于四种计量尺度，每种给出两个数据集的例子。

美国公司的声誉

50多年来，哈里斯民调机构针对美国的代表性样本进行了多次调查。调查采用了美国多个行业人员的代表性意见，如健康、政治、经济和体育行业。

自1999年起，哈里斯民调机构就开始了对美国最引人注目的公司的声誉的年度调查。哈里斯民调机构在2020年度的调查中使用了34026名美国成年人的样本。调查对象根据公司的如下七个关键属性对公司进行评级：可信、愿景、成长、产品与服务、文化、道德和公民权利。使用这些信息将公司的声誉定为优秀、很好、好、较好、差和很差。下表列出了美国十家公司的声誉（和其他一些信息）。

美国十家公司的声誉

公司名称	公司成立年份（年）	声誉	行业	员工数量（人）
亚马逊	1994	优秀	零售	798000
网飞	1999	很好	数字电视	8600
苹果	1977	很好	计算机和外设	147000
卡夫亨氏	2015	很好	食品	37000
墨式烧烤	1993	好	餐厅	83000
埃克森美孚	1999	好	石油（综合）	71000
波音	1916	较好	航空	161000
康斯卡特	1963	差	有线电视	168000
威尔斯·法戈	1998	差	银行	263000
脸书	2004	差	互联网	45000

习题

01. **抽样百分比**。哈里斯民调机构抽样时，调查对象（成年人）占美国总人口的百分比是多少（设美国总人口为2.579亿）？
02. **定类计量尺度**。表中的哪列数据为定类数据？
03. **定序计量尺度**。表中的哪列数据为定序数据？给出排序数据的两种方式。
04. **定距计量尺度**。表中的哪列数据为定距数据？这些数据是如何排序的？
05. **定比计量尺度**。表中的哪列数据为定比数据？
06. **推断**。根据哈里斯民调机构关于美国最引人注目的公司的声誉的调查，能做出什么决策？

1.3 数据收集与实验设计

学习目标
- 设计统计研究，区分观察性研究和实验
- 通过调查或模拟收集数据
- 设计实验
- 使用随机抽样、简单随机抽样、分层抽样、整群抽样、系统抽样创建样本，识别有偏样本

1.3.1 统计研究的设计

每项统计研究的目标都是收集数据，然后根据数据做出决策。根据统计研究结果做出的任何决策的优劣取决于获得数据的过程。获得数据的过程有缺陷时，做出的决策就是有问题的。

你可能不必进行统计研究，但必须解释某项统计研究的结果。在解释结果之前，你应确定结果是否可靠。换句话说，你应熟悉如何设计统计研究。

> **指南 设计统计研究**
> 1. 确定研究感兴趣的变量和总体。
> 2. 制订详细的数据收集计划。如果使用了某个样本，就要确保该样本能够代表总体。
> 3. 收集数据。
> 4. 使用描述统计学技术描述数据。
> 5. 解释数据，并使用推断统计学做出关于总体的决策。
> 6. 识别任何可能的错误。

统计研究通常分为观察性研究或实验。在观察性研究中，调查人员不影响响应。在实验中，调查人员在观察到响应之前人为进行处理。下面是这些研究的小结。

- 在观察性研究中，研究人员观察和计量总体中感兴趣部分的特性，但不改变已有的条件。例如，在某项观察性研究中，研究人员计量人们花在各项活动上的时间，如志愿服务、有偿工作、儿童保育和社交活动。

- 执行一个实验时，对总体的一部分（称为实验组）进行处理，并观察响应。总体的另一部分用作对照组，但不进行处理（两个组中的被试都称为实验单元）。在许多情形下，对照组中的被试服用无害的安慰剂，看起来就像真进行了处理那样。然后对比和研究两个组的响应。多数情形下，两个组所用的被试的数量相同。例如，在一个实验中，为处理组中的白鼠提供三甲胺氧化物（海鲜中的一种物质），而为对照组中的白鼠提供水。执行检验后，研究人员得出的结论是，三甲胺氧化物降低了患有心脏病的白鼠的死亡率。

【例题 1】区分观察性研究和实验

确定每项研究是观察性研究还是实验。
1. 研究人员研究维生素 D3 补充剂对新诊断为病毒感染的患者的作用。为了进行研究，研究人员在四周内让 2700 名美国成年人每天补充维生素 D3 或安慰剂。
2. 研究人员进行美国人对美国经济信心的调查。为了进行调查，研究人员电话询问了 1019 名美国成年人，要求他们评估美国当前的经济状况，以及美国经济是在变好还是在变差。

解答：
1. 因为研究让被试服用维生素 D3，所以是一个实验。
2. 因为研究未试图影响被试的响应（未进行干预），所以研究是观察性研究。

自测题 1

宾夕法尼亚州狩猎委员会进行了关于该州各年龄段麋鹿数量和公母比例的调查。委员会每年进行研究时都要捕获和释放一些麋鹿，发现多角公麋鹿的总体比例为 16%，单角公麋鹿的总体比例为 7%，成年母麋鹿的总体比例为 56%，小麋鹿的总体比例为 21%。这项研究是观察性研究还是实验？

1.3.2 数据收集

收集数据的方法有多种。一般来说，研究的重点是以最好的方法收集数据。下面总结了收集数据的两种方法。

- 模拟，即使用数学或物理模型再现某个情形或过程的条件。收集数据时通常要使用计算机。模拟允许我们研究不实际甚至危险的情形，以反映现实生活，通常可以节省时间和费用。例如，汽车制造商使用假人来模拟车祸对人的伤害。

- 调查，即针对总体的一个或多个特征进行研究。调查通常是通过询问人们一些问题来进行的。最常用的调查类型是通过访谈、网络、电话或邮件进行的。设计一项调查时，理清问题以得到无偏的结果是很重要的。例如，某项针对医生的调查内容是他们选择从医的主要原因是否是收入稳定。设计这项调查时，列出原因，并让样本中的每个人选取他们的第一选择。

1.3.3 实验设计

为了获得有意义的无偏结果，应仔细设计与执行实验。重要的是，要知道获得有效实验结果的步骤。设计良好实验的三个关键要素是对照、随机化和复制。

因为实验结果会被多种因素破坏，所以控制这些因素就很重要。这样的一个因素就是混淆变量。

> **定义** 当实验者无法区分不同因素对一个变量的影响时，这个变量就是混淆变量。

例如，为吸引更多的消费者，咖啡店主进行了使用亮颜色装饰店铺的实验。同时，附近的一家商场隆重开业。如果咖啡店的销量上升，就不能确定是新颜色还是新商场带来的。颜色和商场的影响可能被混淆了。

影响实验结果的另一个因素是安慰剂效应。当被试对安慰剂反应良好但实际上给予的是假处理时，就会出现安慰剂效应。为了控制或最小化安慰剂效应，人们使用了盲法实验。

> **提示：** 当被试知道正在参与实验时，就会改变他们的行为，这称为霍桑效应。

> **定义** 盲法实验技术上是指被试不知道他们正在接受处理或安慰剂。在双盲实验中，实验者和被试都不知道被试是否正在接受处理或安慰剂。所有数据都被收集后，实验者才会被告知。研究人员偏爱这类实验设计。

实验者的一项挑战是按相似的特性对被试分组（如年龄、身高、体重等）。当实验组和对照组相似时，实验者可认为两组之间的任何不同都由实验引起。为了按相似特征分组，实验者使用了随机化。

> **定义** 随机化是将被试随机分配给不同实验组的过程。

在完全随机化的设计中，被试通过随机选择被分配到不同的实验组中。在某些实验中，可能需要实验者使用区组，即具有相似特征的被试群体。最常用的实验设计是随机化区组设计。为了使用随机化区组设计，实验者将具有相似特性的被试分成多个区组，然后将每个区组中的被试随机分配到实验组。例如，测试一种新型减肥饮料的实验者可以首先将被试按年龄分组，如30～39岁、40～49岁和50岁及以上，然后在每个年龄组中，将被试随机分配给实验组或对照组（见右图）。

另一类实验设计是配对设计，在这类设计中，被试根据相似性配对。随机选取每对中的一名被试接受实验，选取另一名被试接受不同的实验。例如，两名被试根据年龄、地理位置或者自然特征配对。

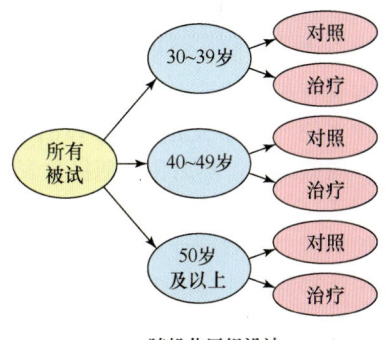

随机化区组设计

样本量（研究中被试的数量）是实验设计的另一个重要部分。为了提升实验结果的有效性，需要进行复制。

> **定义** 复制是指在相同或相似条件下重复实验。

例如，假设实验被设计为测试一种针对流感病毒株的疫苗。在实验中，为10000人注射了疫苗，为另外10000人注射了安慰剂。由于样本量较大，疫苗的有效性最有可能被观察到。但是，如果实验中的被试不按相似性配对（根据年龄和性别），结果的价值就可能较小。

> **提示：** 实验的有效性是指实验结果的准确性和可靠性。有效实验的结果更可能被科学团体所接受。

【例题 2】分析实验性设计

一家公司想要测试一种可帮助人们快速戒烟的新口香糖的有效性。指出下面每个实验设计的潜在问题并给出改进它的方法。
1. 该公司确定了十名重度吸烟者。向五名被试提供了新口香糖，向另五名被试提供了安慰剂。两个月后，评估这些被试，发现五名被试服用口香糖后不再吸烟。
2. 该公司确定了 1000 名重度吸烟者。将被试根据性别分成了三个区组。女性服用口香糖，男性服用安慰剂。两个月后，许多女性被试成功戒烟。

解答：
1. 所用的样本量不足以保证实验结果的有效性，必须重复实验以提升有效性。
2. 区组是不相似的。新口香糖对女性的影响大于男性，反之亦然。被试根据性别分成了区组，但在每个区组内，被试被随机分为实验组和对照组。

自测题 2

例题 2 中的公司抽取了 240 名重度吸烟者。将被试随机分配给口香糖实验组和对照组。每名被试还收到一张关于吸烟危害的光盘。四个月后，实验组中的多数被试都戒烟了。识别实验设计的潜在问题并给出改进实验的方法。

1.3.4 抽样技术

人口普查是指计数或计量整个人口。进行人口普查可以提供完整的信息，但因成本高而难以执行。抽样是指计数或计量部分人口，在统计研究中更常用。为了收集无偏数据，研究人员必须确保样本能够代表整体。必须使用合适的抽样技术来确保关于整体的推断是有效的。当一项研究使用错误的数据时，其结果是有问题的。即使使用最好的抽样方法，也可能出现抽样误差。抽样误差是指抽样结果与总体结果之差。学习推断统计学时，将了解控制抽样误差的技术。

随机样本是指总体中具有被随机选取机会的每个成员。简单随机样本是指每个相同大小的样本具有相同的被选取机会的样本。收集简单随机样本的一种方法是，为总体的每个成员分配一个不同的数字，然后使用随机数表（如附录 B 中的表 1），其数字对应于用表生成的数字的总体成员的响应、计数或计量，将出现在样本中。也可使用计算器或计算机软件生成随机数。

表 1　随机数

92630	78240	19267	95457	53497	23894	37708	79862
79445	78735	71549	44843	26104	67318	00701	34986
59654	71966	27386	50004	05358	94031	29281	18544
31524	49587	76612	39789	13537	48086	59483	60680
06348	76938	90379	51392	55887	71015	09209	79157

附录 B 中表 1 的一部分。

> 提示：无偏样本是指不代表它所来自总体的样本。例如，仅由美国 18～22 岁的大学生组成的一个样本不代表美国 18～22 岁的人口。

思考一项关于西岭县居民数量的研究。为了使用一个简单的随机样本来统计西岭县家庭的人口数量，需要为每个家庭分配一个不同的数字，使用软件或随机数表生成一个数字样本，然后统计居住在每个被选家庭中的人数。

【例题 3】使用简单随机样本

你所在的学校有 731 名学生选修了统计学课程。你希望构建一个由 8 名学生组成的样本以回答一些调查问题。选取该简单随机样本的学生。

解答：

对选修该课程的 731 名学生分配数字 1~731。在随机数表中随机选择一个开始位置，读取三位数组中的数字（因为 731 是一个三位数）。例如，若从第二列的第三行开始，则成组的数字如下：719|66, 2|738|6, 50|004, 053|58, 9|403|1, 29|281, 185|44。忽略大于 731 的数字，前八个数字是 719, 662, 650, 4, 53, 589, 403 和 129。分配这些数字的学生将组成样本。

自测题 3

一家公司雇佣了 79 人。从五个样本中随机选择一个样本进行调查。

选择样本成员时，应确定是否可以选择多个相同的总体成员。如果可以，则说抽样过程可以更换；如果不可以，则说抽样过程不可以更换。

下面是其他几种常用的抽样技术，每种技术都有其优缺点。

- **分层抽样**。当样本包括每段整体的成员时，应使用分层抽样。根据研究的重点，总体成员被分成两个或三个子集（称为集层），它们具有相同的特性，如年龄、性别、民族甚至政治偏好。然后从每个集层中随机选择一个样本。使用分层样本可以保证每段总体都是有代表性的。例如，为了收集西岭县家庭人数的分层样本，可将家庭分为多个社会经济类别，然后从每个类别中随机选取家庭。使用分层抽样时，必须确保所有的类别按其在总体中的实际百分比抽样。例如，如果西岭县 40% 的人属于低收入组，则从该组抽样的比例也为 40%。

分层抽样

提示：分层抽样从所有层级中随机选取一个成员样本。整群抽样使用来自一个随机选取的整群样本（但非所有整群，因此有些整群不是样本的一部分）的所有成员。例如，在"分层抽样"图中，一个西岭县家庭样本是从所有三个收入组中随机选取的。在右侧"整群抽样"图中，使用了一个随机选取的整群（分区 1）。

整群抽样

- **整群抽样**。当整体自然地分为多组，且每组都有相似的特性时，整群抽样可能是最合适的。为了选择一个整群样本，将整体分成多组（称为整群），并选择一个或多个（但非全部）整群的所有成员。各个整群中的样本是同一组的不同部分。例如，为了收集西岭县家庭人数的整群样本，将家庭按照邮政编码分成多组，选取一组或多组（但非所有组）中的所有家庭。使用整群样本时，必须确保所有整群都有相似的特性。例如，如果邮政编码整群具有更高比例的高收入者，那么数据可能无法代表整体。

- **系统抽样**。系统抽样是指样本中的每个总体成员都被分配一个数字。总体的成员以某种方式排序，初始数字是随机选取的，然后从初始数字开始以规则间隔选取样本成员（如每隔 3 个、5 个或 100 个数字选取一个数字）。例如，为了收集西岭县家庭人数的系统样本，可为每个家庭分配不同的数字，随机选取一个初始数字后，每隔 100 个数字选取一个数字，并统计每个家庭的人数。系统抽样的优点是容易使用。然而，当数据有规律地出现时，应避免这样的抽样，如下图所示。

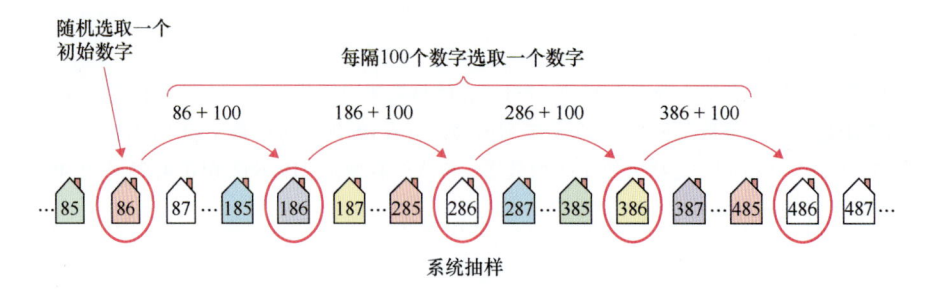

随机选取一个初始数字　　每隔100个数字选取一个数字

86 + 100　　186 + 100　　286 + 100　　386 + 100

…85　86　87　…185　186　187　…285　286　287　…385　386　387　…485　486　487…

系统抽样

通常导致有偏研究的一类样本是方便样本。方便样本仅由易于访问的整体成员组成。

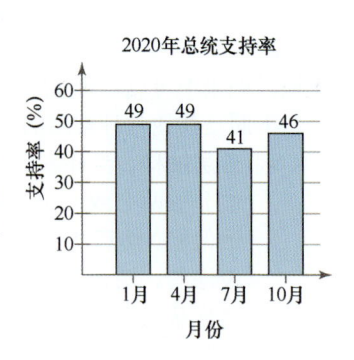

2020年总统支持率

支持率（%）：1月 49、4月 49、7月 41、10月 46

描绘世界

盖洛普公司对美国总统、国会及政治和非政治问题进行了多次民意调查。

通常所说的盖洛普民意调查是指公众对总统的支持率调查。例如，右图显示了 2020 年所选月份总统唐纳德·特朗普的支持率（这些支持率均来自当月月底进行的民意调查）。

探讨盖洛普公司选取无偏样本进行民意调查的一些方法。盖洛普公司如何选择无偏样本？

【例题 4】确定抽样技术

你正在确定学校学生关于干细胞研究的意见。当你选取列出的样本时，确定你正使用的抽样技术。探讨潜在的有偏来源（如果有的话）。

1. 根据专业划分学生总体，随机选择并询问每个专业的某些学生。
2. 为每名学生分配一个数字并生成一个随机数，然后询问其数字是随机数的每名学生。
3. 选取你的生物课上的学生。

解答：

1. 学生被分成层级（专业）并从每个专业选择一个样本，因此是一个分层样本。
2. 相同大小的样本被选取的机会相同，每名学生被选取的机会相同，因此是一个简单随机样本。
3. 样本取自随时可用的学生，因此是一个方便样本。这个样本可能是有偏的，生物课上的学生与其他学生相比可能更熟悉干细胞研究，因此可能有更强烈的意见。

自测题 4

你想要了解学生关于干细胞研究的意见。确定你选取这些样本时所用的抽样技术。

1. 随机选取一个班并询问班上的每名学生。
2. 为每名学生分配一个数字后，选择一个初始数字，每隔 25 名学生就询问一名学生。

1.3.5 习题

掌握基本技能与词汇

01. 观察性研究与实验有何区别？
02. 人口普查和抽样有何区别？
03. 随机样本和简单随机样本有何区别？
04. 实验中的复制指的是什么？为何说复制很重要？

判断正误。 对习题 05～10，判断句子的正误并写出正确的句子。

05. 安慰剂是一种实际的处理方法。
06. 双盲实验用于提升安慰剂的效果。
07. 使用系统抽样保证总体内的每组成员都被抽到。
08. 方便样本总代表总体。
09. 选取分层样本的方法是按某种方法对总体排序，

然后以规则间隔选取总体的成员。

10. 要选取一个整群样本，可将总体分成多组，然后至少在一组（但非所有组）中选取所有成员。

区分观察性研究和实验。对习题 11~14，确定研究是观察性研究还是实验，并说明原因。

11. 一项研究比较被试在学习活动后短暂休息与短暂分心两种情况下的记忆力。

12. 在针对美国员工的调查中，42%的黑人女性称她们不愿分享关于种族不平等的想法。

13. 使用定期血压读数和成年人大脑磁共振成像的研究发现，长期患高血压的成年人更可能发展成脑小血管疾病。

14. 为了研究音乐对身体意象的影响，研究人员对两组不同的妇女分别播放了一首带有身体正面信息的歌曲和一首带有身体负面信息的歌曲。

15. **随机数表。**使用附录 B 中表 1 的第六行生成从 1 到 99 之间的 12 个随机数。

16. **随机数表。**使用附录 B 中表 1 的第十行生成从 1 到 920 之间的 10 个随机数。

随机数。对习题 17 和 18，使用软件生成随机数。

17. 从 1 到 150 之间的 15 个随机数。

18. 从 1 到 1000 之间的 19 个随机数。

使用和解释概念

19. **痤疮治疗。**一家公司想要测试一种痤疮霜的效果。这家公司招募了 500 名年龄为 13~17 岁的长有痤疮的女孩。被试被随机分为两组。一组提供痤疮霜，另一组提供看起来与痤疮霜完全相同的安慰剂。两组使用痤疮霜的时长均为两个月。治疗开始和结束时均拍摄了被试脸部的照片，以便进行对比。(a)确定实验单元和该实验所用的处理方法；(b)确定所用实验设计的潜在问题并提出改进方法；(c)如何将该实验设计成双盲实验？

20. **社交恐惧症。**日本的研究人员测试了大麻二醇（CBD）对晚期青少年社交恐惧症（SAD）的治疗效果。患有 SAD 的 37 名年龄为 18~19 岁的青年参与了研究。这些患者都是随机分配的，持续每日服用 CBD 或安慰剂四周。实验开始和结束时，分别使用负面恐惧评估问卷和赖布维兹社交焦虑量表评估症状。(a)确定实验单元和该实验使用的实验方法；(b)确定待用实验设计的潜在问题并给出改进方法；(c)该实验被描述为安慰剂对照双盲研究，这是什么意思？(d)如何在设计该实验时划分区组？

21. **睡眠不足。**一名研究人员想要研究睡眠不足对运动技能的影响。18 人自愿参与了实验，他们是 Jake、Arya、Xavier、Nyla、Shaniece、Chen、Juan、Hana、Nia、Ansel、Liam、Bruno、Mei、Zoey、Kayla、Liam、Sofia 和 Kai。使用随机数生成器选择 9 名被试作为实验组，选择其他 9 名被试作为对照组。说出用于生成随机数的方法。

22. **使用简单随机样本。**实验的志愿者被编号为 1 到 90。这些志愿者被随机分为两个不同的实验组。使用不同于习题 21 中的随机数生成器，为处理组选择 45 名被试，另 45 名被试则进入对照组。根据编号列出每组中的被试，说明用于生成随机数的方法。

确定抽样技术。对习题 23~28，确定所用的抽样技术，探讨偏差的潜在来源，并说明原因。

23. 从校园目录中随机选择一些学生后，研究人员联系了 300 人，询问是什么原因（如参加聚会）让他们未完成家庭作业。

24. 在大学生离开大学食堂时，一名研究人员询问了 342 名学生关于饮食习惯的问题。

25. 飓风过后，灾区被分为 200 个大小相等的网格。选取了 30 个网格，采访了这些网格中的每个家庭，以将救援工作重点放在居民最需要的地方。

26. 在商场的入口处，每十人选择一人，让其说出最喜欢的商店。

27. 大豆种植了 48 英亩。这些土地被分成 1 英亩大小的子图。从每幅子图中选一个样本来估计收获。

28. 拨打随机生成的电话号码，询问 1012 名被调查对象是租住房屋还是拥有自己的住宅。

在人口普查和抽样之间选择。对习题 29~30，确定是采用人口普查还是采用抽样。如果采用抽样，确定所用的抽样技术，并说明原因。

29. 大学足球队花名册上 85 名学生的平均绩点。

30. 55000 名观众到达体育场的平均路程。

认识有偏问题。对习题 31~34，确定调查问题是否是有偏的。如果是有偏的，给出更好的描述。

31. 为什么吃全谷物食品可改善健康？

32. 为什么开车时发短信会增大出车祸的风险？

33. 你平均每周锻炼多少次？

34. 媒体是如何影响选民的意见的？

概念扩展

35. **研究分析**。找到一篇关于统计研究的文章或新闻报道。(a)确定总体和样本；(b)将数据分类为定性数据和定量数据，确定计量尺度；(c)研究是观察性研究还是实验？如果是实验，确定处理方法；(d)确定用于收集数据的抽样技术。

36. **研究设计与分析**。为感兴趣主题设计一项研究，并为其回答习题 35 中的(a)问至(d)问。

37. **开放式问题和封闭式问题**。调查问题可分为开放式问题和封闭式问题两类。开放式问题不限定答案，封闭式问题限定答案，如"是"或"否"，或多选答案。对如下开放式问题和封闭式问题，列出每类问题的优缺点。**开放式问题**：怎样才能让学生吃到更健康的食物？**封闭式问题**：强制营养课程是一种让学生吃到更健康食物的有效方法吗？

38. **自然实验**。观察性研究有时称为自然实验，为什么？

现实世界中的统计量

使用

一项实验研究了 321 名晚期乳腺癌患者。所有妇女此前都用其他药物进行了治疗，但这些药物已经不起作用。于是，这些妇女开始服用一种新药并进行化疗。

被试被分成两组，一组服用新药并进行化疗，另一种只进行化疗。三年后，结果表明新药与化疗延缓了被试的癌症发展。结论如此明显，于是研究结束，新药开始为研究中的所有妇女提供。食品和药物管理局自此也开始支持新药与化疗。

滥用

四年内，挪威 18 万名青少年作为被试，测试了一种针对致命 b 型脑膜炎球菌的新疫苗。一本小册子描述了疫苗可能产生的后果："不太可能出现严重的并发症。"而提供给挪威议会的信息称："不排除严重的副作用。"疫苗实验产生了一些灾难性的后果：据报道有 500 多种副作用，有些副作用很严重，其中几名被试患上了严重的神经系统疾病。结果表明，疫苗只在 57%的病例中提供了免疫力。这个结果不足以让这款疫苗加入挪威的疫苗计划。此后，疫苗受害者得到了赔偿。

道德准则

实验可以帮助我们进一步理解周围的世界，但在某些情形下，它们的弊大于利。在挪威的疫苗实验中，出现了几个道德问题。如果忽视被试的最大利益，那么实验是否是不道德的？实验什么时候应该停止？实验应该进行吗？

另一方面，乳腺癌研究人员不想停止给一群患有危及生命的疾病的患者服用新药。同样，问题出现了。研究人员必须持续实验多长时间才能显示超出预期的结果？研究人员多长时间能得出药物对被试是安全的？

习题

01. 找到一个不同于上例的"滥用"例子。有什么办法可以避免实验的结果？

02. **停止实验**。新实验药物或疫苗的临床实验提前终止后，分发给其他被试或患者会导致哪些问题？

1.4 第 1 章复习题

1.1 节

在复习题 01~04 中，确定总体和样本，描述样本数据集。

01. 一项针对 1025 名美国成年人的调查发现，他们在过去 12 个月中平均去过图书馆 10.5 次。

02. 在圣路易斯地区工作的 83 名医生就他们对医疗改革的看法接受了调查。

03. 在一项对 23503 名美国成年人的调查中，59%的受访者表示，如果他们是单身，就会在约会前到网上寻找对象。

04. 一项对 1508 名年龄为 40～64 岁的美国成年人的调查发现，32%的人在过去一年中会定期向父母提供支持。

在复习题 05～08 中，确定数字描述的是总体参数还是样本统计量。

05. 2019 年，美国进口了价值超过 48 亿美元的个人防护装备。
06. 在一项对 1000 个家庭食品购买者的调查中，24.7%的人说不吃来自生活于封闭环境中的动物的肉类、奶制品和蛋类。
07. 在 2061 名美国工人的样本中，39%的人说他们对工作很投入。
08. 从一所大学获得理学学士学位的学生包括 52 名生物专业的学生。
09. 复习题 03 中描述的调查的哪部分代表了描述统计学分支？根据调查结果做出推断。
10. 复习题 04 中描述的调查的哪部分代表了描述统计学分支？根据调查结果做出推断。

1.2 节

在复习题 11～14 中，确定数据是定性的还是定量的。

11. 一家软件公司 350 名员工的年龄样本。
12. 一家体育用品商店 200 名客户的邮政编码样本。
13. 财富 500 强公司的收入。
14. 赌场员工的婚姻状况。

在复习题 15～18 中，确定数据集的计量尺度。

15. 亚利桑那州凤凰城三月一周的日最高气温（℉）：89 87 80 70 69 59 61。
16. 轿车样本的车辆尺寸等级：小小型、超小小型、小型、中型、大型。
17. 一家印刷公司的四个部门：管理、销售、生产、财务。
18. 美国上市公司薪酬最高十位 CEO 的薪酬（百万美元）：280.6 66.9 42.9 36.5 34.3 31.6 31.6 28.8 26.4 25.8。

1.3 节

在复习题 19 和 20 中，确定研究是观察性研究还是实验。

19. 研究人员进行了一项研究，以确定名为 ω-3 羧酸的鱼油是否能有效降低高危人群的心脏患病风险。在这项研究中，随机选择 13078 名患者每天服用 ω-3 羧酸或玉米油安慰剂。研究人员比较了两组在相似的随访时间内心脏患病的数量。
20. 研究人员进行了一项研究，以比较第一年和最后一年医学生对精神疾病的态度。为了进行这项研究，研究人员调查了来自葡萄牙波尔图大学医学院的 111 名第一年和最后一年的学生。

在复习题 21 和 22 中，200 名学生自愿参加了一项实验，以测试睡眠不足对记忆的影响。这些学生被分为五个不同的实验组，其中包括对照组。

21. 解释如何使用随机区组设计实验。
22. 解释如何使用完全随机区组设计实验。

在复习题 23～28 中，确定所用的抽样技术，并讨论潜在的偏差来源（如果有的话）。

23. 研究人员使用随机数字拨号，询问 987 名美国成年人是否对目前的退休财务计划感到满意。
24. 一名学生邀请 18 位朋友参加一个心理学实验。
25. 在埃塞俄比亚北部的一个地区进行了一项研究，旨在调查孕妇对产科危险信号的认识水平。研究人员采访了该地区随机选择的 11 个社区的所有孕妇。
26. 执法人员在每三辆车中拦截一辆并检查司机的血液酒精含量。
27. 从一所高中的每个年级中随机抽取 25 名学生，并对他们的学习习惯进行调查。
28. 一名记者就行李提取采访了 154 名在机场等候的乘客，询问他们在空中旅行时的安全感。
29. 你想知道大学里 15000 名学生最喜欢的春假目的地。确定你是要进行人口普查还是使用抽样。如果使用抽样，确定要使用的抽样技术。

1.5 第 1 章测验题

01. 一项针对美国东北部四所公立高中中的 1622 名高中毕业生的研究，将高中平均绩点与 SAT 和 ACT 分数进行比较，作为大学按时毕业的预测指标。确定研究中的总体和样本。
02. 确定每个数字描述的是总体参数还是样本统计量。(a)一项针对 1301 名美国成年人的调查发现，如果预先给他们演示，42%的人觉得进入无人驾驶汽车更安全；(b)在一所大学中，90%

的董事会成员批准了新校长的合同；(c)对 500 名小企业主的调查发现，48%的人认为不再需要实体商店。

03. 确定数据是定性的还是定量的。(a)借记卡个人识别号码清单；(b)视频游戏的最终得分。

04. 确定数据集的计量尺度。(a)警署警务人员的警徽号码清单；(b)赛车引擎的马力；(c)一年中发行的票房收入最高的 10 部影片；(d)波士顿马拉松参赛者的出生年份。

05. 确定研究是观察性研究还是实验。(a)研究人员进行了一项研究，以确定白内障手术患者在第一次和第二次手术中是否体验到不同的舒适度。研究人员的研究结果基于一份口头问卷；(b)在一项关于吸烟和吸电子烟的研究中，研究人员随机分配 936 名目前吸烟或者曾经吸烟或者吸电子烟的人观看一段涉及吸烟、吸电子烟或两者都不吸的视频。然后，要求被试报告他们对吸烟或吸电子烟的渴望程度。

06. 进行一项实验来测试一种新药对注意力缺陷/多动障碍（ADHD）的影响。实验者确定了 320 名年龄在 7 岁和 44 岁之间的多动症患者参与实验。被试按年龄分成样本数相等的组。在每组中，被试被随机选入实验组或对照组。实验采用的是什么类型的设计？

07. 确定每项研究中使用的抽样技术。(a)一名记者在露营地向人们询问空气污染问题；(b)为保证质量，从装配线上选出十个机器零件，并测量其精度；(c)在一所学院进行一项关于对吸烟的态度的研究。学生按班级划分（一年级、二年级、三年级和四年级），然后从每个班级中随机抽取一个样本进行访谈。

08. 测验题 7 中使用的哪种技术可能导致偏差？

1.6 第 1 章测试题

01. 确定你是要进行人口普查还是使用抽样。如果使用抽样，确定要使用的抽样技术。(a)最受新泽西州投资者欢迎的投资类型；(b)公司 30 名员工的平均年龄。

02. 确定每个数字是描述总体参数还是描述样本统计量。(a)一项针对 4272 名美国成年人的调查发现，27%的智能手表或健身追踪器的用户是大学毕业生；(b)最近一年，SAT 的平均阅读和写作分数为 528 分。

03. 确定所用的抽样技术，讨论潜在的偏差来源（如果有的话）。(a)随机选择 200 名男性和 200 名女性高中生，询问他们毕业后的计划；(b)随机选择某电子商店的 625 名客户，询问他们对所接受服务的意见；(c)在教师离开休息室时，一名研究人员询问了 45 名教师的教学风格。

04. 确定数据是定性的还是定量的，以及数据集的计量尺度。(a)一个城市中快餐店的员工人数：20 11 6 31 17 23 12 18 40 22 13 8 18 14 37 32 25 27 25 18；(b)一个班级学生的平均成绩（GPA）：3.6 3.2 2.0 3.8 3.0 3.5 1.7 3.2 2.2 4.0 2.5 1.9 2.8 3.6 2.5 3.7。

05. 确定调查问题是否有偏差。如果有偏差，给出更好的描述。(a)正常情况下，你每晚睡几小时？(b)镇上禁止在公园里玩滑板不公平吗？

06. 研究人员调查 17461 名美国医生，要求提供以下信息：性别（男性或女性），年龄（岁），地点（美国地区），收入（美元），就业状况（私人执业或雇员），专业（心脏病学、家庭医学、放射学等），每周看病人的时间（小时），你会再次选择医学吗？（是或否）。(a)确定总体和样本；(b)收集的数据是定性的、定量的还是两者都是？(c)确定上述各项信息的计量尺度；(d)该研究是观察性研究还是实验？

真正的统计与决策

假设你是一家专业研究公司的研究员。公司签署了一份合同——为一份技术出版物进行研究。该出版物的编辑希望了解读者对使用智能手机进行收付款、兑换优惠券及作为活动门票的看法。他们还想知道人们是否有兴趣将智能手机用作数字钱包，存储驾照、医保卡和其他卡的数据。编辑为你提供了读者群数据库和 20 个问题（下面给出了以前研究中的两个示例问题）。联系所有读者的成本太高，因此需要确定一种方法来联系整个读者群的代表性样本。

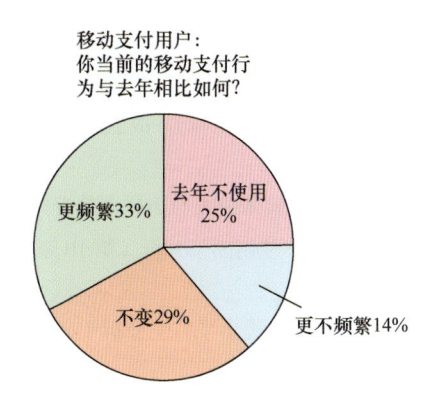

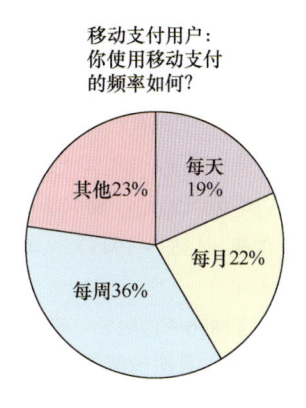

习题

01. **你会怎么做？**(a)你会使用什么抽样技术来选择研究样本？为什么？(b)你在(a)问中选择的技术是否会为你提供代表总体的样本？(c)说明收集数据的方法；(d)确定研究中可能存在的缺陷或偏差。

02. **数据分类。**(a)希望收集哪类数据：定性数据、定量数据还是两者兼有？为什么？(b)你认为研究中的数据将达到什么计量水平？为什么？(c)为研究收集的数据是总体数据还是样本数据？(d)数据的数字说明是参数还是统计量？

03. **他们是怎么做到的。**Fluent Pulse 公司通过互联网调查进行了一项关于移动支付使用的研究。(a)说明通过互联网调查收集数据时可能出现的一些错误；(b)将习题 1 中收集数据的方法与该方法进行比较。

1.7 统计历史时间线

1.7.1 17 世纪

约翰·格朗特（1620—1674） 研究了 17 世纪早期伦敦的死亡记录，是首个从大量数据中进行广泛统计观察的人（第 2 章），其工作为现代统计学奠定了基础。

布莱斯·帕斯卡（1623—1662），**皮埃尔·德·费马**（1601—1665） 帕斯卡和费马就基本概率问题（第 3 章）进行了通信——特别是那些涉及游戏和赌博的问题。

1.7.2 18 世纪

皮埃尔·拉普拉斯（1749—1827） 研究了概率（第 3 章），并且因将概率建立在可靠的数学基础上而受到赞誉。

卡尔·弗里德里希·高斯（1777—1855） 通过天文学学习回归和最小二乘法（第 9 章）。正态分布（第 5 章）有时称为高斯分布。

1.7.3 19 世纪

兰伯特·奎特莱（1796—1874） 使用描述性统计（第 2 章）分析犯罪和死亡率数据，并研究人口普查技术。描述了与身高等人类特征有关的正态分布（第 5 章）。

弗洛伦斯·南丁格尔（1820—1910） 作为克里米亚战争期间的一名护士，她是最早倡导医院卫生重要性的人之一。她是最早使用描述性统计（第 2 章）来论证社会变革的统计学家之一，并且因开发了南丁格尔玫瑰图表而受到赞誉。

弗朗西斯·高尔顿（1822—1911） 使用回归和相关（第 9 章）研究人类的遗传变异，发现了中心极限定理（第 5 章）。

1.7.4　20世纪

卡尔·皮尔逊（1857—1936）　利用相关性研究了自然选择（第9章），成立了第一个统计学系，并提出了卡方分析（第6章）。

威廉·戈塞特（1876—1937）　研究了酿造过程，提出了 t 检验来纠正与小样本量有关的问题（第6章）。

查尔斯·斯皮尔曼（1863—1945）　英国心理学家，是最早使用因子分析（第10章）发展智力测验的人之一。

罗纳德·费舍尔（1890—1962）　研究了生物学和自然选择，提出了方差分析（第10章），强调了实验设计的重要性（第1章），首次确定了原假设和替代假设（第7章）。

1.7.5　20世纪（后期）

弗兰克·威尔科克森（1892—1965）　生物化学家，利用统计学研究植物病理学，提出了双样本检验（第8章），推动了非参数统计的发展。

约翰·图基（1915—2000）　"二战"期间在普林斯顿工作，提出了探索性数据分析技术，如茎叶图（第2章），并以其在推断统计学方面的工作而闻名（第6～11章）。

大卫·布莱克威尔（1919—2010）　曾在霍华德大学和加州大学伯克利分校工作。在贝叶斯统计、博弈论和概率论（第3章）及其他各个数学领域做出了重大贡献。他撰写了关于贝叶斯统计学的第一本书，还是 Rao-Blackwell 定理的共同创始人。

第 2 章　描述统计学

第 1 章中介绍了许多收集数据的方法。通常情况下，研究人员必须使用样本数据来分析总体，但偶尔也可能收集给定总体的所有数据。例如，下面的数据代表了前 55 届超级碗获胜球队的得分：
35 33 16 23 16 24 14 24 16 21 32 27 35 31 27 26 27 38 38 46 39 42 20 55 20 37 52 30 49 27 35 31 34 23 34 20 48 32 24 21 29 17 27 31 31 21 34 43 28 24 34 41 13 31 31。

本章介绍组织和描述数据集的方法，目标是通过描述趋势、均值和变化，使数据更易于理解。例如，在显示前 55 届超级碗获胜球队得分的原始数据中，看不出任何模式或特殊。下面是一些组织和描述数据的方法。

组	频数 f
13～19	6
20～26	13
27～33	17
34～40	11
41～47	4
48～54	3
55～61	1

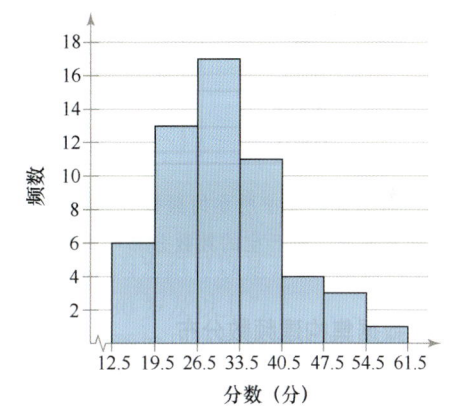

$$均值 = \frac{35+33+16+23+16+\cdots+41+13+31+31}{55} = \frac{1657}{55} \approx 30.1 \text{ 分}$$

$$极差 = 55 - 13 = 42 \text{ 分}$$

2.1　频数分布及其图形

学习目标
- 构建频数分布，包括极限、中点、频率、累积频数和边界
- 构建频数直方图、频数多边形、频率直方图和累积曲线

2.1.1　频数分布

组织和描述数据集的方法有多种。组织和描述数据集时，要寻找的重要特征是中心、可变性（或分布）和形状。2.3 节介绍分布中心和形状的度量，2.4 节介绍可变性的度量。

当数据集有许多数据项时，可能很难找出模式。本节介绍如何通过将数据分组（区间）并形成频数分布来组织数据集，并介绍如何使用频数分布来构建图形。

定义　频数分布是显示数据项的组或区间的表，其中包含每组中数据项数的计数。组的频数 f 是组中的数据项数。

在下面显示的频数分布中，共有六组，六组的频数分别为 5、8、6、8、5 和 4。每组都有一个组下限和一个组上限，组下限是组中的最小数，组上限是组中的最大数。在所示的频数分布中，组下限为 1、6、11、16、21 和 26，组上限为 5、10、15、20、25 和 30。组宽是两个连续组的下以此类推。

可以将频率写为分数、小数或百分比。所有组的频率之和应等于 1 或 100%。因为四舍五入，所以总和可能略小于 1 或略大于 1。因此，0.99 和 1.01 这样的值是允许的。

【例题 2】求中点、频率和累积频数

使用在例题 1 中构建的频数分布，求每组的中点、频率和累积频数并描述模式。

解答：

前五组的中点、频率和累积频数计算如下。

组	f	中点	频率	累积频数
155～190	3	(155 + 190)/2 = 172.5	3/30 = 0.1	3
191～226	2	(191 + 226)/2 = 208.5	2/30≈0.07	3 + 2 = 5
227～262	5	(227 + 262)/2 = 244.5	5/30≈0.17	5 + 5 = 10
263～298	6	(263 + 298)/2 = 280.5	6/30 = 0.2	10 + 6 = 16
299～334	7	(299 + 334)/2 = 316.5	7/30≈0.23	16 + 7 = 23

其余的中点、频率和累积频数显示在下表中。

手机屏幕使用时间的频数分布（分钟）

组	f	中点	频率	累积频数
155～190	3	172.5	0.1	3
191～226	2	208.5	0.07	5
227～262	5	244.5	0.17	10
263～298	6	280.5	0.2	16
299～334	7	316.5	0.23	23
335～370	4	352.5	0.13	27
371～406	3	388.5	0.1	30
	$\sum f = 30$		$\sum \dfrac{f}{n} = 1$	

解释： 数据集中有几种模式。例如，最常见的时间范围是从 299 到 334 分钟。此外，约有一半的时间不到 299 分钟。

自测题 2

使用在自测题 1 中构建的频数分布，求出每组的中点、频率和累积频数并描述模式。

2.1.2 频数分布图

有时，查看频数分布图更容易发现数据集中的模式，这样的图称为频数直方图。

定义 频数直方图使用条形来表示数据集的频数分布。直方图具有以下属性：
1. 水平刻度是定量的，用于度量数据项。
2. 垂直刻度度量组的频数。
3. 连续的条形必须相互接触。

因为直方图中的两个连续条形必须接触，所以条形必须在组边界而非组限处开始和结束。组边界是分隔组而不在它们之间形成间隔的数字。对于整型数据，从每个下限中减去 0.5 可以求出较低的组边界。要求出较高的组边界，可让每个上限加上 0.5。一组的上限等于上一组的下限。

【例题 3】构建频数直方图

绘制例题 2 中频数分布的频数直方图并描述模式。

解答： 首先，求出组边界。因为数据项是整数，所以从每个下限中减去 0.5 以求出较低的组边界，并将 0.5 加到每个上限以求出较高的组边界。因此，第一组的下限和上限如下所示：

第一组的下限 = 155 − 0.5 = 154.5

第一组的上限 = 190 + 0.5 = 190.5

其余组的边界显示在下表中。要构建直方图，就要为垂直刻度选择可能的频数值。可以在中点或组边界处标记水平刻度。两个柱状图如下图所示。

组	组 边 界	频数 f
155~190	154.5~190.5	3
191~226	190.5~226.5	2
227~262	226.5~262.5	5
263~298	262.5~298.5	6
299~334	298.5~334.5	7
335~370	334.5~370.5	4
371~406	370.5~406.5	3

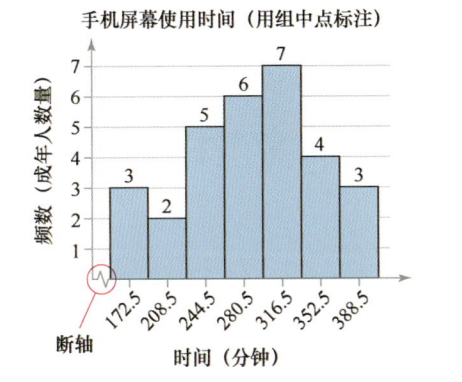

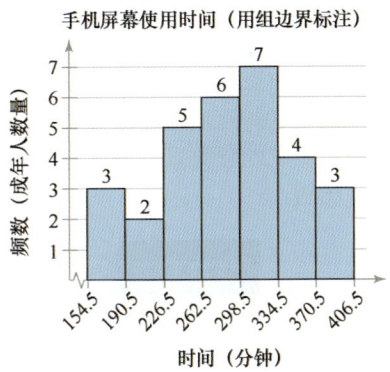

解释： 从这两个柱状图中，可以求出三分之二的成年人每天使用手机的时间超过 262.5 分钟。

提示： 条形图中的条形之间通常有空格，而直方图中的条形之间通常没有空格。

自测题 3

使用自测题 2 中的频数分布构建频数直方图，表示 55 支获胜球队的得分并描述模式。

绘制频数分布图的另一种方法是使用频数多边形，频数多边形是强调频数连续变化的线形图。

【例题 4】构建频数多边形

为例题 2 中的频数分布图绘制一个频数多边形并描述模式。

第 2 章 描述统计学

解答：

要构建频数多边形，可以使用与例题 3 中用组中点标记的直方图所用的相同水平和垂直刻度。

然后绘制代表每组的中点和频数的点，并用线段从左到右依次连接这些点。因为图形应该在横轴上开始和结束，所以在第一组中点之前向左扩展到一个组宽，在最后一组中点之后向右扩展到一个组宽。

可以使用软件来检查答案，如右图所示。

解释： 可以看到成年人的频数增加到 316.5 分钟，然后频数下降。

自测题 4

使用自测题 2 中的频数分布构建一个频数多边形，表示 55 支获胜球队的得分并描述模式。

直方图及其相应的频数多边形通常绘制在一起，如下面的 EXCEL 所示。要手动执行此操作，可以首先选择适当的水平和垂直刻度来构建频数多边形。

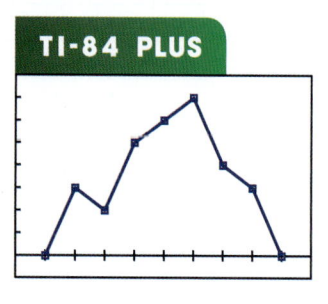

水平刻度应由组中点组成，垂直刻度应由适当的频数值组成。然后画出代表每组的中点和频数的点。用线段连接这些点后，绘制柱状图的条形。

频率直方图与相应的频数直方图具有相同的形状和水平刻度。不同之处在于，垂直刻度度量的是频率而不是频数。

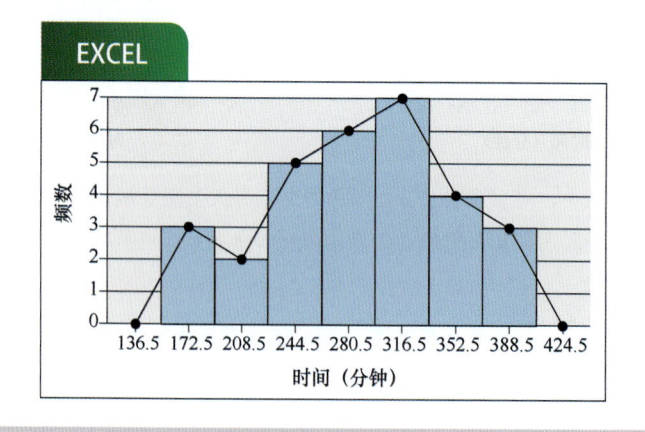

【例题 5】构建频率直方图

绘制例题 2 中频数分布的频率直方图。

解答：

右图为频率直方图。注意，直方图的形状与例题 3 中构建的频数直方图的相同。唯一的区别是垂直刻度度量的是频率。

解释： 从这幅图中可以看到，0.2 或 20%的成年人的手机屏幕使用时间在 262.5 分钟和 298.5 分钟之间，而在例题 3 的频数直方图中这并不明显。

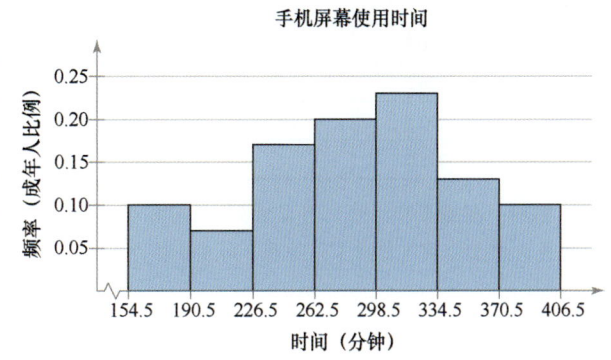

自测题 5

使用自测题 2 中的频数分布构建一个频率直方图，表示 55 支获胜球队的得分。

为了描述小于或等于某个值的数据项数，构建一个累积频数图。

> **定义** 累积频数图或累积曲线是一种线形图，显示每组在其上一组的边界的累积频数。横轴表示上边界，纵轴表示累积频数。

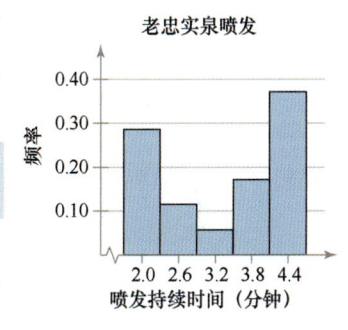

描绘世界

老忠实泉是黄石国家公园中一个定期喷发的间歇泉。右面的频率直方图显示了喷发样本的时间跨度。约 50%的喷发至少持续多少分钟？

指南 构建累积频数图

1. 构建一个频数分布，累积频数作为其中的一列。
2. 指定水平和垂直刻度。水平刻度由上一组的边界组成，垂直尺度度量累积频数。
3. 绘制表示上一组的边界及其相应累积频数的点。
4. 用线段从左到右依次连接各点。
5. 图形应从第一组的下边界开始(累积频数为 0)，并在最后一组的上边界结束(累积频数等于样本量)。

【例题 6】构建累积频数图

绘制例题 2 中频数分布的累积频数图。

解答：

使用累积频数，可以构建如下图所示的累积曲线。上一组的边界、频数和累积频数如下表所示。注意，该图始于 154.5，其中累积频数为 0；终于 406.5，其中累积频数为 30。

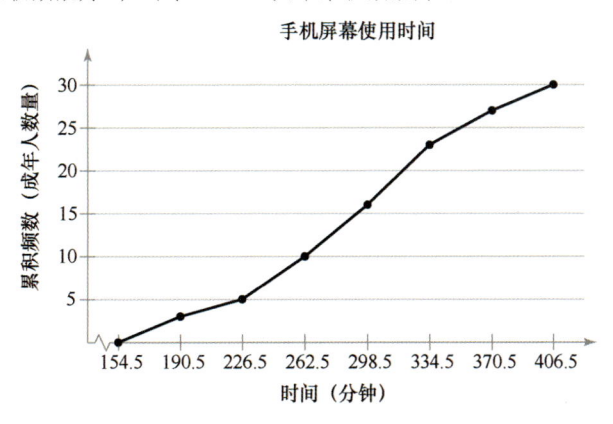

上一组的边界	f	累积频数	上一组的边界	f	累积频数
190.5	3	3	334.5	7	23
226.5	2	5	370.5	4	27
262.5	5	10	406.5	3	30
298.5	6	16			

解释：根据累积曲线，可以看到10名成年人的手机屏幕使用时间为262.5分钟或更少。此外，累积频数的最大增加出现在298.5分钟和334.5分钟之间，因为线段在这两组的边界之间最陡。

自测题6

使用自测题2中的频数分布构建累积曲线，表示55支获胜球队的得分。另一种组型的累积曲线使用百分比而非频数作为纵轴（见2.5节中的例题5）。

若有MINITAB、EXCEL、STATCRUNCH或TI-84 PLUS等软件，就可用它们绘制本节中讨论的图形。

【例题7】使用软件绘制直方图

使用软件绘制例题2中频数分布的直方图。

解答：

使用软件TI-84 PLUS，可以绘制类似于下方的直方图。要研究图形，可以使用"跟踪"功能。按Trace键后，显示第一组的中点和频数，如下图所示。使用右箭头键和左箭头键可在各个条形之间移动。

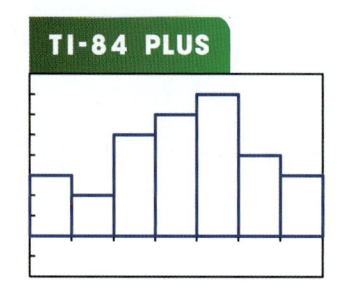

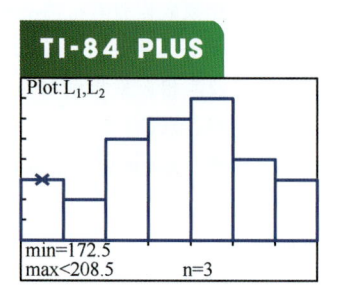

下图为使用MINITAB、EXCEL和STATCRUNCH绘制的直方图。

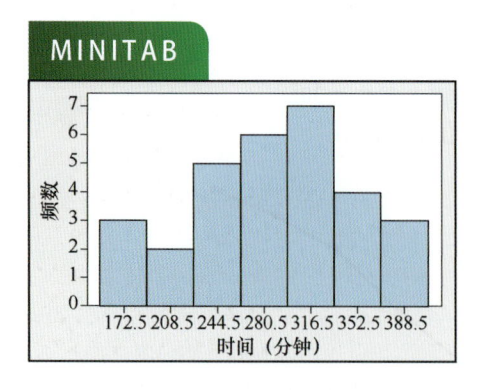

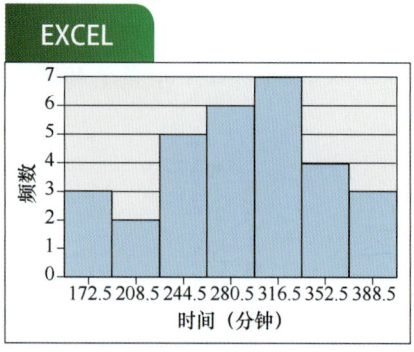

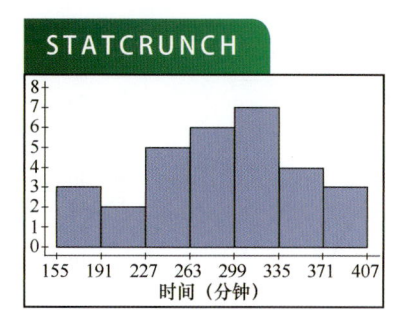

自测题 7

使用自测题 2 中的软件和频数分布构建频数直方图，表示 55 支获胜球队的得分。

2.1.3 习题

掌握基本技能和词汇

01. 使用频数分布表示数据集有哪些好处？使用频数分布图有哪些好处？
02. 为什么频数分布中的组数应在 5 和 20 之间？
03. 组限和组边界的区别是什么？
04. 频率和累积频数的区别是什么？
05. 构建扩展频数分布后，频数的总和应是多少？
06. 频数多边形和累积曲线有何区别？

判断正误。对习题 07~10，判断句子的正误并写出正确的句子。

07. 在频数分布中，组宽是组的下限和上限之间的距离。
08. 两个连续中点之间的差值等于组宽。
09. 累积频数图可以从左到右下降。
10. 组边界确保直方图的连续条形相互接触。

在习题 11~14 中，使用数据集和组数的已知信息求组宽、组下限和组上限。

11. 最小值 = 9，最大值 = 64，7 组。
12. 最小值 = 12，最大值 = 88，6 组。
13. 最小值 = 17，极差 = 118，8 组。
14. 最大值 = 247，极差 = 93，10 组。

阅读习题 15 和 16 中的频数分布，使用频数分布求 (a)组宽、(b)组中点和(c)组边界。

15. 上班时间（分钟）

组	频数 f	组	频数 f
0~10	188	44~54	83
11~21	372	55~65	76
22~32	264	66~76	32
33~43	205		

16. 俄亥俄州托莱多的平均正常温度（℉）

组	频数 f	组	频数 f
25~32	86	57~64	43
33~40	39	65~72	68
41~48	41	73~80	40
49~56	48		

17. 使用习题 15 中的频数分布构建扩展的频数分布，如例题 2 所示。
18. 使用习题 16 中的频数分布构建扩展的频数分布，如例题 2 所示。

图形分析。在习题 19 和 20 中，使用频数直方图：(a)求组数；(b)估计最大频数和最小频数；(c)求组宽；(d)描述数据的模式。

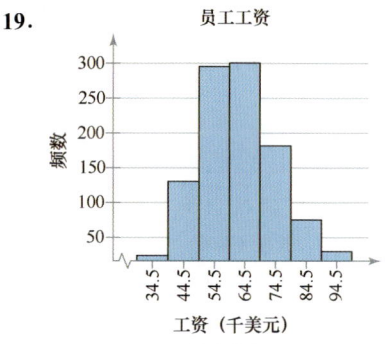

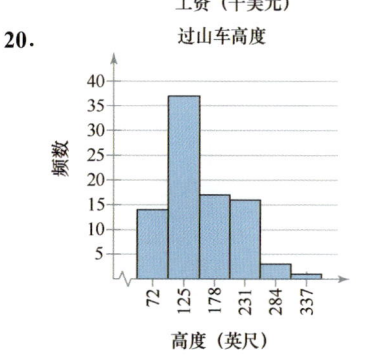

19.
20.

第 2 章 描述统计学

图形分析。在习题 21 和 22 中，使用频数多边形识别频数最大的组和频数最小的组。

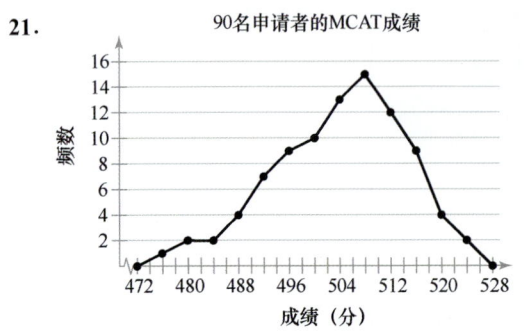

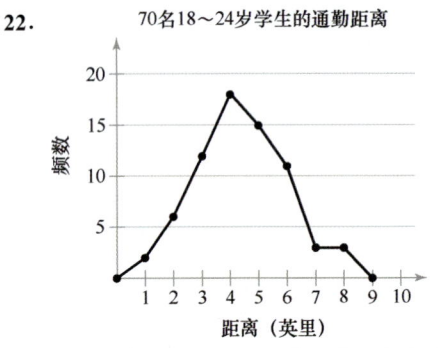

21. 90名申请者的MCAT成绩

22. 70名18~24岁学生的通勤距离

图形分析。在习题 23 和 24 中，使用频率直方图：(a)求频率最大的组和最小的组；(b)求近似最大和最小频率；(c)描述数据的模式。

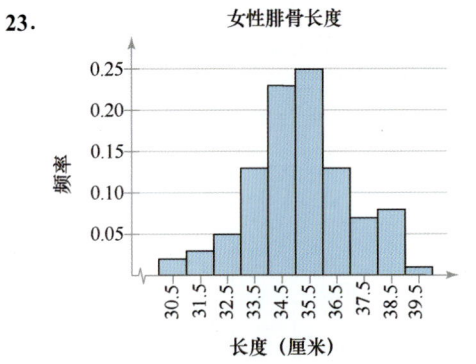

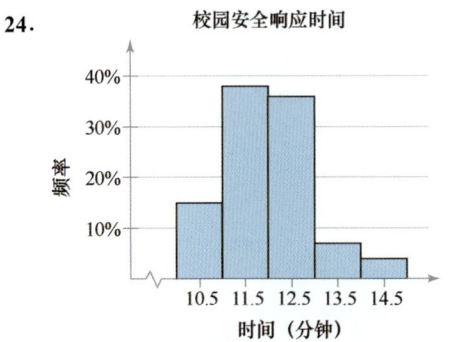

23. 女性腓骨长度

24. 校园安全响应时间

图形分析。在习题 25 和 26 中，使用累积曲线近似：(a)样本中的数字；(b)频数增加最多的位置。

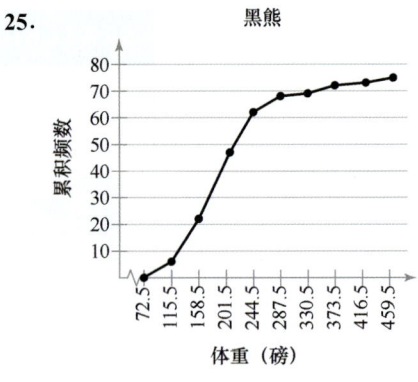

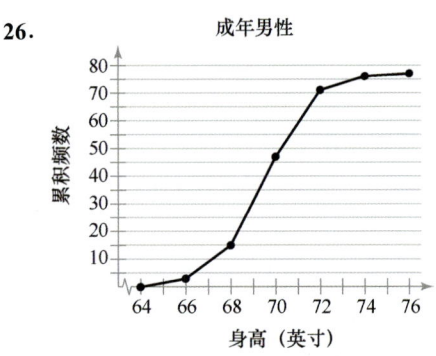

25. 黑熊

26. 成年男性

27. 使用习题 25 中的累积曲线近似：(a)重量为 201.5 磅的累积频数；(b)累积频数为 68 的权重；(c)体重为 158.5~244.5 磅的黑熊数量；(d)体重超过 330.5 磅的黑熊数量。

28. 使用习题 26 中的累积曲线近似：(a)身高为 72 英寸的累积频数；(b)累积频数为 15 的高度；(c)身高为 68~72 英寸的成年男性人数；(d)身高超过 70 英寸的成年男性人数。

使用和解释概念

构建频数分布。在习题 29 和 30 中，使用给定的组数构建数据集的频数分布，表中应包括中点、频率和累积频数。哪组的组频数最大？哪组的组频数最小？

29. YouTube 观看次数

    组数：5。

    数据集：一天内观看 YouTube 视频的时间（分钟）：100 32 125 164 123 149 73 88 87 104 110 98 122 28 177 69 90 68 125 90 118 123 139 175。

30. 教科书支出

    组数：6。

    数据集：一个学期花在教科书上的费用（美元）：91 472 279 249 530 376 188 341 266 199 142 273 189 130 489 266 248 101 375 486 190 398 188 269 43 30 127 354 84 319。

构建频数分布和频数直方图。在习题31～34中，使用指定的组数构建数据集的频数分布和频数直方图并描述模式。

31．销售额

组数：6。

数据集：某公司21名销售代表7月的销售额（美元）：2114 2468 7119 1876 4105 3183 1932 1355 4278 2000 1077 5835 1512 1697 2478 3981 1643 1858 1500 4608 1000。

32．胡椒辣度

组数：5。

数据集：24种塔巴斯科辣椒的辣度（千斯科维尔）：35 51 44 42 37 38 36 39 44 43 40 42 32 39 41 38 42 39 40 46 37 35 41 39。

33．反应时间

组数：8。

数据集：30名成年女性对听觉刺激的反应时间（毫秒）：507 389 305 291 336 310 514 442 373 428 387 454 323 441 388 426 411 382 320 450 309 416 359 388 307 337 469 351 422 413。

34．完成时间

组数：8。

数据集：21名参赛者10千米赛跑的完成时间（秒）：3449 2645 3255 3712 4183 3896 3760 5008 3983 2855 3789 3176 2923 2281 2574 2252 4223 2588 2243 2837 3292。

构建频数分布和频数多边形。在习题35和36中，使用给定的组数为数据集构建频数分布和频数多边形并描述模式。

35．总统年龄

组数：7。

数据集：美国总统就职时的年龄（岁）：57 61 57 57 58 57 61 54 68 51 49 64 50 48 65 52 56 46 54 49 51 47 55 55 54 42 51 56 55 51 54 51 60 62 43 55 56 61 52 69 64 46 54 47 70 78。

36．独立宣言

组数：5。

数据集：签署《独立宣言》的人的子女数（个）：5 2 12 18 7 4 10 8 16 3 3 7 1 2 7 13 0 8 3 7 5 2 6 0 6 7 9 0 11 9 10 7 8 13 5 3 5 0 3 13 3 15 6 3 2 5 2 0 3 7 12 4 1。

构建频数分布和频率直方图。在习题37～40中，使用五组构建数据集的频数分布和频率直方图。哪组的频率最大？哪组的频率最小？

37．味觉测试

数据集：36人在品尝一种新口味的蛋白棒后，给出了从1（最低）到10（最高）的评分：2 6 9 2 9 9 6 10 5 8 7 6 5 10 1 4 9 3 4 5 3 6 5 2 4 9 2 9 3 3 6 5 1 9 4 2。

38．服务年限

数据集：28名俄亥俄州政府员工的服务年限（年）：13 8 10 9 10 9 13 11 10 11 7 9 14 13 11 12 8 15 13 10 9 11 10 12 14 9 15 19。

39．斐济环纹鬣蜥

数据集：28只成年斐济环纹鬣蜥的长度（厘米）：68 65 70 61 60 60 69 61 64 74 64 62 70 70 63 75 74 71 70 66 72 64 67 66 70 73 72 70。

40．甘油三酯水平

数据集：28名患者的甘油三酯水平（毫克/分升）：209 140 155 170 265 138 180 295 250 320 270 225 215 390 420 462 150 200 400 295 240 200 190 145 160 175 195 223。

构建累积频数分布和累积曲线。在习题41和42中，使用六组构建数据集的累积频数分布和累积曲线，并描述频数增加最大的位置。

41．退休年龄

数据集：35位英语教授的退休年龄（岁）：72 62 55 61 53 62 65 66 69 55 66 63 67 69 55 65 67 57 67 68 73 75 65 54 71 57 52 58 58 71 72 67 63 65 61。

42．饱和脂肪摄入量

数据集：28人每日饱和脂肪摄入量（克）：18 12 14 19 20 26 12 17 19 13 8 20 25 16 13 14 22 16 11 13 17 14 15 11 13 15 23 7。

在习题43和44中，使用数据集和给定的组数构建：(a)扩展频数分布；(b)频数直方图；(c)频数多边形；(d)频率直方图；(e)累积曲线。

43．脉搏率

组数：6

数据集：一个班所有学生的脉搏率（次/分）：68 105 95 80 90 100 75 70 84 98 102 70 65 88 90 75 78 94 110 120 95 80 76 108。

44．医院

组数：8

数据集：美国50个州和5个有人居住地区的医院数量（家）：10 90 51 1 77 341 56 34 8 214 111

3 14 40 18 142 102 55 75 108 72 53 19 105 55 83 1 69 19 108 10 27 14 78 37 31 186 146 90 37 177 52 11 67 25 100 361 35 91 2 7 61 78 33 14。

概念扩展

45. 你会怎么做？你在一家银行工作，被要求推荐每天存入自动取款机的现金数量。你不想投入太多（怕引发安全问题）或太少（怕引发客户不满）。下面列出了 30 天内的每日提款数量（百美元）：72 84 61 76 104 76 86 92 80 88 98 76 97 82 84 67 70 81 82 89 74 73 86 81 85 78 82 80 91 83。(a)构建数据的频率直方图，使用 8 组；(b)若每天在自动取款机中存入 9000 美元，预计一个月内有百分之多少的日子会用完现金？(c)如果你愿意在 10%的日子里用完现金，每天应在自动取款机中存入多少现金？

46. 你会怎么做？大学招生部门被要求提供大学所能接受的全日制学生的最低 SAT 分数。下面列出了 50 名申请者的 SAT 成绩（分）：1170 1000 910 870 1070 1290 920 1470 1080 1180 770 900 1120 1070 1370 1160 970 930 1240 1270 1250 1330 1010 1010 1410 1130 1210 1240 960 820 650 1010 1190 1500 1400 1270 1310 1050 950 1150 1450 1290 1310 1100 1330 1410 840 1040 1090 1080。(a)构建数据的频率直方图，使用 10 组；(b)如果将最低分数定为 1070 分，那么达到这一要求的申请人的百分比是多少？(c)如果想接受前 88%的申请人，最低分数应是多少？

47. 使用列出的数据集和软件创建有 5、10 和 20 组的频数直方图。哪幅图显示的数据最好？2 7 3 2 11 3 15 8 4 9 10 13 9 7 11 10 1 2 12 5 6 4 2 9 15 14。

2.2 其他图形和显示

学习目标
▶ 使用茎叶图和点图绘制与解释定量数据集
▶ 使用饼图和帕累托图绘制与解释定性数据集
▶ 使用散点图和时间序列图绘制与解释成对数据集

2.2.1 绘制定量数据集的图形

2.1 节介绍了几种以图形方式显示定量数据的方法。本节介绍更多显示定量数据的方法，首先介绍茎叶图。茎叶图是探索性数据分析（EDA）的示例，由 John Tukey 于 1977 年开发。

在茎叶图中，每个数字都分为茎（如数据项最左侧的数字）和叶（如数据项最右侧的数字）。叶数应与原始数据集中的数据项数相同，且是个位数。茎叶图类似于柱状图，优点是图形中仍包含原始数据。另一个优点是，它提供对数据进行排序的简单方法。

【例题 1】绘制茎叶图

下面的数据集列出了 50 名美国成年人一天发送的短信数量(条)：75 49 104 59 88 123 75 109 68 81 66 80 78 69 55 76 114 98 73 18 42 84 46 52 25 25 26 33 25 20 32 24 43 17 49 27 32 29 29 40 23 33 30 41 35 38 36 54 30 148。在茎叶图中显示数据并描述模式。

解答：

因为数据项从低（17）到高（148），所以应使用从 1 到 14 的茎值。要绘制图形，可将这些茎列在垂线的左侧。对于每个数据项，在茎右侧列出一片叶子。例如，数据项 104 有茎 10 和叶 4。按从左到右的递增顺序绘制茎叶图，一定要包括一个主值。

短信发送条数

```
 1 | 7 8                              主值:10|4 = 104
 2 | 0 3 4 5 5 5 6 7 9 9
 3 | 0 0 2 2 3 3 5 6 8
 4 | 0 1 2 3 6 9 9
 5 | 2 4 5 9
 6 | 6 8 9
 7 | 3 5 5 6 8
 8 | 0 1 4 8
 9 | 8
10 | 4 9
11 | 4
12 | 3
13 |
14 | 8
```

解释：从图中可以看到，超过50%的手机用户发送了20~50条短信。

提示：重要的是，要包括茎叶图的主值，以识别数据项。这是通过显示由一个茎和一片叶子表示的数据项来完成的。

自测题 1

使用茎叶图组织 55 支获胜球队的得分并描述模式。

【例题 2】绘制茎叶图的变体

使用每个茎有两行的茎叶图来显示例题 1 中的数据集并描述模式。

解答：

使用例题 1 中的茎叶图，但将每个茎列出两次。在第一个茎行中使用叶子 0、1、2、3 和 4，在第二个茎行中使用叶子 5、6、7、8 和 9。右侧显示了修改后的茎叶图。注意，在每个茎中使用两行可以获得详细的数据图。

解释：从图中可以看到大部分手机用户发送的短信为 20~80 条。

自测题 2

修改在自测题 1 中绘制的茎叶图，每个茎使用两行，并描述模式。

还可使用点图来绘制定量数据。在点图中，使用横轴上方的点来绘制每个数据项。像茎叶图那样，通过点图可以查看数据的分布规律，以确定特定的数据项，并识别异常数据项。

提示：可以使用茎叶图识别异常数据项，这种数据项称为离群值。在例题 1 和 2 中，数据项 148 是离群值。2.3 节介绍有关离群值的更多知识。

【例题 3】绘制点图

使用点图显示例题 1 中的数据集并描述模式：75 49 104 59 88 123 75 109 68 81 66 80 78 69 55 76 114 98 73 18 42 84 46 52 25 26 33 25 20 32 24 43 17 49 27 32 29 29 40 23 33 30 41 35 38 36 54 30 148。

短信发送条数

```
 1 |                                  主值:10|4 = 104
 1 | 7 8
 2 | 0 3 4
 2 | 5 5 5 6 7 9 9
 3 | 0 0 2 2 3 3
 3 | 5 6 8
 4 | 0 1 2 3
 4 | 6 9 9
 5 | 2 4
 5 | 5 9
 6 |
 6 | 6 8 9
 7 | 3
 7 | 5 5 6 8
 8 | 0 1 4
 8 | 8
 9 |
 9 | 8
10 | 4
10 | 9
11 | 4
11 |
12 | 3
12 |
13 |
13 |
14 |
14 | 8
```

解答：

为了使每个数据项都包含在点图中，横轴应包含 15 到 150 之间的数字。要表示数据项，可在轴上的数据项位置上方绘制一个点。当数据项重复时，就在前一个点的上方绘制另一个点。

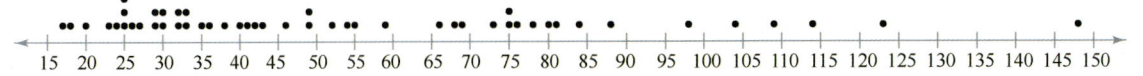

从点图可以看出，大多数数据项出现在 20 到 80 之间，只有 5 人发送了超过 100 条短信。还可看到，148 是一个异常数据项。

自测题 3

使用点图显示 55 支获胜球队的得分并描述模式。

可以使用软件绘制点图。例如，短信数据的 MINITAB 和 STATCRUNCH 点图如下所示。

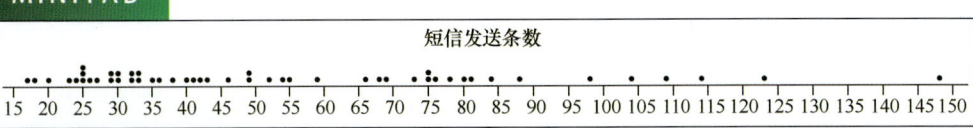

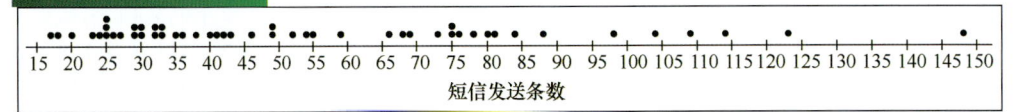

2.2.2 绘制定性数据集

饼图以图形方式将定性数据表示为整体的百分比。饼图呈圆形，被划分为代表各组的扇区。每个扇区的面积与每组的频数成正比。在大多数情况下，饼图可用软件来绘制。例题 4 中显示了如何人工绘制饼图。

【例题 4】绘制饼图

2019 年获得学位如下表所示，使用饼图显示数据。

2019 年获得学位

学位类型	数量（千个）	学位类型	数量（千个）
副学士	1037	硕士	834
学士	2013	博士	188

解答：

首先求出每组的频率或百分比，然后使用每组对应的圆心角构建饼图。要求出中心角，可用 360° 乘以组的频率。例如，关联度数的圆心角为 360°×0.255 ≈ 91.8°。

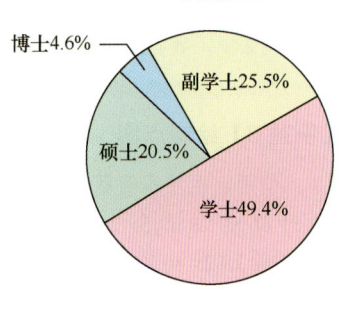

学位类型	f	数量（千个）	角度	学位类型	f	数量（千个）	角度
副学士	1037	0.255	91.8°	硕士	834	0.205	73.8°
学士	2013	0.494	177.8°	博士	188	0.046	16.6°

解释： 从饼图中可以看出，2019 年获得学位中约有一半是学士。

自测题 4

2010 年授予的学位数量如下表所示。使用饼图组织数据，并将 2010 年的数据与 2019 年的数据进行比较。

2010 年授予的学位数量

学位类型	数量（千个）	学位类型	数量（千个）
副学士	849	硕士	693
学士	1650	博士	159

可以使用软件绘制饼图。例如，右侧显示了 2019 年授予学位的 EXCEL 饼图。

绘制定性数据的另一种方法是使用帕累托图。帕累托图是一种垂直条形图，其中每个条形的高度都表示频数或频率。条形按高度递减的顺序排列，最高的条形位于最左侧。这样的定位有助于突出重要数据，且在业务中经常使用。

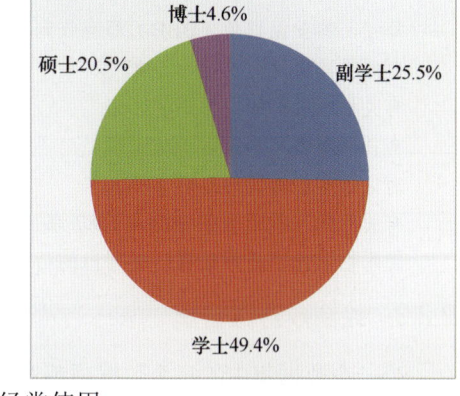

描绘世界

根据美国劳工统计局的数据，收入随教育程度的提高而增加。按教育程度划分的平均周收入数据显示在右方的帕累托图表中。

拥有副学士学位的普通员工比拥有高中文凭的普通员工一年（52 周）多赚多少钱？

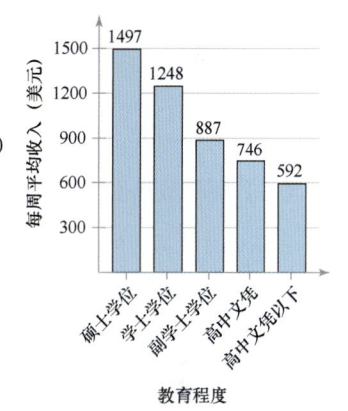

【例题 5】绘制帕累托图

2019 年的美国人五大死因如下。

事故：173040 起

癌症：599601 人

慢性下呼吸道疾病：156979 人

心脏病：659041 人

中风（脑血管疾病）：150005 人

使用帕累托图显示数据。2019 年美国人的主要死因是什么？

解答：

使用频数作为纵轴，可以构建如下所示的帕累托图。

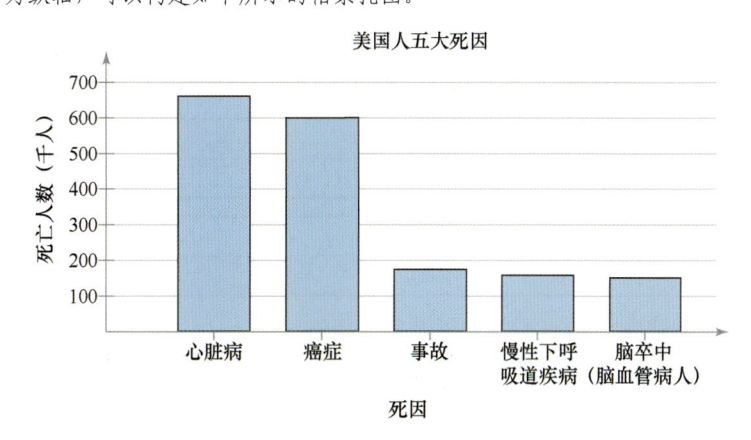

解释：从帕累托图可以看到，2019 年美国人的主要死因是心脏病。此外，心脏病和癌症导致的死亡人数比其他三种原因加起来还多。

自测题 5

每年，商业促进局（BBB）都会收到客户的投诉。以下是 BBB 于 2019 年收到的一些投诉。

有关屋顶承建商的投诉 5987 宗

有关托收机构的投诉 14878 宗

有关保险公司的投诉 10871 宗

有关新车经销商的投诉 23848 宗

有关互联网营销服务的投诉 1687 宗

使用帕累托图显示数据。在列出的行业中，哪个行业是最大的投诉来源？

2.2.3 绘制成对数据集

当一个数据集中的每个数据项都对应于第二个数据集中的一个数据项时，就称两个数据集为成对数据集。例如，第一个数据集中包含一个数据项的成本，第二个数据集中包含该数据项在每个成本下的销售额。因为每个成本对应一个销售额，所以数据集是成对的。绘制成对数据集的一种方法是使用散点图，其中的有序对被绘制为坐标平面上的点。散点图用于显示两个定量变量间的关系。

【例题 6】解释散点图

英国统计学家罗纳德·费舍尔引入了一个著名的数据集，称为费舍尔鸢尾花数据集。该数据集描述了三种鸢尾花的物理特征，如花瓣长度和花瓣宽度（毫米）。在右图所示的散点图中，花瓣长度形成第一个数据集，花瓣宽度形成第二个数据集。随着花瓣长度的增加，花瓣宽度发生什么变化？

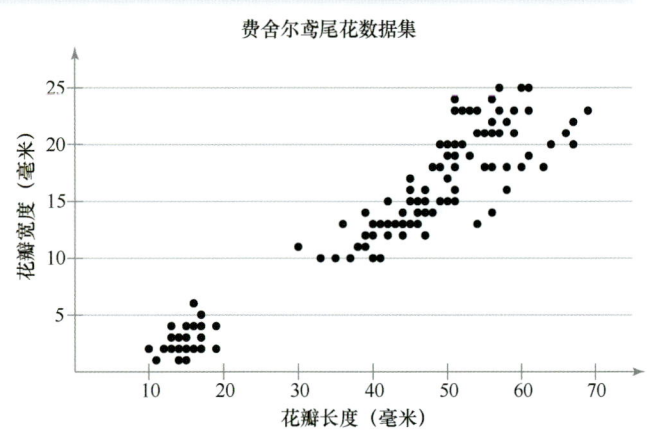

解答：

横轴表示花瓣长度，纵轴表示花瓣宽度。散点图中的每个点都代表一朵花的花瓣长度和花瓣宽度。

解释：从散点图可以看出，随着花瓣长度的增加，花瓣宽度也有增加的趋势。

自测题 6

下表列出了 10 名员工的雇佣期限和工资。使用散点图绘制数据并描述趋势。

雇佣期限（年）	5	4	8	4	2
工资（美元）	36000	36500	45000	31350	28000

雇佣期限（年）	10	7	6	9	3
工资（美元）	48000	46650	44225	50100	32000

第 9 章中将介绍更多关于散点图的知识及其分析方法。

由一段时间内以固定间隔取得的定量数据项组成的数据集称为时间序列。例如，一个月内每天测量的降水量就是一个时间序列。可以使用时间序列图绘制时间序列。

【例题 7】绘制时间序列图

下表列出了 2009 年至 2019 年美国入室盗窃案件和抢劫案件的数量。绘制入室盗窃案件数量的时间序列图并描述趋势。

年	入室盗窃案件（百万起）	抢劫案件（千起）	年	入室盗窃案件（百万起）	抢劫案件（千起）
2009	2.20	409	2015	1.59	328
2010	2.17	369	2016	1.52	333
2011	2.19	355	2017	1.40	321
2012	2.11	355	2018	1.24	281
2013	1.93	345	2019	1.12	268
2014	1.71	323			

解答：

横轴表示年份，纵轴表示入室盗窃案件数量，绘制成对数据，并用线段将它们连接起来。

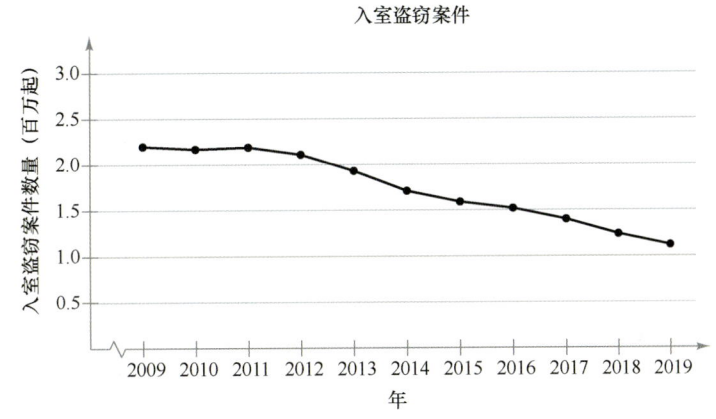

解释： 时间序列图显示，入室盗窃案件数量在 2011 年之前基本保持不变，但在 2019 年有所减少。

自测题 7

使用例题 7 中的表格绘制 2009 年至 2019 年抢劫案件数量的时间序列图并描述趋势。

2.2.4 习题

培养基本技能和词汇

01. 说出一些以图形方式显示定量数据和定性数据的方法。
02. 茎叶图相对于直方图的优缺点是什么？
03. 在显示数据方面，茎叶图与点图有何相似之处？
04. 帕累托图与标准的垂直条形图有何不同？

在习题 05～08 中，根据上下文绘制图表，并使其与样本的描述相匹配。(a)样本中员工开车上班所需的时间（分钟）；(b)样本中金融专业学生的平均成绩（分）；(c)样本中高性能跑车的最高速度（英里/小时）；(d)样本中养老院居民的年龄（岁）。

05.
```
0 | 8           主值:0|8 = 0.8
1 | 5 6 8
2 | 1 3 4 5
3 | 0 9
4 | 0 0
```

06.
```
6 | 7 8         主值:6|7 = 67
7 | 4 5 5 8 8 8
8 | 1 3 5 5 8 8 9
9 | 0 0 0 2 4
```

07.

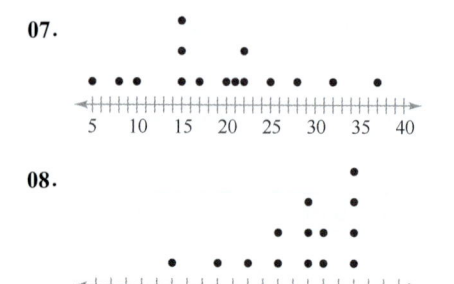

(点图：5–40范围，数据点分布)

08.

(点图：200–220范围)

图形分析。 在习题 09～12 中，使用茎叶图或点图列出实际数据项。最大数据是多少？最小数据是多少？

09.

2	7
3	2
4	1 3 3 4 7 7 8
5	0 1 1 2 3 3 3 4 4 4 4 5 6 6 8 9
6	8 8 8
7	3 8 8
8	5

主值：2|7 = 27

10.

12	
12	9
13	3
13	6 7 7
14	1 1 1 3 4 4
14	6 9 9
15	0 0 0 1 2 4
15	6 7 8 8 8 9
16	1
16	6 7

主值：12|9 = 12.9

11.

(点图：13–19范围)

12.

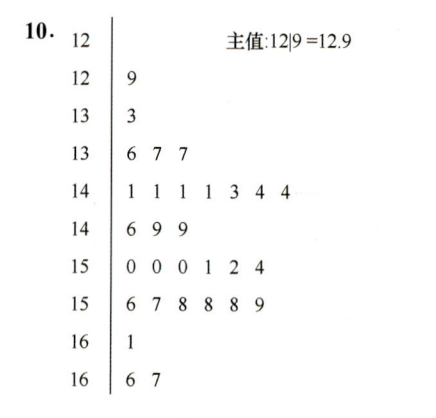

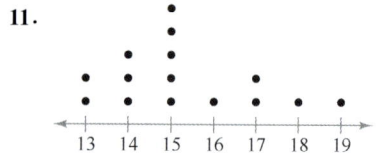

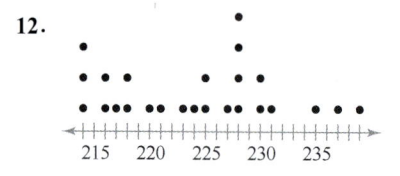

(点图：215–235范围)

图形分析。 在习题 13～16 中，给出三个可以从图表中观察到的结果。

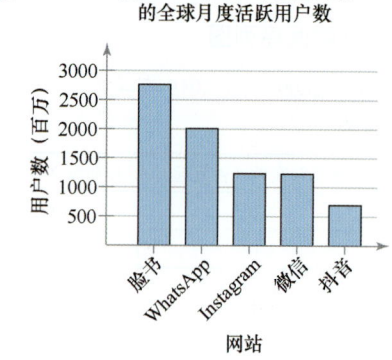

13. 截至2021年1月5个社交网站的全球月度活跃用户数

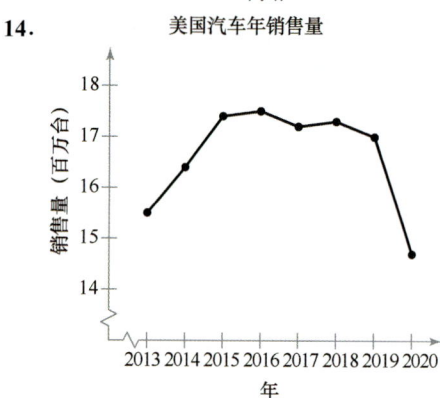

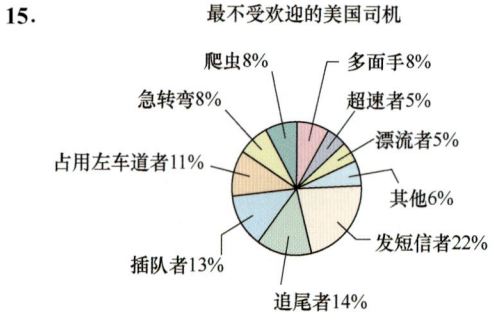

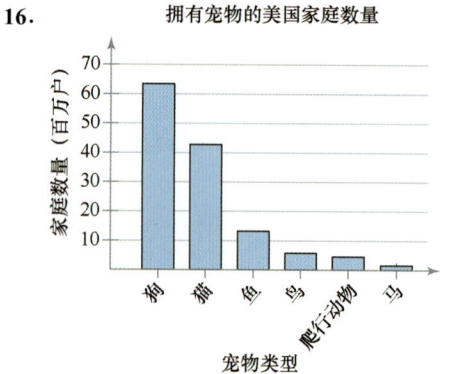

(条形图：脸书 ~2750、WhatsApp ~2000、Instagram ~1200、微信 ~1200、抖音 ~650，单位：用户数（百万），横轴：网站)

14. 美国汽车年销售量

(折线图：2013–2020年，单位：销售量（百万台），纵轴14–18)

15. 最不受欢迎的美国司机

(饼图：爬虫8%、多面手8%、急转弯8%、超速者5%、漂流者5%、占用左车道者11%、其他6%、发短信者22%、插队者13%、追尾者14%)

16. 拥有宠物的美国家庭数量

(条形图：狗~63、猫~43、鱼~13、鸟~5、爬行动物~4、马~2，单位：家庭数量（百万户），横轴：宠物类型)

绘制数据集。 在习题 17～32 中，使用指定的图表类型显示数据并描述模式。

17. 考试分数。 使用茎叶图显示数据，数据是生物课期中考试的分数（分）：75 85 90 80 87 67 82

40　统计学与生活（第8版）

88 95 91 73 80 83 92 94 68 75 91 79 95 87 76 91 85。

18. **护士**。使用茎叶图显示数据，数据是 24 名护士每周工作的时间（小时）：40 40 35 48 38 40 36 50 32 36 40 35 30 24 40 36 40 36 40 39 33 40 32 38。

19. **冰层厚度**。使用茎叶图显示数据，以下数据是在冰湖上 20 个不同位置测量的冰层厚度（厘米）：5.8 6.4 6.9 7.2 5.1 4.9 4.3 5.8 7.0 6.8 8.1 7.5 7.2 6.9 5.8 7.2 8.0 7.0 6.9 5.9。

20. **番茄价格**。使用茎叶图显示下表中所示的数据，数据是 30 家零售商店收取新鲜番茄的月平均价格（美元/磅）。

番茄价格（美元/磅）				
1.71	1.60	1.83	1.64	2.07
2.08	1.54	1.78	1.82	1.91
1.57	1.64	1.74	1.87	1.61
2.13	1.63	1.79	2.07	1.68
1.97	1.61	1.93	1.98	1.66
2.11	1.77	1.89	1.86	1.78

21. **收入最高的运动员**。使用茎叶图显示数据，每个茎有两行，代表前 30 名收入最高的运动员的收入（百万美元）：39 42 41 45 48 106 45 88 54 61 37 62 74 40 47 56 57 105 96 37 48 41 64 52 47 45 59 49 104。

22. **选举人票**。使用茎叶图显示数据，每个茎有两行，数据是 50 个州和哥伦比亚特区的选举人票数量：9 3 11 6 55 9 7 3 16 4 4 20 11 6 6 8 4 10 11 16 10 6 10 3 5 6 4 14 5 29 15 3 18 7 7 20 4 9 3 11 38 6 3 13 12 5 10 3。

23. **收缩压**。使用点图显示数据，数据是医生办公室中 24 名患者的收缩压（毫米汞柱）：120 135 140 145 130 150 120 170 145 130 110 160 180 200 150 200 135 120 130 170 165 140。

24. **家蝇的寿命**。使用点图显示数据，数据是 30 只家蝇的寿命（天）：9 9 4 11 10 5 13 9 7 11 6 8 14 10 6 10 10 7 14 11 7 8 6 13 10 14 8 13 10。

25. **教育程度**。使用饼图显示数据，数据是获得各级教育的平民非机构化美国成年人的数量（百万名）。

非高中毕业生	26.6
高中毕业生	70.9
无学位大学生	45.0
副学士学位大学生	24.5
学士学位大学生	53.3
硕士学位人员	22.5
博士或专业学位人员	7.7

26. **伦敦马拉松**。使用饼图显示数据，数据是截至 2020 年各国伦敦马拉松男子冠军数（名）。

美国	2	挪威	1
英国	6	日本	2
丹麦	1	肯尼亚	15
苏联	1	葡萄牙	3
墨西哥	3	西班牙	1
摩洛哥	2	埃塞俄比亚	4

27. **智能手机销量**。2020 年最畅销的五家智能手机制造商分别是苹果（2.061 亿部）、华为（1.890 亿部）、三星（1.667 亿部）、vivo（1.117 亿部）和小米（1.478 亿部）。使用帕累托图显示数据。

28. **死因**。从 2020 年 1 月 1 日到 2021 年 3 月 11 日，全球前五大死因是下呼吸道感染（约 2971000 人）、中风（约 7809000 人）、慢性阻塞性肺病（约 3910000 人）、缺血性心脏病（约 10890000 人）和新冠肺炎（约 3068000 名）。使用帕累托图显示数据。

29. **时薪**。使用散点图显示下表中的数据，数据代表 12 名生产工人的工作小时数和时薪（美元）。

小时	时薪（美元）	小时	时薪（美元）
33	17.16	40	18.65
37	14.98	33	17.05
34	15.79	28	15.54
40	16.71	45	15.33
35	16.80	37	16.57
33	16.51	28	15.17

30. **工资**。使用散点图显示下表中的数据，数据是 10 个学区中每名教师的学生数和教师的平均工资。

每名教师的学生数	教师的平均工资（千美元）
16.6	66.4
22.8	45.4
24.3	72.5
16.2	50.9
15.6	55.2
20.0	56.7
13.2	77.0
22.2	59.8
23.0	46.0
14.1	45.4

解答：

各人的体重之和为 274 + 235 + 223 + 268 + 290 + 285 + 235 = 1810。样本中有 7 名成年人，因此 $n = 7$。为了求平均体重，将体重之和除以样本中成年人的数量：

$$\bar{x} = \frac{\sum x}{n} = \frac{1810}{7} \approx 258.6$$

因此，成年人的平均体重约为 258.6 磅。

自测题 1

下面列出了美国橄榄球联盟 2005 至 2020 赛季超级碗获胜球队的得分，求均值。

21 29 17 27 31 31 21 34 43 28 24 34 41 13 31 31

提示： 注意，例题 1 中的均值比原始数据集多一个小数位。当需要对均值进行四舍五入时，文中将使用这种四舍五入规则。另一个重要的舍入规则是，在最后一次计算之前不进行四舍五入。

定义 数据集的中位数是数据集排序后位于数据中间的值。中位数通过将有序数据集分成两个相等的部分来度量有序数据集的中心。当数据集有奇数个数据项时，中位数是中间的数据项。当数据集有偶数个数据项时，中位数是两个中间数据项的均值。

【例题 2】求中位数

求例题 1 列出的体重的中位数。

解答：

要求体重的中位数，可先对数据排序：

223 235 235 268 274 285 290

因为有 7 个数据项（奇数），所以中位数是中间或第四个数据项，即 268 磅。

自测题 2

求 55 支获胜球队得分的中位数。

在数据集中，高于中位数的数据项数与低于中位数的数据项数相同。例如，在例题 2 中，三个体重低于 268 磅，三个体重高于 268 磅。

【例题 3】求中位数

在例题 2 中，体重为 285 磅的成年人决定不参与研究。剩下的成年人的平均体重是多少？

解答：

剩下的成年人的体重依次为 223, 235, 235, 268, 274, 290。因为有 6 项数据（偶数），所以中位数是中间两个数据项的均值，即中位数 = (235 + 268)/2 = 251.5。所以，剩下的成年人的平均体重是 251.5 磅。可以使用软件来检查你的答案，如使用 EXCEL。

EXCEL

	A	B	C	D	E	F
1	223	235	235	268	274	290
2						251.5

← = MEDIAN(A1:F1)

自测题 3

下面列出了美国橄榄球联盟 2005 至 2020 赛季超级碗获胜球队的得分，求中位数。
21 29 17 27 31 31 21 34 43 28 24 34 41 13 31 31

> **定义** 数据集的众数是以最大频数出现的数据项。一个数据集中可以有一个众数、多个众数或者没有众数。没有重复输入时，数据集中没有众数。当两个数据项以相同的最大频数出现时，每个数据项都是一个众数，这样的数据集称为双众数数据集。

【例题 4】求众数

求例题 1 中所列体重的众数。

解答：

要求出众数，首先要对数据排序：

$$223 \quad 235 \quad 235 \quad 268 \quad 274 \quad 285 \quad 290$$

从有序数据可以看出，数据项 235 出现两次，而其他数据项仅出现一次，因此体重的众数是 235 磅。

自测题 4

求 55 支获胜球队得分的众数。

【例题 5】求众数

在一场政治辩论中，一些观众被要求说出他们所属的政党。回答如下表所示，回答的众数是什么？

政　党	频数 f	政　党	频数 f
民主党	46	独立党	39
共和党	34	其他党派	5

解答：

出现频数最高的回答是民主党，所以众数是民主党。

解释： 在这个样本中，民主党人比任何其他单一党派的人都多。

自测题 5

在一项调查中，12648 名成年人被问道："如果有的话，你对当选官员以公众的最大利益行事有多大的信心？"在接受调查的人中，531 人说"很大"，4073 人说"相当大"，5970 人说"不太大"，1922 人表示"完全没有"，152 人未给出答案。这些回答中的众数是什么？

众数是唯一可用来描述定类计量尺度的集中趋势指标。但在处理定量数据时，众数很少使用。
尽管均值、中位数和众数各自描述了数据集的典型数据项，但使用每种统计量都有其优缺点。均值是一种可靠的度量，因为它考虑了数据集中的每个数据项。然而，当数据集中包含离群值时，均值会受到很大的影响。

> **定义** 离群值是数据集中与其他数据项相距甚远的数据项（2.5 节介绍求离群值的正式方法）。

虽然某些离群值是有效数据，但由于数据记录错误，可能出现其他离群值。一个数据集中可以有一个或多个离群值，导致分布中的间隔。从包含离群值的数据集中得出的结论可能是有缺陷的。

【例题 6】比较均值、中位数和众数

下面显示了一个班中学生的样本年龄（岁）。求年龄的均值、中位数和众数。有离群值吗？哪种集中趋

势指标最好地描述了数据集的典型数据项？

20 20 20 20 20 20 21 21 21 21 22 22 22 23 23 23 23 24 24 65

解答：

从下面的柱状图来看，数据项 65 似乎是离群值，因为它与班中的其他年龄相距甚远。

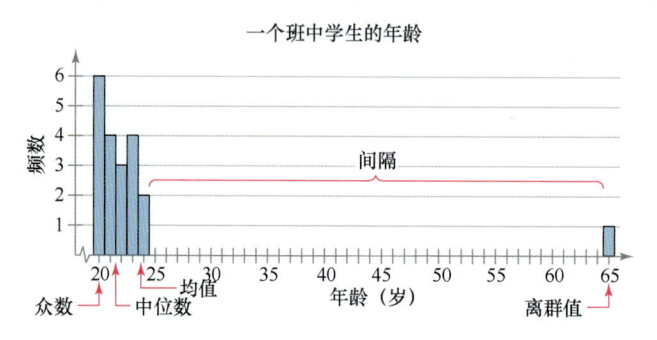

均值：$\bar{x} = \dfrac{\sum x}{n} = \dfrac{475}{20} \approx 23.8$ 岁；中位数：中位数 $= (21 + 22)/2 = 21.5$ 岁；众数：频数最高的数据项为 20 岁。

解释： 均值考虑了每个数据项，但受离群值 65 的影响。中位数也考虑了每个数据项，但不受离群值的影响。在这种情况下，众数存在，但它似乎不代表典型数据项。有时，图形比较可以帮助我们确定哪种集中趋势指标最能代表数据集。直方图显示了数据的分布以及均值、中位数和众数的位置。在这种情况下，中位数似乎最好地描述了数据集。

自测题 6

从例题 6 的数据集中删除数据项 65 后，重做这个例子。这个离群值的缺失是如何改变每个度量值的？

描绘世界

全国房地产经纪人协会一直在跟踪现有房屋的销售情况。一份清单使用的是现有房屋销售的中位数价格，另一份清单使用的是现有房屋销售的平均价格。右侧双柱状图显示了三个月内现有房屋销售价格的中位数和均值。

注意，图中每个月的平均价格都高于中位数价格。导致平均价格高于中位数价格的因素是什么？

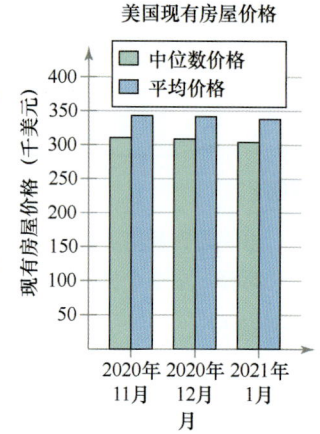

2.3.2 加权平均值和分组数据的平均值

有时，数据集中包含的数据项比其他数据项对均值的影响更大。要求出这种数据集的均值，就必须求出加权平均值。

> **定义** 加权平均值是其数据项具有可变权重的数据集的均值。加权平均值由下式给出：
>
> $$\bar{x} = \dfrac{\sum xw}{\sum w} = \dfrac{\text{数据项与权重的积之和}}{\text{权重之和}}$$
>
> 式中，w 是每个数据项 x 的权重。

【例题 7】 求加权平均值

你上学期的成绩如下表所示。评分系统分配的分数如下：A = 4，B = 3，C = 2，D = 1，F = 0。求平均分数（加权平均值）。

46　统计学与生活（第 8 版）

期末成绩	分　数	期末成绩	分　数
C	3	A	3
C	4	C	2
D	1	B	3

解答：

设 x 是分配给字母等级的分数，w 是绩点。你可在表中显示等级分数和绩点。

分数 x	分数 w	xw
2	3	6
2	4	8
1	1	1
4	3	12
2	2	4
3	3	9
	$\sum w = 16$	$\sum(x \cdot w) = 40$

$$\bar{x} = \frac{\sum xw}{\sum w} = \frac{40}{16} = 2.5$$

上个学期你的平均分数是 2.5 分。

自测题 7

假设在例题 7 中，你的两学分课程的成绩被改为 B，新加权平均值是多少？

对于以频数分布呈现的数据，可以估计均值，如下一个定义所示。

> **定义**　样本的频数分布的均值可通过下式计算：
>
> $$\bar{x} = \frac{\sum xf}{n}, \quad n = \sum f$$
>
> 式中，x 和 f 分别是每组的中点和频数。

指南　求频数分布的均值

文字表述	符号表述
1. 求每组的中点	$x = \dfrac{组下限 + 组上限}{2}$
2. 求中点与频数的乘积之和	$\sum xf$
3. 求频数之和	$n = \sum f$
4. 求频数分布的均值	$\bar{x} = \dfrac{\sum xf}{n}$

> **提示：** 对于代表总体的频数分布，其均值可通过下式计算：
>
> $$\mu = \frac{\sum xf}{N}, \quad N = \sum f$$

【例题 8】求频数分布的均值

下面的频数分布显示了最近一天 30 名美国成年人的手机屏幕使用时间（分钟）。使用频数分布估计平均屏幕使用时间。使用样本均值公式和原始数据集（见 2.1 节中的例题 1），求出平均屏幕使用时间约为 285.5 分钟，将其与估计的均值进行比较。

组中点 x	频数 f	xf
172.5	3	517.5
208.5	2	417.0
244.5	5	1222.5
280.5	6	1683.0
316.5	7	2215.5
352.5	4	1410.0
388.5	3	1165.5
	n = 30	∑ = 8631

解答：

$$\bar{x} = \frac{\sum xf}{n} = \frac{8631}{30} = 287.7$$

解释： 平均手机屏幕使用时间为287.7分钟。这个值是一个估计值，因为它基于组中点而非原始数据集。尽管没有本质上的不同，但使用原始数据集求出的285.5分钟的均值是更准确的结果。

自测题 8

使用频数分布估计55支获胜球队的得分均值（见自测题2）。使用总体均值公式和原始数据集，得出均值约为30.1分，将其与估计的均值进行比较。

2.3.3 分布形状

图形揭示了频数分布的几个特征，其中一个特征是分布形状。

定义 当通过分布图的中间画一条垂线且所得的一半近似为镜像时，频数分布是对称的。当分布中的所有数据项或组具有相等或近似相等的频数时，频数分布是均匀的（或矩形的）。均匀分布也是对称的。当图形的尾部向一侧比向另一侧伸得更长时，频数分布是偏斜的。当分布的尾部向左延伸时，该分布左偏斜（负偏斜）。当分布的尾部向右延伸时，该分布右偏斜（正偏斜）。

提示： 对称分布的图形并不总是钟形的（见下文）。对称分布图的其他一些可能形状是U形、M形或W形。

当分布为对称单峰分布时，均值、中位数和众数相等。当分布左偏斜时，均值小于中位数，中位数通常小于众数。当分布右偏斜时，均值大于中位数，中位数通常大于众数。

下面显示了这些常见分布的例子。

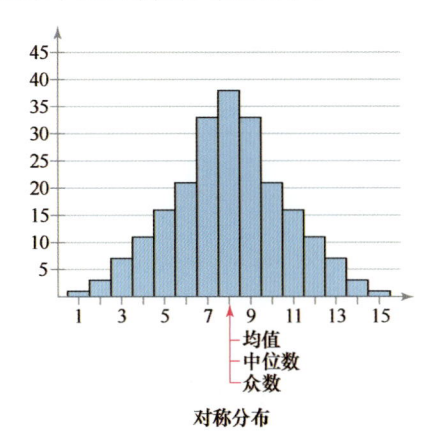

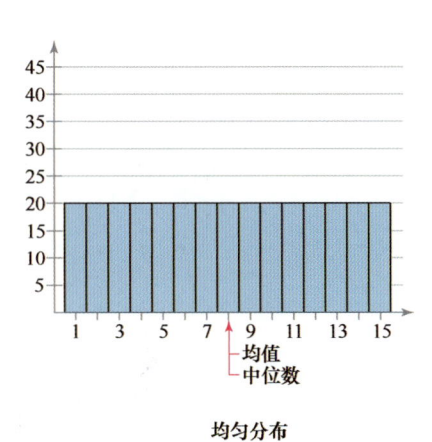

对称分布

均匀分布

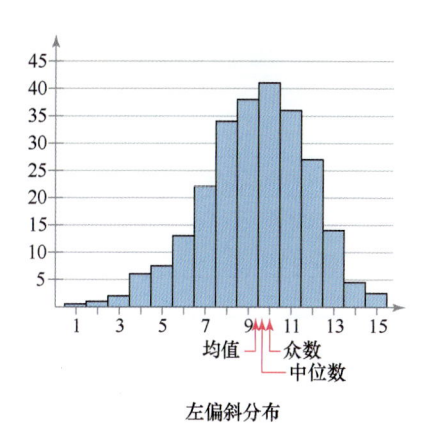

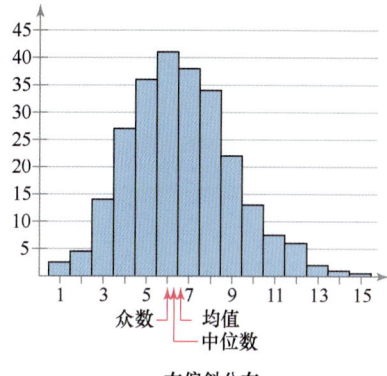

均值总是落在分布偏斜的方向上。例如，当分布左偏斜时，均值在中位数的左侧。

> **提示**：注意，分布有许多不同的形状。在某些情况下，形状不能分为对称的、均匀的或偏斜的。一个分布可能有几个由离群值或数据集群引起的间隔。在数据集中使用几种组型的数据项时，可能发生组集群。例如，卡车（低油耗）和混合动力汽车（高油耗）的油耗数据集将有两个集群。

2.3.4 习题

培养基本技能和词汇

判断正误。对习题 01~04，判断句子的正误并写出正确的句子。

01. 均值是最有可能受离群值影响的集中趋势的度量。
02. 一些定量数据集中没有中位数。
03. 数据集可以具有相同的均值、中位数和众数。
04. 当每个数据组具有相同的频数时，分布是对称的。

构建数据集。在习题 05~08 中，构建所描述的数据集。数据集中的数据项不能全部相同。

05. 中位数和众数相同。
06. 均值和中位数相同，数据是双位数的或双峰的。
07. 均值并不代表数据集中的典型数字。
08. 均值、中位数和众数相同。

图形分析。在习题 09~12 中，确定直方图中分布的近似形状是对称的、均匀的、左偏斜的、右偏斜的，还是都不是。

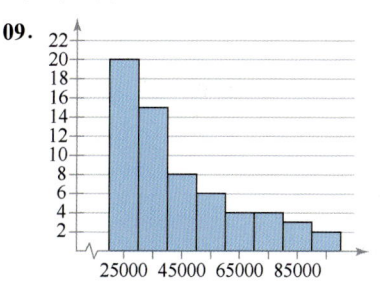

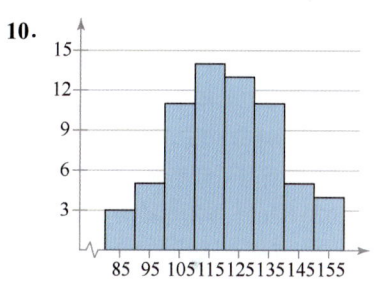

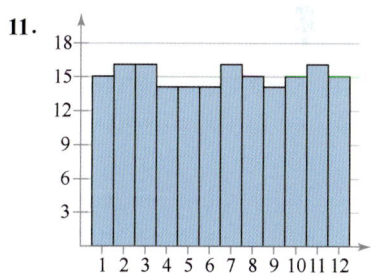

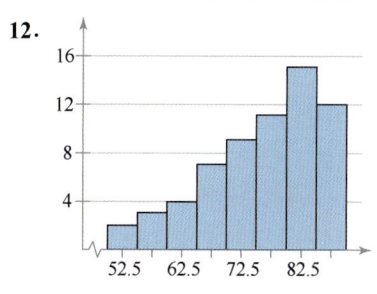

09.

10.

11.

12.

匹配。在习题 13~16 中，将分布与习题 9~12 中的一个图表相匹配。

13. 一个十二边形（12 面模具）180 次滚动的频数分布。

14. 服务车辆里程的频数分布，其中少数车辆的里程远大于大多数车辆的里程。
15. 在一次 90 分的考试中，少数学生的分数比大多数学生的低得多，这种分数的频数分布。
16. 七年级男生样本的体重频数分布。

使用和解释概念

求出并讨论均值、中位数和众数。在习题 17~34 中，如果可能，求数据的均值、中位数和众数。如果找不到任何度量或任何度量不代表数据的中心，解释原因。

17. **大学学分**。以 14 名全日制大学生为样本，一个学期所修的学分：12 14 16 15 13 14 15 18 16 16 12 16 15 17。
18. **法学院入学考试（LSAT）成绩**是法学院录取的七名学生的入学考试成绩：174 172 169 176 169 170 175。
19. 视频时长来自公共广播服务（PBS）的七个教育视频的长度（分钟）：83 67 90 55 56 119 52。
20. **页数统计**。亚马逊 2020 年十大畅销书的厚度（页）：768 240 384 84 672 352 34 192 320 592。
21. **学费**。根据《美国新闻与世界报道》，美国 14 所顶级大学 2020—2021 年的学杂费（千美元）：54 54 64 54 58 56 59 60 57 57 59 60 59 61。
22. **胆固醇**。10 名女性员工样本的胆固醇水平：154 240 171 188 235 203 184 173 181 275。
23. **入境口岸**。16 个加拿大边境入境口岸的最大客运车道数量：8 7 10 3 9 17 1 2 2 6 1 10 4 19 10 5。
24. **抑郁症治疗**。在不同时段内，对电休克疗法、药物治疗和认知行为疗法治疗急性抑郁症的各种组合有反应的患者数量：42 15 8 9 13 6 7。
25. **电力故障**。过去 10 年内住宅电力故障的持续时间（分钟）：18 26 45 75 125 80 33 40 44 49 89 80 96 125 12 61 31 63 103 28 19。
26. **排名第一的歌曲**。截至 2020 年 3 月 24 日，39 首最长热门 100 首歌曲的周数仍然保持在第一位：10 10 13 14 11 14 16 14 11 11 14 10 11 13 12 10 11 10 12 12 14 10 10 11 19 10 12 14 10 12 10 14 21 10 10 12 16 12。
27. **在线骚扰**。对 4138 名在网上受到骚扰的美国成年人进行抽样调查，询问他们是在什么环境下受到骚扰的，答案如下表所示。

在线骚扰发生的地方	频数 f
社交媒体网站	3104
论坛/讨论网站	1035
短信/消息应用程序	993
在线游戏	662
电子邮件账户	455
网上约会	414

28. **司法系统**。34 名被判处监禁的英国年轻成年男性被问及这种判决的影响（改编自用户 Voice），他们的回答如下。

心理健康：8 　 信任：3
教育：8 　 个人发展：5
家庭：3 　 未来机会：3
其他：4

29. **班级水平**。物理课 25 名学生的班级水平。大一：8%；大二：20%；大三：40%；大四：32%。

30. **远程办公**。下图显示了在家工作的员工的回答，由于新冠肺炎，他们被问及远程工作的最大好处。

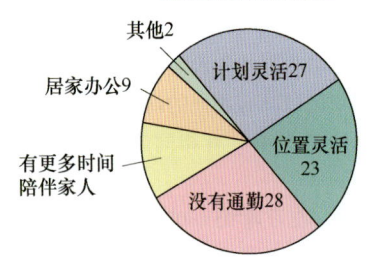

远程办公的最大好处
其他 2
计划灵活 27
居家办公 9
位置灵活 23
有更多时间陪伴家人
没有通勤 28

31.

运输卡车上包裹的重量（磅）

```
0 | 5 8              主值：3|0 = 30
1 | 0 1 3 6
2 | 1 3 3 3 6 7 7
3 | 0 1 2 4 4 4 5 7 8
4 | 3 4 5 6
5 | 2
```

32.

班上学生的平均成绩

```
0 | 8                主值：0|8 = 0.8
1 | 5 6 8
2 | 1 3 4 5
3 | 0 9
4 | 0 0
```

33. 员工开车上班所需的时间（分钟）

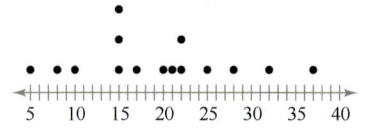

34. 从芝加哥到阿兰塔的航班价格（美元）

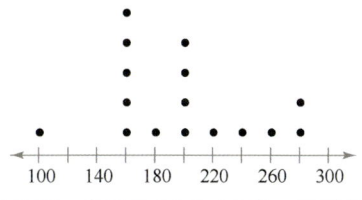

图形分析。在习题 35 和 36 中，识别集群、间隔或离群值。

35. 2020年款插电式混合动力汽车

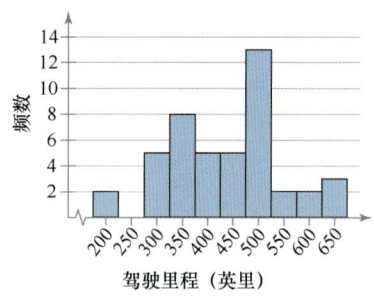

36. 2020年款纯电动汽车

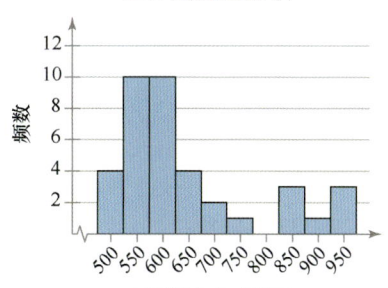

在习题 37～40 中，不进行任何计算，确定哪种集中趋势指标最能代表图形数据。

37. 你多久换一次工作？

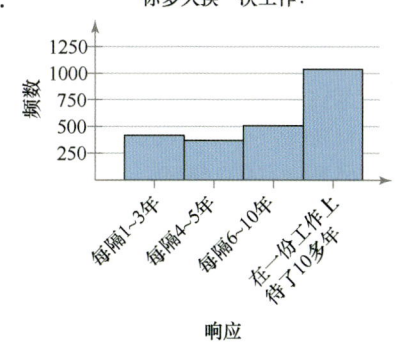

38. 两支排球队队员的身高

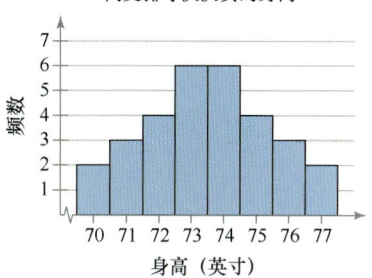

39. 成年人样本的心率

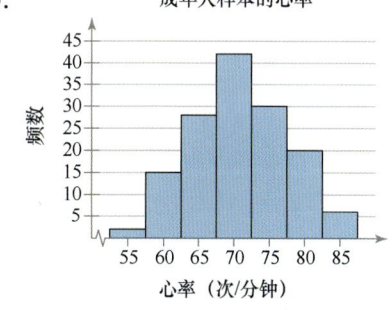

40. 健身房中人的身体质量指数（BMI）

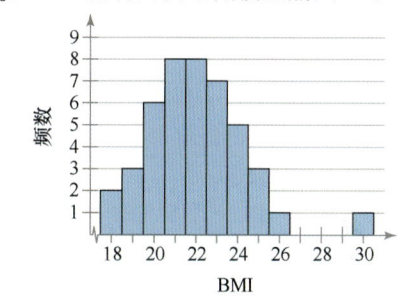

求加权平均值。在习题 41～46 中，求数据的加权平均值。

41. **期末成绩**。统计学专业学生的期末成绩分数及其百分比如下所示，学生的平均分是多少？

期末成绩	分数	百分比
家庭作业	85	5%
测验	80	35%
项目/演讲	100	35%
期末考试	93	25%

42. **期末成绩**。考古学专业学生的期末成绩分数及其百分比如下所示，学生的平均分是多少？

期末成绩	分数	百分比
测验	100	20%
期中考试	89	30%
学生讲座	100	10%
期末考试	92	40%

43. 账户余额。 4月，支票账户24天的余额为523美元，2天的余额为2415美元，4天的余额为250美元。该账户4月的日平均余额是多少？

44. 信用卡余额。 10月，一张信用卡12天的余额为115.63美元，6天的余额为637.19美元，7天的余额为1225.06美元，2天的余额为0美元，4天的余额为34.88美元。10月份该账户的平均每日余额是多少？

45. 分数。 学生的统计学课平均分数（按专业）如下所示。这个班的平均分是多少？

9 工程专业：85

5 数学专业：90

13 商业专业：81

46. 成绩。 某学生的成绩如下所示，A为4分，B为3分，C为2分，D为1分。学生的平均成绩是多少？

在1门4学分课程中得A

在1门3学分课程中得C

在2门3学分课程中得B

在1门2学分课程中得D

47. 期末成绩。 在习题41中，假设给期末考试评分时出现了错误，你得到的是85分而非93分。你的新加权平均值是多少？

48. 成绩。 在习题46中，一名学生的B成绩被改为A。这名学生的新平均成绩是多少？

求频数分布的均值。 在习题49~52中，求频数分布的均值。

49. 社交媒体。 平均每天花在Instagram上的时间如下。

花费的时间（分钟）	频数
0~29	9
30~59	23
60~89	12
90~119	6

50. 社交媒体。 平均每天花在Snapchat上的时间如下。

花费的时间（分钟）	频数
0~19	8
20~39	8
40~59	15
60~79	10
80~99	7

51. 年龄。 2021年小镇居民的年龄如下。

年龄（岁）	频数
0~9	78
10~19	97
20~29	54
30~39	63
40~49	69
50~59	86
60~69	73
70~79	53
80~89	43
90~99	15

52. 人口。 2019年蒙大拿州各县的人口如下。

人口（千人）	频数
0~19	46
20~39	3
40~59	1
60~79	1
80~99	1
100~119	3
120~139	0
140~159	1

识别分布的形状。 在习题53~56中，使用给定的组数构建数据集的频数分布和频数直方图。将直方图的形状描述为对称、均匀、负偏斜、正偏斜或不对称。

53. 医院床位。

组数：5。

数据集： 20家样本医院的床位数：167 162 127 130 180 160 167 221 145 137 194 207 150 254 262 244 297 137 204 180。

54. 急诊室。

组数：6。

数据集： 两周内每天到急诊室就诊的患者人数：256 317 237 182 382 106 162 112 162 264 104 194 236 227。

55. 男性的身高。

组数：5。

数据集： 30名男性的身高（英寸）：67 76 69 68 72 68 65 63 75 69 66 72 67 66 69 73 64 62 71 73 68 72 71 65 69 66 74 72 68 69。

56. 六面模具。

组数：6。

数据集： 滚动六面模具30次的结果：1 4 6 1 5 3 2 5 4 6 1 2 4 3 5 6 3 2 1 1 5 6 2 4 4 3 1 6 2 4。

57. **蛋白粉**。在质量保证检查期间，六个容器内蛋白粉的实际含量（克）为 1525、1526、1502、1516、1529 和 1511。(a)求含量的均值和中位数；(b)第三个值测量有误，实际为 1520，再次求含量的均值和中位数；(c)哪种集中趋势指标（均值或中位数）受数据项错误的影响更大？

58. **美国贸易赤字**。下表显示了 2020 年美国与 18 个国家的贸易赤字。(a)求贸易赤字的均值和中位数；(b)求没有中国贸易赤字时的均值和中位数。中国贸易逆差的消除对衡量集中趋势的指标（均值和中位数）的影响更大吗？(c)奥地利的贸易赤字为 82 亿美元。求出将奥地利贸易赤字添加到原始数据集中后的均值和中位数。哪种集中趋势指标受到的影响更大？

美国贸易赤字（十亿美元）

中国：310.8	中国台湾：29.9
墨西哥：112.7	意大利：29.5
越南：69.7	泰国：26.4
德国：57.3	韩国：24.8
瑞士：56.7	印度：23.8
爱尔兰：55.9	法国：15.6
日本：55.4	加拿大：15.2
马来西亚：31.7	印度尼西亚：12.8
俄罗斯：12.0	丹麦：8.6

图形分析。在习题 59 和 60 中，字母 A、B 和 C 标记在横轴上。描述数据的形状，确定哪个是均值、哪个是中位数、哪个是众数。

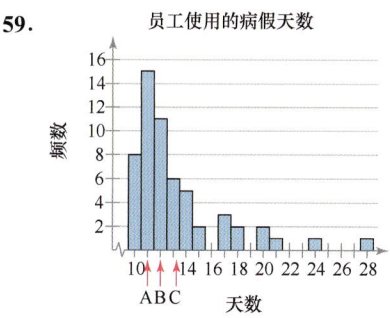

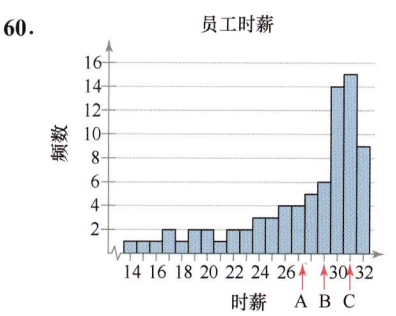

59.

60.

概念扩展

61. 在一学年的写作中，学生成绩如下所示，A 为 4 分，B 为 3 分，C 为 2 分。
A 在 2 门 4 学分课程中及在 3 门 3 学分课程中
B 在 2 门 3 学分课程中及在 2 门 2 学分课程中
C 在 1 门两学分课程中
学生可将其中的一个 B 或 C 增加一个字母等级。学生应该选择哪个？

62. **高尔夫球**。下面列出了高尔夫球场九个洞的距离（码）：336 393 408 522 147 504 177 375 360。(a)求数据的均值和中位数；(b)将距离转换为英尺后重做(a)问；(c)比较在(b)问中求出的结果与在(a)问中求出的结果，会发现什么？(d)使用(c)问的结果解释距离转换为英尺时，如何快速求原始数据集的均值和中位数。

63. **数据分析**。一家消费者测试服务公司对三种小型汽车进行了五次测试，得到了下表所示的汽油里程（英里/加仑）。(a)汽车 A 的制造商想要宣传其汽车在该测试中表现最佳，它应使用哪种集中趋势指标？是均值、中位数还是众数？(b)汽车 B 的制造商呢？(c)汽车 C 的制造商呢？

	汽车		
	A	B	C
测试1	28	31	29
测试2	32	29	32
测试3	28	31	28
测试4	30	29	32
测试5	34	31	30

64. **中程数**。另一个很少使用的衡量集中趋势的指标是中程数。它可使用如下公式求出：

$$\text{中程数} = \frac{\text{最大数据项} + \text{最小数据项}}{2}$$

习题 63 中的哪家制造商更愿意在其广告中使用中程数统计数据？

65. **数据分析**。在心理学实验课上，学生做了关于抑郁作为压力信号的研究。对 30 名学生进行了抽样检验，分数显示在下表中。(a)求数据的均值和中位数；(b)使用每个茎一行绘制数据的茎叶图。在显示屏上求出均值和中位数；(c)描述分布的形状。

检验分数
44 51 11 90 76 36 64 37
43 72 53 62 36 74 51 72
37 28 38 61 47 63 36 41
22 37 51 46 85 13

66. **修剪均值。** 要求出数据集 10% 的修剪均值，可对数据进行排序，删除最低 10% 的数据项和最高 10% 的数据项，并求出剩余数据项的均值。(a) 求习题 65 中数据 10% 的修剪均值；(b) 比较集中趋势的四个指标，包括中程数；(c) 与使用所有数据项得出的均值相比，使用修剪均值有什么好处？

2.4 度量变异

学习目标
▶ 求数据集的极差
▶ 求总体和样本的方差与标准差
▶ 使用经验法则和切比雪夫定理解释标准差
▶ 估计分组数据的样本标准差
▶ 使用变异系数比较不同数据集中的变异

2.4.1 极差

本节介绍度量数据集的变化（或分布）的不同方法。最简单的度量是集合的极差。

定义 数据集的极差是集合中最大数据项和最小数据项之差。要求出极差，数据必须是定量的。

极差 = 最大数据项 − 最小数据项

【例题 1】 求数据集的极差

两家公司各聘用了 10 名毕业生。下图显示了每名毕业生的起薪，求公司 A 的起薪极差。

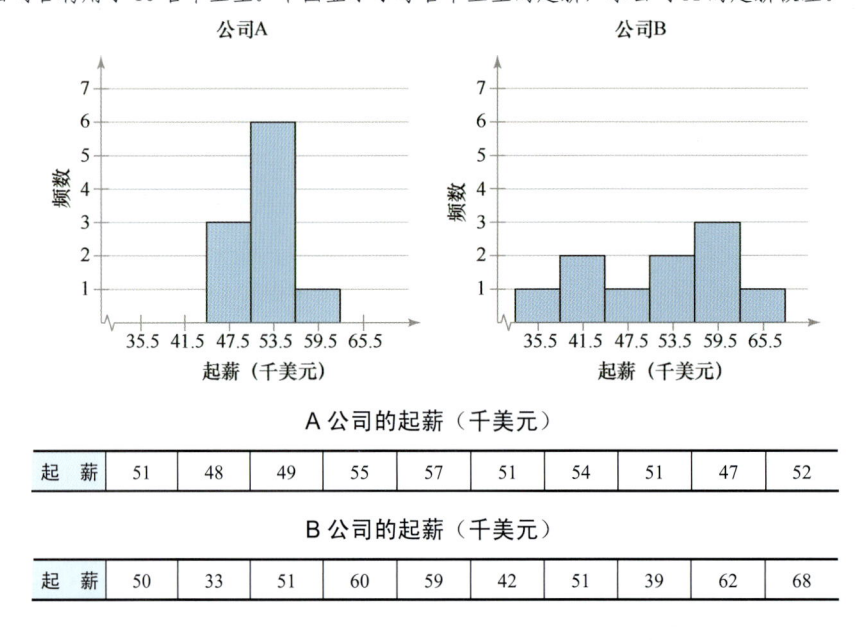

A 公司的起薪（千美元）

| 起 薪 | 51 | 48 | 49 | 55 | 57 | 51 | 54 | 51 | 47 | 52 |

B 公司的起薪（千美元）

| 起 薪 | 50 | 33 | 51 | 60 | 59 | 42 | 51 | 39 | 62 | 68 |

解答：

对数据排序有助于求出最低起薪和最高起薪。

47 48 49 51 51 51 52 54 55 57

$$极差 = 最高起薪 - 最低起薪 = 57 - 47 = 10$$

所以，A 公司的起薪极差是 10，即 10000 美元。

自测题 1

求公司 B 的起薪极差，并将结果与例题 1 中的结果进行比较。

例题 1 中的两个数据集的均值是 51.5 或 51500 美元，中位数为 51 或 51000 美元，众数为 51 或 51000 美元。然而，这两组数据有很大的不同。不同之处在于第二组数据中的数据有更大的变化。如在数字中看到的那样，B 公司的起薪比 A 公司的更分散。

2.4.2 方差和标准差

作为变化的度量，极差具有易于计算的优点。然而，它的缺点是只使用数据集中的两个数据项。使用数据集中所有数据项的两个变异度量是方差和标准差。在了解这些变异度量前，需要了解数据集中数据项的离差是什么意思。

定义 总体数据集中数据项 x 的离差是该数据项与数据集的均值 μ 之差，即离差 $= x - \mu$。

考虑例题 1 中公司 A 的起薪。平均起薪为 $\mu = 515/10 = 51.5$，即 51500 美元。下表列出了每个起薪与均值的离差。例如，51 的离差为 $51 - 51.5 = -0.5$。注意，离差的总和为 0。事实上，任何数据集的离差总和都是 0，因此求离差的均值没有意义。为了克服这个问题，我们取每个离差的平方。离差的平方和用 SS_x 表示。在总体数据集中，离差平方的均值就是总体方差。

公司 A 起薪的离差

起薪 x（千美元）	离差 $x - \mu$（千美元）	起薪 x（千美元）	离差 $x - \mu$（千美元）
51	-0.5	54	2.5
48	-3.5	51	-0.5
49	-2.5	47	-4.5
55	3.5	52	0.5
57	5.5	$\sum x = 515$	$\sum (x - \mu) = 0$
51	-0.5		

定义 有 N 个数据项的总体数据集的总体方差为

$$\sigma^2 = \frac{\sum (x - \mu)^2}{N}$$

作为变异的度量，方差的缺点之一是其单位与数据集的不同。例如，例题 1 中起薪的方差（千美元）是以"千美元的平方"来衡量的。为了克服这个问题，取方差的平方根得到标准差。

定义 有 N 个数据项的总体数据集的总体标准差是总体方差的平方根，即

$$\sigma = \sqrt{\sigma^2} = \sqrt{\frac{\sum (x - \mu)^2}{N}}$$

以下是关于标准差的一些观察结果。
- 标准差衡量数据集关于均值的变化，且具有与数据集相同的度量单位。
- 标准差始终大于或等于 0。当 $\sigma = 0$ 时，数据集没有变化，且所有数据项具有相同的值。
- 随着数据项远离均值（更加分散），σ 的值增加。

要求出总体数据集的方差和标准差，可参考如下指南。

项 x	离差 $x-\mu$	平方 $(x-\mu)^2$	项 x	离差 $x-\mu$	平方 $(x-\mu)^2$
1	-3	9	5	1	1
3	-1	1	7	3	9

现实生活中的许多数据集具有近似对称的钟形分布（见下图）。例如，美国男性和女性的身高分布大致对称，呈钟形。后面将详细介绍钟形分布。然而，就目前而言，经验规则可以帮助我们了解标准差作为变异度量的价值。

钟形分布

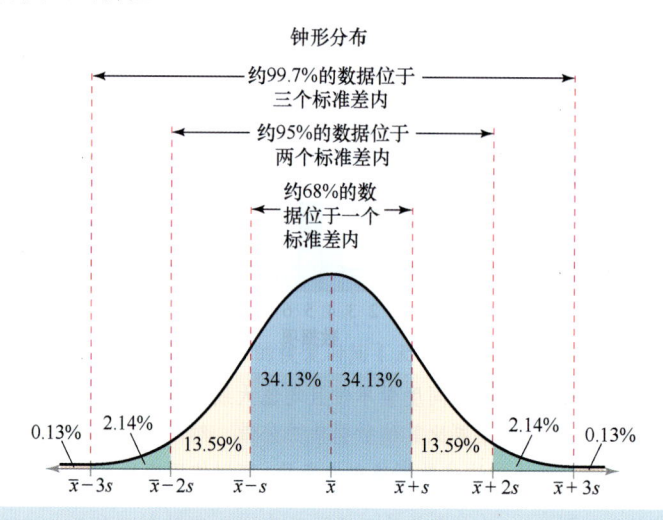

约99.7%的数据位于三个标准差内
约95%的数据位于两个标准差内
约68%的数据位于一个标准差内

34.13% 34.13%
0.13% 2.14% 13.59% 13.59% 2.14% 0.13%

$\bar{x}-3s$ $\bar{x}-2s$ $\bar{x}-s$ $\bar{x}$ $\bar{x}+s$ $\bar{x}+2s$ $\bar{x}+3s$

经验法则（或 68-95-99.7 法则）

对于具有近似对称和钟形分布的数据集（见上图），标准差具有如下特征：
1. 约 68% 的数据位于均值的 1 个标准差内。
2. 约 95% 的数据位于均值的 2 个标准差内。
3. 约 99.7% 的数据位于均值的 3 个标准差内。

描绘世界

美国国家健康统计中心进行了一项调查，以求出美国男性的平均身高。右侧的柱状图显示了 20~29 岁男性样本的身高分布。

在该组中，均值为 69.2 英寸，标准差为 2.8 英寸。

估计哪两个身高包含中间 95% 的数据。25 岁的人的身高是 74 英寸，这个身高异常吗？

美国20~29岁男性样本的身高

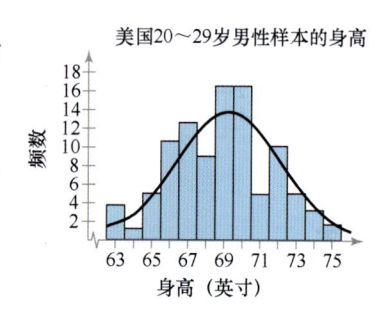

【例题 6】使用经验规则

美国国家健康统计中心进行了一项调查，以求出美国女性的平均身高。在 20~29 岁的女性样本中，平均身高为 64.1 英寸，标准差为 2.6 英寸。估计身高在 58.9 英寸到 64.1 英寸之间的女性所占的比例。

解答：

女性身高分布如右图所示。因为分布是钟形的，所以可以使用经验法则。平均身高为 64.1 英寸，因此从平均身高中减去 2 个标准差后，得到 $\bar{x}-2s=64.1-2\times2.6=58.9$ 英寸。

美国20~29岁女性样本的身高

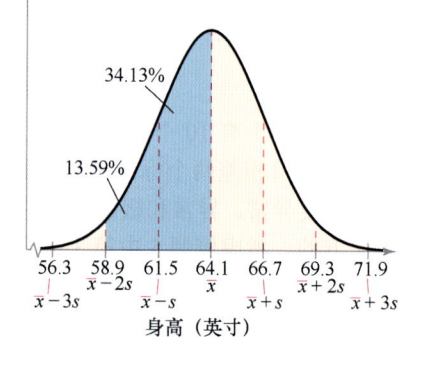

34.13%
13.59%

56.3 58.9 61.5 64.1 66.7 69.3 71.9
$\bar{x}-3s$ $\bar{x}-2s$ $\bar{x}-s$ $\bar{x}$ $\bar{x}+s$ $\bar{x}+2s$ $\bar{x}+3s$
身高（英寸）

因为 58.9 英寸比平均身高低 2 个标准差，所以 58.9 英寸和 64.1 英寸之间的高度百分比约为 13.59% + 34.13% = 47.72%。因此，约 47.72% 的女性身高在 58.9 英寸和 64.1 英寸之间。

自测题 6

估计身高在 64.1 英寸和 66.7 英寸之间的 20～29 岁女性的百分比。

经验规则仅适用于（对称）钟形分布。如果分布不是钟形的，或者分布的形状未知，应该怎么办？下一个定理给出了一个适用于所有分布的不等式，其以俄罗斯统计学家帕夫努蒂·切比雪夫（1821—1894）的名字命名。

> **切比雪夫定理**
>
> 任何数据集位于均值的 k 个标准差（$k > 1$）内的部分或比例至少为 $1 - 1/k^2$。
> - $k = 2$：在任何数据集中，至少 $1 - 1/2^2 = 3/4$ 或 75% 的数据位于均值的 2 个标准差内。
> - $k = 3$：在任何数据集中，至少 $1 - 1/3^2 = 8/9$ 或约 88.9% 的数据位于均值的 3 个标准差内。

【例题 7】利用切比雪夫定理

下面的直方图显示了佐治亚州和艾奥瓦州居民的年龄分布。将切比雪夫定理应用于 $k = 2$ 的佐治亚州的数据，能得出什么结论？90 岁对佐治亚州的居民来说异常吗？

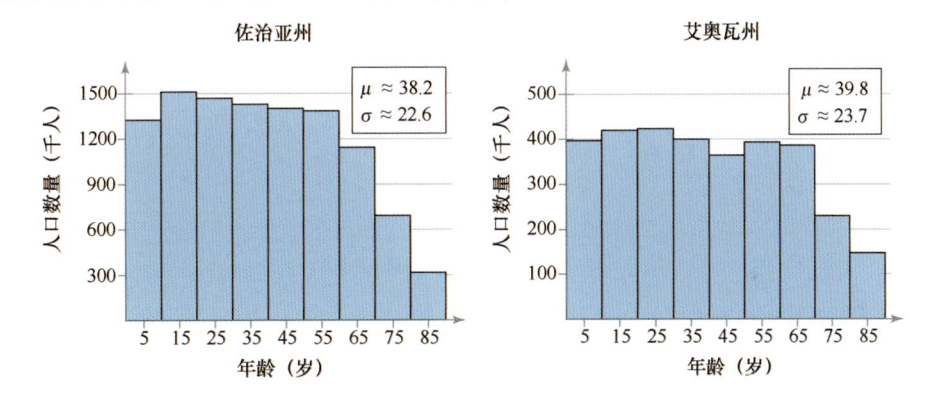

解答：

左侧的柱状图显示了佐治亚州居民的年龄分布。将两个标准差移到均值的左侧会使居民年龄低于 0，因为 $\mu - 2\sigma \approx 38.2 - 2 \times 22.6 = -7.0$。将两个标准差移到均值的右侧得到 $\mu + 2\sigma \approx 38.2 + 2 \times 22.6 = 83.4$。

根据切比雪夫定理，可以说佐治亚州至少 75% 的居民在 0 岁和 83.4 岁之间。此外，因为 90 > 83.4，90 岁与均值相差超过 2 个标准差。所以，这个年龄是异常的。

自测题 7

将切比雪夫定理应用于 $k = 2$ 的艾奥瓦州的数据能得出什么结论？80 岁对艾奥瓦州居民来说异常吗？

> **提示**：在例题 7 中，切比雪夫定理给出了一个不等式陈述，即佐治亚州至少 75% 的居民年龄在 83.4 岁以下。这是一个真实的陈述，但它并不像阅读直方图所做出的陈述那样有力。一般来说，切比雪夫定理给出了数据项的最小百分比，这些数据项落在给定的均值标准差范围内。根据分布情况，可能有更高百分比的数据落在给定范围内。

2.4.4 分组数据的标准差

2.1 节说过，大型数据集通常最好用频数分布来表示。频数分布的样本标准差的公式为

$$s = \sqrt{\frac{\sum(x-\bar{x})^2 f}{n-1}}$$

式中，$n = \sum f$ 是数据集中的数据项数。

提示：记住，分组数据的公式要求乘以频数。

【例题8】求分组数据的标准差

假设你收集了一个地区每个家庭孩子数量的随机样本，结果如下所示，求数据集的样本均值和样本标准差：1 3 1 1 1 1 2 2 1 0 1 1 0 0 0 1 5 0 3 6 3 0 3 1 1 1 1 6 0 1 3 6 6 1 2 2 3 0 1 1 4 1 1 2 2 0 3 0 2 4。

解答：

这些数据可作为50个单独的数据项处理，可以使用均值和标准差公式。然而，因为有很多重复数字，所以使用频数分布更容易。

x	f	xf	$x-\bar{x}$	$(x-\bar{x})^2$	$(x-\bar{x})^2 f$
0	10	0	−1.82	3.3124	33.1240
1	19	19	−0.82	0.6724	12.7756
2	7	14	0.18	0.0324	0.2268
3	7	21	1.18	1.3924	9.7468
4	2	8	2.18	4.7524	9.5048
5	1	5	3.18	10.1124	10.1124
6	4	24	4.18	17.4724	69.8896
	$\sum=50$	$\sum=91$			$\sum=145.38$

样本均值为

$$\bar{x} = \frac{\sum xf}{n} = \frac{91}{50} = 1.82 \approx 1.8$$

使用平方和计算样本标准差：

$$s = \sqrt{\frac{\sum(x-\bar{x})^2 f}{n-1}} = \sqrt{\frac{145.38}{49}} \approx 1.7$$

因此，样本均值约为1.8个孩子，样本标准差约为1.7个孩子。

自测题8

将数据集中的三个6更改为4，这种变化如何影响样本均值和样本标准差？

当频数分布有多组时，可以使用每组的中点来估计样本均值和样本标准差。

【例题9】使用组中点

右图显示了美国一个中型城市最近挂牌出售的房屋销售价格极差（千美元）和数量。对数据做频数分布处理，然后使用该表估计数据集的样本均值和样本标准差。

中型城市的房屋销售价格（千美元）

- 400~499　8
- 300~399　22
- 500及以上　19
- 200~299　39
- 小于100　173
- 100~199　129

解答：

首先使用频数分布来组织数据。因为500000美元或更多的组是开放式的，所以要选择一个值来表示中点，如599500美元。

销售价格（千美元）	x	f	xf	$x-\bar{x}$	$(x-\bar{x})^2$	$(x-\bar{x})^2 f$
0~99	49.5	173	8563.5	−105	11025	1907325
100~199	149.5	129	19285.5	−5	25	3225
200~299	249.5	39	9730.5	95	9025	351975
300~399	349.5	22	7689.0	195	38025	836550
400~499	449.5	8	3596.0	295	87025	696200
500+	599.5	19	11390.5	445	198025	3762475
		$\sum=390$	$\sum=60,255.0$			$\sum=7,557,750$

样本均值为

$$\bar{x}=\frac{\sum xf}{n}=\frac{60255.0}{390}=154.5$$

使用平方和计算样本标准差：

$$s=\sqrt{\frac{\sum (x-\bar{x})^2 f}{n-1}}=\sqrt{\frac{7557750}{389}}\approx 139.4$$

因此，样本均值的估计值为每年 154500 美元，样本标准差的估计值为 139400 美元。

自测题 9

在例题 9 的频数分布中，选择 599.5 作为 500 美元或以上的组的中点。当该组的中点为 650 时，样本均值和标准差如何变化？

2.4.5 变异系数

为了比较不同数据集中的变异，当数据集使用相同的度量单位且具有大致相同的均值时，可以使用标准差。对于具有不同计量单位或不同均值的数据集，可以使用变异系数。

> **定义** 数据集的变异系数（CV）将标准差描述为均值的百分比。
> 总体：$CV=\dfrac{\sigma}{\mu}\cdot 100\%$ 样本：$CV=\dfrac{s}{\bar{x}}\cdot 100\%$

注意，变异系数衡量数据集相对于数据均值的变异。

【例题 10】比较不同数据集中的变异

下表显示了篮球队成员的身高（英寸）和体重（磅），求身高和体重的变异系数，并比较结果。

身高	72	74	68	76	74	69	72	79	70	69	77	73
体重	180	168	225	201	189	192	197	162	174	171	185	210

解答：

平均身高为 $\mu\approx 72.8$ 英寸，标准差为 $\sigma\approx 3.3$ 英寸。身高的变异系数为

$$CV_{身高}=\frac{\sigma}{\mu}\cdot 100\%=\frac{3.3}{72.8}\cdot 100\%\approx 4.5\%$$

平均体重为 $\mu\approx 187.8$ 磅，标准差为 $\sigma\approx 17.7$ 磅。体重的变异系数为

$$CV_{体重}=\frac{\sigma}{\mu}\cdot 100\%=\frac{17.7}{187.8}\cdot 100\%\approx 9.4\%$$

解释： 体重（9.4%）比身高（4.5%）更易变异。

自测题 10

求洛杉矶（见例题 4）和达拉斯（见自测题 4）办公室租金的变异系数，并比较结果。

2.4.6 习题

培养基本技能和词汇

01. 解释如何求数据集的极差。使用极差度量变异的优缺点是什么？
02. 解释如何在数据集中求数据项的离差。任何数据集中的所有离差之和是多少？
03. 为什么标准差比方差使用得更频繁？
04. 解释方差和标准差之间的关系。这两个指标中的任何一个都可以是负数吗？
05. 描述总体标准差和样本标准差计算的差异。
06. 给定数据集，如何知道是计算 σ 还是计算 s？
07. 讨论经验法则与切比雪夫定理的异同。
08. 在使用经验法则前，必须了解数据集的哪些内容？

使用和解释概念

求数据集的极差。在习题 09 和 10 中，求图形表示的数据集的极差。

09. 各州年收入中位数

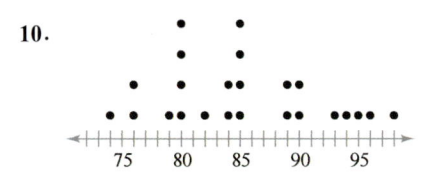

10.

11. **考古学**。发现 10 件文物的深度（英寸）：20.7 24.8 30.5 26.2 36.0 34.3 30.3 29.5 27.0 38.5。(a)求数据集的极差；(b)将 38.5 改为 60.5，求新数据集的极差。
12. 在习题 11 中，将(a)问的答案与(b)问的进行比较。离群值如何影响数据集的极差？

求总体统计量。在习题 13 和 14 中，求总体数据集的极差、均值、方差和标准差。

13. 从 2010 年到 2019 年，每年酒后驾车导致的车祸死亡人数（千人）：10.1 9.9 10.3 10.1 9.9 10.3 11.0 10.9 10.7 10.1。
14. **密度**。地壳中最丰富的十种元素的密度（千克/立方米）：1.4 2330 2700 7870 1500 970 900 1740 4500 0.09。

求样本统计量。在习题 15 和 16 中，求样本数据集的极差、均值、方差和标准差。

15. **学生年龄**。校园食堂随机抽样学生的年龄（岁）：19 20 17 19 17 21 23 21 17 17 19 19 17 20 23 18 18 18 18 19。
16. **怀孕持续时间**。随机抽样的怀孕持续时间（天）：277 291 295 280 268 278 291 277 282 279 296 285 269 293 267 281 286 269 264 299 275。
17. **估计标准差**。直方图中显示的两个数据集的均值均为 50。一个数据集的标准差为 2.4，另一个数据集的标准差为 5。观察直方图，确认各个数据集？

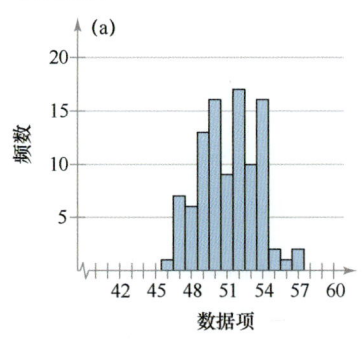

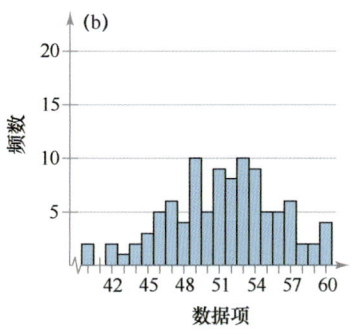

(a)

(b)

18. **估计标准差**。茎叶图中显示的两个数据集的均值均为 165。一个数据集的标准差为 16，另一个数据集的标准差为 24。观察茎叶图，确认各个数据集。

(a)
12	8 9	主值:12|8 = 128
13	5 5 8	
14	1 2	
15	0 0 6 7	
16	4 5 9	
17	1 3 6 8	
18	0 8 9	
19	6	
20	3 5 7	

(b)
12		主值:13|1 = 131
13	1	
14	2 3 5	
15	0 4 5 6 8	
16	1 1 2 3 3 3	
17	1 5 8 8	
18	2 3 4 5	
19	0 2	
20		

19. **薪水**。你正在申请两家公司的工作。A 公司的起薪有 μ = 41000 美元，σ = 1000 美元。B 公司的起薪有 μ = 41000 美元，σ = 5000 美元。你更可能从哪家公司获得 43000 美元或更高的报价？

20. **薪水**。你正在申请两家公司的工作。C 公司的起薪有 μ = 59000 美元，σ = 1500 美元。D 公司的起薪有 μ = 59000 美元，σ = 1000 美元。你更可能从哪家公司获得 62000 美元或更高的报价？

图形分析。在习题 21～24 中比较三个数据集。(a)不进行计算，确定哪个数据集具有最大的样本标准差和最小的样本标准差；(b)数据集如何相同？它们有何不同？(c)估计样本标准差，然后求出样本标准差，确定每个估计值的接近度。

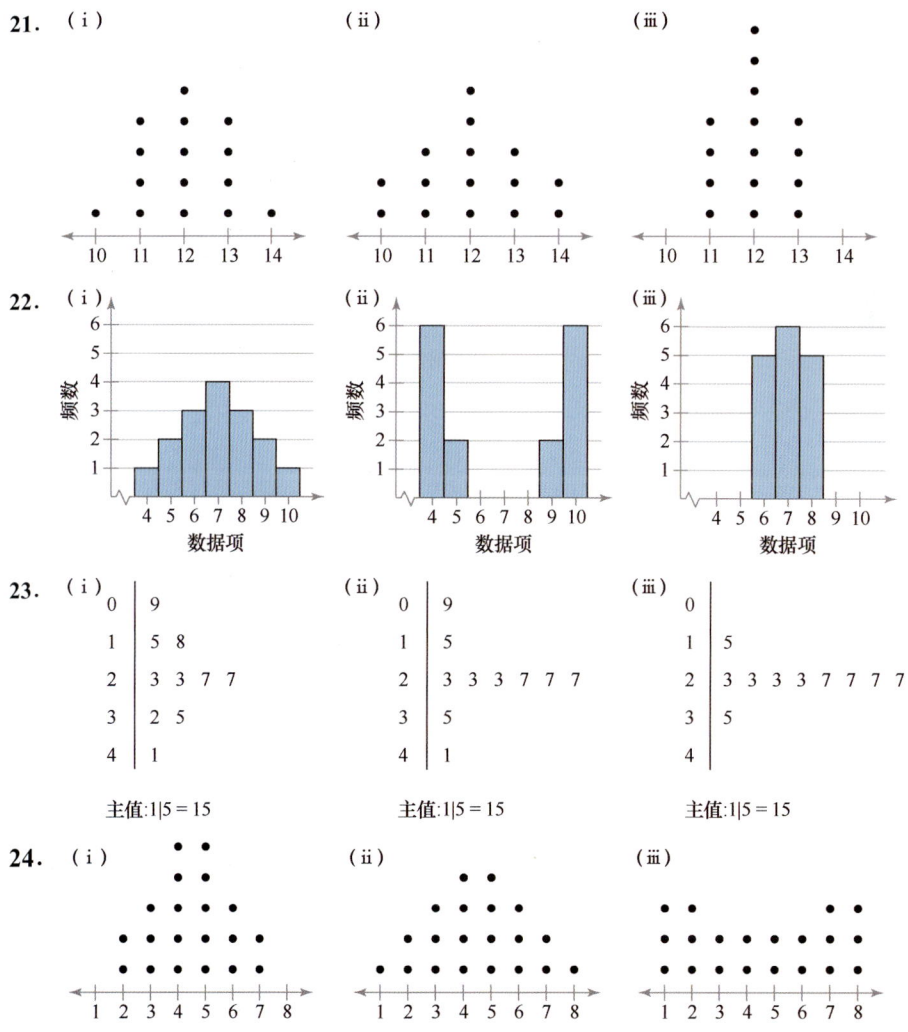

21. (i) (ii) (iii) [点图]

22. (i) (ii) (iii) [频数直方图]

23.
(i)
0	9
1	5 8
2	3 3 7 7
3	2 5
4	1

主值:1\|5 = 15

(ii)
0	9
1	5
2	3 3 3 7 7 7
3	5
4	1

主值:1\|5 = 15

(iii)
0	
1	5
2	3 3 3 3 7 7 7 7
3	5
4	

主值:1\|5 = 15

24. (i) (ii) (iii) [点图]

第 2 章 描述统计学

构建数据集。在习题 25～28 中，构建一个具有给定统计量的数据集。

25. $N = 6$
    $\mu = 5$
    $\sigma \approx 2$

26. $N = 8$
    $\mu = 6$
    $\sigma \approx 3$

27. $n = 7$
    $\bar{x} = 9$
    $s = 0$

28. $n = 6$
    $\bar{x} = 7$
    $s = 2$

使用经验规则。在习题 29～34 中，使用经验规则。

29. 一段高速公路上车辆样本的平均速度为 67 英里/小时，标准差为 4 英里/小时。估计速度在 63 英里/小时和 71 英里/小时之间的车辆的百分比（假设数据集具有钟形分布）。

30. 一个城市的家庭样本的平均每月水电费为 70 美元，标准差为 8 美元。约 95% 的数据位于哪两个值之间（假设数据集具有钟形分布）？

31. 使用习题 29 中的样本统计数据，并假设样本中的车辆数为 75。(a)估计速度在 63 英里/小时和 71 英里/小时之间的车辆数；(b)在 25 辆额外车辆的样本中，你预计有多少辆车的速度在 63 英里/小时和 71 英里/小时之间？

32. 使用习题 30 中的样本统计数据，假设样本中的家庭数量为 40。(a)估计每月水电费在 54 美元和 86 美元之间的家庭数量；(b)在另外 20 个家庭的样本中，你预计有多少家庭每月的水电费在 54 美元和 86 美元之间？

33. 下面列出了八辆车的速度。使用习题 29 中的样本统计量确定哪些数据项是异常的。是否有极度异常的数据项？70 78 62 71 65 76 82 64。

34. 下面列出了八个家庭每月的水电费账单（美元）。使用习题 30 中的样本统计量确定哪些数据项是异常的。是否有极度异常的数据项？65 52 63 83 77 98 84 70。

35. **使用切比雪夫定理**。你正在对所在地区的每个家庭的宠物数量进行调查。在 $n = 40$ 个样本中，每户宠物的平均数量为 2 只，标准差为 1 只。使用切比雪夫定理确定至少有多少家庭拥有 0～4 只宠物。

36. **使用切比雪夫定理**。老忠实泉是黄石国家公园著名的间歇泉。在 $n = 100$ 个样本中，老忠实泉喷发的平均时间间隔为 101.56 分钟，标准差为 42.69 分钟。使用切比雪夫定理确定在 16.18 分钟和 186.94 分钟之间至少有多少个间隔。

37. **使用切比雪夫定理**。统计学考试的平均分为 82 分，标准差为 3 分。将切比雪夫定理应用于 $k = 4$ 的数据。

38. **使用切比雪夫定理**。洛杉矶道奇队在 2020 年世界大赛期间每场比赛的平均得分为 5.3 分，标准差为 1.8 分。将切比雪夫定理应用于 $k = 2$ 的数据。

求分组数据的样本均值和标准差。在习题 39 和 40 中，给出数据的频数分布，并用表求数据集的样本均值和样本标准差。

39. 3 3 5 3 8 0 3 9 6 6 7 1 6 3 2 6 9 1 8 5 0 2 3 4 9 5 8 1 9 7 6 9 6 7 0 6 3 8 6 8 7 3 8 9 3 7 2 4 4 1。

40. 1 1 1 0 0 0 0 0 1 0 1 0 0 1 0 1 1 0 0 0 0 1 0 0 1 1 1 0 0 1 1 0 0 0 0 0 1 0 1 1 1 0 0 0 0 1 1 0 0 0。

估计分组数据的样本均值和标准差。在习题 41～44 中，给出数据的频数分布，并使用表估计数据集的样本均值和样本标准差。

41. **大学费用**。随机抽样的授予四年制学位的公立中学后教育机构的学费、杂费和食宿费的分布如下图所示。使用 28249.50 美元作为"27000 美元或以上"的中点。

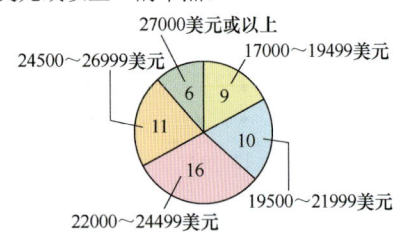

42. **每周学习时数**。随机抽取的大学生每周学习时数的分布如下面的饼图所示。使用 32 作为"30+ 小时"的中点。

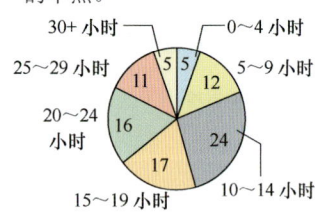

43. **教学负荷**。随机抽样的大学教授每学期教授的课程数量显示在如下直方图中。

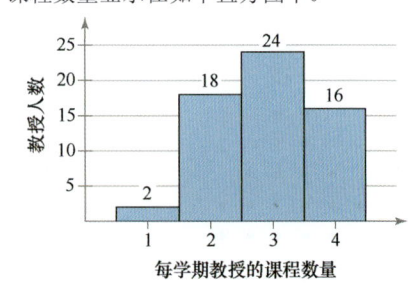

44. **咖啡因的含量**。下面的直方图显示了 5 盎司煮好的咖啡样品中咖啡因的含量。

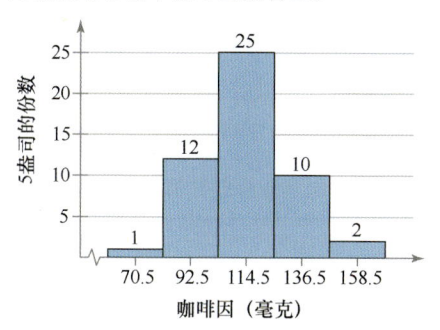

比较不同数据集中的变异。在习题 45～50 中比较不同数据集的变异，求两个数据集各自的变异系数并比较结果。

45. 下面列出了科罗拉多州丹佛市和加利福尼亚州洛杉矶市初级建筑师的年薪样本（千美元）。
    丹佛：55.2 55.8 53.8 50.1 60.9 48.9 53.6 62.5 54.2 61.0 50.7 58.4。
    洛杉矶：68.4 62.3 67.7 60.2 67.4 67.3 59.3 68.0 59.8 58.0 63.6 72.9。

46. **年薪**。下面列出了罗利和堪萨斯州威奇托的初级软件工程师的年薪（千美元）。
    罗利：69.5 74.2 65.1 56.5 65.6 62.1 79.5 72.4 58.3。
    威奇托：59.7 76.0 57.1 79.7 55.2 70.7 80.0 78.8 64.2。

47. **年龄和出场次数**。下面列出了 2021 年美国女子足球队所有成员的年龄（岁）和出场次数（比赛次数）。
    年龄：26 23 27 22 28 28 26 25 38 21 30 31 24 32 32 32 25 35 35 20 27 27。
    出场次数：5 2 65 28 109 108 91 51 299 3 21 70 173 0 67 134 142 6 173 182 3 51 33。

48. **身高和体重**。2018 年国际足联发出的每名法国国家足球队球员的身高（英寸）和体重（磅）男子世界杯决赛名单。
    身高：74 73 75 72 72 76 66 70 69 69 76。
    体重：181 168 179 163 168 183 150 161 161 152 203。

49. 8 名男性和 8 名女性的 SAT 成绩样本。
    男性：1010 1170 1410 920 1320 1100 690 1140。
    女性：1190 1010 1000 1300 1470 1250 840 1060。

50. 10 名男生和 10 名女生的平均成绩样本。
    男生：2.4 3.7 3.8 3.9 2.8 2.6 3.6 3.3 4.0 1.9。
    女生：2.8 3.7 2.1 3.9 3.6 4.0 2.0 3.9 3.7 2.3。

概念扩展

51. **替代公式**。计算方差和标准差时，可以使用 $SS_x = \sum(x - \bar{x})^2$。另一个有时便于手工计算的公式是 $SS_x = \sum x^2 - (\sum x)^2 / n$。你可以用平方和除以 $n-1$ 来计算样本方差，通过计算样本方差的平方根来计算样本标准差。(a)说明如何获得替代公式；(b)使用替代公式计算习题 15 中数据集的样本标准差；(c)将结果与习题 15 中的样本标准差进行比较。

52. **平均绝对离差**。数据集的另一个有用的变异度量是平均绝对离差（MAD），其计算公式为 $MAD = \sum |x - \bar{x}| / n$。(a)求习题 15 中数据集的平均绝对离差，并将结果与习题 15 中的样本标准差进行比较；(b)求出习题 16 中数据集的平均绝对离差，并将结果与习题 16 中的样本标准差进行比较。

53. **缩放数据**。下面是公司员工的年薪（千美元）：42 36 48 51 39 39 42 36 48 33 39 42 45 50。(a)求样本均值和样本标准差；(b)样本中的每名员工都获得 5%的加薪，求新数据集的样本均值和样本标准差；(c)求每个月的工资，然后求月薪的样本均值和样本标准差；(d)你能从结果中得出什么结论？

54. **移动数据**。下面是公司员工的年薪（千美元）：40 35 49 53 38 39 40 37 49 34 38 43 47 35。(a)求样本均值和样本标准差；(b)样本中的每名员工都获得 1000 美元的加薪，求新数据集的样本均值和样本标准差；(c)样本中每名员工从原工资中减薪 2000 美元，求新数据集的样本均值和样本标准差；(d)从(a)至(c)问的结果中，你能得出什么结论？

55. **皮尔森偏态系数**。英国统计学家卡尔·皮尔森（1857—1936)引入了一个计算分布偏态的公式：
$$P = \frac{3(\bar{x} - 中位数)}{s}$$
大多数分布的偏态系数都在-3 和 3 之间。$P > 70$ 时数据右偏，$P < 0$ 时数据左偏，$P = 0$ 时数据对称。计算每个分布的偏态系数，并描述每个分布的形状。(a) $\bar{x} = 17$，$s = 2.3$，中位数为 19；

(b) $\bar{x}=32$，$s=5.1$，中位数为 25；(c) $\bar{x}=9.2$，$s=1.8$，中位数为9.2；(d) $\bar{x}=42$，$s=6.0$，中位数 = 40；(e) $\bar{x}=155$，$s=20.0$，中位数为175。

56. **切比雪夫定理**。任何数据集中至少99%的数据位于均值的多少个标准差内？解释你是如何得到答案的。

案例研究——企业规模

企业员工数量从单名员工到超过1000名员工不等。如下数据是最近一年内9个州的制造业企业数量。

州	制造业企业数量
加利福尼亚	37849
伊利诺伊	13154
印第安纳	8045
密歇根	12400
纽约	15488
俄亥俄	13902
宾夕法尼亚	13502
得克萨斯	19764
威斯康星	8817

按员工人数分列的制造业企业数量

州	1~4	5~9	10~19	20~49	50~99	100~249	250~499	500~999	1000+
加利福尼亚	15464	6929	5690	5253	2212	1599	456	161	85
伊利诺伊	4513	2239	2000	2105	1074	839	257	92	35
印第安纳	2213	1288	1266	1370	797	701	244	120	46
密歇根	4007	2062	2043	1952	1039	858	282	105	52
纽约	6809	2726	2245	2030	838	565	188	60	27
俄亥俄	4079	2410	2283	2370	1266	989	326	126	53
宾夕法尼亚	4323	2374	2213	2269	1054	879	274	82	34
得克萨斯	7171	3472	2990	3157	1376	1079	312	140	67
威斯康星	2581	1371	1311	1520	900	757	241	102	34

习题

使用上表中给出的信息，回答如下问题。

01. 哪个州的制造业员工人数最多？
02. **平均企业规模**。估计每个州的制造业企业的平均员工人数，使用1500作为"1000+"的中点。
03. **员工**。哪个州的制造业拥有最多的员工？
04. **标准差**。估计每个州的制造业企业员工人数的标准差，使用1500作为"1000+"的中点。
05. **标准差**。哪个州的标准差最大？
06. **分布**。描述每个州的制造业企业员工人数的分布情况。

2.5 位置度量

> **学习目标**
> - 求数据集的第一、第二和第三四分位数，求数据集的四分位距，使用盒须图表示数据集
> - 解释其他分位数（如百分位数），求特定数据项的百分位数
> - 求出并解释标准分数（z分数）

2.5.1 四分位数

本节介绍如何使用分位数来指定数据集中数据项的位置。分位数是将有序数据集划分为多个相等部分（每部分都有相同数量的数据项）的数字。例如，中位数是一个分位数，因为它将一个有序数据集划分为两个相等的部分。

定义 三个四分位数 Q_1、Q_2 和 Q_3 将有序数据集分成四个相等的部分。约四分之一的数据落在第一四分位数 Q_1 或 Q_1 以下。约一半的数据落在第二四分位数 Q_2 或 Q_2 以下（第二四分位数与数据集的中位数相同）。约四分之三的数据落在第三四分位数 Q_3 或 Q_3 以下。

【例题1】求数据集的四分位数

下面列出了美国15个大城市地区（人口超过300万）的汽车通勤者因交通拥堵而浪费的燃料量（加仑/年）。

求数据集的第一、第二和第三四分位数。你观察到了什么？

34 30 31 31 25 31 25 24 38 26 39 26 38 31 35

解答：

首先，对数据集排序并求出中位数 Q_2。第一四分位数 Q_1 是 Q_2 左侧的数据项的中位数。第三四分位数 Q_3 是 Q_2 右侧的数据项的中位数。

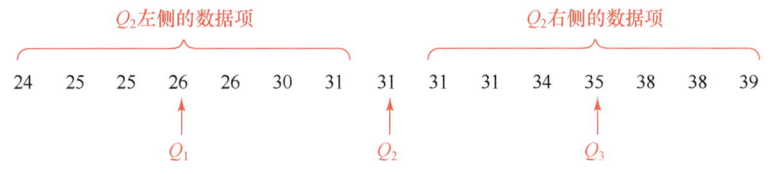

```
        Q₂左侧的数据项              Q₂右侧的数据项
    24  25  25  26  26  30  31  31  31  31  34  35  38  38  39
                    ↑           ↑           ↑
                   Q₁          Q₂          Q₃
```

解释： 在约四分之一的大城市地区，汽车通勤者浪费 26 加仑或更少的燃料，约一半的大城市地区浪费 31 加仑或更少的燃料，约四分之三的大城市地区浪费 35 加仑或更多的燃料。

自测题 1

求 55 支获胜球队得分的第一、第二和第三四分位数。你观察到了什么？

【例题 2】利用软件求四分位数

下面列出了 25 所文理学院的学杂费（千美元）。使用软件求出第一、第二和第三四分位数。你观察到了什么？

55 59 55 56 57 55 60 59 61 58 57 61 59 48 44 30 39 58 48 46 19 55 45 48 48

解答：

例如，MINITAB 和 TI-84 PLUS 都具有计算四分位数的功能。使用这样的软件求学杂费数据的第一、第二和第三四分位数。从显示中可以看到 $Q_1 = 47$、$Q_2 = 55$ 和 $Q_3 = 58.5$。

MINITAB

Descriptive Statistics: Tuition

Variable	N	Mean	SE Mean	StDev	Minimum
Tuition	25	51.20	2.04	10.18	19.00

Variable	Q1	Median	Q3	Maximum
Tuition	47.00	55.00	58.50	61.00

TI-84 PLUS

1-Var Stats

↑n=25
minX=19
Q_1=47
Med=55
Q_3=58.5
maxX=61

STATCRUNCH

Summary statistics:

Column	Q1	Median	Q3
Tuition	48	55	58

解释： 约四分之一的文理学院收取 47000 美元或更少的学杂费；约一半的文理学院收取 5.5 万美元或更少的学杂费；约四分之三的文理学院收取 58500 美元或更少的学杂费。

自测题 2

下面列出了 25 所大学的学杂费（千美元）。使用软件求第一、第二和第三四分位数。你观察到了什么？
58 35 49 11 31 56 25 18 36 31 10 32 35 19 39 49 33 27 55 33 55 46 28 54 57

中位数（第二四分位数）是基于位置的集中趋势的度量。基于位置的变异度量是四分位距。四分位距告诉了你数据中间一半的分布，如下一个定义所示。

> **定义** 数据集的四分位距（IQR）是给定数据中间部分（约一半）的极差的变化度量。IQR 是第三和第一四分位数的差值，即
>
> $$IQR = Q_3 - Q_1$$

在 2.3 节中，离群值被描述为远离数据集中其他数据项的数据项。识别离群值的一种方法是使用四分位距。

> **指南** 使用四分位距识别离群值
> 1. 求出数据集的第一四分位数（Q_1）和第三四分位数（Q_3）。
> 2. 求四分位距：$IQR = Q_3 - Q_1$。
> 3. 将 IQR 乘以 1.5：1.5IQR。
> 4. 用 Q_1 减去 1.5IQR。任何小于 $Q_1 - 1.5IQR$ 的数据项都是离群值。
> 5. 将 1.5IQR 与 Q_3 相加。任何大于 $Q_3 + 1.5IQR$ 的数据项都是离群值。

【例题 3】使用四分位距识别离群值

求例题 2 中数据集的四分位距，是否存在离群值？

解答：

根据例题 2，我们知道 $Q_1 = 47$，$Q_3 = 58.5$。因此，四分位距为 $IQR = Q_3 - Q_1 = 58.5 - 47 = 11.5$。要识别任何离群值，首先要注意到 $1.5IQR = 1.5 \times 11.5 = 17.25$。有一个数据项 19 小于

$$Q_1 - 1.5IQR = 47 - 17.25 = 29.75$$

但没有数据项大于

$$Q_3 + 1.5IQR = 58.5 + 17.25 = 75.75$$

所以，19 是一个离群值。

解释： 数据集中间列出的文理学院学杂费最多相差 17250 美元。注意，离群值 19（或 19000 美元）不会影响 IQR。

自测题 3

求 55 支获胜球队得分的四分位距。是否有离群值？

四分位数的另一个重要应用是使用盒须图表示数据集。盒须图（或箱线图）是一种数据分析工具，可突出显示数据集的重要特征。要绘制盒须图，就要知道下面显示的值。

1. 最小数据项。
2. 第一四分位数 Q_1。
3. 中位数 Q_2。
4. 第三四分位数 Q_3。
5. 最大数据项。

这五个数称为数据集的五数概括。

> **指南** 绘制盒须图
> 1. 求出数据集的五数概括。

2. 构建一个横跨数据极差的水平刻度。
3. 在水平刻度上方标出五个数字。
4. 在 Q_1 到 Q_3 的水平刻度上方画一个方框,在 Q_2 处的方框内画一条垂线。
5. 从盒子到最小和最大数据项画胡须。

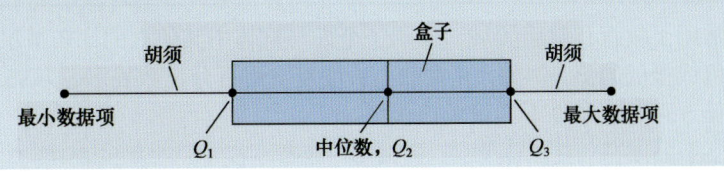

描绘世界

从 1970 年到 2019 年,美国有 2939 人死于雷击。右方的盒须图总结了这些年每年的死亡人数。

右侧的胡须代表了多少死亡人数?2019 年发生了 20 起雷击死亡事故,这一死亡事故数量的四分位数是多少?

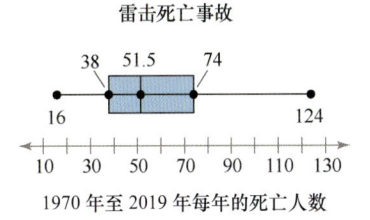

雷击死亡事故

1970 年至 2019 年每年的死亡人数

【例题 4】绘制盒须图

绘制盒须图表示例题 2 中的数据集。你观察到了什么?

解答:

下面是数据集的五数概括。

$$\text{最小值} = 19, \quad Q_1 = 47, \quad Q_2 = 55, \quad Q_3 = 58.5, \quad \text{最大值} = 61$$

使用这五个数字,可以构建如下所示的盒须图。

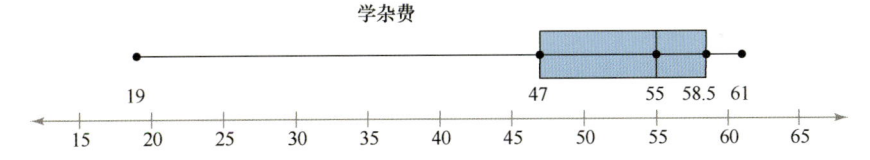

学杂费

解释: 方框代表约一半的数据,这意味着约 50% 的数据项在 47 和 58.5 之间。左须代表约四分之一的数据,因此约 25% 的数据项小于 47。右须代表约四分之一的数据,因此约 25% 的数据项大于 58.5。此外,左须比右须长得多,说明数据集在左侧可能有一个离群值(在例题 3 中已知数据项 19 是离群值)。

自测题 4

绘制盒须图表示 55 支获胜球队的得分。你观察到了什么?

可以使用盒须图来确定分布的形状。注意,例题 4 中的盒须图表示左偏斜的分布。

> **提示:** 对于具有离群值的数据集,可以使用修改后的盒须图表示。修改后的盒须图是一种使用符号(如星号或点)来表示离群值的盒须图。修改后的盒须图的水平线延伸到不是离群值的最小数据项和不是离群值的最大数据项。例如,后面使用 MINITAB 和 TI-84 PLUS 绘制了代表例题 2 数据集的修改后的盒须图。将这些结果与例题 4 中的结果进行比较。

2.5.2 百分位数和其他分位数

除了使用四分位数来指定位置的度量,还可使用百分位数和十分位数。下面小结了这些常见分位数。

第 2 章 描述统计学

分 位 数	小 结	符 号
四分位数	将数据集分成 4 个相等的部分	Q_1, Q_2, Q_3
十分位数	将数据集分成 10 个相等的部分	$D_1, D_2, D_3, \cdots, D_9$
百分位数	将数据集分成 100 个相等的部分	$P_1, P_2, P_3, \cdots, P_{99}$

百分位数常用于教育和健康领域，表示一个人与群体中其他人的比较情况。百分位数还可用于标识极高的值或极低的值。例如，儿童的生长度量常用百分位数表示。第 95 百分位及以上的度量值极高，而第 5 百分位及以下的度量值极低。

提示： 注意，第 25 百分位数与 Q_1 相同；第 50 百分位数与 Q_2 即中位数相同；第 75 百分位数与 Q_3 相同。

提示： 确保理解了百分位的含义。例如，某个六个月大婴儿的体重处于第 78 百分位，这意味着该婴儿的体重等于或超过 78%的所有六个月大婴儿的体重，而不意味着婴儿的体重是理想体重的 78%。

【例题 5】解释百分位数

右侧的累积曲线代表最近一年将上大学的学生的 SAT 成绩的累积频数分布。什么分数代表第 90 百分位？

解答：

从累积曲线中可以看到第 90 百分位数对应的分数为 1350。

解释： 这表明约 90%的学生的 SAT 分数为 1350 分或更低。

自测题 5

在超级碗中获胜的 55 支球队的得分由右侧的累积曲线表示。什么分数代表第 65 百分位？应该如何解释这一点？

例题 5 中使用一条累积曲线来近似与百分位相对应的数据项。还可使用累积曲线来近似与数据项相对应的百分位数。求出百分位的另一种方法是使用公式。

定义 要求出与特定数据项 x 对应的百分位，可使用如下公式：

$$x\text{ 的百分位} = \text{小于 }x\text{ 的数据项数}/\text{数据项总数} \times 100$$

然后四舍五入为最接近的整数。

【例题 6】求百分位

对于例题 2 中的数据集，求出对应于 57000 美元的百分位。

解答：

学杂费的单位为千美元，因此 57000 美元是数据项 57。首先对数据排序：

19 30 39 44 45 46 48 48 48 48 55 55 55 55 56 57 57 58 58 59 59 59 60 61 61

有 15 个数据项小于 57，数据项总数为 25。

$$57\text{ 的百分位} = \text{小于 57 的数据项数}/\text{总数据项数} \times 100 = 15/25 \times 100 = 60$$

57000 美元的成本相当于第 60 百分位。

解释： 57000 美元的费用高于其他 60%的学费。

自测题 6

对于自测题 2 中的数据集，求出对应于 31000 美元即数据项 31 的百分位。

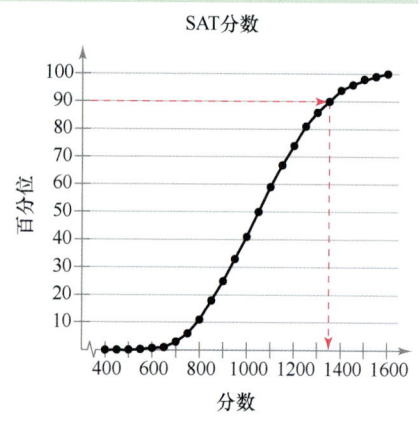

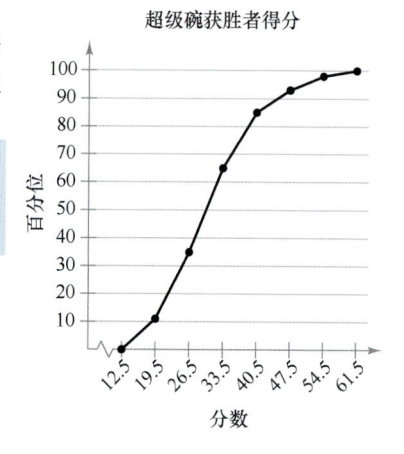

2.5.3 标准分数

知道数据集的均值和标准差后，就可用标准分数或 z 分数来衡量数据项在数据集中的位置。

> **定义** 标准分数或 z 分数表示值 x 与均值 μ 之间的标准差的数量，其计算公式为
> $$z = \frac{值 - 均值}{标准差} = \frac{x - \mu}{\sigma}$$

z 分数可以是负数、正数或零。当 z 为负数时，相应的 x 值小于均值。当 z 为正数时，相应的 x 值大于均值。当 z = 0 时，相应的 x 值等于均值。z 分数可用于识别近似为钟形的数据集的离群值。

当分布近似为钟形时，根据经验规则，约 95% 的数据位于均值的 2 个标准差内。因此，将该分布值转换为 z 分数后，约 95% 的 z 分数应在-2 和 2 之间。超出此范围的 z 分数将出现在约 5% 的时间内，并被视为异常。因此，根据经验规则，z 分数小于-3 或大于 3 将是极度异常的，这种分数出现的概率约为 0.3%，如右图所示。

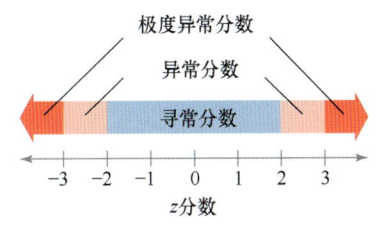

【例题 7】求 z 分数

一段高速公路上车辆的平均速度为 56 英里/小时，标准差为 4 英里/小时。你测量了三辆车在这段公路上行驶的速度，分别是 62 英里/小时、47 英里/小时和 56 英里/小时。求与每个速度对应的 z 分数。假设速度的分布近似为钟形。

解答：
对应于每个速度的 z 分数计算如下。

x = 62 英里/小时　　　　　x = 47 英里/小时　　　　　x = 56 英里/小时
z = (62 − 56)/4 = 1.5　　　z = (47 − 56)/4 = −2.25　　z = (56 − 56)/4 = 0

解释： 从 z 分数可以得出如下结论：62 英里/小时的速度比均值高出 1.5 个标准差；47 英里/小时的速度比均值低 2.25 个标准差；56 英里/小时的速度等于均值。这辆以 47 英里/小时的速度行驶的汽车可以说行驶得非常慢，因为它的速度对应的 z 分数为-2.25。

自测题 7

某城市每月公用事业费用的均值为 70 美元，标准差为 8 美元。求与 60 美元、71 美元和 92 美元的公用事业费用对应的 z 分数。假设公用事业费用的分布近似为钟形。

【例题 8】比较来自不同数据集的 z 分数

下面显示了男性人口和女性人口的平均身高与标准差。比较一个 6 英尺高的男子和一个 6 英尺高的女子的 z 值。假设身高的分布近似为钟形。

男子身高　　　　　　　女子身高
μ = 69.9 in　　　　　μ = 64.3 in
σ = 3.0 in　　　　　σ = 2.6 in

解答：
注意，6 英尺 = 72 英寸。
身高 6 英尺的男子的 z 分数：　　身高 6 英尺的女子的 z 分数：

$$z = \frac{x-\mu}{\sigma} = \frac{72-69.9}{3.3} = 0.7 \qquad z = \frac{x-\mu}{\sigma} = \frac{72-64.3}{2.6} \approx 3.0$$

解释：身高 6 英尺的男子的 z 分数在均值（69.9 英寸）的 1 个标准差内。这是男子的典型身高之一。身高 6 英尺的女子的 z 分数与均值（64.3 英寸）相差约 3 个标准差。对于女子来说，这是一个异常的身高。

自测题 8

使用例题 8 中的信息比较 5 英尺高的男子和 5 英尺高的女子的 z 分数。

2.5.4 习题

培养基本技能和词汇

01. 客座讲师演讲的长度代表客座系列演讲的第三四分位数，观察该谈话的长度。
02. 一辆摩托车的燃油效率代表同级别车辆的第九，观察摩托车的燃油效率。
03. 一名学生在工程基础考试中的成绩为-0.5，观察该学生的成绩。
04. 一名学生的智商在韦氏成年人智力量表中处于第 91 百分位，观察该学生的智商得分。
05. 解释如何使用四分位距识别离群值。
06. 描述四分位数和百分位数之间的关系。

判断正误。对习题 07～10，判断句子的正误并写出正确的句子。

07. 在盒须图上，数据集的四分之一位于左须上。
08. 第二四分位数是有序数据集的均值。
09. 离群值是指高于 Q_3 或低于 Q_1 的任何数值。
10. z 分数不可能为 0。

使用和解释概念。

求四分位数、四分位距和离群值。在习题 11 和 12 中，(a)求出四分位数；(b)求出四分位距；(c)识别任何离群值。

11. 56 63 51 60 57 60 60 54 63 59 80 63 60 62 65。
12. 22 25 22 24 20 24 19 22 29 21 21 20 23 25 23 23 21 25 23 22。

图形分析。在习题 13 和 14 中，使用盒须图识别五数概括。

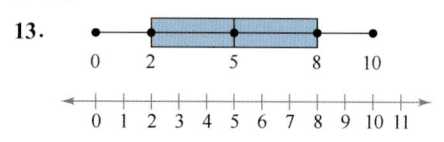

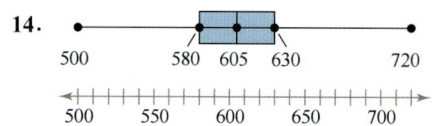

13.

14.

绘制盒须图。在习题 15～18 中，(a)求五数概括；(b)绘制代表数据集的盒须图。

15. 39 36 30 27 26 24 28 35 39 60 50 41 35 32 51。
16. 171 176 182 150 178 180 173 170 174 178 181 180。
17. 4 7 7 5 2 9 7 6 8 5 8 4 1 5 2 8 7 6 6 9。
18. 2 7 1 3 1 2 8 9 9 2 5 4 7 3 7 5 4 2 3 5 9 5 6 3 9 3 4 9 8 8 2 3 9 5。

图形分析。在习题 19～22 中，使用盒须图确定所示分布形状是对称的、左偏斜的、右偏斜的还是都不对称的。

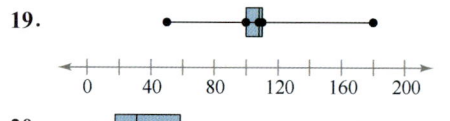

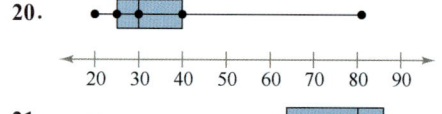

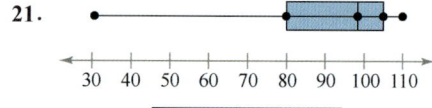

19.

20.

21.

22.

使用软件求四分位数并绘制图形。在习题 23～26 中，使用软件绘制代表数据集的盒须图。

23. 研究 28 名学生每天学习的小时数：2 8 7 2 3 3 3 2 2 7 8 3 5 1 1 2 6 1 5 7 3 8 5 3 3 7 6 2。
24. **休假天数**。以 20 名员工为样本，在最近一年中使用的休假天数：3 9 2 1 7 5 3 2 2 6 4 0 10 0 3 5 7 8 6 5。
25. **通勤距离**。30 名员工样本的通勤距离（英里）：7 6 7 5 2 1 1 2 3 8 15 24 3 8 9 19 12 17 45 4 4 3 11 26 10 4 21 1 5 12。
26. **时薪**。某咨询公司 21 名员工的时薪（美元）：25.89 27.09 31.76 28.28 26.19 27.43 24.06 25.61

74 统计学与生活（第 8 版）

22.56 29.76 18.01 23.66 38.24 37.27 32.70 31.12 25.87 15.06 23.12 30.62 19.85。

27．研究。参考习题 23 中的数据集和代表该数据集的盒须图。(a)约 75%的学生每天学习不超过多少小时？(b)每天学习 3 小时以上的学生占学生总数的百分比是多少？(c)从样本中随机选择一名学生，这名学生每天学习时间不到 2 小时的可能性有多大？用百分比写出答案。

28．时薪。参考习题 26 中的数据集和代表该数据集的盒须图。约 50%的员工每小时挣不到多少钱？(b)每小时收入超过 23.39 美元的员工的百分比是多少？(c)每小时收入在 23.39 美元和 38.24 美元之间的员工占多大比例？(d)从样本中随机选择一名员工，该员工每小时收入超过 30.87 美元的可能性有多大？用百分比写出答案。

解释百分位数。在习题 29～32 中，使用累积曲线代表最近几年研究生入学考试中定量推理分数的累积频数分布。

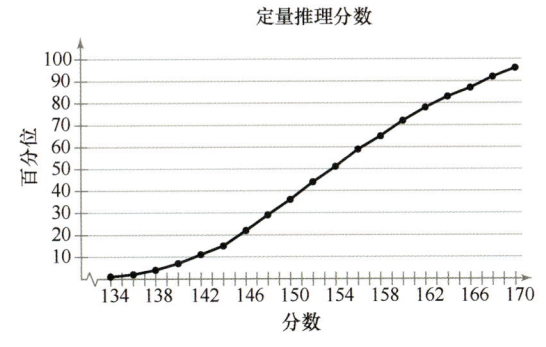

定量推理分数

29．哪个分数代表第 65 百分位？如何解释？
30．哪个分数代表第 50 百分位？如何解释？
31．140 分是第几百分位？如何解释？
32．170 分是第几百分位？如何解释？

求百分位。在习题 33～36 中，使用代表 30 名高管年龄（岁）的如下数据集：43 57 65 47 57 41 56 53 61 54 56 50 66 56 50 61 47 40 50 43 54 41 48 45 28 35 38 43 42 44。

33．求对应于 40 岁的百分位。
34．求对应于 56 岁的百分位。
35．哪些年龄在第 75 百分位以上？
36．哪些年龄低于第 25 百分位？

求出和解释百分位数。在习题 37～40 中，使用如下数据集，它表示一个州的机动车辆管理局位置的各种服务等待时间（分钟）：6 10 1 22 23 10 6 7 2 1 6 2 4 14 15 16 4 19 3 19 26 5 3 4 7 6 10 9 10 20 18 3 20

10 13 14 11 14 17 4 27 4 8 4 3 26 18 21 1 3 3 5 5。

37．画出累积曲线表示数据的相应百分位数。
38．哪个等待时间代表第 50 百分位？如何解释？
39．求出等待时间为 20 分钟所对应的百分位数。
40．哪些等待时间介于 25%和 75%之间？

图形分析。在习题 41 和 42 中，中点 A、B 和 C 标在下方的直方图上。将它们与给定的 z 分数相匹配。如果有，哪些 z 分数被认为是异常的？

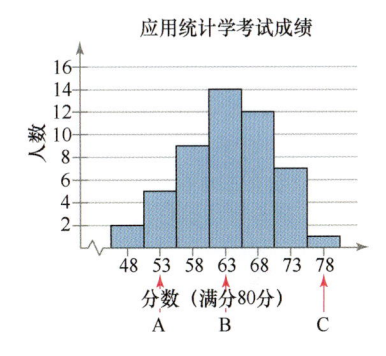

41． $z = 0$，$z = 2.14$，$z = -1.43$。

应用统计学考试成绩

42． $z = 0.77$，$z = 1.54$，$z = -1.54$。

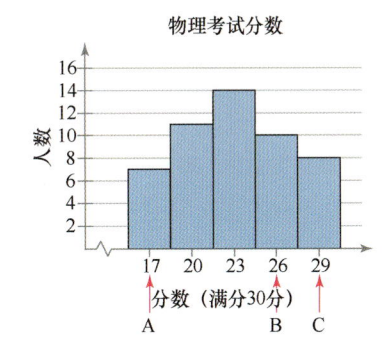

物理考试分数

求 z 分数。从 1903 年到 2020 年，环法自行车赛冠军的年龄分布大致呈钟形。平均年龄为 27.9 岁，标准差为 3.4 岁。在习题 43～48 中，使用相应的 z 分数确定年龄是否异常。解释理由。

获胜者	年份	年龄
43．克里斯托弗·弗鲁姆	2016	31
44．扬·乌尔里希	1997	24
45．安东宁·马涅	1931	27
46．菲尔曼·兰博特	1922	36
47．亨利短号	1904	20
48．塔代伊·波加查	2020	21

49．轮胎寿命。某品牌汽车轮胎的平均寿命为 35000 英里，标准差为 2250 英里。假设轮胎的使用寿命呈钟形分布。(a)随机选择的三个轮胎的寿命分别为 34000 英里、37000 英里和 30000 英里。

第 2 章　描述统计学　75

求与每个寿命相对应的 z 分数，并确定这些寿命是否异常；(b)随机选择的三个轮胎的使用寿命分别为 30500 英里、37250 英里和 35000 英里，使用经验法则，求与每个寿命相对应的百分位。

50. **果蝇寿命**。一种果蝇的寿命呈钟形分布，均值为 33 天，标准差为 4 天。随机抽取的三只果蝇的寿命分别为 34 天、30 天和 42 天。求与每个寿命相对应的 z 分数，并确定这些寿命是否异常；(b)随机选择的三只果蝇的寿命分别为 29 天、41 天和 25 天，使用经验法则求与每个寿命相对应的百分位。

比较不同数据集的 z 值。下表显示了从 1929 年到 2020 年奥斯卡最佳男主角和最佳男配角获得者的年龄统计数据。年龄分布大致呈钟形。在习题 51～54 中，比较演员的 z 分数。

最佳男主角	最佳男配角
$\mu \approx 43.8$ 岁	$\mu \approx 50.2$ 岁
$\sigma \approx 8.7$ 岁	$\sigma \approx 13.5$ 岁

51. 2018 年最佳男主角：加里·奥德曼，年龄：59 岁；2018 年最佳男配角：山姆·洛克威尔，年龄：49 岁。
52. 2005 年最佳男主角：杰米·福克斯，年龄：37 岁；2005 年最佳男配角：摩根·弗里曼，年龄：67 岁。
53. 1970 年最佳男主角：约翰·韦恩，年龄：62 岁；1970 年最佳男配角：吉格·扬，年龄：56 岁。
54. 1982 年最佳男主角：亨利·方达，年龄：76 岁；1982 年最佳男配角：约翰·吉尔古德，年龄：77 岁。

概念扩展

中四分位数。另一种度量位置的方法称为中四分位数。可用如下公式计算数据集的中四分位数：

$$\text{中四分位数} = \frac{Q_1 + Q_3}{2}$$

在习题 55 和 56 中，求数据集的中四分位数。

55. 5 7 1 2 3 10 8 7 5 3。
56. 23 36 47 33 34 40 39 24 32 22 38 41。
57. **歌曲长度**。并排盒须图可用于比较两个或多个不同的数据集。每个盒须图都绘制在相同的数字线上，以便更容易地比较数据集。下面显示了在两场不同音乐会上播放的歌曲的长度（秒）。(a)描述每个分布的形状。哪场音乐会的歌曲长度变化较小？(b)哪种分布更可能出现离群值？(c)哪场音乐会的标准差是 16.3？(d)能确定哪场音乐持续的时间更长吗？

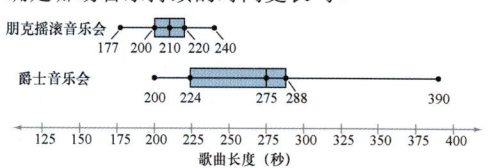

朋克摇滚音乐会
177 200 210 220 240

爵士音乐会
200 224 275 288 390

125 150 175 200 225 250 275 300 325 350 375 400
歌曲长度（秒）

58. **信用卡购物**。下面列出了过去三个月你和朋友的信用卡购物费用（四舍五入到最接近的美元）。

你：60 95 102 110 130 130 162 200 215 120 124 28 58 40 102 105 141 160 130 210 145 90 46 76。

朋友：100 125 132 90 85 75 140 160 180 190 160 105 145 150 151 82 78 115 170 158 140 130 165 125。

使用软件绘制代表数据集的并排盒须图，然后描述分布的形状。

修正盒须图。在习题 59～62 中，(a)确定任何离群值；(b)绘制代表数据集的修正盒须图。使用星号(*)标识离群值。

59. 16 9 11 12 8 10 12 13 11 10 24 9 2 15 7。
60. 75 78 80 75 62 72 74 75 80 95 76 72。
61. 47 29 59 83 46 1 46 23 52 53 35 37 49。
62. 36 38 47 50 53 54 19 27 30 47 48 50 56 60 90 62。
63. **项目**。找到一个现实生活中的数据集，使用第 2 章的技术，包括图形和数值量，讨论数据集的中心、可变性和形状，并描述模式。

现实世界中的统计量

使用

描述统计学可以帮助我们了解一组原始数据中的趋势或模式。数据集的良好描述包括：①数据中心的度量；②数据可变性（或分布）的度量；③数据的形状（或分布）。当你阅读其他人准备的报告、新闻或广告时，很少得到用于研究的原始数据。相反，你看到的是图表、集中趋势度量和可变性度量。要成为一名有眼光的读者，就需要了解描述统计学的术语和技术。

滥用

了解如何计算统计数据可以帮助你分析有问题的统计数据。例如，你正在面试一个销售职位，而公司的报告称其销售团队中五人的平均年薪为 60000 美元。如果基于四个 25000 美元的年薪和一个 200000 美元的年薪，这就是一种误导性陈述。中位数将更准确地描述年薪，但该公司使用均值，因为它是一个更大的数额。

统计图也可能产生误导。下面的两个时间序列图显示了宝洁公司从 2011 年到 2020 年的净利润，两幅图的数据相同。然而，第一幅时间序列图有一个裁剪的纵轴，使得 2011 年至 2012 年和 2014 年至 2016 年的净利润大幅减少，而 2012 年至 2014 年和 2016 年至 2020 年的净利润大幅增加。在第二幅时间序列图中，纵轴上的刻度从零开始。这幅时间序列图正确地显示了净利润在这段时间内变化不大，且近年来一直在稳步增长。

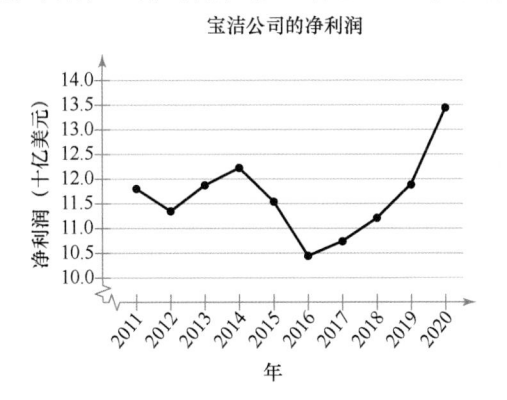

伦理道德

马克·吐温说过："谎言有三种：谎言、该死的谎言和统计数字。简而言之，即使是最准确的统计数字，也可用来支持不正确的研究或陈述。"不择手段的人会用误导性的统计数据来证明他们的观点。了解统计数据是如何计算的并对数据提出质疑是避免被误导的方法。

习题

01. 使用互联网或其他资源找到可能导致错误结论的图表例子。

02. 你正在发表一篇讨论饮用红葡萄酒有助于预防心脏病的文章。因为喝红葡萄酒可能对患心脏病风险的人有帮助，所以你加了一幅图，夸大了喝红葡萄酒和预防心脏病的效果。你认为公布这张图合乎道德吗？

2.6 第 2 章复习题

2.1 节

在习题 01 和 02 中使用了代表 20 所大学总体平均班级规模的数据集：37 34 42 44 39 40 41 51 49 31 52 26 31 40 30 27 36 43 48 35。

01. 使用五组构建数据集的频数分布，包括组限、中点、边界、频数、频率和累积频数。

02. 使用习题 01 中的频数分布构建频率直方图，确定哪组的频率最大，哪组的频率最小。

在习题 03 和 04 中使用了如下数据集，它代表 25 个 12 盎司罐中的实际液体体积（盎司）：11.95 11.91 11.86 11.94 12.00 11.93 12.00 11.94 12.10 11.95 11.99 11.94 11.89 12.01 11.99 11.94 11.92 11.98 11.88 11.94 11.98 11.92 11.95 11.93 12.04。

03. 使用七组为数据集构建频数直方图。

04. 使用七组为数据集构建频率直方图。

在习题 05 和 06 中使用了如下数据集，它代表酒店样本在一晚营业期间预订的房间数量：153 104 118 166 89 104 100 79 93 96 116 94 140 84 81 96 108 111 87 126 101 111 122 108 126 93 108 87 103 95 129 93 124。

05. 对六组的数据集构建频数分布，并绘制频数多边形。

06. 使用六组为数据集构建累积曲线。

2.2 节

在习题 07 和 08 中使用了如下数据集，它代表 24 个美国城市的污染指数（从 0 到 100 的无单位污染度量）：52 63 31 27 30 45 25 50 45 43 36 42 47 30 32 23 39 31 45 29 44 20 37 39。

07. 使用茎叶图显示数据集并描述模式。

08. 使用点图显示数据集并描述模式。

在习题 09 和 10 中使用了下面的数据集，它代表一项调查的结果，该调查询问了美国全日制大学和学院学生在平均工作日的活动与时间使用情况。

反 应	睡眠	休闲和体育	工作	教育活动	其他
时间（小时）	8.8	4.0	2.3	3.5	5.4

09. 使用饼图显示数据集并描述模式。

10. 使用帕累托图显示数据集并描述模式。

11. 下面列出了纽约市十座最高建筑物的高度（英尺）和层数。使用散点图显示数据并描述模式。

高度	1776	1550	1428	1401	1397	1270	1250	1200	1079	1050
层数	104	95	84	59	85	73	102	54	71	77

12. 下面列出了美国 12 年间的实际失业率。使用时间序列图显示数据并描述模式。

年份	2010	2011	2012	2013	2014	2015
失业率	16.7%	16.2%	15.2%	14.5%	12.7%	11.3%

年份	2016	2017	2018	2019	2020	2021
失业率	9.9%	9.4%	8.2%	8.1%	6.9%	11.1%

2.3 节

在习题 13 和 14 中，如果可能，求出数据的均值、中位数和众数。如果找不到任何度量或任何度量都不代表数据的中心，解释原因。

13. 在 2020 年 NBA 选秀中，10 名大学篮球运动员的垂直跳跃高度（英寸）：37.5 30.0 31.5 29.5 24.0 29.0 29.0 30.0 30.0 28.0。

14. 下面是 1019 名成年人被问及最近一年花多少钱买圣诞礼物的回答：
1000 美元或以上：306；不确定：51
250～999 美元：336；低于 250 美元：234
无/不庆祝圣诞节：92

15. 对于 78、72、86、91、87 和 80 这六个测试分数，前五个测试分数占期末成绩的 15%，最后一个测试分数占期末成绩的 25%。求测试分数的加权平均值。

16. 对于 96、85、91 和 86 这四个测试分数，前三个测试分数占期末成绩的 20%，最后一个测试分数占期末成绩的 40%。求测试分数的加权平均值。

17. 估计你在习题 01 中所做的频数分布的均值。

18. 下面的频数分布显示了以 60 个家庭为样本的每个家庭订阅的杂志数，求每个家庭的平均订阅数。

杂志数	0	1	2	3	4	5	6
频数	13	9	19	8	5	2	4

19. 描述你在习题 03 中所绘直方图的分布形状是对称的、均匀的、左偏斜的、右偏斜的，还是都不是。

20. 描述你在习题 04 中所绘直方图的分布形状是对称的、均匀的、左偏斜的、右偏斜的，还是都不是。

在习题 21 和 22 中，确定直方图中分布的近似形状是对称的、均匀的、左偏斜的、右偏斜的，还是都不是。

21.

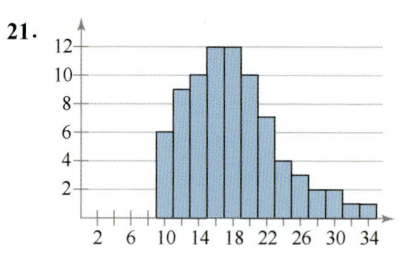

22.

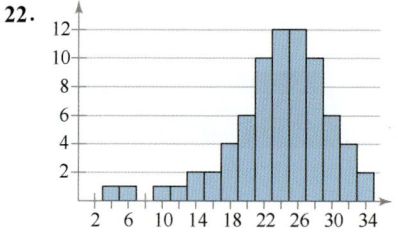

23. 对于习题 21 中的直方图，均值和中位数哪个更大？

24. 对于习题 22 中的直方图，均值和中位数哪个更大？

2.4 节

在习题 25 和 26 中，求总体数据集的极差、均值、方差和标准差。

25. 汽车租赁公司车队的里程（千英里）：4 2 9 12 15 3 6 8 1 4 14 12 3 3。

26. 截至 2021 年 4 月 7 日最高法院大法官的年龄（岁）：66 56 72 49 82 71 66 60 53。

在习题 27 和 28 中，求样本数据集的极差、均值、方差和标准差。

27. 随机抽样的四年制大学一学年的宿舍房间收费（美元）：5816 6045 5612 6341 6106 7361 6320 6265 7220 7439 5395 6908 5561 5710 5538 6632。

28. 随机抽样教师的工资（美元）：62222 56719 50259 45120 47692 45985 53489 71534。

在习题 29 和 30 中，使用经验法则。

29. 抽样家庭的平均电费为每月 110.00 美元，标准差为每月 17.50 美元。95%的数据位于哪两个值之间？假设数据集呈钟形分布。

30. 抽样家庭的卫星电视平均收费为每月 87.50 美元，标准差为每月 14.50 美元。估计卫星电视收费在73.00美元和102.00美元之间的百分比，假设数据集呈钟形分布。

31. 加油站 40 名客户的平均销售额为 32.00 美元，标准差为 4.00 美元。使用切比雪夫定理确定至少有多少客户的费用在 24.00 美元和 40.00 美元之间。

32. 航天飞机 135 次飞行的平均持续时间约为 9.9 天，标准差约为 3.8 天。使用切比雪夫定理确定至少有多少次飞行持续时间在 2.3 天和 17.5 天之间。

33. 从随机抽样的家庭中，列出电视机的数量如下，求数据的样本均值和样本标准差。

　　电视机数量　0 1 2 3 4 5
　　家庭数量　　1 8 13 10 5 3

34. 从飞机的随机抽样中，列出在机身中发现的缺陷数量如下，求数据的样本均值和样本标准差。

　　缺陷数量　0 1 2 3 4 5 6
　　飞机数量　4 5 2 9 1 3 1

在习题 35 和 36 中，求出两个数据集各自的变异系数，然后比较结果。

35. 下面是一年级和四年级学生的平均绩点样本。
　　一年级学生：2.8 1.8 4.0 3.8 2.4 2.0 0.9 3.6 1.8
　　四年级学生：2.3 3.3 1.8 4.0 3.1 2.7 3.9 2.6 2.9

36. 下面列出了事务所所有律师的年龄和经验年限。
　　年龄：　　　66 54 47 61 36 59 50 33
　　经验年限：　37 20 23 32 14 29 22 8

2.5 节

在习题 37～40 中使用如下数据集，它代表在最受欢迎的级别中具有最高燃油经济性（英里/加仑）的 2020 型车辆：36 30 30 45 31 113 113 33 33 33 52 141 56 117 58 118 50 26 23 23 27 48 22 22 22 121 41 105 35 35。

37. 求数据集的五数概括。

38. 求数据集的四分位距。

39. 绘制表示数据集的盒须图。

40. 约有多少车辆落在第三四分位数或以下？

41. 求习题 13 中数据集的四分位距。

42. 高中足球队防守队员的体重（磅）如下所示，绘制表示数据集的盒须图，并描述分布的形状：
173 145 205 192 197 227 156 240 172 208 185 190 167 212 228 190 184 195。

43. 学生的考试成绩为 75 分，代表成绩的第 65 个百分位。得分高于 75 分的学生占多大比例？

44. 截至 2021 年 4 月，美国共有 682 家排名前 40 的电台。一家电台发现，115 家电台每天的受众比它的多。这家电台在每日受众排名中最接近的百分位是多少？

经销商所有皮卡车的牵引能力（磅）呈钟形分布，均值为 11830 磅，标准差为 2370 磅。在习题 45～48 中，使用相应的 z 分数确定牵引能力是否异常。

45. 16500 磅。

46. 5500 磅。

47. 18000 磅。

48. 11300 磅。

2.7　第 2 章测验题

01. 下面的数据集表示每周 27 人的样本锻炼的分钟数：108 139 120 123 120 132 123 131 131 157 150 124 111 101 135 119 116 117 127 128 139 119 118 114 127 142 130。

(a)使用五组构建数据集的频数分布。包括组限、中点、边界、频数、频率和累积频数；(b)在相同的轴上使用频数直方图和频数多边形显示数据；(c)使用频率直方图显示数据；(d)将分布的形状描述为对称的、均匀的、左偏斜的、右偏斜的或者都不对称的；(e)使用累积曲线显示数据；(f)使用茎叶图显示数据，每个茎使用一条线；(g)使用盒须图显示数据。

02. 使用频数分布公式计算习题01中数据集的样本均值和样本标准差。

03. 已知性质的元素分为金属（55种）、类金属（6种）、卤素（5种）、稀有气体（6种）、稀土元素（30种）和其他非金属（7种）。使用(a)饼图和(b)帕累托图显示数据。

04. 下面列出了建筑工人样本的周薪（美元）：1100 720 1384 1124 1255 976 718 1316 749 1062 1248 891 969 790 860 1100。

    (a)求周薪的均值、中位数和众数，哪项最好地描述了典型的周薪？(b)求数据集的极差、方差和标准差；(c)求数据集的变异系数。

05. 样本房屋的新房均价为180000美元，标准差为15000美元，数据集呈钟形分布。使用经验法则，95%的房子在哪两个价格之间下跌？

06. 参考习题05中的样本统计数据，确定以下房价是否异常：(a)225000美元；(b)80000美元；(c)200000美元；(d)147000美元。

07. 下面列出了2020年美国职业棒球大联盟中每支球队的常规赛胜场数，使用盒须图显示数据：
43 25 26 26 23 27 31 32 36 40 30 26 35 31 26 26 29 24 29 29 22 36 19 35 25 37 33 28 35 34。

2.8 第2章测试题

01. 下面列出了参加期末考试前，统计学课程12名学生的总平均分：67 72 88 73 99 85 81 87 63 94 68 87。(a)求数据集的均值、中位数和众数，哪个统计量最能代表数据的中心？(b)求样本数据集的极差、方差和标准差；(c)求数据集的变异系数；(d)在茎叶图中显示数据，每个茎使用一条线。

02. 下面的数据集代表20个人的样本在一年内观看的电影部数：121 148 94 142 170 88 221 106 18 67 149 28 60 101 134 168 92 154 53 66。(a)使用六组构建数据集的频数分布，包括组限、中点、边界、频数、频率和累积频数；(b)在相同的轴上使用频数直方图和频数多边形显示数据；(c)使用频率直方图显示数据；(d)将分布的形状描述为对称的、均匀的、左偏斜的、右偏斜的或者都不对称的；(e)使用累积曲线显示数据。

03. 使用频数分布公式计算习题02中数据集的样本均值和样本标准差。

04. 对习题02中的数据集，求一年内观看的149部电影所对应的百分位数。

05. 下表列出了披头士乐队获得销售认证的专辑数量，使用(a)饼图和(b)帕累托图显示数据。

认 证	专辑数量
钻石	6
多白金	26
白金	42
黄金	48

06. 下面是统计学课程12名学生完成期末考试所用的时间（分钟），使用散点图显示该数据集和习题01中的数据集（两个数据集的顺序相同）并描述模式：61 85 67 48 54 61 59 80 67 55 88 84。

07. 下面的数据集代表15名大学教授的年龄（岁）：46 51 60 58 37 65 40 55 30 68 28 62 56 42 59。(a)在盒须图中显示数据；(b)40岁以上的教授约占百分之几？

08. 208匹马样本的平均妊娠时间为343.7天，标准差为10.4天，数据集呈钟形分布。(a)估计妊娠时间在333.3天和354.1天之间的数量；(b)确定318.4天的妊娠时间是否异常。

真正的统计与决策

你是当地公寓协会的会员，该协会代表出租房屋业主和管理者在整个大都市区经营住宅出租业务。最近，该协会收到了来自该市某一地区租户的几起投诉，租户认为与该市的其他地区相比，他们每月的租金要高得多。

你想调查租金。你收集的数据显示在下表中。A区代表城市中租户对月租不满的区域，这些数据代表A区和其他三个类似面积的随机抽样租户每月支付的租金。假设所有代表的公寓大小大致相同，设施相同。

在你所在城市的 4 个地区随机选择的 12 名公寓租户支付的月租金（美元）

地区 A	地区 B	地区 C	地区 D
1435	1265	1221	1044
1249	1074	931	1234
1097	917	893	970
970	1213	1317	827
1171	949	1034	898
1122	839	1061	914
1259	896	851	1387
1022	918	861	1166
1002	1056	911	1123
1187	1218	1148	1029
968	844	799	1131
1097	791	872	1047

一居室公寓最高月租金
每个城市的中位数
旧金山　　3500美元
纽约　　　3000美元
波士顿　　2590美元
奥克兰　　2500美元
圣何塞　　2450美元

习题

01. 你会怎么做？ (a)你应如何调查对月租不满的租户的投诉？(b)你认为哪种统计方法最能代表城市四个区域的数据集？(c)对所有四个区域，计算(b)问中的度量值。

02. 显示数据。 (a)你会选择哪种组型的图来显示数据？(b)根据(a)问绘制图形；(c)根据你的数据显示，A 区的月租金是否高于城市其他区域的租金？

03. 度量数据。 (a)你可以使用本章中的哪些其他统计方法来分析月租金数据？(b)计算(a)问的度量值；(c)将(b)问的度量结果与你在习题 02 中绘制的图表进行比较。度量结果是否支持你在习题 02 中的结论？

04. 讨论数据。 (a)你认为 A 区租户的投诉是否合理？你认为应该如何解决这些问题？(b)对于城市不同区域的租金差异，你给出的原因是什么？

2.9　第1～2章总复习

在习题 01 和 02 中，确定所用的抽样技术，并讨论潜在的离差来源（如果有的话）。

01. 为了保证质量，从四条装配线中的每条装配线上每隔四十支牙刷取下一支牙刷进行测试，确保刷毛留在牙刷中。

02. 使用随机数字拨号，研究人员询问了 1090 名美国成年人的教育水平。

03. 2020 年，一项关于工作场所欺诈的全球研究发现，欺诈源于举报（43%）、内部审计（15%）、管理审查（12%）、意外（5%）、对账（4%）、外部审计（4%）、文件检查（3%）、监督/监测（3%）、执法部门通知（2%）、IT 控制（2%）、坦白（1%）、其他手段（6%）。使用帕累托图组织数据。

在习题 04 和 05 中，确定数字是参数还是统计量。

04. 2021 年，入职一年药剂师的平均年薪为 58700 美元。

05. 在一项对 1002 名美国成年人的调查中，64%的人表示，假新闻造成了很大的混乱或一些混乱。

06. 电气工程师样本的平均年薪为 86500 美元，标准差为 1500 美元，数据集呈钟形分布。(a)使用经验规则估计年薪在 83500 美元和 89500 美元之间的电气工程师的百分比；(b)随机挑选的三名电气工程师的年薪分别为 93500 美元、85600 美元和 82750 美元，求与每个年薪对应的 z 分数，并确定这些年薪是否异常。

在习题 07 和 08 中，确定总体和样本。

07. 一项针对 3941 名攻读学士学位的大学生的调查发现，49%的人认为新冠肺炎疫情可能会对他们完成学位的能力产生负面影响。

08. 一项针对 182 名本科生和研究生的调查发现，60%的人很难以健康的方式应对压力。

在习题9和10中,确定研究是观察性研究还是实验。

09. 为了研究在课堂上使用数字设备对考试成绩的影响,研究人员将726名本科生分为三组,其中一组允许用数字设备,一组限制用平板电脑,另一组是不用任何数字设备的对照组。

10. 在一项针对7847名一至五年级儿童的研究中,15.5%的儿童患有注意缺陷多动障碍。

在习题11和12中,确定数据是定性的还是定量的,并确定数据集的度量水平。

11. 下面是截至2021年4月,16位单身女明星和其伴侣在一起的时间(月):208 12 3 12 18 94 3 75 8 36 75 20 24 0 4 5。

12. 下面是2019年按家庭收入中位数计算时收入最高的六个州:1. 马里兰州;2. 新泽西州;3. 夏威夷州;4. 马萨诸塞州;5. 康涅狄格州;6. 阿拉斯加州。

13. 下面是2020年美国各州的龙卷风数量:78 0 4 41 7 34 6 7 65 75 0 0 71 18 28 27 23 55 2 21 3 2 69 127 27 2 35 0 2 5 6 10 54 22 19 31 3 6 0 57 21 38 102 0 0 15 2 0 22 1。(a)绘制表示数据集的盒须图;(b)描述分布的形状。

14. 下面是五个测试分数:85 92 84 89 91。前四次考试成绩占期末成绩的15%,最后一次考试成绩占期末成绩的40%。求测试分数的加权平均值。

15. 下面是美洲短吻鳄样本的尾长(英尺):6.5 3.4 4.2 7.1 5.4 6.8 7.5 3.9 4.6。(a)求尾长的均值、中位数和众数,哪项最准确地描述了典型美洲短吻鳄的尾长?(b)求数据集的极差、方差和标准差。

16. 一项研究表明,在过去五年中,美国人的预期寿命每年都在增加或保持稳定。(a)根据研究结果进行推断;(b)这种推断有什么问题?

在习题17~19中,使用如下数据集,它代表温尼伯喷气机队每名球员在2019—2020年北美冰球职业联赛赛季中记录的分数:8 8 8 6 0 73 26 1 0 5 58 17 5 10 63 0 5 10 0 31 5 15 45 16 29 10 73 5 3 0 65。

17. 使用八组构建数据集的频数分布,包括组限、中点、边界、频数、频率和累积频数。

18. 描述分布的形状。

19. 使用习题17中的频数分布构建频率直方图,确定哪组的频率最大,哪组的频率最小。

第 3 章 概　率

第 1 章和第 2 章介绍了如何收集和描述数据。一旦收集并描述数据，就可使用这些结果来撰写摘要、得出结论和做出决策。例如，在 2019 年新冠肺炎大流行的早期阶段，检测是通过确定感染者并将其隔离来最大限度地减少疾病传播的主要手段。像大多数实验室检测一样，新冠肺炎检测有可能产生错误的结果。通过收集和分析数据，科学家确定了各种检测的准确性，以帮助在不同情况下确定使用哪些检测。

本章介绍如何确定事件发生的概率。例如，3.2 节介绍条件概率。在新冠肺炎检测中，一个重要的条件概率是概率 $P(阴性检测|感染)$，即一个人被感染后新冠肺炎检测结果为阴性。这称为假阴性结果。

假阴性结果让人们相信他们没有传染性。假阴性结果的概率受到检测灵敏度和感染人群百分比的影响。一项新冠肺炎检测的灵敏度约为 75%，这意味着 75% 的感染者的检测结果为阳性，其余 25% 的感染者的检测结果为假阴性。

对于 75% 的检测灵敏度，下表显示了某人被感染的概率是如何影响假阴性结果的概率的。最后一列显示了 100 次检测中可能出现的假阴性结果。

$P(感染)$	$P(阴性检测|感染)$	100 次检测预期的假阴性
0.2	0.05	5
0.4	0.10	10
0.6	0.15	15
0.8	0.20	20

3.1　概率与计数的基本概念

学习目标

- 识别概率实验的样本空间和简单事件
- 使用基本计数原理求两个或多个事件发生方式的数量
- 区分古典概率、经验概率和主观概率
- 求事件的补集的概率
- 使用树形图和基本计数原理求概率

3.1.1　概率实验

当天气预报员说有 90% 的概率会下雨时，或者当医生说有 35% 的概率会成功手术时，他们是在陈述特定事件发生的可能性或概率。例如，你是否去打高尔夫球或者你是否进行手术之类的决定通常是基于这些概率的。第 2 章中介绍了统计学的第一个分支——描述统计学。第二个分支——推断统计学是以概率为基础的，所以在继续之前有必要学习概率。

定义　概率实验是一种行动或尝试，由这种行动或尝试可以获得特定的结果（计数、测量或响应）。在概率实验中，单次实验的结果就是结果。概率实验所有可能结果的集合是样本空间。事件是样本空间的子集，它可能由一个或多个结果组成。

提示：下面是使用概率实验、样本空间、事件和结果等术语的简单例题。

概率实验：掷一个六面骰子。

样本空间：{1, 2, 3, 4, 5, 6}。
事件：掷出一个偶数，{2, 4, 6}。
结果：掷出一个 2，{2}。

【例题 1】确定概率实验的样本空间

一项调查询问人们的血型（O 型、A 型、B 型和 AB 型），包括是 Rh 阳性还是 Rh 阴性。确定结果的数量和样本空间。

解答：

有四种血型，即 O 型、A 型、B 型和 AB 型。对每个人来说，他们要么是 Rh 阳性，要么是 Rh 阴性。树形图使用从起点开始的分支，直观地显示了概率实验结果，可用于查找样本空间中可能结果的数量及单个结果。

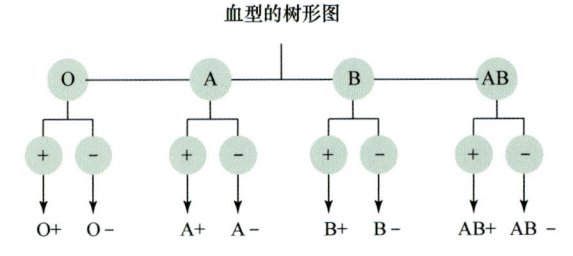

血型的树形图

由树形图可知样本空间有八个可能的结果，如下所示：

{O+, O-, A+, A-, B+, B-, AB+, AB-}   样本空间

自测题 1

对每个概率实验，确定结果的数量和样本空间。

1. 概率实验包括记录对如下调查问题的回答和被调查者的性别。
2. 概率实验包括记录对如下调查问题的回答和被调查者的年龄（18～34 岁，35～49 岁，50 岁及以上）。
3. 概率实验包括记录对如下调查问题的回答和被调查者的地理位置（东北部、南部、中西部、西部）。

本章介绍如何计算事件发生的概率或可能性。事件常用大写字母表示，如 A、B 和 C。由单一结果组成的事件称为简单事件。例如，考虑一个概率实验——首先抛硬币，然后掷一个六面骰子，如右面的树形图所示。事件"抛硬币和掷出一个 3"是一个简单事件，可以表示为 A = {H3}。

相反，事件"抛硬币和掷出一个偶数"并不简单，因为它由三个可能的结果组成，且可以表示为 B = {H2, H4, H6}。

硬币和骰子实验的图形

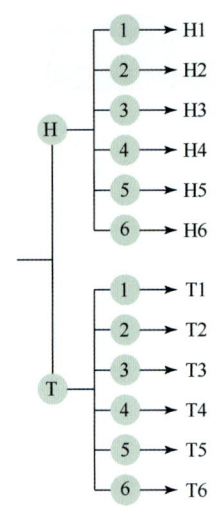

【例题 2】识别简单事件

确定每个事件的结果数量及每个事件是否是简单事件。

1. 为保证质量，从当天制造的批次中随机选择一个机器零件。事件 A 是选择一个有缺陷的机器零件。
2. 掷一个六面骰子。事件 B 至少掷出一个 4。

解答：

1. 事件 A 只有一个结果：选择一个有缺陷的机器零件，所以事件是一个简单事件。
2. 事件 B 有三个结果：掷出一个 4、一个 5 或一个 6。因为事件有多个结果，所以不是简单事件。

自测题 2

你问一名学生在上个生日时的年龄。确定每个事件的结果数量，然后确定每个事件是否是简单事件。

1. 事件 C：学生的年龄在 18 岁和 23 岁之间（含 18 岁和 23 岁）。
2. 事件 D：学生的年龄为 20 岁。

3.1.2 基本计数原理

在某些情况下，一个事件可以按许多不同的方式发生，因此写出所有结果不现实。当这种情况发生时，可以依靠基本计数原理。基本计数原理可用于求两个或多个事件按顺序发生的方式的数量。

> **基本计数原理**
> 若一个事件可以按 m 种方式发生，第二个事件可以按 n 种方式发生，则这两个事件依次发生的方式的数量是 mn。该原理可以扩展到按顺序发生的任意数量的事件。

换句话说，事件可以按顺序发生的方式的数量，是通过将一个事件可以发生的方式的数量乘以其他事件可以发生的方式的数量而得到的。

【例题 3】使用基本计数原理

假设你要购买一辆新车。下表列出了可能的制造商、汽车尺寸和颜色。

制 造 商	汽车尺寸	颜　色
福特	小型	白色（W）
通用	中型	红色（R）
本田		黑色（B）
		绿色（G）

有多少种不同的方法可以选择一家制造商、一种汽车尺寸和一种颜色？使用树形图检验结果。

解答：

有三家制造商选择、两种汽车尺寸选择、四种颜色选择。使用基本计数原理，可以确定选择一家制造商、一种汽车尺寸和一种颜色的方式的数量为 3×2×4 = 24 种。

使用树形图，可以看到为什么有 24 种选择。

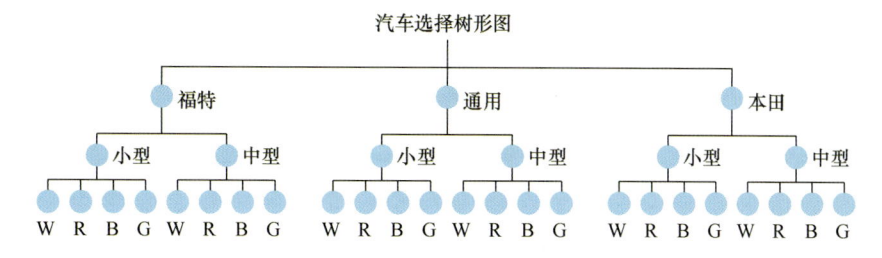

汽车选择树形图

自测题 3

假设你将另一家制造商丰田和另一种颜色棕褐色添加到了例题 3 的选项中。可以通过多少种不同的方式选择一家制造商、一种汽车尺寸和一种颜色？使用树形图检验结果。

【例题 4】使用基本计数原理

汽车安全系统的访问码由四个数字组成，每个数字都可以是 0 和 9 之间的任何数字。

在如下情况下，可能有多少个访问码？

1. 每个数字只能使用一次，不能重复使用。
2. 每个数字都可以重复使用。
3. 每个数字可以重复使用，但第一个数字不能是 0 或 1。

解答：

1. 因为每个数字只能使用一次，所以第一个数字有 10 种选择，第二个数字有 9 种选择，第三个数字有 8 种选择，第四个数字还有 7 种选择。使用基本计数原理，可以得出 10×9×8×7 = 5040 个可能的访问码。

2. 因为每个数字都可重复使用，所以 4 个数字各有 10 种选择，因此有 10×10×10×10 = 10^4 = 10000 个可能的访问码。

3. 因为第一个数字不能是 0 或 1，所以第一个数字有 8 种选择，其他三个数字各有 10 种选择，因此有 8×10×10×10 = 8000 个可能的访问码。

记住，可以使用软件来检验你的答案。例如，右图使用 TI-84 PLUS 检验了例题 4 中的结果。

自测题 4

1. 若一个车牌由 26 个字母中的 6 个字母组成，且每个字母都可重复，则可制作多少个车牌？
2. 若一个车牌由 26 个字母中的 6 个字母组成，且每个字母都不能重复，则可制作多少个车牌？
3. 若一个车牌由 26 个字母中的 6 个字母组成，且每个字母都可重复，但第一个字母不能是 A、B、C 或 D，则可制作多少个车牌？
4. 若一个车牌由一个数字（1 和 9 之间的任何数字）和五个字母（共 26 个字母）组成，且每个字母都可重复，则可制作多少个车牌？

3.1.3 概率的类型

计算概率的方法取决于概率的类型。概率有三种类型：古典概率、经验概率和主观概率。事件 E 发生的概率写为 $P(E)$。

定义 当样本空间中的每个结果发生的可能性相等时，使用经典（或理论）概率。事件 E 的古典概率由下式给出：

$$P(E) = 事件 E 中的结果数量/样本空间中的结果总数$$

提示：概率可以写成分数、小数或百分数。在例题 5 中，概率被写成简化的分数和小数，小数在可能的情况下四舍五入为三位。对于非常小的概率，四舍五入为第一个非零数字。例如，0.0000271 应为 0.00003。一般来说，这些舍入法则将贯穿全文（注意，为了准确起见，可能会对某些结果进行不同的舍入）。

【例题 5】求经典概率

掷一个六面骰子，求每个事件发生的概率。

1. 事件 A：掷出一个 3。
2. 事件 B：掷出一个 7。

3. 事件 C: 掷出一个小于 5 的数。

解答:

掷六面骰子时,样本空间由六个结果组成: {1, 2, 3, 4, 5, 6}。因为样本空间中每个结果发生的可能性相等,所以可以使用古典概率公式。

1. 事件 A = {3} 中有一个结果。因此,
$$P(掷出一个 3) = 1/6 ≈ 0.167$$
掷出一个 3 的概率为 1/6,或者约为 0.167。

2. 因为 7 不在样本空间中,所以事件 B 中没有结果。因此,
$$P(掷出一个 7) = 0/6 = 0$$
掷出一个 7 的概率为 0,因此事件不可能发生。

3. 事件 C = {1, 2, 3, 4} 中有四个结果。因此,
$$P(掷出一个小于 5 的数) = 4/6 = 2/3 ≈ 0.667$$
掷出一个小于 5 的数的概率为 2/3,或者约为 0.667。

自测题 5

从一副标准扑克牌中选择一张牌(见右图),求每个事件发生的概率。

1. 事件 D: 选择梅花 9。
2. 事件 E: 选择一张红桃。
3. 事件 F: 选择一张方块、红桃、梅花或黑桃。

当一个实验重复多次时,就会形成有规律的模式。这些模式使得求经验概率成为可能。即使事件的每个结果发生的可能性不等,也可使用经验概率。

> **定义** 经验(或统计)概率基于从概率实验中得到的观察结果。事件 E 的经验概率是事件 E 的频率,即
> $$P(E) = 事件 E 的频数/总频数 = f/n$$
> 式中,$n = \sum f$。

描绘世界

无论一件事多么不可能发生,总有人想知道它发生的概率。下表列出了一些罕见事件发生的概率。

事件	概率	事件	概率
被美国国税局审计	0.6%	身份被盗	0.5%
撰写《纽约时报》畅销书	0.005	发现不明飞行物	0.0000003
赢得奥斯卡奖	0.00009		

这些事件中的哪个事件最可能发生?哪个事件最不可能发生?

【例题 6】求经验概率

一家研究机构正在对随机选择的美国成年人进行调查,以确定他们在过去一年中的读书情况。到目前为止,已有 1502 名成年人接受了调查。右下方的饼图显示了结果(注意数字图书包括电子书和有声图书)。下一名接受调查的成年人在过去一年中只读纸质书的概率是多少?

第 3 章 概率 87

解答：

注意，回答发生的可能性并不相同，且是基于观察的，因此不能使用古典概率公式，但可使用经验概率公式。事件是"只读纸质书"的回答。该事件的频数为 560。总频数为

$$n = 560 + 108 + 425 + 409 = 1502$$

下一名成年人的回答是只读纸质书的经验概率是

$$P(只读纸质书) = 560/1502 \approx 0.373$$

自测题 6

在例题 6 中，求下一名接受调查的成年人在过去一年中只读数字图书的概率。

【例题 7】用频数分布求概率

一家研究机构正在对随机选择的个人进行调查，以确定某社交媒体应用的用户的年龄。到目前为止，该应用的 3000 名用户已接受调查。下面的频数分布显示了结果。下一名被调查用户的年龄是 25～34 岁的概率是多少？

年　龄	频数 f	年　龄	频数 f
13～17	84	45～54	432
18～24	459	55～64	369
25～34	765	65 及以上	345
35～44	546		$\sum f = 3000$

解答：

回答发生的可能性并不相同，且基于观察结果，因此使用经验概率公式。事件是年龄 25～34 岁的回答。该事件的频数是 765。因为频数的总和是 3000，所以下一名用户是 25～34 岁的经验概率是

$$P(年龄是 25～34 岁) = 765/3000 = 0.255$$

自测题 7

求下一名接受调查的用户年龄是 35～44 岁的概率。

随着概率实验重复次数的增加，事件的经验概率（频数）接近事件的理论概率。这就是著名的大数定律。

大数定律

随着实验一遍又一遍地重复，事件的经验概率接近事件的理论（实际）概率。

作为这个定律的例子，假设你想求出用一枚硬币掷出正面的概率。你掷了 10 次硬币，得到 3 个正面，得到的经验概率是 3/10。因为只掷了几次硬币，所以你的经验概率不能代表理论概率，理论概率是 1/2。

大数定律告诉你，抛几千次硬币后的经验概率非常接近理论概率或实际概率。右侧的散点图显示了模拟掷硬币 150 次的结果。注意，随着抛硬币次数的增加，抛出正面的概率越来越接近理论概率 0.5。

第三类概率是主观概率。主观概率来自直觉、有根据的猜测和估计。例如，考虑到患者的健康状况和受伤程度，医生可能认为患者有 90%的机会完全康复，或者业务分析师可能预测某公司员工罢工的概率为 0.25。

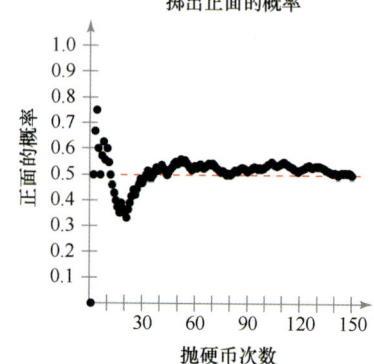

【例题 8】概率类型分类

下面的每个陈述是古典概率的例子、经验概率的例子还是主观概率的例子?
1. 你下次考试得 A 的概率是 0.9。
2. 随机选择的选民年龄小于 35 岁的概率为 0.3。
3. 一张彩票赢得 1000 张彩票的概率是 1/1000。

解答：
1. 这个概率很可能基于有根据的猜测。这是主观概率的一个例子。
2. 这种说法很可能基于对选民样本的调查，因此是经验概率的一个例子。
3. 因为你知道结果的数量，且每个结果的可能性相等，因此是古典概率的一个例子。

自测题 8

根据以前的统计，鲑鱼成功通过哥伦比亚河大坝的概率是 0.85。这种说法是古典概率、经验概率还是主观概率的例子?

如下面的法则所述，概率不能为负或大于 1。

> **概率范围法则**
> 事件 E 的概率介于 0 和 1 之间，包括 0 和 1。也就是说，
> $$0 \leqslant P(E) \leqslant 1$$

当某个事件发生的概率为 1 时，该事件一定发生。当某个事件发生的概率为 0 时，该事件不可能发生。概率为 0.5 表示事件发生或不发生的机会均等。

下图显示了概率的可能范围及其含义。

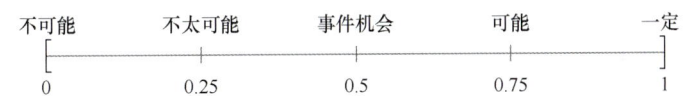

```
不可能    不太可能    事件机会    可能    一定
├──────────┼──────────┼──────────┼──────────┤
0          0.25        0.5        0.75       1
```

发生概率为 0.05 或更低的事件通常被视为异常。异常事件极不可能发生。后面在介绍推断统计学时将识别异常事件。

3.1.4 互补事件

样本空间中所有结果的概率总和为 1 或 100%。这个事实的一个重要结果是，如果知道事件 E 的概率，就可求出事件 E 的补集的概率。

> **定义** 事件 E 的补集是样本空间中不包含在事件 E 中的所有结果的集合。事件 E 的补集用 E' 表示。右侧的维恩图说明了样本空间、事件 E 及其补集 E' 之间的关系。

例如，掷骰子时，假设 E 是事件"数字至少为 5"，E 的补集是事件"数字小于 5"。用符号表示时，有 $E = \{5, 6\}$ 和 $E' = \{1, 2, 3, 4\}$。

使用事件补集的定义和所有结果的概率之和为 1 的事实，可以得到如下公式：

$$P(E) + P(E') = 1$$
$$P(E) = 1 - P(E')$$
$$P(E') = 1 - P(E)$$

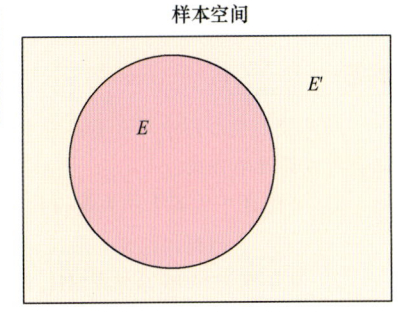

矩形的面积表示样本空间的总概率（1=100%），圆的面积表示事件 E 的概率，圆外的面积表示事件 E 的补集的概率。

【例题 9】求事件的补集的概率

例题 7 的频数分布如下表所示。求随机选择的年龄不是 25~34 岁的社交媒体应用用户的概率。

年　　龄	频数 f	年　　龄	频数 f
13~17	84	45~54	432
18~24	459	55~64	369
25~34	765	65 及以上	345
35~44	546		$\Sigma f = 3000$

解答：

根据例题 7，可知

$$P(年龄是 25~34 岁) = 765/3000 = 0.255$$

所以用户年龄不是 25~34 岁的概率是

$$P(年龄不是 25~34 岁) = 1 - 765/3000 = 1 - 0.255 = 0.745$$

自测题 9

使用例题 7 中的频数分布求随机选择的年龄不是 18~24 岁的用户的概率。

3.1.5 概率应用

【例题 10】使用树形图

概率实验包括抛硬币和旋转如下所示的旋转器。旋转器可能落在每个数字上。使用树形图求每个事件的概率。

1. 事件 A：掷出反面并转向一个奇数。
2. 事件 B：掷出正面或转向一个大于 3 的数。

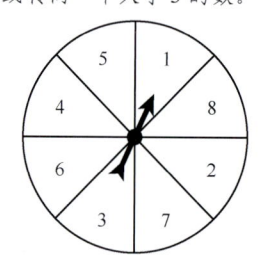

硬币和旋转器实验树形图

解答：

从右侧的树形图中可以看出有 16 个结果。结果发生的可能性是相等的，所以使用古典概率公式。

1. 事件 A 中的四个结果是 {T1, T3, T5, T7}。因此，

$$P(掷出反面并转向一个奇数) = 4/16 = 1/4 = 0.25$$

2. 事件 B 中有 13 个结果 {H1, H2, H3, H4, H5, H6, H7, H8, T4, T5, T6, T7, T8}。因此，

$$P(掷出正面或转向一个大于 3 的数) = 13/16 \approx 0.813$$

自测题 10

求掷出反面和转向一个小于 6 的数的概率。

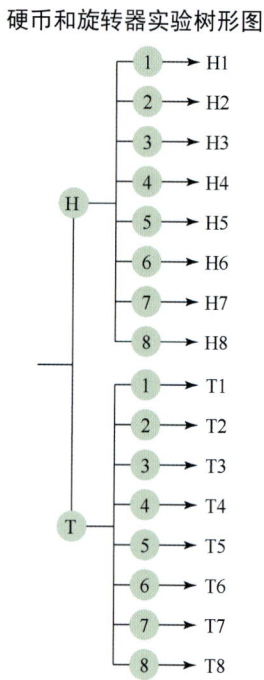

【例题 11】使用基本计数原理

你的大学学号由八个数字组成。每个数字都可以是从 0 到 9 的一个数字，且每个数字都可重复。随机生成八个数字时，获得你的大学学号的概率是多少？

解答：

因为每个数字都可重复，所以 8 个数字中的每个都有 10 种选择。因此，使用基本计数原理有

$$10\times10\times10\times10\times10\times10\times10\times10 = 10^8 = 100000000$$

种可能的学号。但这些号码中只有一个与你的大学学号相对应。因此，随机生成 8 个数字并得到你的大学学号的概率是 1/100000000 或 0.00000001。

自测题 11

你的大学学号由九个数字组成。数字的前两位数是你计划毕业年份的最后两位数，其他数字可以是从 0 到 9 的任何一个数字，且每个数都可重复。随机生成其他 7 个数字时，获得你的大学学号的概率是多少？

3.1.6 习题

01. 结果和事件的区别是什么？
02. 确定如下的每个数字是否可以表示事件的概率：(a)25/25；(b)333.3%；(c)2.3；(d)−0.0004；(e)0；(f)320/105。
03. 解释如下说法不正确的原因：下雨的概率是 150%。
04. 当你使用基本计数原理时，你在计算什么？
05. 用自己的话描述大数定律，并举一个例子。
06. 列出可以用来描述互补事件的三个公式。

判断正误。 对习题 07~10，判断句子的正误并写出正确的句子。

07. 你正在参加的考试有判断题和多项选择题。在判断题上选择"假"，在选择题上选择"A"或"B"的事件是一个简单事件。
08. 你将一枚硬币抛了九次，每次都是反面朝上。第十次抛时，正面朝上的概率大于 0.5。
09. 概率为 1/10 表示发生了异常事件。
10. 当一个事件几乎肯定发生时，其补集是一个异常事件。

匹配概率。 在习题 11~16 中，将事件与其概率相匹配：(a)0.95；(b)0.005；(c)0.25；(d)0；(e)0.375；(f)0.5。

11. 用随机数生成器从 1 到 100 中选择一个数，选择数字 153 的概率是多少？
12. 用随机数生成器从 1 到 100 中选择一个数，择偶数的概率是多少？
13. 首先从 0 到 9 中随机选择一个数，然后从 0 到 19 中随机选择一个数，两次都选择 3 的概率是多少？
14. 游戏节目参赛者必须随机选择一扇门。一扇门让她的钱翻倍，而其他三扇门不赢钱。她选择让钱翻倍的门的概率是多少？
15. 已知库房内 100 台数字录像机（DVR）中有 5 台存在缺陷。随机选择无缺陷 DVR 的概率是多少？
16. 掷四次硬币。在一半时间里掷出反面的概率是多少？

求事件补集的概率。 习题 17~20 中给出了事件发生的概率，求事件不发生的概率。

17. $P(E) = 5/6$。
18. $P(E) = 0.55$。
19. $P(E) = 0.03$。
20. $P(E) = 2/7$。

求事件发生的概率。 习题 21~24 中给出了事件不发生的概率，求事件发生的概率。

21. $P(E') = 0.95$。
22. $P(E') = 0.13$。
23. $P(E') = 3/4$。
24. $P(E') = 21/61$。

使用和解释概念

确定概率实验的样本空间。 在习题 25~32 中，确定概率实验的样本空间及样本空间中结果的数量，并在适当的时候画出树形图。

25. 猜测学生中间名的首字母。

26. 猜测课堂上学生的字母等级（A, B, C, D, F）。
27. 从一副标准扑克牌中抽出一张牌。
28. 识别一个人的眼睛颜色（棕色、蓝色、绿色、淡褐色、灰色、其他）和头发颜色（黑色、棕色、金色、红色、其他）。
29. 抛两枚硬币。
30. 抛三枚硬币。
31. 掷一对六面骰子。
32. 掷一个六面骰子、抛两枚硬币和旋转旋转器的显示位置。

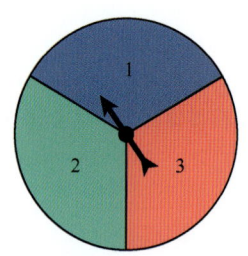

识别简单事件。 在习题 33~36 中确定事件中的结果数量，然后判断该事件是否为简单事件。

33. 使用电子表格随机生成一个从 1 到 2000 之间的数。事件 A 是生成数 253。
34. 使用电子表格随机生成一个从 1 到 4000 之间的数。事件 B 是生成一个小于 500 的数。
35. 从 52 张标准扑克牌中随机选择一张牌。事件 A 是选择方块。
36. 从 52 张标准扑克牌中随机选择一张牌。事件 B 是选择黑桃 A。

使用基本计数原理。 在习题 37~40 中使用基本计数原理。

37. **菜单。** 一家餐厅提供 15 美元的特价晚餐，可以从 6 道开胃菜、12 道主菜和 8 道甜点中选择。选择开胃菜、主菜和甜点时，有多少种不同的晚餐可供选择？
38. **平板电脑。** 一台平板电脑有四种操作系统选择，三种屏幕尺寸选择，四种处理器选择，六种内存大小选择，三种电池选择。有多少种方法可以定制平板电脑？
39. **房地产。** 房地产经纪人使用可编程锁箱存放待售房屋的钥匙。锁箱的访问码由四个数字组成。第一个数字不能为零，最后一个数字必须为偶数。有多少种不同的访问码？
40. **判断测验。** 假设没有问题未回答，6 个问题的判断测验可以用多少种方法回答？

求经典概率。 在习题 41~46 中，概率实验包括掷编号为 1 到 12 的十二面骰子，求事件的概率。

41. 事件 A：掷出一个 2。
42. 事件 B：掷出一个 10。
43. 事件 C：掷出一个大于 4 的数。
44. 事件 D：掷出一个小于 8 的数。
45. 事件 E：掷出一个能被 3 整除的数。
46. 事件 F：掷出一个能被 5 整除的数。

求经验概率。 一项调查询问美国成年人有多少纹身，下面的频数分布显示了结果。在习题 47 和 48 中使用该频数分布。

回　　答	频数 f（人数）
无	704
一个	131
两个	57
三个	34
四个及以上	79

47. 下个被问到的人没有纹身的概率是多少？
48. 下个被问到的人有两个纹身的概率是多少？

使用频数分布求概率。 在习题 49~52 中，使用下面的频数分布（按年龄组显示美国人口），求随机选择的美国居民在该年龄范围内的概率。

年龄（岁）	频数 f（百万）
小于 18	73.0
18~24	30.2
25~44	87.6
45~64	83.3
65 岁及以上	54.1

49. 18~24 岁。
50. 25~44 岁。
51. 45~64 岁。
52. 65 岁及以上。

分类概率类型。 在习题 53~58 中，将陈述分类为古典概率、经验概率或主观概率的例子，并说明原因。

53. 根据公司记录，汽车在三年保修期内需要保修的概率为 0.46。
54. 从 1 到 40 中选择 6 个号码与国家彩票开出的 6 个号码匹配的概率是 1/3838380 ≈ 0.00000026。
55. 一位分析师认为，一支球队在即将到来的比赛中获胜的概率是 60%。
56. 根据一项调查，随机选择的高中辅导员说美国学校需要重大变革的概率为55%。

57. 从1到100中随机选择一个数，它能被6整除的概率是0.16。

58. 你估计在下一个课表上得到想要的所有课程的概率为25%。

求事件的补集的概率。纽约州伊萨卡市居民的年龄分布如下表所示。在习题59~62中，求事件发生的概率。

年龄（岁）	频数 f
0~17	2416
18~24	16598
25~39	5293
40~54	2726
55~69	2140
70岁及以上	1396

59. 事件 A：一个随机选择的伊萨卡居民不是18至24岁。

60. 事件 B：一个随机选择的伊萨卡居民不是25至39岁。

61. 事件 C：一个随机选择的伊萨卡居民不低于18岁。

62. 事件 D：一个随机选择的伊萨卡居民不是70岁及以上。

图形分析。在习题63和64中，使用下面的图形。

2020年西弗吉尼亚州州长选举选民

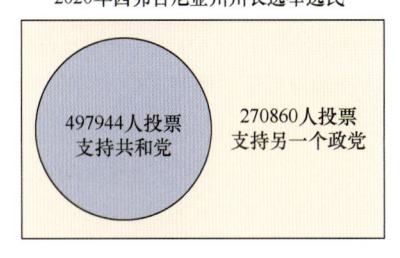

497944人投票支持共和党　270860人投票支持另一个政党

63. 在2020年的州长选举中，随机选择的西弗吉尼亚州选民投票给共和党的概率是多少？

64. 随机选择的得克萨斯州注册选民在2020年总统选举中未投票的概率是多少（见下面的图形）？

得克萨斯州的所有注册选民

11315056人在2020年总统选举中投票　5640463人未参加2020总统选举投票

65. 访问码。访问码由三个数字组成。每个数字都可是从0到9的任何一个数字，且可以重复。(a)第一次尝试时，随机选择正确访问码的概率是多少？(b)第一次尝试时，未选择正确访问码的概率是多少？

66. 访问码。访问码由六个字符组成。每个字符可以使用任何字母或数字，但第一个字符不能为0，最后两个字符必须为奇数。(a)第一次尝试时，随机选择正确访问码的概率是多少？(b)第一次尝试时，未选择正确访问码的概率是多少？

使用树形图。在习题67~70中，概率实验包括掷六面骰子和旋转如下图所示的旋转器。旋转器落在每种颜色上的可能性相同。用树形图求事件发生的概率，然后解释该事件是否可视为异常事件。

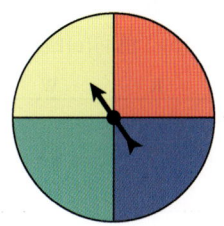

67. 事件 A：掷出一个5，旋转器落在蓝色上。

68. 事件 B：掷出一个奇数，旋转器落在绿色上。

69. 事件 C：掷出一个小于6的数，旋转器落在黄色上。

70. 事件 D：不掷出小于6的数，旋转器落在黄色上。

男孩或女孩。在习题71~74中，一对夫妇计划生三个孩子。每个孩子是男孩还是女孩的可能性相同。

71. 三个孩子都是女孩的概率是多少？

72. 三个孩子都是男孩的概率是多少？

73. 恰好有一个孩子是女孩的概率是多少？

74. 至少有一个孩子是男孩的概率是多少？

使用条形图求概率。在习题75~78中使用如下条形图，它显示了公司员工接受的最高教育水平。求随机选择的员工的最高教育水平为如下学位的概率。

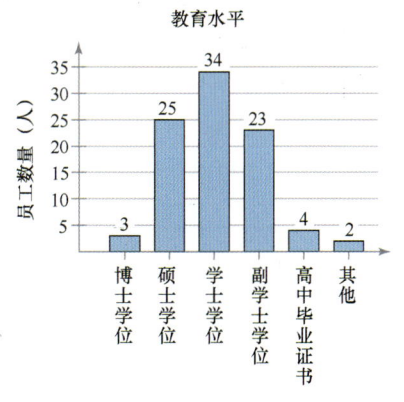

教育水平

博士学位 3　硕士学位 25　学士学位 34　副学士学位 23　高中毕业证书 4　其他 2

75. 博士学位。
76. 副学士学位。
77. 硕士学位。
78. 高中毕业证书。
79. **异常事件**。习题 49~52 中的任何事件都可认为是异常事件吗?
80. **异常事件**。习题 75~78 中的任何事件都可认为是异常事件吗?
81. **遗传学**。旁氏表是显示已知基因的父母杂交产生的所有可能基因组合的图形。当两朵粉红色金鱼草花（RW）杂交时，后代的基因组成有四种同样可能的结果：红色（RR）、粉红色（RW）、粉红色（WR）和白色（WW），如下面的旁氏表所示。当两朵粉红色金鱼草花杂交时，后代为(a)粉红色、(b)红色和(c)白色的概率是多少?

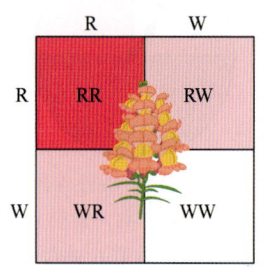

82. **遗传学**。注册牧羊犬的颜色有六种基本类型：黑貂色（SSmm）、三色（ssmm）、三色黑貂色（Ssmm）、蓝色陨石色（ssMm）、黑貂陨石色（SSMm）和三色黑貂陨石色（SsMm）。下面的旁氏表显示了一只三胎黑貂山鸟牧羊犬和一只三胎黑貂牧羊犬的后代的可能颜色。后代与其父母之一具有相同颜色的概率是多少?

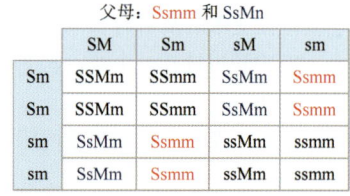

父母：Ssmm 和 SsMn

	SM	Sm	sM	sm
Sm	SSMm	SSmm	SsMm	Ssmm
Sm	SSMm	SSmm	SsMm	Ssmm
sm	SsMm	Ssmm	ssMm	ssmm
sm	SsMm	Ssmm	ssMm	ssmm

使用饼图求概率。在习题 83~86 中，使用下面的饼图，它显示了美国按职业分类的工人数量。

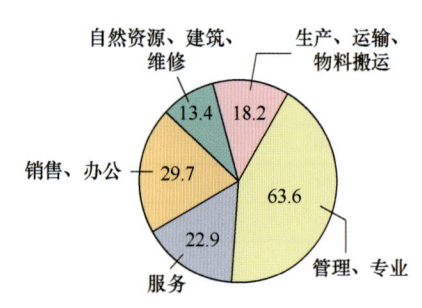

83. 求随机选择的工人受雇于自然资源、建筑、维修职业的概率。
84. 求随机选择的工人不从事服务性职业的概率。
85. 求随机选择的工人从事销售或办公室职业的概率。
86. 求随机选择的工人不从事生产、运输或物料搬运职业的概率。
87. **大学橄榄球**。下面显示了 2020—2021 赛季 127 支 NCAA 一级联赛橄榄球碗分区球队允许的达阵次数的茎叶图。求随机选择的球队允许(a)至少 51 次触地得分、(b)21~31 次触地得分、(c)少于 14 次触地得分的概率。这些事件中有什么异常的吗?

主值：1|1=11

```
0 | 6
1 | 1 1 2 3 4 4 4 5 5 6 6 6 7 7 8 8 8 9 9 9
2 | 0 0 1 1 1 1 1 2 2 3 3 3 4 5 5 6 6 6 6 6 7 7 7 7 7 8 8 8 8 8 9 9 9
3 | 0 0 0 0 0 0 0 1 1 1 2 2 3 3 3 4 4 4 4 4 5 5 6 6 7 7 7 7 8 8 9 9
4 | 0 1 1 1 2 2 2 2 3 3 3 3 4 4 4 5 5 5 5 5 6 7 7 8
5 | 0 2 3 6 6 8 8
```

88. **股价**。从如下盒须图所代表的投资组合中随机选择一只股票。求股票价格(a)低于 21 美元、(b)在 21 美元和 50 美元之间以及(c)在 30 美元及以上的概率。

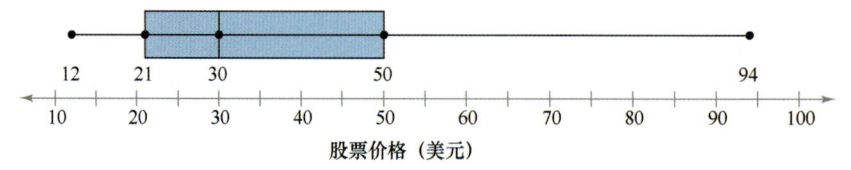

写作。在习题 89 和 90 中，写出表示概率补集的陈述。

89. 从所有吸烟者中随机选择一位母亲吸烟的概率。
90. 从显示"检查发动机"灯的车辆总体中随机选择一辆具有多个显示"检查发动机"灯原因的汽车的概率。

概念扩展

获胜的概率通常是用几率而非概率来表示的。获胜几率是成功结果的数量与失败结果的数量之比。失败的几率是失败结果的数量与成功结果的数量之比。例如，当成功结果数为 2、失败结果数为 3 时，获胜几率为 2:3。在习题 91~96 中，使用有关这个几率的信息。

91. 一家饮料公司将游戏棋子放在饮料瓶盖下，声称每六个游戏棋子中就有一个获奖。比赛的官方规则规定，获奖几率为 1:6。"六个游戏棋子中有一个获奖"的说法是否正确？
92. 即时有奖游戏的获奖概率是 1/10。赢得不同即时奖金游戏的几率是 1:10。如果想要最好的获胜机会，你应玩哪个游戏？
93. 某事件发生的几率为 4:5，求(a)该事件发生的概率和(b)该事件不发生的概率。
94. 从 52 张标准扑克牌中随机抽取一张牌，求它是黑桃的概率。
95. 从 52 张标准扑克牌中随机抽取一张牌，求它不是黑桃的概率。
96. 事件 A 的获胜几率为 p:q。证明事件 A 的概率为 $P(A) = \frac{p}{p+q}$。
97. 掷一对骰子。掷一对六面骰子并记录和值。(a)列出所有可能的和值，求掷出每个和值的概率；(b)使用软件模拟掷一对骰子，记录 100 次的和值。对 100 个和值进行计数，并用这些结果列出掷出每个和值的概率；(c)将(a)问的概率与(b)问的进行比较，解释任何相似或不同之处。

3.2 条件概率与乘法法则

学习目标
- ▶ 在已知另一个事件发生的情况下求该事件发生的概率
- ▶ 区分独立事件和相关事件
- ▶ 使用乘法法则求两个或多个事件按顺序发生的概率，并求条件概率

3.2.1 条件概率

本节介绍如何计算两个事件按顺序发生的概率。然而，在求这个概率前，必须知道如何求条件概率。

定义 条件概率是假设另一个事件已经发生时，一个事件发生的概率。假设事件 A 已经发生，则事件 B 发生的条件概率由 $P(B \mid A)$ 表示。

【例题 1】求条件概率

1. 从 52 张标准扑克牌中按顺序选择两张牌。假设第一张牌是 K，求第二张牌是 Q 的概率（假设 K 不被取代）。
2. 下表显示了一项调查的结果，其中 970 名美国成年人被问及是否作为乘客坐过自动驾驶车辆。假设成年人作为乘客坐过自动驾驶车辆，求该成年人为 18~64 岁的概率。

年龄	你作为乘客坐过自动驾驶车辆吗?		
	是	否	合计
18~64	202	549	751
65+	23	196	219
合计	225	745	970

第 3 章 概率 95

解答:

1. 因为第一张牌是 K, 不被替换, 所以剩下的一副牌有 51 张, 其中 4 张是 Q。于是有

$$P(B|A) = \frac{4}{51} \approx 0.078$$

假设第一张牌是 K, 那么第二张牌是 Q 的概率约为 0.078。

2. 有 225 名成年人表示他们作为乘客坐过自动驾驶车辆。因此, 样本空间由这 225 名成年人组成, 如右图所示。其中 202 人的年龄为 18~64 岁。于是有

$$P(B|A) = \frac{202}{225} \approx 0.898$$

样本空间	
年 龄	是
18~64	202
65+	23
合计	225

成年人为 18~64 岁的概率约为 0.898, 因为成年人作为乘客坐过自动驾驶车辆。

自测题 1

参考例题 1 第二问的调查。设成年人未作为乘客坐过自动驾驶车辆, 求成年人 65 岁及以上的概率。

3.2.2 独立事件和相关事件

在一些实验中, 一个事件的发生不会影响另一个事件发生的概率。例如, 掷骰子和抛硬币时, 掷骰子的结果不会影响硬币正面朝上的概率。这两个事件是独立的。两个或多个事件的独立性问题对于市场营销、医学和心理学等领域的研究人员来说非常重要。可以使用条件概率来确定事件是否独立。

> **定义** 当两个事件中的一个事件的发生不影响另一个事件发生的概率时, 这两个事件是独立的。两个事件 A 和 B 在下列情况下是独立的:
>
> $$P(B|A) = P(B)\quad \text{A 的发生不影响 B 发生的概率}$$
>
> 或者在下列情况下是独立的:
>
> $$P(A|B) = P(A)\quad \text{B 的发生不影响 A 发生的概率, 不独立的事件是相关的}$$

要确定 A 和 B 是否独立, 首先要计算 $P(B)$, 即事件 B 发生的概率。然后计算 $P(B|A)$, 即给定 A 时 B 的概率。若这些值相等, 事件就是独立的。若 $P(B) \neq P(B|A)$, A 和 B 就是相关的。

描绘世界

杜鲁门·柯林斯是一位概率和统计学的爱好者, 他编写了一个程序, 可以求出落在大富翁游戏的每个方格上的概率。柯林斯探索了各种场景, 包括机会和社区胸卡的影响, 以及进入或离开监狱的各种方式。有趣的是, 柯林斯发现每个刑期的长短都会影响概率 (注意: 概率被四舍五入到小数点后三位以上, 以便更易看出入狱对概率的影响)。

大富翁广场	被判短期监禁的概率	被判长期监禁的概率
去	0.0310	0.0291
机会	0.0087	0.0082
入狱	0.0395	0.0946
免费停车场	0.0288	0.0283
公园广场	0.0219	0.0206
B&O 铁路	0.0307	0.0289
自来水厂	0.0281	0.0265

为什么概率取决于你在监狱里待多久?

【例题 2】将事件分类为独立事件或相关事件

确定事件是独立的还是相关的。
1. 从 52 张标准扑克牌中选择一张 K（A），不替换它，然后从牌中选择一张 Q（B）。
2. 抛硬币得到正面（A），然后掷六面骰子得到一个 6（B）。
3. 速度超过 85 英里/小时（A），然后发生车祸（B）

解答：
1. $P(B) = 4/52$ 和 $P(B|A) = 4/51$。A 的发生改变 B 发生的概率，所以事件是相关的。
2. $P(B) = 1/6$ 和 $P(B|A) = 1/6$。A 的发生不改变 B 发生的概率，所以事件是独立的。
3. 驾驶速度超过 85 英里/小时后会增大发生意外的机会，所以这些事件是相关的。

自测题 2

确定事件是独立的还是相关的。
1. 每天吸一包烟（A）并患上肺气肿（B）。
2. 抛硬币得到正面（A），再抛硬币得到反面（B）。

3.2.3 乘法法则

为了求两个事件依次发生的概率，可以使用乘法法则。

事件 A 和 B 发生的概率的乘法法则

两个事件 A 和 B 按顺序发生的概率是

$$P(A \text{和} B) = P(A) \cdot P(B|A) \quad \text{事件 } A \text{ 和 } B \text{ 是相关的}$$

如果事件 A 和 B 是独立的，则乘法法则简化为

$$P(A \text{和} B) = P(A) \cdot P(B) \quad \text{事件 } A \text{ 和 } B \text{ 是独立的}$$

这个简化法则可以推广到任意数量的独立事件。

提示： 换句话说，为了使用乘法法则，可执行如下步骤：
1. 求第一个事件发生的概率。
2. 在已发生第一个事件的情况下，求第二事件发生的概率。
3. 将这两个概率相乘。

【例题 3】使用乘法法则求概率

1. 从 52 张标准扑克牌中选择两张牌，且不替换第一张牌。求选择 K 后再选择 Q 的概率。
2. 抛硬币并掷骰子。求抛出正面后掷出一个 6 的概率。

解答：
1. 因为第一张牌未被替换，所以事件是相关的。

$$P(K \text{和} Q) = P(K) \cdot P(Q|K) = \frac{4}{52} \cdot \frac{4}{51} = \frac{16}{2652} \approx 0.006$$

因此，在不替换第一张牌的情况下，选择 K 和 Q 的概率约为 0.006。

提示： 回顾 3.1 节可知，0.05 或更小的概率常被认为是异常的。在例题 3 的第一问中，0.006 < 0.05。这意味着从一副标准牌中选择一张 K 和一张 Q（未被替换）是异常事件。

2. 事件具有独立性。

第 3 章 概率

$$P(H\text{和}6) = P(H) \cdot P(6) = \frac{1}{2} \cdot \frac{1}{6} = \frac{1}{12} \approx 0.083$$

所以，抛出正面后掷出一个 6 的概率约为 0.083。

自测题 3

1. 鲑鱼成功游过水坝的概率是 0.85。求两条鲑鱼成功游过水坝的概率。
2. 从 52 张标准扑克牌中选择两张牌且不替换，求它们都是红桃的概率。

【例题 4】使用乘法法则求概率

前十字韧带重建（ACL）手术成功的概率为 0.95。

1. 求三次 ACL 手术都成功的概率。
2. 求三次 ACL 手术都不成功的概率。
3. 求三次 ACL 手术中至少有一次成功的概率。

解答：

1. 每次 ACL 手术成功的概率为 0.95。一次手术的成功概率与其他手术的成功概率无关。

$$P(\text{三次手术都成功}) = 0.95 \times 0.95 \times 0.95 \approx 0.857$$

所以，三次手术都成功的概率约为 0.857。

2. 因为一次手术成功的概率是 0.95，所以一次手术失败的概率是 1 − 0.95 = 0.05。

$$P(\text{三次手术都不成功}) = 0.05 \times 0.05 \times 0.05 \approx 0.0001$$

所以，三次手术都不成功的概率约为 0.0001。注意，0.0001 < 0.05，因此可将其视为异常事件。

3. "至少有一次"是指一次或多次。"至少有一次是成功的事件"的补集是"没有一次是成功的事件"。使用在第 2 问中求出的补集来求概率（为避免在下面的第二步中进行舍入，使用 0.05×0.05×0.05，而不是舍入后的结果）。

$$P(\text{至少有一次成功}) = 1 - P(\text{没有一次成功}) = 1 - 0.05 \times 0.05 \times 0.05 \approx 0.9999$$

因此，三次手术中至少有一次成功的概率约为 0.9999。注意，此概率未舍入到小数点后三位，因为舍入后的结果为 1.000，这意味着事件是确定的。尽管三次手术中至少有一次成功的可能性很大，但这并不是一个确定的事件。

自测题 4

特定肩关节旋转肌群手术成功的概率是 0.9。

1. 求三次肩关节旋转肌群手术都成功的概率。
2. 求三次肩关节旋转肌群手术都不成功的概率。
3. 求三次肩关节旋转肌群手术中至少有一次成功的概率。

在例题 4 中，你被要求用短语"至少有一次"来求一个概率。注意，首先求其补集"无"的概率，然后用 1 减去其补集的概率，这样更容易。通常，这个概率可以写为

$$P(\text{事件 } A \text{ 至少发生一次}) = 1 - P(\text{事件 } A \text{ 未发生})$$

【例题 5】使用乘法法则求概率

最近一年，有 19326 名美国医学博士医学院高年级学生申请了第一年的研究生住院医师项目，并且提交了他们的住院医师项目选择。在这些高年级学生中，有 18108 人与住院医师职位相匹配，其中约 75.6% 的人获得了前三个选择之一。

医学生根据自己的偏好对住院医师项目进行排序，美国的项目主管也对学生进行排序。"匹配"一词是

指学生的偏好列表和项目主管的偏好列表重叠，以将学生安排到住院医师职位的过程。
1. 求随机选择的高年级学生与住院医师职位匹配且该职位是高年级学生的前三个选择之一的概率。
2. 求随机选择的与住院医师职位匹配的高年级学生不与高年级学生的前三个选择之一匹配的概率。
3. 随机选择的高年级学生与住院医师职位匹配，且该职位是高年级学生的前三个选择之一，这是否异常？

解答：

设 A = {与住院医师职位匹配}，B = {与前三个选项之一匹配}。因此，
$$P(A) = 18108/19326 \text{ 和 } P(B|A) = 0.756$$

1. 事件具有相关性：
$$P(A \text{ 和 } B) = P(A) \cdot P(B|A) = (18108/19326) \times 0.756 \approx 0.708$$

因此，随机选择的高年级学生与高年级学生的前三个选择之一匹配的概率约为 0.708。

2. 用补集求这个概率：
$$P(B'|A) = 1 - P(B|A) = 1 - 0.756 = 0.244$$

因此，随机选择的高年级学生与不是高年级学生前三个选择之一的住院医师职位匹配的概率为 0.244。

3. 这不是异常事件，因为高年级学生与高年级学生前三个选择之一的住院医师职位匹配的概率约为 0.708，大于 0.05。事实上，以 0.708 的概率，这一事件很可能发生。

自测题 5

在挑选陪审团成员的过程中，被挑选人员的 65% 是女性。在这 65% 的人中，每四人中就有一人在卫生领域工作。
1. 求从陪审团中随机选择的人是女性且在卫生领域工作的概率。这件事异常吗？
2. 求从陪审团中随机选择的人是女性且不在卫生领域工作的概率。这件事异常吗？

3.2.4 习题

培养基本技能和词汇

01. 独立事件和相关事件有何区别？
02. 举例说明(a)两个事件是独立的及(b)两个事件是相关的。
03. 符号 $P(B|A)$ 是什么意思？
04. 解释如何使用补集来求出至少一个特定项目的概率。

判断正误。对习题 05 和 06 中，判断句子的正误并写出正确的句子。

05. 如果两个事件 A 和 B 是独立的，则
$$P(A|B) = P(B)。$$

06. 如果事件 A 和 B 是相关的，则 $P(A \text{ 和 } B) = P(A) \cdot P(B)$。

使用和解释概念

求条件概率。在习题 07 和 08 中，使用表格求每个条件概率。

07. **商业学位**。下表显示了近年来在美国获得商业和非商业领域学士学位的男女学生人数。(a)求随机选择的获得学士学位的学生是男性的概率，假设该学位是商业学位；(b)求随机选择的获得学士学位的学生获得商业学位的概率，假设该学生是女性。

	商业学位	非商业学位	合计
男性	204839	640121	844960
女性	181362	954322	1135684
合计	386201	1594443	1980644

08. **退休储蓄**。下表显示了一项调查的结果，在该调查中，年龄在 25 岁和 64 岁之间的 250 名男性员工和 250 名女性员工被问及是否已在工作中为退休储蓄计划缴款。(a)求随机选择的员工在工作中向退休储蓄计划缴款的概率，假设员工是男性；(b)求随机选择的员工是女性的概率，假设该员工已在工作中为退休储蓄计划缴款。

	已缴款	未缴款	合计
男性	116	134	250
女性	143	107	250
合计	259	241	500

将事件分类为独立事件或相关事件。在习题 09～14 中，确定事件是独立事件还是相关事件。

09. 从 52 张标准扑克牌中选出一张 K，将其替换，然后从这副牌中选出一张 Q。
10. 淡褐色眼睛的父亲和淡褐色眼睛的女儿。
11. 到期后归还租来的电影并收取滞纳金。
12. 不把钱放到停车计时器中，得到一张停车罚单。
13. 掷一个六面骰子，然后掷第二次，使两次掷出的总和为 5。
14. 从箱子中选择编号为 1 到 52 的一个球，将其替换，然后从箱子中选择第二个编号的球。

根据研究对事件进行分类。在习题 15～18 中，确定研究中描述的两个事件是独立的还是相关的。

15. 为了证明音乐和数学能力无关的观点，进行了一项研究。相反这项研究显示了音乐和数学成绩之间的关系密切。
16. 一项研究发现，使用滑石粉与女性卵巢癌发病率之间不存在显著相关性。
17. 一项研究发现，玩暴力视频游戏与青少年的攻击或欺凌行为之间没有关系。
18. 一项研究发现具有高水平自我领导特质的企业高管更可能将成功归功于自己的努力。

使用乘法法则。在习题 19～32 中，使用乘法法则。

19. **纸牌**。从 52 张标准扑克牌中选出两张。在选择第二张牌之前，不替换第一张牌。求选择红桃后再选择梅花的概率。
20. **硬币和骰子**。抛硬币并掷骰子。求抛出反面后再掷出大于 2 的数字的概率。
21. **BRCA1 基因**。下图表明，约 400 名妇女中有 1 名携带 BRCA1 突变基因。约 64% 携带这种突变的女性会患乳腺癌。求随机选择的女性携带 BRCA1 突变基因并患乳腺癌的概率。

样本空间：妇女

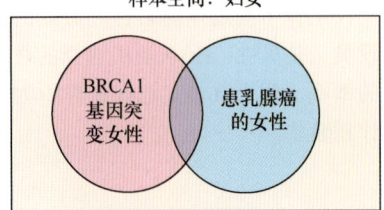

22. **皮卡车**。在一项调查中，510 名美国成年人被问及是否驾驶皮卡车及是否驾驶福特车。结果显示，在接受调查的成年人中，20 人中有 3 人驾驶福特车。在接受调查的驾驶福特车的成年人中，9/20 的人驾驶皮卡车。求随机选择的成年人驾驶福特车和皮卡车的概率（见下图）。

样本空间：美国成年人

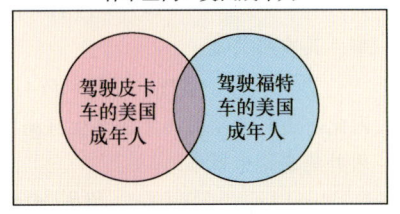

23. **名人作为榜样**。在 1103 名可能为投票人的样本中，四分之三的人表示希望艺人能够解决社会和政治问题。随机选出两名可能的投票人。(a)求两名可能的投票人都希望艺人解决社会和政治问题的概率；(b)求两名可能的投票人都不希望艺人解决社会和政治问题的概率；(c)求两名可能的投票人中至少有一人希望艺人解决社会和政治问题的概率。
24. 在 11771 名 2～17 岁的儿童样本中，8% 的儿童因谋杀而失去了朋友或亲人。随机选择 4 名儿童。(a)求所有 4 名儿童都因谋杀而失去朋友或亲人的概率；(b)求 4 名儿童中没有一名谋杀而失去朋友或亲人的概率；(c)求 4 名儿童中至少有一名因谋杀而失去朋友或亲人的概率。
25. **最佳总统**。在 1500 名成年美国公民的样本中，270 人认为奥巴马是美国历史上最好的总统。随机选择两名成年美国公民。(a)求两名成年美国公民都认为奥巴马是美国历史上最好的总统的概率；(b)求两名成年美国公民都不认为奥巴马是美国历史上最好的总统的概率；(c)求两名成年美国公民中至少有一名认为奥巴马是美国历史上最好的总统的概率；(d)哪些事件可视为异常事件？
26. **最糟糕的总统**。在 1500 名成年美国公民的样本中，690 名公民认为特朗普是美国历史上最糟糕的总统。随机选择 3 名成年美国公民。(a)求所有 3 名成年美国公民都认为特朗普是美国历史上最糟糕的总统的概率；(b)求 3 名成年美国公民中没有一名认为特朗普是美国历史上最糟糕的总统的概率；(c)求 3 名成年美国公民中最多有两名认为特朗普是美国历史上最糟糕的总统的概率；(d)哪些事件可视为异常事件？

27. **血型**。亚裔美国人为 O+ 型血的概率是 39%。随机抽取 6 名亚裔美国人。(a)求所有 6 人都为 O+ 型血的概率；(b)求 6 人都不为 O+ 型血的概率；(c)求 6 人中至少有一人为 O+ 型血的概率；(d)哪些事件可视为异常事件？

28. **血型**。拉丁裔美国人为 A+ 型血的概率是 29%。在美国随机选择 4 名拉丁裔美国人。(a)求 4 人都是 A+ 型血的概率；(b)求 4 人都不为 A+ 型血的概率；(c)求 4 人中至少有一人是 A+ 型血的概率；(d)哪些事件可视为异常事件？

29. **体外受精**。近年来，在美国出生的所有婴儿中，约有 1.9% 是通过辅助生殖技术（ART）受孕的。在辅助生殖技术分娩中，约 26.4% 为多胞胎。(a)求随机选择的婴儿通过 ART 受孕并成为多胞胎一部分的概率；(b)求随机选择的通过 ART 受孕的婴儿不属于多胞胎的概率；(c)随机选择的婴儿是通过辅助生殖技术受孕的，且是多胞胎的一部分，这是否异常？

30. **标准化考试成绩**。根据一项调查，57.8% 的高中毕业生表示他们参加了一项针对潜在大学生的标准化考试。其中，35.6% 的高中毕业生表示他们不打算在提交大学申请时提交成绩。(a)求一名随机选择的想上大学的高中毕业生参加其中一次标准化考试但不打算在申请大学时提交成绩的概率；(b)求随机选择的申请大学的高中毕业生参加其中一次标准化考试并计划将成绩与大学申请一起提交的概率；(c)(a)问或(b)问的事件是否可视为异常事件？

31. **使用社交媒体了解大学**。根据一项对 31000 多名想上大学的高中毕业生的调查，31.2% 的高中毕业生从未使用社交媒体来了解大学。在使用社交媒体了解大学的高中毕业生中，89% 的高中毕业生用过 Instagram。求一名随机选择的想上大学的高中毕业生使用 Instagram 来了解大学的概率。

32. **手术存活率**。一名患者在心脏病发作后有 60% 的机会在搭桥手术中存活。如果患者在手术中存活，就有 70% 的机会完全康复。求这名患者在手术中存活但不能完全康复的概率。

概念扩展

根据贝叶斯定理，假设事件 B 已经发生，则事件 A 发生的概率为

$$P(A|B) = \frac{P(A) \cdot P(B|A)}{P(A) \cdot P(B|A) + P(A') \cdot P(B|A')}$$

在习题 33~38 中，使用贝叶斯定理求 $P(A|B)$。

33. $P(A) = 2/3, P(A') = 1/3, P(B|A) = 1/5, P(B|A') = 1/2$

34. $P(A) = 3/8, P(A') = 5/8, P(B|A) = 2/3, P(B|A') = 3/5$

35. $P(A) = 0.25, P(A') = 0.75, P(B|A) = 0.3, P(B|A') = 0.5$

36. $P(A) = 0.62, P(A') = 0.38, P(B|A) = 0.41, P(B|A') = 0.17$

37. $P(A) = 73\%, P(A') = 17\%, P(B|A) = 46\%, P(B|A') = 52\%$

38. $P(A) = 12\%, P(A') = 88\%, P(B|A) = 66\%, P(B|A') = 19\%$

39. **检测可靠性**。每 200 人中就有一人感染病毒。有一种用于检测人体内病毒的测试，当人体内有病毒时，80% 的情况下呈阳性，当人体内没有病毒时，5% 的情况下呈阳性（这个 5% 的结果称为假阳性）。设 A 是人被感染的事件，B 是人被检测为阳性的事件。(a)使用贝叶斯定理，当一个人的检测结果为阳性时，求该人被感染的概率；(b)使用贝叶斯定理，当一个人的检测结果为阴性时，求该人未被感染的概率。

40. **生日问题**。你所在的班级有 24 名学生，你想求至少两名学生生日相同的概率。(a)求每名学生具有不同生日的概率；(b)使用(a)问的结果求至少两名学生具有相同生日的概率；(c)使用软件生成从 1 到 365 的 24 个随机数来模拟生日问题。重复模拟 10 次，你有多少次得到至少两名生日相同的人？

乘法法则和条件概率。重写乘法法则的公式，可以给出求条件概率的公式。假设事件 A 已经发生，则事件 B 发生的条件概率是

$$P(B|A) = \frac{P(A \text{和} B)}{P(A)}$$

在习题 41 和 42 中，使用以下信息：航班准时起飞的概率为 0.89；航班准时到达的概率为 0.87；航班准时起飞和到达的概率为 0.83。

41. 航班准时到达，求航班准时起飞的概率。

42. 航班准时起飞，求航班准时到达的概率。

3.3 加法法则

> **学习目标**
> ▶ 确定两个事件是否互斥
> ▶ 用加法法则求两个事件的概率

3.3.1 互斥事件

3.2 节介绍了如何求两个事件 A 和 B 按顺序发生的概率。这样的概率用 $P(A$ 和 $B)$ 表示。本节介绍如何计算两个事件中至少有一个事件发生的概率,这样的概率用 $P(A$ 或 $B)$ 表示,且取决于事件是否互斥。

> **定义** 当 A 和 B 不能同时发生时,事件 A 和 B 是互斥的。也就是说,A 和 B 没有共同的结果。

下面的维恩图显示了互斥事件和非互斥事件之间的关系。注意,当事件 A 和 B 互斥时,它们没有共同的结果,因此 $P(A$ 和 $B) = 0$。

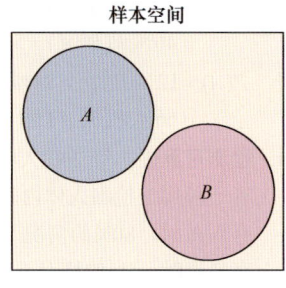

样本空间　　　　　样本空间

A 和 B 互斥 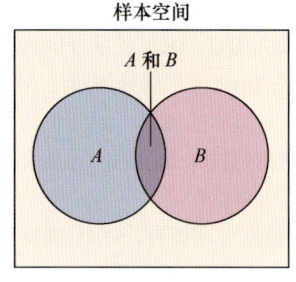　　　A 和 B 不互斥

> **提示**:在概率论和统计学中,"或"通常表示"包含或"而非"排除或"。例如,事件 A 或 B 有三种发生方式:
> (1) A 发生,B 不发生。
> (2) B 发生,A 不发生。
> (3) A 和 B 都发生。

【例题 1】识别互斥事件

确定事件是否互斥。

1. 事件 A:掷骰子时掷出 3;事件 B:掷骰子时掷出 4。
2. 事件 A:随机抽取一名男生;事件 B:随机选择一个护理专业。
3. 事件 A:随机抽取一名 O 型血献血者;事件 B:随机选择一名女性献血者。

解答:

1. 事件 A 有一个结果,即 3。事件 B 也有一个结果,即 4。这些结果不能同时发生,因此这些事件是互斥的。
2. 因为学生可以是护理专业的男生,所以这些事件不是互斥的。
3. 因为捐献者可以是 O 型血的女性,所以这些事件不是互斥的。

自测题 1

确定事件是否互斥。

1. 事件 A：从 52 张标准扑克牌中随机选择一张 J；事件 B：从 52 张标准扑克牌中随机选择一张花牌。
2. 事件 A：随机选择一辆福特汽车；事件 B：随机选择一辆丰田汽车。

3.3.2 加法法则

事件 A 或 B 发生的概率 P(A或B) 由公式 P(A或B) = P(A) + P(B) − P(A和B) 给出。

如果事件 A 和 B 互斥，那么加法法则可以简化为
$$P(A或B) = P(A) + P(B)$$
这个简化的法则可以推广到任何数量的互斥事件。

换句话说，要求一个事件或另一个事件发生的概率，可将每个事件单独发生的概率相加，并减去它们同时发生的概率。如右侧的维恩图所示，减去 P(A和B) 可避免重复计算同时发生在 A 和 B 中的结果的概率。

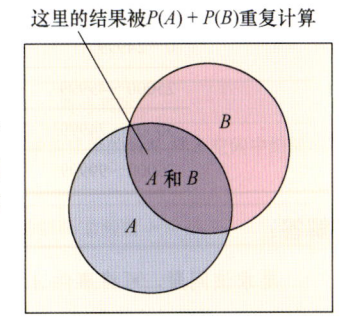

【例题 2】使用加法法则求概率

1. 从 52 张标准扑克牌中选择一张牌，求这张牌是 4 或 A 的概率。
2. 掷骰子。求掷出小于 3 的数或掷出奇数的概率。

解答：

1. 一张是 4 的牌不能是 A。因此，这些事件是互斥的，如维恩图所示。选择 4 或 A 的概率为
$$P(4或A) = P(4) + P(A) = \frac{4}{52} + \frac{4}{52} = \frac{2}{13} \approx 0.154$$

2. 事件不是互斥的，因为 1 是两个事件的结果，如维恩图所示。因此，掷出小于 3 的数或奇数的概率为
$$P(小于3 或奇数) = P(小于3) + P(奇数) − P(小于3 和奇数)$$
$$= 2/6 + 3/6 − 1/6 = 4/6 = 2/3 \approx 0.667$$

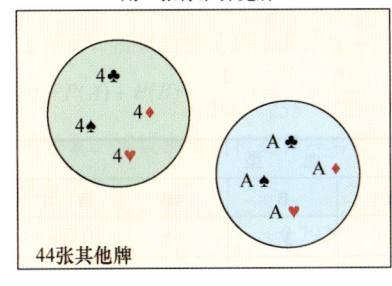

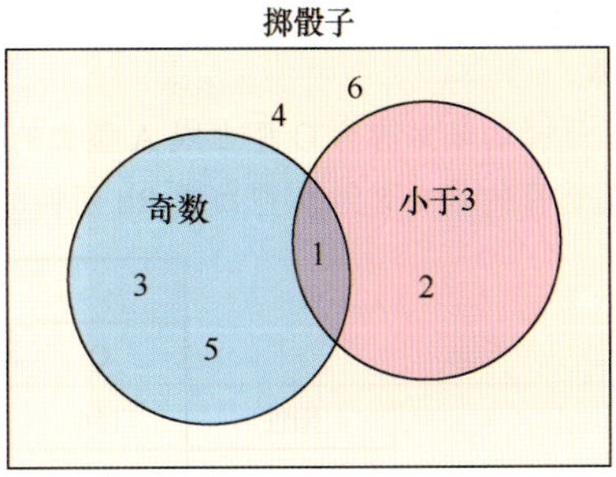

自测题 2

1. 掷骰子，求掷出 6 或奇数的概率。
2. 从 52 张标准扑克牌中选择一张牌，求这张牌是花牌或红桃的概率。

描绘世界

一项针对 10121 名成年人的调查询问他们在最近七天内睡眠有问题的频数。总体而言，37% 的人说不到一天；30% 的人说一到两天；19% 的人说三到四天；14% 的人说五到七天，如右侧的饼图所示。

随机选择一名美国成年人。当被问到在过去七天中多久出现一次睡眠问题时，回答不到一天或一到两天的概率是多少？

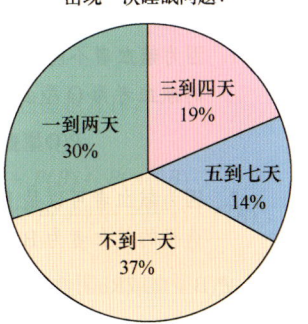

07. 样本空间：衣服

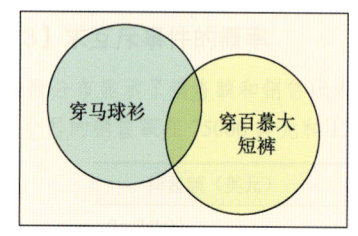

（维恩图：穿马球衫；穿百慕大短裤）

08. 样本空间：绩点

（维恩图：学生在本学期的5门课中有4门得A；学生本学期的平均绩点为0.0）

使用和解释概念

在习题 09～12 中识别互斥事件，确定事件是否互斥。

09. 事件 A：随机抽取一名音乐专业新生；事件 B：随机选择一名 20 岁的音乐专业学生。

10. 事件 A：随机抽取一名生日在 4 月的学生；事件 B：随机选择一名生日在 5 月的学生。

11. 事件 A：随机选择一名登记为共和党人的选民；事件 B：随机选择一名登记为民主党人的选民。

12. 事件 A：随机选择一名美国国会议员；事件 B：随机选择一名男性美国参议员。

13. 学生。 某物理班有 40 名学生，其中 12 名学生主修物理，16 名学生辅修数学。在物理专业的学生中，有 3 人辅修数学。求随机选择的学生辅修数学或主修物理的概率。

14. 会议。 一个教学会议有 6855 人出席，其中 3120 人为大学教授，3595 人为男性。在大学教授中，有 1505 名是男性。求随机选择的出席者是男性或大学教授的概率。

15. 纸箱缺陷。 在某公司生产的纸箱中，5% 的纸箱有一处穿孔，8% 的纸箱有一处破角，0.4% 的纸箱既有穿孔又有破角。求随机选择的纸箱有穿孔或破角的概率。

16. 易拉罐缺陷。 在某公司生产的易拉罐中，96% 的易拉罐没有穿孔，93% 的易拉罐没有破边，89.3% 的易拉罐既没有穿孔又没有破边。求随机选择的易拉罐没有穿孔或破边的概率。

17. 选择一张牌。 从 52 张标准扑克牌中随机选择一张牌。求如下事件的概率：(a)随机选择一张梅花或一张 3；(b)随机选择一张梅花或一张 3；(c)随机选择一张 9 或一张花牌。

18. 掷骰子。 掷骰子并求如下事件的概率：(a)掷出 5 或大于 3 的数；(b)掷出 2 或奇数；(c)掷出小于 4 的数或偶数。

19. 美国人的年龄分布。 2025 年美国人口的预计百分比分布如下面的饼图所示，求每个事件发生的概率：(a)随机选择 10 岁以下的人；(b)随机选择 50 岁及以上的人；(c)随机选择非 60 岁以上的人；(d)任意选择非 20～39 岁的人。

美国年龄分布

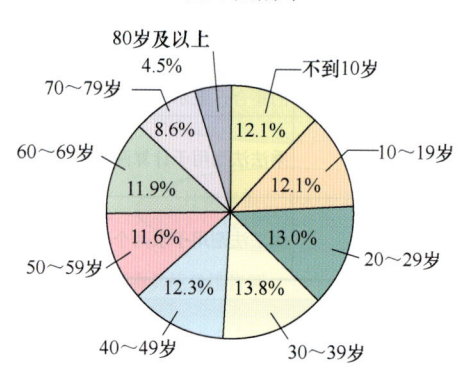

- 80岁及以上 4.5%
- 70～79岁 8.6%
- 60～69岁 11.9%
- 50～59岁 11.6%
- 40～49岁 12.3%
- 30～39岁 13.8%
- 20～29岁 13.0%
- 10～19岁 12.1%
- 不到10岁 12.1%

20. 吸食大麻。 以 13373 名大学生为样本的最后一次吸食大麻（医疗或非医疗）的百分比分布如下面的饼图所示，求如下事件发生的概率：(a)随机选择从未吸食过大麻的大学生；(b)随机选择吸食过大麻的大学生；(c)随机选择过去 30 天内吸食过大麻的大学生；(d)任意选择过去 12 个月内未吸食过大麻的大学生。

最后一次吸食大麻

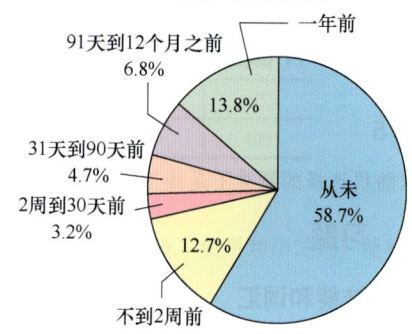

- 从未 58.7%
- 一年前 13.8%
- 91天到12个月之前 6.8%
- 31天到90天前 4.7%
- 2周到30天前 3.2%
- 不到2周前 12.7%

21. 政治。 1500 名美国成年人对一项调查的回答显示在下面的帕累托图中，该调查要求他们陈述自己的政治观点。求如下事件的概率：(a)从样本中随机选择一名是自由主义者或非常自由主义者的人；(b)从样本中随机选择一名是保守主义者或非常保守主义者的人；(c)从样本中随机选择一名不是非常自由主义者或不是非常保守主义者的人；(d)从样本中随机选择一名是不确定者或中立者的人。

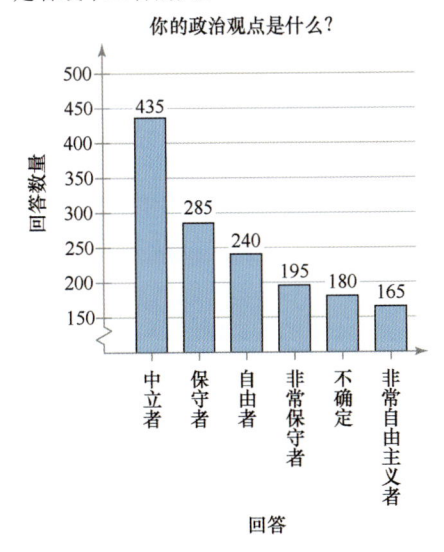

你的政治观点是什么?

回答	回答数量
中立者	435
保守者	285
自由者	240
非常保守者	195
不确定	180
非常自由主义者	165

22. **英国脱欧**。一项调查询问 1115 名英国成年人英国脱离欧盟的决定对英国产生什么影响。结果显示在下面的帕累托图中。求如下事件的概率：(a)随机选择一名认为此举没有区别的英国成年人；(b)随机选择一名认为此举对英国产生了非常消极影响的英国成年人；(c)随机选择一名认为此举未对英国产生非常积极影响的英国成年人；(d)随机选择一名认为此举对英国产生了相当积极或非常积极影响的英国成年人。

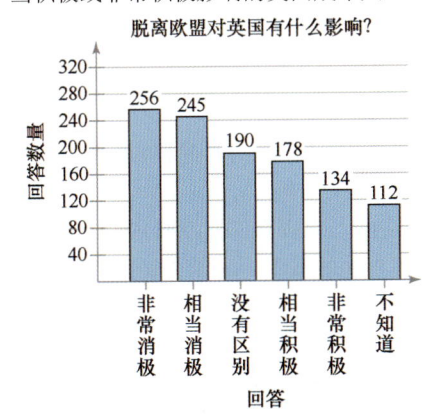

脱离欧盟对英国有什么影响?

回答	回答数量
非常消极	256
相当消极	245
没有区别	190
相当积极	178
非常积极	134
不知道	112

23. **工程学学位**。下表显示了最近一年美国获得工程学士学位的男女学生人数。在这一年中，获得工程学士学位的学生是随机选择的。求如下事件的概率：(a)学生为男性或获得机械工程学位；(b)学生为女性或获得机械工程学位；(c)学生不是女性或未获得机械工程学位。

	机械工程	工程（所有其他）	合计
男性	30150	64697	94847
女性	5032	22077	27109
合计	35182	86774	121956

24. **心理健康**。一项调查询问了 4805 名父母冠状病毒给他们带来的心理问题的严重程度，结果如下表所示。从样本中随机选择一名家长，求如下事件的概率：(a)父母在精神上未受影响或者父亲在精神上未受影响；(b)父母有重度精神健康问题或者母亲有重度精神健康问题；(c)父母没有重度精神健康问题或者母亲没有重度精神健康问题。

	重度	中度	轻度	无	合计
母亲	415	1048	514	1684	3661
父亲	76	144	180	744	1144
合计	491	1192	694	2428	4805

25. **在家工作**。下表显示了一项调查的结果，该调查询问了 1811 人在家工作的频数。从样本中随机选择一人，求如下事件发生的概率：(a)此人是男性或经常在家工作；(b)此人是女性或不在家工作；(c)此人经常或偶尔在家工作；(d)此人是女性或不经常在家工作。

	经常	偶尔	根本不	合计
男性	346	297	441	1084
女性	217	198	312	727
合计	563	495	753	1811

26. **眼睛调查**。下表显示了询问 3203 人是否戴隐形眼镜或眼镜的结果。从样本中随机选择一人，求如下事件发生的概率：(a)此人只戴隐形眼镜或只戴眼镜；(b)此人是男性或戴隐形眼镜及只戴眼镜；(c)此人是女性或既不戴隐形眼镜又不戴眼镜；(d)此人是男性或不戴眼镜。

	只戴隐形眼镜	只戴眼镜	两者都戴	两者都不戴	合计
男性	64	841	177	456	1538
女性	189	427	368	681	1665
合计	253	1268	545	1137	3203

概念扩展

三个事件的加法法则。事件 A 或 B 或 C 发生的概率 $P(A或B或C)$ 为

$$P(A或B或C) = P(A) + P(B) + P(C) - P(A和B) - P(A和C) - P(B和C) + P(A和B和C)$$

在下面的维恩图中，$P(A或B或C)$ 由蓝色区域表示。在习题 27 和 28 中，求 $P(A或B或C)$。

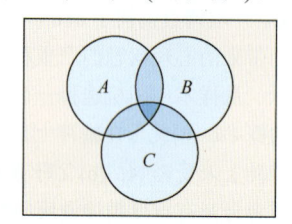

27. $P(A) = 0.40$，$P(B) = 0.10$，$P(C) = 0.50$，$P(A和B) = 0.05$，$P(A和C) = 0.25$，$P(B和C) = 0.10$，$P(A和B和C) = 0.03$。

28. $P(A) = 0.38$，$P(B) = 0.26$，$P(C) = 0.14$，$P(A和B) = 0.12$，$P(A和C) = 0.03$，$P(B和C) = 0.09$，$P(A和B和C) = 0.01$。

29. 在 $P(A或B或C)$ 的加法法则中，为何 $P(A和B和C)$ 加在公式的末尾？

30. 两个概率不为零的事件可以既独立又互斥吗？

美国国会

美国国会由众议院和参议院组成。众议院议员任期两年，代表一个州的一个选区。每个州的众议员人数由人口决定。人口较多的州比人口较少的州有更多的众议员。法律规定众议员总数为 435 人。参议员任期六年，代表一个州。每个州有 2 名参议员，共有 100 名参议员。下表显示了截至 2021 年 1 月 21 日按性别和政党划分的第 117 届国会的组成情况。众议院有 3 个空缺席位。

众议院

		政党			合计
		共和党	民主党	独立党	
性别	男	182	132	0	314
	女性	29	89	0	118
	合计	211	221	0	432

参议院

		政党			合计
		共和党	民主党	独立党	
性别	男	42	32	2	76
	女	8	16	0	24
	合计	50	48	2	100

习题

01. 求随机选择的众议员是女性的概率。

02. 求随机选择的参议员是女性的概率。比较习题 01 中的概率。

03. 随机抽取一名众议员，求如下事件的概率：(a) 众议员为男性；(b) 众议员是共和党人；(c) 众议员是男性和共和党人；(d) 众议员是女性和民主党人。

04. 在众议员中，女性和民主党人的事件是独立事件还是相关事件？

05. 随机选择一名参议员，求如下事件的概率：(a) 参议员是男性；(b) 参议员不是民主党人；(c) 参议员是女性或共和党人；(d) 参议员是男性或民主党人。

06. 在参议院中，女性事件和独立党人事件是否互斥？

07. 使用与上表相同的行标题和列标题，为国会创建一个组合表格。

08. 随机选择一名国会议员。用习题 07 中的表格求如下事件的概率：(a) 国会议员是独立党人；(b) 国会议员是女性和共和党人；(c) 国会议员是男性或民主党人。

3.4 概率和计数的附加主题

学习目标

▶ 求顺序排列一组对象的方式的数量

- 不考虑顺序时求从一组对象中选择多个对象的方式的数量
- 利用计数原理求概率

3.4.1 排列

3.1 节介绍了如何用基本计数原理求两个或多个事件按顺序发生的方式的数量。基本计数原理的一个应用是求 n 个对象按顺序排列的方式的数量。n 个对象的排序称为排列。

定义 排列是对象的有序安排。n 个不同对象的不同排列数是 $n!$。

$n!$表示 n 的阶乘。当 n 是正整数时，$n!$定义为

$$n! = n \cdot (n-1) \cdot (n-2) \cdot (n-3) \cdots 3 \cdot 2 \cdot 1$$

作为特例，$0! = 1$。下面是 $n!$的其他值：

$1! = 1 \qquad 2! = 2 \cdot 1 = 2 \qquad 3! = 3 \cdot 2 \cdot 1 = 6 \qquad 4! = 4 \cdot 3 \cdot 2 \cdot 1 = 24$

提示：注意，较小的 n 值可以产生非常大的 $n!$值。例如，$10! = 3628800$。一定要知道如何使用计算器上的阶乘键。

【例题 1】求 n 个对象的排列数

数独游戏

9×9 数独游戏的目标是填充网格，使每行、每列和每个 3×3 网格都包含数字 1 到 9 且不重复。有多少种不同的方法填充 9×9 数独网格的第一行空白？

解答：

排列数为 $9! = 9 \times 8 \times 7 \times 6 \times 5 \times 4 \times 3 \times 2 \times 1 = 362880$，因此有 362880 种不同的方法填充第一行。

自测题 1

"12 大联盟"是一个由 10 所学校组成的大学体育联盟，这些学校是贝勒大学、艾奥瓦州立大学、堪萨斯大学、堪萨斯州立大学、俄克拉何马大学、俄克拉何马州立大学、得克萨斯基督教大学、得州理工大学和西弗吉尼亚大学。12 强橄榄球队可能有多少种不同的最终排名？

你可能想要选择一组中的一些对象，并将它们按序排列。这样的排序称为一次取 r 的 n 个对象的排列。

一次取 r 的 n 个对象的排列

一次取 r 的 n 个不同对象的排列数为

$$_nP_r = \frac{n!}{(n-r)!}, \quad r \leq n$$

【例题 2】求 $_nP_r$

求形成四位数代码的方式的数量，其中没有重复的数字。

解答：

要形成没有重复数字的四位数代码，需要从一组 10 个数字中选择 4 个数字，因此 $n = 10$，$r = 4$，

$$_nP_r = {_{10}P_4} = \frac{10!}{(10-4)!} = \frac{10!}{6!} = \frac{10 \cdot 9 \cdot 8 \cdot 7 \cdot 6!}{6!} = 5040$$

因此，有 5040 个可能的四位数代码没有重复的数字。

自测题 2

心理学家在实验中向被试展示了八项活动的清单。被试可以用多少种方式选择第一个、第二个和第三个活动？

【例题 3】求 $_nP_r$

每年有 33 辆赛车参加印第安纳波利斯 500 比赛。这些赛车有多少种方式获得第一名、第二名和第三名？

解答：

需要从一组 33 辆赛车中选择 3 辆赛车，因此 $n=33$，$r=3$。因为顺序很重要，赛车获得第一名、第二名和第三名的方式的数量是

$$_nP_r = {_{33}P_3} = \frac{33!}{(33-3)!} = \frac{33!}{30!} = \frac{33 \cdot 32 \cdot 31 \cdot 30!}{30!} = 32736$$

自测题 3

一家公司的董事会有 12 名成员。一名成员是总裁，一名成员是副总裁，一名成员是秘书，一名成员是财务主管。这些职位有多少种分配方式？

在例题 3 中，可以使用基本计数原理得到相同的结果。第一名有 33 种选择，第二名有 32 种选择，第三名有 31 种选择，所以分别有 $33 \cdot 32 \cdot 31 = 32736$ 种方法让赛车获得第一名、第二名和第三名。

你可能要对一组 n 个对象进行排序，其中某些对象是相同的。例如，考虑一组字母 AAAABBC。这组字母中有四个 A、两个 B 和一个 C。可以用多少种方法来排序这组字母？使用 $_nP_r$ 的公式得出有 $_7P_7 = 7! = 5040$ 种方法。然而，因为有些对象是相同的，所以这些排列不都是可区分的。可能有多少种可区分的排列呢？答案可使用可区分排列数的公式来求。

可区分排列

n 个对象的可区分排列数（其中 n_1 是一种类型，n_2 是另一种类型，以此类推）为

$$\frac{n!}{n_1! \cdot n_2! \cdot n_3! \cdot \cdots \cdot n_k!}$$

式中，$n_1 + n_2 + n_3 + \cdots + n_k = n$。

使用可区分排列的公式，得到 AAAABBC 的可区分排列数为

$$\frac{7!}{4! \cdot 2! \cdot 1!} = \frac{7 \times 6 \times 5}{2} = 105$$

【例题 4】求可区分排列数

某建筑承包商计划开发一个小区，该小区由 6 栋单层住宅、4 栋两层住宅和 2 栋错层式住宅组成。这些住宅的布局有多少种可区分的方式？

解答：

该小区将有 12 栋房屋，其中 6 栋为第一种类型（单层），4 栋为第二种类型（两层），2 栋为第三种类型（错层式），所以有

$$\frac{12!}{6! \cdot 4! \cdot 2!} = \frac{12 \times 11 \times 10 \times 9 \times 8 \times 7 \times 6!}{6! \cdot 4! \cdot 2!} = 13860$$

种可区分的方式。

可以使用右侧所示的 TI-84 PLUS 软件来检验你的答案。

解释： 有 13860 种可区分的方式来安排小区内的房屋。

自测题 4

承包商希望沿街道种植 6 棵橡树、9 棵枫树和 5 棵杨树。这些树的间距要均匀。它们可以按多少种可区分的方式种植？

```
TI-84 PLUS
16 nCr 4
                    1820
```

3.4.2 组合

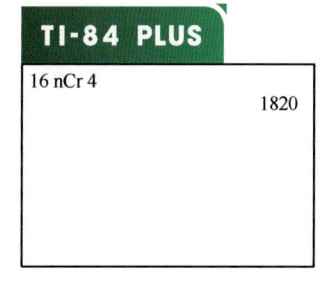

某州立公园管理着五个海滩，分别标为 A、B、C、D 和 E。因为预算有限，所以只在三个海滩修建新洗手间。这个州有 10 种方法来选择这三个海滩：ABC, ABD, ABE, ACD, ACE, ADE, BCD, BCE, BDE, CDE。

在每种选择中，顺序无关紧要（ABC 与 BAC 相同）。不考虑顺序时，从 n 个对象中选择 r 个对象的方法的数量称为一次从 n 个对象中取 r 个对象的组合数。

> **一次从 n 个对象中取 r 个对象的组合数**
>
> 不考虑顺序时，从 n 个对象中选择 r 个对象的组合数是
> $$_nC_r = \frac{n!}{(n-r)!r!}, \quad r \leq n$$

我们可将一次选择 r 个对象的组合视为 n 个对象的排列，其中 r 个选定对象是相似的，其余 $n-r$ 个（未选定）对象是相似的。

【例题 5】求组合数

某州的交通部门计划建设一段新州际公路，并且收到了 16 份竞标书。该州计划聘请四家竞标公司。从 16 家竞标公司中可以选出多少种不同的 4 家公司组合？

解答：

该州从 16 家公司中选出 4 家公司，因此 $n = 16$，$r = 4$。因为顺序不重要，所以有

$$_nC_r = {_{16}C_4} = \frac{16!}{(16-4)!4!} = \frac{16!}{12!4!} = \frac{16 \times 15 \times 14 \times 13 \times 12!}{12! \times 4!} = 1820$$

种不同的组合。

解释： 从 16 家竞标公司中选择 4 家公司有 1820 种不同的组合。

自测题 5

某会计部门的经理想从 20 名员工中抽出 3 名员工组建一个三人顾问委员会。经理可以按多少种方法组成这个委员会？

3.4.3 计数原理的应用

下表小结了计数原理。

原理	描述	公式
基本计数原理	如果一个事件可按 m 种方式发生，第二个事件可按 n 种方式发生，那么这两个事件依次发生的方式的数量是 $m \cdot n$	$m \cdot n$
排列	n 个不同对象的排列数	$n!$
	一次从 n 个不同对象中取 r 个对象的排列数，其中 $r \leq n$	$_nP_r = \dfrac{n!}{(n-r)!}$

第 3 章 概率　111

(续表)

原理	描述	公式
排列	n 个对象的可区分排列数,其中 n_1 是一种类型,n_2 是另一种类型,以此类推,且 $n_1 + n_2 + n_3 + \cdots + n_k = n$	$\dfrac{n!}{n_1! \cdot n_2! \cdot \cdots \cdot n_k!}$
组合	从一组 n 个对象中选择 r 个对象的组合数,不考虑顺序,其中 $r \leq n$	$_nC_r = \dfrac{n!}{(n-r)!r!}$

提示:要使用计数原理解决问题,就要确保选择适当的计数原理。要做到这一点,可考虑以下问题:
- 是否有两个或两个以上的单独事件?基本计数原理
- 对象的顺序是否重要?排列
- 所选对象是否来自一大组顺序不重要的对象?组合

注意,有些问题可能需要使用多个计数原理(见例题 8)。

【例题 6】求概率

学生咨询委员会由 17 名成员组成。选出三名成员担任委员会主席、秘书和网站管理员。每名成员担任任何职位的可能性都是相同的。随机选择委员会三名成员的概率是多少?

解答:

注意,顺序很重要,因为职位(主席、秘书和网站管理员)是不同的对象。有一个有利的结果,且有

$$_{17}P_3 = \frac{17!}{(17-3)!} = \frac{17!}{14!} = \frac{17 \times 16 \times 15 \times 14!}{14!} = 17 \times 16 \times 15 = 4080$$

种选择这三个职位的方法。

因此,正确选择担任每个职位的三名成员的概率是

$$P(\text{选择三名成员}) = 1/4080 \approx 0.0002$$

可以使用软件检验答案。例如,使用 EXCEL 中的 PERMUT 命令,可以求选择三名成员的概率,如下图所示。

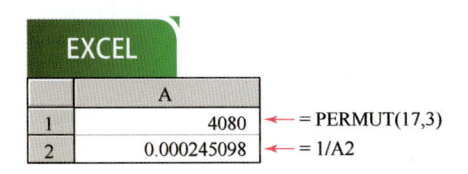

EXCEL		
	A	
1	4080	← = PERMUT(17,3)
2	0.000245098	← = 1/A2

自测题 6

学生咨询委员会由 20 名成员组成,选出两名成员担任委员会主席和秘书。每名成员担任这两个职位的可能性相同。随机选择两名委员会成员的概率是多少?

【例题 7】求概率

求从 52 张标准扑克牌中选择 5 张方块的概率。

解答:

在一副标准的扑克牌中,有 13 张牌是方块。注意,选择牌的顺序并不重要。从 13 张方块中选择 5 张方块的方法共有 $_{13}C_5$ 种。选择 5 张方块的方法共有 $_{52}C_5$ 种。因此,得到 5 张方块的概率是

$$P(5\text{张方块}) = \frac{_{13}C_5}{_{52}C_5} = \frac{1287}{2598960} \approx 0.0005$$

自测题 7

求从一副标准扑克牌中选择五张方块的概率，其中包括两张王牌。在这种情况下，小王被认为是一张百搭牌，可用来代表牌组中的任何一张牌。

描绘世界

有史以来最大的彩票头奖之一（16 亿美元）是在强力球彩票中赢得的。赢得头奖时，从 1 到 69 中选择了五个不同的号码，从 1 到 26 中选择了一个号码，即强力球。中奖号码如右图所示。

2015 年，彩票改变了规则。以前，玩家会从 1 到 59 中选择五个不同的号码，从 1 到 35 中选择一个号码。玩家通过匹配抽奖中的所有六个中奖号码来赢得头奖。你买了一张强力球彩票。使用旧规则和新规则计算赢得头奖的概率。哪套规则为你提供了赢得大奖的更好机会？你获胜的可能性有多大？

【例题 8】求概率

一家食品制造商正在分析 400 粒玉米样本中是否有毒。在样本中，有 3 粒玉米有毒。从样本中随机选择 4 粒玉米。确切地说，一粒玉米有毒的概率是多少？

解答：

注意，选择玉米的顺序并不重要。从 3 粒有毒玉米中选择 1 粒有毒玉米的方法的数量是 $_3C_1$。从 397 粒无毒玉米中选择 3 粒无毒玉米的方法的数量是 $_{397}C_3$。因此，使用基本计数原理，选择 1 粒有毒玉米和 3 粒无毒玉米的方法的数量为

$$_3C_1 \cdot {_{397}C_3} = 3 \times 10349790 = 31049370$$

从 400 粒玉米中选择 4 粒玉米的方法的数量是

$$_{400}C_4 = 1050739900$$

因此，恰好选择 1 粒毒玉米的概率是

$$P(1粒毒玉米) = \frac{_3C_1 \cdot {_{397}C_3}}{_{400}C_4} = \frac{31049370}{1050739900} \approx 0.030$$

自测题 8

陪审团由五名男性和七名女性组成。随机挑选三名陪审团成员进行面试，求三人都是男性的概率。

3.4.4 习题

培养基本技能和词汇

01. 计算从 n 个不同对象中一次取 r 个对象的排列数时，你在数什么？举例说明。
02. 计算从 n 个对象中一次取 r 个对象的组合数时，你在数什么？举例说明。

判断正误。对习题 03~06，判断句子的正误并写出正确的句子。

03. 组合是对象的有序排列。
04. n 个不同对象的不同有序排列数是 $n!$。
05. 从 11 个对象中一次取 3 个对象的排列数除以 3!，得到从 11 个对象中一次取 3 个对象的组合数。
06. $_7C_5 = {_7C_2}$。

在习题 07~14 中，执行指定的计算。

07. $_9P_5$ 08. $_{14}P_3$ 09. $_8C_3$

10. $_{21}C_8$ 11. $\dfrac{_8C_4}{_{12}C_6}$ 12. $\dfrac{_{10}C_7}{_{14}C_7}$

13. $\dfrac{_3P_2}{_{13}P_1}$ 14. $\dfrac{_7P_3}{_{12}P_4}$

在习题 15~18 中，确定情况是否涉及排列、组合或者两者都不涉及。

15. 16辆彩车可排成一排进行游行的方式的数量。
16. 四人委员会可从10人中选择的方式的数量。
17. 从长曲棍球队的28名球员中可选择2名队长的方式的数量。
18. 没有字母重复时可创建的四字母密码的数量。

使用和解释概念

19. **电子游戏**。有七种不同的电子游戏，能用多少种不同的方法将游戏并排放到架子上？
20. **滑冰**。八人参加短道速度滑冰比赛。假设没有平局，滑冰者可按多少种不同的顺序完成比赛？
21. **安全码**。六字母安全代码可按多少种方式排列字母A、B、C、D、E和F？
22. **首发阵容**。垒球队首发阵容由10名球员组成，有多少种不同的击球顺序可以使用首发阵容？
23. **竞走**。10千米比赛有72名选手。有多少种方法可让选手获得第一名、第二名和第三名？
24. **歌唱比赛**。一场歌唱比赛有16名决赛选手。前五名选手获得奖品。选手们有多少种方式获得第一名到第五名？
25. **播放列表**。某乐队正在为一场音乐会准备21首歌曲的曲目清单。乐队可用多少种不同的方式演奏前六首歌曲？
26. **考古俱乐部**。某考古俱乐部有38名成员。俱乐部有多少种不同的方式来选择主席、副主席、司库和秘书？
27. **献血者**。在一次献血活动中，有8名O型血献血者、6名A型血献血者和3名B型血献血者。献血者可按多少种可区分的方式排队？
28. **项链**。将九颗蓝色玻璃珠、三颗红色玻璃珠和七颗绿色玻璃珠串在项链上。有多少种不同颜色的珠子可以串在项链上？
29. 单词statistics中的字母可用几种不同的方式书写？
30. **计算机科学**。1字节是由8位组成的序列。1位可以是0或1。1字节中有5个0和3个1有多少种可区分的方式？
31. **实验**。某研究人员正从20名参加实验的人中随机选择10名组成实验组。可以按多少种不同的方式来选择实验组？
32. **陪审团的选择**。从36人的小组中选出12人组成审团。12人陪审团可以按多少种不同的方式选出？

33. **学生**。一个班有40名学生。有多少种不同的方式可以选择三名学生一起做一个班级项目（假设学生的顺序不重要）？
34. **彩票选号**。一张彩票有52个号码。有多少种不同的方法可以选择其中的6个数字（假设选择顺序不重要）？
35. **菜单**。某餐厅提供特价晚餐，可从10道主菜、8道配菜和13道甜点中进行选择。特价晚餐包括一道主菜、两道配菜和一道甜点。假设配菜不同，有多少种不同的晚餐？
36. **插花**。假设要用六种不同颜色的玫瑰、三种不同颜色的康乃馨和三种不同颜色的雏菊来制作插花，你可从八种不同颜色的玫瑰、六种不同颜色的康乃馨和七种不同颜色的雏菊中进行选择。有多少种不同的排列？
37. **水污染**。某环保机构正在对80个湖泊的水样进行污染分析。其中5个湖泊的二噁英含量达到了危险的高水平。从样本中随机抽取6个湖泊。使用软件求一个被污染湖泊和5个未被污染湖泊有多少种选择方式。
38. **物业检查**。某物业检查员正在检查24处房产。其中六处房产的面积为一英亩或更小，其余房产的面积大于一英亩。随机选择八处房产。使用软件求有多少种方法可以选择三处都为1英亩或更少的房产和五处都大于1英亩的房产。
39. **城市规划委员会**。纽约州萨拉托加斯普林斯城市规划上诉委员会有七名成员。一名成员担任委员会主席，另一名成员担任副主席。给定七名委员会成员的姓名，随机选择主席和副主席的姓名的概率是多少？
40. **董事会**。科罗拉多大学董事会共有23名成员。一名成员担任董事会主席，另一名成员担任副主席。给定23名董事会成员的姓名，随机选择主席姓名和副主席姓名的概率是多少？
41. **赛马**。一场赛马有10个参赛项目。在没有马匹或骑师信息的情况下，随机选择（排名不分先后）前三匹马完成比赛的概率是多少？
42. **披萨配料**。一家披萨店提供九种配料，配料的使用不超过一次。随机选择的三种配料是香肠、洋葱和青椒的概率是多少？
43. **随机播放**。你可使用随机播放功能来播放列表中的歌曲。56首歌曲的列表中包括15首器乐歌曲。(a)前三首播放的歌曲是器乐歌曲的概率

114 统计学与生活（第8版）

是多少（假设歌曲不能重复）？(b)前三首播放的歌曲不是器乐歌曲的概率是多少（假设歌曲不能重复）？

44. 环境俱乐部的主席、副主席、秘书和财务主管将从 14 名候选人中选出。候选人中有 6 人是辩论队的成员。(a)所有职位都被辩论队成员占据的概率是多少？(b)辩论队成员不担任任何职位的概率是多少？

寻找新音乐。在习题 45~48 中使用下面的饼图，它显示了对 513 名听众的调查结果，这些听众被问及他们的新音乐的主要来源。

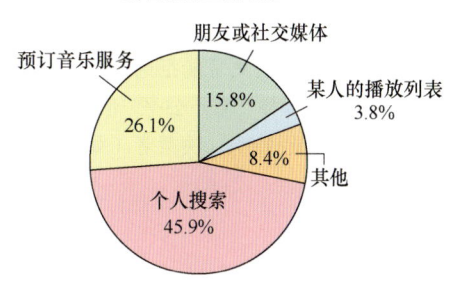

新音乐的主要来源
- 朋友或社交媒体 15.8%
- 某人的播放列表 3.8%
- 其他 8.4%
- 个人搜索 45.9%
- 预订音乐服务 26.1%

45. 随机选择两名音乐听众。两人都说新音乐的主要来源是某人的播放列表的可能性有多大？

46. 随机选择三名音乐听众。三人都说新音乐的主要来源是订阅音乐服务的可能性有多大？

47. 随机选择九名音乐听众。他们中没有人说新音乐的主要来源是朋友或社交媒体，这种可能性有多大？

48. 随机选择五名音乐听众。他们中没有人说新音乐的主要来源是个人搜索，这种可能性有多大？

49. **彩票**。在州彩票中，必须从 40 个号码中正确选择 5 个号码（按任意顺序）才能赢得头奖。如果买一张彩票，那么赢得头奖的概率是多少？

50. **投资委员会**。一家公司有 200 名员工，包括 144 名女性和 56 名男性。该公司希望挑选 5 名员工组成投资委员会。(a)使用软件求可从 200 名员工中选出 5 名员工的方法的数量；(b)使用软件求可从 56 名男性中选出 5 名员工的方法的数量；(c)随机选择 200 名员工中的 5 名，求没有男性被选中的概率。这是一个有偏样本吗？(d)解释公司如何选择代表性男性和女性员工样本。

仓库。在习题 51~54 中，仓库第一班雇佣 24 名工人，第二班雇佣 17 名工人，第三班雇佣 13 名工人。随机选择 8 名工人就工作环境接受采访。

51. 求选择 5 名第一班工人的概率。
52. 求选择 3 名第二班工人的概率。
53. 求选择 4 名第三班工人的概率。
54. 求选择 2 名第二班和 2 名第三班工人的概率。

概念扩展

55. **次品**。一批 10 台微波炉中有 2 台次品。一家餐馆买了三台微波炉。餐厅购买至少两台非次品微波炉的概率是多少？

56. **有缺陷光盘**。一包 100 张可录制 DVD 中有 5 张有缺陷光盘。可以选择 4 张光盘。选择至少 3 张无缺陷光盘的概率是多少？

57. **员工选择**。一家公司有 8 名销售代表，4 个地区各有两名。公司从 8 名代表中随机选择 4 名参加培训计划。选择的 4 名销售代表仅来自 4 个地区中的两个地区的概率是多少？

58. **员工选择**。在习题 57 中，选择参加培训计划的 4 名销售代表来自 4 个地区中的三个地区的概率是多少？

纸牌。在习题 59~62 中，从 52 张标准扑克牌中取 5 张牌。

59. 求两张梅花和其他三种花色各一张的概率。
60. 求四张同花的概率。
61. 求满堂彩（一种花色三张，另一种花色两张）的概率。
62. 求三张同花（其他两张牌各不相同）的概率。

现实世界中的统计量

使用

播报天气预报、选择药物甚至选择职业运动队的队员时，概率都会影响决策。虽然直觉常被用来确定概率，但应用概率法则能够更好地评估事件发生的可能性。

例如，假设你在一家房地产公司工作，并被要求估计某种房型在未来 90 天内以特价出售的可能性。你可以用你的直觉，但你可以通过查看类似房型的销售记录来更好地估计概率。

滥用

对概率的常见滥用是认为概率是有记忆的。例如，一枚抛了 8 次的硬币每次都正面朝上的概率约为 0.004。然而，当连续抛出 7 个正面时，第八次抛出正面的概率为 0.5。每次抛硬币都独立于所有其他抛硬币。硬币不会"记住"它已正面朝上了 7 次。

1913 年，摩纳哥蒙特卡洛的一家赌场发生了一起著名的虐待事件。在轮盘连续 15 次落到黑色上后，人们开始争相到红色上下注，认为轮盘很快就会落到红色上。轮盘不断地落到黑色上，玩家使用相同的推理，将赌注增加一倍或两倍。轮盘最终创纪录地连续 26 次落到黑色上，让玩家损失了数百万美元。

伦理道德

经济学家丹尼尔·陈、托比亚斯·莫斯科维茨和凯利·舒的一项研究发现，赌徒谬误偶尔会导致棒球裁判、信贷员和难民庇护法庭的法官犯错。例如，信贷员连续批准五份贷款申请后，可能认为不太可能连续批准第六份贷款，并基于一个客观上应该批准的小缺陷而拒绝第六份申请。该研究得出的结论是，高达 9% 的贷款决策受到这一谬误的影响。

同样，当法官审查庇护申请时，如果他们批准了最后两个申请，那么他们更可能拒绝该申请。该研究报告的作者估计，多达 2% 的庇护申请可能受到影响。虽然不像前两个例子那样严重不公平，但研究还发现，棒球裁判在将前一次投球判为好球后，将下一次投球判为好球的可能性要低 1.5%。决策者（如法官）要做出合乎道德的决定，就必须试图将每个案件都视为独立于以前的案件。

习题

"每日号码"彩票有一个从 000 到 999 的三位数号码。你每天购买一张彩票，且你一直玩的号码是 389。

01. 下周二和下周三赢的概率是多少？
02. 周二你赢了，周三赢的概率是多少？
03. 周二你未赢，周三赢的概率是多少？

3.5　第 3 章复习题

3.1 节

在复习题 01～04 中，确定概率实验的样本空间和事件中结果的数量，并在适当的时候画出树形图。

01. 实验：抛四次硬币；事件：获得三个正面。
02. 实验：掷两次六面骰子；事件：获得 4 或 5 的和。
03. 实验：选择一年中的一月；事件：选择以字母 J 开头的月份。
04. 实验：猜测家庭事件中三个孩子的性别；事件：猜测这个家庭有两个男孩。

在复习题 05 和 06 中，使用基本计数原理。

05. 学生必须在上午 8:00 的 7 节课、上午 9:00 的 4 节课和上午 10:00 的 3 节课中进行选择。学生可以按多少种方式安排课表？
06. 弗吉尼亚州的车牌有三个字母和四个数字。假设可用任何字母或数字，那么可能有多少个不同的牌照？

在复习题 07～12 中，将陈述归类为古典概率、经验概率或主观概率的例子。

07. 根据先前的计算，质量控制人员说随机选择的零件有缺陷的概率为 0.05。
08. 从 52 张标准扑克牌中随机选择 5 张相同花色牌的概率约为 0.002。
09. 今天 A 公司股票价格下跌的可能性是 75%。
10. 一个人能卷舌头的概率是 70%。
11. 掷 2 次六面骰子，得到和为 9 的概率是 1/9。
12. 在美国随机选择的人的年龄是 12～18 岁的概率约为 8.9%。

在复习题 13 和 14 中使用下表，它显示了最近一年公司规模的大致分布。

员工人数	1～4	5～9	10～19	20～99	100 以上
公司百分比	78.5%	11.5%	4.9%	4.0%	1.1%

13. 求随机选择的公司拥有 4 名以上员工的概率。
14. 求随机选择的公司员工少于 10 人的概率。

电话号码。宾夕法尼亚州某地区电话号码的区号为

570。接下来的七个数字表示该地区的本地号码，这些号码不能以 0 或 1 开头。在复习题 15 和 16 中，假设你的堂兄住在给定的区号内。

15. 第一次尝试时随机生成堂兄的电话号码的概率是多少？
16. 第一次尝试时不随机生成堂兄的电话号码的概率是多少？

3.2 节

在复习题 17 和 18 中使用下表，表中显示了最近一年内美国护理学生第一次和第二次参加国家委员会执照考试通过或未通过的人数。

	通 过	未通过	合 计
第一次	177407	27522	204929
第二次	44983	59775	104758
合计	222390	87297	309687

17. 求某学生第一次参加考试的概率，假设该学生考试不及格。
18. 假设学生重考，求学生通过考试的概率。

在复习题 19~22 中，确定事件是独立的还是相关的。

19. 掷硬币四次，得到四个正面，然后掷第五次，得到一个正面。
20. 从 52 张标准扑克牌中选择一张 A，然后在不替换 A 的情况下从这副牌中选择一张 J。
21. 参加驾驶教育课程并通过驾驶执照考试。
22. 获得高分并获得学术奖学金。
23. 室友让你买牙膏和漱口液，但未告诉你买哪个牌子的。这家店有 8 个品牌的牙膏和 5 个品牌的漱口液。你购买这两种产品的正确品牌的概率是多少？这是一个异常事件吗？
24. 你的抽屉里有 18 双叠好的袜子，其中 8 双是白色的，6 双是黑色的，4 双是蓝色的。在不查看抽屉的情况下，你首先选择并取出一双黑色的袜子，然后选择一双蓝色或白色的袜子的概率是多少？这是一个异常事件吗？

3.3 节

在复习题 25 和 26 中，确定事件是否互斥。

25. 事件 A：从罐子中随机选择一颗红色的糖豆；事件 B：从罐子中随机选择一颗黄色的糖豆。
26. 事件 A：随机选择一个爱猫的人；事件 B：随机选择一个养狗的人。
27. 对 250 名在职成年人的随机抽样发现，74% 的人在单位上网，88% 的人在家中上网，72% 的人同时在单位和家中上网。求随机选择的样本中的人在家中或单位上网的概率。
28. 抽样 6500 辆汽车，发现其中 1560 辆为黑色，3120 辆为小轿车，1170 辆为黑色小轿车。求从该样本中随机选择的汽车是黑色的或小轿车的概率。

在复习题 29~32 中，求概率。

29. 从 52 张标准扑克牌中随机抽取一张牌，求这张牌在 4 和 8 之间（包括 4 和 8）或者是梅花的概率。
30. 从 52 张标准扑克牌中随机抽取一张牌，求这张牌是红色的或者是 Q 的概率。
31. 掷一个各面标号为 1~12 的十二面骰子，求掷骰子产生奇数或小于 4 的数字的概率。
32. 下图所示的旋转器正在旋转。旋转器等可能地落到每个数字上。求旋转器落到 3 的倍数或大于 5 的数字上的概率。

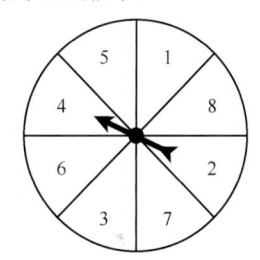

在复习题 33 和 34 中使用下面的饼图，它显示了最近一年美国公立学校学生人数的百分比分布。

公立学校学生

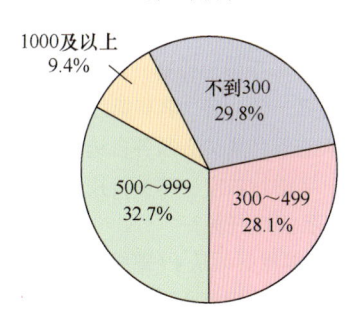

- 1000 及以上 9.4%
- 不到 300 29.8%
- 300~499 28.1%
- 500~999 32.7%

33. 求随机选择一所学生人数少于 500 人的学校的概率。
34. 求随机选择一所拥有 300 或更多学生的学校的概率。

在复习题 35~38 中，下面的柱状图显示了一项调查的结果，在该调查中，8806 名本科生被问及他们在典型的一周中花在学习和其他课外学术活动上的时间。

第 3 章 概率 117

本科生每周学习时间

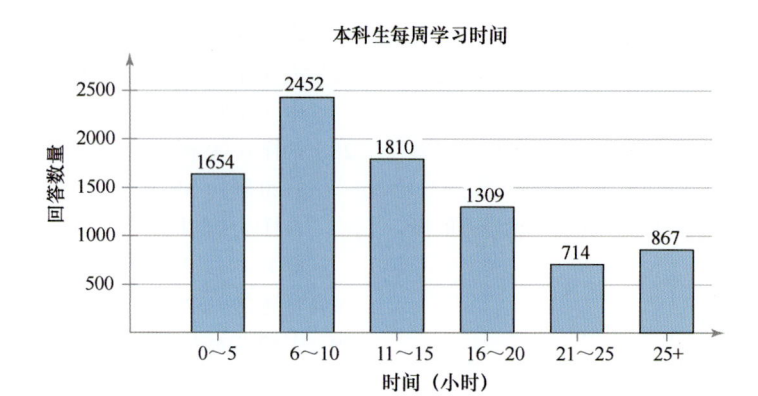

时间区间	回答数量
0~5	1654
6~10	2452
11~15	1810
16~20	1309
21~25	714
25+	867

35. 求随机选择一名每周学习超过 20 小时的本科生的概率。

36. 求随机选择一名每周学习时间少于 11 小时的本科生的概率。

37. 求随机选择一名每周不学习 6~10 小时的本科生的概率。

38. 求随机选择一名每周学习时间不超过 15 小时的本科生的概率。

39. 已知 $P(A) = 0.15$，$P(B) = 0.40$。你有足够的信息求 $P(A或B)$ 吗？

40. 已知 $P(A或B) = 0.55$，$P(A) + P(B) = 1$，你是否有足够的信息求 $P(A和B)$？

3.4 节

在复习题 41~44 中，执行指定的计算。

41. $_{11}P_2$ 42. $_8P_6$

43. $_7C_4$ 44. $\dfrac{_5C_3}{_{10}C_3}$

在复习题 45~48 中，使用组合和排列。

45. 15 名自行车手参加比赛。自行车手有多少种方法获得第一名、第二名和第三名？

46. 篮球队的五名队员必须各自选择对方五名队员中的一名进行防守。球员可按多少种方式来选择他们的防守任务？

47. 文学杂志编辑必须从 17 篇投稿中为本月的一期杂志选择 4 篇短篇小说。编辑可按多少种方式来选择这个月的短篇小说？

48. 雇主必须从 13 名申请人中雇佣 2 人。雇主可以按多少种方式来雇佣这两人？

在复习题 49~53 中，使用计数原理求概率。

49. 满堂彩由三张同花色牌和两张另一花色牌组成。52 张标准扑克牌中将有五张牌发给你。求由三张 K 和两张 Q 组成的满堂彩的概率。

50. 安全码由三个字母和一个数字组成。第一个字母不能是 A、B 或 C。第一次尝试时猜中安全码的概率是多少？

51. 一批 200 台计算器中的 3 台有缺陷，有三台计算器样本：(a)没有缺陷计算器的概率是多少？(b)所有计算器都有缺陷的概率是多少？(c)至少一台计算器有缺陷的概率是多少；(d)至少一台计算器无缺陷的概率是多少？

52. 一个 40 人的班级参加统计学考试，结果如下表所示，随机选择三名学生。(a)三名学生的成绩都是 A 的概率是多少？(b)三名学生的成绩都是 C 或更好的概率是多少；(c)三名学生的成绩都是 D 或 F 的概率是多少？(d)三名学生的成绩都是 B 或 C 的概率是多少？

字母等级	学生数量
A	8
B	10
C	12
D	6
F	4

53. 某公司有 6 名男性高管和 4 名女性高管。随机挑选四名高管参加技术研讨会。(a)选择四名男性的概率是多少？(b)选择四名女性的概率是多少？(c)选择两名男性和两名女性的概率是多少？(d)选择一名男性和三名女性的概率是多少？

3.6 第 3 章测验题

01. 仓库安全系统的访问码由六个数字组成。第一个数字不能为 0，最后一个数字必须为偶数。可能有多少个访问码？

02. 下表显示了最近一年在美国授予的两个不同领域的学位数量（以千计）。

	领 域		
	自然科学/数学	计算机科学/工程	合 计
学位 学士	175.5	220.3	395.8
硕士	34.8	105.4	140.2
博士	16.4	13.0	29.4
合计	226.7	338.7	565.4

一年中获得学位的人是随机选择的。求这个人获得的学位是如下学位的概率：(a)学士学位；(b)学士学位，但该学位是计算机科学/工程；(c)学士学位，但该学位不是计算机科学/工程；(d)学士学位或硕士学位；(e)博士学位，但该学位是计算机科学/工程；(f)硕士学位或自然科学/数学学位；(g)学士学位，学位是自然科学/数学；(h)计算机科学/工程学位，但该人获得了学士学位。

03. 测验题 02 中的哪些事件可被认为是异常的？

04. 确定事件是否互斥，然后确定事件是独立的还是相关的。
事件 A：在 40 场比赛中得分最高的保龄球手；
事件 B：输掉保龄球比赛。

05. 从 40 名俱乐部成员中选择 4 名成员填补主席、副主席、秘书和财务主管的职位。有多少种不同的职位填补方式？

06. 一批 250 台上网本中的 3 台有缺陷。自动售货公司有多少种方法购买三台这样的上网本，并收到：(a)没有缺陷的上网本；(b)都有缺陷的上网本；(c)至少一台上网本良好？

07. 在测验题 06 中，求自动售货公司收到(a)无缺陷上网本的概率；(b)所有上网本都有缺陷的概率；(c)至少有一台良好上网本的概率。

3.7 第 3 章测试题

01. 你从 65 只带编号的塑料鸭子中选择 15 只参加比赛。所有鸭子都被扔到小溪中漂向终点线。三只鸭子获得第一名、第二名和第三名的概率是多少？

02. 一个人所住大楼的访问码是其名和姓的缩写及四个数字。(a)在一次尝试中随机猜中该人的访问码的概率是多少？(b)在一次随机尝试中猜不中该人的访问码的概率是多少？(c)你只知道该人的名字，并且知道最后一个数字是奇数。第一次尝试时猜中该人的访问码的概率是多少？(d)(a)问~(c)问中的陈述是古典概率、经验概率的例子还是主观概率的例子？

03. 确定事件是否互斥。事件 A：随机选择在一个月的 30 号出生的学生；事件 B：随机选择一个生日在 2 月的学生。

04. 下表显示了最近一年俄克拉何马州和得克萨斯州学校的中学生入学水平（按年级以千分计）。

	俄克拉何马	得克萨斯	合 计
九年级	52.3	437.2	489.5
十年级	50.4	401.2	451.6
十一年级	46.7	373.4	420.1
十二年级	44.1	353.3	397.4
合计	193.5	1565.1	1758.6

随机选择指定年级和州之一的学生。求选择如下年级的概率：(a)九年级；(b)九年级或十年级；(c)在俄克拉何马州注册的十一年级；(d)在得克萨斯州注册的十二年级；(e)十一年级或在俄克拉何马州注册；(f)十二年级且在俄克拉何马州注册。

05. 测试题 04 中的哪些事件可认为是异常的？

06. 从测试题 04 的样本中随机选择一人。事件"学生在九年级"和"学生在得克萨斯州注册"是独立的还是相关的？

07. 在历史课中，有 16 名学生做期末演示。(a)第一天有三名学生出席。第一天可能有多少演示顺序？(b)介绍主题以课程单元为基础。单元 B 由三名学生负责，单元 C 由五名学生负责，单元 A 和单元 D 各由四名学生负责。当同一单元的演示无法彼此区分时，可能有多少种演示顺序？

真正的统计与决策

假设你在银行网站的安全部门工作。要进入账户，银行的客户必须创建一个 8 位数的密码（见右图）。你的工作是确定这些账户的密码要求。安全指南规定，为了确保网站的安全，假设所有密码的概率相同，一次尝试猜中 8 位密码的概率必须小于 $1/60^8$。你的工作是使用你在本章中学到的概率技术来确定客户在选择密码时必须满足哪些要求，包括允许使用哪些字符集，以便根据安全指南确保网站的安全。

习题

01. 你会怎么做？(a)应如何调查并设置哪些密码要求以满足安全准则？(b)应使用本章所介绍的哪些统计方法？

02. 回答问题：(a)你会设置哪些密码要求？允许使用哪些字符？(b)使用(a)问中的要求且所有密码有相同的可能性时，证明密码在一次尝试中被猜中的概率小于 $1/60^8$。

03. 额外安全保障。为了提高安全性，每位客户都要创建一个 5 位数的 PIN（个人识别码）。右表显示了 10 个最常选择的 5 位数 PIN。从表中可以看出，通过尝试这 10 个数字，可以猜出超过三分之一的 5 位数 PIN。要阻止客户使用可预测的 PIN，可以考虑禁止多次使用同一数字的 PIN。(a)这一要求对可能的 5 位数 PIN 的数量有何影响？(b)你是否决定禁止多次使用相同数字的 PIN？

最常使用的五位数 PIN

级 别	PIN	百 分 比
1	12345	22.80%
2	11111	4.48%
3	55555	1.77%
4	00000	1.26%
5	54321	1.20%
6	13579	1.11%
7	77777	0.62%
8	22222	0.45%
9	12321	0.41%
10	99999	0.40%

第 4 章　离散概率分布

前几章介绍了如何收集和描述数据，以及如何求事件的概率。这些技能已用于许多不同的领域。例如，关于气候条件的数据被用来分析和预测世界各地的天气。在典型的一天中，气象学家使用来自飞机、国家气象局合作观测员、雷达、遥感系统、卫星、船舶、气象气球和其他各种收集设备的数据。即使有这么多的数据，气象学家也无法准确地预测天气。相反，他们将概率赋给特定的天气条件。例如，气象学家可能确定下雨的可能性为40%（基于类似天气条件下的下雨频率）。

本章介绍如何创建和使用概率分布。了解概率分布的形状、中心和可变性可使你在推断统计学中做出决策。例如，假设一位气象学家正在进行为期3天的天气预报，且一天的下雨与另一天的下雨无关，气象学家确定3天中每天都下雨的概率为40%（概率为60%指不下雨）。第0天、第1天、第2天或第3天下雨的概率是多少？要回答这个问题，可以为可能的结果创建一个概率分布。

结合使用乘法法则、加法法则和树形图中的概率，可确定不同天数的下雨概率，如下图所示。

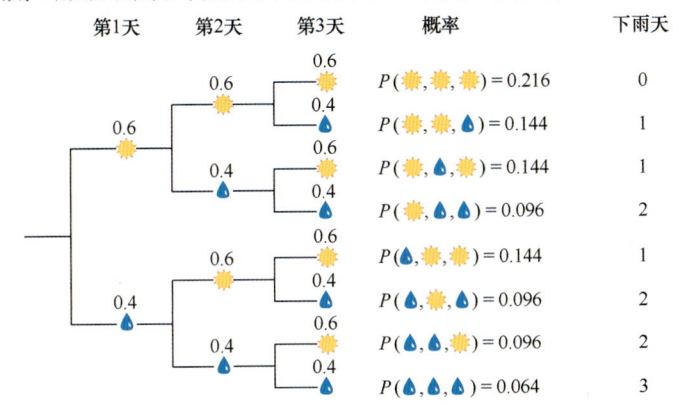

然后，可以使用该信息来构建和绘制概率分布，如下表和下图所示。

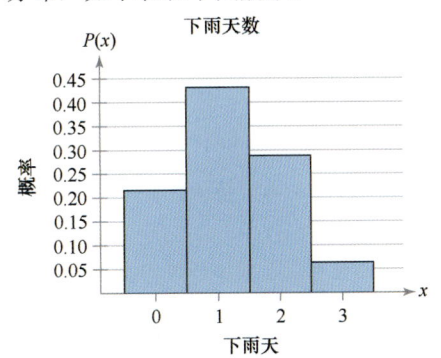

概率分布

下雨天	理货	概率
0	1	0.216
1	3	0.432
2	3	0.288
3	1	0.064

4.1　概率分布

学习目标

▶ 区分离散随机变量和连续随机变量
▶ 构建和绘制离散概率分布，确定分布是否为概率分布
▶ 求离散概率分布的均值、方差和标准差
▶ 求离散概率分布的期望值

4.1.1 随机变量

概率实验的结果通常是计数或度量。当发生这种情况时，结果称为随机变量。

定义 随机变量 x 表示与概率实验的每个结果相关联的值。

"随机"一词表示 x 是偶然决定的。随机变量有两种类型：离散的和连续的。

定义 当一个随机变量有有限个或可数个可能的结果时，它是离散的。当一个随机变量有不可数个可能的结果时，它是连续的，用数轴上的一个区间表示。

在大多数应用中，离散随机变量表示计数数据，而连续随机变量表示测量数据。例如，考虑下面的例子。你对企业一天内拨打的电话数量进行了研究。随机变量 x 的可能值为 0，1，2，3，4 等。因为可以列出一组可能的结果 {0, 1, 2, 3, ⋯ }，所以 x 是一个离散随机变量，可将其值表示为数轴上的点。

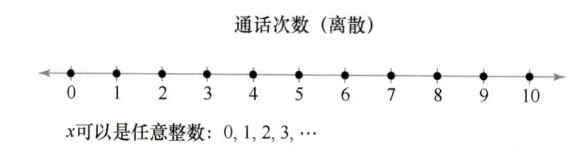

通话次数（离散）

x 可以是任意整数：0，1，2，3，⋯

进行研究的另一种方法是测量企业一天内的通话时间（小时）。因为通话时间可以是从 0 到 24 的任何数字（包括分数和小数），所以 x 是连续随机变量，其值可用一个区间来表示。

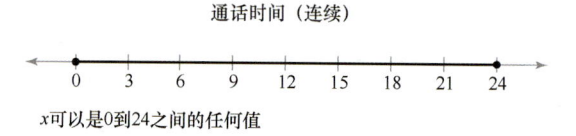

通话时间（连续）

x 可以是 0 到 24 之间的任何值

当随机变量是离散变量时，可列出该变量可以假设的可能值，但不能列出连续随机变量的所有值。

【例题 1】离散变量与连续变量

确定每个随机变量 x 是离散的还是连续的。
1. 设 x 代表财富 500 强公司中前一年亏损的公司数量。
2. 设 x 表示 21 加仑油箱中汽油的体积。

解答：

1. 财富 500 强企业前一年亏损的数量可以统计出来。可能结果的集合是 {0, 1, 2, 3, ⋯ , 500}，所以 x 是一个离散随机变量。
2. 油箱中的汽油量可以是 0 加仑和 21 加仑之间的任何体积，所以 x 是一个连续随机变量。

自测题 1

确定随机变量 x 是离散的还是连续的。
1. x 代表火箭的速度。
2. x 表示农场一年中出生的小牛数量。
3. x 代表未来 3 天的下雨天数。

提示： 体积、年龄、身高和体重等变量的值有时会舍入到最接近的整数。但是，这些值代表测量数据，因此它们是连续随机变量。

区分离散随机变量和连续随机变量很重要，因为要用不同的统计技术来分析它们。本章剩下的部分主要讨论离散随机变量及其概率分布，连续型概率分布的介绍将从第 5 章开始。

4.1.2 离散概率分布

离散随机变量的每个值都可赋予一个概率。列出随机变量的每个值及其相应的概率,可以形成一个离散的概率分布。

定义 离散概率分布列出了随机变量可以假设的每个可能值及其概率。离散概率分布必须满足如下条件。

文字表述	符号表述
1. 离散随机变量的每个值的概率介于 0 和 1 之间,包括 0 和 1	$0 \leq P(x) \leq 1$
2. 所有概率之和为 1	$\sum P(x) = 1$

因为概率表示频率,所以可用频率直方图来显示离散概率分布。

指南 构建离散概率分布

设 x 是具有可能结果 $x_1, x_2, \cdots, x_n$ 的离散随机变量。
1. 对可能的结果构建频数分布。
2. 求频数之和。
3. 将频数除以频数之和,求出每个可能结果的概率。
4. 检查每个概率是否介于 0 和 1 之间(包括 0 和 1),以及所有概率之和是否为 1。

【例题 2】构建并绘制离散概率分布

一位工业心理学家对 150 名员工进行了被动攻击特质的人格调查测试。每名员工都有一个从 1 到 5 的整数分数,其中 1 表示非常被动,5 表示非常具有攻击性,3 表示这两种特性都不存在。结果显示如下。构建随机变量 x 的离散概率分布,然后使用直方图绘制该分布。

频数分布

分　数	频数 f	分　数	频数 f
1	24	4	30
2	33	5	21
3	42		

解答:

将每个分数的频数除以研究中的员工总数,求出随机变量的每个值的概率:

$$P(1) = \frac{24}{150} = 0.16, \quad P(2) = \frac{33}{150} = 0.22, \quad P(3) = \frac{42}{150} = 0.28, \quad P(4) = \frac{30}{150} = 0.20, \quad P(5) = \frac{21}{150} = 0.14$$

离散概率分布如下表所示。

x	1	2	3	4	5
$P(x)$	0.16	0.22	0.28	0.20	0.14

注意,x 的每个值的概率都在 0 和 1 之间,且概率之和是 1。因此,分布是概率分布。分布图显示在右侧的柱状图中。因为每个条形的宽度是 1,所以每个条形的面积等于特定结果的概率。此外,事件的概率对应于包含在事件中的结果的面积之和。例如,事件"具有分数 2 或 3"的概率等于第二个条形和第三个条形的面积之和,即 1×0.22 + 1×0.28 = 0.22 + 0.28 = 0.50。

解释: 可以看到分布是近似对称的。

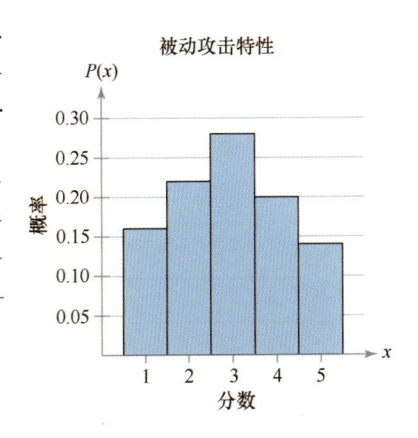

自测题 2

一家公司跟踪新员工在 100 天试用期内每天的销售业绩。下面显示了一名新员工的结果。构建随机变量 x 的概数分布，然后使用直方图绘制该分布。

频数颁布

每日销量	天数 f	每日销量	天数 f
0	16	4	9
1	19	5	10
2	15	6	8
3	21	7	2

【例题 3】验证概率分布

验证 3 天预报和下雨天数的分布是否为概率分布。

下雨天数 x	0	1	2	3
概率 $P(x)$	0.216	0.432	0.288	0.064

解答：

如果分布是概率分布，每个概率就都在 0 和 1 之间，包括 0 和 1，且所有概率之和等于 1。

1. 每个概率都在 0 和 1 之间。
2. $\sum P(x) = 0.216 + 0.432 + 0.288 + 0.064 = 1$。

解释： 因为两个条件都满足，分布是概率分布。

自测题 3

验证在自测题 2 中构建的分布是否为概率分布。

【例题 4】确定概率分布

确定如下的每个分布是否为概率分布。

1.

x	5	6	7	8
$P(x)$	0.28	0.21	0.43	0.15

2.

x	1	2	3	4
$P(x)$	1/2	1/4	5/4	−1

解答：

1. 每个概率都在 0 和 1 之间，但所有概率之和为 1.07，大于 1。因为概率分布中所有概率之和总等于 1，所以这个分布不是概率分布。

2. 所有概率之和等于 1，但 $P(3)$ 和 $P(4)$ 不在 0 和 1 之间。因为概率永远不能为负或大于 1，所以这个分布不是概率分布。

自测题 4

确定如下的每个分布是否为概率分布。

1.

x	5	6	7	8
$P(x)$	1/16	5/8	1/4	1/16

2.

x	1	2	3	4
$P(x)$	0.09	0.36	0.49	0.10

描绘世界

为了确定人们有多少张信用卡，某机构进行了一项调查，结果显示在右侧的直方图中。估计随机选择的人拥有两张或三张信用卡的概率。

4.1.3 均值、方差和标准差

我们可用概率分布的均值来度量其中心，用概率分布的方差和标准差来度量其变异性。离散随机变量的均值定义如下。

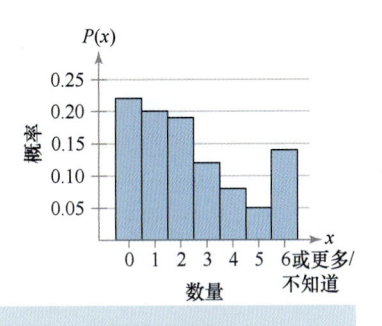

> **离散随机变量的均值**
>
> 离散随机变量的均值为 $\mu = \sum xP(x)$；也就是说，将 x 的每个值乘以其对应的概率，并将乘积相加。

随机变量的均值代表概率实验的"理论均值"，有时不是可能的结果。如果实验进行了数千次，那么所有结果的均值将接近随机变量的均值。

【例题 5】求概率分布的均值

例题 2 中讨论的被动攻击特质的人格调查测试的概率分布如下所示，求平均分。

分数 x	1	2	3	4	5
概率 $P(x)$	0.16	0.22	0.28	0.20	0.14

解答：

使用表格进行组织，如下表所示。

x	$P(x)$	$xP(x)$	x	$P(x)$	$xP(x)$
1	0.16	$1\times 0.16 = 0.16$	4	0.20	$4\times 0.20 = 0.80$
2	0.22	$2\times 0.22 = 0.44$	5	0.14	$5\times 0.14 = 0.70$
3	0.28	$3\times 0.28 = 0.84$		$\sum P(x)=1$	$\sum xP(x)=2.94\approx 2.9$

可以看出平均分为 $\mu = 2.94 \approx 2.9$。注意，均值被舍入到比随机变量 x 的可能值多一个小数位。

解释： 回顾可知，3 分代表既不表现出被动攻击特质又不表现出主动攻击特质的个体，均值略低于 3。因此，中庸人格特质既不是极端被动的，又不是极端好斗的，而是稍微接近被动的。

自测题 5

求你在自测题 2 中构建的概率分布的均值。你能得出什么结论？

> **提示：** 例题 5 中的均值四舍五入到小数点后一位，因为概率分布的均值应四舍五入到比随机变量 x 的小数位多一位。该舍入规则也适用于概率分布的方差和标准差。

尽管概率分布的随机变量的均值描述了典型结果，但它没有给出关于结果如何变化的信息。要研究结果的变化，可使用概率分布的随机变量的方差和标准差。

> **离散随机变量的方差和标准差**
>
> 离散随机变量的方差为 $\sigma^2 = \sum(x-\mu)^2 P(x)$，标准差为 $\sigma = \sqrt{\sigma^2} = \sqrt{\sum(x-\mu)^2 P(x)}$。

> **提示：** 概率分布方差的另一个公式是 $\sigma^2 = \left[\sum x^2 P(x)\right] - \mu^2$。

【例题 6】求方差和标准差

例题 2 中讨论的被动攻击特质的人格调查测试的概率分布如下所示，求概率分布的方差和标准差。

分数 x	1	2	3	4	5
概率 $P(x)$	0.16	0.22	0.28	0.20	0.14

解答：

为了求方差和标准差，注意到根据例题 5，舍入前的分布均值为 $\mu = 2.94$（使用该值可避免在最后一次计算之前进行舍入）。使用表格组织，如下表所示。

x	$P(x)$	$x - \mu$	$(x - \mu)^2$	$(x - \mu)^2 P(x)$
1	0.16	−1.94	3.7636	0.602176
2	0.22	−0.94	0.8836	0.194392
3	0.28	0.06	0.0036	0.001008
4	0.20	1.06	1.1236	0.224720
5	0.14	2.06	4.2436	0.594104
	$\sum P(x) = 1$			$\sum (x - \mu)^2 P(x) = 1.6164$

因此，方差为 $\sigma^2 = 1.6164 \approx 1.6$，标准差为 $\sigma = \sqrt{\sigma^2} = \sqrt{1.6164} \approx 1.3$。

解释： "寻常"数据值在 $2 \times 1.3 = 2.6$ 个均值范围内。

自测题 6

求你在自测题 2 中构建的概率分布的方差和标准差。

4.1.4 期望值

随机变量的均值代表你在数千次实验中期望发生的情况，称为期望值。

定义 离散随机变量的期望值等于该随机变量的均值，即期望值 $= E(x) = \mu = \sum xP(x)$。

在大多数应用中，期望值 0 是有实际意义的。例如，在机会游戏中，期望值为 0 意味着游戏是公平的（不太可能发生）。在损益分析中，期望值为 0 表示盈亏平衡点。

虽然概率永远不会为负，但随机变量的期望值可以为负，如下例所示。

【例题 7】求期望值

在一次抽奖活动中，1500 张彩票以每张 2 美元的价格出售，奖金分别为 500 美元、250 美元、150 美元和 75 美元。你购买了一张彩票，求期望值并解释其含义。

解答：

要计算奖金的收益，可从奖金中减去彩票的价格。例如，500 美元奖金的收益为 500 − 2 = 498 美元，250 美元奖金的收益为 250 − 2 = 248 美元。给出可能的收益（或结果）的概率分布。注意，由负数表示的收益是损失。

收益 x	498 美元	248 美元	148 美元	73 美元	−2 美元
概率 $P(x)$	1/1500	1/1500	1/1500	1/1500	1496/1500

然后，使用概率分布可以求出期望值，即

$$E(x) = \sum xP(x) = 498 \cdot \frac{1}{1500} + 248 \cdot \frac{1}{1500} + 148 \cdot \frac{1}{1500} + 73 \cdot \frac{1}{1500} + (-2) \cdot \frac{1496}{1500} = -1.35 \text{ 美元}$$

解释： 因为期望值是负的，所以每购买一张彩票就平均损失 1.35 美元。

自测题 7

在抽奖活动中，2000 张彩票以每张 5 美元的价格出售，分别有 2000 美元、1000 美元、500 美元、250 美元和 100 美元五种奖金。你购买了一张彩票，求期望值并解释其含义。

4.1.5 习题

培养基本技能和词汇

01. 什么是随机变量？给出一个离散随机变量和一个连续随机变量的例子。
02. 什么是离散概率分布？离散概率分布必须满足哪两个条件？
03. 随机变量的概率分布的期望值是否总是 x 的可能值之一？
04. 概率分布的含义是什么？

判断正误。对习题 05～08，判断句子的正误并写出正确的句子。

05. 在大多数应用中，连续随机变量表示计数数据，而离散随机变量表示测量数据。
06. 对于随机变量 x，"随机"表示 x 的值是偶然确定的。
07. 概率分布的随机变量的均值描述结果如何变化。
08. 随机变量的期望值永远不能为负。

图形分析。在习题 09～12 中，判断数轴上的图形表示的是离散随机变量还是连续随机变量。

09. 参加摇滚乐队音乐会。

40000 45000 50000 出席情况

10. 学生音乐家每周练习的时间长度。

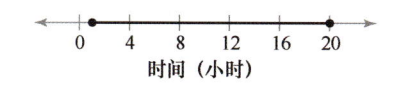

0 4 8 12 16 20 时间（小时）

11. 棒球被击中后移动的距离。

0 100 200 300 400 500 600 距离（英尺）

12. 美国每年逮捕的总人数（百万）。

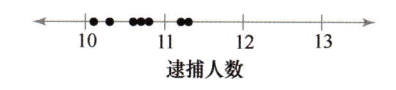

10 11 12 13 逮捕人数

使用和解释概念

离散变量和连续变量。在习题 13～18 中，确定随机变量 x 是离散变量还是连续变量。

13. x 代表大学停车场的汽车数量。
14. x 代表完成检查所需的时间长度。
15. x 代表抽血化验的血量。
16. x 代表美国 50 个州的人口。
17. x 代表垒球队员的合身帽子尺寸。
18. x 代表去年阿拉斯加诺姆的降雪量（英寸）。

构建和绘制离散概率分布

在习题 19 和 20 中，构建概率分布，使用直方图绘制概率分布并描述其形状。

19. **电视**。小镇中各个家庭拥有的高清电视数量。

电视数量	0	1	2	3 或更多
户数	56	511	679	754

20. **加班小时数**。每位员工一周内的加班小时数。

加班小时数	0	1	2	3	4	5	6
员工	6	12	29	57	42	30	16

21. **求概率**。使用习题 19 中的概率分布求随机选择拥有(a)1 台或 2 台高清电视；(b)2 台或更多高清电视；(c)1 到 3 台高清电视、(d)最多 3 台高清电视的家庭的概率。

22. **求概率**。使用习题 20 中的概率分布求随机选择加班时间为(a)1 或 2 小时；(b)2 小时或更少、(c)3 到 6 小时；(d)1 到 3 小时；(e)最多 4 小时的员工的概率。

23. **异常事件**。在习题 19 中，一个家庭没有高清电视异常吗？

24. **异常事件**。在习题 20 中，员工加班 2 小时异常吗？

求丢失概率。在习题 25 和 26 中，求概率分布的缺失概率。

25.

x	0	1	2	3	4
$P(x)$	0.06	0.12	0.18	?	0.30

26.

x	0	1	2	3	4	5	6
$P(x)$	0.05	?	0.23	0.21	0.17	0.11	0.08

识别概率分布。在习题 27 和 28 中确定分布是否是概率分布。若不是概率分布，解释原因。

27.

x	0	1	2	3	4
$P(x)$	0.30	0.25	0.25	0.15	0.05

28.

x	0	1	2	3	4	5
$P(x)$	3/4	1/10	1/20	1/25	1/50	1/100

求均值、方差和标准差。 在习题 29~34 中求概率分布的均值、方差和标准差，并解释结果。

29. **狗。** 一个社区中每个家庭的狗的数量。

狗	0	1	2	3	4	5
概率	0.686	0.195	0.077	0.022	0.013	0.007

30. **棒球。** 从 1903 年到 2020 年，每届世界大赛的比赛数量。

比赛	4	5	6	7	8
概率	0.164	0.241	0.216	0.345	0.034

31. **机器零件。** 每检查 1000 个机器零件的缺陷数。

缺陷	0	1	2	3	4	5
概率	0.263	0.285	0.243	0.154	0.041	0.014

32. **课外活动。** 每名学生参加学校课外活动的次数。

活动	0	1	2	3	4	5	6	7
概率	0.059	0.122	0.163	0.178	0.213	0.128	0.084	0.053

33. **飓风。** 下面的柱状图显示了从 1851 年到 2019 年袭击美国大陆的萨菲尔-辛普森飓风的分布，其中 1 表示最弱级别，5 表示最强级别。

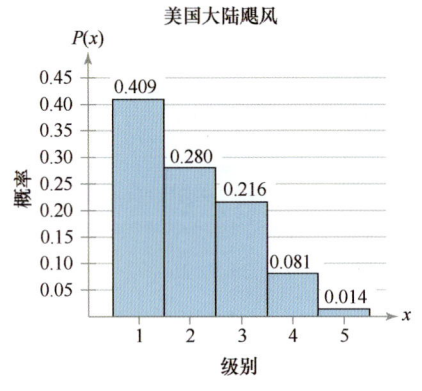

美国大陆飓风

(柱状图：级别 1: 0.409；级别 2: 0.280；级别 3: 0.216；级别 4: 0.081；级别 5: 0.014)

34. **评分。** 下面的直方图显示了评论者对索尼 PlayStation 5 的评分，评分范围从 1（最低）到 5（最高）。

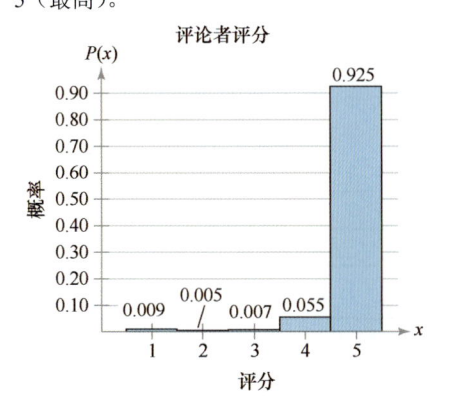

评论者评分

(直方图：1: 0.009；2: 0.005；3: 0.007；4: 0.055；5: 0.925)

35. **写作。** 会计损益分析的期望值为 0，这是什么意思？

36. **写作。** 在机会游戏中，公平赌注与其期望值之间的关系是什么？

在习题 37 和 38 中，求期望值，并求玩家玩一次游戏的期望值 $E(x)$。如果 x 是玩家在机会游戏中的收益，那么 $E(x)$ 通常是负的。这个值给出了玩家每场比赛的平均输额。

37. 在美国轮盘赌中，轮盘上有 38 个数字 00, 0, 1, 2,…, 34, 35, 36，它们标在等距的槽上。如果玩家在一个数字上下注 1 美元并获胜，玩家就保留这 1 美元并得到额外的 35 美元，否则就输掉 1 美元。

38. 作为筹款计划的一部分，一所高中的篮球队正在出售 10 美元的抽奖券。一等奖是价值 5460 美元的巴哈马之旅，二等奖是价值 496 美元的周末滑雪套餐。剩下的 18 个奖品是 100 美元的加油卡。售出的抽奖券数量为 3500 张。

概念扩展

39. **写作。** 求习题 19 中直方图的每个条形的面积，然后求面积之和。

40. **棒球。** 从 1903 年到 2020 年共举办了 116 场世界大赛。使用习题 30 中的概率分布求有 4、5、6、7 和 8 场比赛的世界大赛的数量。使用传统定义求数据的总体均值、方差和标准差，并与你在习题 30 中的答案进行比较。

随机变量的线性变换。 在习题 41 和 42 中使用关于线性变换的信息。对于随机变量 x，可以应用线性变换 $y = a + bx$ 来创建新随机变量 y，其中 a 和 b 是常数。如果随机变量 x 具有均值 μ_x 和标准差 σ_x，则 y 的均值、方差和标准差分别为 $\mu_y = a + b\mu_x$，$\sigma_y^2 = b^2\sigma_x^2$ 和 $\sigma_y = |b|\sigma_x$。

41. 办公室员工的平均年薪最初为 46000 美元。每位员工每年有 600 美元的奖金和 3% 的加薪（基于工资）。新平均年薪是多少（包括奖金和加薪）？

42. 公司员工的平均年薪为 44000 美元，方差为 18000000。每位员工获得 1000 美元的年度奖金和 3.5% 的加薪（基于工资）后，工资的标准差是多少？

独立和相关随机变量。 当 x 的值不影响 y 的值时，两个随机变量 x 和 y 是独立的。当变量不独立时，它们是相关的。通过求随机变量的和或差，可以形成新的随机变量。如果随机变量 x 的均值为 μ_x，随

机变量 y 的均值为 μ_y，则这两个变量的和与差的均值分别为 $\mu_{x+y} = \mu_x + \mu_y$ 和 $\mu_{x-y} = \mu_x - \mu_y$。如果随机变量是独立的，则可求出随机变量的和或差的方差与标准差。因此，如果随机变量 x 的方差为 σ_x^2，随机变量 y 的方差为 σ_y^2，则变量 x 和 y 的和与差的方差分别为 $\sigma_{x+y}^2 = \sigma_x^2 + \sigma_y^2$ 和 $\sigma_{x-y}^2 = \sigma_x^2 + \sigma_y^2$。

在习题 43 和 44 中，2020 年即将上大学的男生的 SAT 数学成绩分布的均值为 531，标准差为 121。2020 年，即将上大学的女生的 SAT 数学成绩分布的均值为 516，标准差为 112。随机选择一名男生和一名女生，假设他们的分数是独立的。

43. 求他们的得分之和的均值和标准差。
44. 求他们的得分之差的均值和标准差，并与习题 43 的答案进行比较。

4.2　二项分布

> **学习目标**
> - ▶ 判断一个概率实验是否为二项实验
> - ▶ 使用二项概率公式求二项概率
> - ▶ 使用软件、公式和二项概率表求二项概率
> - ▶ 构建和绘制二项分布
> - ▶ 求二项概率分布的均值、方差和标准差

4.2.1　二项实验

许多概率实验的结果都可简化为两种结果：成功和失败。例如，当篮球运动员尝试罚球时，运动员要么投中，要么投不中。这样的概率实验称为二项实验。

> **定义**　二项实验是满足如下条件的概率实验。
> 1. 实验有固定的实验次数，其中每个实验都独立于其他实验。
> 2. 每次实验只有两种可能的结果。每个结果都可分为成功（S）或失败（F）。
> 3. 每次实验成功的概率是相同的。
> 4. 随机变量 x 表示成功实验的次数。

二项实验的符号	
符号	说　明
n	实验次数
p	单次实验成功的概率
q	单次实验失败的概率（$q = 1 - p$）
x	n 次实验中的成功次数：$x = 0, 1, 2, \cdots, n$

在二项实验中，成功并不意味着发生了好事。例如，在一次实验中询问了 1012 人关于身份被盗的问题，成功是身份被盗的受害者。

下面来看一个二项实验的例子（见右图）。从一副标准扑克牌中挑选一张牌，注意它是否是梅花，然后替换这张牌。重复这个实验 5 次，所以 $n = 5$。每次实验的结果可分为两类：S 表示选择梅花，F 表示选择另一种花色。成功和失败的概率分别为 $p = 1/4$ 和 $q = 1 - 1/4 = 3/4$。

随机变量 x 表示在 5 次实验中选择梅花的数量。所以，随机变量的可能值是 $x = 0, 1, 2, 3, 4, 5$。例如，如果 $x = 2$，则五张牌中正好有两张是梅花，其他三张不是梅花。下面显示了一个 $x = 2$ 的实验例题。注意，x 是一个离散随机变量，因为它的可能值是可以计算的。

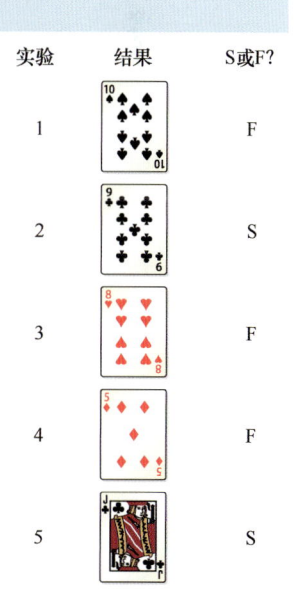

实验	结果	S或F?
1	♠10	F
2	♣9	S
3	♥8	F
4	♦5	F
5	♣J	S

有两个成功的结果，所以 $x = 2$

【例题 1】识别和理解二项实验

确定下面的每个实验是否为二项实验。如果是,指出 n、p 和 q 的值,并列出随机变量 x 的可能值。如果不是,请解释原因。
1. 某外科手术有 85% 的成功可能性。一名医生为 8 名患者进行手术,随机变量表示成功手术的次数。
2. 一个罐子中有 5 颗红色弹珠、9 颗蓝色弹珠和 6 颗绿色弹珠。从罐子中随机选择 3 颗弹珠,不需要替换。随机变量表示红色弹珠的数量。

解答:
1. 该实验是一个二项实验,因为它满足二项实验的四个条件。在实验中,每台手术代表一次实验。有 8 台手术,每台手术都是独立的。每台手术只有两种可能的结果——要么成功,要么失败。此外,每台手术的成功概率为 0.85。最后,随机变量 x 表示手术成功的次数。
$$n = 8, \quad p = 0.85, \quad q = 1 - p = 0.15, \quad x = 0,1,2,3,4,5,6,7,8$$
2. 该实验不是二项实验,因为它不满足二项实验的四个条件。在实验中,每颗弹珠的选择代表一次尝试,选择一颗红色弹珠就是一次成功。当第一颗弹珠被选择时,成功的概率是 5/20。然而,因为弹珠不被替换,所以后续实验的成功概率不再是 5/20。因此,实验不是独立的,每次实验成功的概率也不相同。

自测题 1

确定如下实验是否为二项实验。如果是,指出 n、p 和 q 的值,并列出随机变量 x 的可能值。如果不是,请解释原因。

一个多项选择测验由 10 个问题组成。每个问题有四个可能的答案,其中只有一个答案是正确的。为了完成测验,一名未复习的学生随机猜测每个问题的答案。随机变量表示正确答案的数量。

对于在不做替换情况下收集的随机样本,如在调查中,事件是相关的。但是,当样本量不超过总体的 5% 时,可将事件视为独立事件而将这种情况视为二项实验。也就是说,$n \leq 0.05N$。

描绘世界

对 2647 名 11 岁及以下儿童的美国父母进行了一项调查,以研究儿童使用社交媒体的方式。调查中的一个问题和回答(是或否)如右图所示。

调查问题:据你所知,孩子曾在 YouTube 上看过视频吗?

为什么这是一个二项实验?求成功的概率 p 和失败的概率 q。

4.2.2 二项概率公式

有几种方法求 n 次二项实验中成功 x 次的概率。一种方法是使用树形图和乘法法则,另一种方法是使用二项概率公式。

二项概率公式

在二项实验中,n 次实验中成功 x 次的概率是
$$P(x) = {_nC_x} p^x q^{n-x} = \frac{n!}{(n-x)!x!} p^x q^{n-x}$$

注意,失败次数为 $n - x$。

提示:在二项概率公式中,${_nC_x}$ 是在不考虑顺序的情况下,n 次实验中成功 x 次的方法的数量,
$${_nC_x} = \frac{n!}{(n-x)!x!}$$

提示:回顾可知 n! 表示从 n 到 1 的所有整数的乘积。例如,$5! = 5 \times 4 \times 3 \times 2 \times 1 = 120$。

【例题 2】求二项概率

肩关节旋转肌群手术有 90%的成功可能性。手术在 3 名患者身上进行,求 2 名患者手术成功的概率。

解答:

方法 1: 绘制树形图,使用乘法法则。

树形图如下所示。三个结果中恰好有两次成功,每次成功的概率为 81/1000。因此,两名患者手术成功的概率为 $3 \cdot \frac{81}{1000} = 0.243$。

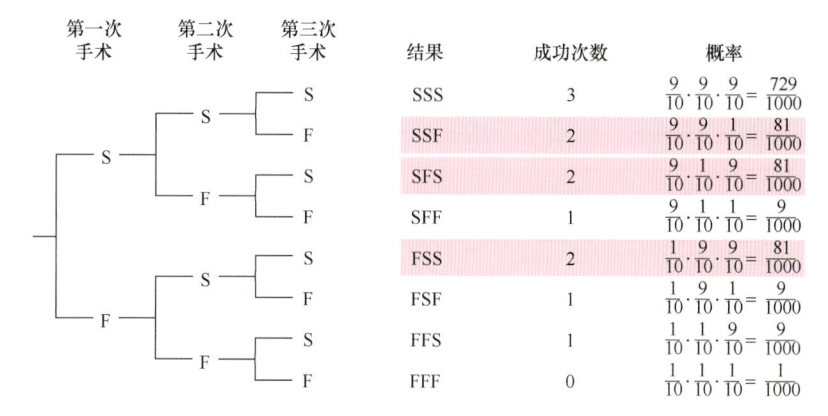

结果	成功次数	概率
SSS	3	$\frac{9}{10} \cdot \frac{9}{10} \cdot \frac{9}{10} = \frac{729}{1000}$
SSF	2	$\frac{9}{10} \cdot \frac{9}{10} \cdot \frac{1}{10} = \frac{81}{1000}$
SFS	2	$\frac{9}{10} \cdot \frac{1}{10} \cdot \frac{9}{10} = \frac{81}{1000}$
SFF	1	$\frac{9}{10} \cdot \frac{1}{10} \cdot \frac{1}{10} = \frac{9}{1000}$
FSS	2	$\frac{1}{10} \cdot \frac{9}{10} \cdot \frac{9}{10} = \frac{81}{1000}$
FSF	1	$\frac{1}{10} \cdot \frac{9}{10} \cdot \frac{1}{10} = \frac{9}{1000}$
FFS	1	$\frac{1}{10} \cdot \frac{1}{10} \cdot \frac{9}{10} = \frac{9}{1000}$
FFF	0	$\frac{1}{10} \cdot \frac{1}{10} \cdot \frac{1}{10} = \frac{1}{1000}$

方法 2: 使用二项概率公式。

在这个二项实验中,n, p, q 和 x 的值分别为 $n = 3, p = 9/10, q = 1/10$ 和 $x = 2$。两次手术成功的概率是

$$P(2) = \frac{3!}{(3-2)!2!}\left(\frac{9}{10}\right)^2\left(\frac{1}{10}\right)^1 = 3\left(\frac{81}{100}\right)\left(\frac{1}{10}\right) = 3\left(\frac{81}{1000}\right) = 0.243$$

自测题 2

从一副标准牌中选择一张牌并替换它。该实验共重复 5 次,求恰好选择 3 张梅花的概率。

通过列出 x 的可能值及相应的概率,可以构建一个二项概率分布。

【例题 3】构建二项分布

在一项调查中,美国成年人被问及他们上网的次数,结果如下图所示。随机抽取 6 名成年人参与调查,并询问他们每天上网几次。为回答每天上网几次的人数构建一个二项概率分布。

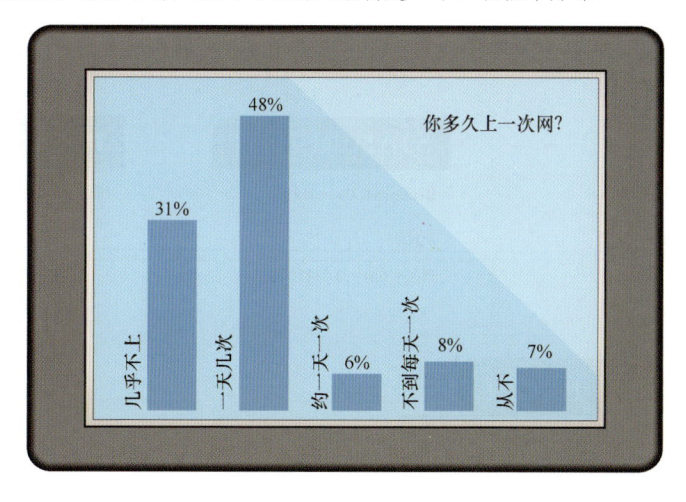

解答：

从图中可以看出，48%的成年人每天上网几次。因此，$p = 0.48$，$q = 0.52$。因为 $n = 6$，所以 x 的可能值为 0，1，2，3，4，5 和 6。x 的每个值的概率为

$$P(0) = {}_6C_0(0.48)^0(0.52)^6 = 1(0.48)^0(0.52)^6 \approx 0.020$$
$$P(1) = {}_6C_1(0.48)^1(0.52)^5 = 6(0.48)^1(0.52)^5 \approx 0.109$$
$$P(2) = {}_6C_2(0.48)^2(0.52)^4 = 15(0.48)^2(0.52)^4 \approx 0.253$$
$$P(3) = {}_6C_3(0.48)^3(0.52)^3 = 20(0.48)^3(0.52)^3 \approx 0.311$$
$$P(4) = {}_6C_4(0.48)^4(0.52)^2 = 15(0.48)^4(0.52)^2 \approx 0.215$$
$$P(5) = {}_6C_5(0.48)^5(0.52)^1 = 6(0.48)^5(0.52)^1 \approx 0.079$$
$$P(6) = {}_6C_6(0.48)^6(0.52)^0 = 1(0.48)^6(0.52)^0 \approx 0.012$$

注意，在下表中，所有的概率都在 0 和 1 之间，且概率之和约为 1。

x	$P(x)$	x	$P(x)$
0	0.020	4	0.215
1	0.109	5	0.079
2	0.253	6	0.012
3	0.311		$\sum P(x) = 0.999$

自测题 3

随机选择参与例题 3 中调查的 5 名成年人，询问他们是否经常上网。为回答说几乎经常上网的人构建一个二项分布。

> **提示：** 当概率四舍五入到固定的小数位数时，概率之和可能与 1 稍有不同。

4.2.3 求二项概率

例题 2 和例题 3 中使用二项概率公式求出了概率。求二项概率更有效的方法是使用软件。例如，可以使用 MINITAB、EXCEL、STATCRUNCH 和 TI-84 PLUS 求二项概率。

【例题 4】使用软件求二项概率

一项调查发现，75% 的美国成年人正在经历数字设备疲劳（过度使用智能手机和平板电脑等数码设备而导致的精神疲惫状态）。随机选择 100 名成年人，66 名成年人发生数字设备疲劳的概率是多少？使用软件求概率。

解答：

MINITAB、EXCEL、STATCRUNCH 和 TI-84 PLUS 都有求二项概率的功能，使用这些软件得到的结果如下图所示。

MINITAB

Probability Density Function

Binomial with n = 100 and p = 0.75

x	P(X = x)
66	0.0111678

STATCRUNCH

Binomial Calculator

n:100　p:0.75

P(X = 66) = 0.01116782

TI-84 PLUS

binompdf(100, .75, 66)
　　　　　　.0111678235

EXCEL

	A
1	0.011167823

←=BINOM.DIST(66,100,0.75,FALSE)

解释：从这些显示中可以看到，恰好 66 名成年人正在经历数字设备疲劳的概率约为 0.011。因为 0.011 小于 0.05，所以可以认为这是异常事件。

> **提示**：回顾可知，0.05 或更小的概率被认为是异常的。

自测题 4

一项调查发现，28%的美国员工将在未来几个月内全职在家工作。随机选择 150 名成年人。在接下来的几个月里，正好有 30 人全职在家工作的概率是多少？使用软件求概率。

【例题 5】使用公式求二项概率

一项调查发现，22%的美国成年人表示，经济、失业和就业是当今美国面临的最重要问题。随机选择 4 名成年人，询问他们经济、失业和就业是否是当今美国面临的最重要问题。（1）求恰好有两人回答"是"的概率；（2）求至少有两人回答"是"的概率；（3）求少于两人回答"是"的概率。

解答：

（1）使用 $n = 4$，$p = 0.22$，$q = 0.78$ 和 $x = 2$，恰好两人回答"是"的概率为

$$P(2) = {}_4C_2(0.22)^2(0.78)^2 = 6(0.22)^2(0.78)^2 = 0.177$$

（2）要求至少两人回答"是"的概率，可求 $P(2), P(3)$ 和 $P(4)$ 之和。首先使用二项概率公式写出每个概率的表达式：

$$P(2) = {}_4C_2(0.22)^2(0.78)^2 = 6(0.22)^2(0.78)^2$$
$$P(3) = {}_4C_3(0.22)^3(0.78)^1 = 4(0.22)^3(0.78)^1$$
$$P(4) = {}_4C_4(0.22)^4(0.78)^0 = 1(0.22)^4(0.78)^0$$

所以，至少两人回答"是"的概率是

$$P(x \geq 2) = P(2) + P(3) + P(4) = 6(0.22)^2(0.78)^2 + 4(0.22)^3(0.78)^1 + (0.22)^4(0.78)^0 \approx 0.212$$

（3）为了求少于两人回答"是"的概率，可求 $P(0)$ 和 $P(1)$ 之和。首先使用二项概率公式写出每个概率的表达式：

$$P(0) = {}_4C_0(0.22)^0(0.78)^4 = 1(0.22)^0(0.78)^4$$
$$P(1) = {}_4C_1(0.22)^1(0.78)^3 = 4(0.22)^1(0.78)^3$$

所以，少于两人回答"是"的概率是

$$P(x < 2) = P(0) + P(1) = (0.22)^0(0.78)^4 + 4(0.22)^1(0.78)^3 \approx 0.788$$

> **提示**："x 至少为 2"的补集是"x 小于 2"。因此，在例题 5 的第 3 问中求概率的另一种方法是
> $$P(x < 2) = 1 - P(x \geq 2) \approx 1 - 0.212 = 0.788$$

自测题 5

例题 5 中的调查发现，16%的美国成年人认为公共卫生、疾病和病痛是当今美国面临的最重要问题。随机选择 5 名成年人，询问他们公共卫生、疾病和病痛是否是当今美国面临的最重要问题。（1）求恰好有两个人回答"是"的概率；（2）求至少有两人回答"是"的概率；（3）求少于两人回答"是"的概率。

可以使用软件来验证答案。例如，右侧的 TI-84 PLUS 屏幕显示了如何验证例题 5 中的第 1 问和第 3 问。注意，第二项使用了二项 CDF 功能。累积分布函数（CDF）通过将给定 x 值的面积与其左侧的所有面积相加来计算"x 或更少"成功的概率。

使用二项概率公式求二项概率的过程可能是冗长的。为了使这个过程更容易，可以使用二项概率表。附录 B 中的表 2 列出了所选 n 和 p 值的二项概率。

```
TI-84 PLUS

binompdf(4, 0.22, 2)
            .17667936
binomcdf(4, 0.22, 1)
            .78775632
```

图形分析。在习题03～05中，直方图表示5次实验的二项分布。将直方图与适当的成功概率 p 匹配：(a) $p = 0.25$；(b) $p = 0.50$；(c) $p = 0.75$。

03.

04.

05.

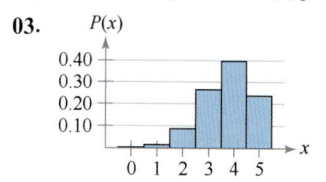

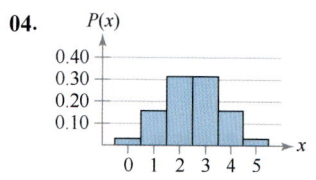

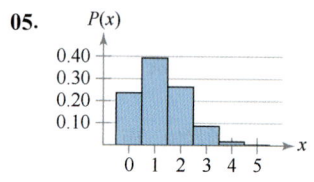

图形分析。在习题06～08中，直方图表示成功概率为 p 的二项分布。将直方图与适当的实验次数 n 匹配。当 n 的值增加而 p 不变时会发生什么？(a) $n = 4$；(b) $n = 8$；(c) $n = 12$。

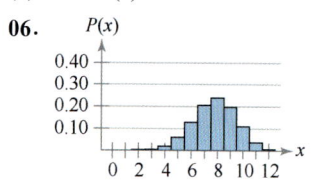

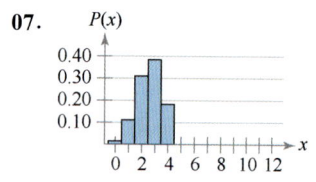

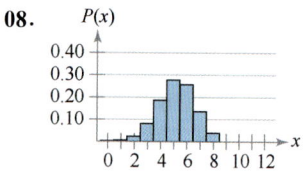

06.

07.

08.

09. 在二项概率公式中使用了哪种计数规则？

10. 在习题06～08中，求每个直方图中 x 的异常值。

均值、方差和标准差。在习题11～14中，根据给定的 n 和 p 值，求二项分布的均值、方差和标准差。

11. $n = 50$，$p = 0.4$。

12. $n = 84$，$p = 0.65$。

13. $n = 124$，$p = 0.26$。

14. $n = 316$，$p = 0.82$。

使用和解释概念

识别和理解二项实验。在习题15～18中，判断实验是否为二项实验。如果是，则识别成功；指出 n、p 和 q 的值；列出随机变量 x 的可能值。如果不是二项实验，请解释原因。

15. **视频游戏**。一项调查发现，29%的游戏玩家拥有虚拟现实（VR）设备。随机选择10名游戏玩家。随机变量表示拥有VR设备的人数。

16. **扑克牌**。从一副标准扑克牌中抽出5张牌，一次抽一张。一张牌一旦被抽出，就不能替换。随机变量表示红桃的数量。

17. **彩票**。州彩票官员随机选择6个球，编号从1到40，不能替换。你选了6个号码，买了一张彩票。随机变量表示你的彩票与彩票中抽取的号码相匹配的次数。

18. **篮球**。2020年美国女子职业篮球联赛（WNBA）最有价值球员阿贾·威尔逊的罚球命中率约为78%。随机变量表示她在8次尝试中的罚球次数。

求二项概率。在习题19～26中，求所示的概率。如果方便，使用附录B中的表2。

19. **报纸**。39%的美国成年人对报纸很少有信心或者没有信心。随机选择8名美国成年人，求对报纸很少有信心或者没有信心的人(a)正好为6名和(b)正好为3名的概率。

20. **公民权**。59%的美国成年人认为美国黑人的公民权在他们的一生中得到了改善。随机选择7名美国成年人，求认为美国黑人的公民权在其一生中得到改善的人数(a)正好为1人和(b)正好为5人的概率。

21. **精算考试**。参加精算考试的考生中有52%通过了考试。随机选择10名参加考试的考生。求通过考试的考生人数(a)正好为4人、(b)至少为7人和(c)少于5人的概率。

22. **点球**。足球运动员梅西罚进了78%的点球。假设梅西下赛季罚6个点球，求他罚中点球的数量(a)正好为6个、(b)最多3个和(c)大于3个的概率。

23. **二手服装**。14%的消费者在过去一年中曾尝试购买二手服装而非新服装。随机选择11名消费者。求试图购买二手服装而非新服装的人数

(a)正好是 1 名、(b)最多 5 名和(c)多于 3 名的概率。

24. **负责任的消费**。45%的消费者表示，他们购买的服装是在没有童工的情况下制作的。随机选择 16 名消费者，求所购买服装是在没有童工的情况下制作的消费者数量(a)正好为 8 名、(b)至少 10 名和(c)少于 12 名的概率。

25. **工作场所毒品检测**。5%的美国工人被检测出非法药物呈阳性。随机选择 14 名工人，求非法药物检测呈阳性的人数(a)正好为 2 人、(b)多于 2 人和(c)2~5 人的概率。

26. **发音**。66%的人把山核桃发音为"puh-con"而非"pea-can"。随机选择 15 人，找出将山核桃发音为"puh-con"的人数(a)正好为 7 人、(b)多于 7 人和(c)7~11 人的概率。

构建并绘制二项分布。在习题 27~30 中，(a)构建二项分布；(b)使用直方图绘制二项分布并描述其形状；(c)确定随机变量 x 的任何异常值。

27. **大学录取**。宾夕法尼亚州立大学录取 49%的申请者。随机选择 7 名宾夕法尼亚州立大学的申请者。随机变量表示被录取的人数。

28. **移民**。在 25 岁及以上的美国移民中，33%的人拥有学士学位或更高学位。随机选择 8 名 25 岁以上的美国移民。随机变量表示拥有学士或更高学位的人数。

29. **活到 100 岁**。77%的成年人希望活到 100 岁。随机选择 5 名成年人，问他们是否想活到 100 岁。随机变量表示想活到 100 岁的人数。

30. **工作场所的清洁度**。57%的员工通过工作场所的清洁度来判断他们的同事。随机选择 10 名员工，问他们是否以工作场所的清洁度来评价同事。随机变量表示通过工作场所的清洁度来判断同事的人数。

求并解释均值、方差和标准差。在习题 31~36 中，求给定随机变量的二项分布的均值、方差和标准差。解释结果并确定任何异常值。

31. **罚球**。北美职业冰球联盟中 33%的罚球被转化为进球。随机变量表示从 6 次随机选择的尝试中转换得到的罚球次数。

32. **SAT 考试**。SAT 大学入学考试的多项选择题有 4 个选项。随机变量表示当你随机猜测 7 个问题的答案时，正确答案的数量。

33. **其他星球上的生命**。79%的美国成年人认为其他星球上存在生命是可信的。随机选择 8 名美国成年人，问他们是否相信其他星球上存在生命是可信的。随机变量表示相信其他星球上可能存在生命的人数。

34. **克隆**。85%的美国成年人认为克隆人类在道德上是错误的。随机选择 10 名美国成年人，问他们是否认为克隆人类在道德上是错误的。随机变量表示认为克隆人类在道德上是错误的人数。

35. **上班迟到**。31%的美国员工将上班迟到归咎于睡过头。随机选择 12 名上班迟到的美国员工，问他们是否将迟到归咎于睡过头。随机变量表示上班迟到并将迟到归咎于睡过头的人数。

36. **最高法院**。10%的大学毕业生认为朱迪法官在最高法院任职。随机选择 10 名大学毕业生，问他们是否认为朱迪法官在最高法院任职。随机变量表示认为朱迪法官在最高法院任职的人数。

异常事件。在习题 37 和 38 中，求所示的概率，并确定事件是否异常。

37. **石头剪刀布**。石头剪刀布游戏获胜的概率是 1/3。假设你玩了 9 次石头剪刀布游戏，求游戏获胜次数(a)正好是 5 次、(b)多于 5 次和(c)少于 2 次的概率。

38. **婚姻**。53%的美国成年人目前已婚。随机选择 12 名美国成年人。求结婚人数(a)正好为 9 人、(b)少于 4 人和(c)8~11 人的概率。

概念扩展

多项实验。在习题 39 和 40 中使用以下信息。
多项实验满足如下条件。

- 实验有固定的实验次数 n，每次实验都独立于其他实验。
- 每次实验都有 k 个可能的互斥结果：$E_1, E_2, E_3, \cdots, E_k$。
- 每个结果都有一个固定的概率。因此，$P(E_1) = p_1$，$P(E_2) = p_2, P(E_3) = p_3, \cdots, P(E_k) = p_k$。所有结果的概率之和都是 $p_1 + p_2 + p_3 + \cdots + p_k = 1$。
- E_1 发生的次数是 x_1，E_2 发生的次数是 x_2，E_3 发生的次数是 x_3，以此类推。
- 离散随机变量 x 计算 $x_1, x_2, x_3, \cdots, x_k$ 的次数，每个结果都在 n 次独立的实验中发生，其中 $x_1 + x_2 + \cdots + x_k = n$。$x$ 发生的概率是

$$P(x) = \frac{n!}{x_1! x_2! x_3! \cdots x_k!} p_1^{x_1} p_2^{x_2} p_3^{x_3} \cdots p_k^{x_k}$$

39. **遗传学**。根据遗传学的一种理论，当高而多彩的植物与矮而无色的植物杂交时，会产生 4 类植物：高而多彩、高而无色、矮而多彩和矮而无色，相应的概率分别为 9/16、3/16、3/16 和 1/16。选择 10 种植物，求 5 是高而多彩、2 是高而无色、2 是矮而多彩、1 是矮而无色的概率。

40. **遗传学**。遗传学提出的另一种理论给出了习题 39 中描述的 4 种植物的相应概率，分别为 5/16、4/16、1/16 和 6/16。选择 10 种植物，求 5 是高而多彩、2 是高而无色、2 是矮而多彩、1 是矮而无色的概率。

41. **制造**。一条装配线生产 10000 个汽车零件。20% 的零件有缺陷。检查员随机选择 10 个零件。(a)使用乘法法则（见 3.2 节）求所选零件无缺陷的概率（注意，事件是相关的）；(b)因为样本仅占总体的 0.1%，所以将事件视为独立事件，并用二项概率公式来求所选零件均无缺陷的概率；(c)比较(a)问和(b)问的结果。

棒球比赛中击球次数的分布

美国职业棒球大联盟的官方网站记录了有关球员和比赛的详细统计数据。在 2020 年的常规赛中，芝加哥白袜队的何塞·阿布鲁的平均击球率为 0.317。下图显示了他在不同击球次数的比赛中的安打数。

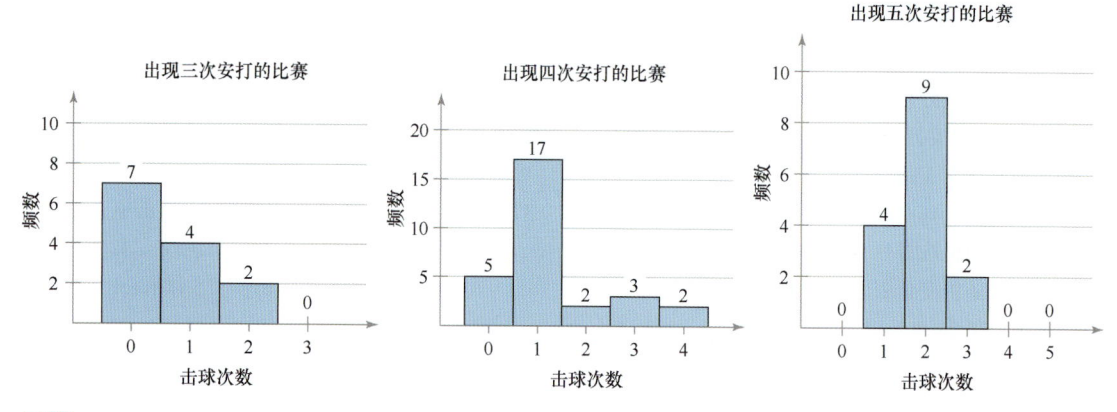

习题

01. 在出现 3 次安打、4 次安打和 5 次安打的比赛中，构建击球次数的概率分布。
02. 构建 $p = 0.317$ 和 $n = 3, 4, 5$ 的二项概率分布。
03. 比较习题 01 和习题 02 中的分布。在棒球比赛中，对于给定的击球次数，二项分布是确定击球次数的好模型吗？解释理由，包括讨论二项实验的四个条件。
04. 在 2020 年常规赛中，洛杉矶道奇队的穆奇·贝茨在 11 场比赛中有 3 次安打。在这些比赛中，3 场比赛没有安打，5 场比赛有 1 次安打，3 场比赛有 2 次安打。(a)根据阿布鲁和贝茨在 3 次安打的比赛中的击球次数，你认为哪位球员的击球率较高？(b)查看阿布鲁 2020 年常规赛的击球率，你认为(a)问的期望值是否正确？如果不正确，请给出原因。

4.3 其他离散概率分布

学习目标
▶ 使用几何分布求概率
▶ 使用泊松分布求概率

4.3.1 几何分布

生活中的许多行为在取得成功之前都是重复的。例如，你可能需要多次拨打某个号码，才会有人接听。这样的情况可以用几何分布来表示。

定义 几何分布是满足如下条件的随机变量 x 的离散概率分布。
1. 重复实验，直到成功。
2. 重复的实验是相互独立的。
3. 每次实验的成功概率 p 是相同的。
4. 随机变量 x 表示第一次成功的实验次数。

第一次成功发生在实验次数 x 上的概率是 $P(x) = pq^{x-1}$，其中 $q = 1-p$。

例如，当第一次成功发生在第三次实验时，结果是 FFS，概率是 $P(3) = q \cdot q \cdot p$ 或 $P(3) = p \cdot q^2$。

【例题 1】使用几何分布

最近的一项研究发现，5 年后企业的失败率为 50%。随机选择 4 家五年前成立的企业，求所选的第四家企业第一个失败的概率。

解答：

使用 $p = 0.50$，$q = 0.50$ 和 $x = 4$，得到 $P(4) = 0.50 \times (0.50)^{4-1} = (0.50)^4 \approx 0.063$。因此，选择的第四家企业第一个失败的概率约为 0.063。可以使用软件来验证结果。例如，使用 TI-84 PLUS 可以求出 $P(4)$，如右图所示。

TI-84 PLUS

geometpdf(.5,4)
.0625

自测题 1

例题 1 中的研究发现，一年后企业的失败率为 20%。随机抽取 6 家一年前创业的企业，求所选的第 6 家企业第一个失败的概率。

尽管理论上可能永远不会成功，但几何分布是一个离散的概率分布，因为 x 的值可以列出：1, 2, 3, …。注意，随着 x 变大，$P(x)$ 越来越接近零。例如，在例题 1 中，选择的第三十家企业第一个失败的概率是 $P(30) = 0.50 \times (0.50)^{30-1} = (0.50)^{30} \approx 0.0000000009$。

4.3.2 泊松分布

在二项实验中，我们感兴趣的是在给定的实验次数下求特定成功次数的概率。相反，假设我们想知道在给定的时间、面积或体积内发生特定次数的概率。例如，要求员工在一年内请 15 天病假的概率，可以使用泊松分布。

定义 泊松分布是满足如下条件的随机变量 x 的离散概率分布。
1. 实验包括计算一个事件在给定区间内发生的次数 x。区间可以是时间、面积或体积的区间。
2. 对于每个区间，事件发生的概率相同。
3. 在一个区间内发生的次数与在其他区间内发生的次数无关。

在一个区间内恰好发生 x 次的概率为 $P(x) = \dfrac{\mu^x e^{-\mu}}{x!}$，其中 e 是一个近似等于 2.71828 的无理数，μ 是在每个区间单位内发生的平均次数。

【例题 2】使用泊松分布

某交叉路口每月平均发生 3 起事故。在任何给定的月份，在交叉路口发生 4 起事故的概率是多少？

解答：

使用 $x = 4$ 和 $\mu = 3$，在任何给定的月份于交叉路口发生 4 起事故的概率为 $P(4) \approx \dfrac{3^4 \times (2.71828)^{-3}}{4!} \approx 0.168$。

可以使用软件来验证该结果。例如，使用 TI-84 PLUS 可以求 $P(4)$，如右图所示。

自测题 2

在任何给定的月份，该交叉路口发生 4 起以上事故的概率是多少？

例题 2 中使用了一个公式来求泊松概率。还可以使用表格来求泊松概率。附录 B 中的表 3 列出了所选 x 和 μ 值的泊松概率。还可使用软件（如 MINITAB、EXCEL、STATCRUNCH 和 TI-84 PLUS）来求泊松概率。

【例题 3】使用表格求泊松概率

一项种群统计显示，每英亩田地上平均有 3.6 只兔子。使用表格求任何给定英亩田地上发现 7 只兔子的概率。

解答：

下面显示了附录 B 中表 3 的一部分。使用 $\mu = 3.6$ 和 $x = 7$ 的分布，可以求出泊松概率，如表中突出显示的区域所示。

x	3.1	3.2	3.3	3.4	3.5	3.6	3.7
0	.0450	.0408	.0369	.0334	.0302	.0273	.0247
1	.1397	.1304	.1217	.1135	.1057	.0984	.0915
2	.2165	.2087	.2008	.1929	.1850	.1771	.1692
3	.2237	.2226	.2209	.2186	.2158	.2125	.2087
4	.1734	.1781	.1823	.1858	.1888	.1912	.1931
5	.1075	.1140	.1203	.1264	.1322	.1377	.1429
6	.0555	.0608	.0662	.0716	.0771	.0826	.0881
7	.0246	.0278	.0312	.0348	.0385	.0425	.0466
8	.0095	.0111	.0129	.0148	.0169	.0191	.0215
9	.0033	.0040	.0047	.0056	.0066	.0076	.0089
10	.0010	.0013	.0016	.0019	.0023	.0028	.0033

根据表格，概率为 0.0425。可以使用软件验证结果。如右图所示，使用 EXCEL 求得概率为 0.042484，四舍五入到小数点后四位得 0.0425，与使用上表得到的值相同。

解释： 因此，在任何给定英亩的田地上发现 7 只兔子的概率是 0.0425。0.0425 小于 0.05，因此可将其视为异常事件。

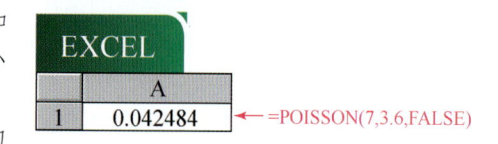

自测题 3

两千条褐鳟鱼被引入一个小湖，小湖的容积为 2 万立方米。使用表格求任何给定立方米的湖泊中发现 3 条褐鳟鱼的概率。

描绘世界

塔科马海峡大桥是一座横跨华盛顿州塔科马海峡的悬索桥。过桥车辆的平均乘载率为 1.6。右图所示的概率分布表示 5 天内桥梁上的车辆占用率。在 5 天内，随机选择的车辆有两名或更少乘客的概率是多少？

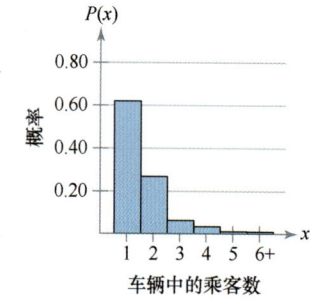

4.3.3 离散概率分布小结

下表小结了本章中讨论的离散概率分布。

分　　布	小　　　　结	公　　式
二项分布	二项实验满足如下条件： 1. 有固定的 n 次独立实验 2. 每次实验只有两种可能的结果：成功或失败 3. 每次实验的成功概率 p 是相同的 4. 随机变量 x 计算成功实验的次数 二项分布的参数是 n 和 p	$n =$ 实验次数 $x = n$ 实验的成功次数 $p =$ 单次实验成功的概率 $q =$ 单次实验失败的概率，$q = 1 - p$ n 次实验中恰好成功 x 次的概率为 $P(x) = {}_nC_x p^x q^{n-x} = \dfrac{n!}{(n-x)!x!} p^x q^{n-x}$ $\mu = np, \sigma^2 = npq, \sigma = \sqrt{npq}$
几何分布	几何分布是满足如下条件的随机变量 x 的离散概率分布： 1. 重复实验，直到成功 2. 重复的实验是相互独立的 3. 每次实验的成功概率 p 是相同的 4. 随机变量 x 表示首次成功的实验次数 几何分布的参数是 p	$x =$ 首次成功的实验次数 $p =$ 单次实验成功的概率 $q =$ 单次实验失败的概率，$q = 1 - p$ 首次成功发生在第 x 次实验的概率是 $P(x) = pq^{x-1}$
泊松分布	泊松分布是满足如下条件的随机变量 x 的离散概率分布： 1. 实验包括计算一个事件在指定时间、面积或体积区间内发生的次数 x 2. 对于每个区间，事件发生的概率是相同的 3. 在一个区间内发生的次数与在其他区间内发生的次数无关 泊松分布的参数是 μ	$x =$ 给定区间内的发生次数 $\mu =$ 给定区间单元内的平均发生次数 在一个区间内恰好发生 x 次的概率是 $P(x) = \dfrac{\mu^x e^{-\mu}}{x!}$

4.3.4　习题

培养基本技能和词汇

在习题 01～04 中，用几何分布求概率。

01． 当 $p = 0.65$ 时，求 $P(3)$。
02． 当 $p = 0.45$ 时，求 $P(1)$。
03． 当 $p = 0.09$ 时，求 $P(5)$。
04． 当 $p = 0.28$ 时，求 $P(8)$。

在习题 05～08 中，用泊松分布求概率。

05． 当 $\mu = 5$ 时，求 $P(4)$。
06． 当 $\mu = 6$ 时，求 $P(3)$。
07． 当 $\mu = 1.5$ 时，求 $P(0)$。
08． 当 $\mu = 9.8$ 时，求 $P(5)$。
09． 描述在二项分布和几何分布中 x 值的区别。
10． 描述在二项分布和泊松分布中 x 值的区别。

使用和解释概念

使用分布求概率。在习题 11～26 中，使用几何分布、泊松分布或二项分布求概率，然后确定事件是否异常。如果方便，使用表格或软件求概率。

11． 电话销售。你在任何给定的电话中进行销售的概率是 0.19。(a)求在第一次电话中实现第一笔销售的概率；(b)求在第二次电话中实现第一笔销售的概率；(c)求在第五次电话中实现第一笔销售的概率。

12． 移民。2021 年 4 月，平均每小时移民美国的人数约为 5.5 人。求 2021 年 4 月某小时内移民美国的人数为(a)0、(b)5 和 (c)8 的概率。

13． 印刷错误。一份报纸发现平均每页的印刷错误数是 4。求在任何给定页面上发现的印刷错误数(a)正好为 3、(b)最多为 3 和 (c)多于 3 的概率。

14． 次品零件。汽车配件销售商发现，每 100 个售出的零件中有 1 个次品零件。(a)求第一个次品零件是售出的第十个零件的概率；(b)求第一个次品零件是售出的第一个、第二个或第三个零件的概率；(c)求售出的前十个零件都不是次品零件的概率。

15． 传球成功率。NFL 球员阿隆·罗杰斯的传球成功率为 65.1%。(a)求他第一次传球成功是第二次传球的概率；(b)求他第一次传球成功是第一次或第二次传球的概率；(c)求他没有完成前两次传球的概率。

16. **飞行员考试**。学生通过私人飞行员执照笔试的概率为 0.75。(a)求第一个参加考试的学生通过考试的概率；(b)求第二个参加考试的学生第一个通过考试的概率；(c)求第一个和第二个学生都没有通过考试的概率。

17. **化石燃料**。60%的美国成年人赞成制定减少使用化石燃料的政策。随机选择 8 名美国成年人，求赞成制定减少化石燃料使用政策的人数(a)正好为 4 人、(b)不到 5 人和(c)至少为 3 人的概率。

18. **活体器官移植**。2020 年，美国每天体器官移植的平均数量约为 16 例，求在任何一天进行的活体器官移植数量(a)正好为 12 例、(b)至少 8 例和(c)不超过 10 例的概率。

19. **飓风**。从 1851 年到 2020 年，每年袭击美国大陆的飓风平均数量约为 1.8，求从 1851 年到 2020 年的任何一年中袭击美国大陆的飓风数量(a)正好为 1、(b)最多为 1 和(c)多于 1 的概率。

20. **红迪网**。18%的美国成年人说他们使用红迪网。随机选择 7 名美国成年人，求使用红迪网的人数(a)正好为 1 人、(b)多于 3 人和(c)2～4 人的概率。

21. **第一次发球得分**。日本网球选手大坂直美第一次发球不失误时，其得分率为 76%。随机选择 10 个大坂直美的无失误第一发球，求其得分次数(a)正好为 10 次、(b)多于 7 次和(c)最多 4 次的概率。

22. **中奖**。麦片制造商在每个麦片盒中放一枚联合游戏棋子，游戏中奖概率为 1/4。(a)求你第四次购买中奖的概率；(b)求你第一次、第二次或第三次购买中奖的概率；(c)求你前四次购买未中奖的概率。

23. **降水量**。在俄亥俄州阿克伦市，4 月平均降水量为 0.01 英寸或以上的天数为 14 天。求 4 月阿克伦市降水量为 0.01 英寸或以上的天数(a)正好为 17 天、(b)最多 17 天、(c)超过 17 天的概率。

24. **支付大学教育费用**。68%的 8～14 岁孩子的父母表示，他们愿意找第二份工作或兼职工作来支付孩子的大学教育费用。随机选择 5 名家长，求表示愿意找第二份工作或兼职工作来支付子女大学教育费用的人数(a)正好为 3 人、(b)少于

4 人和(c)至少 3 人的概率。

25. **玻璃制造商**。一家玻璃制造商发现，每生产 500 件玻璃产品，就有 1 件产品是翘曲的。(a)求第一件翘曲玻璃产品是生产的第十件产品的概率；(b)求第一件翘曲玻璃产品是生产的第一件、第二件或第三件产品的概率；(c)求生产的前十件玻璃产品都没有缺陷的概率。

26. **油轮**。2021 年 6 月，240 艘油轮停靠在一个港口城市，没有油轮访问超过一次。求 6 月份任何一天停靠的油轮数量(a)正好为 8 艘、(b)最多 3 艘和(c)多于 8 艘的概率。

概念扩展

27. **二项分布的泊松近似**。汽车制造商发现，每生产 2500 辆汽车，就有 1 辆存在特定的制造缺陷。(a)使用二项分布求在 6000 辆汽车的随机样本中发现 4 辆汽车有缺陷的概率；(b)对于大 n 值和小 p 值，可以使用均值为 $\mu = np$ 的泊松分布来近似二项分布，使用泊松分布重做(a)问并比较结果。

28. **超几何分布**。二项实验要求任何抽样都要做替换，因为每次实验都必须独立于其他实验。超几何分布也有两种结果：成功和失败。然而，抽样是在不做替换的情况下进行的。对于有 k 次成功和 $N-k$ 次失败的 N 个项目的总体，选择有 x 次成功和 $n-x$ 次失败的大小为 n 的样本的概率为

$$P(x) = \frac{(_kC_x)(_{N-k}C_{n-x})}{_NC_n}$$

在一批 15 个芯片中，2 个有缺陷，13 个没有缺陷。随机选择 3 个芯片样本，使用上式求以下情况的概率：(a)3 个芯片均无缺陷；(b)1 个芯片有缺陷，2 个芯片无缺陷；(c)2 个芯片有缺陷，1 个芯片无缺陷。

几何分布。均值和方差。在习题 29 和 30 中，设几何分布的均值为 $\mu = 1/p$，方差为 $\sigma^2 = q/p^2$。

29. **彩票**。每日号码彩票选择编号为 0 至 9 的 3 个球，中奖概率为千分之一。假设 x 是你在第一次中奖前玩彩票的次数。(a)求均值、方差和标准差；(b)在中奖前，你预计要玩多少次彩票？(c)玩一次的价格为 1 美元，胜者获得 500 美元，你认为玩这种彩票是赚钱还是赔钱？

30. **工资支票错误**。公司假设一年工资支票的 0.5%

计算错误。公司有 200 名员工，并且检查一个月的工资记录。(a)求均值、方差和标准差；(b)在发现错误前，你希望检查多少名员工的工资记录？

泊松分布。方差。 在习题 31 和 32 中，设泊松分布的方差为 $\sigma^2 = \mu$。

31. **高尔夫。** 最近一年，高尔夫球手布巴·沃森每洞的平均杆数约为 3.9 杆。(a)求方差和标准差，并解释结果；(b)求你认为异常的球洞的任何杆数。

32. **破产。** 2020 年美国企业平均每小时申请破产的数量约为 2.5 起。(a)求方差和标准差，并解释结果；(b)确定一小时内你认为异常的破产数量。

现实世界中的统计量

使用

在商业、社会学、计算机科学和许多其他领域中，泊松概率分布的发生不计其数。例如，假设你在宾夕法尼亚州伊利市的消防部门工作，你要确保该部门有足够的人员和车辆，以应对火灾、医疗紧急情况，以及提供救助的其他情况。消防部门的记录显示，它平均每天处理 11 起事故，但有一天该部门处理了 15 起事故。这是一个异常事件吗？如果是，该部门可能需要更新指南，以便准备好应对更多的事故。了解泊松分布的特征有助于你回答这类问题。

滥用

泊松分布的常见误用是认为"最可能"的结果是大多数时间都会发生的结果。例如，假设你某天正在为消防部门规划紧急情况响应。该部门最有可能需要处理的事故数量为 11 起。虽然这是最有可能的结果，但它发生的概率只有 0.119。该部门处理 12 起或 13 起事故的概率约为 0.202，处理 14 起或更多事故的概率约为 0.219。因此，简单地计划每天 11 起事故，认为事故较少的日子和事故较多的日子会随着时间的推移而平衡是错误的。公民的安全甚至生命都取决于消防部门，因此为任何可能发生的情况做好准备是非常重要的。因此，消防部门应准备好应对任何数量的事故，这些事故的累积概率大于 0.05。

习题

在习题 01～03 中，假设消防部门的指南是正确的，且消防部门平均每天处理 11 起事故。使用泊松分布的图形和软件回答问题（见右图）。

01. 在随机的一天，哪种可能性更大，是 11 起事故还是至少 16 起事故？

02. 在随机的一天，是 10 ~ 12 起事故还是少于 10 起事故的可能性更大？

03. 7 月 4 日，消防部门处理了 17 起事故，是否有理由相信这个假期的指南应该调整？

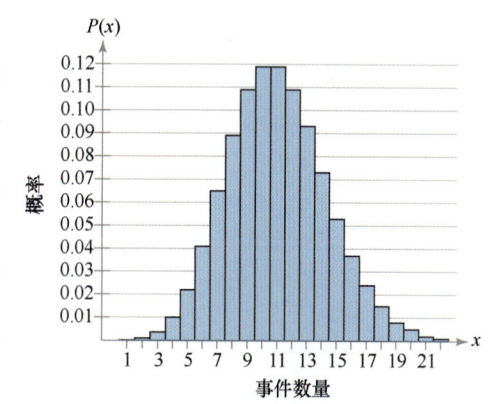

4.4 第 4 章复习题

4.1 节

在复习题 01 和 02 中，确定随机变量 x 是离散的还是连续的。

01. 设 x 代表总分为 100 分的考试成绩。
02. 设 x 代表卡车在称重站的质量。

在复习题 03 和 04 中，(a)构建概率分布；(b)使用直方图绘制概率分布并描述其形状。

03. 职业棒球大联盟球员每场比赛的安打数。

安打数	0	1	2	3	4	5
比赛	29	62	33	12	3	1

04. 大学某班级学生前一天晚上睡觉的小时数。

小时	4	5	6	7	8	9	10
学生	1	6	13	23	14	4	2

在复习题 05 和 06 中，确定分布是否为概率分布。如果不是概率分布，请解释原因。

05. 随机变量 x 表示警官每次轮班开出的罚单数量。

x	0	1	2	3	4	5
$P(x)$	0.09	0.23	0.29	0.16	0.21	0.02

06. 随机变量 x 表示学生在大学某学期注册的班级数量。

x	1	2	3	4	5	6	7	8
$P(x)$	1/80	2/75	1/10	12/25	27/20	1/5	2/25	1/120

在复习题 07 和 08 中，(a)求概率分布的均值、方差和标准差；(b)解释结果。

07. 在一个小镇中，每个家庭拥有的手机数量。

手机	0	1	2	3	4	5	6
概率	0.020	0.140	0.272	0.292	0.168	0.076	0.032

08. 电视台销售 15 秒、30 秒、60 秒、90 秒和 120 秒的广告，下面给出了一天 24 小时的销售分布。

长度	15	30	60	90	120
概率	0.134	0.786	0.053	0.006	0.021

在复习题 09 和 10 中，求玩家在一次游戏中的预期净收益。

09. 赌一场赛马要花 25 美元。某匹马有 1/8 的机会获胜，有 1/4 的机会获得第二名或第三名。如果这匹马赢了，你就赢 125 美元，如果这匹马获得第二名或第三名，你可以拿回你的钱。

10. 一张刮刮乐彩票价值 5 美元，下表显示了中各种奖的概率。

奖金	概率
100000 美元	1/100000
100 美元	1/100
50 美元	1/50

4.2 节

在复习题 11 和 12 中，确定实验是否为二项实验。如果是，则识别成功；指定 n、p 和 q 的值；列出随机变量 x 的可能值。如果不是二项实验，解释原因。

11. 新泽西州哈克特斯敦工厂生产的袋装牛奶巧克力 M&M 含有 12.5% 的绿色糖果。从 12 个袋子中各选择一颗糖果，随机变量表示选择的绿色糖果的数量。

12. 反复掷一枚硬币，直到得到 15 个正面。随机变量 x 计算掷硬币次数。

在复习题 13~16 中，求指定的二项概率。如果方便，使用附录 B 中的表 2。

13. 53% 的美国成年人支持宇航员登陆火星。随机选择 8 名美国成年人，求支持宇航员登陆火星的人数(a)恰好为 3 人、(b)至少 3 人和(c)多于 3 人的概率。

14. 42% 的美国成年人家中有枪。随机选择 12 名美国成年人，求家中有枪的人数(a)正好为 2 名、(b)至少 2 名和(c)多于 2 名的概率。

15. 72% 的美国文职员工可以享受医疗福利。随机选择 9 名文职员工，求享受医疗保健福利的人数(a)正好为 6 人、(b)至少 6 人和(c)多于 6 人的概率。

16. 参加得克萨斯州律师考试的考生中有 62% 通过了考试。随机选择 5 名参加得克萨斯州律师考试的考生，求通过考试的人数(a)恰好为 2 名、(b)至少 2 名和(c)多于 2 名的概率。

在复习题 17 和 18 中，(a)构建二项分布；(b)使用直方图绘制二项分布并描述其形状；(c)确定随机变量 x 的任何你认为异常的值，并解释理由。

17. 72% 的美国成年人在过去一年中阅读过任何形式的书籍。随机选择 5 名美国成年人，询问他们在过去一年中是否阅读过任何形式的书籍。随机变量表示在过去一年中阅读过任何形式的书籍的成年人数量。

18. 当被问及"什么是网络钓鱼"时，49% 的美国成年人回答正确。随机选择 6 名美国成年人，问他们"什么是网络钓鱼"，随机变量表示回答正确的成年人数量。

在复习题 19 和 20 中，求给定随机变量的二项分布的均值、方差和标准差，解释结果并确定任何异常值。

19. 约 13% 的美国司机没有保险。随机选择 8 名美国司机，询问他们是否没有保险。随机变量代表没有保险的人数。

20. 全美大学生体育协会（NCAA）33% 的学生运动员在大学毕业时都有一份工作等着他们。随机选择 10 名即将毕业的 NCAA 学生运动员，询问他们是否有工作等着他们。随机变量表示有工作等着他们的人数。

4.3 节

在复习题 21~26 中，使用几何分布、泊松分布或二项分布求概率，然后确定事件是否异常。方便时可以使用表格或软件求概率。

21. 14%的非制度化美国成年人吸烟。随机选择 10 名非制度化美国成年人后，问他们是否吸烟。求第一个吸烟的成年人是(a)第三个被选中的人，(b)第四个或第五个被选中的人，(c)不是前六个人之一的概率。

22. 从 1940 年到 2020 年，龙卷风每天在美国造成约 0.26 人死亡。假设这个比率在今天保持不变，且在一年内保持不变。求美国明天死于龙卷风的人数(a)正好为 0 人、(b)最多 2 人和(c)多于 1 人的概率。

23. 36%的美国人认为有必要将时间改为夏令时。随机选择 7 名美国人，求表示有必要将时间改为夏令时的人数(a)正好为 4 人、(b)少于 2 人和(c)至少 6 人的概率。

24. 在最近的一个赛季，曲棍球运动员叶夫根尼·马尔金在 55 场比赛中进了 25 个球。假设他的进球数在下赛季保持不变。求他(a)在赛季第一场比赛中、(b)在赛季第二场比赛中、(c)在赛季前三场比赛中、(d)不在赛季前三场比赛中取得第一个进球的概率。

25. 在 10 年时间里，全球平均每年有 6.4 人死于鲨鱼。求明年死于鲨鱼的人数(a)正好为 3 人、(b)多于 6 人和(c)最多 5 人的概率。

26. 69%的美国成年人计划接种或已接种新冠疫苗。随机选择 10 名美国成年人，询问他们是否计划接种新冠疫苗或已接种。求计划获接种或已接种新冠疫苗的人数(a)正好为 7 人、(b)多于 8 人和(c)2~4 人的概率。

4.5 第 4 章测验题

01. 确定随机变量 x 是离散的还是连续的。(a)x 表示怀俄明州 6 月份发生的雷击次数；(b)x 表示喷气式飞机在起飞过程中使用的燃油量（加仑）；(c)x 表示保龄球比赛的最后得分。

02. 下表列出了美国一个小镇中每个家庭的无线设备数量。(a)构建概率分布；(b)用直方图绘制概率分布图并描述其形状；(c)求概率分布的均值、方差和标准差，并解释结果；(d)求随机选择至少有 4 台无线设备的家庭的概率。

无线设备	0	1	2	3	4	5
户数	277	471	243	105	46	22

03. 在过去一年里，33%的美国成年人因为费用问题推迟了治疗。随机选择 9 名美国成年人，求过去一年里因费用问题推迟治疗的人数(a)恰好为 3 人、(b)最多 4 人和(c)多于 5 人的概率。

04. 肝移植患者的 5 年存活率为 75%。手术在 6 名病人身上进行。(a)构建一个二项分布；(b)使用直方图绘制二项分布并描述其形状；(c)求二项分布的均值、方差和标准差，并解释结果。

05. 一本在线杂志发现，每页的平均印刷错误数为 5 个。求在任何给定页面上发现的印刷错误数(a)正好为 5 个、(b)少于 5 个和(c)0 个的概率。

06. 篮球运动员库里的三分命中率约为 43%。求他(a)投进的第一个三分球是第三次出手、(b)投进的第一个三分球是第四次出手或第五次出手、(c)前六次出手都未命中的概率。

07. 习题 05 和 06 中的哪些事件可视为异常事件？

4.6 第 4 章测试题

在习题 01~03 中，使用几何分布、泊松分布或二项分布求概率，确定事件是否异常。方便时可以使用表格或软件求概率。

01. 每 42 份收入超过 100 万美元的纳税申报单中，就有一份需要审计。一名审计员正在审查超过 100 万美元的纳税申报单。(a)求第一个需要审计的报税单是审计员审查的第 25 个报税单的概率；(b)求第一个需要审计的报税单是审计员审查的第一个或第二个报税单的概率；(c)求审计员检查的前五个报税单都不需要审计的概率。

02. 约53%的美国全日制大学生会在一个月内饮酒。

随机选择 6 名美国全日制大学生，求在一个月内饮酒的人数(a)正好为 2 名、(b)至少 3 名和(c)少于 4 名的概率。

03. 美国人口的平均增长速度约为 1.5 人/分钟。求美国人口在任何一分钟内正好增加(a)3 人、(b)多于 4 人和(c)最多 4 人的概率。

04. 确定如下分布是否为概率分布，如果不是，请解释原因。

(a)

x	0	5	10	15	20
$P(x)$	0.03	0.09	0.19	0.32	0.37

(b)

x	1	2	3	4	5	6
$P(x)$	1/20	1/10	2/5	3/10	1/5	1/25

05. 下表显示了参加新生入学指导课程的学生的年龄。(a)构建概率分布；(b)使用直方图绘制概率分布图并描述其形状；(c)求概率分布的均值、方差和标准差，并解释结果；(d)求随机选择的学生小于 20 岁的概率。

年龄	17	18	19	20	21	22
学生	2	13	4	3	2	1

06. 56%的联邦学生贷款正在偿还。随机选择 5 名学生的贷款，确定他们是否正在偿还。随机变量表示正在偿还的数字。(a)构建概率分布；(b)用直方图绘制概率分布图并描述其形状；(c)求概率分布的均值、方差和标准差，并解释结果。

真正的统计与决策

法律要求疾病控制和预防中心（CDC）发布关于辅助生殖技术（ART）的报告。ART 包括所有同时使用卵子和精子的生育治疗。程序通常是从患者的卵巢中取出卵子，在实验室中将其与精子结合，然后送回患者体内或交给另一名患者。你正在帮助准备一份关于年轻 ART 患者的 CDC 报告，并且随机选择 6 名 35 岁以下患者的 ART 周期进行特别审查。没有一个周期导致活产。你的经理认为不可能随机选择 10 个不会导致活产的 ART 周期。使用右侧的饼图和统计知识确定你的经理是否正确。

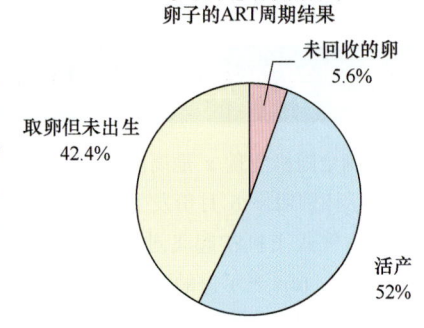

35岁以下患者使用自身卵子的ART周期结果
- 未回收的卵 5.6%
- 取卵但未出生 42.4%
- 活产 52%

习题

01. **你会怎么做？**(a)如何确定你的经理是否正确，即不可能随机选择 6 个不会导致活产的 ART 周期？(b)你认为哪种概率分布最适合描述这种情况？你认为活产数的分布是离散的还是连续的？

02. **回答问题**。回答问题"有没有可能随机选择 6 个不会导致活产的 ART 周期？"，回答中包括适当的概率分布和你对 6 个 ART 周期中没有活产的概率的计算。

03. **可疑样本**？一位实验室工作人员告诉你，下面的样品是随机选择的。使用右侧的图表，你认为哪些样本可疑？你相信这些样品是随机挑选的吗？(a)年龄在 35 岁至 37 岁的患者中的 8 个 ART 周期的样本，其中一个导致活产；(b)年龄在 43 岁及以上的患者中的 10 个 ART 周期的样本，其中两个导致活产。

按年龄组分列的患者ART周期的活产率

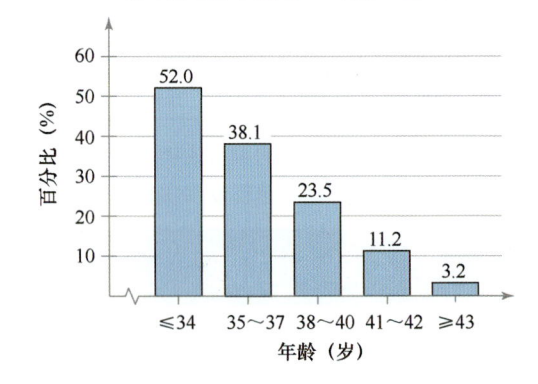

年龄（岁）	百分比 (%)
≤34	52.0
35～37	38.1
38～40	23.5
41～42	11.2
≥43	3.2

第 5 章　正态概率分布

前几章介绍了如何收集和描述数据、求事件的概率、分析离散概率分布，还介绍了使用样本对总体进行推断时，样本不出现偏差是至关重要的。例如，如何组织一项研究来确定哪个品种的奶牛最有利可图？

美国农业部在进行这项研究时，采用随机抽样的方式，记录各种产奶量和物理性状，如脂肪百分比、蛋白质百分比、生产年限、体细胞数和产犊能力。研究表明，荷斯坦奶牛是最有利可图的奶牛品种，其他顶级品种是泽西、布朗、瑞士和艾尔郡奶牛。

本章介绍如何识别正态（钟形）分布，以及如何在实际应用中使用它们的性质。假设你是一位农民，计划从饲养员那里购买 20 头荷斯坦奶牛和 10 头泽西奶牛。你想知道每组奶牛平均每天产奶的概率。5.4 节介绍如何使用样本均值的抽样分布和中心极限定理来计算这类概率。

右表显示了两个品种的奶牛每日产奶量的样本均值分布，还显示了饲养员提供的信息。假设产奶量呈正态分布。

你可使用这些信息来计算奶牛的每日平均产奶量。例如，20 头荷斯坦奶牛平均每日产至少 65 磅牛奶的概率约为 94.95%，10 头泽西奶牛平均每日产 50～60 磅牛奶的概率约为 46.35%（见下图）。

每日产奶量（磅）		
品　种	均　值	标　准　差
荷斯坦	69.3	11.7
泽西	49.7	10.1

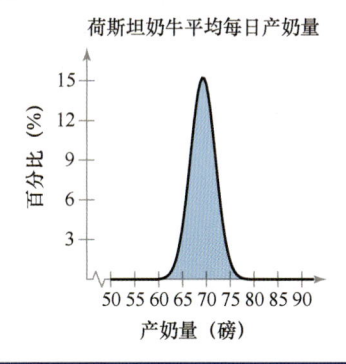

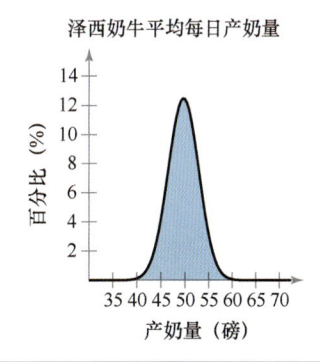

5.1　正态分布和标准正态分布简介

学习目标
- 解释正态概率分布图
- 求标准正态曲线下的面积

5.1.1　正态分布的性质

4.1 节区分了离散随机变量和连续随机变量，了解到连续随机变量有无限个可能的值，这些值可用数轴上的一个区间来表示，其概率分布称为连续概率分布。本章介绍统计学中最重要的连续概率分布——正态分布。正态分布可用来对自然、工业和商业中的许多测量集合建模。例如，人的收缩压、智能手机的寿命和住房成本都是正态分布的随机变量。

定义　正态分布是随机变量 x 的连续概率分布。正态分布的图形称为正态曲线。
正态分布具有如下性质。
1. 均值、中位数和众数相等。

2. 正态曲线呈钟形，关于均值对称。
3. 正态曲线下的总面积等于1。
4. 正态曲线越远离均值，就越接近 x 轴，但永远不接触 x 轴。
5. 在 $\mu-\sigma$ 和 $\mu+\sigma$ 之间（曲线的中心），图形向下弯曲。图形向上弯曲到 $\mu-\sigma$ 的左侧和 $\mu+\sigma$ 的右侧。曲线从向上弯曲变为向下弯曲的点称为拐点。

前面说过，离散概率分布可用直方图表示。连续概率分布可用概率密度函数（PDF）表示。概率密度函数有两个要求：①曲线下的总面积等于1；②函数永远不能为负。

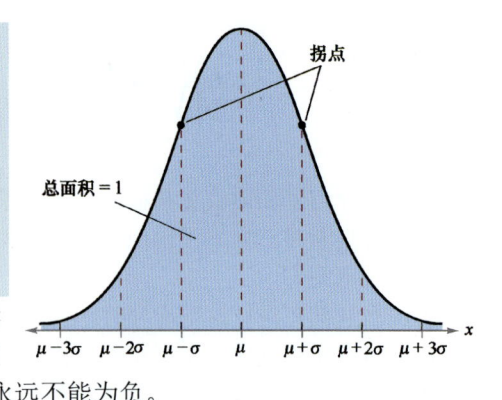

提示：用正态分布的概率密度函数 $y = \dfrac{1}{\sigma\sqrt{2\pi}} e^{-(x-\mu)^2/(2\sigma^2)}$ 可以画出均值为 μ、标准差为 σ 的正态曲线（本书中不使用此公式）。因为 $e \approx 2.718$ 和 $\pi \approx 3.14$，所以正态曲线完全取决于 μ 和 σ。

正态分布可以有任何均值和任何正标准差。参数 μ 和 σ 决定了正态曲线的形状。均值给出对称线的位置，标准差描述数据的分布情况。例如，在下图中，曲线 A 和 B 有相同的均值，曲线 B 和 C 有相同的标准差。每条曲线下的总面积为1。此外，在每幅图中，都有一个拐点出现在均值左侧的一个标准差处，另一个拐点出现在均值右侧的一个标准差处。

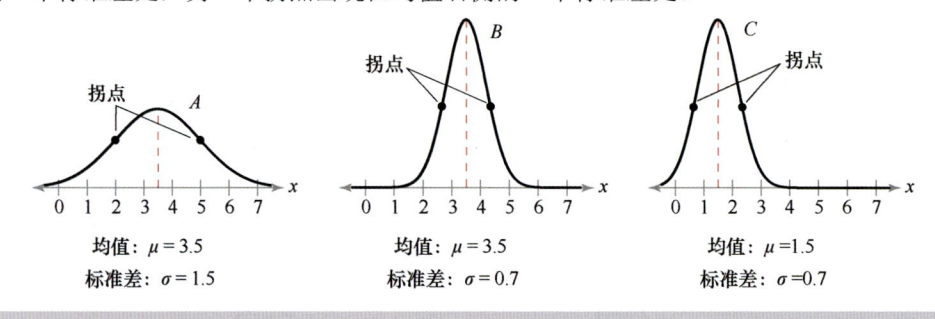

均值：$\mu = 3.5$
标准差：$\sigma = 1.5$

均值：$\mu = 3.5$
标准差：$\sigma = 0.7$

均值：$\mu = 1.5$
标准差：$\sigma = 0.7$

【例题 1】了解均值和标准差
1. 下图中哪条正态曲线的均值更大？
2. 下图中哪条正态曲线的标准差更大？

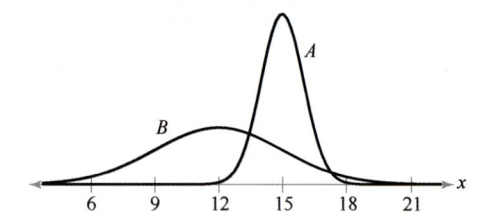

解答：
1. 曲线 A 的对称线出现在 $x = 15$ 处，曲线 B 的对称线出现在 $x = 12$ 处。因此，曲线 A 的均值更大。
2. 曲线 B 比曲线 A 更分散。因此，曲线 B 有更大的标准差。

自测题 1
1. 右图中哪条正态曲线的均值最大？
2. 右图中哪条正态曲线的标准差最大？

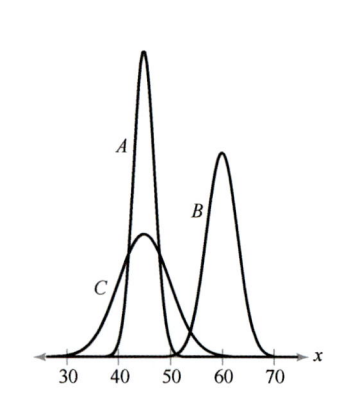

描绘世界

根据美国国家卫生统计中心的数据，最近一年美国的出生人数为 3747540 人。新生儿的体重近似为正态分布，如右图所示。

新生儿的平均体重是多少？估计该正态分布的标准差。

新生儿体重

体重（克）：1500 2100 2700 3300 3900 4500 5100

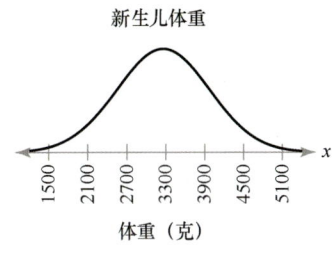

【例题 2】解释正态分布的图形

纽约州六年级数学测试的分数呈正态分布。下图所示的正态曲线代表最近一年的分布情况。平均测试分数是多少？估计该正态分布的标准差。

数学测试

测试分数：520 560 600 640 680

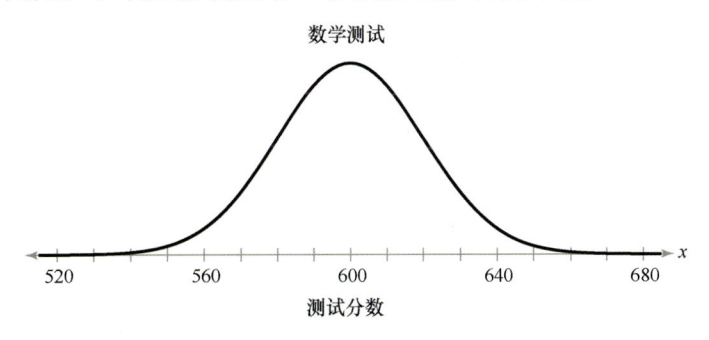

解答：

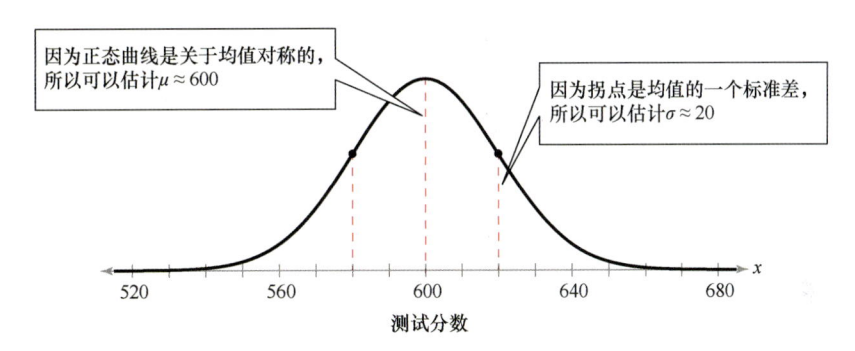

因为正态曲线是关于均值对称的，所以可以估计 $\mu \approx 600$

因为拐点是均值的一个标准差，所以可以估计 $\sigma \approx 20$

测试分数：520 560 580 600 620 640 680

因为正态曲线是关于均值对称的，所以可以估计 $\mu \approx 600$。因为拐点是均值的一个标准差，所以可以估计 $\sigma \approx 20$。

解释： 使用经验法则（见 2.4 节），可知约 68% 的分数在 580 和 620 之间，约 95% 的分数在 560 和 640 之间，约 99.7% 的分数在 540 和 660 之间。

自测题 2

纽约州六年级英语语言艺术测试的阅读分项分数呈正态分布。下图所示的正态曲线代表最近一年的分布情况。阅读分项的平均得分是多少？估计该正态分布的标准差。

阅读分项测试

分数：0.6 6.4 12.2 18.0 23.8 29.6 35.4

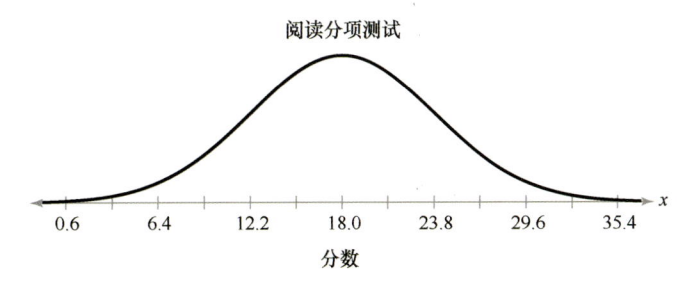

5.1.2 标准正态分布

有无穷多个正态分布，每个分布都有自己的均值和标准差。均值为 0、标准差为 1 的正态分布称为标准正态分布。标准正态分布图的水平刻度对应于 z 分数。2.5 节说过，z 分数是位置的度量，它表示一个值偏离均值的标准差数量。回顾可知，可用如下公式将 x 值转换为 z 分数：

$$z = （值 - 均值）/标准差 = \frac{x - \mu}{\sigma}$$

> **提示**：因为每个正态分布都可转换为标准正态分布，所以可用 z 分数和标准正态曲线来求任何正态曲线下的面积（以及概率）。

定义 标准正态分布是均值为 0、标准差为 1 的正态分布，其正态曲线下的总面积为 1。

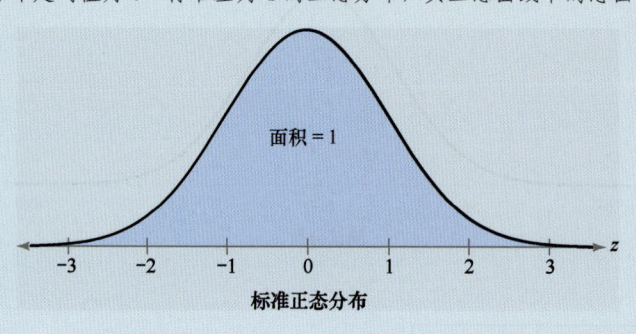

正态分布随机变量 x 的每个数据值转换为 z 分数后，结果是标准正态分布。该转换发生后，在相应的 z 边界内，非标准正态曲线下的面积与标准正态曲线下的面积相同。

2.4 节说过，当随机变量 x 的值对应于均值的 -3、-2、-1、0、1、2 或 3 个标准差时，可以用经验法则来近似正态曲线下的面积。下面学习计算与其他 x 值对应的面积。使用上述公式将 x 值转换为 z 分数后，可用标准正态表（附录 B 中的表 4）。该表列出了 z 分数从 -3.49 到 3.49 的 z 左侧标准正态曲线下的累积面积。检查该表时，要注意以下内容。

> **提示**：重要的是，要知道 x 和 z 的区别。随机变量 x 有时称为原始分数，表示非标准正态分布中的值，而 z 表示标准正态分布中的值。

标准正态分布的性质

1. 对于接近 $z = -3.49$ 的 z 分数，累积面积接近 0。
2. 累积面积随着 z 分数的增加而增加。
3. $z = 0$ 时的累积面积为 0.5000。
4. 对于接近 $z = 3.49$ 的 z 分数，累积面积接近 1。

除了使用表格，还可使用软件来求与 z 分数相对应的累积面积。例如，下例显示了如何使用标准正态表和 TI-84 PLUS 来求与 z 分数相对应的累积面积。

【例题 3】使用标准正态表

1. 求与 z 分数 1.15 相对应的累积面积。
2. 求与 z 分数 -0.24 相对应的累积面积。

解答：

1. 在左列中找到 1.1，然后沿该行移至 0.05 的列，求对应于 $z = 1.15$ 的面积。该行和该列中的数值是 0.8749。因此，$z = 1.15$ 左侧的面积为 0.8749，如下图所示。

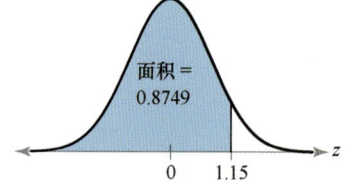

z	.00	.01	.02	.03	.04	.05	.06
0.0	.5000	.5040	.5080	.5120	.5160	.5199	.5239
0.1	.5398	.5438	.5478	.5517	.5557	.5596	.5636
0.2	.5793	.5832	.5871	.5910	.5948	.5987	.6026
0.9	.8159	.8186	.8212	.8238	.8264	.8289	.8315
1.0	.8413	.8438	.8461	.8485	.8508	.8531	.8554
1.1	.8643	.8665	.8686	.8708	.8729	.8749	.8770
1.2	.8849	.8869	.8888	.8907	.8925	.8944	.8962
1.3	.9032	.9049	.9066	.9082	.9099	.9115	.9131
1.4	.9192	.9207	.9222	.9236	.9251	.9265	.9279

可以使用软件来求对应于 $z = 1.15$ 的累积面积，如右图所示。注意，为了指定下限，使用了-10000。

TI-84 PLUS
normalcdf(-10000,1.15,0,1)
　　　0.8749280114

2. 在左列中找到-0.2，然后沿该行移至 0.04 的列，求对应于 $z = -0.24$ 的面积。该行和该列中的数值是 0.4052。因此，$z = -0.24$ 左侧的面积为 0.4052，如下图所示。

可以使用软件来求对应于 $z = -0.24$ 的累积面积，如下所示。注意，为了指定下限，使用了-10000。

z	.09	.08	.07	.06	.05	.04	.03
-3.4	.0002	.0003	.0003	.0003	.0003	.0003	.0003
-3.3	.0003	.0004	.0004	.0004	.0004	.0004	.0004
-3.2	.0005	.0005	.0005	.0006	.0006	.0006	.0006
-0.5	.2776	.2810	.2843	.2877	.2912	.2946	.2981
-0.4	.3121	.3156	.3192	.3228	.3264	.3300	.3336
-0.3	.3483	.3520	.3557	.3594	.3632	.3669	.3707
-0.2	.3859	.3897	.3936	.3974	.4013	.4052	.4090
-0.1	.4247	.4286	.4325	.4364	.4404	.4443	.4483
-0.0	.4641	.4681	.4721	.4761	.4801	.4840	.4880

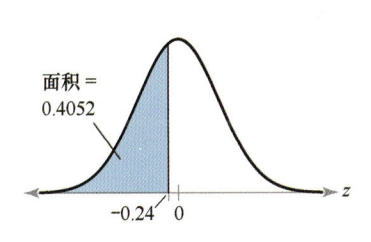

面积 = 0.4052

TI-84 PLUS
normalcdf(-10000,-.24,0,1)
　　　0.405165175

自测题 3

1. 求与 z 分数-2.19 对应的累积面积。
2. 求与 z 分数 2.17 对应的累积面积。

当 z 分数不在表中时，使用与其最接近的数据项。对于正好在两个 z 分数中间的 z 分数，使用相应面积中间的面积。

可以根据如下指南来求标准正态曲线下的各类面积。

指南　求标准正态曲线下的面积

1. 绘制标准正态曲线，并对曲线下的适当区域着色。
2. 按照所示每种情况的说明求面积。
　a. 要求 z 左侧的面积，可在标准正态表中求与 z 对应的面积。

第 5 章　正态概率分布　**151**

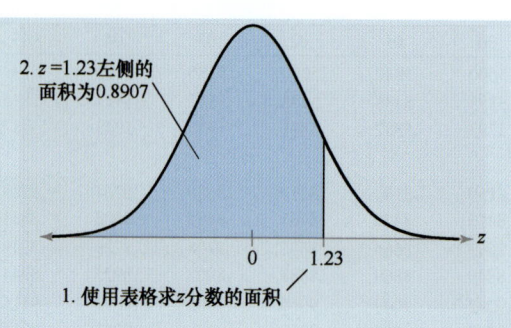

b. 要求 z 右侧的面积，可使用标准正态表求与 z 对应的面积，然后用 1 减去该面积。

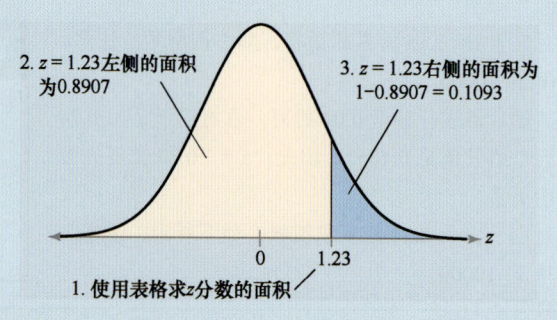

c. 要求两个 z 分数之间的面积，可在标准正态表中求每个 z 分数对应的面积，然后用较大的面积减去较小的面积。

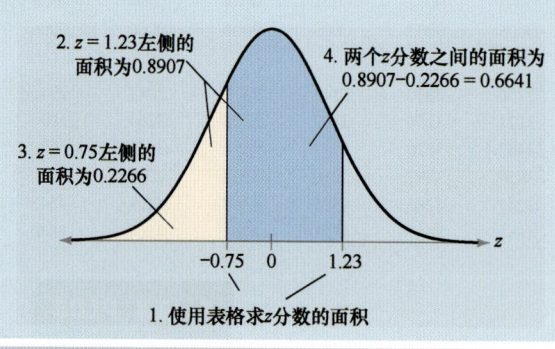

【例题 4】求标准正态曲线下的面积

求 z = −0.99 左侧标准正态曲线下的面积。

解答：

下图显示了 z = −0.99 左侧标准正态曲线下的面积。

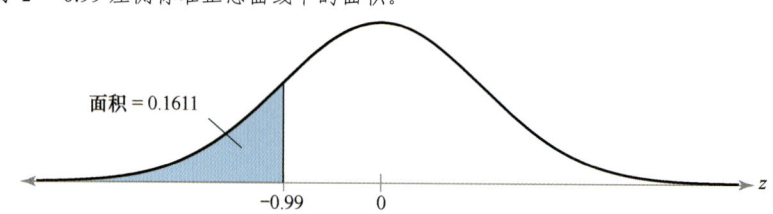

根据标准正态表，求得 z = −0.99 左侧的面积为 0.1611。

可以使用软件求 z = −0.99 左侧的面积，如右图所示。

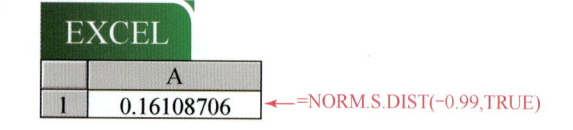

	A
1	0.16108706

←=NORM.S.DIST(-0.99,TRUE)

152 统计学与生活（第 8 版）

自测题 4

求 $z = 2.13$ 左侧标准正态曲线下的面积。

【例题 5】求标准正态曲线下的面积

求 $z = 1.06$ 右侧标准正态曲线下的面积。

解答:

下图显示了 $z = 1.06$ 右侧标准正态曲线下的面积。

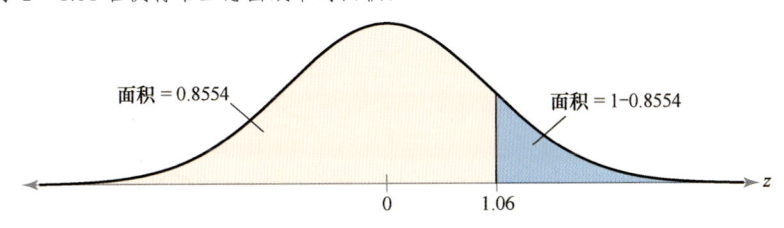

根据标准正态表,可得 $z = 1.06$ 左侧的面积为 0.8554。
曲线下方的总面积为 1,所以 $z = 1.06$ 右侧的面积为 $1 - 0.8554 = 0.1446$。
可以使用软件来求 $z = 1.06$ 右侧的面积,如右图所示。

EXCEL

	A
1	0.1445723

=1-NORM.S.DIST(1.06,TRUE)

自测题 5

求 $z = -2.16$ 右侧标准正态曲线下的面积。

【例题 6】求标准正态曲线下的面积

求 $z = -1.5$ 和 $z = 1.25$ 之间标准正态曲线下的面积。

解答:

下图显示了 $z = -1.5$ 和 $z = 1.25$ 之间标准正态曲线下的面积。

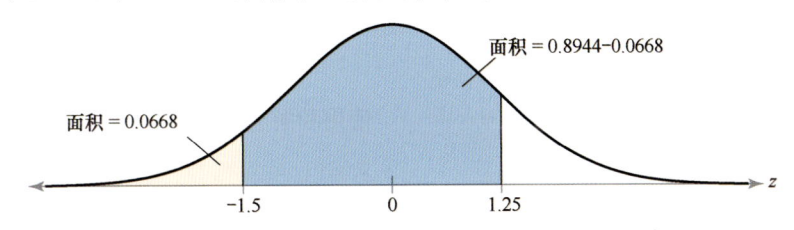

根据标准正态表,$z = 1.25$ 左侧的面积为 0.8944,$z = -1.5$ 左侧的面积为 0.0668。因此,$z = -1.5$ 和 $z = 1.25$ 之间的面积为 $0.8944 - 0.0668 = 0.8276$。

注意,使用软件时的答案可能与使用标准正态表时的答案稍有不同。例如,使用 TI-84 PLUS 求面积时,会得到右图所示的结果。

解释: 曲线下约 82.76% 的面积落在 $z = -1.5$ 和 $z = 1.25$ 之间。

TI-84 PLUS

normalcdf(-1.5,1.25,0,1)
　　　　　0.8275429323

自测题 6

求 $z = -2.165$ 和 $z = -1.35$ 之间标准正态曲线下的面积。

因为正态分布是连续的概率分布,所以 z 分数左侧标准正态曲线下的面积给出了 z 小于该 z 分数的概率。例如,在例题 4 中,$z = -0.99$ 左侧的面积是 0.1611。因此,$P(z < -0.99) = 0.1611$,下表显示了例题 5 和例题 6 的概率(下一节介绍有关求概率的更多信息)。

第 5 章　正态概率分布　153

	面 积	概 率
例题 5	$z = 1.06$ 的右侧：0.1446	$P(z > 1.06) = 0.1446$
例题 6	$z = -1.5$ 和 $z = 1.25$ 之间：0.8276	$P(-1.5 < z < 1.25) = 0.8276$

回顾 2.4 节可知，超过均值两个标准差的值被认为是异常的。超过均值三个标准差的值被认为是极度异常的。因此，z 分数大于 2 或小于 -2 是异常的。z 分数大于 3 或小于 -3 是极度异常的。

5.1.3 习题

培养基本技能和词汇

01. 已知正态分布的均值，如何求中位数？
02. 正态曲线下的总面积是多少？
03. 描述正态分布图上的拐点，拐点位于什么 x 值处？
04. 给出两个连续变量的真实例子，包括可能是正态分布的例子。
05. 绘制两条均值相同但标准差不同的正态曲线，并描述异同。
06. 绘制两条均值不同但标准差相同的正态曲线，并描述异同。
07. 标准正态分布的均值是多少？标准正态分布的标准差是多少？
08. 解释如何将正态分布变量的给定 x 值转换为 z 分数。
09. **概念**。为何说"一个"正态分布和"标准正态分布"是正确的？
10. **概念**。一个 z 分数是 0。如下陈述中的哪个一定为真？说明原因。(a)均值为 0；(b)相应的 x 值为 0；(c)相应的 x 值等于均值。

图形分析。在习题 11～16 中，确定图形是否可以表示正态分布的变量，如果图形显示为正态分布，估计均值和标准差。

11.

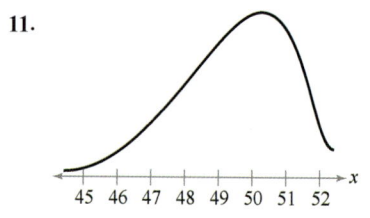

12.

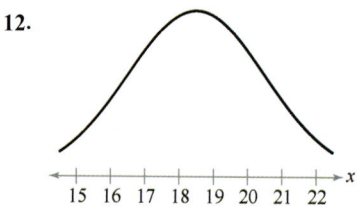

13.

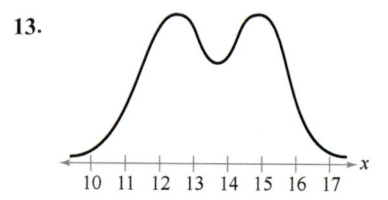

14.

15.

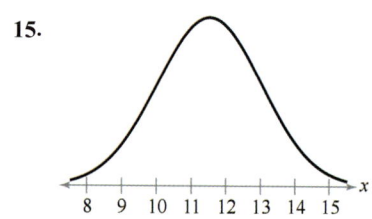

16.

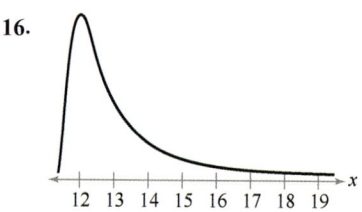

使用和解释概念

求面积。在习题 17～22 中，求标准正态曲线下阴影区域的面积。方便时，使用软件求该面积。

17.

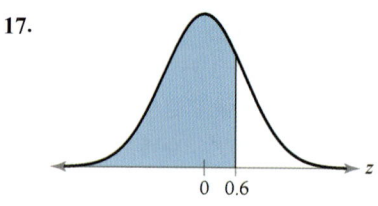

18.

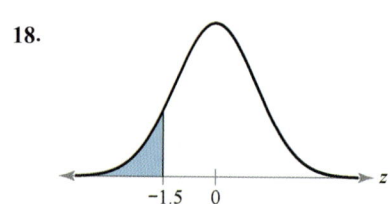

19.

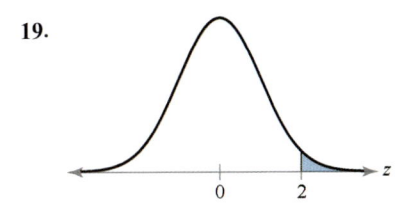

20.

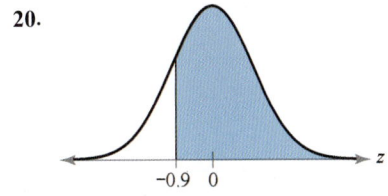

21.

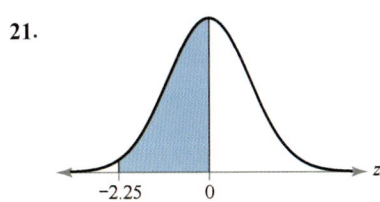

22.

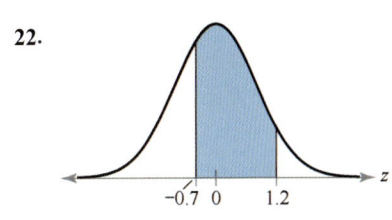

求面积。 在习题 23~36 中，求标准正态曲线下指定的面积。方便时，使用软件求该面积。

23. $z = 0.33$ 左侧的面积。

24. $z = -3.16$ 左侧的面积。

25. $z = -1.675$ 左侧的面积。

26. $z = 1.365$ 左侧的面积。

27. $z = -0.65$ 右侧的面积。

28. $z = 3.25$ 右侧的面积。

29. $z = -0.355$ 右侧的面积。

30. $z = 2.215$ 右侧的面积。

31. $z = 0$ 和 $z = 2.86$ 之间的面积。

32. $z = -1.53$ 和 $z = 0$ 之间的面积。

33. $z = -1.55$ 和 $z = 1.55$ 之间的面积。

34. $z = -2.33$ 和 $z = 2.33$ 之间的面积。

35. $z = -1.28$ 左侧的面积和 $z = 1.28$ 右侧的面积。

36. $z = -1.44$ 左侧的面积和 $z = 2.21$ 右侧的面积。

37. 制造商声明。 假设你为消费者监督出版物，并且正在测试轮胎制造商的广告声明。制造商声称，轮胎的使用寿命呈正态分布，均值为 40000 英里，标准差为 4000 英里。你测试了 16 个轮胎并记录了如下使用寿命：48778 41046 29083 36394 32302 42787 41972 37229 25314 31920 38030 38445 30750 38886 36770 46049。

(a)使用 5 个区组绘制频数直方图以显示这些数据。寿命是否呈正态分布？解释原因；(b)求样本均值和标准差；(c)将样品的均值和标准差与制造商声明的进行比较，并讨论差异。

38. 牛奶消费量。 你正在进行一项关于每周人均牛奶消费量的研究。先前的一项研究发现，每周人均牛奶消费量呈正态分布，均值为 48.7 液量盎司，标准差为 8.6 液量盎司。你随机抽取了 30 人，并记录了每周的牛奶消费量，如下所示：40 45 54 41 43 31 47 30 33 37 48 57 52 45 38 65 25 39 53 51 58 52 40 46 44 48 61 47 49 57。

(a)使用 7 个区组绘制频数直方图以显示这些数据。消耗量是否呈正态分布？解释原因；(b)求样本均值和标准差；(c)将你的样本均值和标准差与先前研究的进行比较，并讨论差异。

计算和解释 z 分数。 在习题 39 和 40 中，(a)求对应于每个值的 z 分数；(b)确定是否有任何值是异常的。

39. 斯坦福-比奈智商测试分数。 斯坦福-比奈智商量表的测试分数呈正态分布，平均分为 100，标准差为 16。随机选出的 4 名学生的测试分数分别为 98、65、106 和 124。

40. SAT 成绩。 参加 SAT 考试的学生成绩呈正态分布，平均分为 1051 分，标准差为 211 分。随机抽取的 4 名学生的成绩分别为 1050、960、870 和 1440。

求概率。 在习题 41~46 中，求 z 出现在标准正态分布阴影区域的概率，方便时用软件求概率。

41.

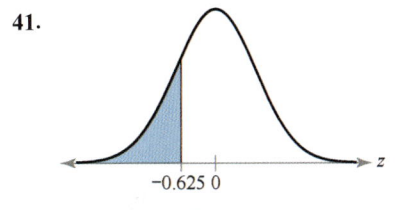

42.

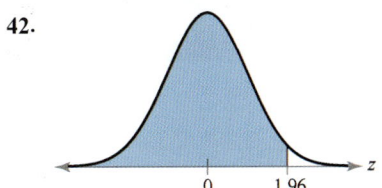

43.

44.

45.

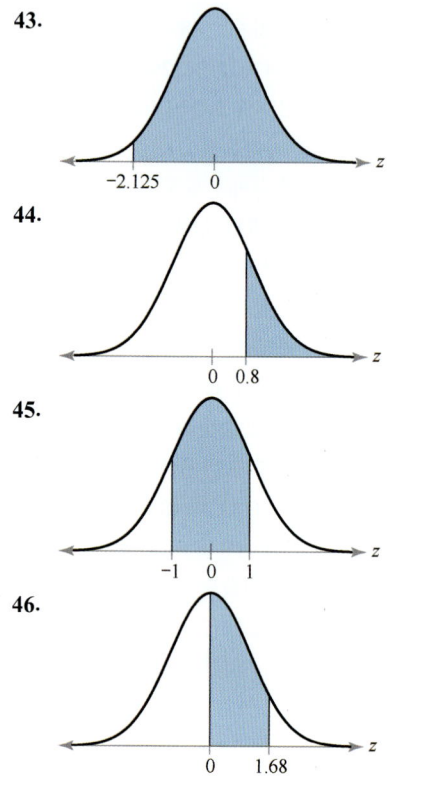

46.

求概率。在习题 47~56 中，用标准正态分布求概率，方便时用软件求概率。

47. $P(z < 0.53)$。

48. $P(z < -1.11)$。

49. $P(z > 2.175)$。

50. $P(z > -1.85)$。

51. $P(-0.89 < z < 0)$。

52. $P(0 < z < 0.835)$。

53. $P(-1.78 < z < 1.78)$。

54. $P(-1.54 < z < 1.54)$。

55. $P(z < -2.58$ 或 $z > 2.58)$。

56. $P(z < -1.22$ 或 $z > 1.32)$。

概念扩展

57. 简述。画一条均值为 60、标准差为 12 的正态曲线，描述你是如何构建曲线的并讨论其特征。

58. 简述。画一条均值为 450、标准差为 50 的正态曲线，描述你是如何构建曲线的并讨论其特征。

均匀分布。均匀分布是随机变量 x 在两个值 a 和 b 之间的连续概率分布（$a<b$），其中 $a \leq x \leq b$，且 x 的所有值出现的可能性相等。均匀分布的图形如下图所示。

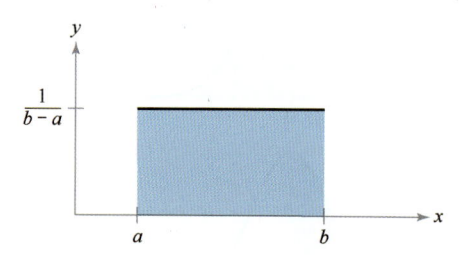

在从 $x = a$ 到 $x = b$ 的区间上，均匀分布的概率密度函数为 $y = \dfrac{1}{b-a}$。对于任何小于 a 或大于 b 的 x 值，$y = 0$。在习题 59 和 60 中，使用此信息。

59. 证明均匀分布的概率密度函数满足概率密度函数的两个条件。

60. 对于两个值 c 和 d，其中 $a \leq c < d \leq b$，x 位于 c 和 d 之间的概率等于 c 和 d 之间曲线下的面积，如下图所示。

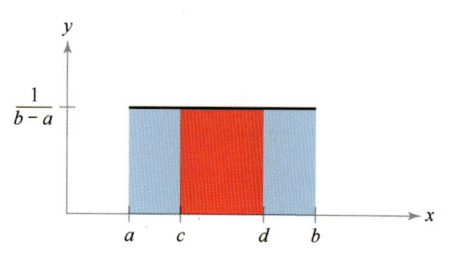

因此，红色区域的面积等于 x 位于 c 和 d 之间的概率。对于从 $a = 1$ 到 $b = 25$ 的均匀分布，求：(a) x 位于 2 和 8 之间的概率；(b) x 位于 4 和 12 之间的概率；(c) x 位于 5 和 17 之间的概率；(d) x 位于 8 和 14 之间的概率。

5.2　正态分布：求概率

学习目标
▶ 使用表格和软件求正态分布变量的概率

5.2.1　概率与正态分布

当随机变量 x 呈正态分布时，计算区间内正态曲线下的面积，可以求出 x 位于该区间内的概率。要求任何正态曲线下的面积，首先要将区间的上限和下限转换为 z 分数，然后用标准正态分布求面积。例如，考虑 $\mu = 500$ 和 $\sigma = 100$ 的正态曲线，如右图所示。高于均值一个标准差的 x 值为 $\mu + \sigma = 500 + 100 = 600$。现在考虑下方所示的标准正态曲线。高于均值一个标准差的 z 值为 $\mu + \sigma = 0 + 1 = 1$。因为 z 值为 1 对应于 x 值为 600，且面积不随向标准正态曲线的转换而改变，所以图中的阴影面积相等。

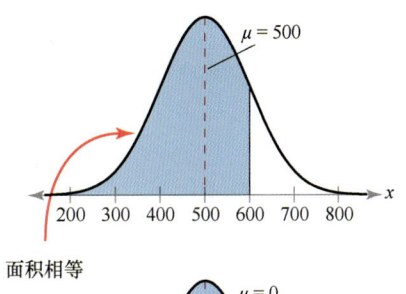

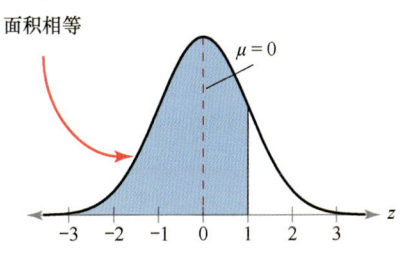

【例题 1】求正态分布的概率

一项全国性研究发现，在职大学生平均每周工作 25 小时，标准差为 11 小时。随机挑选一名在职大学生，求其每周工作时间少于 5 小时的概率。假设大学生工作的时长呈正态分布，并用变量 x 表示。

解答：

右图显示了 $\mu = 25$、$\sigma = 11$ 的正态曲线，以及 x 小于 5 的阴影区域。

对应于 5 小时的 z 分数为 $z = \dfrac{x - \mu}{\sigma} = \dfrac{5 - 25}{11} \approx -1.82$。

标准正态表显示 $P(z < -1.82) = 0.0344$。

大学生每周工作时间少于 5 小时的概率为 0.0344。

解释： 因此，3.44%的在职大学生每周工作时间少于 5 小时。3.44%低于 5%，因此这是一个异常事件。

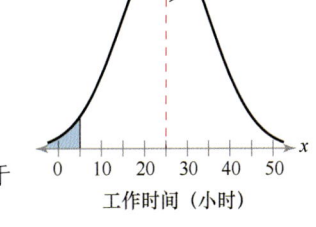

在例题 1 中，因为 $P(z < -1.82) = P(x < 5)$，所以另一种写概率的方法是 $P(x < 5) = 0.0344$。

自测题 1

在高速公路上行驶的车辆的平均速度为 67 英里/小时，标准差为 3.5 英里/小时。随机选择一辆车，它违反 70 英里/小时限速的概率是多少？假设速度呈正态分布，并用变量 x 表示。

提示： 要了解如何确定随机样本是否取自正态分布，请参阅附录 C。

【例题 2】求正态分布的概率

一项调查表明，购物者每次去商店平均花 41 分钟，标准差为 12 分钟。在商店中花的时长呈正态分布，且由变量 x 表示。一名购物者进入了商店。(a) 求购物者在如下时间区间内进入商店的概率；(b) 当 200 名购物者进入商店时，你预计在下面列出的每个时间区间内有多少名购物者进入商店？

1. 20 分钟和 50 分钟之间。
2. 35 分钟以上。

解答：

1. (a) 右图显示了一条正态曲线，其中 $\mu = 41$ 分钟，$\sigma = 12$ 分钟，x 的阴影区域在 20 和 50 分钟之间。

   对应于 20 分钟和 50 分钟的 z 分数为

   $z_1 = \dfrac{20 - 41}{12} = -1.75$ 和 $z_2 = \dfrac{50 - 41}{12} = 0.75$

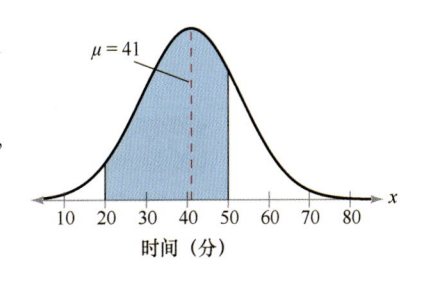

因此，购物者在商店停留 20 到 50 分钟的概率是
$$P(20 < x < 50) = P(-1.75 < z < 0.75)$$
$$= P(z < 0.75) - P(z < -1.75)$$
$$= 0.7734 - 0.0401 = 0.7333$$

(b)解释：当 200 名购物者进入商店时，预计有 200(0.7333) = 146.66 ≈ 147 名购物者在 20 到 50 分钟内进入商店。

2. (a)右图显示了一条正态曲线，其中 μ = 41 分钟，σ = 12 分钟，x 的阴影区域大于 35。对应于 35 分钟的 z 分数为 $z = \dfrac{35-41}{12} = -0.5$。

因此，购物者在商店内停留超过 35 分钟的概率为
$$P(x > 35) = P(z > -0.5)$$
$$= 1 - P(z < 0.05) = 1 - 0.3085 = 0.6915$$

(b)解释：当 200 名购物者进入商店时，预计有 200(0.6915) = 138.3 ≈ 138 名购物者在商店内停留超过 35 分钟。

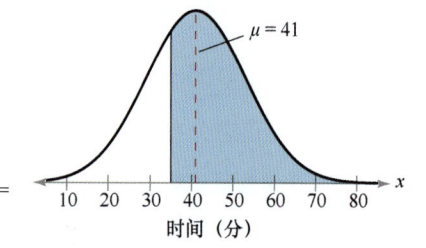

自测题 2

例题 2 中的购物者在商店停留 29 到 56 分钟的概率是多少？当 200 名购物者进入商店时，预计在 29 至 56 分钟内有多少名购物者进入商店？

另一种求正态概率的方法是使用软件。例如，可以使用 MINITAB、EXCEL、STATCRUNCH 和 TI-84 PLUS 求正态概率。

【例题 3】使用软件求正态概率

在美国，每个州参与病人护理的医生数量呈正态分布，平均每十万常住人口有 280 名医生，标准差为每十万常住人口有 78 名医生。随机选择一个州，该州每十万常住人口拥有少于 300 名医生的概率是多少？使用软件求概率。

解答：

MINITAB、EXCEL、STATCRUNCH 和 TI-84 PLUS 都有求正态概率的功能，而无须首先转换为标准 z 分数。注意，要使用这些功能，就要指定总体的均值和标准差，并求区间内的任何 x 值。设 μ = 280，σ = 78，求该州每十万常住人口拥有少于 300 名医生的概率，即 $P(x < 300)$ （见下图）。

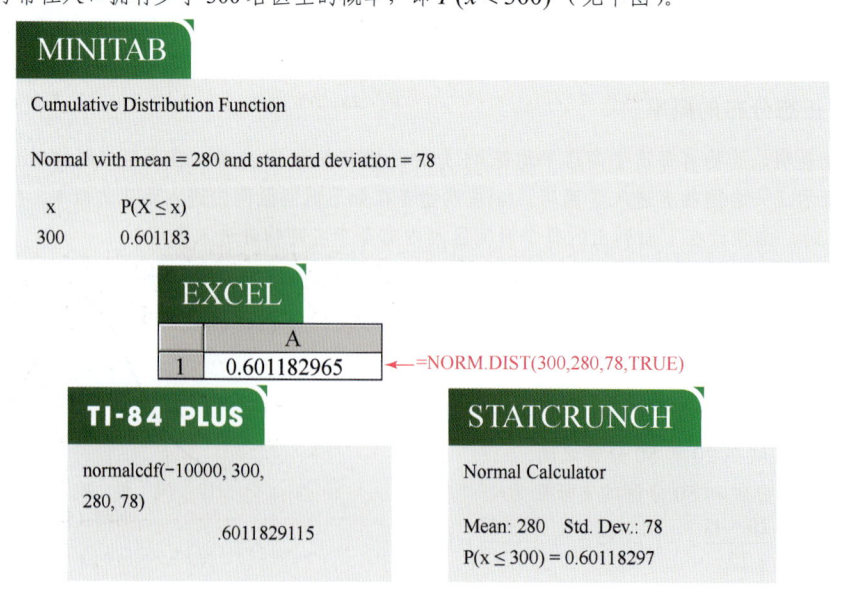

MINITAB

Cumulative Distribution Function

Normal with mean = 280 and standard deviation = 78

x	P(X ≤ x)
300	0.601183

EXCEL

	A
1	0.601182965	←=NORM.DIST(300,280,78,TRUE)

TI-84 PLUS

normalcdf(-10000, 300, 280, 78)
　　　　　.6011829115

STATCRUNCH

Normal Calculator

Mean: 280　Std. Dev.: 78

P(x ≤ 300) = 0.60118297

158　统计学与生活（第 8 版）

由显示结果可以看出 $P(x<300) \approx 0.601$。

解释：该州每十万常住人口拥有少于 300 名医生的概率约为 0.601 或 60.1%。

自测题 3

随机选择一个州。使用例题 3 中的数据，该州每十万常住人口拥有 300 至 350 名医生的概率是多少？使用软件求概率。

描绘世界

在棒球运动中，击球率等于安打数除以击球数。美国职业棒球大联盟所有球员最近一年的击球率可用正态分布来近似，如右图所示。击球率的均值为 0.245，标准差为 0.017。

有百分多少的球员的击球率达到 0.260 或更高？在花名册上的 40 名球员中，你认为有多少人的平均击球率达到 0.260 或更高？

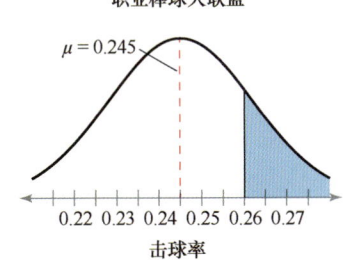

5.2.2 习题

培养基本技能和词汇

计算正态分布的概率。在习题 01～06 中，随机变量 x 呈正态分布，均值 $\mu = 174$，标准差 $\sigma = 20$，求概率。

01. $P(x<170)$。
02. $P(x<200)$。
03. $P(x>182)$。
04. $P(x>155)$。
05. $P(160<x<170)$。
06. $P(172<x<192)$。

使用和解释概念

求正态分布的概率。在习题 07～12 中，求概率，方便时使用软件求概率。

07. **女性身高**。在一项针对 19 岁美国女性的调查中，发现她们的身高呈正态分布，均值为 63.9 英寸，标准差为 3.3 英寸。求随机选择的女性的身高(a)小于 57 英寸、(b)在 60 和 65 英寸之间、(c)大于 70.5 英寸的概率。识别(a)问至(c)问中的任何异常事件并解释理由。

08. **头围**。在一项针对 3～5 个月男婴的调查中，发现头围呈正态分布，均值为 42.9 厘米，标准差为 1.5 厘米。求调查中随机选择的婴儿的头围(a)小于 41 厘米、(b)在 41 厘米和 45 厘米之间、(c)大于 45.8 厘米的概率。识别(a)问至(c)问中的任何异常事件并解释理由。

09. **MCAT 分数**。在最近一年中，MCAT 总分呈正态分布，均值为 500.9 分，标准差为 10.6 分。求随机选择的参与 MCAT 的医学生的总分(a)小于 490 分、(b)在 490 分和 510 分之间、(c)大于 515 分的概率。识别(a)问至(c)问中的任何异常事件并解释理由。

10. **MCAT 分数**。在最近一年中，批判性分析和推理技能部分的 MCAT 分数呈正态分布，均值为 124.8 分，标准差为 2.9 分。求随机选择的参与 MCAT 的医学生的批判性分析和推断技能得分(a)低于 120 分、(b)在 122 分和 127 分之间、(c)高于 131 分的概率。识别(a)问至(c)问中的任何异常事件并解释理由。

11. **公用事业费用**。一个城市每月的公用事业费用呈正态分布，均值为 100 美元，标准差为 12 美元。求随机选择的公用事业费用(a)低于 70 美元、(b)在 90 美元和 120 美元之间、(c)高于 140 美元的概率。

12. **健身俱乐部时间表**。运动员每次使用爬梯机的时间呈正态分布，均值为 20 分钟，标准差为 5 分钟。求随机选择的运动员使用爬梯机(a)少于 17 分钟、(b)在 20 分钟和 28 分钟之间、(c)超过 30 分钟的概率。

图形分析。在习题 13～16 中，从图形表示的总体中随机选择一名成员。求随机选择的成员来自图中阴影区域的概率，假设变量 x 呈正态分布。

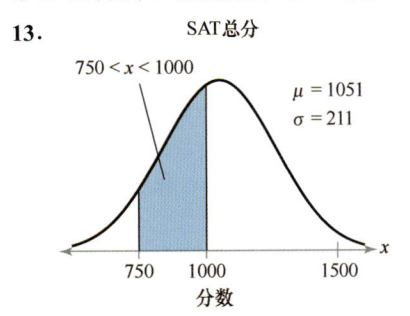

13.

14. ACT综合得分
$25 < x < 30$
$\mu = 20.7$
$\sigma = 5.9$

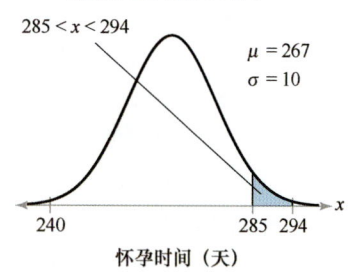

15. 新妈妈总体的怀孕时间
$285 < x < 294$
$\mu = 267$
$\sigma = 10$

16. 成年男性总体的红细胞数量
$4.5 < x < 5.5$
$\mu = 5.4$
$\sigma = 0.4$

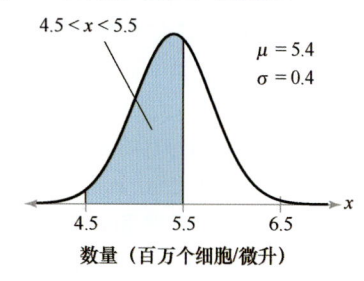

使用正态分布。在习题17~20中，回答有关正态分布的问题。

17. SAT 总分。使用习题 13 中的正态分布。(a)SAT 总分低于 1300 分的百分比是多少？(b)在随机选择的 1000 个 SAT 总分中，预计有多少个高于 1100 分？

18. ACT 综合得分。使用习题 14 中的正态分布。(a)ACT 综合得分低于 19 分的百分比是多少？(b)在随机选择的 1500 个 ACT 综合得分中，预计有多少个分数大于 21？

19. 怀孕时间。使用习题 15 中的正态分布。(a)怀孕不到 290 天的新妈妈的百分比是多少？(b)怀孕 260 天至 300 天的新妈妈的百分比是多少？(c)在随机选择的 250 名新妈妈中，预计有多少人的怀孕时间超过 287 天？

20. 红细胞计数。使用习题 16 中的正态分布。(a)每微升红细胞数量低于 600 万个的成年男性的百分比是多少？(b)每微升红细胞数量在 470 万个

至 530 万个之间的成年男性占多大比例？(c)在随机选择的 200 名成年男性中，约有多少人的红细胞数量大于每微升 480 万个？

概念扩展

控制图。统计过程控制（SPC）使用统计数据来监控和改进过程的质量，如制造发动机零件。在 SPC 中，有关过程的信息被收集并用于确定过程是否满足所有指定的要求。SPC 中使用的一个工具是控制图。当变量 x 的各个测量值呈正态分布时，可以使用控制图来检测可能超出统计控制的过程。下面列出了控制图用于检测可能失控的过程的三个警告信号。

(1) 1 个点位于均值的 3 个标准差之外。
(2) 9 个连续的点落在均值的一侧。
(3) 3 个连续点中至少有 2 个与均值的偏差超过 2 个标准差。

在习题 21~24 中，控制图如下所示。每幅图都在均值 $\mu \pm 2\sigma$ 和 $\mu \pm 3\sigma$ 处画有水平线。确定显示的过程是受控的还是失控的，并解释原因。

21. 齿轮的设计直径为 3 英寸，该过程的标准差为 0.2 英寸。

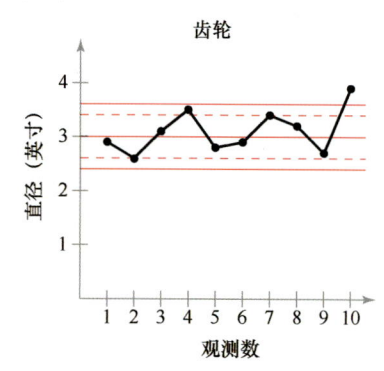

齿轮

22. 钉子的设计长度为 4 英寸，该过程的标准差为 0.12 英寸。

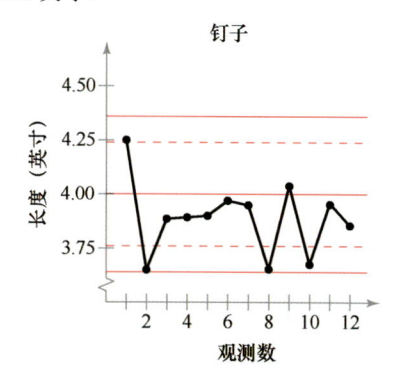

钉子

23. 设计的一种液体分配机用于向瓶中填充 1 升液体，该过程的标准差为 0.1 升。

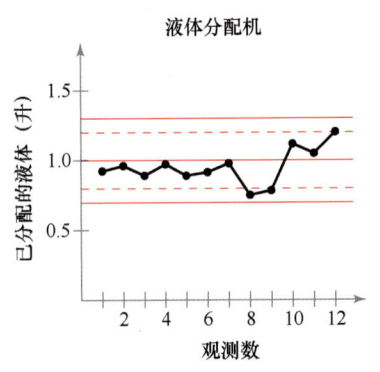

24. 发动机零件的设计直径为 55 毫米，该过程的标准差为 0.001 毫米。

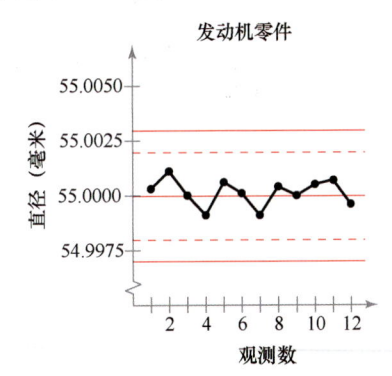

5.3 正态分布：求值

> **学习目标**
> ▶ 已知正态曲线下的面积时，求 z 分数
> ▶ 将 z 分数转换为 x 值
> ▶ 已知概率时，求正态分布的特定数据值

5.3.1 求 z 分数

5.2 节说过，给定一个正态分布的随机变量 x，计算区间内正态曲线下的面积，就可以求出 x 位于该区间的概率。

但是，给定一个概率时，如何求一个值？例如，一所大学可能想知道一名学生在入学考试中位于前 10%的最低考试分数，或者一名医学研究人员可能想知道按年龄选择中间 90%患者的临界值。本节介绍如何在已知正态曲线下的面积（或概率）的情况下求值，如下例所示。

【例题 1】求给定面积的 z 分数

1. 求对应于累积面积 0.3632 的 z 分数。
2. 求其右侧具有 10.75%分布面积的 z 分数。

解答：

1. 在标准正态表中找到 0.3632，然后找到对应于面积 0.3632 的 z 分数。相应行的开头和相应列的顶部的值给出了 z 分数。对于该面积，行值为 -0.3，列值为 0.05。因此，z 分数为 -0.35，如下图所示。

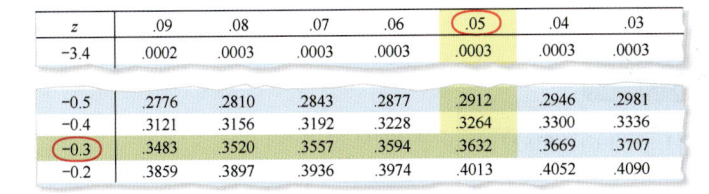

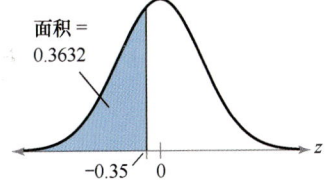

z	.09	.08	.07	.06	.05	.04	.03
-3.4	.0002	.0003	.0003	.0003	.0003	.0003	.0003
-0.5	.2776	.2810	.2843	.2877	.2912	.2946	.2981
-0.4	.3121	.3156	.3192	.3228	.3264	.3300	.3336
-0.3	.3483	.3520	.3557	.3594	.3632	.3669	.3707
-0.2	.3859	.3897	.3936	.3974	.4013	.4052	.4090

2. 因为右侧的面积是 0.1075，所以累积面积是 1 - 0.1075 = 0.8925。在标准正态表中找到 0.8925，求对应于面积 0.8925 的 z 分数。对于该面积，行值为 1.2，列值为 0.04。因此，z 分数为 1.24，如下图所示。

z	.00	.01	.02	.03	.04	.05	.06
0.0	.5000	.5040	.5080	.5120	.5160	.5199	.5239
1.0	.8413	.8438	.8461	.8485	.8508	.8531	.8554
1.1	.8643	.8665	.8686	.8708	.8729	.8749	.8770
1.2	.8849	.8869	.8888	.8907	.8925	.8944	.8962
1.3	.9032	.9049	.9066	.9082	.9099	.9115	.9131

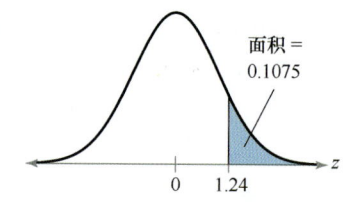

面积 = 0.1075

自测题 1

1. 求其右侧 96.16% 的分布面积的 z 分数。
2. 求 95% 的分布面积位于 −z 和 z 之间的正 z 分数。

在例题 1 中，给定面积对应于标准正态表中的数据项。在大多数情况下，该面积不是表中的数据项。在这些情况下，可使用最接近它的数据项（或者使用软件求出，如例题 2 中所示）。当面积位于两个面积数据项的中间时，可以使用相应 z 分数中间的 z 分数。

2.5 节介绍了百分位是如何将数据集划分为 100 个相等的部分的。要求与百分位对应的 z 分数，可以使用标准正态表。回顾可知，如果值 x 表示第 83 百分位 P_{83}，那么 83% 的数据值低于 x，17% 的数据值高于 x。

【例题 2】求给定百分位的 z 分数

求与每个百分位相对应的 z 分数：1. P_5；2. P_{50}；3. P_{90}。

解答：

1. 为了求对应于 P_5 的 z 分数，可在标准正态表中找到 0.05，求对应于 0.05 的面积的 z 分数（见下左图）。表中最接近 0.05 的面积为 0.0495（z = −1.65）和 0.0505（z = −1.64）。因为 0.05 是表中两个面积的中间值，所以使用 −1.64 和 −1.65 的中间值。因此，对应于面积 0.05 的 z 分数为 −1.645。
2. 为了求对应于 P_{50} 的 z 分数，可在标准正态表中找到 0.5，求对应于 0.5 的面积的 z 分数（见下中图）。表中最接近 0.5 的面积为 0.5000，因此对应于面积 0.5 的 z 分数为 0。
3. 为了求对应于 P_{90} 的 z 分数，可在标准正态表中找 0.9，求对应于 0.9 的面积的 z 分数（见下右图）。表中最接近 0.9 的面积是 0.8997，因此对应于面积 0.9 的 z 分数约为 1.28。

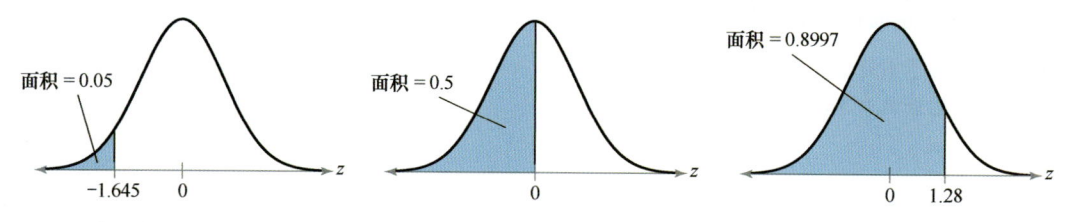

面积 = 0.05, −1.645

面积 = 0.5, 0

面积 = 0.8997, 1.28

可以使用软件来求与每个百分位对应的 z 分数，如下图所示。记住，使用软件时，答案可能与使用标准正态表时的稍有不同。

EXCEL

	A	B	
1	1.	−1.644853627	←=NORM.INV(0.05,0,1)
2	2.	0	←=NORM.INV(0.5,0,1)
3	3.	1.281551566	←=NORM.INV(0.9,0,1)

自测题 2

求与每个百分位相对应的 z 分数：1. P_{10}；2. P_{20}；3. P_{99}。

5.3.2 将 z 分数转换为 x 值

回顾可知，要将 x 值转换为 z 分数，可以使用公式 $z = \dfrac{x-\mu}{\sigma}$。这个公式用 x 表示 z。解这个关于 x 的公式，得到一个新公式，它用 z 表示 x：

$$z = \dfrac{x-\mu}{\sigma} \Rightarrow z\sigma = x - \mu \Rightarrow \mu + z\sigma = x \Rightarrow x = \mu + z\sigma$$

将 z 分数转换为 x 值
要将给定总体中的标准 z 分数转换为 x 值，可使用公式 $x = \mu + z\sigma$。

【例题 3】求对应于 z 分数的 x 值

兽医记录在诊所接受治疗的猫的体重。体重呈正态分布，均值为 9 磅，标准差为 2 磅。求每个 z 分数对应的体重 x，并解释结果：1. $z = 1.96$；2. $z = -0.44$；3. $z = 0$。

解答：

使用公式 $x = \mu + z\sigma$ 计算对应于每个标准 z 分数的 x 值。注意，$\mu = 9$，$\sigma = 2$。

1. 当 $z = 1.96$ 时，体重 x 为 $x = 9 + 1.96 \times 2 = 12.92$ 磅。
2. 当 $z = -0.44$ 时，体重 x 为 $x = 9 - 0.44 \times 2 = 8.12$ 磅。
3. 当 $z = 0$ 时，体重 x 为 $x = 9 + 0 \times 2 = 9$ 磅。

解释： 从右图左侧的数字可以看出，12.92 磅在均值的右侧，8.12 磅在均值的左侧，9 磅等于均值。

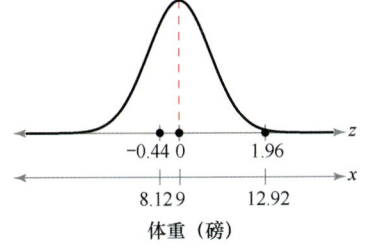

自测题 3

兽医记录在诊所接受治疗的狗的体重。体重呈正态分布，均值为 52 磅，标准差为 15 磅。求每个 z 分数对应的体重 x 并解释结果：1. $z = -2.33$；2. $z = 3$；3. $z = 0.58$。

5.3.3 求给定概率的特定数据值

还可使用正态分布来求给定概率的特定数据值（x 值），如例题 4 和例题 5 所示。

描绘世界

许多投资者选择共同基金作为投资股市的一种方式。在最近五年内，大型成长型共同基金的年平均回报率约为 21.2%，标准差为 3.5%。中间 90% 的数据位于哪两个值之间？

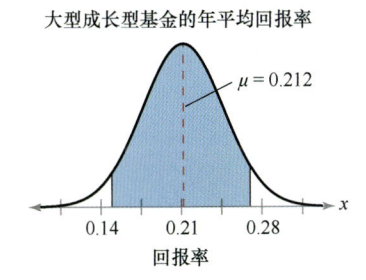

【例题 4】求特定数据值

加利福尼亚州和平官员标准和培训测试的分数呈正态分布，均值为 50，标准差为 10。代理机构只雇佣分数在前 10% 的申请人。申请人有资格被该机构雇佣的最低分数是多少？

解答：

前 10% 的考试分数对应于右图中的阴影区域。

前 10% 的测试分数是指高于第 90 百分位的任何分数。要求代表

第 5 章 正态概率分布

第 90 百分位的分数，就要先求对应于累积面积 0.9 的 z 分数。在标准正态表中，最接近 0.9 的面积是 0.8997。因此，对应于面积 0.9 的 z 分数为 z = 1.28。要求 x 值，注意到 $\mu = 50$，$\sigma = 10$，因此可以使用公式 $x = \mu + z\sigma$，如下所示：

$$x = \mu + z\sigma = 50 + 1.28 \times 10 = 62.8$$

可以使用软件来验证这个答案。例如，可以使用 TI-84 PLUS 求 x 值，如右图所示。

```
TI-84 PLUS
invNorm(.9,50,10)
           62.81551567
```

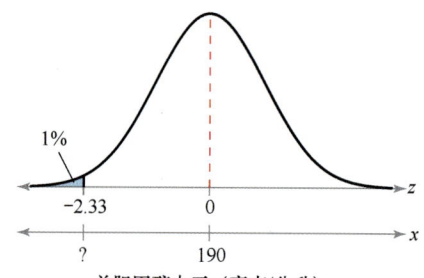

解释：申请人获得并有资格被该机构雇佣的最低分数约为 63 分。

自测题 4

一名研究人员测试了几辆汽车的刹车距离。在干燥路面上，从 60 英里/小时到完全停止的制动距离以英尺为单位。汽车样本的制动距离呈正态分布，均值为 132 英尺，标准差为 5.18 英尺。这些汽车中处于最低 1% 的最长刹车距离是多少？

【例题 5】求特定数据值

在随机选择的 20 岁及以上美国成年人样本中，平均总胆固醇水平为 190 毫克/分升，标准差为 40.9 毫克/分升。假设总胆固醇水平呈正态分布。求一名 20 岁及以上成年人所能拥有的处于最低 1% 的最高总胆固醇水平。

解答：

最低 1% 的总胆固醇水平对应于右图所示的阴影区域。

最低 1% 的总胆固醇水平是指低于第 1 百分位的任何水平。要求代表第 1 百分位的水平，就要先求与 0.01 的累积面积相对应的 z 分数。在标准正态表中，最接近 0.01 的面积是 0.0099。因此，对应于面积 0.01 的 z 分数为 z = −2.33。要求 x 值，注意到 $\mu = 190$，$\sigma = 40.9$，因此使用公式 $x = \mu + z\sigma$，如下所示：

$$x = \mu + z\sigma = 190 + (-2.33) \times 40.9 \approx 94.7$$

可以使用软件来验证这个答案。例如，可以使用 EXCEL 来求 x 值，如下图所示。

	A
1	94.85237195

← =NORM.INV(0.01,190,40.9)

解释：美国 20 岁及以上成年人总胆固醇水平最低的 1% 与最高的 99% 之间的差约为 95 毫克/分升。

自测题 5

员工在公司工作的时间呈正态分布，均值为 11.2 年，标准差为 2.1 年。当公司裁员时，资历最低的 10% 被解雇。员工可以工作但仍被解雇的最长时间是多少？

5.3.4 习题

培养基本技能和词汇

求 z 分数。在习题 01~16 中，使用标准正态表或软件求与累积面积或百分位相对应的 z 分数。

01. 0.2090。 02. 0.4364。 03. 0.6736。
04. 0.7995。 05. 0.05。 06. 0.94。
07. 0.85。 08. 0.0093。 09. P_{33}。
10. P_{67}。 11. $P_{97.5}$。 12. $P_{1.5}$。
13. P_{25}。 14. P_{40}。 15. P_{91}。
16. P_{75}。

图形分析。在习题 17~22 中，求图中所示的 z 分数。

17. 面积 = 0.3520, $z=?$, 0

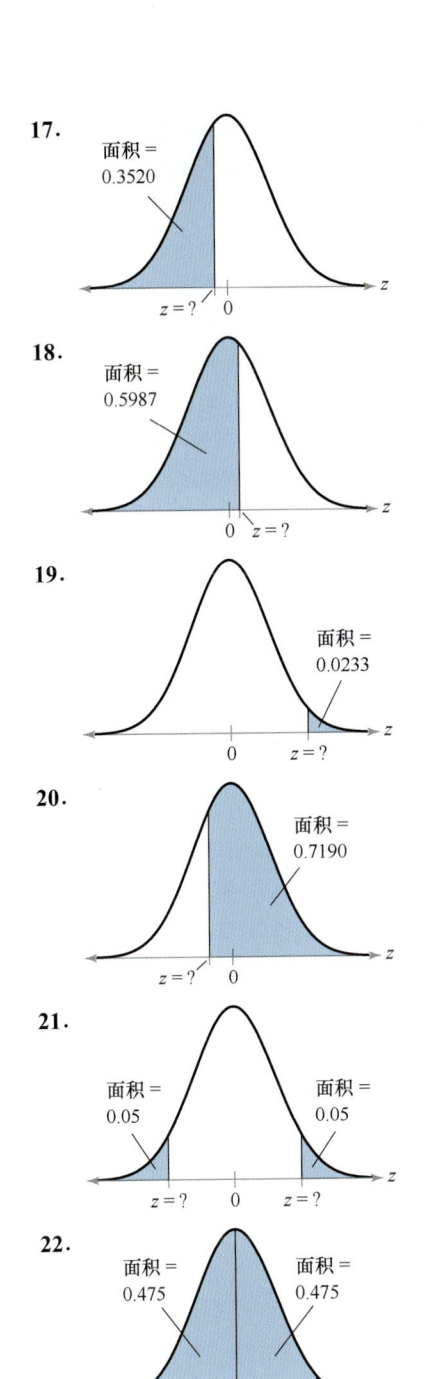

18. 面积 = 0.5987, 0, $z=?$

19. 面积 = 0.0233, 0, $z=?$

20. 面积 = 0.7190, $z=?$, 0

21. 面积 = 0.05（左）, 面积 = 0.05（右）, $z=?$, 0, $z=?$

22. 面积 = 0.475（左）, 面积 = 0.475（右）, $z=?$, 0, $z=?$

求给定面积的 z 分数。在习题 23～30 中，求 z 分数。

23. 求在其左侧有 11.9% 的分布面积的 z 分数。
24. 求在其左侧有 78.5% 的分布面积的 z 分数。
25. 求在其右侧有 63.7% 的分布面积的 z 分数。
26. 求在其右侧有 20.9% 的分布面积的 z 分数。
27. 求在其左侧有 2.275% 的分布面积的 z 分数。
28. 求在其右侧有 84.1345% 的分布面积的 z 分数。
29. 求 80% 的分布面积位于 -z 和 z 之间的正 z 分数。
30. 求 12% 的分布面积位于 -z 和 z 之间的正 z 分数。

使用和解释概念

求指定数据值。在习题 31～38 中，回答有关指定正态分布的问题。

31. **青少年体重**。在一项针对 18 岁男性的调查中，平均体重为 166.7 磅，标准差为 49.3 磅。(a)第 95 百分位的体重是多少？(b)第 43 百分位的体重是多少？(c)第 1 四分位的体重是多少？

32. **新冠肺炎响应**。调查员要求受访者对政府应对新冠肺炎疫情的十个关键方面进行评级，包括准备、沟通和物质援助。计算范围从 0 到 100 的大流行反应评分。美国受访者的平均得分为 50.6，标准差为 29.0。(a)什么分数代表第 88 百分位？(b)什么分数代表第 61 百分位？(c)第 1 四分位的分数是多少？

33. **公告牌 100 首热门歌曲**。2021 年 5 月 5 日这周最受欢迎的 100 首歌曲的长度（秒）近似呈正态分布，如下图所示。(a)第 5 百分位的歌曲长度是多少？(b) 第 17 百分位的歌曲长度是多少？(c)第 3 四分位的歌曲长度是多少？

公告牌100首热门歌曲的长度
$\mu = 187.9s$
$\sigma = 32.8s$
100　150　200　250　x
长度（秒）

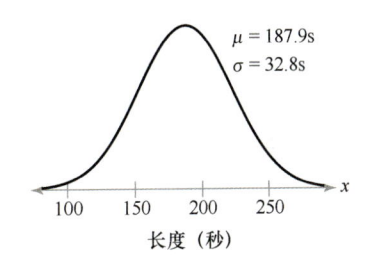

34. **水足迹**。水足迹是衡量淡水占用情况的指标。1 千克小麦的水足迹（立方米）可用正态分布来近似，如下图所示。(a)第 80 百分位的水足迹是多少？(b)第 29 百分位的水足迹是多少？(c)水足迹的第 3 四分位是多少？

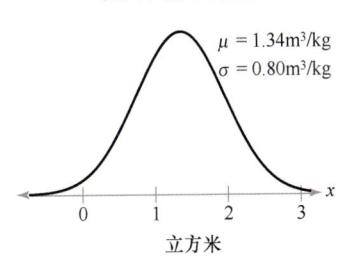

美国小麦的水足迹
$\mu = 1.34 m^3/kg$
$\sigma = 0.80 m^3/kg$
0　1　2　3　x
立方米

35. **高级牙科入学考试**。高级牙科入学考试（ADAT）

第 5 章　正态概率分布

的分数符合正态分布，如下图所示。(a)前 5% 的分数中，最低的 ADAT 分数是多少？(b)ADAT 分数的中间 50% 位于哪两个值之间？

高级牙科入学考试

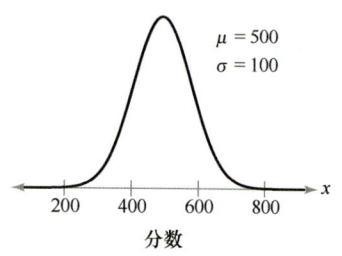

$\mu = 500$
$\sigma = 100$

36. **GRE 成绩**。研究生入学考试（GRE）分析性写作部分的考试成绩可用正态分布来近似，如下图所示。(a)在最低 20% 的分数中，最高分数是多少？(b)分数的中间 80% 位于哪两个值之间？

GRE 分析性写作部分的考试成绩

$\mu = 3.58$
$\sigma = 0.85$

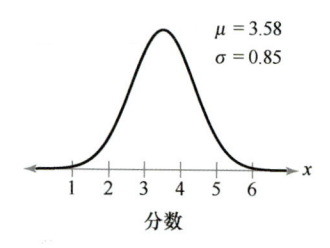

37. **红细胞数量**。成年男性群体的红细胞数量（百万个细胞/微升）近似为正态分布，均值 540 万个细胞/微升，标准差为 40 万个细胞/微升。(a)在前 25% 的红细胞数量中，最小的红细胞数量是多少？(b)多少红细胞数量被认为是异常的？

38. **妊娠持续时间**。新生儿妈妈群体的妊娠持续时间（天）近似为正态分布，均值为 267 天，标准差为 10 天。(a)在妊娠持续时间的前 10% 中，最短的妊娠持续时间是多少？(b)多长时间的妊娠被认为是异常的？

39. **袋装小胡萝卜**。袋装小胡萝卜的重量呈正态分布，均值为 32 盎司，标准差为 0.36 盎司。上 4.5% 的袋子太重，必须重新包装。一袋小胡萝卜不需要重新包装的最大重量是多少？

40. **写保证书**。你销售的汽车轮胎的预期寿命呈正态分布，平均寿命为 30000 英里，标准差为 2500 英里。你想保证免费更换磨损的轮胎，且你愿意更换约 10% 的轮胎。应如何写这个保证？

概念扩展

41. **自动售货机**。自动售货机将咖啡分装到 8 盎司的杯子中。倒入杯子的咖啡量呈正态分布，标准差为 0.03 盎司。你可让杯子在 1% 的时间里溢出。应将分配的平均咖啡量设为多少？

42. **历史成绩**。在历史课上，各种评估的成绩都是正数，并且具有不同的分布。确定每项评估的等级是否呈正态分布并说明理由：(a)期中考试，均值为 67，标准差为 15，第 75 百分位分数为 77；(b)期末考试的均值为 72，标准差为 9，第 90 百分位分数为 93；(c)测验均值为 33，第 40 百分位数为 30，第 60 百分位数为 39；(d)家庭作业均值为 19，第 10 百分位数为 7，第 90 百分位数为 31；(e)额外学分分配，均值为 2.25，标准差为 2.49；(f)一篇研究论文，第 35 百分位数为 120，第 65 百分位数为 160，第 80 百分位数为 200。

美国婴儿出生体重

美国国家卫生统计中心（NCHS）记录了人们与健康有关的许多方面，包括在美国出生的所有婴儿的出生体重。婴儿的出生体重与妊娠期（怀孕和出生之间的时间）有关。对于给定的妊娠期，出生体重可近似为正态分布。不同妊娠期出生体重的均值和标准差如下表所示。

妊 娠 期	平均出生体重	标 准 差
28 周以下	1.90 磅	0.72 磅
28～31 周	3.49 磅	1.01 磅
32～33 周	4.62 磅	0.95 磅
34～36 周	5.97 磅	1.02 磅
37～38 周	7.01 磅	0.92 磅
39～40 周	7.59 磅	0.84 磅
41 周	7.92 磅	0.87 磅
42 周及以上	8.07 磅	1.01 磅

NCHS 的众多目标之一是降低低出生体重婴儿的比例。下图显示了 2011 年至 2019 年早产和低出生体重的百分比。

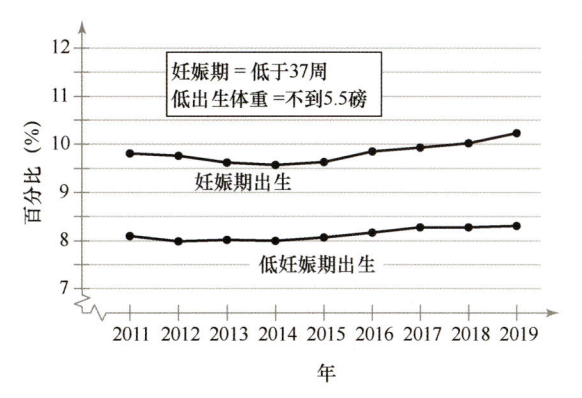

1. 下面显示了三个妊娠期的出生体重分布。将每条曲线与妊娠期相匹配，并说明理由。

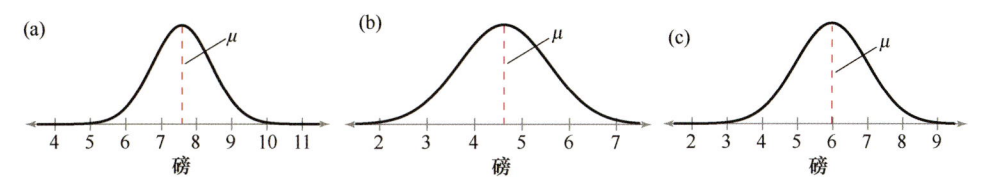

2. 在下面每个妊娠期出生的婴儿中，低出生体重（低于 5.5 磅）的百分比是多少？(a)28～31 周；(b)32～33 周；(c)39～40 周；(d)42 周及以上。

3. 描述下面每个妊娠期出生的前 10%婴儿的体重。(a)28 周以下；(b)34～36 周；(c)41 周；(d)42 周以上。

4. 对于下面的每个妊娠期，婴儿出生时体重为 6～9 磅的概率是多少？(a)28 周以下；(b)32～33 周；(c)37～38 周；(d)41 周。

5. NCHS 将出生体重低于 3.25 磅的婴儿归类为"极低出生体重"。在下面的每个妊娠期，婴儿出生体重极低的概率是多少？(a)28 周以下；(b)28～31 周；(c)32～33 周；(d)39～40 周。

5.4 抽样分布和中心极限定理

学习目标
▶ 求抽样分布并验证其性质
▶ 解释中心极限定理
▶ 应用中心极限定理求样本均值的概率

5.4.1 抽样分布

前面介绍了总体均值和随机变量值之间的关系。本节介绍总体均值与从总体中抽取的随机样本的均值之间的关系。

定义 抽样分布是指从总体中重复抽取 n 个随机样本时形成的样本统计量的概率分布。如果样本统计量是样本均值，那么分布是样本均值的抽样分布。每个样本统计量都有一个抽样分布。

提示：样本均值可以彼此不同，也可以与总体均值不同。这种变化是预料之中的，称为抽样误差。6.1 节将介绍有关此主题的更多信息。

考虑下面的维恩图。矩形代表一个大的总体，每个圆圈都代表 n 个随机样本。因为样本项可以不同，所以样本均值也可以不同。随机样本 1 的均值为 $\bar{x}_1$，随机样本 2 的均值为 $\bar{x}_2$，以此类推。

对于这个总体，n 个样本的样本均值的抽样分布由 $\bar{x}_1, \bar{x}_2, \bar{x}_3$ 等组成。如果样本通过替换抽取，就可从总体中抽取无限多的样本。

均值为 μ、标准差为 σ 的总体

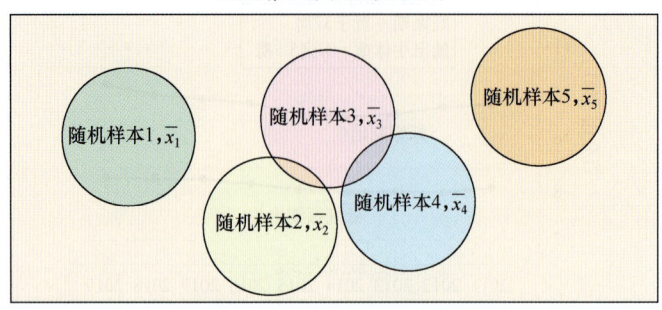

样本均值的抽样分布的性质

1. 样本均值 $\mu_{\bar{x}}$ 的均值等于总体均值 μ，即 $\mu_{\bar{x}} = \mu$。
2. 样本均值的标准差 $\sigma_{\bar{x}}$ 等于总体标准差 σ 除以样本量 n 的平方根，即 $\sigma_{\bar{x}} = \sigma/\sqrt{n}$。样本均值的抽样分布的标准差称为均值的标准误差。

【例题1】样本均值的抽样分布

四人在一个月内去杂货店购物的次数由总体值 {1, 3, 5, 7} 给出。数据的概率直方图如右图所示。从四人中随机选择两人并且替换。列出大小为 $n = 2$ 的所有可能的样本，并计算每个样本的均值。这些均值形成样本均值的抽样分布。求样本均值的均值、方差和标准差。将得到的结果与总体的均值 $\mu = 4$、方差 $\sigma^2 = 5$ 和标准差 $\sigma = \sqrt{5} \approx 2.2$ 进行比较。

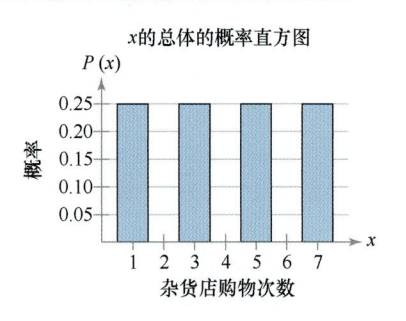

解答：

下面列出了总体中大小为 2 的所有 16 个样本以及每个样本的均值。

样 本	样本均值
1,1	1
1,3	2
1,5	3
1,7	4
3,1	2
3,3	3
3,5	4
3,7	5

样 本	样本均值
5,1	3
5,3	4
5,5	5
5,7	6
7,1	4
7,3	5
7,5	6
7,7	7

样本均值的概率分布

$\bar{x}$	f	概率
1	1	1/16
2	2	2/16
3	3	3/16
4	4	4/16
5	3	3/16
6	2	2/16
7	1	1/16

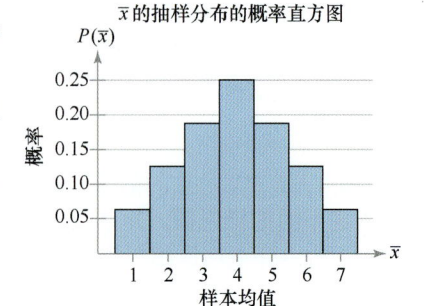

构建样本均值的概率分布后，可以使用概率直方图绘制抽样分布图，如右图所示。注意，直方图的形状是钟形的和对称的，类似于正态曲线。16 个样本均值的均值、方差和标准差分别是 $\mu_{\bar{x}} = 4$，$(\sigma_{\bar{x}})^2 = 5/2 = 2.5$ 和 $\sigma_{\bar{x}} = \sqrt{5/2} = \sqrt{2.5} \approx 1.6$。

这些结果满足抽样分布的性质，因为 $\mu_{\bar{x}} = \mu = 4$ 和 $\sigma_{\bar{x}} = \sigma/\sqrt{n} = \sqrt{5}/\sqrt{2} \approx 1.6$。

自测题 1

从总体{1, 3, 5}中列出大小为 $n = 3$ 的所有可能的样本并进行替换。计算每个样本的均值,求样本均值的均值、方差和标准差。将得到的结果与总体的均值 $\mu = 3$、方差 $\sigma^2 = 8/3$ 和标准差 $\sigma = \sqrt{8/3} \approx 1.6$ 比较。

提示:4.1 节介绍了求概率分布的均值和标准差的方法。

5.4.2 中心极限定理

中心极限定理是推断统计学这一分支的基础,它描述了样本均值的抽样分布与抽取样本的总体之间的关系。中心极限定理是一个重要的工具,它提供了使用样本统计量来推断总体均值所需的信息。

中心极限定理

1. 如果从均值为 μ、标准差为 σ 的任何总体中抽取 n ($n \geq 30$) 个随机样本,那么样本均值的抽样分布近似于正态分布。样本量越大,近似值就越好(见下方的"任何总体分布"图)。
2. 如果从正态分布的总体中抽取 n 个随机样本,那么对于任何样本量 n,样本均值的抽样分布都是正态分布(见下方"正态总体分布"图)。在任何一种情况下,样本均值的抽样分布的均值都等于总体均值。

$$\mu_{\bar{x}} = \mu \quad \text{样本均值}$$

样本均值的抽样分布的方差等于总体方差的 $1/n$ 倍,标准差等于总体标准差除以 n 的平方根:

$$\sigma_{\bar{x}}^2 = \frac{\sigma^2}{n} \quad \text{样本均值的方差}$$

$$\sigma_{\bar{x}} = \frac{\sigma}{\sqrt{n}} \quad \text{样本均值的标准差}$$

回顾可知,样本均值的抽样分布的标准差 $\sigma_{\bar{x}}$ 也称均值的标准误差。

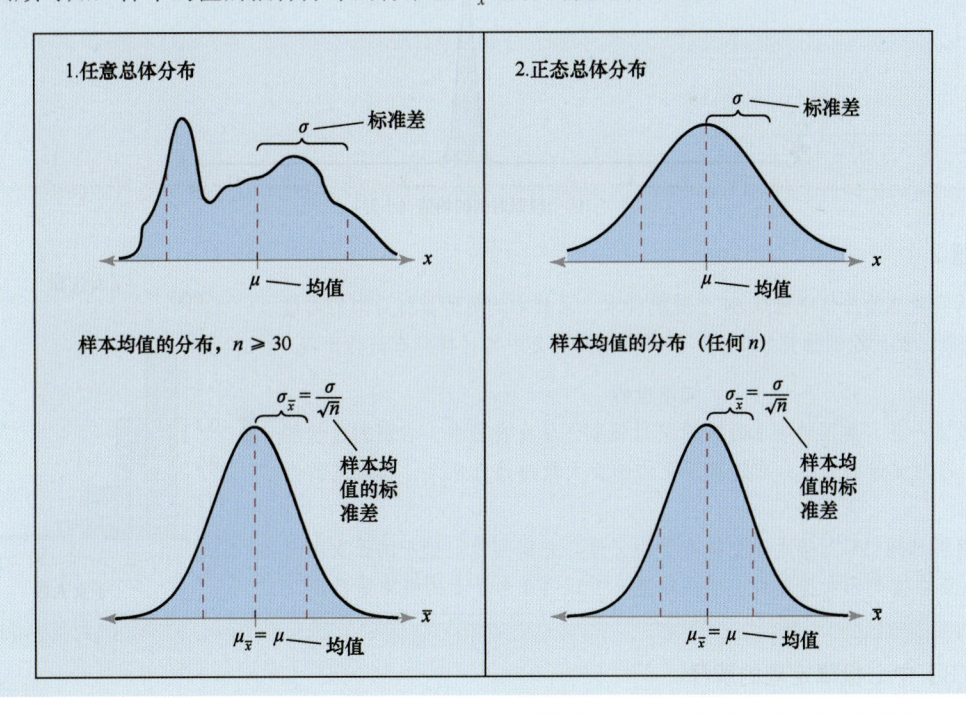

提示:样本均值的分布具有与总体相同的均值,但其标准差小于总体的标准差。这告诉我们,样本均值的分布与总体具有相同的中心,但它并不分散。此外,随着样本量 n 的增加,样本均值的分布变得越来越分散(更紧密地集中在均值周围)。

【例题 2】中心极限定理的解释

一项研究分析了大学生的睡眠习惯。研究发现，平均睡眠时间为 6.9 小时，标准差为 1.5 小时。从这个总体中抽取了 100 个睡眠时间的随机样本，并且求出了每个样本的均值。求样本均值的抽样分布的均值和标准差，然后画出抽样分布的草图。

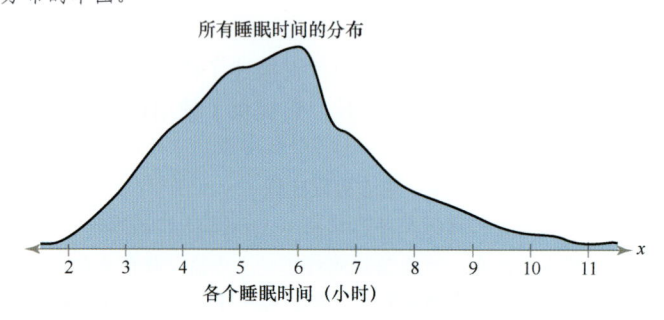

解答：

抽样分布的均值等于总体均值，样本均值的标准差等于总体标准差除以 $\sqrt{n}$。于是有

$$\mu_{\bar{x}} = \mu = 6.9 \qquad \text{样本均值}$$

$$\sigma_{\bar{x}} = \frac{\sigma}{\sqrt{n}} = \frac{1.5}{\sqrt{100}} = 0.15 \qquad \text{样本均值的标准差}$$

解释： 根据中心极限定理，由于样本量大于 30，抽样分布可近似为均值为 6.9 小时、样本均值的标准差为 0.15 小时的正态分布，如下图所示。

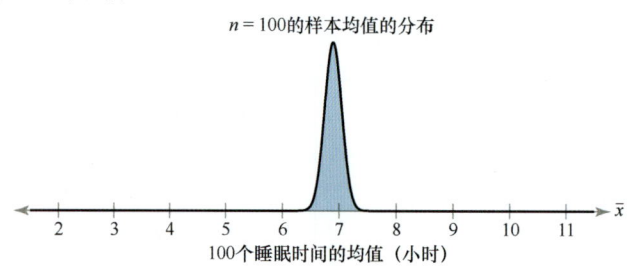

自测题 2

从例题 2 的总体中抽取 64 个随机样本。求样本均值的抽样分布的均值和标准差。然后绘制抽样分布图，并将其与例题 2 中的抽样分布进行比较。

描绘世界

最近一年，美国约有 380 万对父母领取了子女抚养费。右侧的柱状图显示了每对父母的子女分布情况。平均子女人数约为 1.8 人，标准差约为 0.9 人。

随机选择 35 对接受子女抚养费的父母，并询问他们监护的子女中有多少人正在接受子女抚养费。样本均值为 1.5~1.9 名子女的概率是多少？

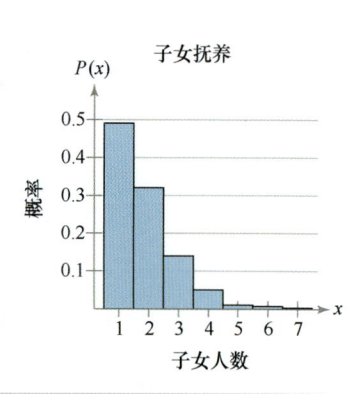

【例题 3】中心极限定理的解释

假设所有 20 岁运动员的训练心率呈正态分布，均值为 135 次/分钟，标准差为 18 次/分钟，如下图所示。从这个总体中抽取了 4 个随机样本，并且求出了每个样本的均值。求样本均值的抽样分布的均值和标准差，然后画出抽样分布的草图。

总体训练心率的分布

解答：

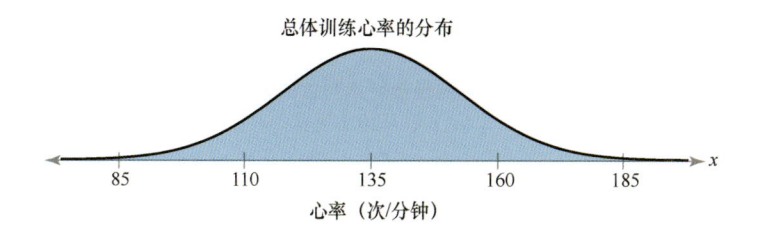

$$\mu_{\bar{x}} = \mu = 135 \text{ 次/分钟} \quad \text{样本均值}$$

$$\sigma_{\bar{x}} = \frac{\sigma}{\sqrt{n}} = \frac{18}{\sqrt{4}} = 9 \text{ 次/分钟} \quad \text{样本均值的标准差}$$

解释： 根据中心极限定理，因为总体呈正态分布，样本均值的抽样分布也呈正态分布，如下图所示。

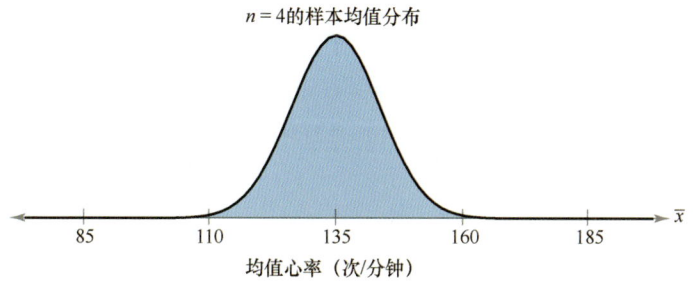

n=4的样本均值分布

均值心率（次/分钟）

自测题 3

白橡树的直径呈正态分布，均值为 3.5 英尺，标准差为 0.2 英尺，如下图所示。随机地从这个总体中抽取了 16 个样本，并且求出了每个样本的均值。求样本均值的抽样分布的均值和标准差，然后画出抽样分布的草图。

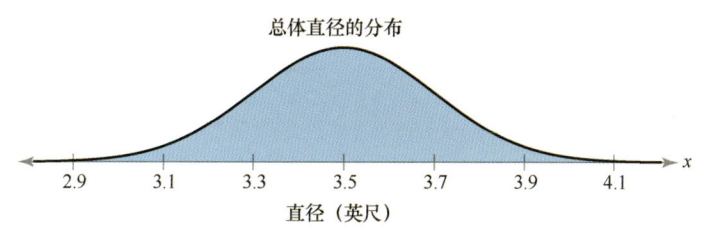

总体直径的分布

直径（英尺）

5.4.3 概率与中心极限定理

5.2 节介绍了如何求随机变量 x 位于总体值的给定区间内的概率。采用类似的方式，可以求出样本均值 $\bar{x}$ 位于 $\bar{x}$ 抽样分布的给定区间内的概率。要将 $\bar{x}$ 转换为 z 分数，可以使用如下公式：

$$z = \frac{\text{值} - \text{均值}}{\text{标准误差}} = \frac{\bar{x} - \mu_{\bar{x}}}{\sigma_{\bar{x}}} = \frac{\bar{x} - \mu}{\sigma/\sqrt{n}}$$

行驶距离（英里）

不同年龄组每天行驶的距离（英里）

年龄组	距离
16～19	20.7 英里
20～29	31.0
30～49	37.0
50～64	30.4
65～74	30.4

【例题 4】求抽样分布的概率

右图显示了驾驶员每天行驶的平均距离。随机选择 50 名 16～19 岁的驾驶员，每天平均行驶距离在 19.4 英里和 22.5 英里之间的概率是多少？假设 $\sigma = 6.5$ 英里。

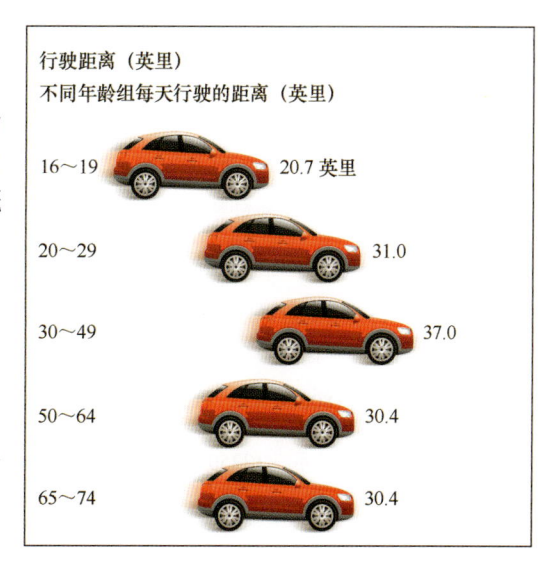

第 5 章 正态概率分布 **171**

解答：

样本量大于 30，因此可以使用中心极限定理得出样本均值的分布近似为正态分布，均值和标准差分别为

$$\mu_{\bar{x}} = \mu = 20.7 \text{ 英里}$$

$$\sigma_{\bar{x}} = \frac{\sigma}{\sqrt{n}} = \frac{6.5}{\sqrt{50}} \approx 0.9 \text{ 英里}$$

分布图如下所示，阴影区域在 19.4 英里和 22.5 英里之间。对应于 19.4 英里和 22.5 英里的样本均值的 z 分数如下：

$$z_1 = \frac{19.4 - 20.7}{6.5/\sqrt{50}} \approx -1.41 \quad \text{将 19.4 转换为 } z \text{ 分数}$$

$$z_2 = \frac{22.5 - 20.7}{6.5/\sqrt{50}} \approx 1.96 \quad \text{将 22.5 转换为 } z \text{ 分数}$$

因此，使用标准正态表，50 名驾驶员样本每天的平均驾驶距离在 19.4 英里和 22.5 英里之间的概率为

$$P(19.4 < \bar{x} < 22.5) = P(-1.41 < z < 1.96) = P(z < 1.96) - P(z < -1.41) = 0.9750 - 0.0793 = 0.8957$$

解释： 在年龄为 16～19 岁的 50 名驾驶员的所有样本中，约 90%的驾驶员每天的平均驾驶距离在 19.4 英里和 22.5 英里之间，如下图所示。这意味着约 10%的这种样本均值位于给定区间外。

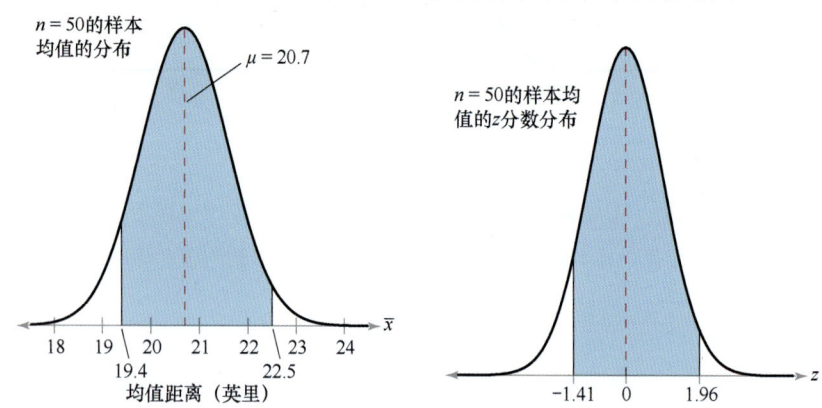

自测题 4

从例题 4 中随机选择 100 名年龄在 30 岁和 49 岁之间的驾驶员。每天的平均行驶距离在 36.2 英里和 37.8 英里之间的概率是多少？假设 $\sigma = 5.8$ 英里。

提示： 在求样本均值 $\bar{x}$ 的区间的概率之前，可使用中心极限定理求样本均值的均值 $\mu_{\bar{x}}$ 和标准差 $\sigma_{\bar{x}}$。

【例题 5】求抽样分布的概率

最近一年，四年制大学的平均食宿费为 11806 美元。随机选择 9 所四年制大学，平均食宿费低于 12250 美元的概率是多少？假设食宿费呈正态分布，标准差为 1650 美元。

解答：

总体呈正态分布，所以可用中心极限定理得出样本均值的分布呈正态分布，均值和标准差分别为

$$\mu_{\bar{x}} = \mu = 11806 \text{ 美元}, \quad \sigma_{\bar{x}} = \frac{\sigma}{\sqrt{n}} = \frac{1650}{\sqrt{9}} = 550 \text{ 美元}$$

分布图如右图所示。12250 美元左侧的区域是阴影。对应于 12250 美元的 z 分数为

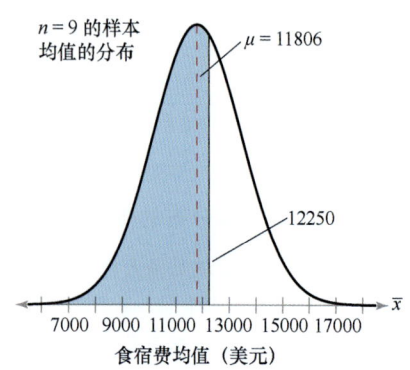

$$z = \frac{12250 - 11806}{1650/\sqrt{9}} = \frac{444}{550} \approx 0.81$$

因此，使用标准正态表，平均食宿费低于 12250 美元的概率为
$$P(\bar{x} < 12250) = P(z < 0.81) = 0.7910$$

可以使用软件来验证这个答案。例如，可以使用 TI-84 PLUS 来求 x 值，如右图所示。

解释：因此，在 $n = 9$ 个样本中，约 79% 的样本的均值小于 12250 美元，约 21% 的样本的均值大于 12250 美元。

TI-84 PLUS
normalcdf(-10000,12250, 11806,550)
    0.7902453767

自测题 5

最近一年，美国平均现房销售价格为 296700 美元。随机选择 12 栋现房。平均销售价格超过 275000 美元的概率是多少？假设销售价格呈正态分布，标准差为 50000 美元。

中心极限定理也可用于研究异常事件。异常事件是指发生概率小于 5% 的事件。

> **提示**：要求呈正态分布的随机变量 x 的总体中的各个成员的概率，可使用公式 $z = \dfrac{x - \mu}{\sigma}$。要求 n 个样本的均值 $\bar{x}$ 的概率，可使用公式 $z = \dfrac{\bar{x} - \mu_{\bar{x}}}{\sigma_{\bar{x}}}$。

【例题 6】 求 x 和 $\bar{x}$ 的概率

一些大学生使用信用卡支付与学校有关的费用。对于这一人群，支付的金额呈正态分布，均值为 2172 美元，标准差为 740 美元。

1. 随机选择 1 名使用信用卡支付学杂费的大学生，求其支付额少于 1900 美元的概率。
2. 随机选择 25 名使用信用卡支付学杂费的大学生，求其支付额低于 1900 美元的概率。
3. 比较第 1 问和第 2 问的概率。

解答：

1. 在这种情况下，需要求与随机变量 x 的某个值相关联的概率。对应于 $x = 1900$ 美元的 z 分数为
$$z = \frac{x - \mu}{\sigma} = \frac{1900 - 2172}{740} = \frac{-272}{740} \approx -0.37$$
因此，学生支付少于 1900 美元的概率为
$$P(x < 1900) = P(z < -0.37) = 0.3557$$
可以使用软件来验证这个答案。例如，可以使用 EXCEL 来求概率，如右图所示（由于四舍五入，答案稍有不同）。

EXCEL
	A
1	0.356597851

=NORM.DIST(1900,2172,740,TRUE)

2. 这里需要求与样本均值 $\bar{x}$ 相关的概率。对应于 $x = 1900$ 美元的 z 分数为
$$z = \frac{\bar{x} - \mu_{\bar{x}}}{\sigma_{\bar{x}}} = \frac{\bar{x} - \mu}{\sigma/\sqrt{n}} = \frac{1900 - 2172}{740/\sqrt{25}} = \frac{-272}{148} \approx -1.84$$
因此，25 名持卡人的平均信用卡支付额低于 1900 美元的概率为
$$P(\bar{x} < 1900) = P(z < -1.84) = 0.0329$$
可以使用软件来验证这个答案。例如，可以使用 EXCEL 来求概率，如右图所示（由于四舍五入，答案稍有不同）。

EXCEL
	A
1	0.033043152

=NORM.DIST(1900,2172,148,TRUE)

3. **解释**：尽管使用信用卡支付学杂费的大学生有 36% 的可能性支付不到 1900 美元，但 25 名大学生样本的平均支付金额低于 1900 美元的可能性只有 3%。因为 25 名大学生样本的平均支付金额低于 1900 美元的可能性只有 3%，所以这是一个异常事件。

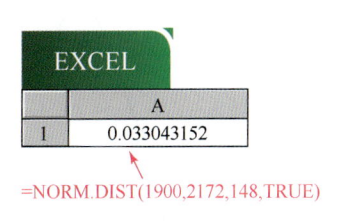

第 5 章　正态概率分布　　**173**

自测题 6

一位消费者价格分析师声称，电脑显示器的价格呈正态分布，均值为 208 美元，标准差为 107 美元。随机选择的显示器价格低于 200 美元的概率是多少？随机选择 10 台显示器，它们的平均价格低于 200 美元的概率是多少？比较这两个概率。

5.4.4 习题

培养基本技能和词汇

在习题 01~04 中，总体的均值为 μ，标准差为 σ。求 n 个样本均值的抽样分布的均值和标准差。

01. $\mu = 150$，$\sigma = 25$，$n = 49$。
02. $\mu = 45$，$\sigma = 15$，$n = 100$。
03. $\mu = 790$，$\sigma = 48$，$n = 250$。
04. $\mu = 1275$，$\sigma = 6$，$n = 1000$。

判断正误。对习题 05~08，判断句子的正误并写出正确的句子。

05. 随着样本量的增加，样本均值分布的均值也增加。
06. 随着样本量的增加，样本均值分布的标准差也增加。
07. 只有当总体呈正态分布时，抽样分布才呈正态分布。
08. 如果样本量至少为 30，就可使用 z 分数来确定样本均值落在抽样分布的给定区间内的概率。

图形分析。习题 09 和 10 中显示了总体分布图及其均值和标准差。从总体中随机抽取 100 个样本。确定标记为(a)~(c)的图形中的哪幅图形最接近样本均值的抽样分布，并解释理由。

09. 在交叉路口左转的等待时间（秒）。

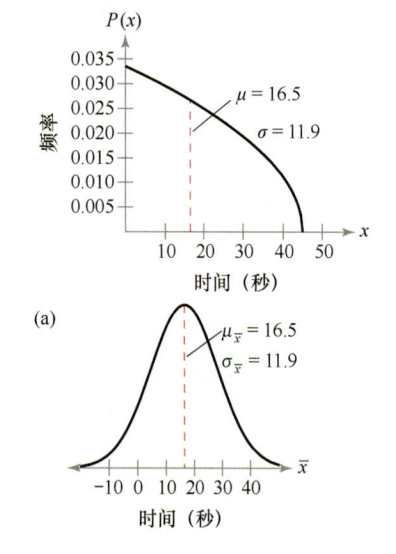

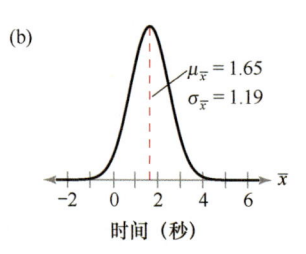

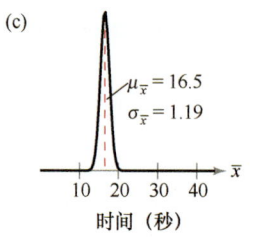

10. 纽约州中部县的年降雪量（英尺）。

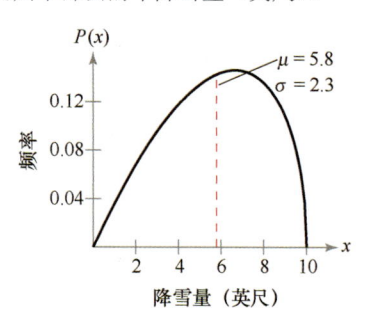

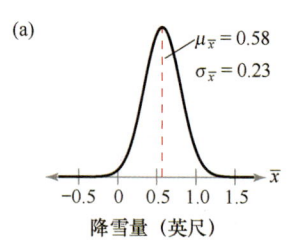

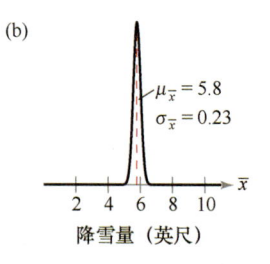

(c) $\mu_{\bar{x}} = 5.8$
$\sigma_{\bar{x}} = 2.3$

降雪量（英尺）

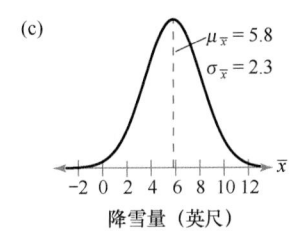

样本均值的抽样分布。习题 11～14 中给出了总体和样本量。(a)求总体的均值和标准差；(b)列出总体中给定数量的所有样本（替换），并求每个样本的均值；(c)求样本均值的抽样分布的均值和标准差，并将其与总体的均值和标准差进行比较。

11. 五个输电线路绝缘子的承载能力（千磅）分别为 64，48，19，79 和 56。使用样本量 2。

12. 四个机器零件的直径（英寸）分别为 1.000，1.004，1.001 和 1.003。使用样本量 2。

13. 三种工业润滑剂的熔点（摄氏度）分别为 350，399 和 418。使用样本量 3。

14. 四种金刚石切削刀具的寿命（小时）分别为 70，85，81 和 67。使用样本量 3。

求概率。习题 15～18 中给出了总体均值和标准差。求概率并确定给定样本均值是否异常。

15. 对于 $n = 64$ 个随机样本，求 $\mu = 24$ 且 $\sigma = 1.25$ 时样本均值小于 24.3 的概率。

16. 对于 $n = 100$ 个随机样本，求 $\mu = 24$ 且 $\sigma = 1.25$ 时样本均值大于 24.3 的概率。

17. 对于 $n = 45$ 个随机样本，求 $\mu = 550$ 且 $\sigma = 3.7$ 时样本均值大于 551 的概率。

18. 对于 $n = 36$ 个随机样本，求 $\mu = 12750$ 且 $\sigma = 1.7$ 时样本均值小于 12750 或大于 12753 的概率。

使用和解释概念

解释中心极限定理。在习题 19～26 中，求样本均值的抽样分布的均值和标准差，并画出抽样分布的草图。

19. **可再生能源**。在最近两年内，德国可再生能源日前价格（欧元/兆瓦时）的均值为 31.58，标准差为 12.293。从这个总体中抽取 75 个随机样本，求每个样本的均值。

20. **可再生能源**。兹罗提是波兰的官方货币。在最近两年内，波兰可再生能源日前价格（兹罗提/兆瓦时）的均值为 158.51，标准差为 33.424。从这个总体中抽取 100 个随机样本，求每个样本的均值。

21. **女性体温**。在最近一项涉及 54 名女性的研究中，发现这些女性的平均体温为 97.2℉，标准差为 0.83℉。从这个总体中抽取 36 个随机样本，求每个样本的均值。

22. **男性体温**。在最近一项涉及 42 名男性的研究中，发现男性的平均体温为 96.8℉，标准差为 0.61℉。从这个总体中抽取 30 个随机样本，求每个样本的均值。

23. **年薪**。初级市场分析师的年薪呈正态分布，均值为 54000 美元，标准差为 11000 美元。从这个总体中随机抽取 34 个样本，求每个样本的均值。

24. **年薪**。网络软件开发经理的年薪呈正态分布，均值为 136000 美元，标准差为 11500 美元。从这个总体中随机抽取 40 个样本，求每个样本的均值。

25. **SAT 法语科目考试**。2018—2020 届毕业班的 SAT 法语科目考试成绩呈正态分布，均值为 603 分，标准差为 111 分。从这个总体中抽取 16 个随机样本，求每个样本的均值。

26. **SAT 意大利语科目考试**。2018—2020 届毕业班 SAT 意大利语科目考试成绩呈正态分布，均值为 628 分，标准差为 110 分。从这个总体中抽取 25 个随机样本，求每个样本的均值。

27. 对 40 个和 60 个样本重做习题 25。随着样本量的增加，样本均值分布的均值和标准差发生什么变化？

28. 对 72 个和 108 个样本重做习题 26。随着样本量的增加，样本均值分布的均值和标准差发生什么变化？

求抽样分布的概率。在习题 29～32 中，求概率并解释结果。

29. **道琼斯工业平均指数**。从 1975 年到 2020 年，道琼斯工业平均指数的年均涨幅为 652 点。从这个总体中随机抽取 32 年的样本。样本的平均涨幅在 400 点和 700 点之间的概率是多少？假设 $\sigma = 1540$。

30. **标准普尔 500**。从 1921 年到 2020 年，标准普尔 500 指数的平均回报率为 12.59%。从该总体中随机抽取 38 年的样本。样本的平均回报率在 10.0% 和 11.0% 之间的概率是多少？假设 $\sigma = 19.58\%$。

31. **各州哮喘患病率**。美国 50 个州哮喘患病率的平均百分比为 9.51%。选择 30 个州的随机样本，

第 5 章 正态概率分布 175

样本哮喘患病率的平均百分比大于10%的概率是多少？假设 $\sigma = 1.17\%$。

32. **按州划分的生育率**。生育率是指每千名15～44岁妇女的生育数量。最近一年，美国50个州的平均生育率为59.0，标准差为5.47。选择40个州的随机样本，最近一年样本的平均生育率低于58的概率是多少？

33. **哪种可能性更大**？假设习题31中的哮喘患病率呈正态分布。你是更有可能随机选择哮喘患病率低于10%的州，还是随机选择哮喘患病率均值低于10%的10个州？

34. **哪种可能性更大**？假设习题32中的生育率呈正态分布。你是更有可能随机选择一个生育率低于65的州，还是随机选择平均生育率低于65的15个州？

35. **油漆罐**。一台机器以128盎司的均值和0.2盎司的标准差填充油漆罐。40罐随机样本的均值为127.9盎司。当随机样本的均值异常时，机器需要复位。机器需要复位吗？

36. **牛奶容器**。一台机器以64盎司的均值和0.11盎司的标准差填充牛奶容器。40个容器的随机样本的均值为64.05盎司。当随机样本的均值异常时，机器需要复位。机器需要复位吗？

37. **木材切割机**。机器切割的木材长度呈正态分布，均值为96英寸，标准差为0.5英寸。(a)机器切割的随机选择的木材长度大于96.25英寸的概率是多少？(b)随机选择40块木材，它们的平均长度大于96.25英寸的概率是多少？

38. **冰激凌**。冰激凌盒的重量呈正态分布，平均重量为10盎司，标准差为0.5盎司。(a)随机选择的冰激凌盒的重量大于10.21盎司的概率是多少？(b)随机选择25个冰激凌盒，它们的平均重量大于10.21盎司的概率是多少？

概念扩展

有限修正系数。在中心极限定理中给出的样本均值的抽样分布的标准差公式 $\sigma_{\bar{x}} = \sigma/\sqrt{n}$，基于总体有无穷多个成员的假设。因为抽样过程可以无限继续下去，所以每当抽样被替换（每个成员被选中后再放回原处）时，就会出现这种情况。当样本量与总体相比较小时，该公式也成立。然而，不放回抽样且样本量 N 大于有限总体的5%（即 $n/N > 0.05$）时，可能的样本量是有限的。有限校正因子 $\sqrt{\dfrac{N-n}{N-1}}$ 用于调整标准差。样本均值的抽样分布为正态分布，均值等于总体均值，标准差为 $\sigma_{\bar{x}} = \dfrac{\sigma}{\sqrt{n}}\sqrt{\dfrac{N-n}{N-1}}$。

在习题39和40中，确定是否应使用有限修正系数。如果要使用，在计算中使用它。

39. **停车违规**。在多伦多市2020年9月对停车违规开出的1000张罚单样本中，平均罚款为49.83美元，标准差为52.15美元。从这个总体中选择60个随机样本。平均罚款低于40美元的概率是多少？

40. **老忠实泉**。在黄石国家公园老忠实泉100次喷发的样本中，喷发之间的平均时间间隔为129.58分钟，标准差为108.54分钟。从这个总体中选择30个随机样本。喷发的平均时间间隔在120分钟和140分钟之间的概率是多少？

样本比例的抽样分布。对于大小为 n 的随机样本，样本比例是样本中具有指定特征的个体数量与样本量的商。样本比例的抽样分布是从具有特定特征的个体的概率为 p 的总体中重复抽取 n 个样本比例时形成的分布。样本比例的抽样分布的均值等于总体比例 p，标准差等于 $\sqrt{pq/n}$。

在习题41和42中，假设样本比例的抽样分布为正态分布。

41. **建筑物**。一个城镇约63%的居民赞成建一所新高中。随机选择105名居民，赞成新建高中的样本比例低于55%的概率是多少？

42. **节能**。某城镇约74%的居民说正在努力节水或节电。随机选择110名居民，努力节水或节电的样本比例大于80%的概率是多少？

5.5 二项分布的正态近似

学习目标

▶ 确定正态分布何时可以近似二项分布
▶ 求连续性校正
▶ 使用正态分布近似二项概率

5.5.1 近似二项分布

4.2 节介绍了如何求二项概率。例如，考虑一台成功率为 85%的外科手术。当医生对 10 名病人进行这种手术时，可以使用二项公式求恰好两台手术成功的概率。

但是，如果医生在 150 名病人身上进行手术，而你却想求少于 100 台手术成功的概率，那么应怎么办？要使用 4.2 节中描述的技术做到这一点，就要使用二项公式 100 次，并求结果概率的总和。当然，这种方法并不实用。更好的方法是使用正态分布来近似二项分布。

> **二项分布的正态近似**
>
> 如果 $np \geq 5$ 且 $nq \geq 5$，那么二项随机变量 x 近似服从正态分布，均值 $\mu = np$，标准差 $\sigma = \sqrt{npq}$，其中 n 为独立实验次数，p 为单次实验成功的概率，q 为单次实验失败的概率。

要了解为什么正态近似是有效的，可研究 $p = 0.25$，$q = 1 - 0.25 = 0.75$ 以及 $n = 4$，$n = 10$，$n = 25$ 和 $n = 50$ 的二项分布。注意，随着 n 的增加，二项分布的形状变得更加类似于正态分布，如下图所示。

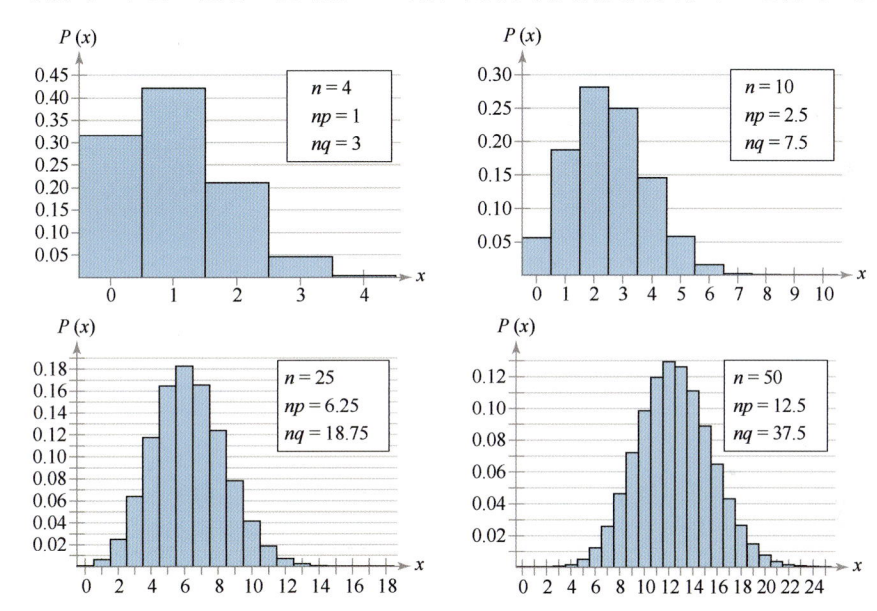

提示：下面是二项实验的一些性质（见 4.2 节）。
- n 次独立实验
- 两种可能的结果：成功或失败
- 成功概率为 p，失败概率为 $q = 1 - p$
- 每次实验的 p 都相同

【例题 1】近似二项分布

下面列出了两个二项实验。确定是否可以使用正态分布来近似 x 的分布，即回答"是"的人数。如果可以，求均值和标准差；如果不能，请解释原因。

1. 在对某州的高中进行的一项调查中，据报道，40%的学生至少有一门远程课程不及格。从该州随机选择 45 名学生，询问他们是否至少有一门远程教育课程不及格。
2. 在某州的一项高中调查中，据报道，18%的高年级学生因为至少一门课程不及格而无法毕业。从该州随机选择 20 名高年级学生，问他们是否因为至少一门课程不及格而无法毕业。

第 5 章 正态概率分布　177

解答：

1. 在该二项实验中，$n = 45$，$p = 0.40$，$q = 0.60$。因此有 $np = 45 \times 0.40 = 18$ 和 $nq = 45 \times 0.60 = 27$。因为 np 和 nq 都大于 5，所以可以使用正态分布（$\mu = np = 18$，$\sigma = \sqrt{npq} = \sqrt{45 \times 0.40 \times 0.60} \approx 3.29$）来近似 x 的分布。在下左图中，注意二项分布近似为钟形，这支持了可以使用正态分布来近似 x 的分布的结论。

2. 在该二项实验中，$n = 20$，$p = 0.18$，$q = 0.82$。因此，$np = 20 \times 0.18 = 3.6$，$nq = 20 \times 0.82 = 16.4$。因为 $np < 5$，所以不能用正态分布来近似 x 的分布。在下右图中，注意二项分布是右偏斜的，这支持了不能使用正态分布来近似 x 的分布的结论。

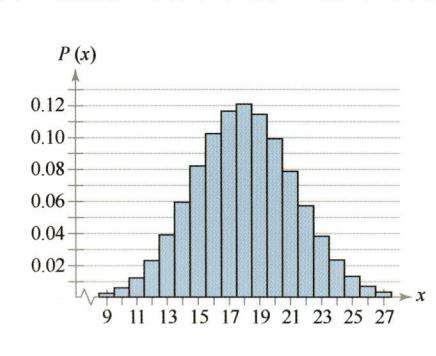

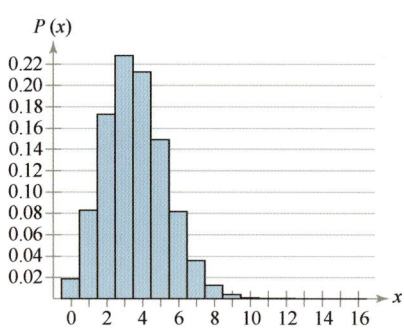

自测题 1

下面是一个二项实验。确定是否可以使用正态分布来近似 x 的分布，即回答"是"的人数。如果可以，求均值和标准差；如果不能，请解释原因。

在一项针对美国青少年驾驶员的调查中，35%的人承认在开车时发短信。在美国随机选择 100 名青少年驾驶员，问他们是否承认开车时发短信。

5.5.2 连续性校正

二项分布是离散的，可用概率直方图来表示。要计算精确的二项概率，可以对每个 x 值使用二项公式并将结果相加。几何上，这相当于在概率直方图中将条形面积相加（见下左图）。记住，每个条形的宽度为 1 个单位，x 是区间的中点。

当使用连续正态分布来近似二项概率时，需要向中点的左侧和右侧移动 0.5 个单位，以包括区间内所有可能的 x 值（见下右图）。执行此操作时，就是在进行连续性校正。

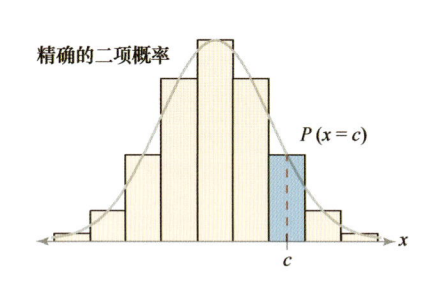

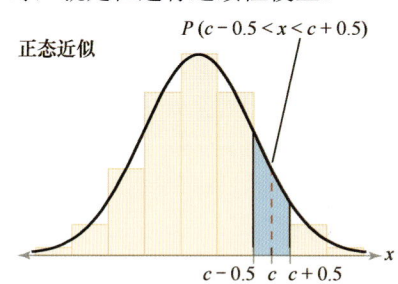

【例题 2】使用连续性校正

使用连续性校正将每个二项概率转换为正态分布概率。

1. 成功 270 次到 310 次（含）的概率。
2. 至少 158 次成功的概率。
3. 少于 63 次成功的概率。

解答：
1. 离散中点值为 270,271,…,310。连续正态分布的相应区间为 269.5 < x < 310.5，正态分布概率为 $P(269.5 < x < 310.5)$。
2. 离散中点值为 158,159,160,…。连续正态分布的相应区间为 x > 157.5，正态分布概率为 $P(x > 157.5)$。
3. 离散中点值为 …,60,61,62。连续正态分布的相应区间为 x < 62.5，正态分布概率为 $P(x<62.5)$。

自测题 2

使用连续性校正将每个二项概率转换为正态分布概率。
1. 成功 57 次到 83 次（含）的概率。
2. 最多 54 次成功的概率。

下面显示了涉及数字 c 的二项概率的情况，以及将每种情况转换为正态分布概率的方式。

二　项	正　态	注　意
恰好为 c	$P(c-0.5 < x < c+0.5)$	包含 c
至多为 c	$P(x < c+0.5)$	包含 c
小于 c	$P(x < c-0.5)$	不包含 c
至少为 c	$P(x > c-0.5)$	包含 c
大于 c	$P(x > c+0.5)$	不包含 c

> **提示：** 在离散分布中，$P(x \geq c)$ 和 $P(x > c)$ 存在差异，因为 x 恰好为 c 的概率不为 0。
> 然而，在连续分布中，$P(x \geq c)$ 和 $P(x > c)$ 没有差异，因为 x 恰好为 c 的概率为 0。

描绘世界

在一项针对处于恋爱关系中的美国成年人的调查中，60.4% 的人回答说他们向配偶或伴侣隐瞒了购买行为，如右侧的饼状图所示。

假设这项调查真实地表明了向配偶或伴侣隐瞒购买行为的人占总体的比例。随机抽取 50 名有配偶或伴侣的成年人。20～25 岁（含）的人说他们向配偶或伴侣隐瞒购买行为的可能性有多大？

5.5.3 近似二项概率

指南 使用正态分布来近似二项概率

文　字　表　述	符　号　表　述
1. 验证二项分布是否适用	指定 n、p 和 q
2. 确定是否可以使用正态分布来近似 x 的分布	$np \geq 5$ 吗？$nq \geq 5$ 吗？
3. 求分布的均值 μ 和标准差 σ	$\mu = np$，$\sigma = \sqrt{npq}$
4. 应用适当的连续性校正。在正态曲线下着色对应的区域	二项概率 ±0.5
5. 求相应的 z 分数	$z = \dfrac{x-\mu}{\sigma}$
6. 求概率	使用标准正态表

【例题 3】近似二项概率

在对某州的高中进行的一项调查中，据报道，40% 的学生至少有一门远程课程不及格。从该州随机选择 45 名学生，询问他们是否至少有一门远程教育课程不及格。他们中只有不到 20 人回答"是"的概率是多少？

第 5 章　正态概率分布　179

解答：

由例题 1 可知，可以使用 $\mu = 18, \sigma \approx 3.29$ 的一个正态分布来近似二项分布。为了使用正态分布，注意到概率是"小于20"。因此，从 20 中减去 0.5 来应用连续性校正，并将概率写为 $P(x < 20 - 0.5) = P(x < 19.5)$。

右图显示了一条正态曲线，其 $\mu = 18, \sigma \approx 3.29$，左侧阴影的面积为 19.5。对应于 $x = 19.5$ 的 z 分数为 $z = \dfrac{x - \mu}{\sigma} \approx \dfrac{19.5 - 18}{3.29} \approx 0.46$。使用标准正态表，有 $P(z < 0.46) = 0.6772$。

解释： 少于 20 名学生回答"是"的概率约为 0.6772，或者约为 67.72%。

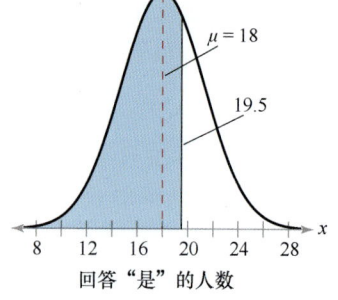

自测题 3

在一项针对美国青少年驾驶员的调查中，35%的人承认在开车时发短信。在美国随机选择 100 名青少年驾驶员，问他们是否承认开车时发短信。30 人以上回答"是"的概率是多少？

【例题 4】近似二项概率

一项研究发现，在同时使用酒精和大麻的美国驾驶员中，52%的人承认自己驾车时具有攻击性。随机选择 200 名同时使用酒精和大麻的美国驾驶员，询问他们是否承认有攻击性驾车行为。至少有 100 名驾驶员说"是"，即承认自己驾车时具有攻击性的概率是多少？

解答：

因为 $np = 200 \times 0.52 = 104$ 和 $nq = 200 \times 0.48 = 96$，所以二项变量 x 近似为正态分布的，其中 $\mu = np = 104$，$\sigma = \sqrt{npq} = \sqrt{200 \times 0.52 \times 0.48} \approx 7.07$。

使用连续性校正，可将离散概率 $P(x \geq 100)$ 重写为连续概率 $P(x > 99.5)$。右图显示了一条正态曲线，其中 $\mu = 104$，$\sigma = 7.07$，右侧的阴影面积为 99.5。

对应于 99.5 的 z 分数为 $z = \dfrac{99.5 - 104}{\sqrt{200 \times 0.52 \times 0.48}} \approx -0.64$。因此，至少 100 名驾驶员说"是"的概率约为 $P(x > 99.5) = P(z > -0.64) = 1 - P(z < -0.64) = 1 - 0.2611 = 0.7389$。

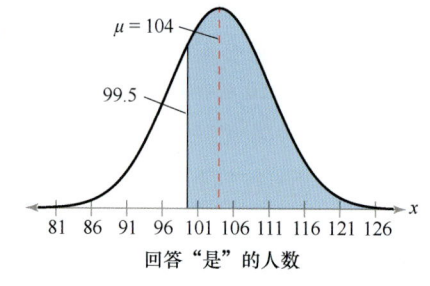

解释： 至少 100 名驾驶员回答"是"的概率约为 0.7389，或者约为 73.9%。

自测题 4

在例题 4 中，最多有 90 名驾驶员说"是"，即承认自己驾车时具有攻击性的概率是多少？

【例题 5】近似二项概率

一项针对前美国橄榄球联盟（NFL）球员的研究发现，12.3%的球员接受过膝关节置换手术。随机选择 100 名退役 NFL 球员，询问他们是否接受过膝关节置换手术，恰好 15 人说"是"的概率是多少？

解答：

因为 $np = 100 \times 0.123 = 12.3$ 和 $nq = 100 \times 0.877 = 87.7$，所以二项变量 x 近似为正态分布，其中 $\mu = np = 12.3$ 和 $\sigma = \sqrt{npq} = \sqrt{100 \times 0.123 \times 0.877} \approx 3.28$。

使用连续性校正，可将离散概率 $P(x=15)$ 重写为连续概率 $P(14.5 < x < 15.5)$。右图显示了一条正态曲线，其中 $\mu = 12.3$，$\sigma \approx 3.28$，曲线下的阴影面积在 14.5 和 15.5 之间。

对应于 14.5 的 z 分数为

$$z_1 = \frac{14.5 - 12.3}{\sqrt{100 \times 0.123 \times 0.877}} \approx 0.67$$

对应于 15.5 的 z 分数为

$$z_2 = \frac{15.5 - 12.3}{\sqrt{100 \times 0.123 \times 0.877}} \approx 0.97$$

因此，恰好 15 名退役 NFL 球员说他们接受了膝关节置换手术的概率为

$$P(14.5 < x < 15.5) = P(0.67 < z < 0.97) = P(z < 0.97) - P(z < 0.67) = 0.8340 - 0.7486 = 0.0854$$

解释：正好 15 名退役 NFL 球员说他们接受了膝关节置换手术的概率约为 0.0854，或者约为 8.5%。

自测题 5

例题 5 中的研究发现，8.1% 的退役 NFL 球员接受了膝关节置换手术。随机选择 100 名退役 NFL 球员，询问他们是否接受过膝关节置换手术。4 人说"是"的概率是多少？

5.5.4 习题

培养基本技能和词汇

习题 01～04 中给出了二项实验的样本量 n、成功概率 p 和失败概率 q。确定是否可以使用正态分布来近似 x 的分布。

01. $n = 24$，$p = 0.85$，$q = 0.15$。
02. $n = 15$，$p = 0.70$，$q = 0.30$。
03. $n = 18$，$p = 0.90$，$q = 0.10$。
04. $n = 20$，$p = 0.65$，$q = 0.35$。

在习题 05～08 中，将二项概率语句与其连续性校正后的对应正态分布概率语句 (a)～(d) 相匹配。

05. $P(x > 109)$ (a) $P(x > 109.5)$
06. $P(x \geq 109)$ (b) $P(x < 108.5)$
07. $P(x \leq 109)$ (c) $P(x < 109.5)$
08. $P(x < 109)$ (d) $P(x > 108.5)$

在习题 09～14 中，用文字表述二项概率。然后，使用连续性校正将二项概率转换为正态分布概率。

09. $P(x < 25)$ 10. $P(x \geq 110)$
11. $P(x = 33)$ 12. $P(x > 65)$
13. $P(x \leq 150)$ 14. $P(55 < x < 60)$

图形分析。在习题 15 和 16 中，写出图形中阴影区域的二项概率和正态概率，求每个概率的值并比较结果。

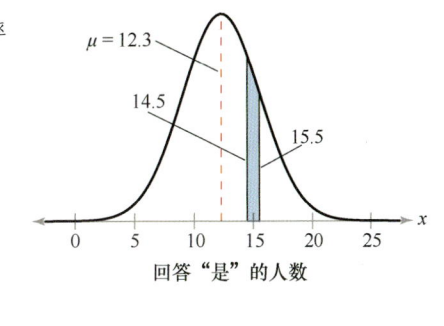

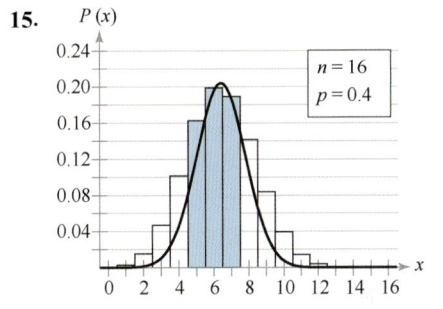

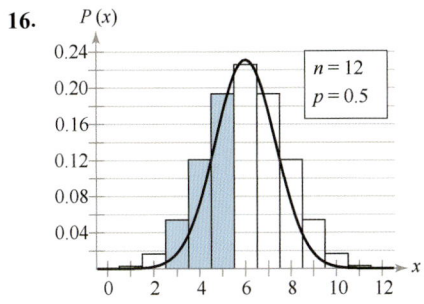

15. $n = 16$，$p = 0.4$

16. $n = 12$，$p = 0.5$

使用和解释概念

近似二项分布。习题 17 和 18 中给出了一个二项分布实验。确定是否可以使用正态分布来近似该二项分布。如果可以，求均值和标准差；如果不可以，请解释原因。

17. **学士学位**。在 18 岁以上的成年人中，22% 的人拥有学士学位。随机选择 20 名 18 岁以上的成年人，询问他们是否有学士学位。

18. **言论自由**。在一项针对美国大学生的调查中，

74%的人认为大学无权限制他们在校园内表达政治观点。随机选择20名大学生，询问他们是否认为大学有权限制他们在校园内表达政治观点。

近似二项分布概率。在习题19~26中，确定是否可以使用正态分布来近似二项分布。如果可以，使用正态分布来近似所指的概率，并绘制其图形。如果不能，请解释原因，并用二项分布来求指定的概率。识别任何异常事件，并解释原因。

19. **大学课程**。在一项针对美国大学生的调查中，62%的人表示，如果他们的大学提供适合新经济的新课程，将使他们更有可能重新入学。随机选择40名大学生，如果他们的大学提供为新经济量身定制的新课程，求更有可能入学的人数(a)正好25人、(b)至少30人、(c)至多24人的概率。

20. **社交媒体**。一项针对美国人的调查发现，如果脸书消失，55%的人会感到失望。随机选择500名美国人，问他们如果脸书消失，他们是否会感到失望。求说"是"的人数(a)不到250人、(b)至少300人、(c)在240人和280人之间（包括240人和280人）的概率。

21. **枪支立法**。在一项针对美国成年人的调查中，43%的人表示他们赞成允许人们在更多的地方携带枪支。随机选择100名美国成年人，求赞成允许人们在更多的地方携带枪支的人数(a)超过50人、(b)最多50人、(c)在40人和45人（含）之间的概率。

22. **对警察的看法**。一项针对美国注册选民的调查发现，71%的人对警察有好感。随机选择150名美国注册选民。求对警察有好感的人数(a)最多100人、(b)超过120人、(c)在90人和110人（含）之间的概率。

23. **运动员对社会问题的看法**。在一项针对大学生运动员的调查中，84%的人表示愿意畅所欲言并更积极地参与社会问题。随机选择25名大学生运动员，求愿意在社会问题上畅所欲言并更加积极地参与社会问题的人数(a)至少24人、(b)不到23人、(c)在18人和22人（含）之间的概率。

24. **拥有枪支**。在一项针对美国注册选民的调查中，36%的人说家中有人拥有枪支。随机选择20名美国注册选民，求与拥有枪支的人生活在一起的人数(a)不超过8人、(b)正好7人、(c)在6人和9人（含）之间的概率。

25. **临床实验**。在一项针对美国成年人的调查中，19%的人说参加过临床实验。随机选择200名美国成年人，求参加临床实验的人数(a)不少于30人、(b)多于40人、(c)在35人和45人（含）之间的概率。

26. **促进研究**。在一项针对美国成年人的调查中，77%的人表示愿意分享他们的个人健康信息以促进医学研究。随机选择500名美国成年人，求愿意分享其个人健康信息以促进医学研究的人数(a)最多400人、(b)超过360人、(c)在380人和390人（含）之间的概率。

27. **每日通勤**。约83%的美国员工自己开车上班。按如下方式随机选择美国员工的样本，求超过100名员工自己开车上班的概率：(a)选择110名员工；(b)选择125名员工；(c)选择150名员工。

28. **员工健康**。一项针对美国在职成年人的调查发现，只有35%的人认为雇主关心他们的健康。按如下方式随机选择美国员工的样本，求少于100名员工相信雇主关心他们的健康的概率：(a)选择250名员工；(b)选择300名员工；(c)选择400名员工。

概念扩展

下图显示了一项针对18~29岁美国成年人的调查结果，这些人被问及是否参加了一项体育运动。在调查中，48%的男性和23%的女性表示他们参加体育运动。最常见的运动如下所示。在习题29和30中使用这些信息。

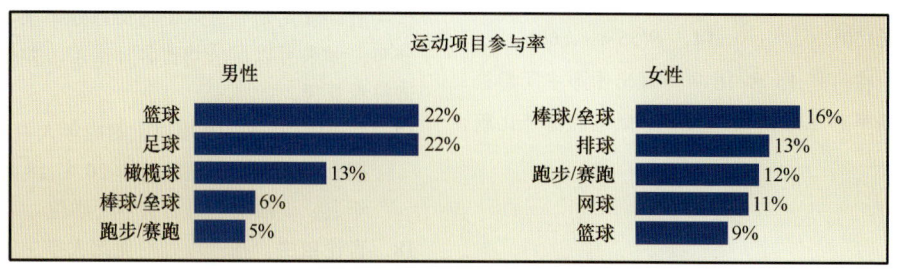

运动项目参与率			
男性		**女性**	
篮球	22%	棒球/垒球	16%
足球	22%	排球	13%
橄榄球	13%	跑步/赛跑	12%
棒球/垒球	6%	网球	11%
跑步/赛跑	5%	篮球	9%

29. 随机选择 250 名年龄为 18～29 岁的美国男性，询问他们是否参加过至少一项运动。你会发现 80% 的人说 "不"。这个结果的可能性有多大？你认为这个样本好吗？

30. 随机选择 300 名年龄为 18～29 岁的美国女性，询问她们是否参加过至少一项运动。在 72 名回答 "是" 的人中，50% 的人说她们参加排球运动。这个结果的可能性有多大？你认为这个样本好吗？

测试药物。一家制药商声称，一种药物治愈一种罕见皮肤病的概率为 75%。这种说法是通过在 100 名患者身上测试这种药物来验证的。如果至少有 70 名患者被治愈，那么这一声明将被接受。在习题 31 和 32 中使用这些信息。

31. 假设制造商的声明是真实的，求声明被拒绝的概率。

32. 假设药物治愈皮肤病的实际概率为 65%，求声明被接受的概率。

现实世界中的统计量

使用

正态分布可以用来描述现实生活中的许多情况，并广泛应用于科学、商业和心理学领域。它们是统计学中最重要的概率分布，可用于近似其他分布，如离散二项分布。

正态分布最不可思议的应用在于中心极限定理。该定理指出，无论总体具有何种类型的分布，只要每个随机样本的大小至少为 30，那么样本均值的分布将近似为正态分布。总体呈正态分布时，对于任何大小为 n 的随机样本，样本均值的分布都是正态的。

正态分布是抽样理论的基础。抽样理论是推断统计学的基础，详见下一章。

滥用

考虑一个正态分布的总体，其均值为 100，标准差为 15。取自该总体的单个值为 115 或更高并不罕见。事实上，这种情况几乎有 16% 的时间会发生。然而，从该总体中随机抽取 100 个值并获得 115 个或更多的样本均值是极度异常的。由于总体呈正态分布，样本均值的抽样分布的均值为 100，标准差为 1.5。

115 的样本均值比均值高 10 个标准差，这是极度异常事件。当这种异常事件发生时，最好对原始参数或总体呈正态分布的假设提出质疑。

虽然正态分布在许多总体中很常见，但不应试图让非正态统计量符合正态分布。当分布是非正态分布时，用于正态分布的统计量通常是不合适的。例如，有些经济学家认为，金融风险管理者依赖正态分布来模拟股市行为是错误的，因为正态分布不能准确预测像市场崩溃这样的异常事件。

习题

01. **异常吗？** 总体呈正态分布，均值为 100，标准差为 15。确定任一事件是否异常并说明理由：(a) 3 个样本的均值为 112 或更大；(b) 75 个样本的均值为 105 或更大。

02. **找错误**。高中生的平均年龄是 16.5 岁，标准差是 0.7。使用标准正态表求随机选择一名年龄超过 17.5 岁的学生的概率约为 8%。这个问题的错误是什么？

03. 举一个可能是非正态分布的例子。

5.6 第 5 章复习题

5.1 节

在复习题 01 和 02 中，使用正态曲线估计均值和标准差。

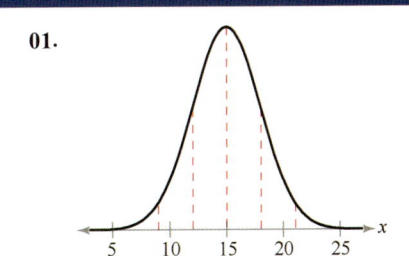

01.

02.

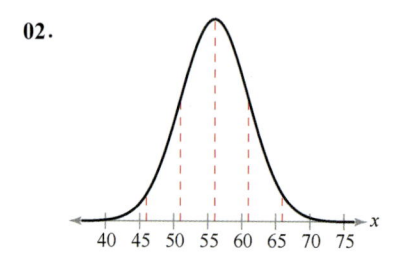

在复习题 03 和 04 中，使用如下所示的正态曲线。

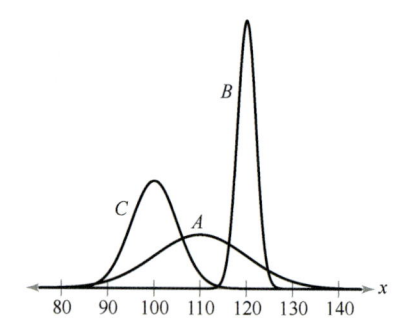

03. 哪条正态曲线的均值最大？
04. 哪条正态曲线的标准差最大？

在复习题 05 和 06 中，求标准正态曲线下的阴影面积，方便时使用软件求面积。

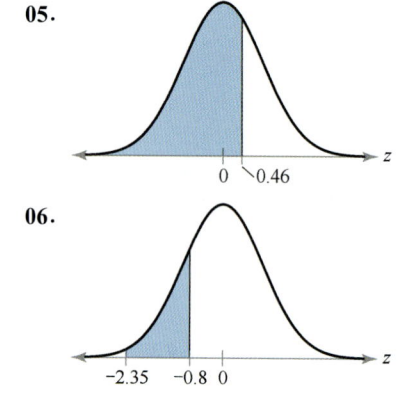

05.

06.

在复习题 07~18 中，求标准正态曲线下的面积，方便时使用软件求面积。

07. 在 $z = 0.33$ 的左侧。
08. 在 $z = -1.95$ 的左侧。
09. 在 $z = -0.57$ 的右侧。
10. 在 $z = 3.22$ 的右侧。
11. 在 $z = -2.825$ 的左侧。
12. 在 $z = 0.015$ 的右侧。
13. 在 $z = -1.64$ 和 $z = 0$ 之间。
14. 在 $z = -1.55$ 和 $z = 1.04$ 之间。
15. 在 $z = 0.05$ 和 $z = 1.71$ 之间。
16. 在 $z = -2.68$ 和 $z = 2.68$ 之间。

17. 在 $z = -1.5$ 的左侧和 $z = 1.5$ 的右侧。
18. 在 $z = 0.64$ 的左侧和 $z = 3.415$ 的右侧。

ACT 考试阅读部分的分数呈正态分布。最近一年，平均考试成绩为 21.2 分，标准差为 6.9 分。随机选出的 4 名学生的考试成绩分别为 17 分，29 分，8 分和 23 分。在复习题 19 和 20 中使用这些信息。

19. 求与每个值对应的 z 分数。
20. 确定是否有任何值异常。

在复习题 21~26 中，使用标准正态分布求概率，方便时使用软件求概率。

21. $P(z < 1.28)$。
22. $P(z > -0.74)$。
23. $P(-2.15 < z < 1.55)$。
24. $P(0.42 < z < 3.15)$。
25. $P(z < -2.50 \text{ 或 } z > 2.50)$。
26. $P(z < 0 \text{ 或 } z > 1.68)$。

5.2 节

在复习题 27~32 中，随机变量 x 呈正态分布，均值 $\mu = 74$，标准差 $\sigma = 8$，求概率。

27. $P(x < 84)$。
28. $P(x < 55)$。
29. $P(x > 80)$。
30. $P(x > 71.6)$。
31. $P(60 < x < 70)$。
32. $P(72 < x < 82)$。

在复习题 33 和 34 中，求概率，方便时使用软件求概率。

33. 自 1990 年以来，美国能源每年产生的温室气体量呈正态分布，均值为 5774 百万公吨二氧化碳当量，标准差为 333 百万公吨二氧化碳当量。求随机选择的一年中能源产生的温室气体量 (a)小于 5500 百万公吨二氧化碳当量、(b)等于 6000~6500 百万公吨二氧化碳当量、(c)大于 5900 百万公吨二氧化碳当量的概率。

34. 印度洋上硫化羰的日表层浓度呈正态分布，均值为 9.1 皮摩尔/升，标准差为 3.5 皮摩尔/升。求在随机选择的一天中，印度洋表面硫化羰浓度为(a)5.1~15.7 皮摩尔/升、(b)10.5~12.3 皮摩尔/升、(c)超过 11.1 皮摩尔/升的概率。

35. 确定复习题 33 中的事件是否异常，说明理由。
36. 确定复习题 34 中的事件是否异常，说明理由。

5.3 节

在复习题 37~42 中，使用标准正态表或软件求与累积面积或百分位相对应的 z 分数。

37．0.4721。 38．0.1。 39．0.993。
40．P_2。 41．P_{85}。 42．P_{46}。

43．求其右侧有 30.5%的分布面积的 z 分数。

44．求 94%的分布面积位于 $-z$ 和 z 之间的正 z 分数。

在干燥路面上，从 60 英里/小时到完全停止，汽车的制动距离（英尺）可以近似为正态分布，如下图所示，在复习题 45~50 中使用此信息。

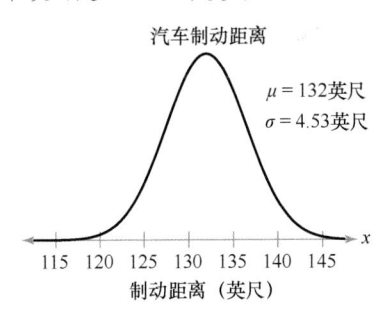

汽车制动距离
$\mu = 132$ 英尺
$\sigma = 4.53$ 英尺
制动距离（英尺）

45．求对应于 $z = -2.75$ 的制动距离。
46．求对应于 $z = 1.6$ 的制动距离。
47．什么制动距离代表第 90 百分位？
48．第 1 四分位数的制动距离是多少？
49．什么距离小于所有制动距离的 15%？
50．什么距离大于所有制动距离的 20%？

5.4 节

复习题 51 和 52 中给出了总体和样本量。(a)求总体的均值和标准差；(b)列出总体中给定大小的所有样本（有替换），并求每个样本的均值；(c)求样本均值的抽样分布的均值和标准差，并将其与总体的均值和标准差进行比较。

51．一支足球队的 4 名首发后卫在一个赛季中的进球数分别是 1，2，0 和 3，使用样本量 2。

52．一家公司的 3 名高管各自报告的加班时间分别为 90 分钟、120 分钟和 210 分钟，使用样本量 3。

在复习题 53 和 54 中，求所示样本均值的抽样分布的均值和标准差，并画出抽样分布的草图。

53．美国 50 个州每平方英里人口密度的均值为 199.6 人，标准差为 265.4 人。从该总体中抽取 35 个随机样本，求每个样本的均值。

54．最近一年法学院入学考试（LSAT）的考试成绩呈正态分布，均值为 151.88，标准差为 9.95。从该总体中抽取 40 个随机样本，求每个样本的均值。

在复习题 55~60 中，求概率并解释结果。

55．参考复习题 33。选择 2 年的随机样本，求样本的温室气体平均含量(a)小于 5500 百万公吨二氧化碳当量、(b)在 6000 和 6500 百万公吨二氧化碳当量之间、(c)大于 5900 百万公吨二氧化碳当量的概率。将你的答案与复习题 33 中的答案进行比较。

56．参考复习题 34。选择 6 天的随机样本，求样本的硫化羰平均表面浓度为(a)5.1~15.7 皮摩尔/升、(b)10.5~12.3 皮摩尔/升、(c)大于 11.1 皮摩尔/升的概率。将你的答案与复习题 34 中的答案进行比较。

57．最近一年的平均 ACT 综合得分为 20.7。选择 36 个 ACT 综合分数的随机样本。样本的平均分(a)小于 22、(b)大于 23、(c)在 20 和 21.5 之间的概率是多少？假设 $\sigma = 5.9$。

58．最近一年的平均 MCAT 总分为 500.9 分。选择 32 个 MCAT 总分的随机样本。样本的平均分(a)小于 503、(b)大于 502、(c)在 498 和 501 之间的概率是多少？假设 $\sigma = 10.6$。

59．美国一级精算师的平均年薪约为 72000 美元。随机抽取 45 名一级精算师，样本的平均年薪(a)低于 75000 美元、(b)高于 68000 美元的概率是多少？假设 $\sigma = 11000$ 美元。

60．美国理疗师的平均年薪约为 87000 美元。随机抽取 50 名理疗师，样本的平均年薪(a)低于 84000 美元、(b)高于 85000 美元的概率是多少？假设 $\sigma = 10500$ 美元。

5.5 节

复习题 61 和 62 中给出了一个二项实验，确定是否可以使用正态分布来近似该二项分布。如果可以，求均值和标准差；如果不能，请解释原因。

61．一项针对年收入超过 150000 美元、年龄在 33 岁和 40 岁之间的美国成年人的调查发现，94%的人对自己目前的生活感到满意。随机选择 20 名年龄在 33 岁和 40 岁之间、年收入超过 150000 美元的美国成年人，询问他们对目前的生活是否满意。

62．一项针对美国成年人的调查发现，69%的人对农业有好感。随机选择 45 名美国成年人，询问他们是否对农业有好感。

第 5 章　正态概率分布　185

加利福尼亚州人口的年龄分布

美国人口普查局的工作之一是跟踪全国和各州人口的年龄分布。下面的表格和柱状图显示了 2019 年加利福尼亚州人口的估计年龄分布。

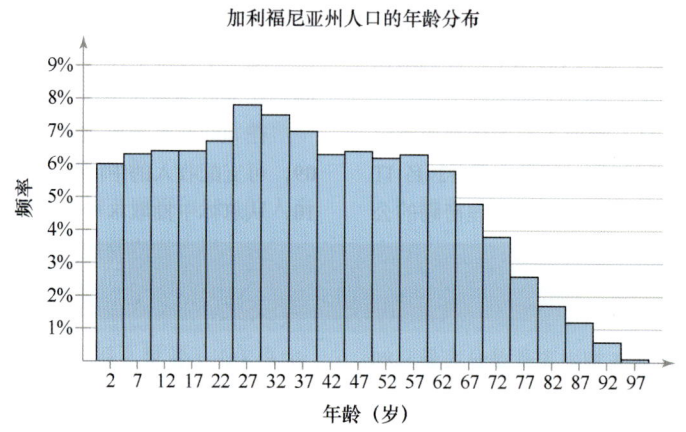

加利福尼亚州人口的年龄分布

组	组中点	频率	组	组中点	频率
0~4	2	6.0%	50~54	52	6.2%
5~9	7	6.3%	55~59	57	6.3%
10~14	12	6.4%	60~64	62	5.8%
15~19	17	6.4%	65~69	67	4.8%
20~24	22	6.7%	70~74	72	3.8%
25~29	27	7.8%	75~79	77	2.6%
30~34	32	7.5%	80~84	82	1.7%
35~39	37	7.0%	85~89	87	1.2%
40~44	42	6.3%	90~94	92	0.6%
45~49	47	6.4%	95~99	97	0.1%

习题

当 $n = 40$ 时，由软件生成的 36 个随机选择的样本的均值如下所示：37.03 35.43 39.40 34.55 34.88 41.00 35.30 34.03 36.80 41.90 39.63 39.20 43.50 38.35 38.38 41.85 38.55 39.03 30.50 33.58 38.85 40.88 41.13 41.68 37.75 34.18 33.88 36.28 41.23 40.88 39.93 36.45 38.58 36.63 38.55 39.35。

01. 使用软件和年龄分布来估计加利福尼亚州人口的平均年龄。
02. 使用软件求 36 个样本均值集合的均值。它与习题 1 中求得的加利福尼亚州人口平均年龄相比如何？这与中心极限定理预言的结果一致吗？
03. 加利福尼亚州人口的年龄是正态分布的吗？
04. 绘制 36 个样本均值的频率直方图。使用 9 个区组，区间宽度为 3，从 30.5 开始。直方图是否近似为钟形且对称？这与中心极限定理预言的结果一致吗？
05. 使用软件和年龄分布求加利福尼亚州人口年龄的标准差。
06. 使用软件求 36 个样本均值的标准差。它与习题 05 中求出的年龄标准差相比如何？这与中心极限定理预言的结果一致吗？

5.9 第 3~5 章总复习

01. 一项针对美国成年人的调查发现，61%的人在过去一周内至少在餐馆吃过一次饭。随机选择 30 名成年人，询问他们在过去一周内是否至少在餐馆吃过一次饭。(a)验证正态分布可用于近似二项分布；(b)求最多 14 名成年人在过去一周内至少在餐馆吃过一次饭的概率；(c)30 名成年人中恰好有 14 人在过去一周内至少在餐馆吃过一次饭，这是否异常？

在习题 02 和 03 中，求概率分布的(a)均值、(b)方差、(c)标准差和(d)期望值。

02. 下表显示了最近一年美国家庭规模的分布情况。

x	1	2	3	4	5	6	7	8	9
P(x)	0.282	0.348	0.151	0.127	0.058	0.023	0.007	0.003	0.002

03. 下表显示了德玛尔·德罗赞在上个 NBA 赛季中每场比赛的个人犯规分布。

x	0	1	2	3	4	5	6
P(x)	0.044	0.162	0.221	0.368	0.103	0.088	0.015

04. 使用习题 3 中的概率分布求随机选择一场比赛的概率，在这场比赛中，德玛尔·德罗赞的个人犯规(a)少于 4 次、(b)至少 3 次、(c)2~4 次。

05. 从 9 男 7 女共 16 名候选人中选出主席、副主席、秘书和财务主管。(a)有多少种不同的方法可以填补这些职位？(b)所有四个职位都由女性担任的可能性有多大？

在习题 06~11 中，求标准正态曲线下的面积，方便时使用软件求这些面积。

06. 在 $z = 0.72$ 的左侧。

07. 在 $z = -3.08$ 的左侧。

08. 在 $z = -0.84$ 的右侧。

09. 在 $z = 0$ 和 $z = 2.95$ 之间。

10. 在 $z = -1.22$ 和 $z = -0.26$ 之间。

11. 在 $z = 0.12$ 的左侧或 $z = 1.72$ 的右侧。

12. 49%的美国成年人认为，燃烧化石燃料等人类活动对气候变化的影响很大。随机选择 25 名美国成年人，求认为人类活动对气候变化影响很大的人数(a)正好为 12 人、(b)在 8 人和 11 人之间（包括 8 人和 11 人）、(c)不到 2 人的概率。这些事件是否异常？

13. 一家汽车配件销售商发现，每 200 个售出的配件中就有 1 个是次品。使用几何分布求以下情况的概率：(a)第一个次品是售出的第五个零件；

(b)第一个次品是售出的第一个、第二个或第三个零件；(c)售出的前 20 个零件都不是次品。

14. 下表显示了一项调查的结果，其中 3545286 名公立学校教师和 509168 名私立学校教师被问及他们的全职教学经验。(a)求随机选择的私立学校教师拥有 10~20 年全职教学经验的概率；(b)求随机选择的教师在公立学校有 3~9 年全职教学经验的概率；(c)"公立学校教师"和"拥有 20 年以上全职教学经验"的事件是否独立？(d)求随机选择的教师具有 3~9 年全职教学经验或在私立学校任教的概率。

	公 立	私 立	合 计
不到 3 年	318274	61809	380083
3~9 年	1003014	151865	1154879
10~20 年	1415824	167400	1583224
20 年以上	808174	128094	936268
合计	3545286	509168	4054454

15. 自行车轮胎首次充气时的压力呈正态分布，均值为 70 磅/平方英寸（psi），标准差为 1.2psi。(a)从这个总体中抽取 40 个随机样本，求每个样本的均值。求样本均值的抽样分布的均值和标准差，然后画出抽样分布的草图；(b)从这个总体中随机抽取 15 个轮胎，样本的平均胎压低于 69 psi 的概率是多少？

16. 汽车电池的寿命呈正态分布，均值为 44 个月，标准差为 5 个月。(a)求随机选择的电池的寿命小于 36 个月的概率；(b)求随机选择的电池的寿命在 42 个月和 60 个月之间的概率；(c)汽车电池处于预期寿命前 5%的最短预期寿命是多少？

17. 花店有 12 种不同的花，可以用来插花。中心装饰品是用 4 朵不同的花制作的。(a)可以制作多少种不同的中心装饰品？(b)中心装饰品中的 4 朵花是玫瑰、雏菊、绣球花和百合的概率是多少？

18. 67%的约会美国成年人表示，他们的约会并不顺利。随机选择 10 名约会的美国成年人。(a)构建随机变量 x 的二项分布，即表示其约会不顺利的人数；(b)使用直方图绘制二项分布并描述其形状；(c)求你认为异常的随机变量 x 的任何值。

第6章 置信区间

第1章至第5章介绍了描述统计学（如何收集和描述数据）和概率（如何求概率并分析离散和连续概率分布）。例如，心理学家使用描述统计学来分析在实验和测试中收集的数据。

韦氏成年人智力量表是最常用的心理测试之一，它是一种智商（IQ）测试，已标准化为均值为100、标准差为15的正态分布。

本章介绍推断统计学——统计学的第二个主要分支。例如，一个国际象棋俱乐部想要估计其成员的平均智商。随机抽样成员的智商平均值为115。因为这种估计是由数轴上的一个点表示的单个数字组成的，所以称为点估计。使用点估计的问题是，它很少等于总体的确切参数（均值、标准差或比例）。本章介绍如何通过指定数轴上的值的区间，以及对区间包含总体参数的确信程度的陈述，来进行更有意义的估计。假设国际象棋俱乐部对其成员的平均智商估计的置信度为90%。以下是关于如何构建区间估计的概述。

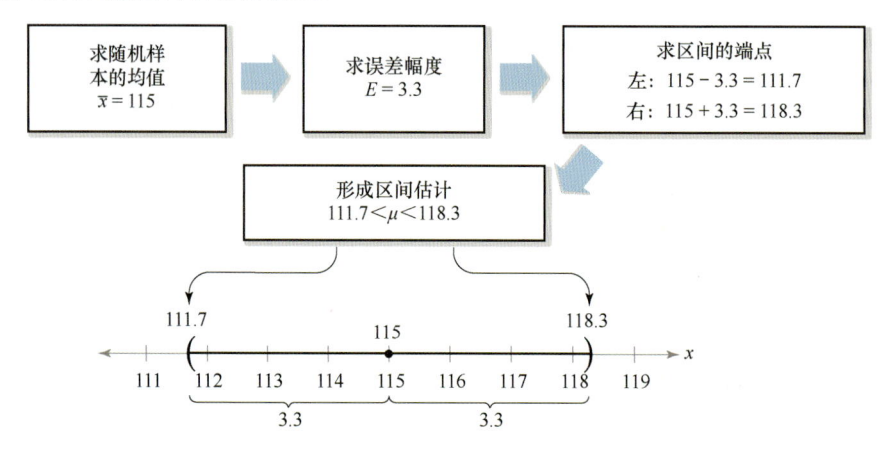

求随机样本的均值 $\bar{x}=115$ → 求误差幅度 $E=3.3$ → 求区间的端点 左：$115-3.3=111.7$ 右：$115+3.3=118.3$ → 形成区间估计 $111.7<\mu<118.3$

因此，俱乐部在90%的置信度下认为其成员的平均智商在111.7和118.3之间。

6.1 均值的置信区间（σ 已知）

学习目标
- 求点估计和误差幅度
- σ 已知时构建和解释总体均值的置信区间
- 确定估计总体均值时所需的最小样本量

6.1.1 估计总体参数

本章介绍统计推断的一个重要技巧——使用样本统计量来估计未知总体参数的值。本节和下一节介绍总体标准差 σ 已知（本节）或 σ 未知（6.2节）时，如何使用样本统计量来估计总体参数 μ。要做出这样的推断，首先就要求一个点估计。

定义 点估计是总体参数的单值估计。总体均值 μ 的最无偏点估计是样本均值 $\bar{x}$。

使用无偏差且可变性低的样本统计量时，估计方法的有效性增加。如果一个统计量未高估或低估总体参数，那么它是无偏的。回顾第5章可知，相同规模的所有可能样本均值的均值等于总体均值。因此，$\bar{x}$ 是 μ 的无偏估计量。当样本均值的标准误差 $\sigma/\sqrt{n}$ 随 n 的增加而减小时，它的变化就变得较小。

【例题 1】求点估计

一名研究人员正在收集有关大学体育会议及其学生运动员的数据。随机抽取 40 名学生运动员，记录他们一周内花在规定体育活动上的小时数（见右表）。求总体均值 μ 的一个点估计，即会议中所有学生运动员每周花在所需体育活动上的平均小时数。

一周所花的小时数						
19	18	18	15	21	21	23	20
21	19	16	19	22	15	19	24
20	24	20	17	18	17	19	20
20	20	22	24	21	23	23	21
22	20	17	21	16	18	19	25

解答：

数据的样本均值为 $\bar{x} = \dfrac{\sum x}{n} = \dfrac{797}{40} \approx 19.9$。因此，会议中所有学生运动员花在所需体育活动上的平均小时数的点估计约为 19.9 小时。

自测题 1

在例题 1 中，研究人员选择了 40 名学生运动员的第二个随机样本，并记录了他们在一天内花在所需体育活动上的小时数（见右表）。求总体均值 μ 的点估计，即会议中所有学生运动员每天花在所需体育活动上的平均小时数。

一周所花的小时数						
2	1	1	1	3	1	3	1
2	4	3	3	1	5	5	3
3	3	4	5	2	4	3	3
4	2	2	1	4	2	2	3
2	4	3	2	3	4	5	2

在例题 1 中，总体均值恰好为 19.9 的概率实际上为零。因此，可以估计 μ 位于一个区间内，而不使用点估计来估计 μ 正好为 19.9。这就是所谓的区间估计。

> **定义** 区间估计是用于估计总体参数的值的区间或范围。

尽管可以假设例题 1 中的点估计不等于实际的总体均值，但它可能接近实际的总体均值。为了形成区间估计，可以使用点估计作为区间的中心，然后加上和减去误差幅度。例如，如果误差幅度为 0.6，则区间估计由 19.9 ± 0.6 或 $19.3 < \mu < 20.5$ 给出。点估计和区间估计如下图所示。

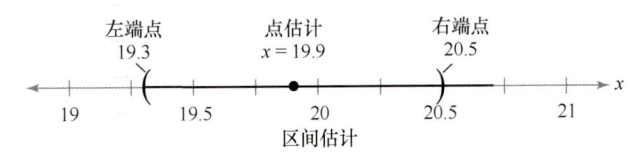

在求区间估计的误差幅度之前，应先确定区间估计包含总体均值 μ 的置信水平。

> **提示**：本书中常用到置信水平 90%、95% 和 99%。下面是与这些置信水平相对应的 z 分数。

置信水平	z_c
90%	1.645
95%	1.96
99%	2.575

> **定义** 置信水平 c 是区间估计包含总体参数的概率，假设估计过程重复了多次。

由中心极限定理可知，当 $n \geq 30$ 时，样本均值的抽样分布近似为正态分布。置信水平 c 是临界值 $-z_c$ 和 z_c 之间的标准正态曲线下的面积。临界值是将可能的样本统计量与不可能的或异常样本统计量分开的值。由下图可以看出，c 是 $-z_c$ 和 z_c 之间的正态曲线下的面积的百分比。剩下的面积是 $1-c$，所以其中一个尾部的面积是

$$\dfrac{1}{2}(1-c) \quad \text{一个尾部的面积}$$

例如，如果 $c = 90\%$，那么 5% 的面积位于 $-z_c = -1.645$ 的左侧，5% 的面积位于 $z_c = 1.645$ 的右侧，如下表所示。

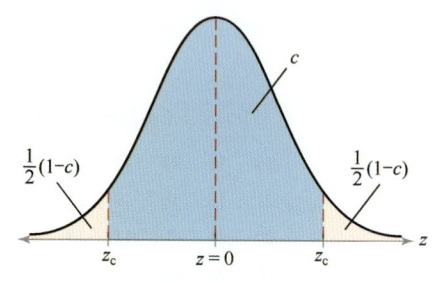

如果 $c = 90\%$	
$c = 0.90$	蓝色区域的面积
$1 - c = 0.10$	黄色区域的面积
$\frac{1}{2}(1-c) = 0.05$	一个尾部的面积
$-z_c = -1.645$	分隔左尾的临界值
$z_c = 1.645$	分隔右尾的临界值

点估计与实际参数值的差称为抽样误差。估计 μ 时，抽样误差是 $\bar{x} - \mu$。当然，在大多数情况下，μ 是未知的，而 $\bar{x}$ 则因样本而异。但是，当置信水平和抽样分布已知时，可以计算误差的最大值。

描绘世界

一项针对 1000 名社交媒体用户随机抽样的调查发现，每名用户平均每天花在社交媒体上的时间为 144 分钟。根据以前的研究，假设总体标准差为 21.4 分钟。

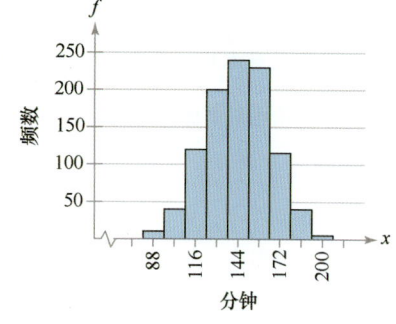

在 95% 的置信区间内，人们平均每天花在社交媒体上的时间的误差幅度是多少？

> **定义** 给定置信水平 c，误差幅度 E（有时也称最大估计误差或误差容限）是点估计与其估计的参数值之间的最大可能距离。对于 σ 已知时的总体均值 μ，误差幅度为
>
> $$E = z_c \sigma_{\bar{x}} = z_c \frac{\sigma}{\sqrt{n}}$$
>
> 前提是满足如下条件：
> 1. 样本是随机的。
> 2. 下列情形中至少有一种为真：总体呈正态分布或者 $n \geq 30$（回顾中心极限定理可知，当 $n \geq 30$ 时，样本均值的抽样分布近似为正态分布）。

【例题 2】求误差幅度

使用例题 1 中的数据和 95% 的置信水平，求会议中所有学生运动员每周花在所需体育活动上的平均小时数的误差幅度。假设总体标准差为 2.4 小时。

解答：

因为 σ 是已知的（$\sigma = 2.4$），样本是随机的（见例题 1），且 $n = 40 \geq 30$，使用上面给出的 E 的公式。对应于置信水平 95% 的 z 分数为 1.96。这意味着标准正态曲线下 95% 的面积落在均值的 1.96 个标准差范围内，如右图所示（可以通过中心极限定理用正态曲线来近似样本均值的分布，因为 $n = 40 \geq 30$）。

使用值 $z_c = 1.96, \sigma = 2.4$ 和 $n = 40$，得

$$E = z_c \frac{\sigma}{\sqrt{n}} = 1.96 \times \frac{2.4}{\sqrt{40}} \approx 0.7$$

解释： 在 95% 的置信度下确信总体均值的误差幅度约为 0.7 小时。

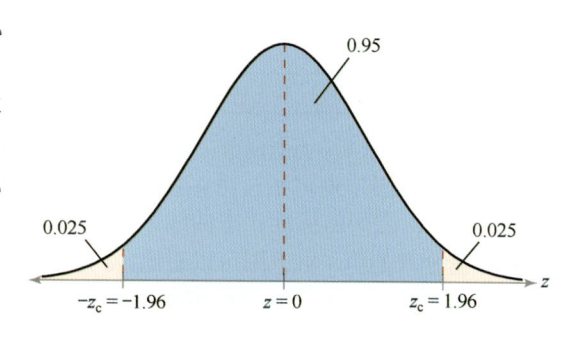

自测题 2

使用自测题 1 中的数据和 95% 的置信水平，求会议中所有学生运动员每天花在所需体育活动上的平均小时数的误差幅度。假设总体标准差为 1.4 小时。

6.1.2 总体均值的置信区间

使用点估计和误差幅度可以构建总体参数（如 μ）的区间估计。该区间估计称为置信区间。

定义 总体均值 μ 的置信区间 c 为 $\bar{x} - E < \mu < \bar{x} + E$。这个置信区间包含 μ 的概率是 c，假设估计过程重复了多次。

提示：构建总体均值的置信区间时，一般的舍入规则是舍入到与样本均值相同的小数位数。

指南 构建总体均值（σ 已知）的置信区间

文字表述	符号表述
1. 验证 σ 是已知的，样本是随机的，且总体是正态分布的或 $n \geq 30$	
2. 求样本统计量 n 和 $\bar{x}$	$\bar{x} = \dfrac{\sum x}{n}$
3. 求与给定置信水平相对应的临界值 z_c	使用附录 B 中的表 4
4. 求误差幅度 E	$E = z_c \dfrac{\sigma}{\sqrt{n}}$
5. 求左右端点并形成置信区间	左端点：$\bar{x} - E$；右端点：$\bar{x} + E$；区间：$\bar{x} - E < \mu < \bar{x} + E$

【例题 3】构建置信区间

使用例题 1 中的数据和例题 2 的结果，构建会议中所有学生运动员每周花在所需体育活动上的平均小时数的 95% 置信区间。

解答：

在例题 1 和例题 2 中，$\bar{x} \approx 19.9$，$E \approx 0.7$。置信区间的构建如下图所示。

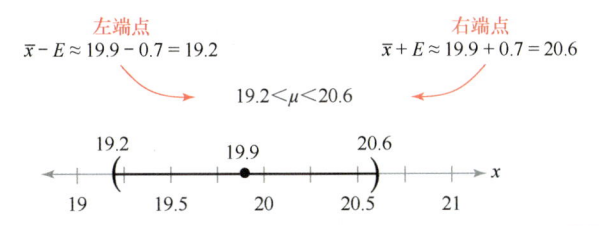

左端点 $\bar{x} - E \approx 19.9 - 0.7 = 19.2$ 右端点 $\bar{x} + E \approx 19.9 + 0.7 = 20.6$

$19.2 < \mu < 20.6$

提示：表示置信区间的其他方法是 $(\bar{x} - E, \bar{x} + E)$ 和 $\bar{x} \pm E$。例如，在例题 3 中，可将置信区间写为 (19.2, 20.6) 或 19.9 ± 0.7。

解释：在 95% 的置信水平下，可以说学生运动员花在所需体育活动上的平均时间在 19.2 小时和 20.6 小时之间。

自测题 3

使用自测题 1 中的数据和自测题 2 的结果，构建会议中所有学生运动员每天花在所需体育活动上的平均小时数的 95% 置信区间。

置信区间的宽度为 $2E$。检查 E 的公式，了解为什么对于相同的置信水平，较大的样本量往往给出较窄的置信区间。

【例题 4】使用软件构建置信区间

使用例题 1 中的数据和技术构建会议中所有学生运动员每周花在所需体育活动上的平均小时数的 99% 置信区间。

解答：

MINITAB 和 STATCRUNCH 都提供构建置信区间的功能。我们可以通过输入原始数据或者使用描述统计量来构建置信区间。原始数据用于构建如下所示的置信区间。数据表明，μ 的 99% 置信区间为 (18.9, 20.9)。注意，该区间已舍入到与样本平均值相同的小数位数。

MINITAB

One-Sample Z: Hours
Descriptive Statistics

N	Mean	StDev	SE Mean	99% CI for μ
40	19.925	2.556	0.379	(18.948, 20.902)

μ: population nean of Hours
Known standard deviation: 2.4

STATCRUNCH

One sample Z confidence interval:
μ：Mean of variable
Standard deviation=2.4

99% confidence interval results:

Variable	n	Sample Mean	Std. Err.	L. Limit	U. Limit
Hours	40	19.925	0.37947332	18.947542	20.902458

解释： 在 99% 的置信度下，可以说学生每周花在所需体育活动上的小时数的总体均值在 18.9 小时和 20.9 小时之间。

自测题 4

使用例题 1 中的数据和技术，构建会议中所有学生运动员每周花在所需体育活动上的平均小时数的 75%、85% 和 90% 置信区间。随着置信水平的增加，置信区间的宽度如何变化？

在例题 3、例题 4 和自测题 4 中，使用相同的样本数据来构建具有不同置信水平的置信区间。注意，随着置信水平的增加，置信区间的宽度也增加。换句话说，使用相同的样本数据时，置信水平越高，区间就越宽。对于 σ 已知的正态分布总体，可以对任何样本量使用正态抽样分布（即使 $n < 30$，如例题 5 所示）。

【例题 5】构建置信区间

大学招生主任希望估计目前所有入学学生的平均年龄。在 20 名学生的随机样本中，发现平均年龄为 22.9 岁。从过去的研究看，已知标准差为 1.5 岁，总体呈正态分布。构建总体平均年龄的 90% 置信区间。

解答：

因为 σ 是已知的，样本是随机的，且总体是正态分布的，所以可以使用本节中给出的 E 的公式。使用 $n = 20$，$\bar{x} = 22.9$，$\sigma = 1.5$ 和 $z_c = 1.645$，90%置信水平下的误差幅度为

$$E = z_c \frac{\sigma}{\sqrt{n}} = 1.645 \cdot \frac{1.5}{\sqrt{20}} \approx 0.6$$

90%置信区间可以写成 $\bar{x} \pm E \approx 22.9 \pm 0.6$，或者如下所示。

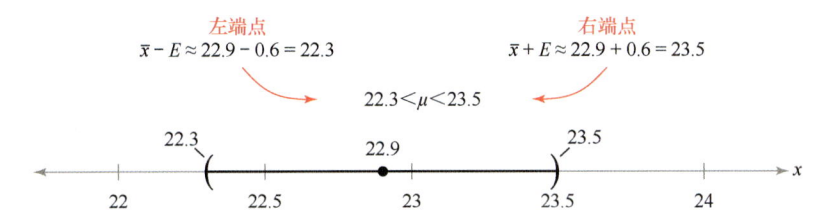

左端点：$\bar{x} - E \approx 22.9 - 0.6 = 22.3$　　　右端点：$\bar{x} + E \approx 22.9 + 0.6 = 23.5$

$$22.3 < \mu < 23.5$$

解释： 在 90%的置信度下，我们说所有学生的平均年龄在 22.3 岁和 23.5 岁之间。

自测题 5

在样本量增加到 30 名学生的情况下，为例题 5 中的大学生构建总体平均年龄的 90%置信区间。将答案与例题 5 中的答案进行比较。

构建置信区间后，正确地解释结果非常重要。考虑例题 5 中构建的 90%置信区间。μ 是由总体预先确定的固定值，因此它要么在区间内，要么不在区间内。"实际均值在区间(22.3, 23.5)内的概率为 90%" 的说法是不正确的，因为它暗示 μ 的值可以变化。解释这个置信区间的正确方法是 "在 90%的置信水平下，均值在区间(22.3, 23.5)内"。这意味着收集许多样本并为每个样本创建置信区间时，这些区间中约有 90%将包含 μ，如右图所示。这个正确的解释是指正在使用的过程的成功率。

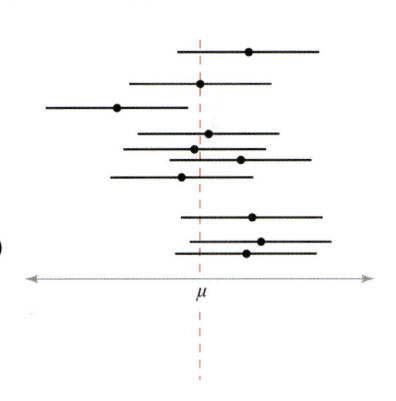

水平线段表示相同大小的不同样本的 90%置信区间。从长远看，每 10 个这样的区间中有 9 个包含 μ

6.1.3 样本量

对于相同的样本统计量，随着置信水平的增加，置信区间变宽。随着置信区间变宽，估计的精度降低。在不降低置信水平的情况下，提高估计精度的一种方法是增加样本量。但是，对于给定的误差幅度，需要多大的样本量才能保证一定的置信水平呢？使用误差幅度公式 $E = z_c \frac{\sigma}{\sqrt{n}}$ 可以推导出一个公式（见习题 59）来求最小样本量 n，如下一个定义所示。

> **求最小样本量以估计 μ**
>
> 给定置信水平 c 和误差幅度 E，估计总体均值 μ 所需的最小样本量为
>
> $$n = \left(\frac{z_c \sigma}{E}\right)^2$$
>
> 如果 n 不是整数，就将 n 上取整（见例题 6）。此外，当 σ 未知时，可以使用 s 来估计它，前提是有至少 30 名成员的初步随机样本。

【例题 6】确定最小样本量

例题 1 中的研究人员想要估计会议中所有学生运动员每周花在所需体育活动上的平均小时数。样本中必须包括多少名学生运动员，才能在 95%的置信度下认为样本均值在总体均值的 0.5 小时范围内？

解答：

使用 $c = 0.95$，$z_c = 1.96$，$\sigma = 2.4$（来自例题 2）和 $E = 0.5$，可以求出最小样本量为

$$n = \left(\frac{z_c \sigma}{E}\right)^2 = \left(\frac{1.96 \times 2.4}{0.5}\right)^2 \approx 88.51$$

因为 n 不是整数，所以上取整为 89。因此，研究人员需要样本中至少有 89 名学生运动员。

解释： 研究人员已有 40 名学生运动员，因此样本还需要 49 名学生运动员。注意，89 是样本中包括的学生运动员的最小数量。如果需要，研究人员可以包括更多的学生运动员。

自测题 6

在例题 6 中，研究人员必须在样本中包括多少名学生运动员，才能在 95% 的置信度下认为样本均值在总体平均值的 0.75 小时内？将答案与例题 6 中的答案相比较。

6.1.4 习题

培养基本技能和词汇

01. 估计总体均值时，是使用点估计还是使用区间估计更正确？

02. 以下哪个统计量是 μ 的最佳无偏估计量？
    (a) s；(b) $\bar{x}$；(c) 中位数；(d) 众数。

03. 对于相同的样本统计量，以下哪个置信水平产生最宽的置信区间？(a) 90%；(b) 95%；(c) 98%；(d) 99%。

04. 使用随机样本构建总体均值的 95% 置信区间。置信区间为 $24.9 < \mu < 31.5$。μ 在这个区间的概率是 0.95 吗？

在习题 05~08 中，求在置信水平 c 下构建置信区间所需的临界值 z_c。

05. $c = 0.80$。

06. $c = 0.85$。

07. $c = 0.75$。

08. $c = 0.97$。

图形分析。在习题 09~12 中，使用数轴上的值求抽样误差。

09. $\bar{x} = 3.8$，$\mu = 4.27$

10. $\mu = 8.76$，$\bar{x} = 9.5$

11. $\mu = 24.67$，$\bar{x} = 26.43$

12. $\bar{x} = 46.56$，$\mu = 48.12$

在习题 13~16 中，求 c、σ 和 n 的值的误差范围。

13. $c = 0.95$，$\sigma = 5.2$，$n = 30$。

14. $c = 0.90$，$\sigma = 2.9$，$n = 50$。

15. $c = 0.80$，$\sigma = 1.3$，$n = 75$。

16. $c = 0.975$，$\sigma = 4.6$，$n = 100$。

匹配。在习题 17~20 中，将置信水平 c 与适当的置信区间相匹配。假设每个置信区间都是为相同的样本统计量构建的。

17. $c = 0.88$。

18. $c = 0.90$。

19. $c = 0.95$。

20. $c = 0.98$。

(a) 54.9, 57.2, 59.5

(b) 55.2, 57.2, 59.2

(c) 55.6, 57.2, 58.8

(d) 55.5, 57.2, 58.9

在习题 21~24 中，构建总体均值 μ 指示的置信区间。

21. $c = 0.90$，$\bar{x} = 12.3$，$\sigma = 1.5$，$n = 50$。

22. $c = 0.95$，$\bar{x} = 31.39$，$\sigma = 0.80$，$n = 82$。

23. $c = 0.99$，$\bar{x} = 10.50$，$\sigma = 2.14$，$n = 45$。

24. $c = 0.80$，$\bar{x} = 20.6$，$\sigma = 4.7$，$n = 100$。

在习题 25~28 中，使用置信区间求误差幅度和样本均值。

25. (12.0, 14.8)。

26. (21.61, 30.15)。

27. (1.71, 2.05)。
28. (3.144, 3.176)。

在习题 29~32 中，确定为 c、σ 和 E 的值估计 μ 所需的最小样本量 n。

29. $c = 0.90$，$\sigma = 6.8$，$E = 1$。
30. $c = 0.95$，$\sigma = 2.5$，$E = 1$。
31. $c = 0.80$，$\sigma = 4.1$，$E = 2$。
32. $c = 0.98$，$\sigma = 10.1$，$E = 2$。

使用和解释概念

求误差幅度。在习题 33 和 34 中，使用置信区间求估计的误差幅度，然后求样本均值。

33. **通勤时间**。政府机构在估计城市工作人口的平均通勤时间（分钟）时，报告的置信区间为(26.2, 30.1)。
34. **图书价格**。商店经理在估计教科书的平均价格（美元）时，报告的置信区间为(244.07, 280.97)。

构建置信区间。习题 35~38 中给出了样本均值和总体标准差。使用此信息构建总体均值的 90% 和 95% 置信区间。解释结果并比较置信区间的宽度。

35. **黄金价格**。在从 2016 年 5 月 9 日至 2021 年 5 月 7 日的 48 个工作日的随机样本中，美国黄金价格的均值为 1404.09 美元。假设总体标准差为 232.09 美元。
36. **股票价格**。从 2020 年 36 个工作日的随机样本看，苹果公司股票的平均收盘价为 97.17 美元，假设总体标准差为 21.77 美元。
37. **视频游戏价格**。从 50 个任天堂 Switch 游戏的随机样本看，新游戏的平均价格为 54.97 美元。假设总体的标准差为 48.43 美元。
38. **每月龙卷风**。在从 2006 年 1 月到 2020 年 12 月的 35 个月的随机样本中，美国每月平均发生龙卷风的次数约为 100 次。假设总体标准差为 111。

39. 在习题 35 中，总体均值超过 1500 美元是否异常？
40. 在习题 36 中，总体均值超过 90 美元是否异常？
41. 在习题 37 中，总体均值是否可能大于 70 美元？
42. 在习题 38 中，总体均值是否可能小于 100？
43. 当所有其他量保持不变时，以下变化如何影响置信区间的宽度？(a)提高置信水平；(b)扩大样本量；(c)扩大总体标准差。
44. 描述你是如何构建一个 90% 的置信区间来估计学校学生的总体平均年龄的。

构建置信区间。在习题 45 和 46 中，使用信息构建总体均值的 90% 和 99% 置信区间。解释结果并比较置信区间的宽度。

45. **单程通勤时间**。研究人员随机调查了 32 名 16 岁及以上不在家工作的美国员工，并询问他们从家到工作地点需要多长时间（分钟）。下面是这些员工的回答：30 48 35 46 27 27 25 37 18 45 18 37 26 38 33 14 73 16 8 54 27 53 29 72 40 29 17 42 32 24 62 85。
根据过去的研究，研究人员假设 σ 为 14.9 分钟。

46. **氯化钠浓度**。下面列出了 36 个随机选择的海水样品的氯化钠浓度（克/升），假设 σ 为 7.61 克/升：30.63 33.47 26.76 15.23 13.21 10.57 16.57 27.32 27.06 15.07 28.98 34.66 10.22 22.43 17.33 28.40 35.70 14.09 11.77 33.60 27.09 26.78 22.39 30.35 11.83 13.05 22.22 13.45 18.86 24.92 32.86 31.10 18.84 10.86 15.69 22.35。

47. **确定最小样本量**。当你希望在 95% 的置信度下确信样本均值在总体均值的一个单位内且 $\sigma = 4.8$ 时，确定所需的最小样本量。假设总体呈正态分布。

48. **确定最小样本量**。当你想在 99% 的置信度下确信样本均值在总体均值的两个单位内且 $\sigma = 1.4$ 时，确定所需的最小样本量。假设总体呈正态分布。

49. **奶酪的胆固醇含量**。一家奶酪加工公司想要估计一种奶酪的所有 1 盎司份量的平均胆固醇含量。估计值须在总体均值的 0.75 毫克范围内。(a)确定构建总体均值 95% 置信区间所需的最小样本量。假设总体标准差为 3.10 毫克；(b)样本均值为 29 毫克。使用置信水平为 95% 的最小样本量，总体均值是否可能在样本均值的 3% 以内？是否可能在样本均值的 0.3% 以内？

50. **大学生年龄**。一位招生主任想要估计一所大学所有学生的平均年龄。估计值必须在总体均值的 1.5 岁内。假设年龄总体呈正态分布。(a)确定构建总体均值 90% 置信区间所需的最小样本量。假设总体标准差为 1.6 岁；(b)样本均值为 20 岁。使用置信水平为 90% 的最小样本量，总体均值是否可能在样本均值的 7% 以内？是否可能在样本均值的 8% 以内？

51. **油漆罐容量**。油漆制造商使用机器向罐中注入油漆（见下图）。制造商想要估计机器注入罐中的油漆的平均体积在 0.5 盎司以内。假设体积总体呈正态分布。(a)确定构建总体均值 90%置信区间所需的最小样本量。假设总体标准差为 0.75 盎司；(b)样本均值为 127.75 盎司。在样本量为 8、置信水平为 90%、总体标准差为 0.75 盎司的情况下，总体均值是否可能正好为 128 盎司？

误差容限 = 0.5盎司

体积 = 1升（128盎司）

52. **果汁配制机**。一家饮料公司使用一台机器将果汁注满半加仑的瓶子（见下图）。该公司想要估计机器在 0.25 液量盎司内注入瓶中的水的平均体积。(a)确定构建总体均值 95%置信区间所需的最小样本量。假设总体标准差为 1 液量盎司；(b)样本均值正好为 64 液量盎司。样本量为 68，置信水平为 95%、总体标准差为 1 液量盎司，总体均值是否可能大于 63.85 液量盎司？

误差容限 = 0.25液量盎司

体积 = 0.5升（64液量盎司）

53. **足球**。足球制造商想要估计 0.15 英寸以内的足球的平均周长。(a)确定构建总体均值 99%置信区间所需的最小样本量。假设总体标准差为 0.5 英寸；(b)样本均值为 27.5 英寸。在样本量为 84、置信水平为 99%、总体标准差为 0.5 英寸的情况下，总体均值是否可能小于 27.6 英寸？

54. **网球**。网球制造商想要估计 0.05 英寸以内的网球的平均周长。假设周长总体呈正态分布。(a)确定构建总体均值 99%置信区间所需的最小样本

量。假设总体标准差为 0.10 英寸；(b)样本均值为 8.3 英寸。在样本量为 34、置信水平为 99%、总体标准差为 0.10 英寸的情况下，总体均值是否可能正好为 8.258 英寸？

55. 估计总体均值时，为什么不每次都构建一个 99% 的置信区间？

56. 当其他量保持不变时，以下变化如何影响最小样本量需求？(a)提高置信水平；(b)提高误差容限；(c)提高总体标准差。

概念扩展

有限总体校正因子。在习题 57 和 58 中，使用以下信息。本节介绍了如何构建用于估计总体均值的置信区间。在每种情况下，基本假设是样本量 n 与总体规模 N 相比较小。然而，当 $n \geq 0.05N$ 时，需要调整确定均值 $\sigma_{\bar{x}}$ 的标准误差公式，如下所示：

$$\sigma_{\bar{x}} = \frac{\sigma}{\sqrt{n}} \sqrt{\frac{N-n}{N-1}}$$

回顾 5.4 节的习题可知，$\sqrt{(N-n)/(N-1)}$ 称为有限总体校正因子。误差幅度为

$$E = z_c \frac{\sigma}{\sqrt{n}} \sqrt{\frac{N-n}{N-1}}$$

57. 确定如下 n 和 N 值的有限总体校正因子。(a)N = 1000 和 n = 500；(b)N = 1000 和 n = 100；(c)N = 1000 和 n = 75；(d)N = 1000 和 n = 50；(e)N = 100 和 n = 50；(f)N = 400 和 n = 50；(g)N = 700 和 n = 50；(h)N = 1200 和 n = 50。当样本量 n 减少但总体规模 N 保持不变时，有限总体校正因子发生什么变化？随着总体规模 N 增加但样本量 n 保持不变？

58. 使用有限总体校正因子构建总体均值的每个置信区间。(a) c = 0.99，$\bar{x}$ = 8.6，σ = 4.9，N = 200，n = 25；(b) c = 0.90，$\bar{x}$ = 10.9，σ = 2.8，N = 500，n = 50；(c) c = 0.95，$\bar{x}$ = 40.3，σ = 0.5，N = 300，n = 68；(d) c = 0.80，$\bar{x}$ = 56.7，σ = 9.8，N = 400，n = 36。

59. **样本量**。确定样本量的公式 $n = \left(\frac{z_c \sigma}{E}\right)^2$ 可以通过求解误差幅度方程 $E = \frac{z_c \sigma}{\sqrt{n}}$ 中的 n 得到，详细证明它。

6.2 均值的置信区间（σ未知）

> **学习目标**
> ▶ 解释 t 分布和使用 t 分布表
> ▶ σ 未知时构建和解释总体均值的置信区间

6.2.1 t 分布

在许多实际情况中，总体标准差是未知的。那么，当 σ 未知时，如何构建总体均值的置信区间呢？对于从正态分布的总体中抽取的简单随机样本或者样本量为 30 或更多的简单随机样本，可以使用样本标准差 s 来估计总体标准差 σ。然而，使用 s 时，$\bar{x}$ 的抽样分布不呈正态分布。在这种情况下，$\bar{x}$ 的抽样分布呈 t 分布。

定义　如果随机变量 x 的分布近似为正态分布，则 $t = \dfrac{\bar{x} - \mu}{s/\sqrt{n}}$ 呈 t 分布。t 的临界值用 t_c 表示。下面是 t 分布的几个性质。

1. t 分布的均值、中位数和众数等于 0。
2. t 分布是钟形的，且关于均值对称。
3. t 分布曲线下的总面积等于 1。
4. t 分布的尾部比标准正态分布的尾部"厚"。
5. t 分布的标准差随样本量变化，但大于 1。
6. t 分布是曲线簇，每条曲线由一个称为自由度的参数确定。自由度（有时缩写为 d.f.）是计算样本统计量（如 $\bar{x}$）后剩余的自由选择数。使用 t 分布估计总体均值时，自由度等于样本量减去 1：

    d.f. = $n - 1$ 　　*自由度*

7. 随着自由度的增加，t 分布接近标准正态分布，如右图所示。对于 30 或更多的自由度，t 分布接近标准正态分布。

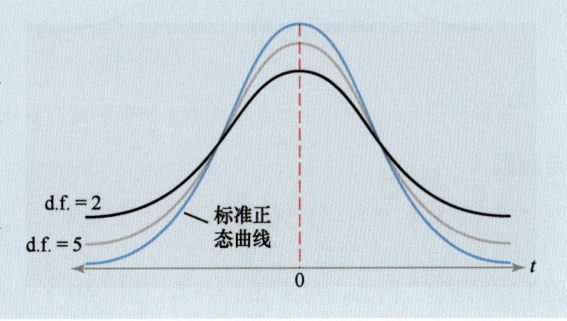

附录 B 中的表 5 列出了所选置信区间和自由度的临界值。

> **提示**：下面是一个说明自由度概念的例题。教室中椅子的数量等于学生的数量：25 把椅子和 25 名学生。前 24 名进入教室的学生可以选择坐在哪把椅子上。然而，第 25 名进入教室的学生没有选择的自由。

> **提示**：特定置信区间的 t 分布表中的临界值可在相应 d.f. 行的以 c 开头的列中找到（符号 α 将在第 7 章中解释）。

【例题 1】求 t 的临界值

当样本量为 15 时，求 95% 置信水平的临界值 t_c。

解答：

因为 $n = 15$，所以自由度为 d.f. $= n - 1 = 15 - 1 = 14$。下面显示了表 5 中的一部分。使用 d.f. = 14 和 $c = 0.95$，可以找到临界值 t_c，如表中突出显示的区域所示。

置信水平, c		0.80	0.90	0.95	0.98	0.99
	单尾, α	0.10	0.05	0.025	0.01	0.005
d.f.	双尾, α	0.20	0.10	0.05	0.02	0.01
1		3.078	6.314	12.706	31.821	63.657
2		1.886	2.920	4.303	6.965	9.925
3		1.638	2.353	3.182	4.541	5.841
12		1.356	1.782	2.179	2.681	3.055
13		1.350	1.771	2.160	2.650	3.012
14		1.345	1.761	2.145	2.624	2.977
15		1.341	1.753	2.131	2.602	2.947
16		1.337	1.746	2.120	2.583	2.921

从表中可以看出，$t_c = 2.145$。下左图显示了 14 个自由度的 t 分布，其中 $c = 0.95$，$t_c = 2.145$。可以使用软件求 t_c。要使用 TI-84 PLUS，就需要知道 t_c 左侧曲线下的面积，即

$$0.95 + 0.025 = 0.975$$

由 TI-84 PLUS 的下右显示可知 $t_c \approx 2.145$。

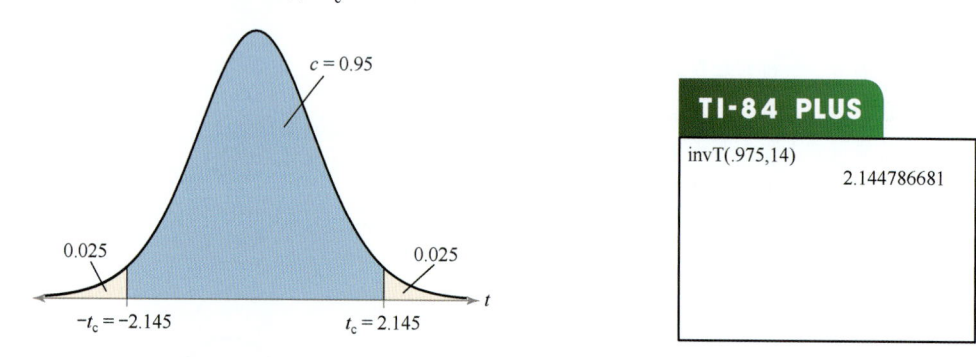

解释：因此，对有 14 个自由度的 t 分布曲线，曲线下 95% 的面积位于 $t = \pm 2.145$ 之间。

自测题 1

当样本量为 22 时，求 90% 置信水平的临界值 t_c。

当所需的自由度数不在表中时，可用表中最接近且小于所需值的数字（或者使用软件，如例题 1 中所示）。例如，对于 d.f. = 57，使用 50 个自由度。这种保守的做法将产生较大的置信区间，具有稍高的置信水平 c。

6.2.2 置信区间与 t 分布

当 σ 未知时，使用 t 分布构建 μ 的置信区间类似于当 σ 已知时使用标准正态分布构建 μ 的置信区间——两者都使用点估计 $\bar{x}$ 和误差幅度 E。当 σ 未知时，使用样本标准差 s 和临界值 t_c 计算误差幅度 E。所以，E 的公式是

$$E = t_c \frac{s}{\sqrt{n}}$$

在使用此公式之前，要验证样本是随机的，且总体呈正态分布或 $n \geq 30$。

指南 构建总体均值（σ 未知）的置信区间	
文字表述	符号表述
1. 验证 σ 是未知的，样本是随机的，总体呈正态分布或 $n \geq 30$	
2. 求样本统计量 $n, \bar{x}$ 和 s	$\bar{x} = \dfrac{\sum x}{n}, s = \sqrt{\dfrac{\sum(x - \bar{x})^2}{n - 1}}$

（续表）

文字表述	符号表述
3. 确定自由度、置信水平 c 和临界值 t_c	d.f. $= n-1$，使用附录 B 中的表 5
4. 求误差幅度 E	$E = t_c \dfrac{s}{\sqrt{n}}$
5. 求左右端点并形成置信区间	左端点：$\bar{x} - E$；右端点：$\bar{x} + E$；区间：$\bar{x} - E < \mu < \bar{x} + E$

> **提示**：记住，可以使用公式 $s = \sqrt{\dfrac{\sum(x-\bar{x})^2}{n-1}}$ 或 $s = \sqrt{\dfrac{\sum x^2 - (\sum x)^2/n}{n-1}}$ 来计算样本标准差 s。然而，求样本标准差最方便的方法是使用软件。

【例题 2】构建置信区间

你随机选择了 16 家咖啡店，并且测量了每家咖啡店所售咖啡的温度。样本平均温度为 162.0℉，样本标准差为 10.0℉。构建所售咖啡总体平均温度的 95% 置信区间。假设温度近似呈正态分布。

解答：

因为 σ 是未知的，样本是随机的，且温度近似为正态分布，所以使用 t 分布。使用 $n = 16$，$\bar{x} = 162.0$，$s = 10.0$，$c = 0.95$ 和 d.f. $= 15$，可以用表 5 求出 $t_c = 2.131$。95% 置信水平下的误差幅度为

$$E = t_c \frac{s}{\sqrt{n}} = 2.131 \times \frac{10.0}{\sqrt{16}} \approx 5.3$$

置信区间如下图所示。

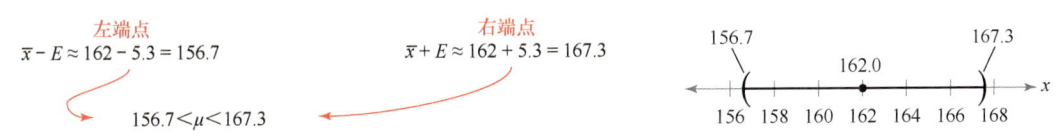

左端点
$\bar{x} - E \approx 162 - 5.3 = 156.7$

右端点
$\bar{x} + E \approx 162 + 5.3 = 167.3$

$156.7 < \mu < 167.3$

解释： 在 95% 的置信度下，所售咖啡的平均温度在 156.7℉ 和 167.3℉ 之间。

自测题 2

构建例题 2 中所售咖啡的总体平均温度的 90% 和 99% 置信区间。

【例题 3】构建置信区间

随机选择 36 辆在汽车经销商场地出售的同型号汽车，确定每辆汽车出售前在经销商场地上停放的天数。样本均值为 9.75 天，样本标准差为 2.39 天。为该车型在经销商场地上停放的总体平均天数构建 99% 的置信区间。

解答：

因为 σ 是未知的，样本是随机的，$n = 36 \geq 30$，所以使用 t 分布。使用 $n = 36$，$\bar{x} = 9.75$，$s = 2.39$，$c = 0.99$ 和 d.f. $= 35$，可以用表 5 求出 $t_c = 2.724$。99% 置信水平下的误差幅度为

$$E = t_c \frac{s}{\sqrt{n}} = 2.724 \times \frac{2.39}{\sqrt{36}} \approx 1.09$$

置信区间的构建如下所示。

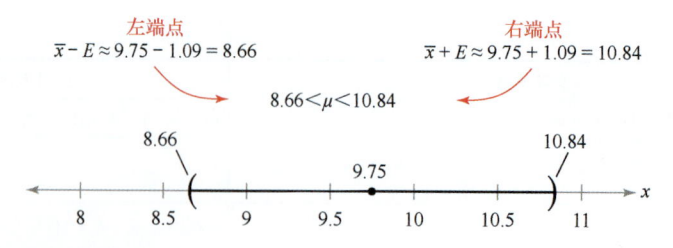

左端点
$\bar{x} - E \approx 9.75 - 1.09 = 8.66$

右端点
$\bar{x} + E \approx 9.75 + 1.09 = 10.84$

$8.66 < \mu < 10.84$

可以使用软件来检查答案，如下所示（使用软件时的答案可能与使用表 5 得到的答案略有不同）。

STATCRUNCH

One sample T summary confidence interval:
μ: Mean of population

99% confidence interval results:

Mean	Sample Mean	Std. Err.	DF	L. Limit	U. Limit
μ	9.75	0.39833333	35	8.6650174	10.834983

解释：在 99% 的置信度下，该汽车型号在经销商场地上停放的总体平均天数在 8.66 天和 10.84 天之间。

自测题 3

在例题 3 中，为汽车型号在经销商场地上停放的总体平均天数构建 90% 和 95% 的置信区间，并比较置信区间的宽度。

历史参考

在爱尔兰都柏林的吉尼斯酿酒公司工作期间开发了 t 分布。戈塞特用笔名"学生"发表了他的发现。t 分布有时称为学生的 t 分布。

下面的流程图描述了何时使用标准正态分布及何时使用 t 分布来构建总体均值的置信区间。注意，在该流程图中，当 $n < 30$ 且总体不呈正态分布时，不能使用标准正态分布或 t 分布。

威廉·戈塞特（1876—1937）

```
呈总体正态分布或 n≥30 吗？ ──否──> 不能使用标准正态分布或 t 分布
        │
        是
        ↓
    σ 已知吗？
    ┌────┴────┐
    是        否
    ↓         ↓
使用标准正态分布，    使用 t 分布，
$E = z_c \dfrac{\sigma}{\sqrt{n}}$    $E = t_c \dfrac{s}{\sqrt{n}}$
                    和 $n-1$ 个自由度
```

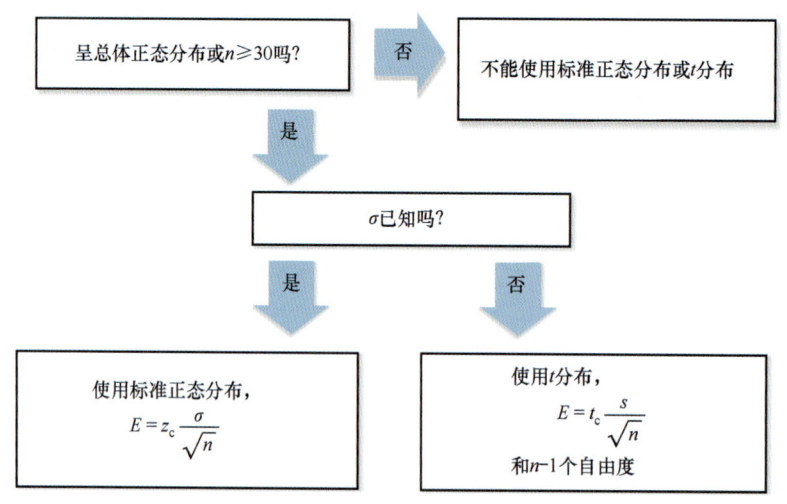

描绘世界

有两个橄榄球，一个充满了空气，另一个充满了氦气。在无风的一天，它们在俄亥俄州立大学被交替踢起。10 次练习踢球后，每个橄榄球又被踢了 29 次。下面列出了距离（码）。

```
充满空气
1 | 9
2 | 0 0 2 2 2
2 | 5 5 5 5 6 6
2 | 7 7 7 8 8 8 8 9 9 9
3 | 1 1 1 2
3 | 3 4          主值：1|9 =19
```

```
充满氦气
1 | 2
1 | 4
1 |
2 | 2
2 | 3 4 6 6 6
2 | 7 8 8 8 9 9 9 9
3 | 0 0 0 0 1 1 2 2
3 | 4 5
3 | 9          主值：1|1=11
```

假设对于每个橄榄球，距离呈正态分布。将上面的流程图应用于每个样本。为每个橄榄球移动的总体平均距离构建一个95%的置信区间。置信区间是否重叠？这个结果告诉你什么？

【例题4】选择标准正态分布或 t 分布

随机选择25栋新房。样本平均建筑成本为299000美元，总体标准差为46000美元。假设建筑成本呈正态分布，为了构建总体平均建筑成本的95%置信区间，是使用标准正态分布、t 分布、还是两者都不使用？

解答：

总体是呈正态分布还是 $n \geq 30$？是的，总体呈正态分布。注意，即使 $n = 25 < 30$，仍然可以使用标准正态分布或 t 分布，因为总体呈正态分布。σ 是否已知？是的。决定：使用标准正态分布。

自测题4

随机选择18名成年男性运动员，测量每人的静息心率。样本平均心率为64次/分钟，样本标准差为2.5次/分钟。假设心率呈正态分布，为了构建总体平均心率的90%置信区间，是使用标准正态分布、t 分布，还是两者都不使用？

6.2.3 习题

培养基本技能和词汇

01. 列出标准正态曲线和 t 分布曲线共有的6个特征。
02. 描述 t 分布曲线如何随样本量的增加而变化。

求 t 的临界值。在习题03~06中，求置信水平 c 和样本量 n 的临界值 t_c。

03. $c = 0.90$，$n = 10$。
04. $c = 0.95$，$n = 12$。
05. $c = 0.99$，$n = 16$。
06. $c = 0.98$，$n = 40$。

在习题07和08中，求 c、s 和 n 值的误差幅度。

07. $c = 0.95$，$s = 5$，$n = 16$。
08. $c = 0.99$，$s = 3$，$n = 6$。

在习题09~12中，使用 t 分布构建总体均值 μ 的置信区间，假设总体呈正态分布。

09. $c = 0.90$，$\bar{x} = 12.5$，$s = 2.0$，$n = 6$。
10. $c = 0.95$，$\bar{x} = 13.4$，$s = 0.85$，$n = 8$。
11. $c = 0.98$，$\bar{x} = 4.3$，$s = 0.34$，$n = 14$。
12. $c = 0.99$，$\bar{x} = 24.7$，$s = 4.6$，$n = 50$。

在习题13和14中，使用置信区间求误差幅度和样本均值。

13. (14.7, 22.1)。
14. (6.17, 8.53)。

在习题15和16中，求给定 $\bar{x}$，μ，s 和 n 值的 t 值。

15. $\bar{x} = 70.3$，$\mu = 64.8$，$s = 7.1$，$n = 16$。
16. $\bar{x} = 22.9$，$\mu = 24.5$，$s = 4.3$，$n = 40$。

使用和解释概念

构建置信区间。习题17~20中给出了样本均值和样本标准差。假设总体呈正态分布，使用 t 分布求误差幅度，并构建总体均值的95%置信区间。

17. **通勤时间。** 在随机抽取的 8 人中，上班的平均通勤时间为 35.5 分钟，标准差为 7.2 分钟。

18. **驾驶距离。** 在随机抽取的 5 人中，上班的平均驾驶距离为 22.2 英里，标准差为 5.8 英里。

19. **手机价格。** 在随机抽取的 8 部手机中，平均零售价为 526.50 美元，标准差为 184.00 美元。

20. **移动设备维修成本。** 在随机抽取的 12 台移动设备中，平均维修成本为 90.42 美元，标准差为 33.61 美元。

21. 研究上班的通勤时间后，你发现总体标准差是 9.3 分钟。使用标准正态分布重做习题 17，并对已知的标准差进行适当的计算。比较结果。

22. 研究开车上班的距离后，你发现总体标准差是 5.2 英里。使用标准正态分布重做习题 18，并对已知的标准差进行适当的计算。比较结果。

23. 研究手机的价格后，你发现总体均值是 431.61 美元。在习题 19 中，t 值是否落在 $-t_{0.95}$ 和 $t_{0.95}$ 之间？

24. 研究移动设备的维修成本后，你发现总体均值是 89.56 美元。在习题 20 中，t 值是否落在 $-t_{0.95}$ 和 $t_{0.95}$ 之间？

构建置信区间。 在习题 25～28 中，使用数据集(a)求样本均值；(b)求样本标准差；(c)构建总体均值的 99%置信区间。假设总体呈正态分布。

25. **SAT 成绩。** 随机抽取的 12 名高中毕业生的 SAT 成绩（分）：1130 1290 1010 1320 950 1250 1340 1100 1260 1180 1470 920。

26. **平均成绩。** 随机抽取的 14 名大学生的平均成绩（分）：2.3 3.3 2.6 1.8 3.1 4.0 0.7 2.3 2.0 3.1 3.4 1.3 2.6 2.6。

27. **大学橄榄球。** 随机抽取的 16 名大学橄榄球运动员每周花在举重上的时间（小时）：7.4 5.8 7.3 7.0 8.9 9.4 8.3 9.3 6.9 7.5 9.0 5.8 5.5 8.6 9.3 3.8。

28. **家庭作业。** 随机抽取的 18 名高中生每周花在家庭作业上的时间（小时）：12.0 11.3 13.5 11.7 12.0 13.0 15.5 10.8 12.5 12.3 14.0 9.5 8.8 10.0 12.8 15.0 11.8 13.0。

29. 在习题 25 中，总体平均 SAT 分数为 1051。t 值是否落在 $-t_{0.99}$ 和 $t_{0.99}$ 之间？

30. 在习题 28 中，学生平均每周花在家庭作业上的时间为 7.8 小时。t 值是否落在 $-t_{0.99}$ 和 $t_{0.99}$ 之间？

构建置信区间。 在习题 31 和 32 中，使用数据集(a)求样本均值；(b)求样本标准差；(c)构建总体均值的 98%置信区间。

31. **收入。** 随机选择的 32 名中级寿险承保人的年收入（美元）：90198 65357 62108 78201 80882 74759 46382 75196 56412 74610 65460 68066 53610 92391 57579 99477 42363 47315 67769 50110 92437 58188 76515 65997 42713 77745 57928 94066 61748 91868 62445 70359。

32. **收入。** 随机选择的 35 名高级磁共振成像（MRI）技术专家和中级人寿保险承保人的年收入（美元）：103806 70214 110577 121456 95061 110951 95055 113446 100863 72326 76846 108294 106126 85180 88122 81264 109829 83494 108233 86573 99753 126366 71103 126437 101852 96375 101702 104606 85439 102420 52090 83010 101074 101895 58667。

33. 在习题 31 中，总体平均工资为 67319 美元。t 值是否落在 $-t_{0.98}$ 和 $t_{0.98}$ 之间？

34. 在习题 32 中，总体平均工资为 93867 美元。t 值是否落在 $-t_{0.98}$ 和 $t_{0.98}$ 之间？

选择分布。 在习题 35～40 中，使用标准正态分布或 t 分布来构建总体均值的 95%置信区间，并证明你的决定。如果两种分布都不能使用，请解释原因。

35. **身体质量指数。** 在 50 人的随机样本中，平均身体质量指数（BMI）为 27.7，标准差为 6.12。

36. **按揭贷款。** 在 2011 年 1 月至 2020 年 12 月的 18 个月的随机样本中，30 年期固定利率住房抵押贷款的平均利率为 3.95%，标准差为 0.49%。假设利率呈正态分布。

37. **幼儿体重。** 在儿科医生的患者名单中，两岁男童的体重标准差为 2.49 磅，10 名两岁男童样本的平均体重为 13.68 磅，已知体重为正态分布。

38. **数据使用。** 18 名大学生样本在过去一个月内使用的数据量为 7.9GB，标准差为 1.7GB。由于数据计划的各种限制，分布是不对称的。

39. **汽油里程。** 下面列出了随机选择的 28 辆跑车的汽油里程（英里/加仑），汽油里程不是正态分布的：21 30 19 20 21 24 18 24 27 20 22 30 25 26 22 17 21 24 22 20 24 21 20 18 20 21 20 27。

40. **每次持球码数。** 在上个 NFL 赛季，所有跑卫每次持球码数的总体标准差为 1.76。下面列出了随机选择的 13 名跑卫每次持球的码数，假设每次持球的码数呈正态分布：3.3 5.6 5.3 5.1 3.3

5.0 3.9 4.6 4.3 5.3 3.1 4.7 3.6。

概念扩展

41. 网球制造。 一家公司制造网球。当球从 100 英寸的高度落到混凝土表面上时，公司希望平均弹跳高度为 55.5 英寸。通过定期测试 25 个网球的随机样本来维持该平均值。如果 t 值落在 $-t_{0.99}$ 和 $t_{0.99}$ 之间，公司就确信其正在制造合格的网球。对于随机样本，样本的平均反弹高度为 56.0 英寸，标准差为 0.25 英寸。假设弹跳高度近似呈正态分布。该公司是否正在生产合格的网球？

42. 灯泡制造。 一家制造灯泡的公司希望灯泡的平均寿命为 1000 小时。通过定期测试 16 个灯泡的随机样本来维持该平均值。如果 t 值落在 $-t_{0.99}$ 和 $t_{0.99}$ 之间，公司就确信其正在制造合格的灯泡。对于随机样本，样本的平均寿命为 1015 小时，标准差为 25 小时。假设寿命大致呈正态分布。该公司是否正在生产合格的灯泡？

马拉松训练

马拉松是一种徒步比赛，距离为 26.22 英里。它是现代奥运会的原始项目之一，是唯一的男子项目。女子马拉松于 1984 年成为奥运会比赛项目。男子马拉松的奥运会纪录由肯尼亚选手塞缪尔·卡马乌·万吉鲁在 2008 年奥运会上创造，成绩为 2 小时 6 分 32 秒。女子马拉松的奥运会纪录由埃塞俄比亚选手蒂基·格拉纳在 2012 年奥运会上创造，成绩为 2 小时 23 分 7 秒。

马拉松训练通常至少持续 6 个月。训练是循序渐进的，约每 2 周增加一次距离。在比赛前 1~3 周，跑步距离略有减少。下面的茎叶图显示了随机抽取的 30 名男运动员和 30 名女运动员的训练时间（分钟）。

男运动员的训练时间（分钟）

15	5 8 9 9 9	主值：15|5 = 155
16	0 0 0 0 1 2 3 4 4 5 8 9	
17	0 1 1 3 5 6 6 7 7 9	
18	0 1 5	

女运动员的训练时间（分钟）

17	8 9 9	主值：17|8 = 178
18	0 0 0 0 1 2 3 4 6 6 7 9	
19	0 0 0 1 3 4 5 5 6 6	
20	0 0 1 2 3	

习题

01. 使用样本求(a)男运动员和(b)女运动员的平均训练时间的点估计。

02. 求(a)男运动员和(b)女运动员训练时间的样本标准差。

03. 使用样本构建(a)男运动员和(b)女运动员的总体平均训练时间的 95% 置信区间。

04. 解释习题 03 的结果。

05. 使用样本构建所有运动员的总体平均训练时间的 95% 置信区间。你的结果与习题 03 中的结果有何不同？

06. 教练希望在 2 分钟内估计男运动员和女运动员的平均跑步时间。确定构建(a)男运动员总体平均训练时间的 99% 置信区间所需的最小样本量，假设总体标准差为 8.9 分钟。确定构建(b)女运动员总体平均训练时间的 99% 置信区间所需的最小样本量，假设总体标准差为 8.4 分钟。

6.3 确定总体比例的置信区间

学习目标

▶ 求总体比例的点估计
▶ 构建和解释总体比例的置信区间
▶ 确定估计总体比例时所需的最小样本量

6.3.1 总体比例的点估计

回顾 4.2 节可知，二项实验的单次实验的成功概率为 p。这个概率是一个总体比例。本节介绍如何使用置信区间估计总体比例 p。与 μ 的置信区间一样，下面也从点估计开始介绍。

> **定义** 成功的总体比例 p 的点估计，由样本中成功的比例给出，并且表示为
> $$\hat{p} = \frac{x}{n} \quad \text{样本比例}$$
> 式中，x 是样本中的成功次数，n 是样本量。失败的总体比例的点估计为 $\hat{q} = 1 - \hat{p}$。

【例题 1】 求 p 的点估计

在最近一项针对 540 名美国成年人的调查中，378 人表示他们计划在今年夏天旅行。求今年夏天计划旅行的美国成年人的总体比例的点估计。

解答：

成功的人数是计划今年夏天旅行的成年人数量，所以 $x = 378$。样本量为 $n = 540$。因此，样本比例为
$$\hat{p} = \frac{x}{n} = \frac{378}{540} = 70\%$$

因此，今年夏天计划旅行的美国成年人的总体比例估计为 70% 或 0.70。

> **提示：** 6.1 节和 6.2 节中对定量数据进行了估计。本节使用样本比例对定性数据进行估计。

自测题 1

一项民意调查调查了 1050 名拥有智能音箱的美国成年人，了解他们对智能音箱收集的个人数据的担心程度，结果如下表所示。求非常担心收集个人数据的美国成年人的总体比例的点估计。

你有多担心？	回答"是"的数量
非常担心	147
有点担心	420
不太担心	378
一点也不担心	105

6.3.2 总体比例的置信区间

构建总体比例 p 的置信区间类似于构建总体均值的置信区间。首先开始点估计，然后计算误差幅度。

> **定义** 总体比例 p 的 c 置信区间为 $\hat{p} - E < p < \hat{p} + E$，其中 p 的误差幅度为
> $$E = z_c \sqrt{\frac{\hat{p}\hat{q}}{n}}$$
> 。该置信区间包含 p 的概率是 c，假设估计过程重复了多次。

描绘世界

一项民意调查对 2140 名美国成年人的个人信息隐私进行了调查（如右图所示）。在接受调查的人中，有 813 人表示，他们认为如今在日常生活中不让公司收集他们的数据是可能的。

求一个 90% 的置信区间，即认为可以在没有公司收集数据的情况下进行日常生活的总体比例。

5.5 节说过，当 $np \geq 5$ 和 $nq \geq 5$ 时，二项分布可用正态分布来近似。

当 $n\hat{p} \geqslant 5$ 和 $n\hat{q} \geqslant 5$ 时，$\hat{p}$ 的抽样分布近似为正态分布，样本比例的均值为 $\mu_{\hat{p}} = p$，标准误差为 $\sigma_{\hat{p}} = \sqrt{\dfrac{pq}{n}}$。注意，$\sigma_{\hat{p}} = \dfrac{\sigma}{n} = \dfrac{\sqrt{npq}}{n} = \dfrac{\sqrt{npq}}{\sqrt{n^2}} = \sqrt{\dfrac{npq}{n^2}} = \sqrt{\dfrac{pq}{n}}$。

指南　构建总体比例的置信区间

文字表述	符号表述
1. 确定样本统计量 n 和 x	
2. 求点估计 $\hat{p}$	$\hat{p} = \dfrac{x}{n}$
3. 验证 $\hat{p}$ 的抽样分布可近似为正态分布	$n\hat{p} \geqslant 5$，$n\hat{q} \geqslant 5$
4. 求临界值 z_c，它对应于给定的置信水平 c	使用附录 B 中的表 4
5. 求误差幅度 E	$E = z_c \sqrt{\dfrac{\hat{p}\hat{q}}{n}}$
6. 求左右端点并形成置信区间	左端点：$\hat{p} - E$；右端点：$\hat{p} + E$；区间 $\hat{p} - E < p < \hat{p} + E$

在上面的步骤 4 中，是用附录 B 中的表 4 或软件求出临界值 z_c 的，方式与 6.1 节中的相同。

【例题 2】构建 p 的置信区间

使用例题 1 中的数据构建计划在今年夏天旅行的美国成年人的总体比例的 95% 置信区间。

解答：

根据例题 1，$\hat{p} = 0.70$。因此，不参加夏天旅行的总体比例的点估计为

$$\hat{q} = 1 - 0.70 = 0.30$$

使用 $n = 540$，可以验证 $\hat{p}$ 的抽样分布近似为正态分布。

$$n\hat{p} = 540 \times 0.70 = 378 > 5$$

和

$$n\hat{q} = 540 \times 0.30 = 162 > 5$$

使用 $z_c = 1.96$，误差幅度为

$$E = z_c \sqrt{\dfrac{\hat{p}\hat{q}}{n}} = 1.96 \sqrt{\dfrac{0.70 \times 0.30}{540}} \approx 0.039$$

接下来，找到左右端点并形成 95% 的置信区间：

左端点　　$\hat{p} - E \approx 0.70 - 0.039 = 0.661$

右端点　　$\hat{p} + E \approx 0.70 + 0.039 = 0.739$

可以使用软件来验证答案，如下图所示（使用软件时，答案与使用表 4 求出的稍有不同）。

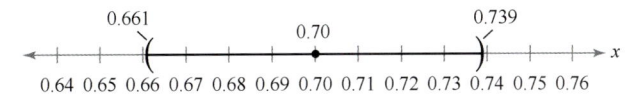

STATCRUNCH

95% confidence interval results:

Proportion	Count	Total	Sample Prop.	Std. Err.	L. Limit	U. Limit
p	378	540	0.7	0.019720	0.66135	0.73865

解释：在95%的置信度下，今年夏天计划旅行的美国成年人的总体比例在66.1%和73.9%之间。

提示：在例题2中，总体比例 p 的置信区间舍入到了小数点后三位。这一舍入规则将贯穿全文。

自测题 2

使用自测题 1 中的数据，为非常关注其智能音箱收集多少个人数据的美国成年人的总体比例构建一个90%的置信区间。

例题 2 中使用的 95% 的置信水平是典型的民意测验。然而，通常不将结果表述为置信区间。相反，例题 2 的结果如下所示。

一项调查发现，70% 的美国成年人计划在今年夏天旅行。调查的误差幅度为 ±3.9%。

【例题 3】 构建 p 的置信区间

下图来自对 800 名美国成年人的调查。为喜欢从电视获取新闻的美国成年人的总体比例构建一个 99% 的置信区间。

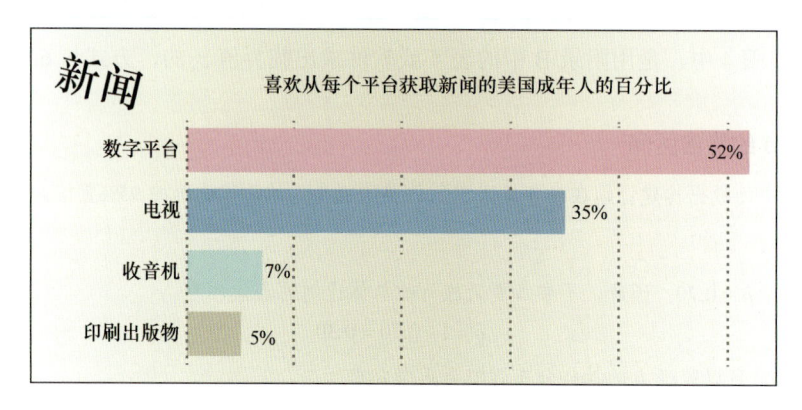

喜欢从每个平台获取新闻的美国成年人的百分比

- 数字平台 52%
- 电视 35%
- 收音机 7%
- 印刷出版物 5%

解答：

由图可知，$\hat{p} = 0.35$。因此，$\hat{q} = 1 - 0.35 = 0.65$。使用 $n = 800$，注意到 $n\hat{p} = 800 \times 0.35 = 280 > 5$ 和 $n\hat{q} = 800 \times 0.65 = 520 > 5$。因此，$\hat{p}$ 的抽样分布近似为正态分布。使用 $z_c = 2.575$，误差幅度为

$$E = z_c \sqrt{\frac{\hat{p}\hat{q}}{n}} \approx 2.575 \sqrt{\frac{0.35 \times 0.65}{800}} \approx 0.043$$

使用附录 B 中的表 4 估计 z_c 在 2.57 和 2.58 中间

接下来，找到左右端点并形成 99% 的置信区间。

左端点　$\hat{p} - E \approx 0.35 - 0.043 = 0.307$
右端点　$\hat{p} + E \approx 0.35 + 0.043 = 0.393$

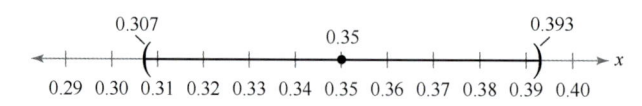

$$0.307 < p < 0.393$$

可以使用软件验证答案，如右图所示。

TI-84 PLUS
1-PropZInt
(.30656,.39344)
p̂=0.35
n=800

解释：在 99% 的置信度下，可以说美国成年人喜欢从电视获取新闻的总体比例在 30.7% 和 39.3% 之间。

自测题 3

用例题 3 中的数据为喜欢从数字平台获取新闻的美国成年人的总体比例构建一个 99% 的置信区间。

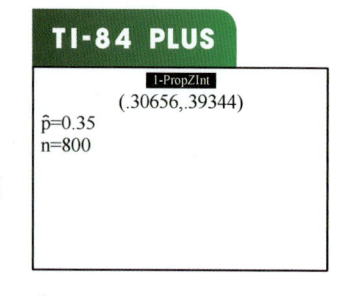

6.3.3 求最小样本量

在不降低置信水平的情况下提高置信区间精度的一种方法是增加样本量。

求估计 p 的最小样本量

给定置信水平 c 和误差幅度 E，估计总体比例 p 所需的最小样本量 n 为

$$n = \hat{p}\hat{q}\left(\frac{z_c}{E}\right)^2$$

如果 n 不是整数，就将 n 上取整（见例题 4）。另外，注意到该公式假设你已初步估计了 $\hat{p}$ 和 $\hat{q}$。如果没有估计 $\hat{p}$ 和 $\hat{q}$，则使用 $\hat{p} = 0.5$ 和 $\hat{q} = 0.5$。

提示：无初步估计可用时，使用 $\hat{p} = 0.5$ 和 $\hat{q} = 0.5$ 的原因是这些值的乘积 $\hat{p}\hat{q}$ 最大（见习题 37）。换句话说，没有 $\hat{p}$ 和 $\hat{q}$ 的估计值时，就要使用更大的样本。

【例题 4】确定最小样本量

你正在进行一场政治竞选活动，希望在 95% 的置信度下估计投票给候选人的登记选民的总体比例。你的估计必须精确到总体比例的 3% 以内。当（1）没有可用的初步估计和（2）初步估计为 $\hat{p} = 0.31$ 时，求所需的最小样本量。比较结果。

解答：

1. 因为没有 $\hat{p}$ 的初步估计，所以使用 $\hat{p} = 0.5$ 和 $\hat{q} = 0.5$。使用 $z_c = 1.96$ 和 $E = 0.03$ 可以求出 n 为

$$n = \hat{p}\hat{q}\left(\frac{z_c}{E}\right)^2 = 0.5 \times 0.5 \times \left(\frac{1.96}{0.03}\right)^2 \approx 1067.11$$

因为 n 不是整数，所以上取整为 1068。

2. 初步估计 $\hat{p} = 0.31$。因此，$\hat{q} = 0.69$。使用 $z_c = 1.96$ 和 $E = 0.03$，可以求出 n 为

$$n = \hat{p}\hat{q}\left(\frac{z_c}{E}\right)^2 = 0.31 \times 0.69 \times \left(\frac{1.96}{0.03}\right)^2 \approx 913.02$$

因为 n 不是整数，所以上取整为 914。

解释：没有初步估计的情况下，最低抽样人数至少应为 1068 名登记选民。初步估计 $\hat{p} = 0.31$，样本量至少应为 914 名登记选民。因此，当没有初步估计可用时，需要更大的样本量。

自测题 4

一名研究人员正在估算最近 6 个月内美国拥有私人医疗保险的总体比例。估计必须精确到总体比例的 2% 以内，置信水平为 90%。当（1）没有可用的初步估计和（2）以前的调查发现 62.2% 的美国人在最近 6 个月内拥有私人医疗保险时，求所需的最小样本量。

6.3.4 习题

培养基本技能和词汇

判断正误。对习题 01 和 02，判断句子的正误并写出正确的句子。

01. 失败的总体比例的点估计为 $1 - \hat{p}$。

02. 要求置信区间所需的最小样本量，可求解公式中的 n 以计算误差幅度，并且舍入到最接近的整数。

求 $\hat{p}$ 和 $\hat{q}$。在习题 03~06 中，设 p 为情况的总体比例，求 p 和 q 的点估计。

03. 税务欺诈。在一项针对 1040 名美国成年人的调查中，62 人曾被人冒充申请退税。

04. 社保。在一项针对 351 名退休美国人的调查中，200 人说他们依靠社保作为主要收入来源。

05. 社保。在一项针对 661 名非退休美国人的调查

第 6 章 置信区间 209

中，218 人表示他们预计退休后将依靠社保作为主要收入来源。

06. **隐私互联网浏览**。在一项针对 4272 名美国成年人的调查中，1025 人知道隐私浏览模式只能防止使用同一台计算机的人看到自己的在线活动。

在习题 07～10 中，使用置信区间求误差幅度和样本比例。

07. (0.905, 0.933)。
08. (0.245, 0.475)。
09. (0.512, 0.596)。
10. (0.087, 0.263)。

使用和解释概念

构建置信区间。在习题 11 和 12 中，构建总体比例的 90%和 95%置信区间，解释结果并比较置信区间的宽度。

11. **新年愿望**。在最近一年对 1790 名美国成年人的调查中，1325 人说他们有新年决心。
12. **新年愿望**。在最近一年对 1790 名美国成年人的调查中，816 人说新年决心与他们的健康有关。

构建置信区间。在习题 13 和 14 中，构建总体比例的 99%置信区间并解释结果。

13. **恐怖袭击**。在一项针对 1010 名美国成年人的调查中，364 人表示他们非常担心未来发生恐怖袭击。
14. **饥饿和无家可归**。在一项针对 1010 名美国成年人的调查中，556 人表示他们非常担心饥饿和无家可归。
15. **同性恋识别**。在一项针对 15349 名美国成年人的调查中，有 860 人被认定为女同性恋、男同性恋、双性恋或变性人。为被认定为女同性恋、男同性恋、双性恋或变性人的美国成年人的总体比例构建一个 95%的置信区间。
16. **双性恋识别**。在一项针对 692 名女同性恋、男同性恋、双性恋或变性人的美国成年人的调查中，378 人说他们认为自己是双性恋。为认为自己是双性恋的女同性恋、男同性恋、双性恋或变性人的美国成年人的总体比例构建一个 90%的置信区间。
17. **国会**。你希望在 95%的置信度下估计可能认为国会做得很好或很出色的美国选民的总体比例。你的估计必须精确到总体比例的 4%以内。(a)没有初步估计，求所需的最小样本量；(b)求所需的最小样本量，使用先前的调查发现，21%的可能美国选民认为国会做得很好或很出色；(c)比较(a)问和(b)问的结果。
18. **参议院阻挠议事**。你希望在 99%的置信度下估计不赞成美国参议院使用阻挠议事手段的美国成年人的总体比例。你的估计必须精确到总体比例的 2%以内。(a)没有初步估计，求所需的最小样本量；(b)求所需的最小样本量，利用先前的一项调查，该调查发现 34%的美国成年人不赞成美国参议院使用阻挠议事手段；(c)比较(a)问和(b)问的结果。
19. **快餐**。你希望在 90%的置信度下估计每周至少吃一次快餐的美国家庭的总体比例。你的估计必须精确到总体比例的 3%以内。(a)没有初步估计，求所需的最小样本量；(b)求所需的最小样本量，使用先前的一项研究，该研究发现 83%的美国家庭每周至少吃一次快餐；(c)比较(a)问和(b)问的结果。
20. **酒驾**。你希望以 95%的置信度估计由酒驾造成的机动车死亡事故的总体比例。你的估计必须精确到总体比例的 5%以内。(a)没有初步估计，求所需的最小样本量；(b)求所需的最小样本量，使用先前的一项研究，该研究发现 28%的机动车死亡事故是由酒驾造成的；(c)比较(a)问和(b)问的结果。
21. 在习题 11 中，总体比例为 72.5%是否异常？
22. 在习题 12 中，总体比例为 48%是否异常？
23. 在习题 17(b)中，样本量为 400 是否可以接受？
24. 在习题 18(b)中，样本量为 5000 是否可以接受？

构建置信区间。在习题 25 和 26 使用下图，图中显示了一项调查的结果。在该调查中，1051 名来自法国的成年人、1042 名来自德国的成年人、1003 名来自英国的成年人和 1000 名来自美国的成年人被问及国家认同是否与出生地密切相关。

国家认同与出生地
来自不同国家的人认为国家认同与出生地紧密相关

法国	32%
德国	25%
英国	31%
美国	35%

25. **国家认同。** 构建一个 99% 的置信区间,用于表示国家认同与所列国家的出生地密切相关的成年人的总体比例。

26. 在习题 25 中,哪两个国家的总体比例最不可能相等?

对美国的威胁 将以下威胁视为严重威胁的美国成年人的百分比	
网络恐怖主义,使用计算机在社会中造成破坏或恐惧	82%
伊朗发展核武器	75%
传染病在全世界的蔓延	72%
全球变暖或气候变化	58%
俄罗斯的军事力量	44%
以色列人和巴勒斯坦人之间的冲突	32%

27. **严重威胁。** 为给出每个回答的美国成年人的总体比例构建一个 95% 的置信区间。

28. 在习题 27 中,哪两种威胁最可能具有相同的总体比例?

概念扩展

转换语句。 在习题 29~34 中,将语句转换为置信区间。近似置信水平。

29. 在一项针对 1502 名美国成年人的调查中,31% 的人说他们使用 Pinterest。该调查的误差幅度为 ±2.9%。

30. 在一项针对 220 名年龄为 18~29 岁的美国成年人的调查中,65% 的人说他们使用 Snapchat。调查的误差幅度为 ±7.9%。

31. 在一项针对 1000 名美国成年人的调查中,71% 的人认为教师是当今美国最重要的工作之一。调查的误差幅度为 ±3%。

32. 在一项针对 880 名与伴侣同居的美国未婚成年人的调查中,73% 的人表示爱情是他们决定同居的主要原因。调查的误差幅度为 ±4.8%。

33. 在一项针对 2094 名用过在线约会应用的美国成年人的调查中,57% 的人表示他们对在线约会的个人体验是正面的。调查的误差幅度为 ±3.6%。

34. 在一项针对 1052 名 8~14 岁孩子的父母调查

构建置信区间。 在习题 27 和 28 中使用下图,图中显示了一项调查的结果。在该调查中,1021 名美国成年人被问及他们是否将对美国重要利益的每种可能威胁视为未来十年的关键威胁。

中,68% 的人表示他们愿意找第二份工作或兼职工作来支付孩子的大学教育费用,42% 的人表示他们因为担心大学费用而失眠。调查的误差幅度为 ±3%。

35. **为什么要检验?** 为什么需要检验 $n\hat{p} \geq 5$ 和 $n\hat{q} \geq 5$?

36. **样本量。** 确定样本量的公式 $n = \hat{p}\hat{q}\left(\dfrac{z_c}{E}\right)^2$ 可通过求解误差幅度方程 $E = z_c\sqrt{\dfrac{\hat{p}\hat{q}}{n}}$ 中的 n 得到。证明这是成立的,并且证明每一步的合理性。

37. **$\hat{p}\hat{q}$ 的最大值。** 完成不同 $\hat{p}$ 值和 $\hat{q} = 1-\hat{p}$ 值的表格。从表中可以看出 $\hat{p}$ 的哪个值似乎给出了积 $\hat{p}\hat{q}$ 的最大值?

$\hat{p}$	$\hat{q}=1-\hat{p}$	$\hat{p}\hat{q}$	$\hat{p}$	$\hat{q}=1-\hat{p}$	$\hat{p}\hat{q}$
0.0	1.0	0.00	0.45		
0.1	0.9	0.09	0.46		
0.2	0.8		0.47		
0.3			0.48		
0.4			0.49		
0.5			0.50		
0.6			0.51		
0.7			0.52		
0.8			0.53		
0.9			0.54		
1.0			0.55		

6.4 方差和标准差的置信区间

学习目标

▶ 解释卡方分布并使用卡方分布表
▶ 构建和解释总体方差与标准差的置信区间

6.4.1 卡方分布

在制造业中，控制工艺变化的量是有必要的。例如，汽车零件制造商必须生产数千个用于制造过程的零件。重要的是，零件变化很小或根本没有变化。如何测量并控制零件的变化量？可以从点估计开始。

定义 σ^2 的点估计是 s^2，σ 的点估计是 s。σ^2 最无偏的估计是 s^2。

可以使用卡方分布来构建方差和标准差的置信区间。

定义 如果随机变量 x 呈正态分布，那么分布 $\chi^2 = \dfrac{(n-1)s^2}{\sigma^2}$ 对任意 $n>1$ 的样本形成卡方分布。下面是卡方分布的几个性质。

1. χ^2 的所有值都大于或等于 0。
2. 卡方分布是曲线簇，每条曲线都由自由度确定。要形成 σ^2 的置信区间，可使用自由度等于样本量减 1（即 d.f. = $n-1$）的卡方分布。
3. 每条卡方分布曲线下的总面积都等于 1。
4. 卡方分布是正偏斜的，因此分布是不对称的。
5. 每个自由度的卡方分布都不同，如右图所示。随着自由度的增加，卡方分布接近正态分布。

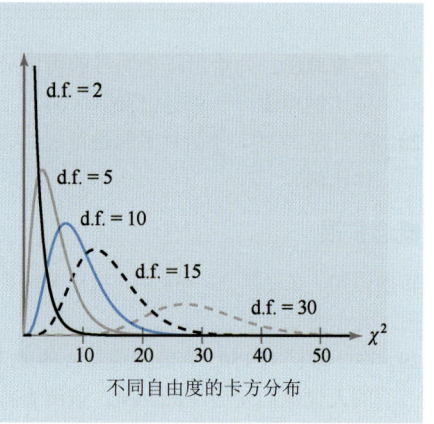

不同自由度的卡方分布

每个置信水平都有两个临界值。值 χ_R^2 表示右尾临界值，χ_L^2 表示左尾临界值。附录 B 中的表 6 列出了各种自由度和面积的 χ^2 的临界值，顶部行列出的每个区域表示临界值右侧卡方曲线下的区域。

【例题 1】 求 χ^2 的临界值

当样本量为 18 时，求 95%置信区间的临界值 χ_R^2 和 χ_L^2。

解答：

因为样本量是 18，d.f. = $n-1 = 18-1 = 17$。

χ_R^2 右侧的面积为 $\dfrac{1-c}{2} = \dfrac{1-0.95}{2} = 0.025$，$\chi_L^2$ 右侧的面积为 $\dfrac{1+c}{2} = \dfrac{1+0.95}{2} = 0.975$。

下面显示了表 6 中的一部分。使用 d.f. = 17 以及面积 0.975 和 0.025，可以求出临界值，如表中突出显示的面积所示（注意，表中的顶部行列出了临界值右侧的面积，表中的数据项是临界值）。

χ_L^2 右侧的面积 χ_R^2 右侧的面积

自由度								
	0.995	0.99	0.975	0.95	0.90	0.10	0.05	0.025
1	—	—	0.001	0.004	0.016	2.706	3.841	5.024
2	0.010	0.020	0.051	0.103	0.211	4.605	5.991	7.378
3	0.072	0.115	0.216	0.352	0.584	6.251	7.815	9.348

（表头 α）

15	4.601	5.229	6.262	7.261	8.547	22.307	24.996	27.488
16	5.142	5.812	6.908	7.962	9.312	23.542	26.296	28.845
17	5.697	6.408	7.564	8.672	10.085	24.769	27.587	30.191
18	6.265	7.015	8.231	9.390	10.865	25.989	28.869	31.526
19	6.844	7.633	8.907	10.117	11.651	27.204	30.144	32.852
20	7.434	8.260	9.591	10.851	12.443	28.412	31.410	34.170

从表中可以看出，临界值为 $\chi_R^2 = 30.191$ 和 $\chi_L^2 = 7.564$。

解释：因此，对于自由度为 17 的卡方分布曲线，曲线下 95% 的面积位于 7.564 和 30.191 之间，如下图所示。

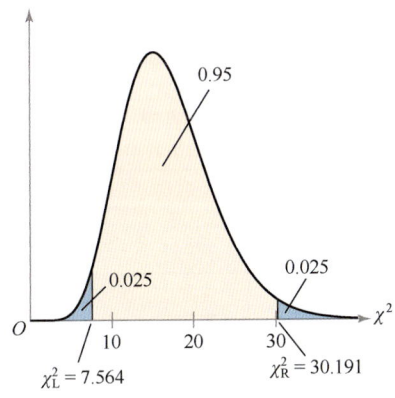

自测题 1

当样本量为 30 时，求 90% 的置信区间的临界值 χ_R^2 和 χ_L^2。

提示：对于置信水平 c 的卡方临界值，下面显示的 χ_R^2 和 χ_L^2 值是可在附录 B 的表 6 中找到的值。因此，左临界值和右临界值之间的面积是 c。

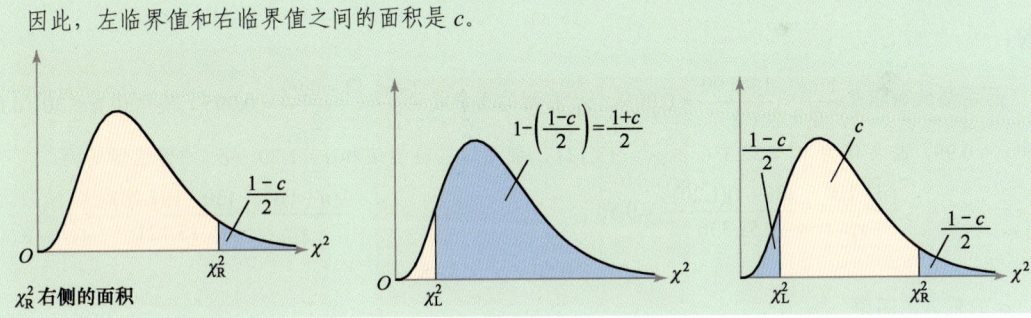

6.4.2 σ^2 和 σ 的置信区间

可以使用临界值 χ_R^2 和 χ_L^2 来构建总体方差和标准差的置信区间。方差的最佳点估计是 s^2，标准差的最佳点估计是 s。卡方分布不对称，因此 σ^2 的置信区间不能写为 $s^2 \pm E$，而必须对置信区间的端点执行单独的计算，如下一个定义所示。

定义 总体方差和标准差的置信区间 c 如下所示。

σ^2 的置信区间：$\dfrac{(n-1)s^2}{\chi_R^2} < \sigma^2 < \dfrac{(n-1)s^2}{\chi_L^2}$

σ 的置信区间：$\sqrt{\dfrac{(n-1)s^2}{\chi_R^2}} < \sigma < \sqrt{\dfrac{(n-1)s^2}{\chi_L^2}}$

置信区间包含 σ^2 或 σ 的概率是 c，假设估计过程重复了多次。

描绘世界

佛罗里达州美洲豹是美洲狮的濒危亚种。有 120~230 只成年美洲豹，主要分布在佛罗里达州西南部。右图显示了美洲豹的出现数据（黄色圆圈）。最近，佛罗里达州通过了一项立法，以改善保护工作。

在一项针对 6 只佛罗里达美洲豹幼崽的研究中，发现平均产仔数为 2.86 只，标准差为 0.82。为佛罗里达州美洲豹产仔数的标准差构建一个 90% 的置信区间，假设产仔数呈正态分布。

指南 构建方差和标准差的置信区间	
文字表述	符号表述
1. 验证总体是否呈正态分布	
2. 确定样本统计量 n 和自由度	d.f. $= n-1$
3. 求点估计 s^2	$s^2 = \dfrac{\sum(x-\bar{x})^2}{n-1}$
4. 求对应于给定置信水平 c 和自由度的临界值 χ_R^2 和 χ_L^2	使用附录 B 中的表 6
5. 找到左端点和右端点，形成总体方差的置信区间	左端点 右端点 $\dfrac{(n-1)s^2}{\chi_R^2} < \sigma^2 < \dfrac{(n-1)s^2}{\chi_L^2}$
6. 取每个端点的平方根，求总体标准差的置信区间	左端点 右端点 $\sqrt{\dfrac{(n-1)s^2}{\chi_R^2}} < \sigma < \sqrt{\dfrac{(n-1)s^2}{\chi_L^2}}$

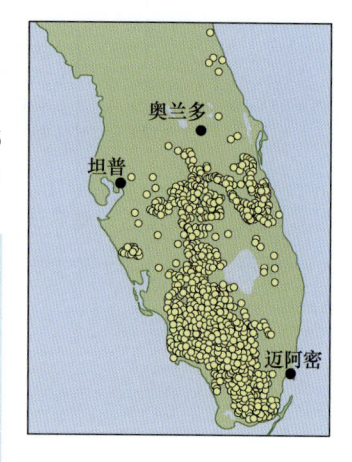

【例题 2】构建置信区间

随机选择并称量 30 个过敏药物样品。样品标准差为 1.20 毫克。假设质量呈正态分布，构建总体方差和标准差的 99% 置信区间。

解答：

χ_R^2 右侧的面积是 $\dfrac{1-c}{2} = \dfrac{1-0.99}{2} = 0.005$，$\chi_L^2$ 右侧的面积是 $\dfrac{1+c}{2} = \dfrac{1+0.99}{2} = 0.995$。使用值 $n = 30$，d.f. = 29 和 $c = 0.99$，临界值为 $\chi_R^2 = 52.336$ 和 $\chi_L^2 = 13.121$。使用这些临界值和 $s = 1.20$，σ^2 的置信区间为

左端点 $\dfrac{(n-1)s^2}{\chi_R^2} = \dfrac{(30-1)(1.20)^2}{52.336} \approx 0.80$ 右端点 $\dfrac{(n-1)s^2}{\chi_L^2} = \dfrac{(30-1)(1.20)^2}{13.121} \approx 3.18$

$$0.80 < \sigma^2 < 3.18$$

σ 的置信区间为

左端点   右端点

$$\sqrt{\dfrac{(30-1)(1.20)^2}{52.336}} < \sigma < \sqrt{\dfrac{(30-1)(1.20)^2}{13.121}}$$

$$0.89 < \sigma < 3.78$$

可以使用软件来验证答案，使用 MINITAB 得到的结果如下所示。

MINITAB

Test and CI for One Variance

N	StDev	Variance	99% CI for σ using Chi-Square	99% CI for σ^2 using Chi-Square
30	1.20	1.44	(0.89, 1.78)	(0.80, 3.18)

解释：在 99% 的置信度下说总体方差在 0.80 和 3.18 之间，总体标准差在 0.89 毫克和 1.78 毫克之间。

自测题 2

构建药物质量的总体方差和标准差的 90% 和 95% 置信区间。

注意，在例题 2 中，总体标准差的置信区间不能写为 $s \pm E$，因为置信区间不以 s 为中心（总体方差同样如此）。

提示：构建总体方差或标准差的置信区间时，舍入规则是舍入到与样本方差或标准差相同的小数位数。

6.4.3 习题

培养基本技能和词汇

01. 总体必须呈正态分布才能使用卡方分布吗？
02. 随着自由度的增加，卡方分布的形状发生什么变化？

求 χ^2 的临界值。在习题 03~08 中，对于置信水平 c 和样本量 n，求临界值 χ_R^2 和 χ_L^2。

03. $c = 0.90$，$n = 8$。
04. $c = 0.99$，$n = 15$。
05. $c = 0.95$，$n = 20$。
06. $c = 0.98$，$n = 26$。
07. $c = 0.99$，$n = 30$。
08. $c = 0.80$，$n = 51$。

在习题 09~12 中，构建(a)总体方差 σ^2 和(b)总体标准差 σ 的置信区间，假设样本来自正态分布的总体。

09. $c = 0.95$，$s^2 = 11.56$，$n = 30$。
10. $c = 0.99$，$s^2 = 0.64$，$n = 7$。
11. $c = 0.90$，$s = 35$，$n = 18$。
12. $c = 0.98$，$s = 278.1$，$n = 41$。

使用和解释概念

构建置信区间。在习题 13~24 中，假设样本来自正态分布总体，构建(a)总体方差 σ^2 和(b)总体标准差 σ 的置信区间，并解释结果。

13. **螺栓**。下面列出了由机器生产的 18 个随机选择的螺栓的直径（英寸），使用 95% 的置信水平：
4.477 4.425 4.034 4.317 4.003 3.760 3.818 3.749
4.240 3.941 4.131 4.545 3.958 3.741 3.859 3.816
4.448 4.206。

14. **药物浓度**。下面列出了将肾上腺素注射到 15 名随机选择的患者体内时药物浓度达到峰值的时间（分钟），使用 90% 的置信水平：4.87 9.67 3.43
8.19 2.92 12.56 19.08 8.70 10.02 9.89 8.37 11.18
6.78 15.55 8.88。

15. **收入**。下面列出了 21 名随机选择的一级计算机硬件工程师的年收入（千美元），使用 99% 的置信水平：59.4 85.2 86.5 80.2 67.4 79.8 70.8 52.4
69.5 75.4 79.9 65.0 68.8 79.1 61.3 85.4 78.1 72.6
95.5 67.6 76.2。

16. **期末考试成绩**。统计课上随机抽取的 24 名学生的期末考试成绩（分）如下所示，使用 95% 的置信水平：61 73 59 99 83 60 68 69 97 43 61 87
55 40 67 48 87 64 55 90 59 71 65 59。

17. **航天飞机**。随机选择的 14 次航天飞机飞行的持续时间的样本标准差为 3.54 天。使用 99% 的置信水平。

18. **排球**。从 2021 赛季全美大学生体育协会（NCAA）一级女子排球队前 50 名中，随机选出的 15 支球队的发球得分数量的样本标准差为 26.1。使用 80% 的置信水平。

19. **水质**。作为水质调查的一部分，你测试了随机选择的几条溪流的水硬度，结果如下图所示。使用 95% 的置信水平。

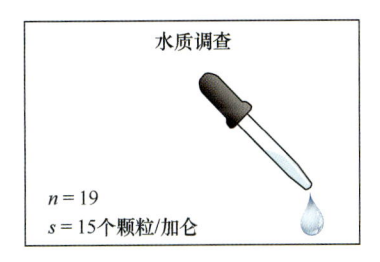

水质调查
$n = 19$
$s = 15$ 个颗粒/加仑

20. **网站成本**。作为调查的一部分，你问一名随机抽样的企业主愿意为其公司的网站支付多少钱，结果如下图所示。使用 90% 的置信水平。

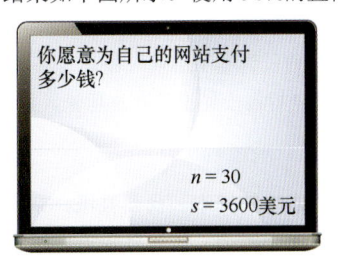

你愿意为自己的网站支付多少钱？
$n = 30$
$s = 3600$ 美元

21. **汽车电池**。18 块随机选择的汽车电池的储备容量（小时）的样本标准差为 0.25 小时。使用 80% 的置信水平。

22. **年降水量**。伊利诺伊州芝加哥 61 年随机抽样的年降水量（英寸）的抽样标准差为 6.46。使用 98% 的置信水平。

23. **"得来速"时间**。随机抽样的 28 名顾客在快餐店"得来速"花费的时间的样本标准差为 56.1 秒。使用 98% 的置信水平。

24. **摩托车速度**。对于随机抽取的 20 辆摩托车，从 0 加速到 60 英里/小时的时间的样本标准差为 0.91 秒。使用 90% 的置信水平。

概念扩展

25. **螺栓直径**。你正在分析习题 13 中的螺栓样本。螺栓直径的总体标准差应小于 0.5 英寸。你为 σ 构建的置信区间是否表明螺栓直径的变化处于可接受的水平？

26. **药物浓度**。你正在分析患者在习题 14 中药物浓度达到峰值的时间。肾上腺素浓度达到峰值的时间的总体标准差应小于 10 分钟。你为 σ 构建的置信区间是否表明时间的变化处于可接受的水平？

27. **电池储备容量**。你正在分析习题 21 中的汽车电池样本。电池储备容量的总体标准差应小于 0.25 小时。你为 σ 构建的置信区间是否表明电池储备容量的变化处于可接受的水平？

28. **"得来速"时间**。你正在分析习题 23 中的"得来速"时间样本。"得来速"时间的总体标准差应小于 1 分钟。你为 σ 构建的置信区间是否表明"得来速"时间的变化处于可接受的水平？

29. 用自己的话解释求总体方差的置信区间与求总体均值或比例的置信区间有何不同。

现实世界中的统计量

使用

到目前为止，你知道有关总体参数的完整信息通常是不可用的。本章中介绍的技术可用于对这些参数进行区间估计，以便做出明智的决策。

根据本章所学的内容，你知道总体参数的点估计（样本统计量）通常接近但很少等于所估计参数的实际值。记住这一点可以帮助你在职业生涯和日常生活中做出正确的决策。例如，一项调查的结果告诉你，52% 的登记选民计划投票赞成将城镇的一部分从住宅用途改为商业用途。你知道，这只是对投票支持重新分区的实际比例的一个点估计。如果误差幅度为 3%，那么区间估计值为 $0.49 < p < 0.55$，并且该项目可能不会获得多数票。

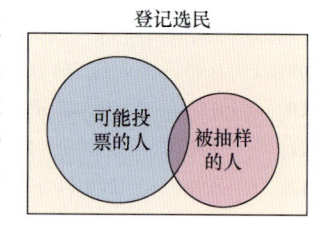

滥用

不具代表性的样本 调查在很多方面都可能导致错误的预测。当你阅读调查结果时，记住对样本量、抽样技术和所提出的问题提出质疑。例如，你想知道投票赞成重新分区的人的比例。从上图中你可以看到，即使你的样本足够大，也可能不包括可能投票的人。

有偏见的调查问题 在调查中，分析问题的措辞也很重要。例如，关于重新分区的问题可能是："知道重新分区将导致更多的企业为学校纳税，你会支持重新分区吗？"

一些政治专家和选民在未能预测唐纳德·特朗普于 2016 年美国总统大选中战胜希拉里·克林顿后，发誓再也不相信民调。然而，选举周的全国民调只有约 1% 的差距——民调显示希拉里领先约 3%，而她最终在选票上领先约 2%。

许多州的民调都不准确，特朗普在一些州获得的选票比预期的多 10%。这足以让他获得多数选举人票并当选总统。分析人士提出了各种理论，以解释为何一些民调低估了特朗普在 2016 年的表现和 2020 年的表现。

习题

01. **不具代表性的样本**。找到报纸、杂志或网站上报道的调查例子，描述样本可能不能代表总体的不同方式。

02. **有偏见的调查问题**。找到报纸、杂志或网站上报道的调查例子，描述调查问题可能存在偏见的不同方式。

03. **被误解的民意测验。**确定每个州的选举民意测验是否具有误导性。假设每次投票的误差幅度为 4%。(a)密歇根州民调领先：克林顿 3.4%；大选赢家：特朗普 0.3%；(b)威斯康星州民调领先：克林顿 6.5%；大选赢家：特朗普 0.7%。

6.5 第 6 章复习题

6.1 节

01. 下表显示了早上 8:00 开始工作的 40 人的醒来时间（早上 5:00 后的分钟数）。假设总体标准差为 45 分钟，求(a)总体均值 μ 的点估计和(b)90%置信区间的误差幅度。

醒来的时间（早上 5:00 后的分钟数）					
135	145	95	140	135	95	110
50	90	165	110	125	80	125
130	110	25	75	65	100	60
125	115	95	90	140	40
75	50	130	85	100	160	135
45	135	115	75	130

02. 30 人上班的行车距离（英里）如下表所示。假设总体标准差为 8 英里，求(a)总体均值 μ 的点估计和(b)95%置信区间的误差幅度。

上班的行车距离（英里）				
12	9	7	2	8	7
3	27	21	10	13	7
2	30	7	6	13	6
4	1	10	3	13	6
2	9	2	12	16	18

03. (a)为复习题 01 中的总体均值构建 90%的置信区间并解释结果；(b)总体均值是否可能在样本均值的 10%以内？

04. (a)为复习题 02 中的总体均值构建 95%的置信区间并解释结果；(b)总体均值是否可能大于 12.5 英里？

在复习题 05 和 06 中，使用置信区间求误差幅度和样本均值。

05. (20.75, 24.10)。
06. (7.428, 7.562)。
07. 在 95%的置信度下，求确信样本平均清醒时间在总体平均醒来时间的 10 分钟内所需的最小样本量，使用复习题 01 中的总体标准差。

08. 在 99%的置信度下，求确信样本平均上班驾驶距离在总体平均上班驾驶距离的 2 英里范围内所需的最小样本量，使用复习题 02 中的总体标准差。

6.2 节

在复习题 09～12 中，求置信水平 c 和样本量 n 的临界值 t_c。

09. $c = 0.80$，$n = 10$。
10. $c = 0.95$，$n = 24$。
11. $c = 0.98$，$n = 15$。
12. $c = 0.99$，$n = 30$。

在复习题 13～16 中，(a)求 c、s 和 n 值的误差幅度，(b)使用 t 分布构建 μ 的置信区间。假设总体呈正态分布。

13. $c = 0.90$，$s = 25.6$，$n = 16$，$\bar{x} = 72.1$。
14. $c = 0.95$，$s = 1.1$，$n = 25$，$\bar{x} = 3.5$。
15. $c = 0.98$，$s = 0.9$，$n = 12$，$\bar{x} = 6.8$。
16. $c = 0.99$，$s = 16.5$，$n = 20$，$\bar{x} = 25.2$。

17. 在 36 座顶级过山车的随机样本中，平均高度为 165 英尺，标准差为 67 英尺。构建 μ 的 90%置信区间并解释结果。

18. 你研究顶级过山车的高度后，发现总体平均高度是 160 英尺。在复习题 17 中，t 值是否落在 $-t_{0.95}$ 和 $t_{0.95}$ 之间？

6.3 节

在复习题 19～22 中，设 p 为总体比例。(a)求 p 和 q 的点估计；(b)构建 p 的 90%和 95%置信区间；(c)解释(b)问的结果并比较置信区间的宽度。

19. 在一项针对 912 名 Z 世代（1996 年后出生）美国成年人的调查中，383 人表示他们至少可能会考虑在下次购车时购买电动汽车。

20. 在一项针对 13749 名美国成年人的调查中，5362 人表示他们至少可能会考虑在下次购车时购买电动汽车。

21. 在一项针对 73901 名大学毕业生的调查中，23991 人获得了研究生学位。

22. 在一项对 2223 名美国成年人的调查中，1334 人认为运动员是一种有声望的职业。

23. 在复习题 19 中，总体比例为 38% 是否异常？

24. 在复习题 22 中，总体比例为 58% 是否异常？

25. 你希望以 95% 的置信水平估计最近一年已经或计划休寒假的美国成年人的总体比例。你的估计必须精确到总体比例的 5% 以内。(a)没有初步估计，求所需的最小样本量；(b)求所需的最小样本量，使用先前的一项研究，该研究发现 32% 的美国成年人在最近一年已经或计划休寒假；(c)比较(a)问和(b)问的结果。

26. 在复习题 25(b) 中，样本量 369 是否可以接受？

6.4 节

在复习题 27～30 中，求置信水平和 c 样本量 n 的临界值 χ_R^2 和 χ_L^2。

27. $c = 0.95$，$n = 13$。
28. $c = 0.98$，$n = 25$。
29. $c = 0.90$，$n = 16$。
30. $c = 0.99$，$n = 10$。

在复习题 31 和 32 中，假设样本来自正态分布的总体，构建(a)总体方差 σ^2 和(b)总体标准差 σ 的置信区间并解释结果。

31. 下面列出了勒布朗·詹姆斯在上个 NBA 赛季中随机选择的 13 场比赛中的投篮次数，使用 95% 的置信水平：26 13 25 22 13 15 16 20 15 13 26 23 20。

32. 下面列出了最近 31 个月休闲和酒店业服务员工每周的平均工作时间（小时），使用 98% 的置信水平：25.1 24.7 24.8 24.7 24.8 24.9 24.8 24.9 24.8 24.8 24.7 24.8 24.9 24.9 24.7 25.0 24.9 24.9 24.9 25.0 24.9 24.9 24.8 24.8 24.8 24.8 24.9 24.8 24.9 24.7 24.6。

6.6 第 6 章测验题

01. 从 1980 年到 2019 年，随机选择的 20 名波士顿马拉松女子公开组冠军的获胜时间（小时）如下。假设总体标准差为 0.068 小时。(a)求总体均值的点估计；(b)求 95% 置信水平的误差幅度；(c)构建总体均值的 95% 置信区间并解释结果；(d)总体均值是否可能大于 2.52 小时？2.42 2.38 2.44 2.67 2.44 2.57 2.39 2.49 2.39 2.41 2.49 2.40 2.42 2.53 2.39 2.45 2.44 2.54 2.49 2.42。

02. 你希望估计波士顿马拉松女子公开组冠军的平均获胜时间。估计值必须在总体均值的 2 分钟以内。确定构建总体均值 99% 置信区间所需的最小样本量。使用习题 01 中的总体标准差。

03. 下面的数据集代表一家公司随机抽取的员工查看电子邮件所花的时间（分钟）：7.5 2.0 12.1 8.8 9.4 7.3 1.9 2.8 7.0 7.3。(a)求样本均值和样本标准差；(b)构建总体均值的 90% 置信区间并解释结果，假设时间呈正态分布；(c)重复(b)问，假设 $\sigma = 3.5$ 分钟。比较结果。

04. 在随机抽取的 12 名高级土木工程师中，平均年收入为 133326 美元，标准差为 36729 美元。假设年收入呈正态分布，为高级土木工程师的总体平均年收入构建一个 95% 的置信区间。

05. 你研究高级土木工程师的工资后，发现总体均值是 131935 美元。在习题 04 中，t 值是否落在 $-t_{0.95}$ 和 $t_{0.95}$ 之间？

06. 在一项针对 1010 名美国成年人的调查中，838 人表示美国的能源形势非常严峻或相当严峻。(a)求总体比例的点估计；(b)构建总体比例的 90% 置信区间并解释结果；(c)总体比例在点估计的 90% 和 95% 之间是否异常？(d)求 99% 置信水平下估计总体比例所需的最小样本量，确信估计值在总体比例的 4% 范围内是准确的。

07. 参考习题 03 中的数据集。假设检查电子邮件所花的时间总体呈正态分布。构建(a)总体方差和(b)总体标准差的 95% 置信区间，并解释结果。

6.7 第6章测试题

01. 在一项对 2096 名美国成年人的调查中，1740 人认为所有级别的足球队都应该要求头部受伤的球员休息一段时间以便恢复。(a)求总体比例的点估计；(b)构建总体比例的 95% 置信区间并解释结果；(c)总体均值为 80% 是否异常？(d)求 99% 置信水平下估计总体比例所需的最小样本量，确信估计值在总体比例的 3% 范围内是准确的。

02. 以下数据集代表从宾夕法尼亚州东北部随机选择的 10 只黑熊的重量（磅），假设重量呈正态分布：170 225 183 137 287 191 268 185 211 284。(a)求样本均值和样本标准差；(b)构建总体均值的 95% 置信区间并解释结果；(c)构建总体标准差的 99% 置信区间并解释结果。

03. 以下数据集是 12 名随机选择的学生在 SAT 物理科目考试中的成绩（分），假设总体成绩呈正态分布，总体标准差为 108 分：590 650 730 560 460 400 620 780 510 700 590 670。(a)求总体均值的点估计值；(b)构建总体均值的 90% 置信区间并解释结果；(c)总体均值低于 575 分是否异常？(d)求 95% 确信样本平均成绩在总体平均成绩的 10 分范围内所需的最小样本量。

04. 使用标准正态分布或 t 分布构建每个数据集的总体均值的置信区间，并证明你的决定。如果两种分布都不能使用，请解释原因并解释结果。(a)在随机抽取的 40 名病人中，在牙医诊所等候的平均时间为 20 分钟，标准差为 7.5 分钟。构建总体平均值的 95% 置信区间；(b)在 15 个麦片盒的随机样本中，平均重量为 11.89 盎司。假设麦片盒的重量呈正态分布，总体标准差为 0.05 盎司。构建总体平均值的 90% 置信区间。

真正的统计与决策

美国 1974 年通过的《安全饮用水法》允许环境保护署（EPA）监管饮用水中的污染物水平。EPA 要求自来水公司每年向客户提供水质报告。这些报告包括每日水质监测的结果，以确定饮用水是否可以安全饮用。水务部门检测水处理厂和用户水龙头的污染物，包括微生物、有机化学品和无机化学品，如氰化物。饮用水中的氰化物是钢铁厂、塑料厂和化肥厂排放的产物。对于饮用水，氰化物的最高污染水平为 0.2ppm。作为城市水务部门工作的一部分，你正在准备一份报告，其中包括对右图所示结果的分析，图中显示了三年内总体平均浓度的点估计和氰化物 μ 的 95% 置信区间。这些数据基于在该市三个水处理厂随机采集的水样。

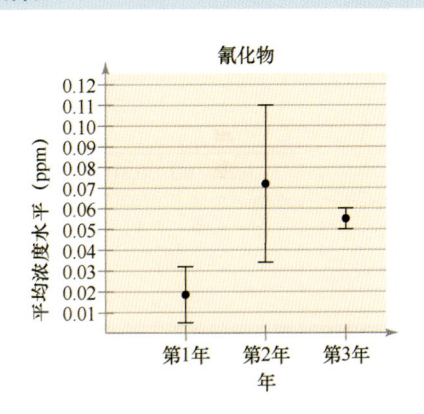

习题

01. 解释结果。使用该图确定每个时间段的氰化物平均浓度是否发生变化：(a)第 1 年至第 2 年；(b)第 2 年至第 3 年；(c)第 1 年至第 3 年。

02. 你能得出什么结论？根据习题 01 的结果，你能对饮用水中氰化物的浓度得出什么结论？

03. 你怎么想？第 2 年的置信区间远大于其他年份的置信区间，你认为是什么导致了这种较大的置信水平？

04. 你如何改进报告？无论氰化物水平如何变化，水务部门可做些什么来降低置信区间的大小？

05. 你认为水务部门要如何做？你认为水务部门如何构建水中氰化物总体平均浓度的 95% 置信区间？在解释中包括以下问题的答案。(a)你认为他们使用的抽样分布是什么？为什么？(b)你认为他们在计算误差幅度时是否使用总体标准差？为什么？如果不使用，他们会用什么？

第7章 单样本假设检验

第 6 章介绍了推断统计学,即如何形成一个置信区间来估计总体参数,后者如美国同意某种声明或主张的人的比例。例如,在皮尤研究中心进行的一项全国性民意调查中,2001 名美国成年人被问及他们是否认同"玩暴力视频游戏的人更可能有暴力倾向"这一声明。在接受调查的人中,800 名成年人认同这一声明。

你已学会使用这些结果以 95% 的置信度认为,同意玩暴力视频游戏的人更可能有暴力倾向的美国成年人的总体比例在 37.9% 和 42.1% 之间。

本章继续介绍推断统计学,但不对总体参数进行估计,而学习如何检验关于参数的声明。

例如,假设你在皮尤研究中心工作,且被要求检验认同玩暴力视频游戏的人更可能有暴力倾向的美国成年人的比例为 $p = 0.35$ 的声明。为了检验这一声明,你随机抽取了 $n = 2001$ 名美国成年人,发现其中 800 人认为玩暴力视频游戏的人更可能有暴力倾向。你的样本统计量是 $\hat{p} \approx 0.400$。

为了确定这个声明为假,你的样本统计量是否与声明($p = 0.35$)足够不同?答案在于取自总体样本比例 $p = 0.35$ 的抽样分布。下图表明,你的样本统计量与声明值相差 4 个标准误差。如果声明为真,那么样本统计量与声明值相差 4 个标准误差或更多的概率极小。肯定哪里出错了!如果你的样本是真正随机的,就可以得出成年人总体的实际比例不是 0.35 的结论。换句话说,你检验了最初的声明(假设),并决定拒绝它。

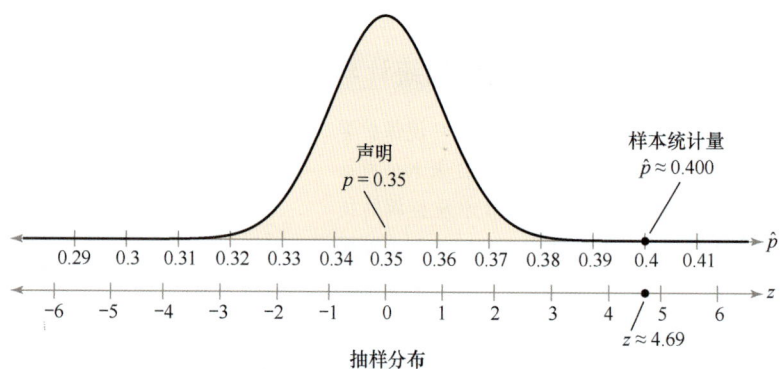

7.1 假设检验简介

学习目标

▶ 假设检验简介
▶ 陈述原假设和备择假设
▶ 识别第一类错误和第二类错误并解释显著性水平
▶ 知道是使用单尾统计检验还是使用双尾统计检验,并求 P 值
▶ 根据统计检验的结果做出和解释决策
▶ 撰写假设检验的声明

7.1.1 假设检验

下面介绍推断统计学中一种重要技术——假设检验。假设检验是使用样本统计量检验关于总体参数的值的声明的过程。医学、心理学和商业等领域的研究人员依靠假设检验来对新药、治疗

方法和营销策略做出明智的决策。例如,假设一家制造商宣传其新型混合动力汽车的平均汽油里程为 50 英里/加仑。如果你怀疑平均汽油里程不是 50 英里/加仑,怎么才能证明广告是假的呢?显然,你不能检验所有汽车,但可从所有汽车中随机抽取样本并测量每辆汽车的里程来对平均油耗做出合理的决策。若样本均值与广告的均值相差很大,就可确定广告是假的。

例如,为了检验所有此类混合动力汽车的平均汽油里程为 $\mu = 50$ 英里/加仑,你随机抽取 $n = 30$ 辆汽车并测量每辆汽车的汽油里程。样本均值为 $\bar{x} = 47$ 英里/加仑,样本标准差为 $\sigma = 5.5$ 英里/加仑。这是否表明厂家的广告是假的?

要做出决定,就需要做一些异常的事情——假设广告是正确的。也就是说,假设 $\mu = 50$。然后,检验从 $\mu = 50$ 和 $\sigma = 5.5$ 的总体中选取的样本均值($n = 30$)的抽样分布。根据中心极限定理可知,这个抽样分布是正态分布,其均值为 50,标准误差为 $5.5/\sqrt{30} \approx 1$。

在右图中,注意到样本均值 $\bar{x} = 47$ 英里/加仑是非常不可能的——它与声称的均值相差约 3 个标准误差($z \approx -2.99$)。使用第 5 章中介绍的技术,你可以确定:如果广告是真的,获得 47 或更小的样本均值的概率约为 0.001。这是一个异常事件。你认为公司的广告是真的,这让你得出了一个不太可能的结果。因此,要么你有一个极度异常的样本,要么广告是假的。合乎逻辑的结论是,这则广告很可能是假的。

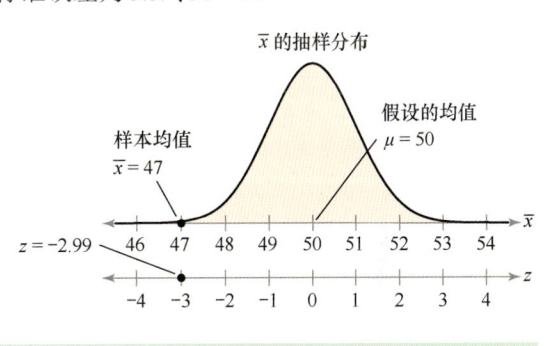

提示:学习本章时,不要对确定性和重要性的概念感到困惑。例如,即使非常确定一种混合动力汽车的平均汽油里程不是 50 英里/加仑,当前的平均汽车里程也可能非常接近该值,且差值可能并不重要。

7.1.2 陈述假设

关于总体参数的陈述称为统计假设。为了检验总体参数,应该仔细陈述一对假设:一个假设代表声明,另一个假设是前一个假设的补集。如果这些假设中的一个是假的,那么另一个一定是真的。任何一个假设(原假设或备择假设)都可以代表原始声明。

定义
1. 原假设 H_0 是包含相等($\leq$、$=$ 或 $\geq$)陈述的统计假设。
2. 备择假设 H_a 是原假设的补集,即 H_0 为假时它必须为真且包含严格不相等($>$、$\neq$ 或 $<$)的语句。

提示:术语原假设由罗纳德·费舍尔引入。如果原假设中的陈述不为真,那么备择假设一定为真。

为了写出原假设和备择假设,可将关于总体参数的声明由口头陈述转换为数学陈述,然后写出它的补集。例如,如果声明值是 k,总体参数是 μ,那么一些可能的原假设和备择假设对是

$$\begin{cases} H_0: \mu \leq k \\ H_a: \mu > k \end{cases}, \quad \begin{cases} H_0: \mu \geq k \\ H_a: \mu < k \end{cases}, \quad \begin{cases} H_0: \mu = k \\ H_a: \mu \neq k \end{cases}$$

无论使用三对假设中的哪一对,总是假设 $\mu = k$,并在此假设的基础上检验抽样分布。在这个抽样分布中,你将确定样本统计量是否异常。

下表显示了关于参数 μ 的可能口头陈述与相应原假设和备择假设之间的关系。可以使用类似的语句来检验其他总体参数,如 p, σ 或 σ^2。

口头陈述 H_0,意思是……	数学陈述	口头陈述 H_a,意思是……
……大于或等于 k	$\begin{cases} H_0: \mu \geq k \\ H_a: \mu < k \end{cases}$	……小于 k
……至少为 k		……低于 k
……不小于 k		……不到 k
……不短于 k		……短于 k

(续表)

口头陈述 H_0，意思是……	数学陈述	口头陈述 H_a，意思是……
……小于或等于 k ……至多为 k ……不大于 k ……不长于 k	$\begin{cases} H_0: \mu \leq k \\ H_a: \mu > k \end{cases}$	……大于 k ……高于 k ……大于 k ……长于 k
……等于 k ……k ……正好为 k ……与 k 相同 ……k 不变	$\begin{cases} H_0: \mu = k \\ H_a: \mu \neq k \end{cases}$	……不等于 k ……不同于 k ……非 k ……不同于 k ……k 变化

描绘世界

科研人员对一种治疗基因变异引起的肥胖症的药物的效果进行了研究。研究随机抽取了 35 名重度肥胖患者。研究结束时，患者的基线体重平均下降 3.7%。因此，声称所有服用该药的重度肥胖患者的基线体重平均下降 3.7%。确定该声明的原假设和备择假设。

【例题 1】陈述原假设和备择假设

将每个声明写为数学陈述。陈述原假设和备择假设，并识别代表声明的假设。

1. 一所学校公布其学生参与至少一项课外活动的比例为 61%。
2. 一家汽车经销商宣布更换机油的平均时间不到 15 分钟。
3. 一家公司宣称其熔炉的平均寿命超过 18 年。

解答：

1. 声明"比例为 61%"可写为 $p = 0.61$。其补集为 $p \neq 0.61$，如右图所示。因为 $p = 0.61$ 包含相等陈述，所以它成为原假设。在这种情况下，原假设代表该声明。这时，可以写出原假设和备择假设如下：

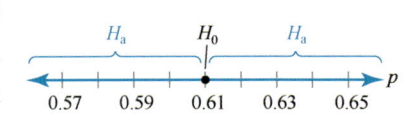

    $H_0: p = 0.61$（声明）
    $H_a: p \neq 0.61$

2. 声明"平均时间不到 15 分钟"可写为 $\mu < 15$。其补集为 $\mu \geq 15$，如下图所示。因为 $\mu \geq 15$ 包含相等陈述，所以它成为原假设。在这种情况下，备择假设代表该声明。这时，可以写出原假设和备择假设如下：

    $H_0: \mu \geq 15$ 分钟
    $H_a: \mu < 15$ 分钟（声明）

3. 声明"平均寿命超过 18 年"可写为 $\mu > 18$。其补集为 $\mu \leq 18$，如下图所示。因为 $\mu \leq 18$ 包含相等陈述，它成为原假设。在这种情况下，备择假设表示该声明。这时，要吧写出原假设和备择假设如下：

    $H_0: \mu \leq 18$ 年
    $H_a: \mu > 18$ 年（声明）

在上方的三幅图中，注意数轴上的每个点要么在 H_0 中，要么在 H_a 中，但没有一个点同时在二者中。

自测题 1

将每个声明写为数学陈述。陈述原假设和备择假设，并识别代表声明的假设。

1. 一位消费者分析师报告说，某型号汽车电池的平均寿命不是 74 个月。

2. 一家电子制造商公布其家庭影院系统的寿命方差小于或等于2.7。

3. 一位房地产经纪人宣称，认为自己的房子对家庭来说太小的房主比例超过24%。

在例题1中，注意到声明由原假设或备择假设表示。

7.1.3 错误类型和显著性水平

无论哪种假设代表声明，都要假设原假设中的相等条件为真来开始假设检验。因此，进行假设检验时，要做出以下决定之一：

1. 拒绝原假设。
2. 拒绝原假设失败。

因为你的决定基于一个样本而非总体，所以总有可能做出错误的决定。

例如，你声明硬币是不公平的。为了验证你的声明，你抛了100次硬币，得到49个正面和51个反面。你可能同意你没有足够的证据来支持你的声明。即使如此，硬币实际上也可能是不公平的，因为你有一个异常的样本。

然后，你抛了100次硬币，得到21个正面和79个反面。抛一枚公平硬币100次只得到21个正面是很少见的。因此，你可能有足够的证据来支持你的声明，即硬币是不公平的。然而，你不能100%地确定。硬币有可能是公平的，只是你有一个异常的样本。

让 p 代表正面的比例，声明"硬币是不公平的"可以写为数学陈述 $p \neq 0.5$。它的补集"硬币是公平的"可以写为 $p = 0.5$，如下图所示。

因此，原假设是

$$H_0: p = 0.5$$

备择假设是

$$H_a: p \neq 0.5 \text{（声明）}$$

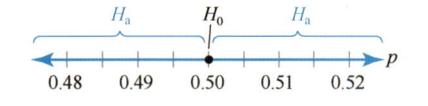

记住，绝对确定 H_0 是真还是假的唯一方法是检验整个总体。因为你的决定（拒绝 H_0 或拒绝 H_0 失败）是基于样本的，所以必须接受你的决定可能不正确的事实。当原假设为真时，你可能拒绝它；或者当原假设实际上为假时，你可能拒绝失败。这类错误将在下个定义中总结。

定义 若原假设为真时被拒绝，则发生第一类错误；若原假设为假时未被拒绝，则发生第二类错误。

下面显示假设检验的四个可能的结果。

决　定	H_0 的真实性	
	H_0 为真	H_0 为假
不拒绝 H_0	正确决定	第二类错误
拒绝 H_0	第一类错误	正确决定

假设检验有时被比作美国使用的法律系统，步骤如下。

1. 撰写一份措辞谨慎的指控。
2. 被告在被证明有罪之前被假定无罪（H_0）。举证责任在于控方。如果证据不足，就不能定罪。"无罪"判决并不能证明被告无罪。
3. 证据必须确凿无疑。法律系统假定判定无辜者有罪（第一类错误）比不判定有罪者有罪（第二类错误）造成的伤害更大。

下表显示了4种可能的结果。

判　决	关于被告的真相	
	无　罪	有　罪
无罪	正义	第二类错误
有罪	第一类错误	正义

【例题2】识别第一类错误和第二类错误

美国农业部对碎牛肉沙门氏菌污染的限制是 7.5%。一位肉类检查员报告说，一家公司生产的碎牛肉超过了美国农业部的限制。你进行假设检验，以确定肉类检验员的声明是否属实。什么时候会发生第一类错误或第二类错误？哪种错误更严重？

解答：

让 p 代表被污染碎牛肉的比例。肉类检查员声称"超过 7.5%受到污染"。可将原假设写为

$$H_0: p \leq 0.075$$

可将备择假设写为

$$H_a: p > 0.075 \text{（声明）}$$

可以使用数字线来显示原假设和备择假设，如右图所示。

当被污染碎牛肉的实际比例小于或等于 0.075 而你拒绝 H_0 时，将发生第一类错误。当被污染碎牛肉的实际比例大于 0.075 而你不拒绝 H_0 时，将发生第二类错误。对于第一类错误，你可能造成健康恐慌，并损害那些实际上符合美国农业部限制的碎牛肉生产商的销售。对于第二类错误，你可能允许超过美国农业部污染限制的碎牛肉出售给消费者。第二类错误更严重，因为它可能导致疾病甚至死亡。

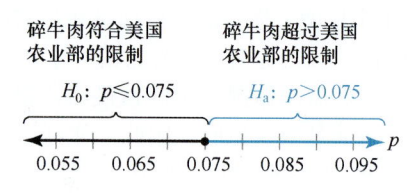

自测题 2

一家专门从事降落伞组装的公司表示，其主降落伞的故障率不超过 1%。请你进行假设检验，以确定该公司的声明是否是假的。什么时候会发生第一类错误或第二类错误？哪种错误更严重？

当抽样分布的样本统计量异常时，你将拒绝原假设。你已将异常事件确定为发生概率为 0.05 或更低的事件。使用统计检验时，有时要求异常事件的概率为 0.10 或更小、0.05 或更小、0.01 或更小。因为样本与样本之间存在差异，所以当原假设为真时，你总有可能拒绝它。换句话说，尽管原假设为真，但你的样本统计量被确定为抽样分布中的异常事件。你可以通过降低显著性水平来降低这种情况发生的概率。

> **定义** 在假设检验中，显著性水平是你犯第一类错误的最大允许概率，用小写希腊字母 α 表示。犯第二类错误的概率用希望字母 β 表示。

> **提示：** 减小 α 时，很可能会增大 β。值 $1-\beta$ 称为检验的功效，表示当原假设为假时拒绝它的概率。大多数情况下很难（甚至不能）求出功效的值。

如果将显著性水平设为较小的值，就可以说你希望拒绝一个真原假设的概率较小。三个常用的显著性水平是 $\alpha = 0.10$、$\alpha = 0.05$ 和 $\alpha = 0.01$。

7.1.4 统计检验和 P 值

陈述原假设和备择假设并指定显著性水平后，假设检验的下一步是从总体中获取随机样本，并计算与原假设中的参数（如 $\bar{x}$,$\hat{p}$或s^2）相对应的样本统计量（如 μ, p或σ^2）。这个样本统计量称为检验统计量。假设原假设为真，然后将检验统计量转换为标准化检验统计量，如 z,t或χ^2。标准化检验统计量用于对原假设进行决策。

本章介绍几种单样本统计检验。下表显示了总体参数及与其对应检验统计量和标准化检验统计量之间的关系。

总体参数	检验统计量	标准化检验统计量
μ	$\bar{x}$	z（σ 已知，见 7.2 节）
		t（σ 未知，见 7.3 节）
p	$\hat{p}$	z（见 7.4 节）
σ^2	s^2	χ^2（见 7.5 节）

决定是否拒绝原假设的一种方法是，确定获得标准化检验统计量（或更极端的统计量）的概率是否小于显著性水平。

定义 如果原假设为真，假设检验的 P 值（或概率值）就是获得具有极值或比从样本数据确定的值更极端的样本统计量的概率。

假设检验的 P 值取决于检验的性质。假设检验有三类——左尾、右尾和双尾。检验的类型取决于有利于拒绝 H_0 的抽样分布区域的位置，而该区域由备择假设指示。

定义

1. 如果备择假设 H_a 包含小于号（<），那么假设检验是左尾检验（见下图）。

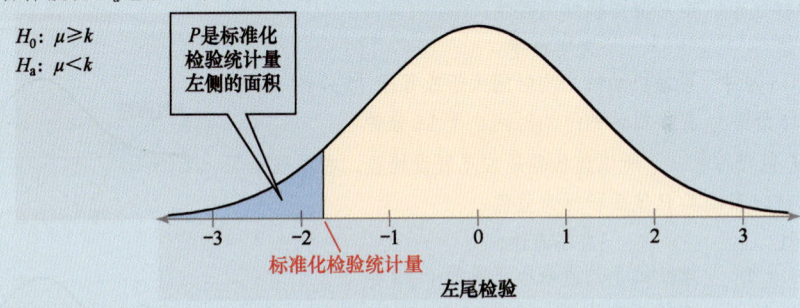

   H_0: $\mu \geq k$
   H_a: $\mu < k$

   P 是标准化检验统计量左侧的面积

   左尾检验

2. 如果备择假设 H_a 包含大于号（>），那么假设检验是右尾检验（见下图）。

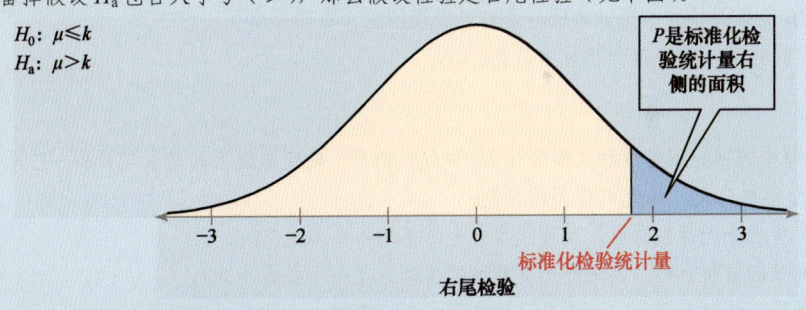

   H_0: $\mu \leq k$
   H_a: $\mu > k$

   P 是标准化检验统计量右侧的面积

   右尾检验

3. 如果备择假设 H_a 包含不等于号（≠），那么假设检验是双尾检验。在双尾检验中，每个尾部的面积都为 $\frac{1}{2}P$。

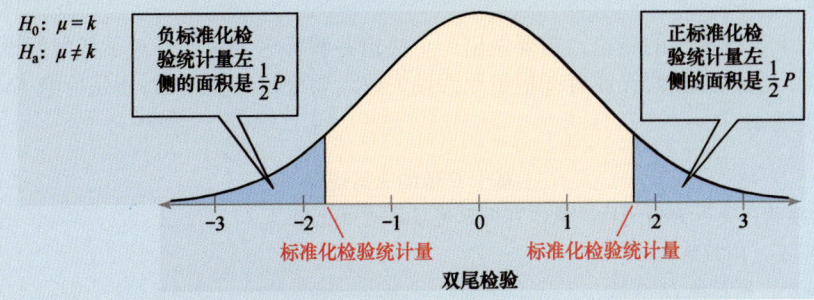

   H_0: $\mu = k$
   H_a: $\mu \neq k$

   负标准化检验统计量左侧的面积是 $\frac{1}{2}P$

   正标准化检验统计量右侧的面积是 $\frac{1}{2}P$

   双尾检验

检验的 P 值越小，拒绝原假设的证据就越多。非常小的 P 值表示异常事件。记住，即使 P 值极小也不能证明原假设是假的，而只能证明它可能是假的。

提示：第三类检验称为双尾检验，因为支持备择假设的证据可能位于抽样分布的任何一个尾部。

【例题 3】识别假设检验的性质

对下面的每个声明，使用符号和文字表述 H_0 和 H_a；然后，确定假设检验是左尾检验、右尾检验还是双尾检验，绘制正态抽样分布，并为 P 值面积着色。

1. 一所学校公布其学生参与至少一项课外活动的比例为 61%。
2. 一家汽车经销商宣布，更换机油的平均时间不到 15 分钟。
3. 一家公司宣称其熔炉的平均寿命超过 18 年。

解答：

      符号表述   文字表述

1. H_0: $p = 0.61$ 参加至少一项课外活动的学生比例为 61%。
   H_a: $p \neq 0.61$ 参加至少一项课外活动的学生比例不是 61%。

因为 H_a 包含符号 $\neq$，所以该检验是双尾假设检验。右图显示了正态抽样分布，其 P 值面积标为蓝色。

      符号表述   文字表述

2. H_0: $\mu \geq 15$ 分钟   更换机油的平均时间大于或等于 15 分钟
   H_a: $\mu < 15$ 分钟   更换机油的平均时间小于 15 分钟

因为 H_a 包含符号 $<$，所以该检验是左尾假设检验。右图显示了正态抽样分布，其 P 值面积标为蓝色。

      符号表述   文字表述

3. H_0: $\mu \leq 18$ 年   熔炉的平均寿命小于或等于 18 年
   H_a: $\mu > 18$ 年   熔炉的平均寿命超过 18 年

因为 H_a 包含符号 $>$，所以该检验是右尾假设检验。右图显示了正态抽样分布，其 P 值面积标为蓝色。

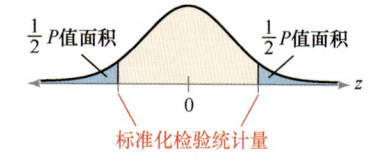

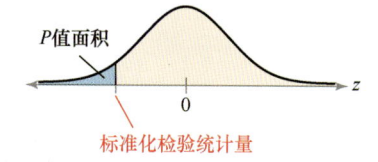

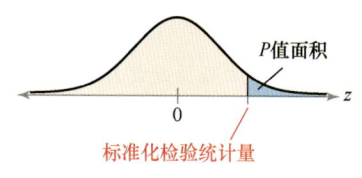

自测题 3

对下面的每个声明，用符号和文字表述 H_0 和 H_a；然后，确定假设检验是左尾检验、右尾检验还是双尾检验，绘制正态抽样分布，并为 P 值面积着色。

1. 一位消费者分析师报告说，某型汽车电池的平均寿命不是 74 个月。
2. 一家电子制造商声称，其家庭影院系统的寿命方差小于或等于 2.7。
3. 一位房地产经纪人宣称，认为自己的房子对家庭来说太小的房主比例超过 24%。

7.1.5 做出并解释决定

要得出一个假设检验的结论，需要做出一个决定并解释这个决定。对于任何假设检验，有两种可能的结果：①拒绝原假设或者②拒绝原假设失败。要确定是拒绝 H_0 还是拒绝 H_0 失败，可以使用如下决策规则。

基于 P 值的决策规则

要在假设检验中使用 P 值进行决策，可将 P 值与 α 进行比较。

1. 若 $P \leq \alpha$，则拒绝 H_0。
2. 若 $P > \alpha$，则拒绝 H_0 失败。

> **提示：** 本章介绍两类决策规则，用于决定是拒绝 H_0 还是拒绝 H_0 失败。这里介绍的决策规则基于 P 值。第二类决策规则基于拒绝区域。当标准化检验统计量落入拒绝区域时，第一类错误的观察概率（P 值）小于 α。下一节介绍有关拒绝区域的更多信息。

拒绝原假设失败并不意味着你已接受原假设为真，而只意味着没有足够的证据来拒绝原假设。要支持一个声明，就要陈述它，使其成为备择假设。要拒绝一个声明，就要陈述它，使其成为原假设。下表可帮助你解释你的决策。

决 策	声 明	
	声明是 H_0	声明是 H_a
拒绝 H_0	有足够的证据拒绝该声明	有足够的证据支持该声明
拒绝 H_0 失败	无足够的证据拒绝该声明	无足够的证据支持该声明

【例题 4】解释决策

对下面的每个声明进行假设检验。若拒绝 H_0，应如何解释你的决策？若拒绝 H_0 失败，又应如何解释你的决策？

1. H_0（声明）：一所学校公布其学生参与至少一项课外活动的比例为 61%。
2. H_a（声明）：汽车经销商宣布更换机油的平均时间不到 15 分钟。

解答：

1. 该声明由 H_0 代表。若拒绝 H_0，则应得出结论"有足够的证据来拒绝学校的声明，即参与至少一项课外活动的学生比例为 61%"。若拒绝 H_0 失败，则应该得出结论"没有足够的证据来拒绝学校声称的参与至少一项课外活动的学生比例为 61%的声明"。
2. 该声明由 H_a 表示，因此原假设是"更换机油的平均时间大于或等于 15 分钟"。若拒绝 H_0，则应得出结论"有足够的证据支持经销商的声明，即更换机油的平均时间不到 15 分钟"。若拒绝 H_0 失败，则应得出结论"没有足够的证据支持经销商关于平均更换机油时间少于 15 分钟的声明"。

自测题 4

对如下声明进行假设检验。若拒绝 H_0，应如何解释你的决定？拒绝 H_0 失败呢？

1. 一位消费者分析师报告说，某型汽车电池的平均寿命不是 74 个月。
2. H_a（声明）：一位房地产经纪人宣称，认为自己的房子对家庭来说太小的房主比例超过 24%。

下面是使用 P 值进行假设检验的一般步骤。注意，执行假设检验时，应始终在收集数据之前陈述原假设和备择假设，而不应首先收集数据，然后根据数据中的异常内容创建假设。

假设检验的步骤

1. 用数学和文字陈述声明，识别原假设和备择假设。

$$H_0: ? \qquad H_a: ?$$

2. 指定显著性水平。

$$\alpha = ?$$

3. 确定标准化抽样分布并绘制其图形。

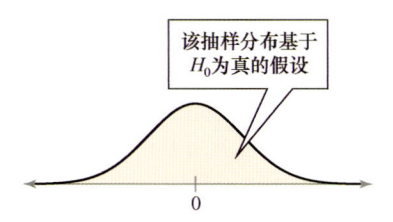

该抽样分布基于 H_0 为真的假设

4. 计算检验统计量及其对应的标准化检验统计量，并将其添加到草图中。

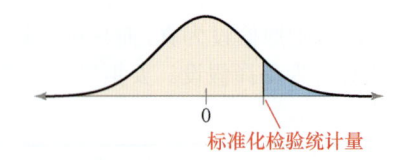

5. 求 P 值。
6. 使用如下决策规则。

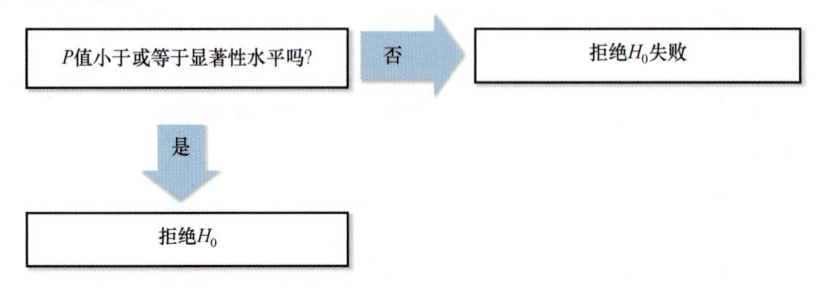

P值小于或等于显著性水平吗？ — 否 → 拒绝H_0失败

↓是

拒绝H_0

7. 撰写声明以解释原声明背景下的这个决策。

上面的步骤 4 中显示了一个右尾检验。然而，同样的步骤也适用于左尾检验和双尾检验。

7.1.6 假设检验的策略

在法庭上，律师使用的策略取决于律师是代表辩方还是代表控方。同样，在假设检验中使用的策略应取决于你是否支持或拒绝某个声明。记住，当你的声明是原假设时，不能使用假设检验来支持你的声明。因此，作为一名研究人员，要进行结果可能支持声明的假设检验，就要将该声明表述为备择假设。要进行结果可能拒绝声明的假设检验，就要将该声明表述为原假设。

【例题 5】撰写假设

一个医学研究小组正在调查一种新手术疗法的优点。声明之一是，采用新疗法后患者的平均康复时间不到 96 小时。

1. 当你是研究团队的一员且想要支持这一声明时，应如何撰写原假设和备择假设？应如何解释拒绝原假设的决策？
2. 当你是对立团队的一员且想要拒绝这一声明时，应如何撰写原假设和备择假设？应如何解释拒绝原假设的决策？

解答：

1. 要回答这个问题，首先要考虑声明的背景。因为你想支持这一声明，所以将备择假设陈述为患者的平均恢复时间少于 96 小时。因此，$H_a: \mu < 96$ 小时，其补集 $H_0: \mu \geq 96$ 小时是原假设。如果拒绝 H_0，则支持平均恢复时间小于 96 小时的声明。

$$H_0: \mu \geq 96 \text{ 和 } H_a: \mu < 96 \text{（声明）}$$

2. 首先考虑声明的背景。作为对立的研究人员，你不希望恢复时间少于 96 小时。因为你想拒绝这个声明，所以将它作为原假设。因此，$H_0: \mu \leq 96$ 小时，其补集 $H_a: \mu > 96$ 小时是备择假设。若拒绝 H_0，则拒绝平均恢复时间小于或等于 96 小时的声明。

$$H_0: \mu \leq 96 \text{（声明）和 } H_a: \mu > 96$$

自测题 5

1. 你代表一家化学公司，该公司因汽车油漆受损而被起诉。你想支持每辆汽车的平均维修成本低于 650 美元的声明，应如何撰写原假设和备择假设？应如何解释拒绝原假设的决策？

2. 你所在的研究小组正在调查成年人的平均体温。普遍接受的声明是平均体温约为 98.6℉。你想证明这种声明是错误的，应如何撰写原假设和备择假设？应如何解释拒绝原假设的决策？

7.1.7 习题

培养基本技能和词汇

01. 假设检验中使用的两种假设是什么？它们之间有什么关系？
02. 描述假设检验决策中可能出现的两种错误。
03. 执行假设检验可以做出哪两个决策？
04. 拒绝原假设失败是否意味着原假设为真？

判断正误。对习题 05~10，判断句子的正误并写出正确的句子。

05. 在假设检验中，假设备择假设为真。
06. 统计假设是关于样本的陈述。
07. 如果决定拒绝原假设，那么你可支持备择假设。
08. 显著性水平是指当原假设为真时，允许拒绝该原假设的最大概率。
09. 检验中较大的 P 值有利于拒绝原假设。
10. 要支持一个声明，可陈述它，使其成为原假设。

陈述假设。在习题 11~16 中，陈述代表声明。写出其补集，并说明是 H_0 还是 H_a。

11. $\mu \leq 645$。
12. $\mu < 128$。
13. $\sigma \neq 5$。
14. $\sigma^2 \geq 1.2$。
15. $p < 0.45$。
16. $p = 0.21$。

图形分析。在习题 17~20 中，将备择假设与其图形相匹配，然后陈述原假设并画出其图形。

17. $H_a: \mu > 3$。
18. $H_a: \mu < 3$。
19. $H_a: \mu \neq 3$。
20. $H_a: \mu > 2$。

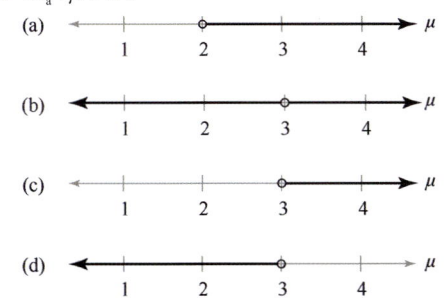

(a) μ

(b) μ

(c) μ

(d) μ

识别检验。在习题 21~24 中，确定假设检验是左尾的、右尾的还是双尾的。

21. $H_0: \mu \leq 8.0$，$H_a: \mu > 8.0$。
22. $H_0: \sigma \geq 5.2$，$H_a: \sigma < 5.2$。
23. $H_0: \sigma^2 = 142$，$H_a: \sigma^2 \neq 142$。
24. $H_0: p = 0.25$，$H_a: p \neq 0.25$。

使用和解释概念

陈述原假设和备择假设。在习题 25~30 中，将声明写为数学陈述。陈述原假设和备择假设，并确定代表声明的假设。

25. **平板电脑**。一家平板电脑制造商声称，某型号平板电脑的电池平均寿命超过 8 小时。
26. **运输错误**。一家公司的运输部门声称，每百万次发货的运输错误数量的标准差小于 3。
27. **全地形车的基本价格**。全地形车的基本价格的标准差不超过 320 美元。
28. **游客人数**。一家游乐园声称，该游乐园平均每天的游客人数至少为 20000 人。
29. **支付大学学费**。根据最近的一项调查，如今 54% 的大学生使用学生贷款支付大学学费。
30. **大学债务**。根据最近的一项调查，14% 的成年人目前背负着学生贷款债务。

识别第一类错误和第二类错误。在习题 31~36 中，描述所示声明的假设检验的第一类和第二类错误。

31. **回头客**。一家二手教材销售网站声称，至少 60% 的新客户会回来购买下一本教材。
32. **交通流量**。一位城市规划师声称，在繁忙的市中心大学校园街道上，中午的平均交通流量是 35 辆车/分钟。
33. **国际象棋**。当地一家国际象棋俱乐部声称，比赛时间的标准差超过 12 分钟。
34. **视频游戏系统**。一位研究人员声称，美国游戏玩家中女性的比例不到 50%。
35. **安全**。校园安全部门宣传，最多有 25% 的申请者成为校园安全人员。
36. **手机维修**。一家手机维修店的广告称，维修一块手机屏幕的平均费用不到 120 美元。

确定假设检验的性质。在习题 37~42 中，用文字和符号表示 H_0 和 H_a，然后确定假设检验是左尾的、右尾的还是双尾的。绘制正态抽样分布，并对 P 值区域着色。

37. **安全警报**。一位安全专家声称，至少 14% 的房主拥有家庭安全警报。

38. **钟表**。一家落地钟制造商声称，其钟表每天的平均误差不超过 0.02 秒。

39. **高尔夫**。一位高尔夫分析师声称，高尔夫球手 18 洞成绩的标准差小于 2.1 杆。

40. **肺癌**。一份报告声称，肺癌占所有癌症诊断的 25%。

41. **民意调查**。一家民意调查机构声称，寄给 10 万名美国居民的调查回复数量不是 10 万。

42. **高中毕业率**。一所高中声称，其平均毕业率超过 97%。

解释决策。在习题 43~48 中，确定声明代表的是原假设还是备择假设。进行假设检验时，应如何解释 (a)拒绝原假设和(b)拒绝原假设失败的决策？

43. **天鹅**。一位科学家声称，天鹅蛋的平均孵化期不到 40 天。

44. **提供基本必需品**。一份报告声称，在威斯康星州的一个县，超过 30% 的家庭难以负担基本必需品。

45. **割草机**。一位研究人员声称，某品牌割草机寿命的标准差最多为 2.8 年。

46. **汽油里程**。一家汽车制造商声称，其制造的一辆汽车的汽油里程的标准差是 3.9 英里/加仑。

47. **营销**。一家健身器材公司声称，其竞争对手的家庭健身房没有达到 99% 的客户满意度。

48. **租金**。最近的一项研究声称，在新泽西州至少有 20% 的租房者拖欠租金。

49. **撰写假设：医学**。一个医学研究小组正在调查一种心脏病药物 30 天供应量的平均成本。一家制药公司认为平均成本低于 60 美元。你想支持这个声明，应如何撰写原假设和备择假设？

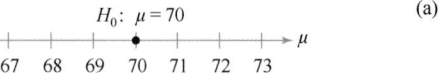

50. **撰写假设：交通网络公司**。一家交通网络公司声称，两个目的地之间的平均旅行时间约为 16 分钟。你为该公司的竞争对手之一工作，希望拒绝该声明，应如何撰写原假设和备择假设？

51. **撰写假设：背包制造商**。一家背包制造商声称其竞争对手的背包的平均寿命不到 5 年。你需要执行假设检验来检验该声明。(a)当你代表制造商并希望支持声明时，如何撰写原假设和备择假设？(b)当你代表竞争对手并希望拒绝该声明时，如何撰写原假设和备择假设？

52. **撰写假设：互联网提供商**。互联网提供商试图获得广告交易，声称客户每天的平均上网时间超过 28 分钟。你被要求测试这个声明。(a)当你代表互联网提供商并希望支持这个声明时，应如何撰写原假设和备择假设？(b)当你代表一家竞争广告客户并希望拒绝该声明时，应如何撰写原假设和备择假设？

概念扩展

53. **理解概念**。为什么降低第一类错误的概率会导致第二类错误的概率增加？

54. **理解概念**。解释为何不使用 $\alpha = 0$ 的显著性水平。

55. **撰写假设**。一个原假设被 0.05 的显著性水平拒绝，它是否也被 0.10 的显著性水平拒绝？

56. **撰写假设**。一个原假设被 0.10 的显著性水平拒绝，它是否也被 0.05 的显著性水平拒绝？

图形分析。在习题 57~60 中，已知一个原假设和代表三个抽样的三个置信区间。确定每个置信区间是否指示你拒绝 H_0，并解释理由。

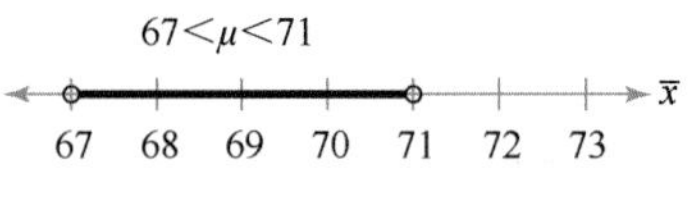

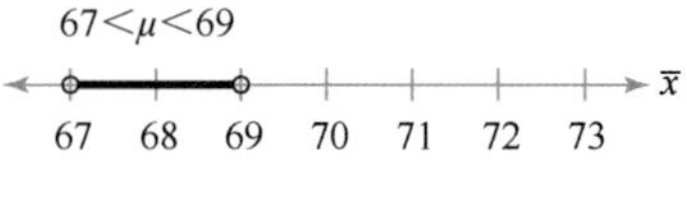

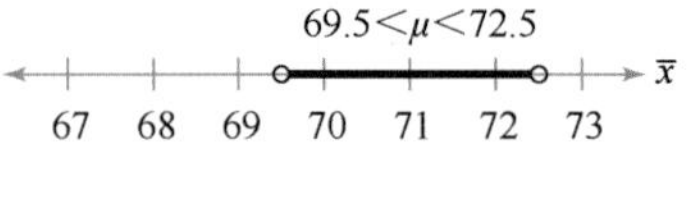

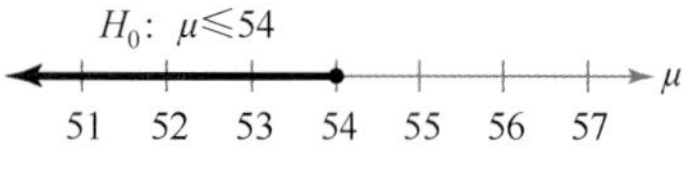

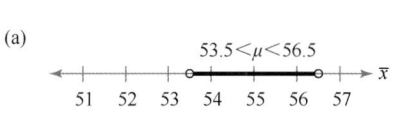

(b) $51.5 < \mu < 54.5$

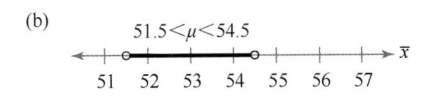

(c) $54.5 < \mu < 55.5$

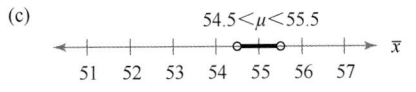

59. $H_0: p \leq 0.20$

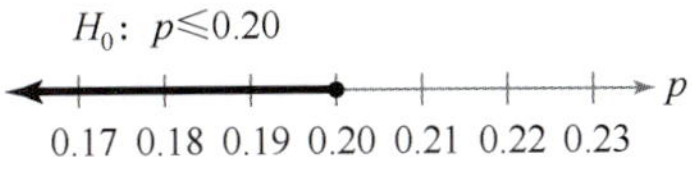

(a) $0.21 < p < 0.23$

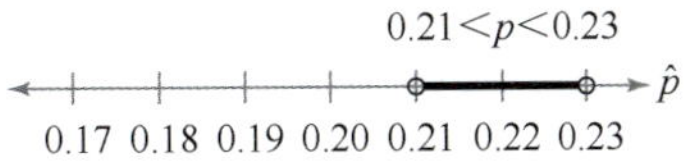

(b) $0.19 < p < 0.23$

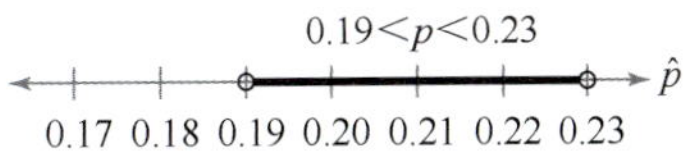

(c) $0.175 < p < 0.205$

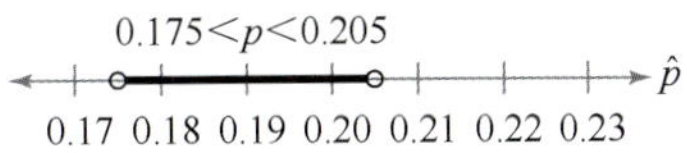

60. $H_0: p \geq 0.73$

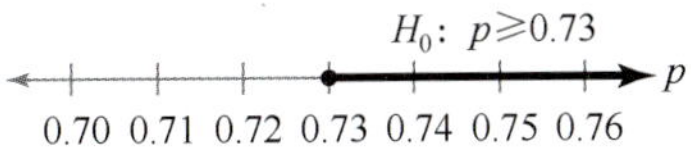

(a) $0.73 < p < 0.75$

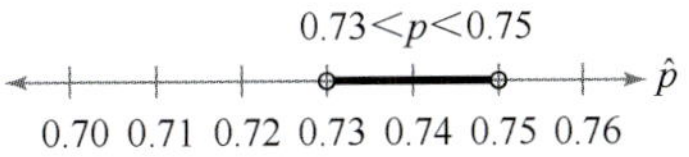

(b) $0.715 < p < 0.725$

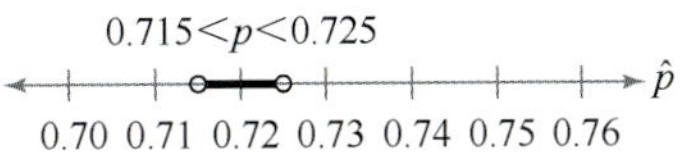

(c) $0.695 < p < 0.745$

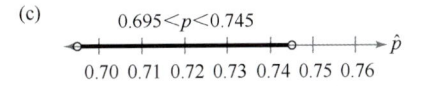

7.2 均值的假设检验（σ已知）

> **学习目标**
> - 求出和解释 P 值
> - 已知 σ 时使用 P 值进行均值 μ 的 z 检验
> - 在标准正态分布中求临界值和拒绝区域
> - 已知 σ 时使用拒绝区域进行均值 μ 的 z 检验

7.2.1 使用 P 值进行决策

第 5 章中说过，当样本量至少为 30 时，样本均值 $\bar{x}$ 的抽样分布是正态分布。7.1 节说过，在假设检验中得出结论的一种方法是对样本统计量（如 $\bar{x}$）使用 P 值。回顾可知，当你假设原假设为真时，假设检验的 P 值（或概率值）是获得样本统计量的概率，该样本统计量的值与根据样本数据确定的值一样极端或者更极端。下面重复基于 P 值的假设检验的决策规则。

基于 P 值的决策规则

要在假设检验中使用 P 值进行决策，可将 P 值与 α 进行比较。

1. 若 $P \leq \alpha$，则拒绝 H_0。
2. 若 $P > \alpha$，则拒绝 H_0 失败。

【例题 1】解释 P 值

一个假设检验的 P 值为 $P = 0.0237$。当显著性水平 $\alpha = 0.05$ 和 $\alpha = 0.01$ 时，你的决策是什么？

解答：

1. 因为 0.0237 < 0.05，所以你拒绝原假设。
2. 因为 0.0237 > 0.01，所以你拒绝原假设失败。

自测题 1

一个假设检验的 P 值为 $P = 0.0745$。当显著性水平 $\alpha = 0.05$ 和 $\alpha = 0.10$ 时，你的决策是什么？

P 值越小，支持拒绝 H_0 的证据就越多。P 值为你提供了样本统计量允许你拒绝原假设的最低显著性水平。在例题 1 中，你将在大于或等于 0.0237 的任何显著性水平上拒绝 H_0。

求假设检验的 P 值

确定假设检验的标准化检验统计量及其对应的区域后，执行以下操作之一求 P 值。

a. 对于左尾检验，$P =$ 左尾的面积。
b. 对于右尾检验，$P =$ 右尾的面积。
c. 对于双尾检验，$P = 2 \times$ 标准化检验统计量的尾部面积。

【例题 2】求左尾检验的 P 值

求标准化检验统计量 $z = -2.23$ 的左尾假设检验的 P 值。当显著性水平 $\alpha = 0.01$ 时，确定是否拒绝 H_0。

解答：

下图显示了标准正态曲线，在 $z = -2.23$ 的左侧有一个阴影区域。对于左尾检验，$P =$ 左尾的面积。使用附录 B 中的表 4，对应于 $z = -2.23$ 的面积为 0.0129，这是左尾的面积。因此，标准化检验统计量 $z = -2.23$ 的左尾假设检验的 P 值为 $P = 0.0129$。可以使用软件验证这个答案，如下所示。

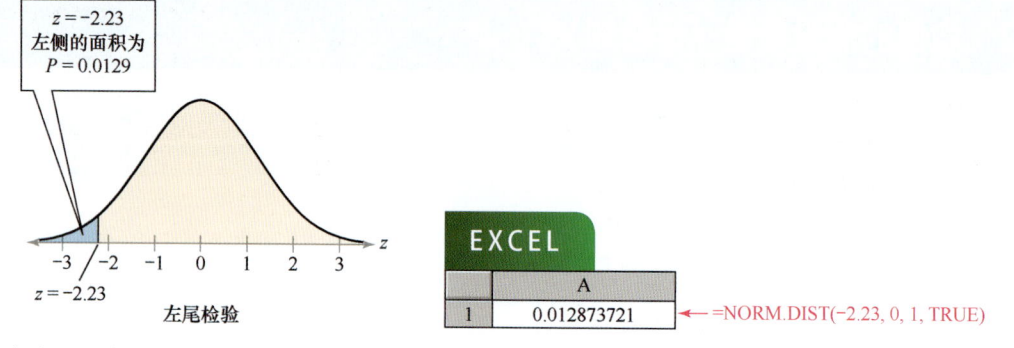

$z = -2.23$ 左侧的面积为 $P = 0.0129$

左尾检验

EXCEL
A
0.012873721

←=NORM.DIST(-2.23, 0, 1, TRUE)

解释： P 值 0.0129 大于 0.01，因此拒绝 H_0 失败。

自测题 2

求标准化检验统计量 $z = -1.71$ 的左尾假设检验的 P 值。当显著性水平 $\alpha = 0.05$ 时，决定是否拒绝 H_0。

【例题 3】求双尾检验的 P 值

求标准化检验统计量 $z = 2.14$ 的双尾假设检验的 P 值。当显著性水平 $\alpha = 0.05$ 时，决定是否拒绝 H_0。

解答：

右图显示了标准正态曲线，在 $z = 2.14$ 的左侧和右侧都有阴影

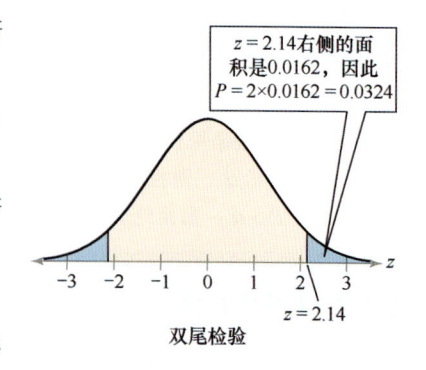

$z = 2.14$ 右侧的面积是 0.0162，因此 $P = 2 \times 0.0162 = 0.0324$

双尾检验

区域。对于双尾检验，
$$P = 2 \times 标准化检验统计量的尾部面积$$

使用附录 B 中的表 4，对应于 $z = 2.14$ 的面积为 0.9838。右尾的面积为 $1 - 0.9838 = 0.0162$。因此，标准化检验统计量 $z = 2.14$ 的双尾假设检验的 P 值为 $P = 2 \times 0.0162 = 0.0324$。

解释：P 值 0.0324 小于 0.05，因此拒绝 H_0。

自测题 3

求标准化检验统计量 $z = 1.64$ 的双尾假设检验的 P 值。当显著性水平 $\alpha = 0.10$ 时，决定是否拒绝 H_0。

7.2.2 使用 P 值进行 z 检验

下面介绍如何对均值 μ 进行假设检验，假设标准差 σ 已知。当 σ 已知时，可以使用 z 检验来计算均值。要使用 z 检验，就要求出检验统计量 $\bar{x}$ 的标准化值。标准化检验统计量的形式为

$$z = \frac{样本均值 - 假设均值}{标准误差}$$

均值 μ 的 z 检验

均值 μ 的 z 检验是总体均值的统计检验。检验统计量是样本均值 $\bar{x}$。标准化检验统计量为

$$z = \frac{\hat{x} - \mu}{\sigma/\sqrt{n}}$$

前提是满足如下条件：
1. 样本是随机的。
2. 下列情况之一为真：总体呈正态分布，或者 $n \geq 30$。

回顾可知，$\sigma/\sqrt{n}$ 是均值 $\sigma_{\bar{x}}$ 的标准误差。

指南 使用 P 值对均值 μ（σ 已知）进行 z 检验	
文字表述	符号表述
1. 验证 σ 是已知的，样本是随机的，总体呈正态分布或 $n \geq 30$	
2. 用数学和口头方式陈述声明。确定原假设和备择假设陈述	陈述 H_0 和 H_a
3. 指定显著性水平	确定 α
4. 求标准化检验统计量	$z = \dfrac{\hat{x} - \mu}{\sigma/\sqrt{n}}$
5. 求与 z 对应的面积	使用附录 B 中的表 4
6. 求 P 值。a. 对于左尾检验，P = 左尾的面积；b. 对于右尾检验，P = 右尾的面积；c. 对于双尾检验，$P = 2 \times$ 标准化检验统计量的尾部面积	
7. 做出拒绝原假设或拒绝原假设失败的决策	若 $P \leq \alpha$，则拒绝 H_0，否则拒绝 H_0 失败
8. 在原声明的背景下解释该决策	

在所有假设检验中，画出抽样分布的草图是有帮助的，草图中应包括标准化检验统计量。

【例题 4】使用 P 值的假设检验

在汽车比赛中，维修站是赛车停下来换新轮胎、加油、修理和进行其他机械调整的地方。进行这些调整的维修站工作人员的效率会影响到比赛的结果。维修站工作人员声称其平均进站时间（更换 4 个新轮胎和加注燃料）不到 13 秒。32 次进站时间的随机样本具有 12.9 秒的样本均值。假设总体标准差为 0.19 秒。是否有足够的证据支持 $\alpha = 0.01$ 的声明？使用 P 值。

2. 确定检验是左尾检验、右尾检验还是双尾检验。
3. 求临界值 z_0。a. 当假设检验为左尾检验时，求与面积 α 对应的 z 分数；b. 当假设检验为右尾检验时，求与面积 $1-\alpha$ 对应的 z 分数；c. 当假设检验为双尾检验时，求与面积 $\frac{1}{2}\alpha$ 和 $1-\frac{1}{2}\alpha$ 对应的 z 分数。
4. 画出标准正态分布。在每个临界值处画一条垂线，并对拒绝区域着色（如右图所示）。

注意，落在拒绝区域内的标准化检验统计量被认为是异常事件。

当你无法在附录 B 的表 4 中找到确切的面积时，可以使用最接近的面积。对于正好位于表中两个区域中间的区域，可使用相应 z 分数中间的 z 分数。

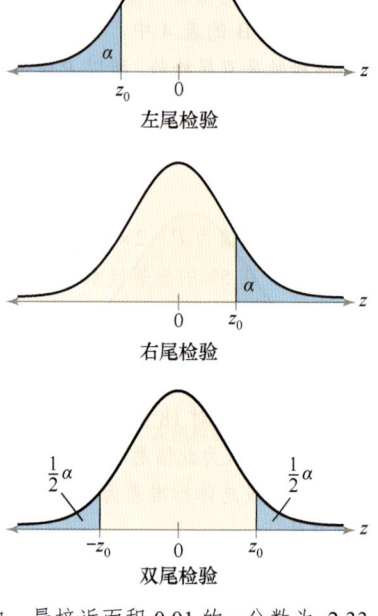

【例题 7】求左尾检验的临界值

求 $\alpha = 0.01$ 的左尾检验的临界值和拒绝区域。

解答：

下图显示了左面积为 0.01 的标准正态曲线。在附录 B 的表 4 中，最接近面积 0.01 的 z 分数为 -2.33。因此，临界值为 $z_0 = -2.33$。拒绝区域位于该临界值的左侧。可以使用软件检查该答案，如下图所示。

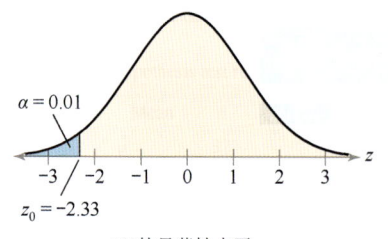

1%的显著性水平

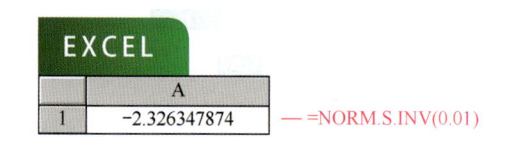

— =NORM.S.INV(0.01)

自测题 7

求 $\alpha = 0.10$ 的左尾检验的临界值和拒绝区域。

因为正态分布是对称的，所以在双尾检验中，临界值是相反的，如下例所示。

【例题 8】求双尾检验的临界值

求 $\alpha = 0.05$ 的双尾检验的临界值和拒绝区域。

解答：

右图显示了每个尾部阴影面积都为 $\frac{1}{2}\alpha$ 的标准正态曲线。$-z_0$ 左侧的面积为 $\frac{1}{2}\alpha = 0.025$，$z_0$ 左侧的面积为 $1-\frac{1}{2}\alpha = 0.975$。在附录 B 的表 4 中，对应于面积 0.025 和 0.975 的 z 分数分别为 -1.96 和 1.96。因此，临界值为

$$-z_0 = -1.96 \quad \text{和} \quad z_0 = 1.96$$

拒绝区域位于 -1.96 的左侧和 1.96 的右侧。

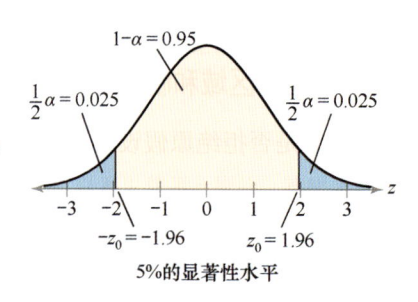

5%的显著性水平

自测题 8

求 $\alpha = 0.08$ 的双尾检验的临界值和拒绝区域。

提示： 下表列出了常用显著性水平的临界值。

α	尾	z
0.10	左	-1.28
	右	1.28
	双	±1.645
0.05	左	-1.645
	右	1.645
	双	±1.96
0.01	左	-2.33
	右	2.33
	双	±2.575

7.2.4 使用拒绝区域进行 z 检验

要使用拒绝区域得出假设检验的结论，就需要做出决策并根据如下规则解释该决策。

基于拒绝区域的决策规则

要使用拒绝区域进行假设检验，就要计算标准化检验统计量 z。
1. 若标准化检验统计量在拒绝区域中，则拒绝 H_0。
2. 若标准化检验统计量不在拒绝区域中，则拒绝 H_0 失败。

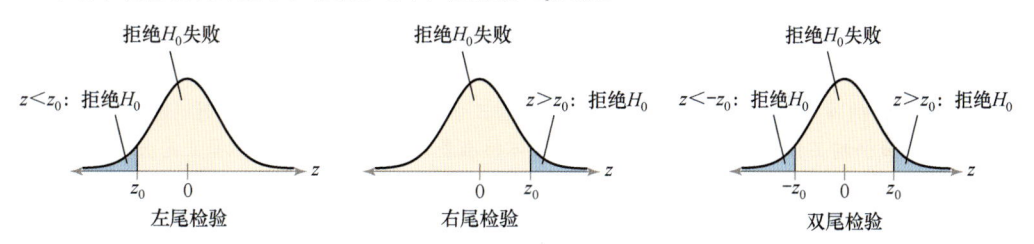

记住，拒绝原假设失败并不意味着你接受原假设为真，而只意味着没有足够的证据来拒绝原假设。

指南 使用拒绝区域进行均值 μ 的 z 检验（σ 已知）

文字表述	符号表述
1. 验证 σ 是已知的，样本是随机的，总体是正态分布的或者 $n \geq 30$	
2. 用数学和口头方式陈述声明，确定原假设和备择假设	陈述 H_0 和 H_a
3. 指定显著性水平	确定 α
4. 确定临界值	使用附录 B 中的表 4
5. 确定拒绝区域	
6. 求出标准化检验统计量并画出抽样分布	$z = \dfrac{\hat{x} - \mu}{\sigma/\sqrt{n}}$
7. 做出拒绝或拒绝失败的决策	若 z 在拒绝区域内，则拒绝 H_0，否则拒绝 H_0 失败
8. 在原声明的背景下解释该决策	

【例题 9】使用拒绝区域的假设检验

一家建筑和采矿公司的员工声称，该公司机械工程师的平均工资低于其竞争对手，后者的平均工资为 95600 美元。该公司随机抽取的 20 名机械工程师的平均工资为 93300 美元。假设总体标准差为 9500 美元，且总体呈正态分布。当 $\alpha = 0.05$ 时，检验员工的声明。

解答：

因为 σ 是已知的（$\sigma = 9500$ 美元），样本是随机的，总体是正态分布的，所以可以使用 z 检验。声明是"平均工资低于 95600 美元"。因此，原假设和备择假设可以写成

$$H_0: \mu \geq 95600 \text{ 美元} \quad \text{和} \quad H_a: \mu < 95600 \text{ 美元（声明）}$$

因为该检验是左尾检验，显著性水平 $\alpha = 0.05$，所以临界值为 $z_0 = -1.645$，拒绝区域为 $z < -1.645$。标准化检验统计量为

$$z = \frac{\hat{x} - \mu}{\sigma / \sqrt{n}} = \frac{93300 - 95600}{9500 / \sqrt{20}} \approx -1.08$$

右图显示了拒绝区域的位置和标准化检验统计量 z。因为 z 不在拒绝区域中，所以拒绝原假设失败。

解释： 在 5% 的显著性水平上，没有足够的证据支持员工的声明，即平均工资低于 95600 美元。

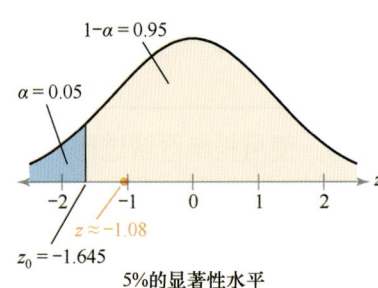

一定要理解本例中所做的决策。即使样本均值为 93300 美元，你也不能（在 5% 的显著性水平上）支持所有机械工程师的平均工资低于 95600 美元的声明。例如，你的检验统计量（$\bar{x} = 93300$ 美元）与假设均值 $\mu = 95600$ 美元之间的差可能是由抽样误差造成的。

自测题 9

例题 9 中公司的首席执行官声称公司机械工程师的日平均工作时间少于 8.5 小时。随机抽取的 25 名公司机械工程师的日平均工作时间为 8.2 小时。假设总体标准差为 0.5 小时，且总体呈正态分布。当 $\alpha = 0.01$ 时，检验首席执行官的声明。

描绘世界

每年，美国环境保护署（EPA）都会发布所有品牌和型号乘用车的油耗报告。最近一年，拥有最佳里程数的微型汽车的平均城市/高速公路综合里程数为 113 英里/加仑。一家汽车制造商声称，其微型汽车的城市/高速公路综合里程数超过 25.7 英里/加仑的总体均值。为了支持其声明，他检验了 36 辆汽车，获得的样本均值为 28.5 英里/加仑。假设总体标准差为 14.7 英里/加仑。

是否有足够的证据支持微型汽车的城市/高速公路综合里程数超过 25.7 英里/加仑的声明？使用 $\alpha = 0.10$ 的 z 检验。

【例题 10】使用拒绝区域的假设检验

一位研究人员称，在美国，抚养一名 1~3 岁孩子的年平均成本为 13350 美元。在对美国家庭的随机抽样中，抚养一名 1~3 岁孩子的年平均成本为 13186 美元。样本由 1000 名父母组成，孩子的年龄在 1 岁和 3 岁之间。假设总体标准差为 2750 美元。当 $\alpha = 0.10$ 时，是否有足够的证据拒绝该声明？

解答：

因为 σ 是已知的（$\sigma = 2750$ 美元），样本是随机的，且 $n = 1000 \geq 30$，所以可以使用 z 检验。声明是"年

平均成本为 13350 美元"。因此，原假设和备择假设是

$$H_0: \mu = 13350 \text{ 美元（声明）} \quad \text{和} \quad H_a: \mu \neq 13350 \text{ 美元}$$

因为该检验是双尾检验，显著性水平 $\alpha = 0.10$，所以临界值为 $-z_0 = -1.645$ 和 $z_0 = 1.645$。拒绝区域为 $z < -1.645$ 和 $z > 1.645$。标准化检验统计量为

$$z = \frac{\hat{x} - \mu}{\sigma / \sqrt{n}} = \frac{13186 - 13350}{2750 / \sqrt{1000}} \approx -1.89$$

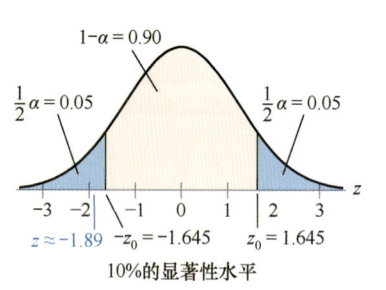

右图显示了拒绝区域的位置和标准化检验统计量 z。因为 z 在拒绝区域中，所以拒绝原假设。

可以使用软件验证这一答案，如下图所示。

```
MINITAB

One-Sample Z

  N       Mean      SE Mean    90% CI for μ          Z-Value    P-Value
  1000    13186.0   87.0       (13043.0, 13329.0)    -1.89      0.059

μ: population mean of Sample        Null hypothesis          H₀: =13350
Known standard deviation=2750       Alternative hypothesis   H₁: ≠13350
```

解释：在 10% 的显著性水平上，有足够的证据否定在美国抚养一名 1~3 岁孩子的年平均成本为 13350 美元的声明。

自测题 10

在例题 10 中，当 $\alpha = 0.01$ 时，是否有足够的证据拒绝声明？

7.2.5 习题

培养基本技能和词汇

01. 解释使用 P 值的 μ 的 z 检验和使用拒绝区域的 μ 的 z 检验之间的差异。

02. 18 个测试分数的随机样本的均值为 $\bar{x} = 85$。所有测试分数总体的标准差为 $\sigma = 6$。在什么条件下可以使用 z 检验来决定是否拒绝总体均值为 $\mu = 88$ 的声明？

解释 P 值。在习题 03~08 中，给出了假设检验的 P 值。当显著性水平(a) $\alpha = 0.01$、(b) $\alpha = 0.05$ 和(c) $\alpha = 0.10$ 时，使用 P 值决定是否拒绝 H_0。

03. $P = 0.0461$。
04. $P = 0.0691$。
05. $P = 0.1271$。
06. $P = 0.0107$。
07. $P = 0.0838$。
08. $P = 0.0062$。

图形分析。在习题 09~12 中，将 P 值或 z 统计量与代表相应区域的图形相匹配，并说明理由。

09. $P = 0.0688$
    (a)

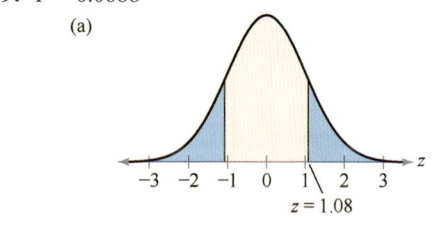

10. $P = 0.2802$
    (b)

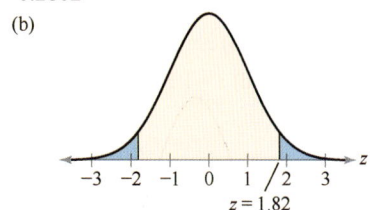

11. $z = -2.37$
    (a)

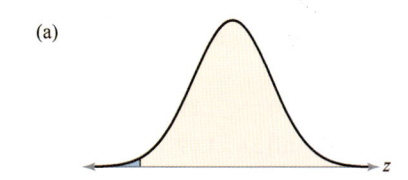

12. $z = -0.51$

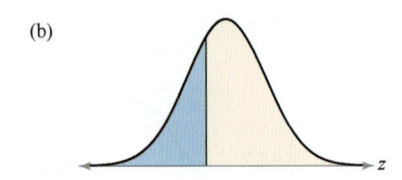

求 P 值。在习题 13～18 中，使用标准化检验统计量 z 求假设检验的 P 值。决定是否拒绝显著性水平 α 的 H_0。

13. 左尾检验：$z = -1.32$，$\alpha = 0.10$。
14. 左尾检验：$z = -1.55$，$\alpha = 0.05$。
15. 右尾检验：$z = 2.46$，$\alpha = 0.01$。
16. 右尾检验：$z = 1.23$，$\alpha = 0.10$。
17. 双尾检验：$z = -1.68$，$\alpha = 0.05$。
18. 双尾检验：$z = 1.95$，$\alpha = 0.08$。

在习题 19 和 20 中，使用 TI-84 PLUS 在显著性水平上做出拒绝原假设或拒绝原假设失败的决策。

19. $\alpha = 0.05$

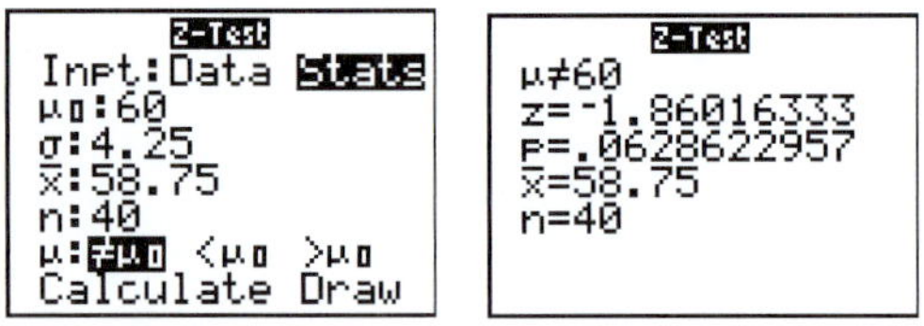

20. $\alpha = 0.01$

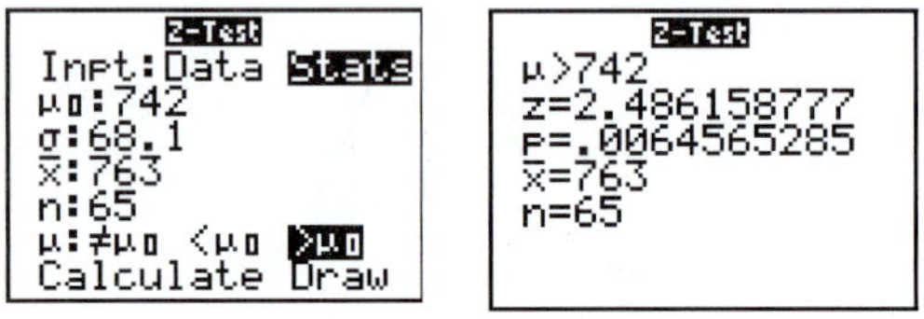

图形分析。在习题 21 和 22 中，说明每个标准化检验统计量 z 是否允许你拒绝原假设，并说明理由。

21. (a) $z = -1.301$，(b) $z = 1.203$，
    (c) $z = 1.280$，(d) $z = 1.286$。

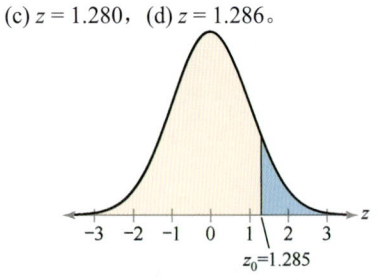

22. (a) $z = 1.98$，(b) $z = -1.89$，
    (c) $z = 1.65$，(d) $z = -1.99$。

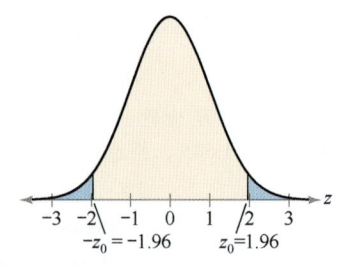

求临界值和拒绝区域。在习题 23～28 中，求显著性水平 α 的 z 检验类型的临界值和拒绝区域，并在答案中附上图表。

23. 左尾检验，$\alpha = 0.03$。
24. 左尾检验，$\alpha = 0.09$。
25. 右尾检验，$\alpha = 0.05$。
26. 右尾检验，$\alpha = 0.08$。
27. 双尾检验，$\alpha = 0.02$。
28. 双尾检验，$\alpha = 0.12$。

在习题 29～32 中，在显著性水平 α 上检验关于总体均值 μ 的声明，假设总体呈正态分布。

29. 声明：$\mu = 40$，$\alpha = 0.05$，$\sigma = 1.97$；样本统计量：$\bar{x} = 39.2$，$n = 25$。
30. 声明：$\mu \geq 1475$，$\alpha = 0.07$，$\sigma = 29$；样本统计量：$\bar{x} = 1468$，$n = 26$。
31. 声明：$\mu \neq 5880$，$\alpha = 0.03$，$\sigma = 413$；样本统计量：$\bar{x} = 5771$，$n = 67$。
32. 声明：$\mu \leq 22500$，$\alpha = 0.01$，$\sigma = 1200$；样本统计量：$\bar{x} = 23500$，$n = 45$。

使用和解释概念

使用 P 值的假设检验。在习题 33～38 中，(a)确定声明并陈述 H_0 和 H_a；(b)求标准化检验统计量 z；(c)求相应的 P 值；(d)决定是否拒绝原假设；(e)在原声明的背景下解释该决策。

33. **MCAT 成绩**。随机抽取一所大学的 100 名医学院申请者，他们在 MCAT 考试中的平均总分为 505 分。根据一份报告，该校申请者的平均总分超过 503 分。假设总体标准差为 10.6 分。当 $\alpha = 0.01$ 时，是否有足够的证据支持报告的声明？

34. **自动喷水灭火系统**。制造商称自动喷水灭火系统的平均激活温度至少为 135℉。为了检验这一声明，你随机选择了 32 个系统的样本，发现平均激活温度为 133℉。假设总体标准差为 3.3℉。当 $\alpha = 0.10$ 时，是否有足够的证据拒绝制造商的声明？

35. **波士顿马拉松**。一位体育统计学家声称，波士

顿马拉松女子公开组冠军的平均获胜时间至少为2.6小时。随机选择的30名波士顿马拉松女子公开组冠军的平均获胜时间为2.52小时。假设总体标准差为0.18小时。当$\alpha = 0.05$时，能拒绝该声明吗？

36. **加速时间**。一个消费者团体声称，所有3缸汽车从0到60英里/小时的平均加速时间为9.4秒。随机抽样的33辆3缸汽车从0到60英里/小时的平均加速时间为10.2秒。假设总体标准差为2.3秒。当$\alpha = 0.05$时，能拒绝该声明吗？

37. **过山车**。下面列出了随机选择的36座顶级过山车的垂直落差（英尺）。假设总体标准差为65.1英尺。当$\alpha = 0.05$时，是否有足够的证据拒绝顶级过山车的平均垂直落差为163英尺的声明？ 100 100 131 116 98 306 180 118 103 210 215 249 115 104 72 195 135 100 161 98 89 131 98 151 98 171 154 151 161 256 98 119 125 131 80 300。

38. **薪水**。一位分析师称，巴尔的摩中级电气工程师的平均年薪为86700美元，高于全国平均水平。下面列出了在巴尔的摩随机抽取的21名中级电气工程师的年薪（以美元计）。假设总体呈正态分布，总体标准差为13600美元。当$\alpha = 0.09$时，是否有足够的证据支持分析师的声明？ 71323 87322 88900 75212 89516 92345 95100 78444 92634 96117 90309 97818 86437 103345 97722 93676 89925 90121 92008 91555 86544。

使用拒绝区域的假设检验。在习题39~44中，(a)确定声明并陈述H_0和H_a；(b)求临界值并确定拒绝区域；(c)求标准化检验统计量z；(d)决定是否拒绝原假设；(e)在原声明的背景下解释该决策。

39. **咖啡因含量**。一家消费者研究机构声称，每瓶12盎司含咖啡因软饮料的平均咖啡因含量为37.7毫克。你想检验这个声明。你在检验中发现随机抽取的36瓶12盎司的含咖啡因软饮料的平均咖啡因含量为36.4毫克。假设总体标准差为10.8毫克。当$\alpha = 0.01$时，你能拒绝研究机构的声明吗？

40. **高中毕业率**。一位教育研究人员声称，美国每个州的平均高中四年毕业率为83%。你想检验这个声明。你发现30个州的平均高中四年毕业率为85%。假设总体标准差为3.9%。当$\alpha = 0.05$时，是否有足够的证据拒绝研究人员的声明？

41. **快餐**。一家快餐店估计，其早餐三明治中的平均钠含量低于920毫克。随机抽取的40份早餐三明治的平均钠含量为925毫克。假设总体标准差为18毫克。当$\alpha = 0.05$时，是否有足够的证据支持餐厅的声明？

42. **灯泡**。灯泡制造商称某型灯泡的平均寿命至少为750小时。随机抽取的25个灯泡的平均寿命为745小时。假设总体呈正态分布，总体标准差为60小时。当$\alpha = 0.02$时，是否有足够的证据拒绝制造商的声明？

43. **荧光灯**。小型荧光灯（CFL）制造商声称CFL灯泡的平均寿命至少为10000小时。你想检验这个声明。为此，你需要记录随机抽取的32个CFL灯泡的寿命。下面列出了结果（小时）。假设总体标准差为1850小时。当$\alpha = 0.11$时，是否有足够的证据拒绝制造商的声明？ 8800 9155 13001 10250 10002 11413 8234 10402 10016 8015 6110 11005 11555 9254 6991 12006 10420 8302 8151 10980 10186 10003 8814 11445 6277 8632 7265 10584 9397 11987 7556 10380。

44. **国内生产总值**。一位政治家估计，上年度每个国家的平均国内生产总值（GDP）超过4000亿美元。你想检验这个估计值。为此，你需要确定随机选择的42个国家当年的GDP。结果（十亿美元）如下所示。假设总体标准差为20990亿美元。当$\alpha = 0.06$时，你能支持政治家的估计值吗？ 11 101 59 24 66 1883 403 11 18 61 50 3050 1.7 61 22 25 3.4 17 2.5 85 4.6 330 7.3 19 482 44 3.7 38 4.6 66 127 43 43 17 402 1618 151 16 24 14 7.8 300。

概念扩展

45. **写作**。当$P > \alpha$时，标准化检验统计量是位于拒绝区域之内还是之外？说明理由。

46. **写作**。在$P < \alpha$的右尾检验中，标准化检验统计量是位于临界值的左侧还是右侧？说明理由。

7.3 均值的假设检验（σ未知）

学习目标
▶ 在 t 分布中求临界值
▶ σ 未知时使用 t 检验来检验均值 μ
▶ σ 未知时使用软件求 P 值，并使用 t 检验来检验均值 μ

7.3.1 t 分布中的临界值

7.2 节介绍了如何在已知总体标准差的情况下对总体均值进行假设检验。在现实生活中的许多情况下，总体标准差是未知的。当总体呈正态分布或样本量至少为 30 时，仍然可以检验总体均值 μ。为此，可以使用自由度为 $n-1$ 的 t 分布。

指南 在 t 分布中求临界值

1. 指定显著性水平 α。
2. 确定自由度 d.f. $= n-1$。
3. 使用附录 B 中的表 5，在自由度为 $n-1$ 的行中找出临界值。
    a. 当假设检验为左尾检验时，使用带有负号的"单尾，α"列。
    b. 当假设检验为右尾检验时，使用带有正号的"单尾，α"列。
    c. 当假设检验为双尾检验时，使用带有负号和正号的"双尾，α"列。

参见下图。

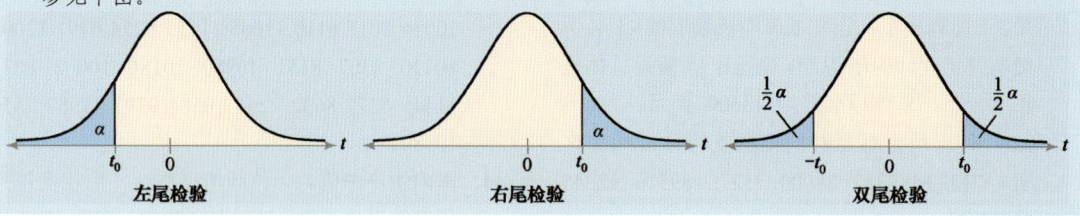

【例题 1】求左尾检验的临界值

求 $\alpha = 0.05$ 和 $n = 21$ 的左尾检验的临界值 t_0。

解答：

自由度为 d.f. $= n-1 = 21-1 = 20$。要求临界值，可以查找附录 B 表 5 中 d.f. $= 20$ 和 $\alpha = 0.05$ 的"单尾，α"列。因为检验是左尾检验，所以临界值是负的，有 $t_0 = -1.725$，如右图所示。

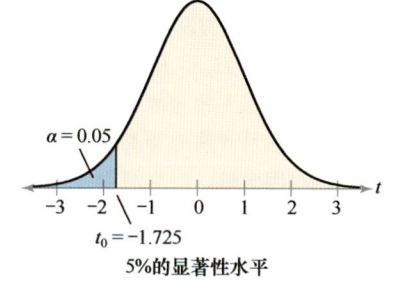

自测题 1

求 $\alpha = 0.01$ 和 $n = 14$ 的左尾检验的临界值 t_0。

【例题 2】求右尾检验的临界值

求 $\alpha = 0.01$ 和 $n = 17$ 的右尾检验的临界值 t_0。

解答：

自由度为 d.f. $= n-1 = 17-1 = 16$。要求临界值，可以查找表 5 中 d.f. $= 16$ 和 $\alpha = 0.01$ "单尾，α"列。

因为检验是右尾检验，所以临界值是正的，有 $t_0 = 2.583$，如右图所示。

自测题 2

求 $\alpha = 0.10$ 和 $n = 9$ 的右尾检验的临界值 t_0。

因为 t 分布是对称的，所以在双尾检验中，临界值是相反的，如下例所示。

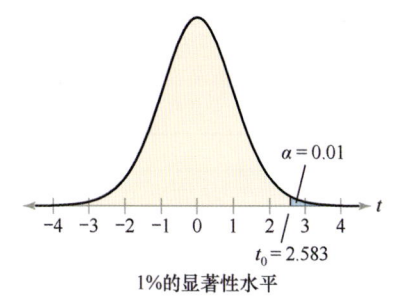

【例题 3】求双尾检验的临界值

求 $\alpha = 0.10$ 和 $n = 26$ 的双尾检验的临界值 $-t_0$ 和 t_0。

解答：

自由度为 d.f. = $n - 1 = 26 - 1 = 25$。要求临界值，可以查找表 5 中 d.f. = 25，$\alpha = 0.10$ 的"双尾，α"列。因为检验是双尾检验，所以一个临界值是负的，另一个临界值是正的，有 $-t_0 = -1.708$ 和 $t_0 = 1.708$，如右图所示。

可以使用软件验证上述答案，如下图所示。

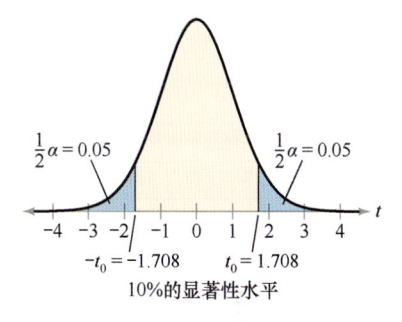

	A
1	1.708140761	← =T.INV.2T(0.1,25)

自测题 3

求 $\alpha = 0.05$ 和 $n = 16$ 的双尾检验的临界值 $-t_0$ 和 t_0。

7.3.2 均值 μ 的 t 检验

当 σ 未知时，要检验关于均值 μ 的声明，可以使用 t 抽样分布。标准化检验统计量的形式为

$$t = \frac{\text{样本均值} - \text{假设均值}}{\text{标准误差}}$$

因为 σ 未知，所以使用样本标准差 s 计算标准化检验统计量，如下面的定义所示。

均值 μ 的 t 检验

均值 μ 的 t 检验是总体均值的统计检验。检验统计量是样本均值 $\bar{x}$。标准化检验统计量是

$$t = \frac{\bar{x} - \mu}{s/\sqrt{n}}$$

前提是满足如下条件：
1. 样本是随机的。
2. 下列情况之一为真：总体呈正态分布，或者 $n \geq 30$。
自由度为 d.f. = $n - 1$。

描绘世界

接触铅可能导致红细胞、肾脏或大脑损伤。美国环境保护署制定了相关规定，要求供水系统对用户水龙头处的饮用水进行监测。如果在超过 10% 的用户水龙头样本中铅浓度超过 0.015 毫克/升，那么系统必须采取一系列措施，如源水处理、公共教育和含铅服务线路更换。在 t 检验的基础上，水系统决定水中铅的平均水平是否超过 0.015 毫克/升的允许

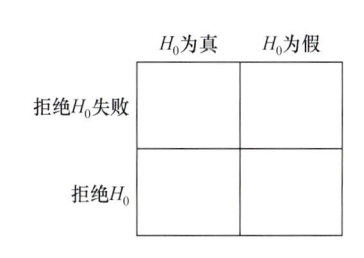

量。假设原假设是 $\mu \leq 0.015$。

描述这种情况下可能出现的第一类错误和第二类错误。

指南 对均值 μ 使用 t 检验（σ 未知）

文字表述	符号表述
1. 验证 σ 是未知的，样本是随机的，总体呈正态分布或 $n \geq 30$	
2. 用数学和口头方式陈述声明，确定原假设及备择假设	陈述 H_0 和 H_a
3. 指定显著性水平	确定 α
4. 确定自由度	d.f. $= n - 1$
5. 确定临界值	使用附录 B 中的表 5
6. 求拒绝区域	
7. 求标准化检验统计量并画出抽样分布	$t = \dfrac{\bar{x} - \mu}{s / \sqrt{n}}$
8. 做出拒绝或拒绝失败的决策	t 在拒绝区域内时拒绝 H_0，否则拒绝 H_0 失败
9. 在原声明的背景下解释该决策	

在指南的步骤 8 中，决策规则使用拒绝区域。还可使用 P 值来检验声明。此外，当需要的自由度数不在附录 B 的表 5 中时，可以使用表中最接近所需值的数字（或者使用软件）。例如，对于 d.f. = 57，可以使用自由度 50。

【例题 4】使用拒绝区域的假设检验

一位二手车经销商表示，过去 12 个月售出的所有二手车的平均挂牌价格至少为 23500 美元。你怀疑这个声明不正确，且发现在过去 12 个月内售出的 14 辆二手车的随机样本的平均挂牌价格为 21558 美元，标准差为 3350 美元。当 $\alpha = 0.05$ 时，是否有足够的证据拒绝经销商的声明？假设总体呈正态分布。

解答：

因为 σ 是未知的，样本是随机的，总体呈正态分布，所以可以使用 t 检验。声明是"平均挂牌价格至少为 23500 美元"。因此，原假设和备择假设分别为

$$H_0: \mu \geq 23500 \text{ 美元（声明）和 } H_a: \mu < 23500 \text{ 美元}$$

检验为左尾检验，显著性水平 $\alpha = 0.05$，自由度为 d.f. = 14 − 1 = 13。因此，使用表 5，临界值为 $t_0 = -1.771$。拒绝区域为 $t < -1.771$。标准化检验统计量是

$$t = \dfrac{\bar{x} - \mu}{s / \sqrt{n}} = \dfrac{21588 - 23500}{3350 / \sqrt{14}} \approx -2.169$$

右图中显示了拒绝区域的位置和标准化检验统计量 t。因为 t 在拒绝区域中，因此拒绝原假设。

解释： 在 5% 的显著性水平上，有足够的证据拒绝过去 12 个月内售出的所有二手车的平均挂牌价格至少为 23500 美元的声明。

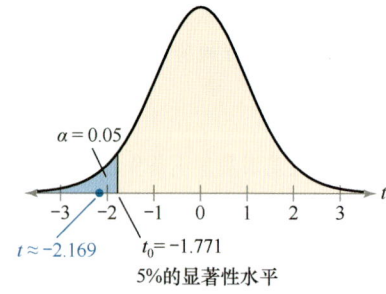

自测题 4

一位行业分析师表示，过去 12 个月售出的所有新车的平均交易价格不到 43500 美元。随机抽取过去 12 个月售出的 25 辆新车，平均交易价格为 40573 美元，标准差为 6250 美元。当 $\alpha = 0.10$ 时，是否有足够的证据支持分析师的声明？假设总体呈正态分布。

记住，进行决策时，出现第一类错误或第二类错误的可能性是存在的。例如，在例题 4 中，拒绝 H_0 时，可能会出现第一类错误，因为 $\mu \geq 23500$ 可能为真。

【例题 5】使用拒绝区域的假设检验

一家工业公司声称，附近河水的平均 pH 值为 6.8。你随机选择了 39 个水样，测量了每个水样的 pH 值。样本均值和标准差分别为 6.7 和 0.35。当 $\alpha = 0.05$ 时，是否有足够的证据拒绝公司的声明？

解答：

因为 σ 是未知的，样本是随机的，且有 $n = 39 \geq 30$，所以可以使用 t 检验。声明是"平均 pH 值为 6.8"。所以，原假设和备择假设是

$$H_0: \mu = 6.8 \text{（声明）} \quad \text{和} \quad H_a: \mu \neq 6.8$$

该检验为双尾检验，显著性水平 $\alpha = 0.05$，自由度 d.f. $= 39 - 1 = 38$。因此，使用附录 B 中的表 5，临界值为 $-t_0 = -2.024$ 和 $t_0 = 2.024$。拒绝区域为 $t < -2.024$ 和 $t > 2.024$。标准化检验统计量是

$$t = \frac{\bar{x} - \mu}{s/\sqrt{n}} = \frac{6.7 - 6.8}{0.35/\sqrt{39}} \approx -1.784$$

右图显示了拒绝区域的位置和标准化检验统计量 t。t 不在拒绝区域内，所以不能拒绝原假设。

可以使用软件来验证该决策，如下图所示。

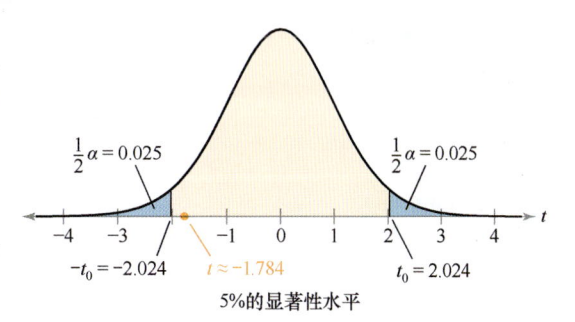

MINITAB

One-Sample T

N	Mean	StDev	SE Mean	95% CI for μ	T-Value	P-Value
39	6.7000	0.3500	0.0560	(6.5865, 6.8135)	−1.78	0.082

μ: population mean of Sample

Null hypothesis H_0: $\mu = 6.8$
Alternative hypothesis H_1: $\mu \neq 6.8$

解释： 在 5% 的显著性水平上，没有足够的证据来否定平均 pH 值为 6.8 的声明。

自测题 5

例题 5 中的公司声称河流的平均电导率为 1890 毫克/升。水样的电导率是样品中总溶解固体的度量。你随机选择 39 个水样，测量了每个水样的电导率。样本均值和标准差分别为 2350 毫克/升和 900 毫克/升。当 $\alpha = 0.01$ 时，是否有足够的证据拒绝该公司的声明？

7.3.3 在 t 检验中使用 P 值

也可使用 P 值进行均值 μ 的 t 检验。例如，考虑在已知 $t = 1.98$、自由度为 15 和右尾检验的情况下求 P 值。使用附录 B 中的表 5，可以确定 P 在 $\alpha = 0.025$ 和 $\alpha = 0.05$ 之间，但无法确定 P 的精确值。在这种情况下，可以使用软件来执行假设检验并求精确的 P 值。

【例题 6】使用 P 值进行 t 检验

机动车辆管理局办公室声称，平均等待时间不到 14 分钟。随机抽样 10 人，平均等待时间为 13 分钟，标准差为 3.5 分钟。当 $\alpha = 0.10$ 时，验证办公室的声明。假设总体呈正态分布。

解答：

因为 σ 是未知的，样本是随机的，总体呈正态分布，所以可以使用 t 检验。声明为"平均等待时间不到 14 分钟"，所以原假设和备择假设是

$$H_0: \mu \geq 14 \text{ 分钟} \quad \text{和} \quad H_a: \mu < 14 \text{ 分钟（声明）}$$

下面显示了如何在 TI-84 PLUS 中设置假设检验，右侧的两个显示屏显示了可能的结果，但具体的结果取决于你选择的选项是 Calculate 还是 Draw。

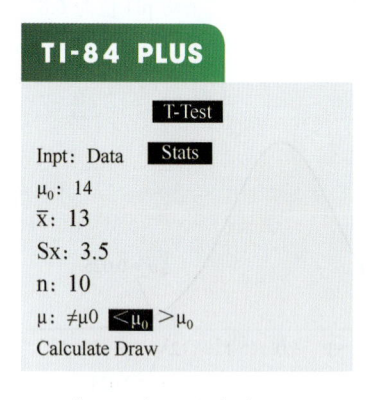

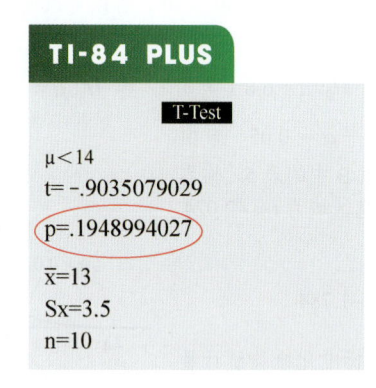

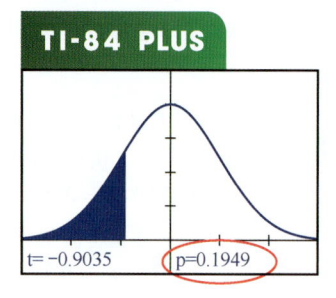

从显示中可以看到 $P \approx 0.1949$。因为 P 值大于 $\alpha = 0.10$，所以拒绝原假设失败。

解释： 在 10% 的显著性水平上，没有足够的证据支持该办公室的声明，即平均等待时间少于 14 分钟。

自测题 6

机动车辆管理局的另一个办公室声称，平均等待时间最多为 18 分钟。随机抽样 12 人，平均等待时间为 15 分钟，标准差为 2.2 分钟。当 $\alpha = 0.05$ 时，检验办公室的声明。假设总体呈正态分布。

7.3.4 习题

培养基本技能和词汇

01. 解释如何求 t 分布的临界值。
02. 解释 σ 未知时，如何使用 t 检验来检验假设的均值 μ。哪些假设是必要的？

在习题 03～08 中，求具有显著性水平 α 和样本量 n 的 t 检验的临界值与拒绝区域。

03. 左尾检验，$\alpha = 0.10$，$n = 20$。
04. 左尾检验，$\alpha = 0.01$，$n = 35$。
05. 右尾检验，$\alpha = 0.05$，$n = 23$。
06. 右尾检验，$\alpha = 0.01$，$n = 31$。
07. 双尾检验，$\alpha = 0.05$，$n = 27$。
08. 双尾检验，$\alpha = 0.10$，$n = 38$。

图形分析。在习题 09～12 中，说明每个标准化检验统计量 t 是否允许你拒绝原假设。

09. (a) $t = 2.091$，(b) $t = 0$，(c) $t = -2.096$。
10. (a) $t = 1.4$，(b) $t = 1.42$，(c) $t = -1.402$。 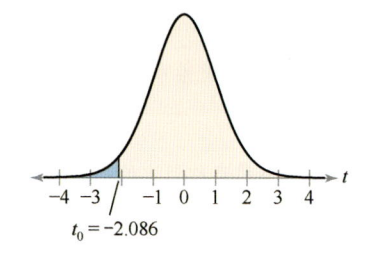 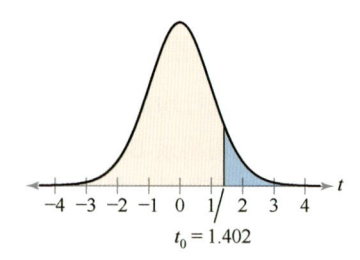
11. (a) $t = -1.755$，(b) $t = -1.585$，(c) $t = 1.745$。

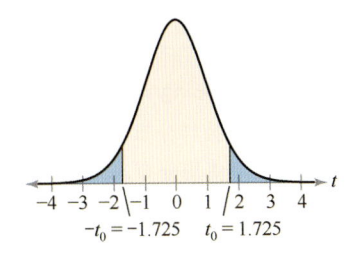

12. (a) $t = -1.1$，(b) $t = 1.01$，(c) $t = 1.7$。

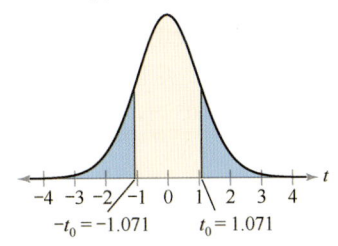

在习题 13~18 中，以显著性水平 α 上检验关于总体均值 μ 的声明，假设总体呈正态分布。

13. 声明：$\mu = 15$，$\alpha = 0.01$；样本统计量：$\bar{x} = 13.9$，$\sigma = 3.23$，$n = 36$。

14. 声明：$\mu > 25$，$\alpha = 0.05$；样本统计量：$\bar{x} = 26.2$，$\sigma = 2.32$，$n = 17$。

15. 声明：$\mu \geq 8000$，$\alpha = 0.01$；样本统计量：$\bar{x} = 7700$，$\sigma = 450$，$n = 25$。

16. 声明：$\mu \leq 1600$，$\alpha = 0.02$；样本统计量：$\bar{x} = 1550$，$\sigma = 165$，$n = 46$。

17. 声明：$\mu < 4915$，$\alpha = 0.02$；样本统计量：$\bar{x} = 5017$，$\sigma = 5613$，$n = 51$。

18. 声明：$\mu \neq 52200$，$\alpha = 0.05$；样本统计量：$\bar{x} = 53220$，$\sigma = 2700$，$n = 34$。

使用和解释概念

使用拒绝区域进行假设检验。 在习题 19~26 中，(a)确定声明并陈述 H_0 和 H_a；(b)求临界值并确定拒绝区域；(c)求标准化检验统计量 t；(d)确定是否拒绝原假设；(e)在原声明背景下解释决策。假设总体呈正态分布。

19. **收听时间。** 某产品评论称，苹果 AirPods 一次充电的平均收听时间至少为 5.0 小时。你怀疑这一声明不正确，且发现随机抽取的 18 对 AirPods 的平均单次充电收听时间为 4.69 小时，标准差为 0.57 小时。是否有足够的证据拒绝 $\alpha = 0.01$ 的声明？

20. **DMV 等待时间。** 一个州的交通部门声称，不同地点的各种服务的平均等待时间最多为 6 分钟。在不同地点随机抽样的 34 个服务的平均等待时间为 10.3 分钟，标准差为 8.0 分钟。是否有足够的证据拒绝 $\alpha = 0.01$ 的声明？

21. **信用卡债务。** 一家信用报告机构声称，科罗拉多州每名借款人的平均信用卡债务超过 5540 美元。你想检验这个声明。随机抽取的 30 名借款人的平均信用卡债务为 5594 美元，标准差为 597 美元。当 $\alpha = 0.05$ 时，你支持这个声明吗？

22. **二手车价格。** 一位二手车经销商表示，一辆用了三年的运动型多功能车（状况良好）的平均价格为 20000 美元。你怀疑这个声明是不正确的，发现随机抽取的 22 辆类似车辆的平均价格为 20640 美元，标准差为 1990 美元。是否有足够的证据拒绝 $\alpha = 0.05$ 的声明？

23. **一氧化碳水平。** 作为某个环境组织工作的一部分，你想检验美国城市空气中一氧化碳的平均含量低于 1.80ppm 的声明。你发现，在 64 个美国城市的随机样本中，空气中一氧化碳的平均含量为 1.92ppm，标准差为 1.39ppm。当 $\alpha = 0.10$ 时，你支持这一声明吗？

24. **铅含量。** 作为某个环境小组工作的一部分，你想检验美国城市空气中铅的平均含量低于 0.032 微克/立方米的声明。随机抽取的 56 个美国城市空气中铅的平均含量为 0.021 微克/立方米，标准差为 0.034 微克/立方米。当 $\alpha = 0.01$ 时，你支持这一声明吗？

25. **年薪。** 一家就业信息服务机构声称，中级产品工程师的平均年薪为 86000 美元。随机抽取的 16 名中级产品工程师的年薪（美元）如下所示：88050 70505 80450 79000 84000 62100 63900 70088 81500 64500 92020 73000 101200 68970 91400 98350。当 $\alpha = 0.05$ 时，检验平均工资为 86000 美元的声明。

26. **年薪。** 一家就业信息服务机构声称，高级统计员的平均年薪超过 124000 美元。随机抽取的 12 名高级统计员的年薪（美元）如下所示。当 $\alpha = 0.10$ 时，是否有足够的证据支持平均工资超过 124000 美元的声明？126200 136000 129200 109800 137500 118000 116500 130000 130400 133500 137000 148300。

使用 P 值进行 t 检验。 在习题 27~30 中，(a)确定声明并陈述 H_0 和 H_a；(b)使用软件求 P 值；(c)确定是否拒绝原假设；(d)在原声明背景下解释该决策。假设总体呈正态分布。

27. **四分之一英里时间。** 消费者团体声称，轿车行驶四分之一英里所需的平均最短时间大于15.3秒。随机抽取的22辆轿车行驶四分之一英里的平均最短时间为15.8秒，标准差为2.36秒。当 $\alpha = 0.10$ 时，你是否有足够的证据支持消费者团体的声明？

28. **潜水持续时间。** 一位海洋学家声称，北大西洋露脊鲸的平均潜水持续时间为11.5分钟。34个潜水持续时间随机样本的平均值为12.2分钟，标准差为2.2分钟。是否有足够的证据拒绝 $\alpha = 0.10$ 的声明？

29. **课时数。** 一所大学的院长估计，全职教师每周的平均课时数为11.0小时。作为学生会的一员，你想检验这一声明。下面显示了8名全职教师一周课时数（小时）的随机样本。当 $\alpha = 0.01$ 时，你能拒绝院长的声明吗？ 11.8 8.6 12.6 7.9 6.4 10.4 13.6 9.1。

30. **班级规模。** 你收到了来自一所大学的手册。手册指出，全职教师的平均班级人数少于32名学生。你想检验这个声明。你随机选择了18个由全职教师授课的班级，确定了每个班级的规模（人），如下所示。当 $\alpha = 0.05$ 时，你支持大学的声明吗？ 35 28 29 33 32 40 26 25 29 28 30 36 33 29 27 30 28 25。

概念扩展

决定分布。 在习题31和32中，决定是否应使用标准正态抽样分布或 t 抽样分布来执行假设检验，并证明你的决定。然后使用分布来检验声明。写一段关于检验结果和你能得出的关于声明的结论。

31. **汽油里程。** 一家汽车公司声称，其豪华轿车的平均汽油里程至少为23英里/加仑。你认为这个声明不正确，且发现随机抽取的5辆汽车的平均汽油里程为22英里/加仑，标准差为4英里/加仑。当 $\alpha = 0.05$ 时，检验该公司的声明，假设总体呈正态分布。

32. **学杂费。** 某教育出版物声称，州公立四年制院校的平均学杂费每年超过10500美元。对30个州进行随机抽样，发现州公立四年制院校的平均学杂费为每年10931美元。假设总体标准差为2380美元。当 $\alpha = 0.01$ 时，检验该教育出版物的声明。

33. **写作。** 检验声明时错误地使用了标准正态抽样分布而非 t 抽样分布，将样本标准差误认为总体标准差，这是否使其更可能或更不可能拒绝原假设？无论检验是左尾检验、右尾检验还是双尾检验，结果都一样吗？

人体温度：什么是正常的？

在《统计教育杂志》的一篇文章中，阿伦·休梅克描述了一项发表在《美国医学会杂志》上的研究。人们普遍认为，成年人的平均体温为98.6℉。在他的文章中，休梅克使用了《美国医学会杂志》的文章中的数据来检验这一假设。以下是他的检验摘要。

声明：成年人的体温为98.6℉。 $H_0: \mu = 98.6℉$（声明），$H_a: \mu \neq 98.6℉$。

样本量： $n = 130$。

总体：成年人温度（℉）

分布：近似正态分布

检验统计量： $\bar{x} \approx 98.25$，$s \approx 0.73$。

男性体温（℉）

96	3
96	79
97	0111234444
97	5556667888899
98	000000112222334444
98	55666666778889
99	0001234
99	5
100	
100	

主值：96|3 = 96.3

女性体温（℉）

96	4
96	78
97	224
97	677888999
98	000001222223334444
98	566667777788888889
99	00112234
99	9
100	0
100	8

主值：96|4 = 96.4

习题

01. 执行以下步骤，完成所有成年人（男性和女性）的假设检验，使用 $\alpha = 0.05$ 的显著性水平：(a)画出抽样分布草图；(b)确定临界值并将其添加到草图中；(c)确定拒绝区域并在草图中对其着色；(d)求标准化检验统计量，并在草图中标出；(e)做出拒绝原假设或拒绝原假设失败的决策；(f)在原声明背景下解释该决策。

02. 如果将显著性水平降低到 $\alpha = 0.01$，你的决策是否会改变？

03. 检验男性平均体温为 98.6℉的假设。在 $\alpha = 0.01$ 的显著性水平下，你能得出什么结论？

04. 检验女性平均体温为 98.6℉的假设，在 $\alpha = 0.01$ 的显著性水平下，你能得出什么结论？

05. 使用 130 个温度样本，形成成年人平均体温的 99%置信区间。

06. 100 多年前，卡尔·温德利希建立了传统的"正常"体温。在温德利希的抽样过程中，可能的误差来源是什么？

7.4 比例假设检验

> **学习目标**
> ▶ 使用 z 检验来检验总体比例 p

7.4.1 比例假设检验基础

7.2 节和 7.3 节介绍了如何对总体均值 μ 进行假设检验。本节介绍如何检验总体比例 p。

当政治家想要知道支持某项法案的选民的比例时，或者当质量保证工程师检验有缺陷的零件的比例时，可以使用比例假设检验。如果对二项分布有 $np \geq 5$ 和 $nq \geq 5$，那么 $\hat{p}$ 的抽样分布近似为正态分布，均值为 $\mu_{\hat{p}} = p$，标准误差为 $\sigma_{\hat{p}} = \sqrt{pq/n}$。

比例 p 的 z 检验

比例 p 的 z 检验是总体比例的统计检验。当给出的二项分布满足 $np \geq 5$ 和 $nq \geq 5$ 时，可以使用 z 检验。检验统计量为样本比例 $\hat{p}$，标准化检验统计量为

$$z = \frac{\hat{p} - \mu_{\hat{p}}}{\sigma_{\hat{p}}} = \frac{\hat{p} - p}{\sqrt{pq/n}}$$

指南 对比例 p 使用 z 检验

文字表述	符号表述
1. 验证 $\hat{p}$ 的抽样分布可近似为正态分布	$np \geq 5$，$nq \geq 5$
2. 用数学和口头方式陈述声明，确定原假设和备择假设	陈述 H_0 和 H_a
3. 指定显著性水平	确定 α
4. 确定临界值	使用附录 B 中的表 4
5. 确定拒绝区域	
6. 求标准化检验统计量并画出抽样分布	$z = \dfrac{\hat{p} - p}{\sqrt{pq/n}}$
7. 做出拒绝原假设或拒绝原假设失败的决定	z 在拒绝区域内时拒绝 H_0，否则拒绝 H_0 失败
8. 在原声明背景下解释该决策	

在指南的步骤 7 中，决策规则使用拒绝区域。还可使用 P 值检验声明，如下所示。

> **提示**：比例 p 的假设检验也可使用 P 值来执行。使用 7.2 节的指南，将 P 值用于均值 μ 的 z 检验，但步骤 4 中使用公式 $z = \dfrac{\hat{p} - p}{\sqrt{pq/n}}$ 来求标准化检验统计量。检验中的其他步骤是相同的。

【例题 1】比例的假设检验

一位研究人员声称，在使用直播电视流媒体平台的美国成年人中，只有不到 69%的人升级到了无广告服务层级。在随机抽取的 100 名使用直播电视流媒体平台的美国成年人中，65%的人表示他们已经升级到了无广告服务层级。当 $\alpha = 0.01$ 时，是否有足够的证据支持研究人员的声明？

解答：

乘积 $np = 100 \times 0.69$ 和 $nq = 100 \times 0.31 = 31$ 均大于 5，因此可以使用 z 检验。声明是"在使用直播电视流媒体平台的美国成年人中，只有不到 69%的人升级到了无广告服务层级"，因此原假设和备择假设分别为

$$H_0: p \geq 0.69 \quad \text{和} \quad H_a: p < 0.69 \quad (\text{声明})$$

因为该检验是左尾检验，显著性水平 $\alpha = 0.01$，所以临界值为 $z_0 = -2.33$，拒绝区域为 $z < -2.33$。标准化检验统计量是

$$z = \frac{\hat{p} - p}{\sqrt{pq/n}} = \frac{0.65 - 0.69}{\sqrt{0.69 \times 0.31/100}} \approx -0.86$$

右图显示了拒绝区域的位置和标准化检验统计量 z。因为 z 不在拒绝区域中，所以拒绝原假设失败。

解释：在 1%的显著性水平上，没有足够的证据支持该声明，即在使用直播电视流媒体平台的美国成年人中，只有不到 69%的人升级到了无广告服务层级。

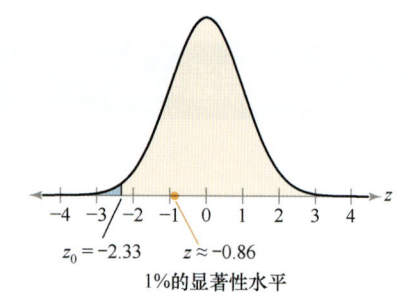

> **提示**：拒绝 H_0 失败时可能会出现第二类错误。例如，在例题 1 中，原假设 $p \geq 0.69$ 可能是假的。

自测题 1

一位研究人员声称，超过 36%的美国成年人会考虑直接从流媒体节目播放的广告中购买产品或服务。在随机抽取的 150 名成年人中，33%的人表示会考虑直接从流媒体节目播放的广告中购买产品或服务。当 $\alpha = 0.01$ 时，是否有足够的证据支持研究人员的声明？

要使用 P 值来执行例题 1 中的假设检验，可以使用软件（见右图），也可以使用附录 B 中的表 4。使用表 4，对应于 $z = -0.86$ 的面积为 0.1949。该检验是左尾检验，所以 P 值等于 $z = -0.86$ 左侧的面积，即 $P = 0.1949$（由于四舍五入，该值与使用软件得到的值稍有不同）。因为 P 值大于 $\alpha = 0.01$，所以拒绝原假设失败。注意，这与例题 1 中得到的结果相同。

回顾 6.3 节可知，当样本比例未知时，可以使用公式 $\hat{p} = \dfrac{x}{n}$ 求样本比例，其中 x 是样本中的成功次数，n 是样本量。

描绘世界

一项调查显示，33%在家办公的员工表示他们至少遇到过一种类型的技术故障。为了检验这一声明，你随机选择了 300 名在家办公的员工。在样本中，你发现其中 93 人表示至少遇到过一种类型的技术故障。当 $\alpha = 0.05$，是否有足够的证据拒绝该声明？

【例题 2】比例的假设检验

一位研究人员称，在 22 岁至 59 岁的美国成年人中，26%的人拿到了学士学位，这些人的父母都没有学士学位。在对 7400 名年龄在 22 岁至 59 岁、父母没有学士学位的成年人进行的随机抽样中，1984 人说他们拿到了学士学位。当 $\alpha = 0.10$ 时，是否有足够的证据否定研究人员的声明？

解答：

乘积 $np = 7400 \times 0.26 = 1924$ 和 $nq = 7400 \times 0.74 = 5476$ 均大于 5，因此可以使用 z 检验。声明是"在 22 岁至 59 岁的美国成年人中，26%的人拿到了学士学位，而这些人的父母都没有学士学位"。因此，原假设和备择假设分别为

$$H_0: p = 0.26\ （声明）\quad 和 \quad H_a: p \neq 0.26$$

因为该检验是双尾检验，显著性水平 $\alpha = 0.10$，所以临界值为 $-z_0 = -1.645$ 和 $z_0 = 1.645$。拒绝区域为 $z < -1.645$ 和 $z > 1.645$。成功次数为 $x = 1984$，$n = 7400$，所以样本比例为 $\hat{p} = \dfrac{x}{n} = \dfrac{1984}{7400}$。标准化检验统计量是

$$z = \frac{\hat{p} - p}{\sqrt{pq/n}} = \frac{1984/7400 - 0.26}{\sqrt{0.26 \times 0.74 / 7400}} \approx 1.59$$

下图显示了拒绝区域的位置和标准化检验统计量 z。因为 z 不在拒绝区域中，所以拒绝原假设失败。

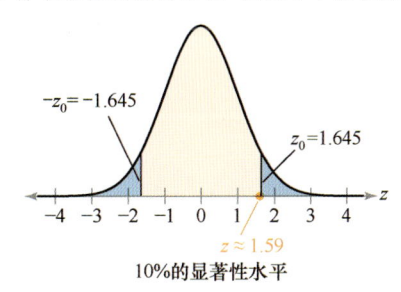

解释： 在 10%的显著性水平上，没有足够的证据来否定该声明。

自测题 2

一位研究人员称，在年龄为 22 岁至 59 岁、父母中至少有一人拥有学士或更高学位的美国成年人中，70%的人拿到了学士学位。在 7400 名年龄为 22 岁至 59 岁、父母中至少有一人拥有学士或更高学位的成年人的随机样本中，5110 人表示他们拿到了学士学位。当 $\alpha = 0.10$ 时，是否有足够的证据否定研究人员的声明？

7.4.2 习题

培养基本技能和词汇

01. 解释如何确定正态分布是否可用来近似二项分布。

02. 解释如何检验总体比例 p。

在习题 03～06 中，确定是否可以使用正态抽样分布。如果可以使用，请检验声明。

03. 声明：$p < 0.12$，$\alpha = 0.01$；样本统计量：$\hat{p} = 0.10$，$n = 40$。

04. 声明：$p \geq 0.48$，$\alpha = 0.08$；样本统计量：$\hat{p} = 0.40$，$n = 90$。

05. 声明：$p \neq 0.15$，$\alpha = 0.05$；样本统计量：$\hat{p} = 0.12$，$n = 500$。

06. 声明：$p > 0.70$，$\alpha = 0.04$；样本统计量：$\hat{p} = 0.64$，$n = 225$。

使用和解释概念

使用拒绝区域进行假设检验。在习题 07~12 中，(a)确定声明并陈述 H_0 和 H_a；(b)求临界值并确定拒绝区域；(c)求标准化检验统计量 z；(d)确定是否拒绝原假设；(e)在原声明背景下解释决策。

07. 学校疫苗接种。 在新冠肺炎出现前，一名记者声称，超过 80%的美国成年人认为儿童应该接种疫苗才能上学。在随机抽取的 200 名美国成年人中，84%的人认为儿童应该接种疫苗才能上学。当 $\alpha = 0.01$ 时，你支持记者的声明吗？

08. 2021 年接种疫苗。 一名记者声称，至少 55%的美国成年人认为，高中生秋季入学时应该接种新冠肺炎疫苗。在随机抽取的 200 名美国成年人中，56%的人认为应该要求高中生秋季入学时接种新冠肺炎疫苗。当 $\alpha = 0.10$ 时，是否有足够的证据拒绝记者的声明？

09. **退税**。一位税务分析师表示，至少有 60%的报税人期望退税。在 2494 名美国报税人的随机样本中，56%的人期待退税。当 $\alpha = 0.05$ 时，是否有足够的证据拒绝税务分析师的声明？

10. **在职学生**。一位教育研究人员声称，65%的全日制大学生全年都在工作。在随机抽取的 105 名大学生中，66 人说他们全年都在工作。当 $\alpha = 0.10$ 时，是否有足够的证据拒绝研究人员的声明？

11. **护理病人**。护理经理声称，超过一半的护士认为她们在冠状病毒大流行期间成了更好的专业人士。在 300 名护士的随机样本中，174 名护士表示，她们在冠状病毒大流行期间成了更好的专业人士。当 $\alpha = 0.01$ 时，是否有足够的证据支持经理的声明？

12. **换工作**。一名研究人员声称，40%的美国成年人考虑更换工作。在随机抽取的 50 名美国成年人中，25 人说他们考虑更换工作。当 $\alpha = 0.10$ 时，是否有足够的证据拒绝研究人员的声明？

使用 P 值进行假设检验。在习题 13～16 中，(a)确定声明并陈述 H_0 和 H_a；(b)使用软件求 P 值；(c)决定是否拒绝原假设；(d)在原声明背景下解释决策。

13. **太空旅行**。一家研究中心声称，如果负担得起，27%的美国成年人愿意乘坐商业航班进入太空。在随机抽取的 1000 名美国成年人中，30%的人表示，如果负担得起，他们愿意乘坐商业航班进入太空。当 $\alpha = 0.05$ 时，是否有足够的证据拒绝研究中心的声明？

14. **肉类与家禽**。一家研究中心声称，最多 35%的美国成年人寻求购买自然饲养的肉类与家禽。在随机抽样的 1000 名美国成年人中，38%的人说他们寻求购买自然饲养的肉类与家禽。当 $\alpha = 0.01$ 时，是否有足够的证据拒绝该中心的声明？

15. **道德价值观**。一位政治家声称，超过 25%的美国成年人认为美国的道德价值观正在变得更好。在随机抽取的 50 名美国成年人中，17 人认为美国的道德价值观正在变得更好。当 $\alpha = 0.10$ 时，你支持该政治家的声明吗？

16. **流浪猫**。一位动物保护者声称，25%的美国家庭收养过流浪猫。在随机抽取的 500 户美国家庭中，105 户说他们收留了一只流浪猫。当 $\alpha = 0.05$ 时，是否有足够的证据拒绝保护者的声明？

保护环境。在习题 17 和 18 中，使用成年人对保护环境的看法，见下图。

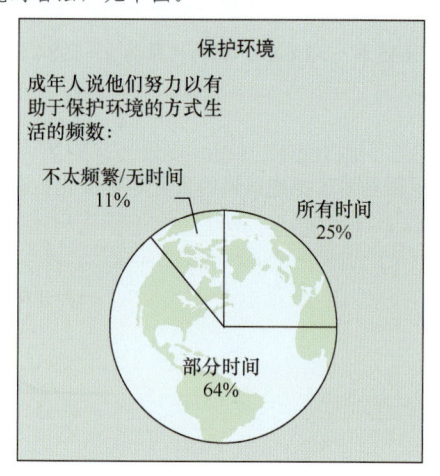

成年人说他们努力以有助于保护环境的方式生活的频数：
- 不太频繁/无时间 11%
- 所有时间 25%
- 部分时间 64%

17. 人们关心环境保护吗？你随机采访了 100 名成年人。调查结果显示，58%的成年人表示，他们的生活方式有时有助于保护环境。当 $\alpha = 0.05$ 时，可以否定至少 64%的成年人在部分时间努力以有助于保护环境的方式生活的声明吗？

18. 人们对保护环境的态度如何？用你在习题 17 中得出的结论，写一段关于人们对保护环境的态度。

概念扩展

替代公式。在习题 19 和 20 中，使用以下信息。知道成功次数 x、样本量 n 和总体比例 p，对总体比例 p 使用 z 检验求标准化检验统计量时，使用公式 $z = \dfrac{x - np}{\sqrt{npq}}$ 更容易。

19. 使用替代公式重做习题 07，验证结果是否相同。

20. 替代公式是根据公式 $z = \dfrac{\hat{p} - p}{\sqrt{np/q}} = \dfrac{(x/n) - p}{\sqrt{pq/n}}$ 推导出来的，使用该公式推导替代公式，并说明每一步推导的理由。

7.5 方差和标准差的假设检验

学习目标
- ▶ 求卡方检验的临界值
- ▶ 使用卡方检验来检验方差 σ^2 或标准差 s

7.5.1 卡方检验的临界值

在现实生活中，重要的是产生一致的和可以预测的结果。例如，考虑一家生产高尔夫球的公司。这家公司必须生产数百万个高尔夫球，每个球都有相同的尺寸和重量，对变异的容忍度很低。对于正态分布的总体，可以使用自由度为 $n-1$ 的卡方分布来检验过程的方差和标准差。在学习如何进行检验之前，必须知道如何求临界值，如下面的指南所示。

指南 求卡方检验的临界值

1. 指定显著性水平 α。
2. 确定自由度 $\text{d.f.} = n-1$。
3. 卡方分布的临界值可在附录 B 的表 6 中找到。要找到临界值：a. 对于右尾检验，使用对应于 d.f. 和 α 的值。b. 对于左尾检验，使用对应于 d.f. 和 $1-\alpha$ 的值。c. 对于双尾检验，使用对应于 d.f. 和 $\frac{1}{2}\alpha$ 的值以及对应于 d.f. 和 $1-\frac{1}{2}\alpha$ 的值，如下图所示。

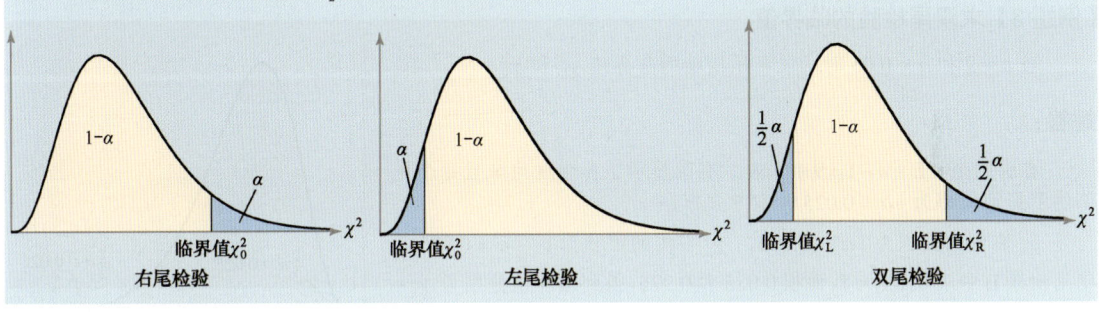

【例题 1】求右尾检验的临界值

当 $n = 26$ 和 $\alpha = 0.10$ 时，求右尾检验的临界值 χ_0^2。

解答：

自由度为 $\text{d.f.} = n-1 = 26-1 = 25$。右图显示了一个自由度为 25 的卡方分布，右尾的阴影面积为 $\alpha = 0.10$。使用附录 B 中的表 6 及 d.f. = 25 和 $\alpha = 0.10$ 时，临界值为 $\chi_0^2 = 34.382$。

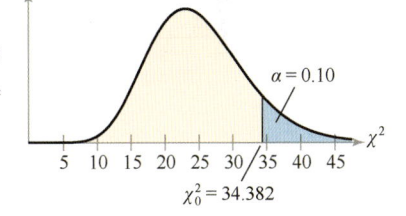

自测题 1

当 $n = 18$ 和 $\alpha = 0.01$ 时，求右尾检验的临界值 χ_0^2。

【例题 2】求左尾检验的临界值

当 $n = 11$ 和 $\alpha = 0.01$ 时，求左尾检验的临界值 χ_0^2。

解答：

自由度为 $\text{d.f.} = n-1 = 11-1 = 10$。右图显示了自由度为 10 的卡方分布，左尾的阴影面积为 $\alpha = 0.01$。临界值右侧的面积为 $1-\alpha = 1-0.01 = 0.99$。

使用附录 B 中的表 6、d.f. = 10 和面积 0.99，得到临界值为 $\chi_0^2 = 2.558$。可以使用软件验证以上答案，如下所示。

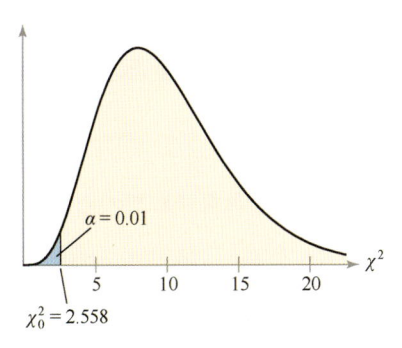

第 7 章 单样本假设检验

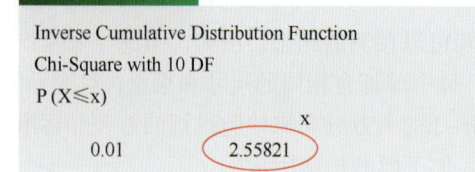

```
MINITAB

Inverse Cumulative Distribution Function
Chi-Square with 10 DF
P(X≤x)
                    x
0.01           2.55821
```

自测题 2

当 $n = 30$ 和 $\alpha = 0.05$ 时，求左尾检验的临界值 χ_0^2。

注意，卡方分布不对称（正态分布或 t 分布是对称的），因此在双尾检验中，两个临界值并不是相反的，必须单独计算每个临界值，如下例所示。

【例题 3】求双尾检验的临界值

当 $n = 9$ 和 $\alpha = 0.05$ 时，求双尾检验的临界值 χ_L^2 和 χ_R^2。

解答：

自由度为 d.f. $= n - 1 = 9 - 1 = 8$。右图显示了自由度为 8 且每个尾部的阴影面积都为 $\frac{1}{2}\alpha = 0.025$ 的卡方分布。

χ_R^2 右侧的面积为 $\frac{1}{2}\alpha = 0.025$，$\chi_L^2$ 右侧的面积为 $1 - \frac{1}{2}\alpha = 0.975$。使用附录 B 中表 6、d.f. $= 8$、面积 0.025 和 0.975，得到临界值分别为 $\chi_R^2 = 17.535$ 和 $\chi_L^2 = 2.180$。可以使用软件验证上述答案，如下图所示。

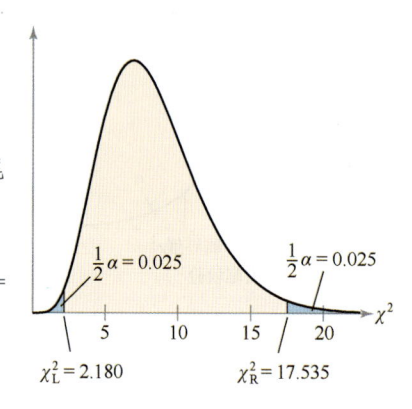

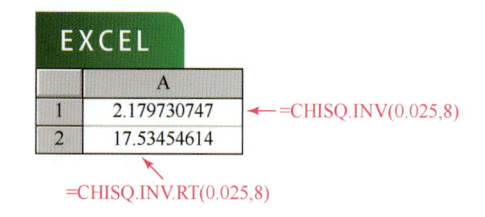

```
EXCEL
        A
1   2.179730747     ← =CHISQ.INV(0.025,8)
2   17.53454614
    ← =CHISQ.INV.RT(0.025,8)
```

图中标注：$\frac{1}{2}\alpha = 0.025$，$\frac{1}{2}\alpha = 0.025$，$\chi_L^2 = 2.180$，$\chi_R^2 = 17.535$

自测题 3

当 $n = 51$ 和 $\alpha = 0.01$ 时，求双尾检验的临界值 χ_L^2 和 χ_R^2。

7.5.2 卡方检验

要检验正态分布总体的方差 σ^2 或标准差 σ，可以使用卡方检验。方差或标准差的卡方检验不如总体均值 μ 或总体比例 p 的检验稳健。因此，当进行方差或标准差的卡方检验时，总体必须呈正态分布。总体不呈正态分布时，结果可能会产生误导。

方差 σ^2 或标准差 σ 的卡方检验

方差 σ^2 或标准差 σ 的卡方检验是总体方差或标准差的统计检验。卡方检验只能在总体呈正态分布的情况下使用。检验统计量为 σ^2，标准化检验统计量

$$\chi^2 = \frac{(n-1)s^2}{\sigma^2}$$

遵循自由度 d.f. $= n - 1$ 的卡方分布。

在如下指南的步骤 8 中，决策规则使用拒绝区域。还可使用 P 值检验声明（见习题 31～34）。

指南 使用方差 σ^2 或标准差 σ 的卡方检验

文字表述	符号表述
1. 验证样本是随机的，总体呈正态分布	
2. 用数学和口述方式陈述声明，确定原假设和备择假设	陈述 H_0 和 H_a
3. 指定显著性水平	确定 α
4. 确定自由度	d.f. = $n-1$
5. 确定临界值	使用附录 B 中的表 6
6. 确定拒绝区域	
7. 求标准化检验统计量并画出抽样分布	$\chi^2 = \dfrac{(n-1)s^2}{\sigma^2}$
8. 做出拒绝原假设或拒绝原假设失败的决策	χ^2 在拒绝区域内时拒绝 H_0，否则拒绝 H_0 失败
9. 在原声明背景下解释该决策	

对于指南中的步骤 5，除了使用附录 B 中的表 6，还可使用软件来求临界值。此外，有些软件允许只用描述统计量来执行方差（或标准差）的假设检验。

【例题 4】对总体方差进行假设检验

一家乳制品加工公司声称，该公司加工的全脂牛奶中脂肪含量的方差不超过 0.25。你怀疑这是错误的，并且发现 41 个牛奶容器的随机样本的方差为 0.27。当 $\alpha = 0.05$ 时，是否有足够的证据拒绝公司的声明？假设总体呈正态分布。

解答：

因为样本是随机的，总体是正态分布的，所以可以使用卡方检验。声明是"方差不超过 0.25"，因此原假设和备择假设是

$$H_0: \sigma^2 \leq 0.25 \text{（声明）} \quad \text{和} \quad H_a: \sigma^2 > 0.25$$

该检验为右尾检验，显著性水平 $\alpha = 0.05$，自由度为 d.f. = $41-1 = 40$。使用附录中的表 6 得临界值为 $\chi_0^2 = 55.758$。拒绝区域为 $\chi^2 > 55.758$。标准化检验统计量为

$$\chi^2 = \dfrac{(n-1)s^2}{\sigma^2} = \dfrac{(41-1) \times 0.27}{0.25} = 43.2$$

右图显示了拒绝区域的位置和标准化检验统计量 χ^2。因为 χ^2 不在拒绝区域中，所以拒绝原假设失败。可以使用软件检查上述答案，如下图所示。注意，检验统计量 43.2 与上面所求的相同。

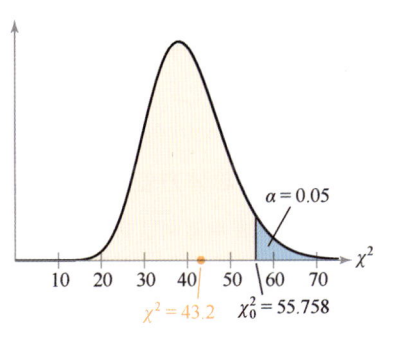

STATCRUNCH

One sample variance summary hypothesis test:
σ^2: Variance of population
$H_0: \sigma^2 = 0.25$
$H_A: \sigma^2 > 0.25$

Hypothesis test results:

Variance	Sample Var.	DF	Chi-square Stat	P-value
σ^2	0.27	40	43.2	0.3362

解释：在5%的显著性水平上，没有足够的证据来拒绝该公司的声明。

自测题 4

一家瓶装公司声称，一瓶12盎司运动饮料的方差不超过0.40。31瓶随机样本的方差为0.75。当 $\alpha = 0.01$ 时，是否有足够的证据拒绝公司的声明？假设总体呈正态分布。

【例题 5】使用标准差的假设检验

一家公司声称，来电转接到正确办公室所需时间的标准差小于1.4分钟。25个来电的随机样本的标准差为1.1分钟。当 $\alpha = 0.10$ 时，是否有足够的证据支持公司的声明？假设总体呈正态分布。

解答：

因为样本是随机的，总体是正态分布的，所以可以使用卡方检验。声明是"标准差小于1.4分钟"，所以原假设和备择假设是

$H_0: \sigma \geq 1.4$ 分钟 和 $H_a: \sigma < 1.4$ 分钟（声明）

该检验为左尾检验，显著性水平 $\alpha = 0.10$，自由度为 d.f. = 25 − 1 = 24。因此，使用附录 B 中的表 6 得到临界值为 $\chi_0^2 = 15.659$。拒绝区域为 $\chi^2 < 15.659$。标准化检验统计量为

$$\chi^2 = \frac{(n-1)s^2}{\sigma^2} = \frac{(25-1) \times 1.1^2}{1.4^2} \approx 14.816$$

右图显示了拒绝区域的位置和标准化检验统计量 χ^2。因为 χ^2 在拒绝区域中，所以拒绝原假设。

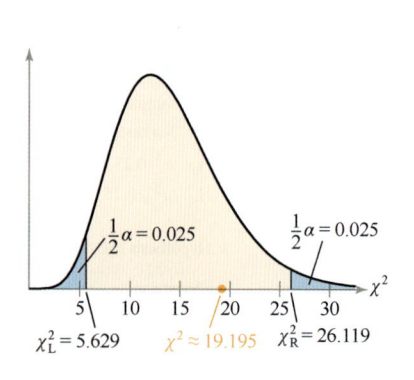

解释：在10%的显著性水平上，有足够的证据支持这一声明。

提示：尽管在例题5中检验的是标准差，但标准化检验统计量 χ^2 需要方差。记住，要对标准差取平方来计算方差。

自测题 5

一位警察局长声称，响应时长的标准差小于3.7分钟。9个响应时长的随机样本的标准差为3.0分钟。当 $\alpha = 0.05$ 时，是否有足够的证据支持该警察局长的声明？假设总体呈正态分布。

【例题 6】对总体方差进行假设检验

一家体育用品制造商声称某种钓鱼线的强度方差为15.9。15根钓鱼线线的随机样本的方差为21.8。当 $\alpha = 0.05$ 时，是否有足够的证据拒绝制造商的声明？假设总体呈正态分布。

解答：

因为样本是随机的，总体是正态分布的，所以可以使用卡方检验。声明是"方差是15.9"，因此原假设和备择假设分别为

$H_0: \sigma^2 = 15.9$（声明） 和 $H_a: \sigma^2 \neq 15.9$

该检验为双尾检验，显著性水平 $\alpha = 0.05$，自由度为 d.f. = 15 − 1 = 14。使用附录 B 中的表 6，得到临界值为 $\chi_L^2 = 5.629$ 和 $\chi_R^2 = 26.119$。拒绝区域为 $\chi_L^2 < 5.629$ 和 $\chi_R^2 > 26.119$。标准化检验统计量为

$$\chi^2 = \frac{(n-1)s^2}{\sigma^2} = \frac{(15-1) \times 21.8}{15.9} \approx 19.195$$

右图显示了拒绝区域的位置和标准化检验统计量 χ^2。因为 χ^2 不

在拒绝区域中，所以拒绝原假设失败。

解释：在 5% 的显著性水平上，没有足够的证据来拒绝钓鱼线强度的方差为 15.9 的声明。

自测题 6

一家提供节食产品和减肥服务的公司声称，其用户减肥的方差为 25.5。13 个用户的随机样本的方差为 10.8。当 $\alpha = 0.10$ 时，是否有足够的证据拒绝该公司的声明？假设总体呈正态分布。

描绘世界

一家社区中心声称，其游泳池中氯含量的标准差为 0.46ppm。在一个月内的 25 个随机时间对游泳池的氯含量进行抽样，得出的标准差为 0.61ppm。

当 $\alpha = 0.05$ 时，是否有足够的证据拒绝声明？

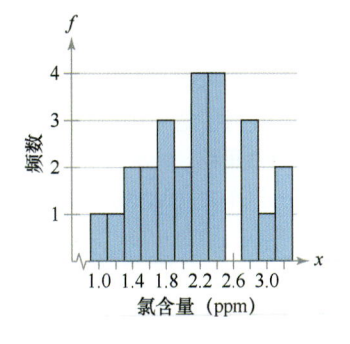

7.5.3 习题

培养基本技能和词汇

01. 解释如何在卡方分布中求临界值。
02. 卡方检验的临界值可以为负吗？
03. 双尾检验的临界值随 α 的减小如何变化？
04. 描述方差卡方检验和标准差卡方检验计算标准化检验统计量 χ^2 的差异。
05. 方差或标准差卡方检验与均值 z 检验或 t 检验的要求有何不同？
06. 说明如何检验总体方差或总体标准差。

在习题 07~12 中，求样本量为 n 且显著性水平为 α 时，不同卡方检验的临界值和拒绝区域。

07. 右尾检验，$n = 27$，$\alpha = 0.05$。
08. 右尾检验，$n = 10$，$\alpha = 0.10$。
09. 左尾检验，$n = 7$，$\alpha = 0.01$。
10. 左尾检验，$n = 24$，$\alpha = 0.05$。
11. 双尾检验，$n = 81$，$\alpha = 0.10$。
12. 双尾检验，$n = 61$，$\alpha = 0.01$。

图形分析。在习题 13 和 14 中，说明每个标准化检验统计量 χ^2 是否允许你拒绝原假设。

13. (a) $\chi^2 = 2.091$，(b) $\chi^2 = 0$，(c) $\chi^2 = 6.3471$。
14. (a) $\chi^2 = 22.302$，(b) $\chi^2 = 23.309$，(c) $\chi^2 = 8.457$。

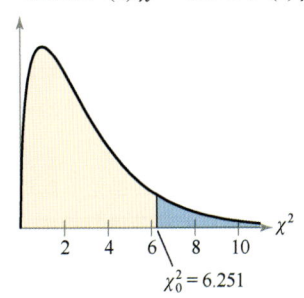

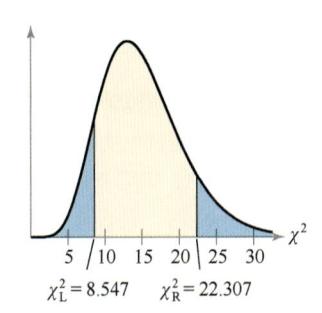

在习题 15~22 中，以显著性水平 α 检验关于总体方差 σ^2 或标准差 σ 的声明。假设总体呈正态分布。

15. 声明：$\sigma^2 = 0.52$，$\alpha = 0.05$；样本统计量：$s^2 = 0.508$，$n = 18$。
16. 声明：$\sigma^2 = 63$，$\alpha = 0.01$；样本统计量：$s^2 = 58$，$n = 29$。
17. 声明：$\sigma^2 \geq 8.5$，$\alpha = 0.05$；样本统计量：$s^2 = 7.45$，$n = 23$。
18. 声明：$\sigma \leq 0.92$，$\alpha = 0.01$；样本统计量：$s = 0.67$，$n = 41$。
19. 声明：$\sigma < 40$，$\alpha = 0.01$；样本统计量：$s = 40.8$，$n = 12$。
20. 声明：$\sigma^2 > 19$，$\alpha = 0.1$；样本统计量：$s^2 = 28$，$n = 17$。
21. 声明：$\sigma^2 \neq 32.8$，$\alpha = 0.1$；样本统计量：$s^2 = 40.9$，$n = 101$。
22. 声明：$\sigma^2 \neq 24.9$，$\alpha = 0.10$；样本统计量：$s = 29.1$，$n = 51$。

使用和解释概念

使用拒绝区域进行假设检验。在习题 23~30 中，

第 7 章 单样本假设检验 **257**

(a)确定声明并陈述 H_0 和 H_a；(b)求临界值并确定拒绝区域；(c)求标准化检验统计量 χ^2；(d)决定是否拒绝原假设；(e)在原声明背景下解释该决策。假设总体呈正态分布。

23. **轮胎**。轮胎制造商声称轮胎模型直径的方差为 8.6。10 个轮胎的随机样本的方差为 4.3。当 $\alpha = 0.01$ 时，是否有足够的证据拒绝这一声明？

24. **汽油里程**。一家汽车制造商声称，一款混合动力汽车的汽油里程方差为 0.16。随机抽样 30 辆车，方差为 0.26。当 $\alpha = 0.05$ 时，是否有足够的证据拒绝这一声明？

25. **数学评估测试**。一名学校管理人员声称，12 年级学生在数学评估测试中的标准差低于 37 分。随机抽取的 28 个 12 年级考试成绩的标准差为 34 分。当 $\alpha = 0.10$ 时，是否有足够的证据支持该声明？

26. **阅读评估测试**。一名学校管理人员声称，12 年级学生在阅读评估测试中的标准差大于 41 分。随机抽取的 25 个 12 年级考试成绩的标准差为 46 分。当 $\alpha = 0.01$ 时，是否有足够的证据支持该声明？

27. **候诊时间**。一家医院声称其急诊科病人候诊时间的标准差不超过 0.5 分钟。25 个等待时间随机样本的标准差为 0.7 分钟。当 $\alpha = 0.10$ 时，是否有足够的证据拒绝声明？

28. **酒店房价**。一位旅游分析师声称，在丹佛的三星级酒店，双人间的房价标准差至少为 68 美元。随机抽取的 18 家三星级酒店的标准差为 40 美元。当 $\alpha = 0.01$ 时，是否有足够的证据拒绝该声明？

29. **工资**。随机选择的 15 名高级平面设计专家的年薪（美元）如下所示。当 $\alpha = 0.05$ 时，是否有足够的证据支持年薪的标准差不同于 13056 美元的声明？ 55060 75140 89050 73200 67400 86220 96000 59900 111700 99750 52250 98100 74700 56000 77900。

30. **工资**。随机选择的 12 名护理主管的年薪（美元）如下所示。当 $\alpha = 0.10$ 时，是否有足够的证据拒绝年薪标准差为 18630 美元的声明？ 68700 108300 107000 98900 73900 87800 83400 116600 94300 96000 99300 79900。

概念扩展

P 值。可以使用软件计算卡方检验的 P 值。计算标准化检验统计量后，使用累积分布函数（CDF）计算曲线下的面积。根据本节的例题 4，有 $\chi^2 = 43.2$。使用 TI-84 PLUS（从 DISTR 菜单中选择 8），输入 0 作为下限，输入 43.2 作为上限，输入 40 作为自由度，如下图所示。因为它是右尾检验，所以 P 值约为 $1 - 0.6638 = 0.3362$。因为 $P > \alpha = 0.05$，所以不能拒绝 H_0。在习题 31～34 中，使用 P 值法对指定的习题进行假设检验。

```
TI-84 PLUS
χ²cdf(0,43.2,40)
         0.6637768667
```

31. 习题 25。
32. 习题 26。
33. 习题 27。
34. 习题 28。

现实世界中的统计量

使用

　　假设检验在许多不同的领域都很重要，因为它可以科学地评估关于总体的声明的有效性。假设检验中的有些概念是直观的，有些则不是。例如，《美国临床营养学杂志》建议，吃黑巧克力有助于预防心脏病。健康志愿者的随机样本被分配每天吃 3.5 盎司的黑巧克力，持续 15 天。15 天后，志愿者的平均收缩压降低了 6.4 毫米汞柱。假设检验可以显示这种收缩压的下降是否显著，或者仅由抽样误差导致。

　　必须对结果进行仔细推断。这项研究只调查了黑巧克力的影响，因此健康益处的推论不能扩展到所有类型的巧克力。你也不会推断你应该吃大量的巧克力，因为它的好处必须与已知的风险进行折中，如体重增加和胃酸倒流。

滥用

不使用随机样本。假设检验的整个理论基于样本是随机选择的。如果样本不是随机选择的,就不能用它来推断关于总体参数的任何结果。当假设检验的 P 值大于显著性水平时,试图证明原假设。你并没有证明原假设为真,只是没有足够的证据来拒绝它。例如,在 P 值高于显著性水平的情况下,研究人员无法证明食用黑巧克力没有益处——只是没有足够的证据支持食用黑巧克力有益处的声明。

犯第一类错误或第二类错误。记住,第一类错误是拒绝为真的原假设,第二类错误是未能拒绝为假的原假设。可以通过降低显著性水平来降低出现第一类错误的概率。一般来说,犯第一类错误的概率减小时,就会增加犯第二类错误的概率。哪个错误更严重?这要看具体情况。如前所述,在刑事审判中,第一类错误被认为是更严重的错误。如果正在检验一个人的疾病,且假设他们没有疾病(H_0),那么第二类错误就更严重,因为即使这个人有疾病,你也无法检测到它。可以通过增加样本量来减少出现这两种错误的机会。

习题

在习题 01~03 中,假设你在美国国税局工作。你被要求写一份关于 50% 的美国成年人认为他们缴纳的联邦所得税过高的报告。

01. 这时,原假设是什么?通过尝试证明原假设,描述你的报告如何可能不正确。

02. 描述你的报告是如何犯第一类错误的。

03. 描述你的报告是如何犯第二类错误的。

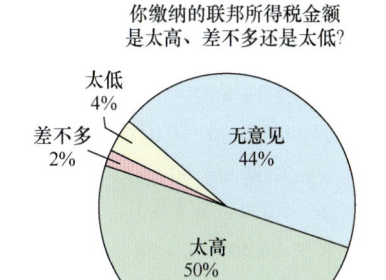

7.6 第7章复习题

7.1 节

在复习题 01~06 中,陈述表示声明,写出其补集,并说明哪个是 H_0,哪个是 H_a。

01. $\mu \leq 375$。

02. $\mu = 82$。

03. $p < 0.205$。

04. $\mu \neq 150020$。

05. $\sigma > 1.9$。

06. $p \geq 0.64$。

在复习题 07~10 中,(a)陈述原假设和备择假设,并确定表示声明的假设;(b)描述声明假设检验的第一类错误和第二类错误;(c)解释假设检验是左尾的、右尾的还是双尾的;(d)说明应如何解释拒绝原假设的决策;(e)说明应如何解释拒绝原假设失败的决定。

07. 一家民意调查机构报告称,81% 的美国成年人认为地球温度在过去 100 年里一直在上升。

08. 农业合作社保证一种干果的平均保质期至少为 400 天。

09. 一家非营利消费者组织表示,上年度其顶级汽车起价的标准差不超过 2900 美元。

10. 一家能量棒制造商声称,一条能量棒中碳水化合物的平均克数少于 25 克。

7.2 节

在复习题 11 和 12 中,用标准化检验统计量 z 求假设检验的 P 值,决定是否拒绝显著性水平 α 的 H_0。

11. 左尾检验,$z = -0.94$,$\alpha = 0.05$。

12. 双尾检验,$z = 2.57$,$\alpha = 0.10$。

在复习题 13~16 中,求显著性水平为 α 的 z 检验类型的临界值和拒绝区域,并附上图表。

13. 左尾检验,$\alpha = 0.02$。

14. 双尾检验,$\alpha = 0.005$。

15. 右尾检验,$\alpha = 0.025$。

16. 双尾检验,$\alpha = 0.03$。

在复习题 17~20 中,说明标准化检验统计量 z 是否允许你拒绝原假设。

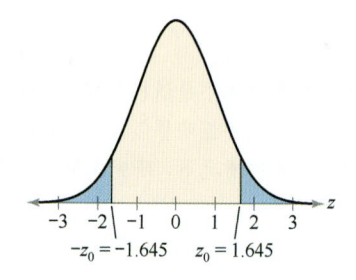

17. $z = 1.63$。
18. $z = 1.723$。
19. $z = -1.464$。
20. $z = -1.655$。

在复习题 21~24 中，使用显著性水平 α 检验关于总体均值 μ 的声明，假设总体呈正态分布。

21. 声明：$\mu \leq 45$，$\alpha = 0.05$，$\sigma = 6.7$；样本统计量：$\bar{x} = 47.2$，$n = 22$。
22. 声明：$\mu \neq 8.45$，$\alpha = 0.03$，$\sigma = 1.75$；样本统计量：$\bar{x} = 7.88$，$n = 60$。
23. 声明：$\mu < 5.500$，$\alpha = 0.01$，$\sigma = 0.011$；样本统计量：$\bar{x} = 5.497$，$n = 36$。
24. 声明：$\mu = 7450$，$\alpha = 0.10$，$\sigma = 243$；样本统计量：$\bar{x} = 7495$，$n = 27$。

在复习题 25 和 26 中，(a)确定声明并陈述 H_0 和 H_a；(b)求标准化检验统计量 z；(c)求相应的 P 值；(d)决定是否拒绝原假设；(e)在原声明背景下解释决策。

25. 一位研究人员声称，美国城市空气中二氧化氮的平均浓度为 9ppb。在美国 52 个城市的随机样本中，二氧化氮的平均空气浓度为 8.1ppb。假设总体标准差为 5.65ppb。当 $\alpha = 0.05$ 时，你能拒绝该声明吗？

26. 一位研究人员声称，美国城市中可吸入细颗粒物（PM 2.5）的平均空气浓度大于 9 微克/立方米。在美国随机抽取的 84 个城市中，PM 2.5 的平均空气浓度为 8.25 微克/立方米。假设总体标准差为 2.53 微克/立方米。当 $\alpha = 0.01$ 时，你支持这一声明吗？

在复习题 27 和 28 中，(a)确定声明并陈述 H_0 和 H_a；(b)求临界值并确定拒绝区域；(c)求标准化检验统计量 z；(d)决定是否拒绝原假设；(e)在原声明背景下解释该决定。

27. 一位药物滥用顾问声称，美国 50 个州的年平均药物过量死亡率至少为 25 人/十万人。在 30 个州的随机抽样中，年平均药物过量死亡率为 22.48 人/十万人。假设总体标准差为 10.69 人/十万人。当 $\alpha = 0.01$ 时，是否有足够的证据拒绝该声明？

28. 一位旅游分析师声称，从纽约到洛杉矶的往返机票的平均价格不到 725 美元。在从纽约到洛杉矶的 47 个往返航班的随机样本中，平均价格为 712 美元。假设总体标准差为 133 美元。当 $\alpha = 0.05$ 时，是否有足够的证据支持旅行分析师的声明？

7.3 节

在复习题 29~34 中，求显著性水平 α 和样本量 n 的 t 检验类型的临界值与拒绝区域。

29. 双尾检验，$\alpha = 0.05$，$n = 20$。
30. 右尾检验，$\alpha = 0.01$，$n = 33$。
31. 右尾检验，$\alpha = 0.02$，$n = 63$。
32. 左尾检验，$\alpha = 0.05$，$n = 48$。
33. 左尾检验，$\alpha = 0.005$，$n = 15$。
34. 双尾检验，$\alpha = 0.02$，$n = 12$。

在复习题 35~40 中，以显著性水平 α 检验关于总体均值 μ 的声明，假设总体呈正态分布。

35. 声明：$\mu > 12700$，$\alpha = 0.005$；样本统计量：$\bar{x} = 12855$，$s = 248$，$n = 21$。
36. 声明：$\mu \geq 0$，$\alpha = 0.10$；样本统计量：$\bar{x} = -0.45$，$s = 2.38$，$n = 31$。
37. 声明：$\mu \leq 51$，$\alpha = 0.01$；样本统计量：$\bar{x} = 52$，$s = 2.5$，$n = 40$。
38. 声明：$\mu < 850$，$\alpha = 0.025$；样本统计量：$\bar{x} = 875$，$s = 25$，$n = 14$。
39. 声明：$\mu = 195$，$\alpha = 0.10$；样本统计量：$\bar{x} = 190$，$s = 36$，$n = 101$。
40. 声明：$\mu \neq 333$，$\alpha = 0.05$。样本统计量：$\bar{x} = 328$，$s = 13$，$n = 35$。

在复习题 41 和 42 中，(a)确定声明并陈述 H_0 和 H_a；(b)求临界值并确定拒绝区域；(c)求标准化检验统计量 t；(d)决定是否拒绝原假设；(e)在原声明背景下解释该决定。假设总体呈正态分布。

41. 某健身杂志在广告中说，加入健身俱乐部的平均费用是 25 美元/月。你想检验这一声明。你发现，随机抽取的 18 家俱乐部的平均费用为 26.25 美元/月，标准差为 3.23 美元。当 $\alpha = 0.10$ 时，是否有足够的证据拒绝广告中的声明？

42. 某健身杂志声称，瑜伽课程的平均费用不超过 14 美元。你想检验这个声明。你发现，随机抽取的 32 节瑜伽课的平均费用为 15.59 美元，标准差为 2.60 美元。当 $\alpha = 0.025$ 时，是否有足够的证据来拒绝该杂志的声明？

在复习题 43 和 44 中，(a)确定声明并陈述 H_0 和 H_a；(b)使用软件求 P 值；(c)决定是否拒绝原假设；(d)在原声明背景下解释该决定。假设总体呈正态分布。

43. 某教育出版物声称，12 年级学生在科学成绩测试中的平均分超过 145 分。你想检验这个声明。你随机选择了 36 个 12 年级的考试成绩（分），结果如下所示。当 $\alpha = 0.1$ 时，你支持出版物的声明吗？188 80 175 195 201 143 119 81 118 119 165 222 109 134 200 110 199 181 79 135 124 205 90 120 216 167 198 183 173 187 143 166 147 219 206 97。

44. 一位教育研究人员声称，15 岁学生在国际数学素养测试中的总体平均分是 489 分。你想验证这个声明。你随机选择了 30 个国家的平均分，结果如下所示（分）。当 $\alpha = 0.05$ 时，是否有足够的证据来拒绝该研究人员的声明？481 507 495 500 499 483 509 515 417 523 526 487 486 519 451 516 454 527 509 495 499 481 508 409 502 491 492 481 496 500。

7.4 节

在复习题 45～48 中，确定是否可以使用正态抽样分布来近似二项分布。如果可以，请检验该声明。

45. 声明：$p = 0.15$，$\alpha = 0.05$；样本统计量：$\hat{p} = 0.09$，$n = 40$。

46. 声明：$p = 0.65$，$\alpha = 0.03$；样本统计量：$\hat{p} = 0.76$，$n = 116$。

47. 声明：$p < 0.70$，$\alpha = 0.01$；样本统计量：$\hat{p} = 0.50$，$n = 68$。

48. 声明：$p \geq 0.04$，$\alpha = 0.10$；样本统计量：$\hat{p} = 0.03$，$n = 30$。

在复习题 49 和 50 中，(a)确定声明并陈述 H_0 和 H_a；(b)求临界值并确定拒绝区域；(c)求标准化检验统计量 z；(d)决定是否拒绝原假设；(e)在原声明背景下解释该决定。

49. 一名记者声称，超过 56%的美国成年人认为，25 年后大部分工作都将由机器人和计算机完成。在随机抽取的 1000 名美国成年人中，59%的人认为，25 年后大多数工作都将由机器人和计算机完成。当 $\alpha = 0.01$ 时，是否有足够的证据支持该声明？

50. 一位体育分析师称，40%的美国成年人对体育产业持积极看法。在随机抽取的 550 名美国成年人中，165 人表示对体育产业持积极看法。当 $\alpha = 0.05$ 时，是否有足够的证据拒绝该体育分析师的声明？

7.5 节

在复习题 51～54 中，求样本量为 n、显著性水平为 α 的卡方检验类型的临界值和拒绝区域。

51. 右尾检验，$n = 20$，$\alpha = 0.05$。
52. 双尾检验，$n = 14$，$\alpha = 0.01$。
53. 双尾检验，$n = 41$，$\alpha = 0.10$。
54. 左尾检验，$n = 6$，$\alpha = 0.05$。

在复习题 55～58 中，以显著性水平 α 检验关于总体方差 σ^2 或标准差 σ 的声明，假设总体呈正态分布。

55. 声明：$\sigma^2 > 2$，$\alpha = 0.10$；样本统计量：$s^2 = 2.95$，$n = 18$。

56. 声明：$\sigma^2 \leq 60$，$\alpha = 0.025$；样本统计量：$s^2 = 72.7$，$n = 15$。

57. 声明：$\sigma = 1.25$，$\alpha = 0.05$；样本统计量：$s = 1.03$，$n = 6$。

58. 声明：$\sigma \neq 0.035$，$\alpha = 0.01$；样本统计量：$s = 0.026$，$n = 16$。

在复习题 59 和 60 中，(a)确定声明并陈述 H_0 和 H_a；(b)求临界值并识别拒绝区域；(c)求标准化检验统计量 χ^2；(d)决定是否拒绝原假设；(e)在原声明背景下解释该决定。假设总体呈正态分布。

59. 一家螺栓制造商制造一种用于密封容器的螺栓。制造商声称螺栓宽度的方差最大为 0.01。28 个螺栓的随机样本的方差为 0.064。当 $\alpha = 0.005$ 时，是否有足够的证据拒绝该声明？

60. 一家餐馆声称服务时长的标准差为 3 分钟。27 次服务的随机样本的标准差为 3.9 分钟。当 $\alpha = 0.01$ 时，是否有足够的证据拒绝该声明？

61. 在习题 59 中，是否有足够的证据在 $\alpha = 0.01$ 的水平上拒绝声明？

62. 在习题 60 中，是否有足够的证据在 $\alpha = 0.05$ 的水平上拒绝声明？

7.7 第 7 章测验题

对于如下习题，执行以下步骤：(a)确定声明并陈述 H_0 和 H_a；(b)确定假设检验是左尾的、右尾的还是双尾的，以及是使用 z 检验、t 检验还是使用卡方检验；(c)选做如下选项之一。选项 1：求临界值，确定拒绝区域，并求适当的标准化检验统计量。选项 2：求适当的标准化检验统计量和 P 值；(d)决定是否拒绝原假设；(e)在原声明背景下解释决定。

01. 某帽子公司声称，男性的平均帽子尺寸至少为 7.25 英寸。12 顶帽子尺寸随机样本的平均值为 7.15。当 $\alpha = 0.01$ 时，能拒绝该公司的声明吗？假设总体呈正态分布，总体标准差为 0.27。

02. 一位旅游分析师称，在温哥华市，租一辆全尺寸或较便宜汽车的日均基本价格超过 86 美元。你想检验这个声明。在温哥华市随机抽取的 40 辆全尺寸或较便宜车辆中，日均基本价格为 93.23 美元。假设总体标准差为 28.90 美元。当 $\alpha = 0.10$ 时，是否有足够的证据支持该分析师的声明？

03. 一家政府机构报告称，最近一年，18 岁至 24 岁拥有学士学位的全职员工的平均收入为 52133 美元。在 15 名年龄为 18 岁至 24 岁、拥有学士学位的全职员工的随机样本中，平均收入为 48400 美元，标准差为 6679 美元。当 $\alpha = 0.05$ 时，是否有足够的证据拒绝该声明？假设总体呈正态分布。

04. 一项减肥计划声称，参与者一个月后平均减重至少 10.5 磅。下面列出了随机抽取的 40 名参与者一个月后的减重情况（磅）。当 $\alpha = 0.01$ 时，是否有足够的证据拒绝该计划的声明？4.7 6.0 7.2 8.3 9.2 10.1 14.0 11.7 12.8 10.8 11.0 7.2 8.0 4.7 11.8 10.7 6.1 8.8 7.7 8.5 9.5 10.2 5.6 6.9 7.9 8.6 10.5 9.6 5.7 9.6 12.6 12.9 6.8 12.0 5.1 14.0 9.7 10.8 9.1 12.9。

05. 一家非营利性消费者组织表示，在该组织最近一年的评级中，只有不到 25% 的电视节目的总分达到或超过 70 分。在该组织最近一年随机抽取的 35 个电视节目中，23% 的电视节目的总分在 70 分以上。当 $\alpha = 0.05$ 时，你支持该组织的声明吗？

06. 在习题 5 中，非营利消费者组织表示电视节目收视率的标准差为 10.1。35 个电视节目收视率的随机样本的标准差为 10.9。当 $\alpha = 0.10$ 时，是否有足够的证据拒绝该组织的声明？假设总体呈正态分布。

7.8 第 7 章测试题

对于如下习题，执行以下步骤：(a)确定声明并陈述 H_0 和 H_a；(b)确定假设检验是左尾的、右尾的还是双尾的，以及是使用 z 检验、t 检验还是使用卡方检验；(c)选做如下选项之一。选项 1：求临界值，确定拒绝区域，并求适当的标准化检验统计量。选项 2：求适当的标准化检验统计量和 P 值；(d)决定是否拒绝原假设；(e)在原声明背景下解释该决定。

01. 一家零售杂货连锁店的老板声称，至少有 25% 的成年人在最近一年内购买了餐包。在随机抽样的 36 名成年人中，19% 的人在最近一年内购买过餐包。当 $\alpha = 0.10$ 时，是否有足够的证据拒绝该老板的声明？

02. 一位旅游分析师称，在盐湖城的三星级酒店中，双从间的平均房价是 134 美元。在盐湖城随机抽取的 37 家三星级酒店中，又人间的平均房价为 143 美元。假设总体标准差为 30 美元。当 $\alpha = 0.10$ 时，是否有足够的证据拒绝分析师的声明？

03. 一位旅游分析师表示，一个四口之家在度假村餐厅用餐的平均价格最多为 100 美元。随机抽样的 33 个四口之家的平均用餐价格为 110 美元，标准差为 19 美元。当 $\alpha = 0.01$ 时，是否有足够的证据拒绝该分析师的声明？

04. 一家研究中心称，超过 80% 的美国成年人认为母亲应该享受带薪产假。在随机抽取的 50 名美国成年人中，82% 的人认为母亲应该享受带薪产假。当 $\alpha = 0.05$ 时，是否有足够的证据支持该中心的声明？

05. 一家营养棒制造商声称，一根营养棒中碳水化合物的克数标准差为 1.11 克。26 根随机样品的克数标准差为 1.19 克。当 α = 0.05 时，是否有足够的证据拒绝该制造商的声明？假设总体呈正态分布。

06. 一家非营利性消费者组织表示，该组织最近一年对燃气烤架的平均评分低于 64 分。在该组织最近一年评分的 50 个燃气烤架的随机样本中，平均评分为 62.9 分，标准差为 8.1 分。当 α = 0.01 时，是否有足够的证据支持该组织的声明？

07. 某研究人员称，小镇居民的平均年龄超过 38 岁。下面列出了随机抽样的 30 名居民的年龄（岁）。当 α = 0.10 时，是否有足够的证据支持该研究人员的声明？假设总体标准差为 9 岁：41 44 40 30 29 46 42 53 21 29 43 46 39 35 33 42 35 43 35 24 21 29 24 25 85 56 82 87 72 31。

真正的统计与决策

下图显示了对美国四年制大学的研究结果。你想在一场吸引高中生的广告活动中积极宣传你的大学。你决定用假设检验来证明你的大学在某些方面优于平均水平。

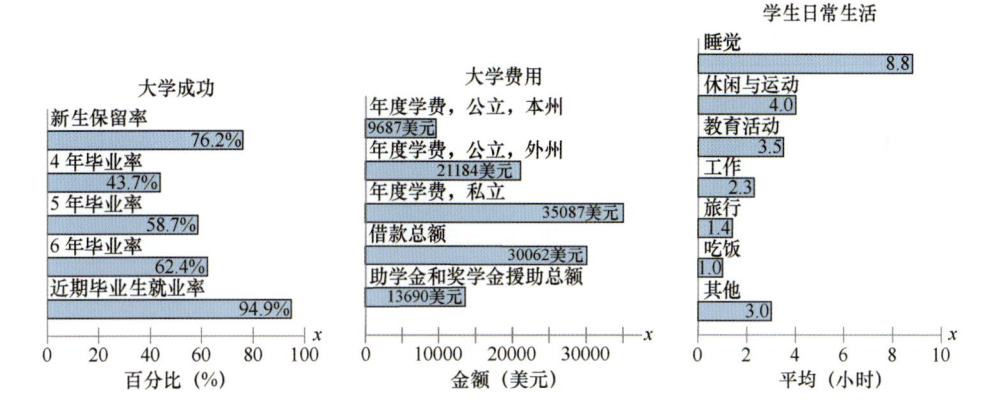

大学成功
- 新生保留率 76.2%
- 4 年毕业率 43.7%
- 5 年毕业率 58.7%
- 6 年毕业率 62.4%
- 近期毕业生就业率 94.9%

百分比（%）

大学费用
- 年度学费，公立，本州 9687美元
- 年度学费，公立，外州 21184美元
- 年度学费，私立 35087美元
- 借款总额 30062美元
- 助学金和奖学金援助总额 13690美元

金额（美元）

学生日常生活
- 睡觉 8.8
- 休闲与运动 4.0
- 教育活动 3.5
- 工作 2.3
- 旅行 1.4
- 吃饭 1.0
- 其他 3.0

平均（小时）

习题

01. **你会检验什么？** 如果你想说服一名学生来你的大学，你会检验什么？假设你试图说服的学生主要关心(a)负担能力、(b)拥有良好的体验、(c)毕业并开始职业生涯。为每种情况列出一项声明，陈述每项声明的原假设和备择假设。

02. **选择一个随机样本。** 同学们建议使用以下抽样技术来检验各个声明。确定样本是否是随机的。如果不是，建议一种替代方案。(a)调查与你一起上课的所有学生，并询问他们每天花在不同活动上的平均时间；(b)从最近的毕业生名单中随机选择以前的学生，询问他们是否被雇佣；(c)从目录中随机选择学生，询问他们今年借了多少钱来支付大学学费，然后乘以 4。

03. **支持声明。** 你希望你的检验能支持你对大学的正面评价，而不仅仅是拒绝它。你应陈述你的声明，以便原假设包含该声明或者备择假设包含该声明吗？

04. **检验声明。** 你想说你的大学的毕业生平均债务不到 25000 美元。随机抽取的 40 名应届毕业生的平均借款总额为 23475 美元，标准差为 8000 美元。当 α = 0.05 时，是否有足够的证据支持你的声明？

05. **检验声明。** 你想声明你的大学有至少 80% 的新生保留率。你随机抽取了 60 名去年的新生，发现其中 54 人仍在大学就读。当 α = 0.05 时，是否有足够的证据拒绝你的声明？

06. **结论。** 检验你在习题 1 中列出的声明之一并解释结果。讨论抽样过程的任何限制。

第 8 章　双样本假设检验

第 6 章介绍了推断统计学，以及如何形成置信区间来估计总体参数；第 7 章介绍了如何根据样本统计量及其抽样分布来检验关于总体参数的声明。

研究人员利用国民健康访问调查的数据进行了一项研究，以分析练瑜伽的人和不练瑜伽的人的特点。这项研究发表在《普通内科杂志》上。下面显示了练瑜伽的人的随机样本的一些结果。

练瑜伽的人（$n = 1593$）

特　点	频　数	比　例
40～49 岁	367	0.2304
来自美国西部地区	415	0.2605
不吸烟	1323	0.8305

本章继续介绍推断统计学和假设检验。然而，现在不检验关于单个总体的假设，而学习如何检验比较两个总体的假设。例如，在瑜伽研究中，还对不练瑜伽的人进行了随机抽样调查。以下是第二组的研究结果。

不练瑜伽的人（$n = 29948$）

特　点	频　数	比　例
40～49 岁	6290	0.2100
来自美国西部地区	5691	0.1900
不吸烟	23360	0.7800

从这两个样本中，你是否可以得出结论：在 40～49 岁、来自美国西部地区或者不吸烟的人中，练瑜伽的人和不练瑜伽的人的比例存在差异？或者，比例之差可能是偶然造成的？

本章通过检验两个比例相等的假设来回答这些问题。例如，对不吸烟的人可以得出如下结论：在 1% 的显著性水平上，练瑜伽的人的比例与不练瑜伽的人的比例是不同的。

8.1　检验均值之差（独立样本，σ_1 和 σ_2 已知）

学习目标

▶ 确定两个样本是独立的还是相关的
▶ 两个总体参数之差的双样本假设检验介绍
▶ 使用 σ_1 和 σ_2 已知的独立样本对两个均值 μ_1 和 μ_2 之差进行双样本 z 检验

8.1.1　独立样本和相关样本

第 7 章介绍了检验关于总体参数的声明的方法。本章介绍如何通过比较两个总体的参数来检验声明。在学习如何检验两个参数之差前，需要了解独立样本和相关样本的区别。

定义　当从一个总体中选择的样本与从第二个总体中选择的样本不相关时，两个样本是独立的（见下图）。当一个样本中的每个成员对应于另一个样本中的一个成员时，两个样本是相关的（见下图）。相关样本也称配对样本或匹配样本。

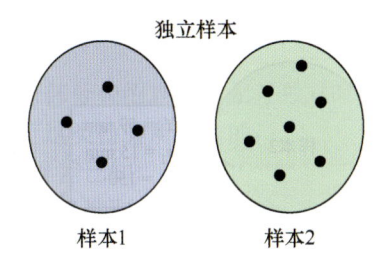

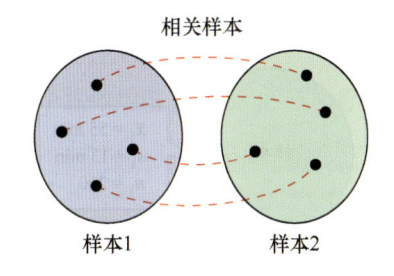

【例题 1】独立样本和相关样本

将下面的每对样本分类为独立样本或相关样本。

1. 样本 1：70 名患者的甘油三酯水平；样本 2：使用降甘油三酯药物 6 个月后相同 70 名患者的甘油三酯水平。
2. 样本 1：38 名成年男性在注意力缺陷/多动障碍心理筛查检验中的得分；样本 2：50 名成年女性在注意力缺陷/多动障碍心理筛查检验中的得分。

解答：

1. 这些样本是相关的。因为采集的是同一名患者的甘油三酯水平，所以样本是相关的。样本可以与每名患者配对。
2. 这些样本是独立的。不可能在样本成员之间配对，因为样本量不同，且数据代表不同成员的得分。

自测题 1

将下面的每对样本分类为独立样本或相关样本。

1. 样本 1：30 名成年女性的收缩压；样本 2：30 名成年男性的收缩压。
2. 样本 1：14 名化学专业学生的期中考试成绩；样本 2：14 名化学专业学生的期末考试成绩。

提示： 相关样本通常涉及同一人或同一物体的前后结果（如开始减肥计划前的体重和 6 周后的体重），或者与特定特征匹配的个体的结果（如同卵双胞胎）。

8.1.2 双样本假设检验综述

本节和下一节介绍如何使用独立样本比较两个不同总体的均值来检验声明。

例如，广告商正在制定营销计划，希望确定 18~34 岁的成年人和 35~49 岁的成年人每天在社交媒体上所花的时间是否存在差异。唯一可以肯定地得出存在差异的结论的方法是，对两个年龄组的所有成年人进行普查，计算他们每天在社交媒体上所花的平均时间，然后求差异。当然，采取这样的普查是不实际的，但可在一定程度上确定是否存在这种差异。

为了确定是否存在差异，广告商首先假设两个总体的平均时间没有差异。也就是说，

$$\mu_1 - \mu_2 = 0$$

然后，从每个总体中随机抽取样本，使用如下检验统计量进行双样本假设检验：

$$\bar{x}_1 - \bar{x}_2 = 0$$

广告商得到了如下图所示的结果。

指南 对均值之差使用双样本 z 检验（独立样本，σ_1 和 σ_2 已知）

文字表述	符号表述
1. 验证 σ_1 和 σ_2 是已知的，样本是随机的和独立的，且总体呈正态分布，或 $n_1 \geq 30$ 和 $n_2 \geq 30$	
2. 以数学方式和口头方式陈述声明，确定原假设和备择假设	陈述 H_0 和 H_a
3. 指定显著性水平	确定 α
4. 确定临界值	使用附录 B 中的表 4
5. 确定拒绝区域	
6. 求标准化检验统计量并画出抽样分布的草图	$z = \dfrac{(\bar{x}_1 - \bar{x}_2) - (\mu_1 - \mu_2)}{\sigma_{\bar{x}_1 - \bar{x}_2}}$
7. 做出拒绝原假设或拒绝原假设失败的决定	若 z 在拒绝区域内，则拒绝 H_0，否则拒绝 H_0 失败
8. 在原声明的背景下解释该决定	

还可使用 P 值来执行均值之差的假设检验。使用上面的指南，跳过步骤 4 和 5。求出标准化检验统计量后，使用附录 B 中的表 4 计算 P 值。然后决定是拒绝原假设还是拒绝原假设失败。若 P 小于或等于 α，则拒绝 H_0，否则拒绝 H_0 失败。

【例题 2】均值之差的双样本 z 检验

一家信用卡监督组织声称，俄克拉何马州和北卡罗来纳州的平均信用卡债务存在差异。下面显示的是对每个州 250 人的随机调查结果。两个样本是独立的。假设俄克拉何马州的 $\sigma_1 = 960$ 美元，北卡罗来纳州的 $\sigma_2 = 845$ 美元。结果是否支持该组织的说法？使用 $\alpha = 0.05$。

信用卡债务的样本统计量

俄克拉何马州	北卡罗来纳州
$\bar{x}_1 = \$5271$	$\bar{x}_2 = \$5121$
$n_1 = 250$	$n_2 = 250$

解答：

注意，σ_1 和 σ_2 是已知的，样本是随机的和独立的，且 n_1 和 n_2 都至少为 30。因此，可以使用 z 检验。声明是"俄克拉何马州和北卡罗来纳州居民的平均信用卡债务存在差异"，所以原假设和备择假设是

$$H_0: \mu_1 = \mu_2 \text{ 和 } H_a: \mu_1 \neq \mu_2 \text{（声明）}$$

因为检验是双尾检验，显著性水平为 $\alpha = 0.05$，所以临界值为 $-z_0 = -1.96$ 和 $z_0 = 1.96$。拒绝区域为 $z < -1.96$ 和 $z > 1.96$。标准化检验统计量为

$$z = \frac{(\bar{x}_1 - \bar{x}_2) - (\mu_1 - \mu_2)}{\sqrt{\sigma_1^2 / n_1 + \sigma_2^2 / n_2}} = \frac{(5271 - 5121) - 0}{\sqrt{960^2 / 250 + 845^2 / 250}} \approx 1.85$$

使用 z 检验；假设 $\mu_1 = \mu_2$，因此 $\mu_1 - \mu_2 = 0$；四舍五入到小数点后两位。

下图显示了拒绝区域的位置和标准化检验统计量 z。因为 z 不在拒绝区域内，所以拒绝原假设失败。

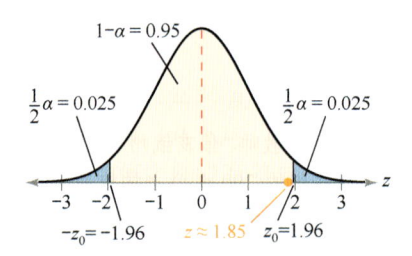

解释： 在 5% 的显著性水平上，没有足够的证据支持该组织的声明。

自测题 2

一项调查显示,为地方和州政府工作的法医科学技术人员的平均年薪分别为 63560 美元和 62070 美元。调查包括从每个政府部门随机抽取 100 个样本,总体标准差为 6200 美元(本地)和 5575 美元(州)。两个样本是独立的。当 $\alpha = 0.10$ 时,是否有足够的证据表明平均年薪存在差异?

在例题 2 中,还可以使用 P 值来执行假设检验。例如,该检验是双尾检验,因此 P 值等于 $z = 1.85$ 右侧面积的 2 倍,或者

$$P = 2 \times (1 - 0.9678) = 2 \times 0.0322 = 0.0644$$

因为 $0.0644 > 0.05$,所以拒绝 H_0 失败。

【例题 3】使用软件执行双样本 z 检验

一位租赁市场研究人员声称,华盛顿州西雅图市一居室公寓的平均月租金低于华盛顿特区一居室公寓的平均月租金。右表显示了对每个城市的租户进行随机调查的结果。两个样本是独立的。假设西雅图的 $\sigma_1 = 190$ 美元,华盛顿的 $\sigma_2 = 210$ 美元,并且两个总体都呈正态分布。当 $\alpha = 0.01$ 时,是否有足够的证据支持该声明?

一居室公寓月租金统计样本

西雅图	华盛顿特区
$\bar{x}_1 = 2166$ 美元	$\bar{x}_2 = 2181$ 美元
$n_1 = 400$	$n_2 = 300$

解答:

注意到 σ_1 和 σ_2 是已知的,样本是随机的和独立的,且总体呈正态分布。因此,可以使用 z 检验。声明是"华盛顿州西雅图市一居室公寓的平均月租金低于华盛顿特区一居室公寓的平均月租金",因此原假设和备择假设是 $H_0: \mu_1 \geq \mu_2$ 和 $H_a: \mu_1 < \mu_2$(声明)。下图中的左图显示了如何使用 TI-84 PLUS 设置假设检验,中图和右图分别显示了选择选项 Calculate 和 Draw 后的结果。

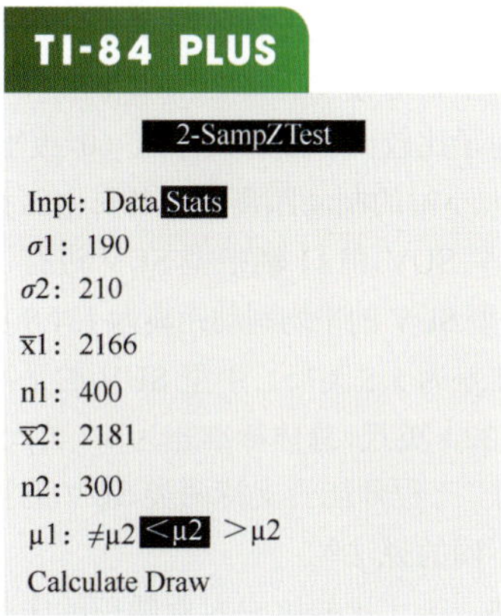

```
TI-84 PLUS
           2-SampZTest
Inpt: Data Stats
σ1: 190
σ2: 210
x̄1: 2166
n1: 400
x̄2: 2181
n2: 300
μ1: ≠μ2 <μ2 >μ2
Calculate Draw
```

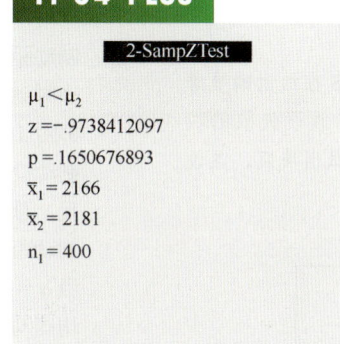

```
TI-84 PLUS
           2-SampZTest
μ1<μ2
z=-.9738412097
p=.1650676893
x̄1=2166
x̄2=2181
n1=400
```

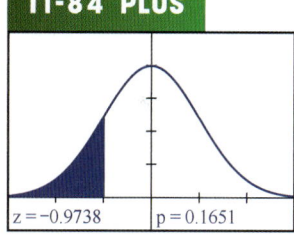

```
TI-84 PLUS
z=-0.9738   p=0.1651
```

因为该检验是左尾检验,且 $\alpha = 0.01$,所以拒绝区域是 $z < -2.33$。标准化检验统计量 $z \approx -0.97$ 不在该拒绝区域内,因此拒绝原假设失败。

解释: 在 1% 的显著性水平上,没有足够的证据支持租赁市场研究人员的说法。

自测题 3

一位租赁市场研究人员声称,佐治亚州亚特兰大市一居室公寓的平均月租金高于田纳西州纳什维尔市一居室公寓的平均月租金。右表显示了对每个城市的租户进行随机调查的结果。两个样本是独立的。假设亚特兰大市的 $\sigma_1 = 210$ 美元,纳什维尔市的 $\sigma_2 = 190$ 美元,且两个总体都呈正态分布。当 $\alpha = 0.05$ 时,是否有足够的证据支持该声明?

一居室公寓月租金统计样本

亚特兰大	纳什维尔
$\bar{x}_1 = 1610$ 美元	$\bar{x}_2 = 1603$ 美元
$n_1 = 200$	$n_2 = 300$

8.1.4 习题

培养基本技能和词汇

01. 两个相关样本和两个独立样本的区别是什么？
02. 说明如何使用 σ_1 和 σ_2 已知的独立样本对两个总体均值之差进行双样本 z 检验。
03. 描述不使用拒绝区域的 σ_1 和 σ_2 已知的独立样本，对两个总体均值之差进行假设检验的另一种方法。
04. 为了使用 z 检验来检验两个总体均值之差，什么条件是必要的？

独立和非独立样本。在习题 05~08 中，将两个样本分类为独立的或相关的，并证明你的答案。

05. 样本 1：53 名足球运动员的最大卧推重量；样本 2：同样 53 名足球运动员完成举重计划后的最大卧推重量。
06. 样本 1：60 名女性的智商得分；样本 2：60 名男性的智商得分。
07. 样本 1：使用一种船体设计建造的 23 艘机动船的平均速度；样本 2：使用不同船体设计建造的 14 艘机动船的平均速度。
08. 样本 1：10 名工人使用自己车辆的通勤时间；样本 2：同样 10 名工人使用公共交通工具的通勤时间。

在习题 09 和 10 中，使用 TI-84 PLUS 在给出的显著性水平上做出拒绝原假设或拒绝原假设失败的决定。使用标准化检验统计量和 P 值做出决定。假设样本量相等。

09. $\alpha = 0.05$

```
         2-SampZTest
μ1≠μ2
z = 2.956485408
p = 0.0031118068
x̄1 = 2500
x̄2 = 2425
↓n 1 = 120
```

10. $\alpha = 0.01$

```
         2-SampZTest
μ1>μ2
z = 1.941656065
p = 0.0260893059
x̄1 = 44
x̄2 = 42
↓n 1 = 50
```

在习题 11~14 中，检验两个总体均值 μ_1 和 μ_2 在显著性水平 α 上的差异。假设样本是随机的和独立的，且总体呈正态分布。

11. 声明：$\mu_1 = \mu_2$，$\alpha = 0.1$；总体统计量：$\sigma_1 = 3.4$，$\sigma_2 = 1.5$；样本统计量：$\bar{x}_1 = 16$，$n_1 = 29$ 和 $\bar{x}_2 = 14$，$n_2 = 28$。
12. 声明：$\mu_1 > \mu_2$，$\alpha = 0.10$；总体统计量：$\sigma_1 = 40$，$\sigma_2 = 15$；样本统计量：$\bar{x}_1 = 500$，$n_1 = 100$ 和 $\bar{x}_2 = 495$，$n_2 = 75$。
13. 声明：$\mu_1 < \mu_2$，$\alpha = 0.05$；总体统计量：$\sigma_1 = 75$，$\sigma_2 = 105$；样本统计量：$\bar{x}_1 = 2435$，$n_1 = 35$ 和 $\bar{x}_2 = 2432$，$n_2 = 90$。
14. 声明：$\mu_1 \leq \mu_2$，$\alpha = 0.03$；总体统计量：$\sigma_1 = 136$，$\sigma_2 = 215$；样本统计量：$\bar{x}_1 = 5004$，$n_1 = 144$ 和 $\bar{x}_2 = 4895$，$n_2 = 156$。

使用和解释概念

检验两个均值之差。在习题 15~24 中，(a)确定声明并陈述 H_0 和 H_a；(b)求临界值并确定拒绝区域；(c)求标准化检验统计量 z；(d)决定是否拒绝原假设；(e)在原声明背景下解释所做的决定。假设样本是随机的和独立的，且总体呈正态分布。

15. **制动距离**。为了比较两种品牌汽车从 60 英里/小时到 0 英里/小时的制动距离，一名安全工程师对 16 辆小型 SUV 和 11 辆中型 SUV 进行了制动检验。小型 SUV 的平均制动距离为 131.8 英尺，总体标准差为 5.5 英尺。中型 SUV 的平均制动距离为 132.8 英尺，总体标准差为 6.7 英尺。当 $\alpha = 0.10$ 时，工程师能否支持两类 SUV 的平均制动距离不同的说法？

16. **盒装压缩床垫**。为了比较客户对盒装压缩床垫和传统床垫的满意度，研究人员随机选择了 30 个盒装床垫评分和 30 个传统床垫评分。盒装床垫的平均评分为 68.7 分（满分 100 分），总体标准差为 6.6 分。传统床垫的平均评分为 70.9 分（满分 100 分），总体标准差为 5.6 分。当 $\alpha = 0.01$ 时，研究人员能否支持传统床垫的平均评分高于盒装床垫的说法？

17. **风能**。一家能源公司希望在某州的两个地区之间进行选择，以安装风力发电机。一位研究人员声称，地区 A 的风速小于地区 B 的风速。为了检验这些地区,计算了每个地区 60 天的平均风速。地区 A 的平均风速为 14.0 英里/小时,总体标准差为 2.9 英里/小时。地区 B 的平均风速为 15.1 英里/小时,总体标准差为 3.3 英里/小时。当 $\alpha = 0.05$ 时,公司能否支持该研究人员的声明?

18. **维修费用:洗衣机**。你想买一台洗衣机,售货员告诉你,A 型和 B 型的平均维修费用是相等的。你研究了维修费用。24 台 A 型洗衣机的平均维修费用为 208 美元,总体标准差为 18 美元。26 台 B 型洗衣机的平均维修费用为 221 美元,总体标准差为 22 美元。当 $\alpha = 0.01$ 时,你能拒绝该售货员的声明吗?

19. **ACT 数学和科学成绩**。60 名高中生的 ACT 数学平均成绩为 20.2 分,总体标准差为 5.7 分。75 名高中生的 ACT 科学平均成绩为 20.6 分,总体标准差为 5.9 分。当 $\alpha = 0.01$ 时,你能拒绝 ACT 数学和科学平均成绩相等的说法?

20. **ACT 英语和阅读成绩**。120 名高中生的 ACT 英语平均成绩为 19.9 分,总体标准差为 7.2 分。150 名高中生的 ACT 阅读平均成绩为 21.2 分,总体标准差为 7.1 分。当 $\alpha = 0.10$ 时,你支持 ACT 阅读平均成绩高于 ACT 英语平均成绩的说法吗?

21. **房屋价格**。一家房地产机构表示,怀俄明州卡斯珀的平均售价与怀俄明州夏延的平均售价相同。卡斯珀 35 套房屋的平均售价为 349237 美元,总体标准差为 158005 美元。夏延 41 套房屋的平均售价为 435244 美元,总体标准差为 154716 美元。当 $\alpha = 0.01$ 时,是否有足够的证据拒绝房地产机构的声明?

22. 在习题 21 中,卡斯珀另一套房子的售价为 132000 美元,夏延另一套房子的售价为 495000 美元。将这些数据添加到现有示例中。当 $\alpha = 0.01$ 时,调整后的样本是否会得出不同的结论?

23. **降水量**。一位气候学家声称,最近一年,华盛顿州西雅图的降水量比阿拉巴马州伯明翰的降水量还多。西雅图最近一年 30 天的日降水量(英寸)如下所示,总体标准差为 0.25 英寸:
0.00 0.00 0.05 0.01 0.21 0.00 0.00 0.52 0.00 0.01
0.00 0.19 0.00 0.18 0.02 0.02 0.13 0.00 0.03 0.00
0.04 0.00 0.41 0.23 0.00 0.80 0.15 0.00 0.00 0.79。

伯明翰最近一年 30 天的日降水量(英寸)如下所示,总体标准差为 0.52 英寸:0.00 0.96 0.84 0.00 0.10 0.00 0.00 0.20 0.00 0.54 0.97 0.00 0.35 0.02 0.04 0.70 0.00 0.00 0.00 0.00 0.03 0.01 0.15 0.27 0.00 0.00 0.93 0.00 0.89 0.01。

当 $\alpha = 0.05$ 时,你支持气候学家的说法吗?

24. **温度**。一位气候学家声称,最近一年,华盛顿州西雅图的气温比阿拉巴马州伯明翰的气温还低。西雅图最近一年 30 天的日最高气温(℉)如下所示,总体标准差为 12.0℉:52 45 66 49 62 74 80 75 76 65 67 75 57 50 46 49 53 57 60 70 85 56 60 44 59 65 70 73 61 61。

伯明翰最近一年 30 天的日最高气温(℉)如下所示,总体标准差为 13.2℉:64 60 91 85 59 93 90 73 87 72 50 58 79 72 85 57 73 61 89 69 60 93 56 74 94 66 63 91 94 73。

当 $\alpha = 0.01$ 时,你支持气候学家的说法吗?

25. **掌握概念**。说明原假设 $H_0: \mu_1 = \mu_2$ 等价于原假设 $H_0: \mu_1 - \mu_2 = 0$ 的原因。

26. **掌握概念**。说明原假设 $H_0: \mu_1 \geq \mu_2$ 等价于原假设 $H_0: \mu_1 - \mu_2 \geq 0$ 的原因。

概念扩展

检验除零外的差异。有时研究人员对检验除零外的均值之差感兴趣。在习题 27 和 28 中,使用原假设 $H_0: \mu_1 - \mu_2 = k$,$H_0: \mu_1 - \mu_2 \geq k$ 或 $H_0: \mu_1 - \mu_2 \leq k$ 检验两个均值之差。标准化检验统计量仍是

$$z = \frac{(\bar{x}_1 - \bar{x}_2) - (\mu_1 - \mu_2)}{\sigma_{\bar{x}_1 - \bar{x}_2}}$$

式中,$\sigma_{\bar{x}_1 - \bar{x}_2} = \sqrt{\sigma_1^2/n_1 + \sigma_2^2/n_2}$。

27. **软件工程师的工资**。加州圣克拉拉和康涅狄格州格林威治的初级软件工程师的平均年薪之差超过 4000 美元?为了做出决定,你从每个城市中随机抽取一些初级软件工程师。各项调查的结果如下图所示。总体标准差为 $\sigma_1 = 14060$ 美元和 $\sigma_2 = 13050$ 美元。当 $\alpha = 0.05$ 时,你应得出什么结论?

加州圣克拉拉的初级软件工程师

$\bar{x}_1 = 88900$美元
$n_1 = 42$

●圣克拉拉

康涅狄格州格林威治的初级软件工程师

$\bar{x}_2 = 81600$美元
$n_2 = 38$

●格林威治

科罗拉多州丹佛市的初级建筑师

$\bar{x}_1 = 58300$美元
$n_1 = 32$

丹佛市

内布拉斯加州林肯市的初级建筑师

$\bar{x}_2 = 54240$美元
$n_2 = 30$

林肯市●

构建 $\mu_1 - \mu_2$ 的置信区间。如下所示，当两个总体的标准差均已知，且两个总体呈正态分布，或者 $n_1 \geq 30$ 和 $n_2 \geq 30$ 时，可以构建两个总体均值之差 $\mu_1 - \mu_2$ 的置信区间。此外，样本必须是随机选择的和独立的。

$$(\bar{x}_1 - \bar{x}_2) - z_c \sqrt{\sigma_1^2/n_1 + \sigma_2^2/n_2} < \mu_1 - \mu_2$$
$$< (\bar{x}_1 - \bar{x}_2) + z_c \sqrt{\sigma_1^2/n_1 + \sigma_2^2/n_2}$$

在习题 29 和 30 中，构建 $\mu_1 - \mu_2$ 的置信区间。

28. **建筑师工资**。科罗拉多州丹佛市和内布拉斯加州林肯市初级建筑师的平均年薪之差等于 9000 美元？为了做出决定，你从每个城市中随机选择一个初级建筑师的样本。各项调查结果下图所示。总体标准差为 $\sigma_1 = 6560$ 美元和 $\sigma_2 = 6100$ 美元。当 $\alpha = 0.01$ 时，你应得出什么结论？

29. **软件工程师的工资**。使用习题 27 中的数据，为加利福尼亚州圣克拉拉和康涅狄格州格林威治的初级软件工程师的平均年薪之差构建一个 95% 的置信区间。

30. **建筑师的年薪**。使用习题 28 中的数据，为科罗拉多州丹佛市和内布拉斯加州林肯市的初级建筑师的平均年薪之差构建一个 99% 的置信区间。

8.2 检验均值之差（独立样本，σ_1 和 σ_2 未知）

> **学习目标**
> ▶ 使用 σ_1 和 σ_2 未知的独立样本对两个均值 μ_1 和 μ_2 之差进行双样本 t 检验

8.2.1 均值之差的双样本 t 检验

8.1 节介绍了如何在已知两个总体标准差的情况下检验均值之差。在现实生活中的许多情况下，这两个总体标准差都是未知的。本节介绍 σ_1 和 σ_2 未知时，使用来自每个总体的独立样本对两个总体均值 μ_1 和 μ_2 之差进行 t 检验。以下条件是进行这种检验所必需的：①总体标准差未知，②样本是随机选择的，③样本是独立的，④总体呈正态分布或者每个样本量至少为 30。当满足这些条件时，样本均值之差 $\bar{x}_1 - \bar{x}_2$ 的抽样分布近似为均值是 $\mu_1 - \mu_2$ 的 t 分布。因此，可以使用双样本 t 检验来检验总体均值 μ_1 和 μ_2 之差。抽样分布的标准误差和自由度取决于总体方差 σ_1^2 和 σ_2^2 是否相等，如下面的定义所示。

> **提示**：要执行双样本 t 检验，就需要知道两个总体的方差是否相等。在本章中，每个例题和习题都将说明方差是否相等。第 10 章中将介绍如何检验两个总体方差之差。

均值之差的双样本 t 检验

当①σ_1 和 σ_2 是未知的，②样本是随机的，③样本是独立的，④总体呈正态分布或 $n_1 \geq 30$ 和 $n_2 \geq 30$ 时，使用双样本 t 检验来检验两个总体均值 μ_1 和 μ_2 之差。检验统计量为 $\bar{x}_1 - \bar{x}_2$，标准化检验统计量为

$$t = \frac{(\bar{x}_1 - \bar{x}_2) - (\mu_1 - \mu_2)}{s_{\bar{x}_1 - \bar{x}_2}}$$

方差相等：如果总体方差相等，那么合并两个样本的信息来计算标准差 $\hat{\sigma}$ 的联合估计：

$$\hat{\sigma} = \sqrt{\frac{(n_1-1)s_1^2 + (n_2-1)s_2^2}{n_1+n_2-2}}$$

抽样分布 $\bar{x}_1 - \bar{x}_2$ 的标准误差为

$$s_{\bar{x}_1-\bar{x}_2} = \hat{\sigma}\sqrt{1/n_1 + 1/n_2} \quad \text{方差相等}$$

且 d.f. $= n_1 + n_2 - 2$。

方差不相等：若总体方差不相等，则标准误差为

$$s_{\bar{x}_1-\bar{x}_2} = \sqrt{s_1^2/n_1 + s_2^2/n_2} \quad \text{方差不相等}$$

且 d.f. $= n_1 - 1$ 和 $n_2 - 1$ 中的较小者。

8.1 节所述的 z 检验和本节所述的 t 检验的要求显示在下面的流程图中。

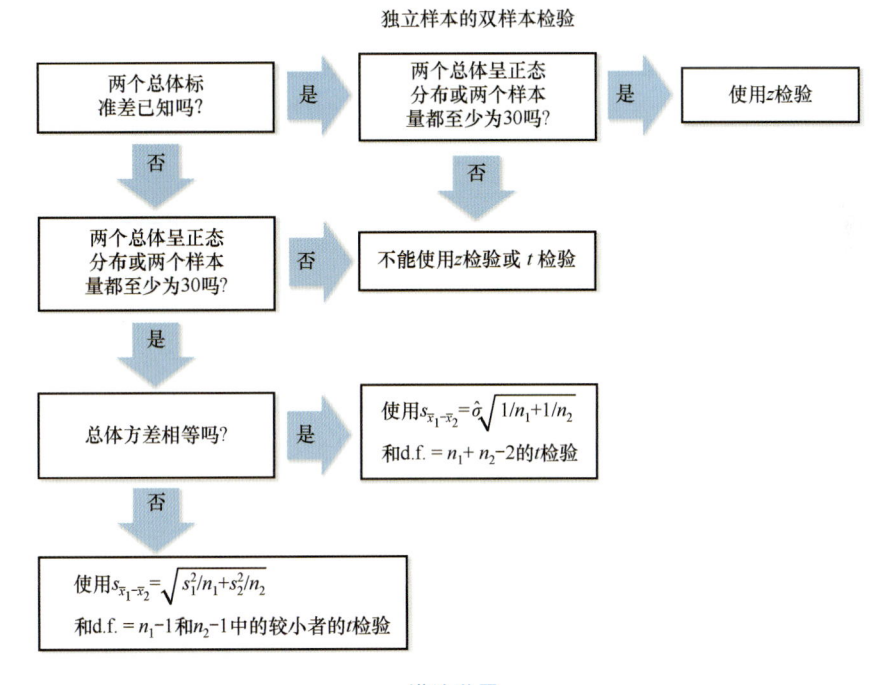

独立样本的双样本检验

[流程图：
- 两个总体标准差已知吗？ 是 → 两个总体呈正态分布或两个样本量都至少为30吗？ 是 → 使用 z 检验
- 否 ↓
- 两个总体呈正态分布或两个样本量都至少为30吗？ 否 → 不能使用 z 检验或 t 检验
- 是 ↓
- 总体方差相等吗？ 是 → 使用 $s_{\bar{x}_1-\bar{x}_2} = \hat{\sigma}\sqrt{1/n_1+1/n_2}$ 和 d.f. $= n_1+n_2-2$ 的 t 检验
- 否 ↓
- 使用 $s_{\bar{x}_1-\bar{x}_2} = \sqrt{s_1^2/n_1+s_2^2/n_2}$ 和 d.f. $= n_1-1$ 和 n_2-1 中的较小者的 t 检验]

描绘世界

美国心理学会在《神经心理学》杂志上发表的一项研究报告称，受过音乐训练的儿童比未受过音乐训练的儿童表现出了更好的语言记忆力。研究还表明，音乐训练的时间越长，语言记忆就越好。假设尝试复制了如下结果。对 90 名儿童进行了可能为 100 分的语言记忆检验。一半人受过音乐训练，另一半人未受过音乐训练，作为对照组。45 名接受训练的儿童平均得分为 83 分，标准差为 5.7 分。对照组 45 名学生的平均得分为 80 分，标准差为 6.2。

当 $\alpha = 0.05$ 时，是否有足够的证据支持受过音乐训练的儿童比未受过音乐训练的儿童有更好的言语记忆检验成绩？假设总体方差相等。

指南	对均值之差使用双样本 t 检验（独立样本，σ_1 和 σ_2 未知）
文字表述	**符号表述**
1. 验证 σ_1 和 σ_2 是未知的，样本是随机的和独立的，总体呈正态分布或者 $n_1 \geq 30$ 或 $n_2 \geq 30$	
2. 以数学方式和口头方式陈述声明，确定原假设和备择假设	陈述 H_0 和 H_a
3. 指定显著性水平	确定 α
4. 确定自由度	d.f. $= n_1 + n_2 - 2$ 或 d.f. $= n_1 - 1$ 和 $n_2 - 1$ 中的较小者

（续表）

文字表述	符号表述
5．确定临界值	使用附录 B 中的表 5
6．确定拒绝区域	
7．求标准化检验统计量并画出抽样分布图	$t = \dfrac{(\bar{x}_1 - \bar{x}_2) - (\mu_1 - \mu_2)}{s_{\bar{x}_1 - \bar{x}_2}}$
8．做出拒绝原假设或拒绝原假设失败的决定	若 t 在拒绝区域内，则拒绝 H_0，否则拒绝 H_0 失败
9．在原声明背景下解释该决定	

【例题 1】均值之差的双样本 t 检验

右侧显示了由同一所学校的两名不同老师所教的学生的随机样本的国家数学测验分数。你能断定这两位老师的学生的数学平均考试成绩有差异吗？使用 $\alpha = 0.10$。假设总体呈正态分布，且总体方差不相等。

国家数学测验分数的样本统计量

老师 1	老师 2
$\bar{x}_1 = 473$	$\bar{x}_2 = 459$
$s_1 = 39.7$	$s_2 = 24.5$
$n_1 = 8$	$n_2 = 18$

解答：

注意，σ_1 和 σ_2 是未知的，样本是随机的和独立的，总体呈正态分布。因此，可以使用 t 检验。声明是"两位老师的学生的平均数学考试成绩存在差异"，因此原假设和备择假设是

$$H_0: \mu_1 = \mu_2 \text{ 和 } H_a: \mu_1 \neq \mu_2 \text{（声明）}$$

因为总体方差不相等，且较小的样本量为 8，所以使用 d.f. $= 8 - 1 = 7$。该检验是 d.f. $= 7$ 和 $\alpha = 0.10$ 的双尾检验，因此临界值为 $-t_0 = -1.895$ 和 $t_0 = 1.895$。拒绝区域为 $t < -1.895$ 和 $t > 1.895$。标准化检验统计量为

$$t = \dfrac{(\bar{x}_1 - \bar{x}_2) - (\mu_1 - \mu_2)}{\sqrt{s_1^2/n_1 + s_2^2/n_2}} = \dfrac{(473 - 459) - 0}{\sqrt{39.7^2/8 + 24.5^2/18}} \approx 0.922$$

右图显示了拒绝区域的位置和标准化检验统计量 t。因为 t 不在拒绝区域内，所以拒绝原假设失败。

解释： 在 10% 的显著性水平上，没有足够的证据支持两位老师的学生的平均数学考试成绩不同的说法。

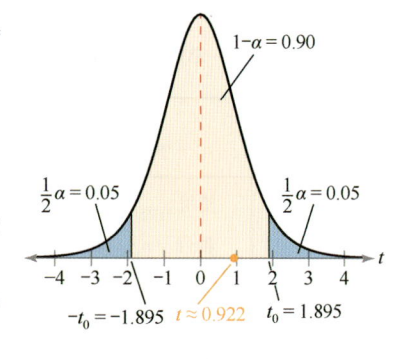

自测题 1

右侧显示了一项关于拥有高中文凭和副学士学位的随机抽样人群平均年收入的调查结果。你能得出不同教育水平的平均年收入存在差异的结论吗？使用 $\alpha = 0.05$。假设总体呈正态分布，且总体方差不相等。

年收入的样本统计量

高中文凭	副学士学位
$\bar{x}_1 = 41775$ 美元	$\bar{x}_2 = 51650$ 美元
$s_1 = 6050$ 美元	$s_2 = 9580$ 美元
$n_1 = 25$	$n_2 = 16$

还可使用软件和 P 值来对均值之差执行假设检验。例如，在例题 1 中，可在 TI-84 PLUS 中输入统计量，如右所示，求得 $P \approx 0.379$。因为 $P > \alpha$，所以拒绝原假设失败。注意，使用软件时，t 检验的自由度常由如下公式确定，但本文中不使用该公式：

$$\text{d.f.} = \dfrac{(s_1^2/n_1 + s_2^2/n_2)^2}{(s_1^2/n_1)^2/(n_1-1) + (s_2^2/n_2)^2/(n_2-1)}$$

TI-84 PLUS

2-SampTTest
μ1≠μ2
t=0.9224141169
p=0.37924039
df=9.458685946
$\bar{x}_1$=473
↓$\bar{x}_2$=459

274　统计学与生活（第 8 版）

【例题 2】均值之差的双样本 t 检验

一家汽车制造商声称，其汽车每英里的平均驾驶成本低于其主要竞争对手。使用从制造商那里随机选择的 30 辆汽车和从主要竞争对手那里随机选择的 32 辆汽车进行研究，结果如右图所示。当 $\alpha = 0.05$ 时，你支持制造商的说法吗？假设总体方差相等。

汽车驾驶成本的样本统计量

制造商	竞争者
$\bar{x}_1 = 0.52$ 美元/英里	$\bar{x}_2 = 0.55$ 美元/英里
$s_1 = 0.05$ 美元/英里	$s_2 = 0.07$ 美元/英里
$n_1 = 30$	$n_2 = 32$

解答：

注意，σ_1 和 σ_2 是未知的，样本是随机的和独立的，且 n_1 和 n_2 都至少为 30。因此，可以使用 t 检验。声明是"制造商的汽车每英里的平均驾驶成本低于其主要竞争对手"，因此原假设和备择假设是

$$H_0: \mu_1 \geq \mu_2 \text{ 和 } H_a: \mu_1 < \mu_2 \text{ （声明）}$$

总体方差相等，所以 d.f. $= n_1 + n_2 - 2 = 30 + 32 - 2 = 60$。因为该检验是 d.f. $= 60$ 和 $\alpha = 0.05$ 的左尾检验，所以临界值为 $t_0 = -1.671$。拒绝区域为 $t < -1.671$。为了使标准化检验统计量的计算更容易，首先求出标准误差：

$$s_{\bar{x}_1 - \bar{x}_2} = \sqrt{\frac{(n_1-1)s_1^2 + (n_2-1)s_2^2}{n_1 + n_2 - 2}} \cdot \sqrt{\frac{1}{n_1} + \frac{1}{n_2}}$$

$$= \sqrt{\frac{(30-1) \times 0.05^2 + (32-1) \times 0.07^2}{30 + 32 - 2}} \cdot \sqrt{\frac{1}{30} + \frac{1}{32}} \approx 0.0155416$$

标准化检验统计量为

$$t = \frac{(\bar{x}_1 - \bar{x}_2) - (\mu_1 - \mu_2)}{s_{\bar{x}_1 - \bar{x}_2}} \approx \frac{(0.52 - 0.55) - 0}{0.0155416} \approx -1.930$$

右图显示了拒绝区域的位置和标准化检验统计量 t。因为 t 在拒绝区域内，所以拒绝原假设。

解释： 在 5% 的显著性水平上，有足够的证据支持制造商的说法。

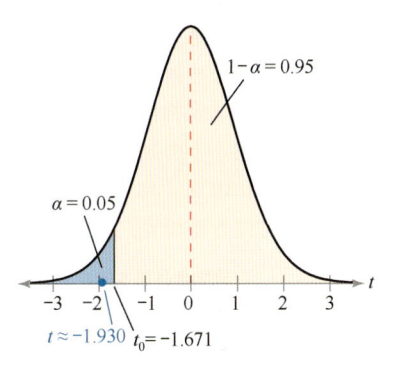

自测题 2

一家汽车制造商声称，其小型货车每英里的平均驾驶成本低于其主要竞争者。使用从制造商那里随机选择的 34 辆小型货车和从竞争者那里随机选择的 38 辆小型货车进行研究，结果如右所示。当 $\alpha = 0.10$ 时，你支持制造商的说法吗？假设总体方差相等。

小型货车驾驶成本的样本统计量

制造商	竞争者
$\bar{x}_1 = 0.57$ 美元/英里	$\bar{x}_2 = 0.59$ 美元/英里
$s_1 = 0.09$ 美元/英里	$s_2 = 0.08$ 美元/英里
$n_1 = 34$	$n_2 = 38$

8.2.2 习题

培养基本技能和词汇

01. 使用 t 检验来检验两个总体均值之差需要什么条件？

02. 说明如何对两个总体均值之差进行双样本 t 检验。

在习题 03~08 中，使用附录 B 中的表 5 求备择假设的临界值、显著性水平 α 以及样本量 n_1 和 n_2。假设样本是随机的和独立的，总体呈正态分布，且总体方差是(a)相等的和(b)不相等的。

03. $H_a: \mu_1 \neq \mu_2$, $\alpha = 0.10$, $n_1 = 11$, $n_2 = 14$。

04. $H_a: \mu_1 > \mu_2$, $\alpha = 0.01$, $n_1 = 12$, $n_2 = 15$。

05. $H_a: \mu_1 < \mu_2$, $\alpha = 0.05$, $n_1 = 7$, $n_2 = 11$。

06. $H_a: \mu_1 \neq \mu_2$, $\alpha = 0.01$, $n_1 = 19$, $n_2 = 22$。

07. $H_a: \mu_1 > \mu_2$, $\alpha = 0.05$, $n_1 = 13$, $n_2 = 8$。

08. $H_a: \mu_1 < \mu_2$, $\alpha = 0.10$, $n_1 = 30$, $n_2 = 32$。

在习题 09~12 中，检验两个总体均值 μ_1 和 μ_2 在显著性水平 α 上的差异。假设样本是随机的和独立的，且总体呈正态分布。

09. 声明：$\mu_1 = \mu_2$，$\alpha = 0.01$，假设 $\sigma_1^2 = \sigma_2^2$；样本统计量：$\bar{x}_1 = 33.7$，$s_1 = 3.5$，$n_1 = 12$ 和 $\bar{x}_2 = 35.5$，$s_2 = 2.2$，$n_2 = 17$。

10. 声明：$\mu_1 < \mu_2$，$\alpha = 0.10$，假设 $\sigma_1^2 = \sigma_2^2$；样本统计量：$\bar{x}_1 = 0.345$，$s_1 = 0.305$，$n_1 = 11$ 和 $\bar{x}_2 = 0.515$，$s_2 = 0.215$，$n_2 = 9$。

11. 声明：$\mu_1 \le \mu_2$，$\alpha = 0.05$，假设 $\sigma_1^2 \ne \sigma_2^2$；样本统计量：$\bar{x}_1 = 2410$，$s_1 = 175$，$n_1 = 13$ 和 $\bar{x}_2 = 2305$，$s_2 = 52$，$n_2 = 10$。

12. 声明：$\mu_1 > \mu_2$，$\alpha = 0.01$，假设 $\sigma_1^2 \ne \sigma_2^2$；样本统计量：$\bar{x}_1 = 52$，$s_1 = 4.8$，$n_1 = 32$ 和 $\bar{x}_2 = 50$，$s_2 = 1.2$，$n_2 = 40$。

使用和解释概念

均值之差的检验。 在习题 13～22 中，(a)确定声明并陈述 H_0 和 H_a；(b)求临界值并确定拒绝区域；(c)求标准化检验统计量 t；(d)决定是否拒绝原假设；(e)在原声明的背景下解释所做的决定。假设样本是随机的和独立的，且总体呈正态分布。

13. **宠物食品。** 宠物协会称，狗粮和猫粮的年成本是相同的。下面显示了两种宠物样本的结果。当 $\alpha = 0.10$ 时，你能拒绝宠物协会的声明吗？假设总体方差相等。

宠物食品成本的样本统计量

狗	猫
$\bar{x}_1 = 255$ 美元	$\bar{x}_2 = 231$ 美元
$s_1 = 30$ 美元	$s_2 = 28$ 美元
$n_1 = 16$	$n_2 = 18$

14. **交易。** 一本杂志声称，顾客在汉堡站的平均消费金额大于顾客在弗莱世界的平均消费金额。下面显示了两家快餐店的客户交易样本的结果。当 $\alpha = 0.05$ 时，你支持该杂志的说法吗？假设总体方差相等。

顾客消费金额的样本统计量

汉堡站	弗莱世界
$\bar{x}_1 = 5.46$ 美元	$\bar{x}_2 = 5.12$ 美元
$s_1 = 0.89$ 美元	$s_2 = 0.79$ 美元
$n_1 = 22$	$n_2 = 30$

15. **蓝蟹。** 一位海洋研究人员声称，来自一个地方的蓝蟹的胃内要比来自另一个地方的蓝蟹的胃内含有更多的鱼。来自地点 A 的 25 只蓝蟹样本的胃内平均含有 320 毫克鱼，标准差为 60 毫克。来自地点 B 的 15 只蓝蟹样本的胃内平均含有 280 毫克鱼，标准差为 80 毫克。当 $\alpha = 0.01$ 时，你支持这位海洋研究人员的说法吗？假设总体方差相等。

16. **黄鳍金枪鱼。** 一位海洋生物学家声称，在热带太平洋东部的两个区域，黄鳍金枪鱼的平均叉长（见下图）是不同的。在 A 区采集的 26 条黄鳍金枪鱼样本的平均叉长为 76.2 厘米，标准差为 16.5 厘米。在 B 区采集的 31 条黄鳍金枪鱼样本的平均叉长为 80.8 厘米，标准差为 23.4 厘米。当 $\alpha = 0.01$ 时，你支持这位海洋生物学家的说法吗？假设总体方差相等。

17. **年收入。** 一名政客声称，最近一年，南卡罗来纳州约克县的平均家庭收入高于阿拉巴马州埃尔莫尔县。在约克县，23 个居民样本的平均家庭收入为 64900 美元，标准差为 16000 美元。在埃尔莫尔县，19 名居民样本的平均家庭收入为 59500 美元，标准差为 23600 美元。当 $\alpha = 0.05$ 时，你支持这位政客的声明吗？假设总体方差不相等。

18. **年收入。** 一位总体统计研究人员声称，科罗拉多州伊格尔县和科罗拉多州博尔德县最近一年的平均家庭收入是相同的。在伊格尔县，18 个居民样本的平均家庭收入为 85400 美元，标准差为 26100 美元。在博尔德县，15 个居民样本的平均家庭收入为 83300 美元，标准差为 18200 美元。当 $\alpha = 0.10$ 时，你能拒绝这位总体统计学研究人员的说法吗？假设总体方差不相等。

19. **抗拉强度。** 金属的抗拉强度是金属纵向拉伸时抗撕裂能力的度量。处理的实验方法和传统方法产生了具有如下拉伸强度（牛顿/平方毫米）的钢筋。

实验方法：391 383 333 378 368 401 339 376 366 348。

传统方法：362 382 368 398 381 391 400 410 396

411 385 385 395 371。

当 $\alpha = 0.01$ 时，你支持处理的实验方法对钢筋的抗拉强度产生影响的说法吗？假设总体方差相等。

20. **抗拉强度**。一名工程师想要比较使用传统方法和实验方法生产的钢筋的抗拉强度。为此，这名工程师随机选择使用每种方法制造钢筋，且记录的抗拉强度如下（牛顿/平方毫米）。

    实验方法：395 389 421 394 407 411 389 402 422 416 402 408 400 386 411 405 389 410。

    传统方法：362 352 380 382 413 384 400 378 419 379 384 388 372 383。

    当 $\alpha = 0.10$ 时，工程师能否支持实验方法生产的钢筋具有更大的平均抗拉强度的声明？假设总体方差不相等。

21. **教学方法**。一种新阅读教学方法正在三年级学生中进行检验。一组三年级学生使用新课程进行教学，控制组的三年级学生使用旧课程进行教学。两组的阅读测验分数显示在背靠背的茎叶图中。

    ```
    旧课程              新课程
           9 | 3 |
          99 | 4 | 3
    9 8 8 4 3 2 1 | 5 | 2 4
    7 6 4 2 2 1 0 0 | 6 | 0 1 1 4 7 7 7 7 8 9
                  | 7 | 0 1 1 2 3 4 9
                  | 8 | 2 4
    ```

    主值：9|4|3 = 旧课程的49和新课程的43

    当 $\alpha = 0.10$ 时，是否有足够的证据支持新的阅读教学方法比旧方法产生更高的阅读测验分数的说法？假设总体方差相等。

22. **教学方法**。两种教学方法及其对科学考试成绩的影响正被检验。第一组学生使用传统实验方法教学，第二组学生使用交互式模拟软件教学。两组的科学测验分数显示在背靠背的茎叶图中。

    ```
         传统实验           交互式模拟软件
                     4 | 6 |
    9 9 8 8 7 6 6 3 2 1 0 | 7 | 0 4 5 5 7 7 8
          9 8 5 1 1 1 0 0 | 8 | 0 0 3 4 7 8 8 9 9
                    2 0 | 9 | 1 3 9
    ```

    主值：0|9|1 = 传统实验的90和交互式模拟软件的91

    当 $\alpha = 0.01$ 时，你能支持使用传统实验方法教学的学生的平均科学测验分数低于使用交互式

模拟软件教学的学生的说法吗？假设总体方差相等。

概念扩展

构建 $\mu_1 - \mu_2$ 的置信区间。若 $\bar{x}_1 - \bar{x}_2$ 的抽样分布近似为 t 分布，且总体方差不相等，则可以构建 $\mu_1 - \mu_2$ 的置信区间，如下所示：

$$(\bar{x}_1 - \bar{x}_2) - t_c \sqrt{s_1^2/n_1 + s_2^2/n_2} < \mu_1 - \mu_2$$
$$< (\bar{x}_1 - \bar{x}_2) + t_c \sqrt{s_1^2/n_1 + s_2^2/n_2}$$

式中，d.f.是 $n_1 - 1$ 和 $n_2 - 1$ 中的较小者。

在习题23和24中，构建 $\mu_1 - \mu_2$ 的置信区间。假设总体是近似正态分布的，且方差不相等。

23. **万米赛跑**。为了比较男性和女性参赛者在万米赛跑中的平均完成时间，你可以从两种性别中随机选择几个完成时间，结果如下所示。为赛跑中男性和女性参赛者的平均完成时间之差构建一个80%的置信区间。

    万米赛跑参赛者的完成时间的样本统计量

男 性	女 性
$\bar{x}_1 = 65.8$ 分钟	$\bar{x}_2 = 65.3$ 分钟
$s_1 = 34.1$ 分钟	$s_2 = 17.7$ 分钟
$n_1 = 20$	$n_2 = 18$

24. **高尔夫**。为了比较两位高尔夫球手的平均击球距离，可以选择每位高尔夫球手的几次击球，结果如下所示。为两位高尔夫球手平均击球距离之差构建一个90%的置信区间。

    击球距离的样本统计量

高尔夫球手 1	高尔夫球手 2
$\bar{x}_1 = 267$ 码	$\bar{x}_2 = 244$ 码
$s_1 = 6$ 码	$s_2 = 12$ 码
$n_1 = 9$	$n_2 = 5$

构建 $\mu_1 - \mu_2$ 的置信区间。当 $\bar{x}_1 - \bar{x}_2$ 的抽样分布近似为 t 分布，且总体具有相等的方差时，可以构建 $\mu_1 - \mu_2$ 的置信区间，如下所示：

$$(\bar{x}_1 - \bar{x}_2) - t_c \hat{\sigma} \cdot \sqrt{1/n_1 + 1/n_2} < \mu_1 - \mu_2$$
$$< (\bar{x}_1 - \bar{x}_2) + t_c \hat{\sigma} \cdot \sqrt{1/n_1 + 1/n_2}$$

式中，$\hat{\sigma} = \sqrt{\dfrac{(n_1-1)s_1^2 + (n_2-1)s_2^2}{n_1 + n_2 - 2}}$，d.f. $= n_1 + n_2 - 2$。

在习题25和26中，构造 $\mu_1 - \mu_2$ 的置信区间。假设总体是方差相等的近似正态分布。

25. **家庭医生**。为了比较两个大城市家庭医生的平

均等待天数，在每个城市随机选择几个与家庭医生有预约的人，结果如下所示。为两个城市等待看家庭医生的平均天数之差构建一个 90% 的置信区间。

等待看家庭医生的天数的样本统计量

迈阿密	西雅图
$\bar{x}_1 = 28$ 天	$\bar{x}_2 = 26$ 天
$s_1 = 39.7$ 天	$s_2 = 42.4$ 天
$n_1 = 20$	$n_2 = 17$

26. **万米赛跑。** 为了比较万米赛跑中男性和女性参赛者的平均年龄，可以从两种性别中随机选择几个年龄，结果如下所示。为男性和女性参赛者的平均年龄之差构建一个 95% 的置信区间。

万米赛跑参赛者的年龄的样本统计量

男性	女性
$\bar{x}_1 = 40$ 年	$\bar{x}_2 = 39$ 年
$s_1 = 12.3$ 年	$s_2 = 14.5$ 年
$n_1 = 20$	$n_2 = 18$

蛋白质如何影响暴饮暴食者的体重

在《美国医学会杂志》上发表的一项研究中，三组 18～35 岁的参与者在 8 周内吃得过多。这些小组在饮食中摄入了不同水平的蛋白质。低蛋白组为 5% 的蛋白质，正常蛋白组为 15% 的蛋白质，高蛋白组为 25% 的蛋白质。研究发现，低蛋白组比正常蛋白组或高蛋白组增加的体重要少得多。假设你是一名在健康研究公司工作的科学家，公司想让你重复这个实验。你在 8 周内进行了一次类似的实验，实验结果如右所示。

	低蛋白组	正常蛋白组	高蛋白组
体重增加（8 周后）	$\bar{x}_1 = 6.8$ 磅	$\bar{x}_2 = 13.5$ 磅	$\bar{x}_3 = 14.2$ 磅
	$s_1 = 1.7$ 磅	$s_2 = 2.5$ 磅	$s_3 = 2.1$ 磅
	$n_1 = 12$	$n_2 = 16$	$n_3 = 15$

习题

在习题 01～03 中，进行双样本 t 检验，确定两项研究的平均体重增加是否不同。假设总体呈正态分布且总体方差相等。对于每个习题，将你的结论写成一句话。使用 $\alpha = 0.05$。

01. 检验低蛋白组与正常蛋白组的体重增加情况。
02. 检验低蛋白组和高蛋白组的体重增加情况。
03. 检验正常蛋白质组与高蛋白质组的体重增加情况。
04. 在习题 01～03 的哪些比较中，你发现了体重增加之差？写下你的发现。
05. 构建 $\mu_1 - \mu_2$ 的 95% 置信区间，其中 μ_1 是正常蛋白组的平均体重增加，μ_2 是高蛋白组的平均体重增加。假设总体呈正态分布且总体方差相等（见 8.2 节习题中的概念扩展）。

8.3 检验均值之差（相关样本）

学习目标
▶ 执行 t 检验以检验配对数据总体之差的均值

8.3.1 均值之差的 t 检验

8.1 节和 8.2 节使用检验统计量 $\bar{x}_1 - \bar{x}_2$（两个样本均值之差）对独立样本进行了双样本假设检验。为了对相关样本执行双样本假设检验，需要使用不同的技术。首先求每个数据对的差值 d：

$$d = 第一个样本中的数据项 - 第二个样本中的相应数据项$$

检验统计量是这些差值的均值 $\bar{d}$，即

$$\bar{d} = \frac{\sum d}{n}$$

执行该检验需要如下条件：
1. 样本是随机抽取的。

2．样本是相关的（成对的）。
3．总体呈正态分布，或者数据对的数量 n 至少为 30。

提示：回顾 8.1 节可知，当一个样本的每个成员对应于另一个样本的成员时，两个样本是相关的。

当满足这些条件时，相关样本中成对数据项的差的均值 $\bar{d}$ 的抽样分布就由有 $n-1$ 个自由度的 t 分布来近似，其中 n 是数据对的数量。

下表中列出的符号用于 μ_d 的 t 检验。虽然给出了差的均值和标准差的公式，但你应使用软件来计算这些统计量。

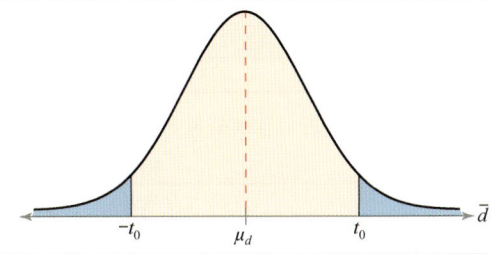

符号	说明
n	数据对的数量
d	数据对中数据项之差
μ_d	总体中配对数据之差的假设均值
$\bar{d}$	非独立样本中成对数据项之差的均值，$\bar{d} = \dfrac{\sum d}{n}$
s_d	相关样本中成对数据项之差的标准差，$s_d = \sqrt{\dfrac{\sum(d-\bar{d})^2}{n-1}}$

提示：也可使用替代公式 $s_d = \sqrt{\dfrac{\sum d^2 - \left[(\sum d)^2 / n\right]}{n-1}}$ 来计算成对数据项之差的标准差。

当使用 t 分布来近似 $\bar{d}$（成对数据项之差的均值）的抽样分布时，可以使用 t 检验来检验关于成对数据总体之差的均值的声明。

均值之差的 t 检验

当满足如下条件时，可以使用 t 检验来检验两个总体均值之差：
1．样本是随机的。
2．样本是相关的（成对的）。
3．总体呈正态分布或 $n \geq 30$。

检验统计量为

$$\bar{d} = \frac{\sum d}{n}$$

标准化检验统计量为

$$t = \frac{\bar{d} - \mu_d}{s_d / \sqrt{n}}$$

自由度为 $\text{d.f.} = n-1$。

描绘世界

一种食欲抑制剂的制造商声称，他们的产品在低脂肪饮食和定期运动的情况下服用 4 个月后，平均体重减轻了 20 磅。为了验证这一说法，你研究了 12 个随机选择的人，他们服用了 4 个月的食欲抑制剂。在 4 个月的时间里，每个人都遵循低脂肪饮食和有规律的运动，结果如下表所示。

服用食欲抑制剂的 12 人的体重（磅）

	原体重	4 个月后的体重		原体重	4 个月后的体重
1	185	168	3	213	196
2	194	177	4	198	180

（续表）

	原 体 重	4个月后的体重		原 体 重	4个月后的体重
5	244	229	9	178	161
6	162	144	10	192	178
7	211	197	11	181	161
8	273	252	12	209	193

当 $\alpha = 0.10$ 时，你的研究是否提供了足够的证据来拒绝制造商的声明？假设体重呈正态分布。

指南 对均值之差使用 t 检验（相关样本）

文字表述	符号表述
1. 验证样本是随机的和相关的，且总体呈正态分布或 $n \geq 30$	
2. 以数学方式和口头方式陈述声明，确定原假设和备择假设	陈述 H_0 和 H_a
3. 指定显著性水平	确定 α
4. 确定自由度	d.f. $= n - 1$
5. 确定临界值	使用附录 B 中的表 5
6. 确定拒绝区域	
7. 计算 $\bar{d}$ 和 s_d	$\bar{d} = \dfrac{\sum d}{n}$, $s_d = \sqrt{\dfrac{\sum(d - \bar{d})^2}{n-1}}$
8. 求标准化检验统计量，并画出抽样分布图	$t = \dfrac{\bar{d} - \mu_d}{s_d / \sqrt{n}}$
9. 做出拒绝原假设或拒绝原假设失败的决定	若 t 在拒绝区域内，则拒绝 H_0，否则拒绝 H_0 失败
10. 在原声明背景下解释该决定	

提示：为了简化 t 的计算，可以将 $\bar{d}$ 和 s_d 的值四舍五入到小数点后四位，如例题 1 和例题 2 所示。

【例题 1】均值之差的 t 检验

一家高尔夫指导和球杆安装公司声称，打高尔夫球的人可以通过向他们的教练学习来提高（降低）平均高尔夫成绩。随机选择的 8 名打高尔夫球的人的平均高尔夫成绩是在该公司的一名教练授课前后确定的，结果如下表所示。当 $\alpha = 0.10$ 时，是否有足够的证据支持公司的声明？假设高尔夫平均成绩呈正态分布。

人	1	2	3	4	5	6	7	8
平均高尔夫成绩（授课前）	96	95	95	99	87	104	105	94
平均高尔夫成绩（授课后）	89	90	95	94	91	100	103	100

解答：

因为样本是随机的和相关的，且总体呈正态分布，所以可以使用 t 检验。声明是"打高尔夫球的人可以提高（降低）他们的平均高尔夫成绩"，换句话说，该公司声称，一个人在授课前的平均高尔夫成绩将高于授课后的平均高尔夫成绩。每个差值都由下式给出：

$$d = 授课前的成绩 - 授课后的成绩$$

原假设和备择假设是 $H_0: \mu_d \leq 0$ 和 $H_a: \mu_d > 0$（声明）。

因为该检验是右尾检验，$\alpha = 0.10$，且 d.f. $= 8 - 1 = 7$，所以临界值为 $t_0 = 1.415$。拒绝区域为 $t > 1.415$。使用右表，可以计算 $\bar{d}$ 和 s_d，如下所示。

授课前	授课后	d	d^2
76	89	7	49
95	90	5	25
95	95	0	0
99	94	5	25
87	91	−4	16
104	100	4	16
105	103	2	4
94	100	−6	36
		$\Sigma = 13$	$\Sigma = 171$

注意，备择公式用于计算标准差，

$$\bar{d} = \frac{\sum d}{n} = \frac{13}{8} = 1.625$$

$$s_d = \sqrt{\frac{\sum d^2 - [(\sum d)^2/n]}{n-1}} = \sqrt{\frac{171 - 13^2/8}{8-1}} \approx 4.6272$$

标准化检验统计量为

$$t = \frac{\bar{d} - \mu_d}{s_d/\sqrt{n}} \approx \frac{1.625 - 0}{4.6272/\sqrt{8}} \approx 0.9933$$

右图显示了拒绝区域的位置和标准化检验统计量 t。因为 t 不在拒绝区域内，所以拒绝原假设失败。

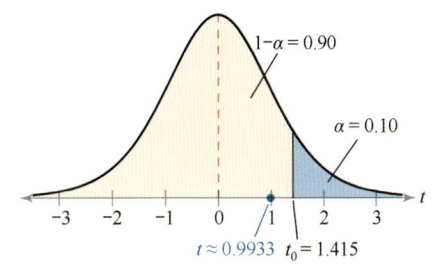

解释：在 10% 的显著性水平上，没有足够的证据支持高尔夫指导和球杆安装公司的说法。

提示：还可以使用 P 值来执行均值之差的假设检验。例如，在例题 1 中，可以在 MINITAB 中输入数据并求得 $P = 0.177$。因为 $P > \alpha$，所以拒绝原假设失败。

自测题 1

一家高尔夫指导和球杆安装公司声称，打高尔夫球的人可以通过使用该公司新设计的高尔夫球杆来提高（降低）平均高尔夫成绩。在使用该公司新设计的高尔夫球杆之前和之后，随机选择的 8 个打高尔夫球的人的平均高尔夫成绩是确定的，结果如下表所示。当 $\alpha = 0.10$ 时，是否有足够的证据支持该公司的声明？假设高尔夫平均成绩呈正态分布。

人	1	2	3	4	5	6	7	8
平均高尔夫成绩（使用新设计的高尔夫球杆前）	89	84	96	82	74	92	85	91
平均高尔夫成绩（使用新设计的高尔夫球杆后）	83	83	92	84	76	91	80	91

注意，许多广告误用了统计结果。例如，统计结果可能会被误用，因为它暗示了一种未经检验证实的因果关系。

【例题 2】均值之差的 t 检验

州议员的竞选工作人员希望确定议员的绩效评分（0～100）从去年到今年是否发生变化。下表显示了去年和今年随机选出的 16 名选民对议员表现的评分。当 $\alpha = 0.05$ 时，是否有足够的证据表明议员的绩效评分发生了变化？假设绩效评分呈正态分布。

投 票 人	1	2	3	4	5	6	7	8	9	10	11	12	13	14	15	16
评分（去年）	60	54	78	84	91	25	50	65	68	81	75	45	62	79	58	63
评分（今年）	54	46	68	58	83	38	38	53	78	72	76	48	48	83	51	58

解答：

因为样本是随机的和相关的，且总体呈正态分布，所以可以使用 t 检验。如果议员的评分有变化，那么去年的评分和今年的评分就会有差异。因为议员想要确定是否存在差异，所以原假设和备择假设是

$$H_0: \mu_d = 0 \text{ 和 } H_a: \mu_d \neq 0 \text{（声明）}$$

因为该检验是双尾检验，$\alpha = 0.05$，d.f. $= 16 - 1 = 15$，所以临界值为 $-t_0 = -2.131$ 和 $t_0 = 2.131$。拒绝区域为 $t < -2.131$ 和 $t > 2.131$。使用下表可以计算 $\bar{d}$ 和 s_d，如下所示。

之前	之后	d	d^2	之前	之后	d	d^2
60	54	6	36	81	72	9	81
54	46	8	64	75	76	−1	1
78	68	10	100	45	48	−3	9
84	58	26	676	62	48	14	196
91	83	8	64	79	83	−4	16
25	38	−13	168	58	51	7	49
50	38	12	144	63	58	5	25
65	53	12	144				
68	78	−10	100			$\Sigma=86$	$\Sigma=1874$

$$\bar{d} = \frac{\sum d}{n} = \frac{86}{16} = 5.375$$

$$s_d = \sqrt{\frac{\sum d^2 - [(\sum d)^2/n]}{n-1}} = \sqrt{\frac{1874 - 86^2/16}{16-1}} \approx 9.7014$$

标准化检验统计量为

$$t = \frac{\bar{d} - \mu_d}{s_d/\sqrt{n}} \approx \frac{5.375 - 0}{9.7014/\sqrt{16}} \approx 2.216$$

可以使用 STATCRUNCH 来检验该结果，如下所示。

STATCRUNCH

Paired T hypothesis test:
$\mu_D = \mu_1 - \mu_2$: Mean of the difference between Last year and This year
H_0: $\mu_D = 0$
H_A: $\mu_D \neq 0$

Hypothesis test results:

Difference	Mean	Std. Err.	DF	T-Stat	P-value
Last year–This year	5.375	2.4253436	15	2.2161808	0.0426

右图显示了拒绝区域的位置和标准化检验统计量 t。因为 t 在拒绝区域内，因此拒绝了原假设。

解释：在 1% 的显著性水平上，有足够的证据表明议员的绩效评分发生了变化。

自测题 2

一位医学研究人员想要确定一种药物是否会改变人体的体温。随机选择 7 名被试，并测量每人的体温（℉）。然后给被试服用药物，20 分钟后，再次测量每人的体温。结果如下所示。当 $\alpha = 0.05$ 时，是否有足够的证据表明药物改变了体温？假设体温呈正态分布。

被试	1	2	3	4	5	6	7
第一次体温	101.8	98.5	98.1	99.4	98.9	100.2	97.9
第二次体温	99.2	98.4	98.2	99.0	98.6	99.7	97.8

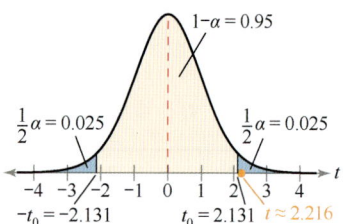

8.3.2 习题

培养基本技能和词汇

01. 对于配对数据总体之差的均值，使用相关样本 t 检验的必要条件是什么？

02. 说明符号 $\bar{d}$ 和 s_d 代表什么。

在习题 03～08 中，检验显著性水平为 α 的配对数据总体之差的均值。假设样本是随机的和相关的，且总体呈正态分布。

03. 声明：$\mu_d < 0$，$\alpha = 0.05$；样本统计量：$\bar{d} = 1.5$，$s_d = 3.2$，$n = 14$。

04. 声明：$\mu_d = 0$，$\alpha = 0.01$；样本统计量：$\bar{d} = 3.2$，$s_d = 8.45$，$n = 8$。

05. 声明：$\mu_d \leq 0$，$\alpha = 0.10$；样本统计量：$\bar{d} = 6.5$，$s_d = 9.54$，$n = 16$。

06. 声明：$\mu_d > 0$，$\alpha = 0.05$；样本统计量：$\bar{d} = 0.55$，$s_d = 0.99$，$n = 28$。

07. 声明：$\mu_d \geq 0$，$\alpha = 0.01$；样本统计量：$\bar{d} = -2.3$，$s_d = 1.2$，$n = 15$。

08. 声明：$\mu_d \neq 0$，$\alpha = 0.10$；样本统计量：$\bar{d} = -1$，$s_d = 2.75$，$n = 20$。

使用和解释概念

检验两个均值之差。在习题 09～20 中，(a)确定声明并陈述 H_0 和 H_a；(b)求临界值并确定拒绝区域；(c)计算 $\bar{d}$ 和 s_d；(d)求标准化检验统计量 t；(e)决定是否拒绝原假设；(f)在原声明背景下解释所做的决定。假设样本是随机的和相关的，且总体呈正态分布。

09. **偏头痛。**一名研究人员声称，注射奥纳毒素 A 可以减少慢性偏头痛患者每月头痛的天数。下表显示了慢性偏头痛患者使用该疗法前后患偏头痛的天数。当 $\alpha = 0.01$ 时，是否有足够的证据支持门该研究人员的说法？

患 者	1	2	3	4	5	6	7	8	9
天数（之前）	20	17	15	27	22	18	25	20	27
天数（之后）	0	15	14	14	6	1	4	5	
患 者	10	11	12	13	14	15	16	17	18
天数（之前）	24	22	15	31	25	19	15	16	
天数（之后）	13	2	12	3	10	7	14	0	15

10. **道琼斯股票。**一位股票市场分析师声称，道琼斯工业平均指数从前一天的收盘价到当前价下跌了。下表显示了随机选择的 7 只股票的价格（美元/股）。当 $\alpha = 0.01$ 时，是否有足够的证据支持该分析师的说法？

股 票	1	2	3	4	5	6	7
收盘价	199.93	323.26	220.74	136.95	243.22	411.86	279.93
当前价	198.27	318.54	219.32	137.32	244.28	409.95	276.60

11. **SAT 成绩。**一位 SAT 预备课程的讲师声称，该课程将提高学生的考试成绩。下表显示了 10 名学生前两次参加 SAT 考试的批判性阅读成绩。在第二次参加 SAT 考试之前，学生们参加了讲师的课程，试图提高他们的批判性阅读 SAT 成绩。当 $\alpha = 0.01$ 时，是否有足够的证据支持该讲师的说法？

学 生	1	2	3	4	5	6	7	8	9	10
第一次得分	300	450	350	430	300	470	420	370	320	410
第二次得分	400	520	400	490	340	580	450	400	390	450

12. **间歇训练。**一位研究人员声称，短跑间歇训练可以提高受过训练的运动员的跑步成绩。下表显示了受过训练的运动员在 6 次短跑间歇训练之前和之后的最大有氧速度（MAS），单位为千米/小时。当 $\alpha = 0.10$ 时，是否有足够的证据支持该研究人员的说法？

运 动 员	1	2	3	4	5	6	7	8
训练前的 MAS	18.5	17.0	12.5	16.5	16.0	13.0	17.5	15
训练后的 MAS	18.5	16.5	13.0	16.5	17.5	14.0	18.0	15.5

13. **击球率。**一位教练声称，棒球诊所将帮助球员提高击球率。下表显示了 14 名球员就诊前和就诊后两个月的击球率。当 $\alpha = 0.05$ 时，是否有足够的证据支持该教练的说法？

球员	1	2	3	4	5	6	7
击球率（就诊前）	0.290	0.275	0.278	0.310	0.302	0.325	0.256
击球率（就诊后）	0.295	0.320	0.280	0.300	0.298	0.330	0.260
球员	8	9	10	11	12	13	14
击球率（就诊前）	0.350	0.380	0.316	0.270	0.300	0.330	0.340
击球率（就诊后）	0.345	0.380	0.315	0.280	0.282	0.336	0.325

14. **治疗胶带**。物理治疗师声称，使用一种特殊的治疗胶带可以减轻慢性网球肘患者的疼痛。下表显示了 15 名慢性网球肘患者在保持 1 千克体重时的疼痛程度，范围为 0～10，其中 0 表示无疼痛，10 表示极疼痛。当 $\alpha = 0.05$ 时，是否有足够的证据支持该治疗师的说法？

患 者	1	2	3	4	5	6	7	8
疼痛程度（贴胶带前）	7	7	4	4	8	5	3	9
疼痛程度（贴胶带后）	3	5	1	1	4	0	0	5
患 者	9	10	11	12	13	14	15	
疼痛程度（贴胶带前）	3	1	1	3	5	4	2	
疼痛程度（贴胶带后）	0	0	3	2	3	1	3	

15. **汽油价格**。一名记者声称，美国汽油价格从 2021 年 5 月至 6 月上涨。下表显示了 2021 年 5 月和 6 月期间随机选择的 12 个美国加油站的无铅汽油价格（美元/加仑）。当 $\alpha = 0.005$ 时，是否有足够的证据支持该记者的说法？

加 油 站	1	2	3	4	5	6
5 月价格	3.19	2.92	2.95	3.02	2.90	2.90
6 月价格	3.19	2.97	2.99	3.09	2.88	2.95
加 油 站	7	8	9	10	11	12
5 月价格	2.91	2.91	3.01	3.05	2.92	2.93
6 月价格	2.90	2.96	3.03	3.09	2.91	2.98

16. **初级工资**。一位职业顾问声称，在得克萨斯州达拉斯市，初级接待员比初级客户支持代表挣得更多。下表显示了在达拉斯随机选择的 7 家公司的初级客户支持代表和接待员的工资（美元）。当 $\alpha = 0.005$ 时，是否有足够的证据支持该职业顾问的说法？

公 司	1	2	3	4	5	6	7
客户支持代表工资	26000	28750	26260	30130	32200	23500	26675
接待员工资	31550	30740	30380	28040	28550	29960	28420

17. **产品评分**。一家公司声称其产品评分（0～10）从去年到今年发生了变化。下表显示了该公司去年和今年来自相同 8 位消费者的产品评分。当 $\alpha = 0.05$ 时，是否有足够的证据支持该公司的声明？

消 费 者	1	2	3	4	5	6	7	8
去年评分	5	7	2	3	9	10	8	7
今年评分	5	9	4	6	9	9	9	8

18. **传球成功率**。随机选择的 10 支 NCAA 1A 级大学足球队在 2020—2021 赛季主客场比赛中的传球成功率如下表所示。当 $\alpha = 0.20$ 时，是否有足够的证据支持主客场比赛传球成功率不同的说法？

大 学	1	2	3	4	5	6	7	8	9	10
主场传球成功率	54.3	48.1	44.7	40.8	45.4	46.3	53.7	37.9	73.1	40.7
客场传球成功率	52.9	59.3	47.6	43.2	46.8	42.6	49.9	44.6	49.6	40.2

19. **胆固醇水平**。一家食品制造商声称，将其新型谷物作为日常饮食的一部分，可以降低血液总胆固醇水平。下表显示了 7 名患者在食用谷物前和食用谷物一年后的血液总胆固醇水平（毫克/分升）。当 $\alpha = 0.05$ 时，是否有足够的证据支持食品制造商的说法？

患 者	1	2	3	4	5	6	7
总胆固醇水平（前）	210	225	240	250	255	270	235
总胆固醇水平（后）	200	220	245	248	252	268	232

20. **障碍赛**。在一个电视节目中，8 名参赛者为了赢得现金奖励，试图减掉最高百分比的体重。作为表演的一部分，选手们在跑障碍赛时要计时。下表显示了参赛者在比赛开始和比赛结束时的时间（秒）。当 $\alpha = 0.01$ 时，是否有足够的证据支持参赛者的时间已改变的说法？

参赛者	1	2	3	4	5	6	7	8
时间（开始）	130.2	104.8	100.1	136.4	125.9	122.6	150.4	158.2
时间（结束）	121.5	100.7	90.2	135.0	112.1	120.5	139.8	142.9

概念扩展

21. 在习题 15 中，使用软件对 P 值执行假设检验。将你的结果与使用拒绝区域获得的结果进行比较。它们一样吗？

22. 在习题 18 中，使用软件对 P 值执行假设检验。将你的结果与使用拒绝区域获得的结果进行比较。它们一样吗？

构建 μ_d 的置信区间。为了构建 μ_d 的置信区间，可

使用不等式 $\bar{d} - t_c \dfrac{s_d}{\sqrt{n}} < \mu_d < \bar{d} + t_c \dfrac{s_d}{\sqrt{n}}$。在习题 23 和 24 中，构建 μ_d 的置信区间，假设总体呈正态分布。

23. **药物检验**。一位睡眠障碍专家想要检验一种新药的有效性，据报道，这种新药可以增加患者夜间的睡眠时间。为此，专家随机选择了 16 名患者，并记录了每名患者在服用和不服用新药的情况下的睡眠时间。下表显示了两个晚上的研究结果。构建 μ_d 的 90% 置信区间。

患 者	1	2	3	4	5	6	7	8
睡眠时间（未服用）	1.8	2.0	3.4	3.5	3.7	3.8	3.9	3.9
睡眠时间（服用）	3.0	3.6	4.0	4.4	4.5	5.5	5.5	5.7
患 者	9	10	11	12	13	14	15	16
睡眠时间（未服用）	4.0	4.9	5.1	5.2	5.0	4.5	4.2	4.7
睡眠时间（服用）	6.2	6.3	6.6	7.8	7.2	6.5	5.6	5.9

24. **草药检验**。一位睡眠障碍专家想要检验草药是否会增加患者夜间的睡眠时间。为此，专家随机选择了 14 名患者，并记录了每名患者在服用和不服用药物的情况下的睡眠时间。下表显示了两个晚上的研究结果。构建 μ_d 的 95% 置信区间。

患 者	1	2	3	4	5	6	7
睡眠时间（未服用）	1.0	1.4	3.4	3.7	5.1	5.1	5.2
睡眠时间（服用）	2.9	3.3	3.5	4.4	5.0	5.0	5.2
患 者	8	9	10	11	12	13	14
睡眠时间（未服）	5.3	5.5	5.8	4.2	4.8	2.9	4.5
睡眠时间（服用）	5.3	6.0	6.5	4.4	4.7	3.1	4.7

8.4 检验比例之差

学习目标
▶ 对两个总体比例 p_1 和 p_2 之差进行双样本 z 检验

8.4.1 比例之差的双样本 z 检验

本节介绍如何使用 z 检验来检验两个总体比例 p_1 和 p_2 之差（使用每个总体的样本比例）。若声明是关于两个总体参数 p_1 和 p_2 的，则一些可能的原假设和备择假设对是

$$\begin{cases} H_0: p_1 = p_2 \\ H_a: p_1 \neq p_2 \end{cases}, \quad \begin{cases} H_0: p_1 \leq p_2 \\ H_a: p_1 > p_2 \end{cases} \text{ 和 } \begin{cases} H_0: p_1 \geq p_2 \\ H_a: p_1 < p_2 \end{cases}$$

提示：还可以写出如下所示的原假设和备择假设：

$$\begin{cases} H_0: p_1 - p_2 = 0 \\ H_a: p_1 - p_2 \neq 0 \end{cases}, \quad \begin{cases} H_0: p_1 - p_2 \leq 0 \\ H_a: p_1 - p_2 > 0 \end{cases} \text{ 和 } \begin{cases} H_0: p_1 - p_2 \geq 0 \\ H_a: p_1 - p_2 < 0 \end{cases}$$

无论使用哪种假设，总是假设总体比例之间没有差异（$p_1 = p_2$）。

例如，假设要确定在四年内获得理学学士学位的大学生的比例是否与在四年内获得文学学士学位的大学生的比例不同。下面这些条件是使用 z 检验来检验这种差异所必需的：

1. 样本是随机抽取的。
2. 样本是独立的。
3. 样本大到足以使用正态抽样分布。也就是说，有 $n_1 p_1 \geq 5, n_1 q_1 \geq 5, n_2 p_2 \geq 5$ 和 $n_2 q_2 \geq 5$。

提示：下表中的符号用于 $p_1 - p_2$ 的 z 检验。参见 4.2 节和 5.5 节，查看二项分布。

符 号	说 明
p_1, p_2	总体比例
x_1, x_2	每个样本中的成功次数

(续表)

符 号	说 明
n_1, n_2	每个样本的大小
$\hat{p}_1, \hat{p}_2$	成功的样本比例
$\overline{p}$	$\hat{p}_1$ 和 $\hat{p}_2$ 的加权估计
$\overline{q}$	q_1 和 q_2 的加权估计，$\overline{q}=1-\overline{p}$

当满足这些条件时，样本比例之差 $\hat{p}_1-\hat{p}_2$ 的抽样分布为正态分布，均值为 $\mu_{\hat{p}_1-\hat{p}_2}=p_1-p_2$，标准误差为 $\sigma_{\hat{p}_1-\hat{p}_2}=\sqrt{\dfrac{p_1q_1}{n_1}+\dfrac{p_2q_2}{n_2}}$。

注意，需要知道总体比例才能计算标准误差。因为 p_1-p_2 的假设检验基于假设 $p_1=p_2$，所以可以使用 $\overline{p}=\dfrac{x_1+x_2}{n_1+n_2}$ 来计算 p_1 和 p_2 的加权估计值，其中 $x_1=n_1\hat{p}_1$，$x_2=n_2\hat{p}_2$。利用加权估计 $\overline{p}$，$\hat{p}_1-\hat{p}_2$ 的抽样分布的标准误差为 $\sigma_{\hat{p}_1-\hat{p}_2}=\sqrt{\overline{p}\,\overline{q}(1/n_1+1/n_2)}$，其中 $\overline{q}=1-\overline{p}$。

此外，还需要知道总体比例，以验证样本量是否大到足以用正态分布来近似。但是，在确定 z 检验是否可用于二项实验的比例之差时，应使用 $\overline{p}$ 代替 p_1 和 p_2，使用 $\overline{q}$ 代替 q_1 和 q_2。

当 $\hat{p}_1-\hat{p}_2$ 的抽样分布为正态分布时，可用双样本 z 检验来检验两个总体比例 p_1 和 p_2 之差。

比例之差的双样本 z 检验

当满足如下条件时，使用双样本 z 检验来检验两个总体比例 p_1 和 p_2 之差：

1. 样本是随机的。
2. 样本是独立的。
3. $n_1\overline{p}$，$n_1\overline{q}$，$n_2\overline{p}$ 和 $n_2\overline{q}$ 至少为 5。

检验统计量为 $\hat{p}_1-\hat{p}_2$，标准化检验统计量为

$$z=\dfrac{(\hat{p}_1-\hat{p}_2)-(p_1-p_2)}{\sqrt{\overline{p}\,\overline{q}(1/n_1+1/n_2)}}$$

式中，$\overline{p}=\dfrac{x_1+x_2}{n_1+n_2}$，$\overline{q}=1-\overline{p}$。

若原假设声称 $p_1=p_2$，$p_1\leq p_2$ 或 $p_1\geq p_2$，则 $p_1=p_2$ 是假设的，且在前面的检验中 p_1-p_2 等于 0。

描绘世界

一个医学研究小组进行了一项研究——检验服用维生素 D 是否能降低心脏手术后急性肾损伤（AKI）的发生率。在这项研究中，50 名患者服用了维生素 D，61 名患者服用了安慰剂，结果如右图所示。

当 $\alpha=0.05$ 时，你是否支持服用维生素 D 可以降低心脏手术后 AKI 发生率的说法？

指南 对比例之差使用双样本 z 检验

文字表述	符号表述
1. 验证样本是随机的和独立的	
2. 求 p_1 和 p_2 的加权估计。验证 $n_1\overline{p}$，$n_1\overline{q}$，$n_2\overline{p}$ 和 $n_2\overline{q}$ 至少为 5	$\overline{p}=\dfrac{x_1+x_2}{n_1+n_2}$，$\overline{q}=1-\overline{p}$
3. 以数学和口头方式陈述声明，确定原假设和备择假设	陈述 H_0 和 H_a
4. 指定显著性水平	确定 α

(续表)

文字表述	符号表述
5. 确定临界值	使用附录 B 中的表 4
6. 确定拒绝区域	
7. 求标准化检验统计量并画出抽样分布图	$z = \dfrac{(\hat{p}_1 - \hat{p}_2) - (p_1 - p_2)}{\sqrt{\bar{p}\,\bar{q}(1/n_1 + 1/n_2)}}$
8. 做出拒绝原假设或拒绝原假设失败的决定	如果 z 在拒绝区域内，则拒绝 H_0，否则拒绝 H_0 失败
9. 在原声明背景下解释该决定	

还可使用 P 值来执行比例之差的假设检验。使用上面的指南，跳过步骤 5 和 6。求出标准化检验统计量后，使用附录 B 中的表 4 计算 P 值。然后决定是拒绝原假设还是拒绝原假设失败。如果 P 小于或等于 α，则拒绝 H_0，否则拒绝 H_0 失败。

提示： 要求 x_1 和 x_2，可使用 $x_1 = n_1 \hat{p}_1$ 和 $x_2 = n_2 \hat{p}_2$。

【例题 1】比例之差的双样本 z 检验

一项针对在华盛顿州随机选择的 200 名驾驶员和在佛蒙特州随机选择的 250 名驾驶员的研究显示，华盛顿州 93.0% 的驾驶员和佛蒙特州 88.8% 的驾驶员开车时系安全带（如右表所示）。当 $\alpha = 0.10$ 时，你能拒绝华盛顿州和佛蒙特州开车时系安全带的人数比例相同的说法吗？

安全带使用的样本统计量

华盛顿州	佛蒙特州
$n_1 = 200$	$n_2 = 250$
$\hat{p}_1 = 0.930$	$\hat{p}_2 = 0.888$
$x_1 = 186$	$x_2 = 222$

解答：

样本是随机的和独立的。此外，p_1 和 p_2 的加权估计为

$$\bar{p} = \frac{x_1 + x_2}{n_1 + n_2} = \frac{186 + 222}{200 + 250} = \frac{408}{450} \approx 0.9067$$

$\bar{q}$ 的值为 $\bar{q} = 1 - \bar{p} \approx 1 - 0.9067 = 0.0933$。因为 $n_1 \bar{p} \approx 200 \times 0.9067$，$n_1 \bar{q} \approx 200 \times 0.0933$，$n_2 \bar{p} \approx 250 \times 0.9067$ 和 $n_2 \bar{q} \approx 250 \times 0.0933$ 都至少为 5，所以可以使用双样本 z 检验。声明是"华盛顿州和佛蒙特州开车时系安全带的人数比例是一样的"，因此原假设和备择假设是

$H_0: p_1 = p_2$（声明）和 $H_a: p_1 \neq p_2$

因为检验是双尾的，显著性水平为 $\alpha = 0.10$，所以临界值为 $-z_0 = -1.645$ 和 $z_0 = 1.645$。拒绝区域为 $z < -1.645$ 和 $z > 1.645$。标准化检验统计量为

$$z = \frac{(\hat{p}_1 - \hat{p}_2) - (p_1 - p_2)}{\sqrt{\bar{p}\,\bar{q}(1/n_1 + 1/n_2)}} \approx \frac{(0.930 - 0.888) - 0}{\sqrt{0.9067 \times 0.0933(1/200 + 1/250)}} \approx 1.52$$

右图显示了拒绝区域的位置和标准化检验统计量 z。因为 z 不在拒绝区域中，所以拒绝原假设失败。

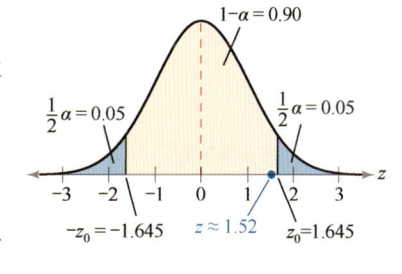

解释： 在 10% 的显著性水平上，没有足够的证据来拒绝华盛顿州和佛蒙特州开车时系安全带的人数比例相同的说法。

自测题 1

考虑关于练瑜伽的研究结果。当 $\alpha = 0.05$ 时，你支持 40～49 岁练瑜伽的人的比例和 40～49 岁不练瑜伽的人的比例之间存在差异的说法吗？

第 8 章 双样本假设检验 287

【例题 2】比例之差的双样本 z 检验

一个医学研究小组进行了一项研究，以检验一种药物治疗创伤后应激障碍（PTSD）患者的效果（如右表所示）。研究结束后，研究人员发现，在随机选择的 42 名服用药物的被试中，有 28 名不再符合 PTSD 的诊断标准。在随机选择的 37 名服用安慰剂的被试中，有 12 名不再符合 PTSD 的诊断标准。当 $\alpha = 0.01$ 时，能否支持 PTSD 诊断标准中服用药物的患者比服用安慰剂的患者降低率更高的说法？

创伤后应激障碍治疗药物的样本统计量

服用药物	服用安慰剂
$n_1 = 42$	$n_2 = 37$
$x_1 = 28$	$x_2 = 12$
$\hat{p}_1 = 0.6667$	$\hat{p}_2 = 0.3243$

提示：为了求 $\hat{p}_1$ 和 $\hat{p}_2$，可以使用 $\hat{p}_1 = x_1 / n_1$ 和 $\hat{p}_2 = x_2 / n_2$。

解答：

样本是随机的和独立的。此外，p_1 和 p_2 的加权估计为

$$\bar{p} = \frac{x_1 + x_2}{n_1 + n_2} = \frac{28 + 12}{42 + 37} = \frac{40}{79} \approx 0.5063$$

$\bar{q}$ 的值为

$$\bar{q} = 1 - \bar{p} \approx 1 - 0.5063 = 0.4937$$

因为 $n_1 \bar{p} \approx 42 \times 0.5063$，$n_1 \bar{q} \approx 42 \times 0.4937$ 和 $n_2 \bar{p} \approx 37 \times 0.5063$，$n_2 \bar{q} \approx 37 \times 0.4937$ 都至少为 5，所以可以使用双样本 z 检验。声明是"服用药物的人比服用安慰剂的人在创伤后应激障碍诊断标准中的降低率更高"，因此原假设和备择假设是 $H_0: p_1 \leq p_2$ 和 $H_a: p_1 > p_2$（声明）。因为该检验是右尾检验，显著性水平为 $\alpha = 0.01$，所以临界值为 $z_0 = 2.33$。拒绝区域为 $z > 2.33$。标准化检验统计量为

$$z = \frac{(\hat{p}_1 - \hat{p}_2) - (p_1 - p_2)}{\sqrt{\bar{p}\bar{q}(1/n_1 + 1/n_2)}} \approx \frac{(0.6667 - 0.3243) - 0}{\sqrt{0.5063 \times 0.4937(1/42 + 1/37)}} \approx 3.04$$

右图显示了拒绝区域的位置和标准化检验统计量 z。因为 z 在拒绝区域中，所以拒绝了原假设。

解释：在 1% 的显著性水平上，有足够的证据支持服用药物的患者的 PTSD 诊断标准降低率高于服用安慰剂的患者。

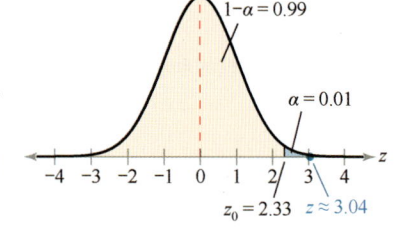

自测题 2

考虑关于是否练瑜伽的研究结果。当 $\alpha = 0.05$ 时，你能否定练瑜伽的人中来自美国西部地区的比例大于或等于不练瑜伽的人中来自美国西部地区的比例的说法吗？

8.4.2 习题

培养基本技能和词汇

01. 使用 z 检验来检验两个总体比例之差需要什么条件？

02. 说明如何对两个总体比例之差进行双样本 z 检验。

在习题 03～06 中，确定是否可以使用正态抽样分布。如果可以，在显著性水平水平 α 上检验关于两个总体比例 p_1 和 p_2 之差的声明。假设样本是随机的和独立的。

03. 声明：$p_1 \neq p_2$，$\alpha = 0.01$；样本统计量：$x_1 = 35$，$n_1 = 70$ 和 $x_2 = 36$，$n_2 = 60$。

04. 声明：$p_1 < p_2$，$\alpha = 0.05$；样本统计量：$x_1 = 471$，$n_1 = 785$ 和 $x_2 = 372$，$n_2 = 465$。

05. 声明：$p_1 = p_2$，$\alpha = 0.10$；样本统计量：$x_1 = 42$，$n_1 = 150$ 和 $x_2 = 76$，$n_2 = 200$。

06. 声明：$p_1 > p_2$，$\alpha = 0.01$ 样本统计量：$x_1 = 6$，$n_1 = 20$ 和 $x_2 = 4$，$n_2 = 30$。

使用和解释概念

检验两个比例之差。在习题 07～12 中，(a)确定声明并陈述 H_0 和 H_a；(b)求临界值并确定拒绝区域；

(c)求标准化检验统计量 z; (d)决定是否拒绝原假设; (e)在原声明背景下解释所做的决定。假设样本是随机的和独立的。

07. **多发性硬化症药物**。在一项确定使用药物治疗多发性硬化症的有效性的研究中，488 名被试服用了药物，244 名被试服用了安慰剂。追踪有 12 周确诊认知障碍的被试人数后，结果如下所示。当 $\alpha = 0.01$ 时，能否支持没有 12 周确诊认知障碍的被试比例存在差异的声明?

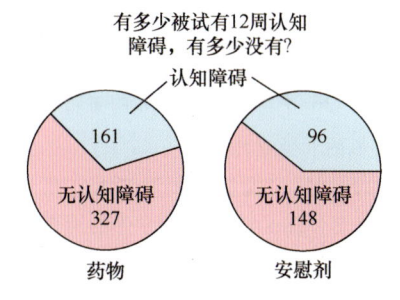

有多少被试有12周认知障碍，有多少没有?
认知障碍 161 / 无认知障碍 327（药物）
认知障碍 96 / 无认知障碍 148（安慰剂）

08. **癌症药物**。在一项研究中，760 名患有复发性前列腺癌的男性接受了放疗，同时接受或不接受一种以激素为基础的化疗。在 24 个月中，384 名被试接受化疗，376 名被试接受安慰剂。追踪 12 年后存活和未存活的人数，结果如下所示。当 $\alpha = 0.10$ 时，你能否支持接受化疗的被试比接受安慰剂的被试存活 12 年的比例更高的说法?

有多少被试存活了12年，有多少被试未存活?
未存活 91 / 存活 293（化疗）
未存活 108 / 存活 268（安慰剂）

09. **年轻人**。在一项针对 3500 名 20～24 岁男性的调查中，80.2%的年轻人找到了工作，这些人的最高学历是本科，但没有学士学位。在一项针对 2000 名最高学位为学士学位或更高的 20～24 岁男性的调查中，86.4%的人找到了工作。当 $\alpha = 0.01$ 时，你支持两组之间就业比例存在差异的说法吗?

10. **年轻人**。在一项针对 1000 名 18～24 岁男性的调查中，13.3%的年轻人既不上学又不工作。在一项针对 1000 名 18～24 岁女性的调查中，12.4%的人既不上学又不工作。当 $\alpha = 0.10$ 时，你支持 18～24 岁既不上学又不工作的男性比例高于 18～24 岁既不上学又不工作的女性比例的说法吗?

11. **安全带的使用**。在一项针对 1000 名西部地区司机的调查中，934 名司机系安全带。在一项针对 1000 名东北地区司机的调查中，909 名司机系安全带。当 $\alpha = 0.05$ 时，你支持西部地区司机系安全带的比例大于东北地区的说法吗?

12. **安全带的使用**。在一项针对美国中西部地区 1000 名司机的调查中，855 名司机系安全带。在一项针对南部地区 1000 名司机的调查中，909 名司机系安全带。当 $\alpha = 0.10$ 时，你支持中西部地区司机系安全带的比例低于南部地区的说法吗?

公园和身心健康。在习题 13～18 中使用下图，图中显示了对 200 名 18～24 岁青年进行调查后的百分比，这些人认为各种公园和娱乐活动对他们的身心健康有积极影响。

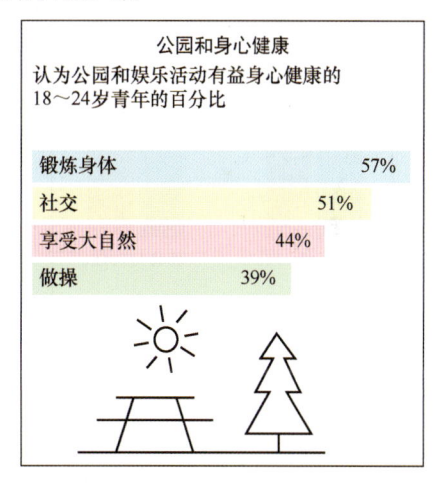

公园和身心健康
认为公园和娱乐活动有益身心健康的 18～24岁青年的百分比
锻炼身体 57%
社交 51%
享受大自然 44%
做操 39%

13. **锻炼和社交**。当 $\alpha = 0.10$ 时，你认同 18～24 岁的青年人认为公园锻炼有益于身心健康的比例与公园社交有益身心健康的比例相同的说法吗?

14. **做操和享受大自然**。当 $\alpha = 0.05$ 时，你认同 18～24 岁青年认为公园做操有益于身心健康的比例低于享受大自然有益于身心健康的比例的说法吗?

15. **社交和享受大自然**。当 $\alpha = 0.10$ 时，你认同 18～24 岁青年认为公园社交有益身心健康的比例大于享受大自然有益身心健康的比例的说法吗?

16. **社交和做操。**当 $\alpha = 0.05$ 时，你认同 18～24 岁青年认为公园社交有益于身心健康的比例与做操有益于身心健康的比例不同的说法吗？

17. **享受大自然和锻炼。**当 $\alpha = 0.01$ 时，你认同 18～24 岁青年认为享受大自然有益于身心健康的比例低于锻炼有益于身心健康的比例的说法吗？

18. **锻炼和做操。**当 $\alpha = 0.01$ 时，你能拒绝 18～24 岁青年认为公园锻炼有益于身心健康的比例大于或等于做操有益于身心健康的比例的说法吗？

日常活动。在习题 19～22 中，对随机选择的 200 名美国男性和 300 名美国女性的调查结果如下图所示，图中显示了平均每天从事工作或社交与沟通的百分比。

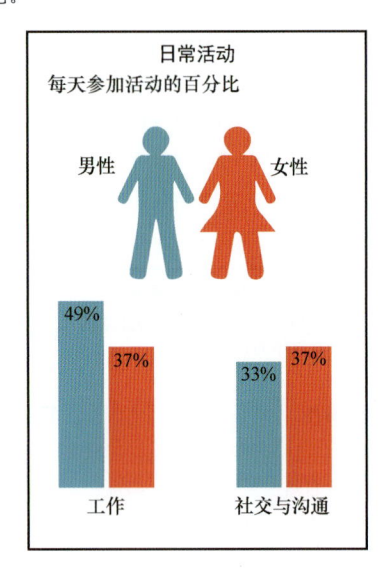

19. **男性活动。**当 $\alpha = 0.01$ 时，你认同平均每天工作的男性比例大于社交与沟通的男性比例的说法吗？

20. **女性活动。**当 $\alpha = 0.01$ 时，你认同平均每天工作的女性比例和社交与沟通的女性比例相同的说法吗？

21. **工作。**当 $\alpha = 0.01$ 时，你认同平均每天工作的女性比例低于男性比例的说法吗？

22. **沟通。**当 $\alpha = 0.10$ 时，你认同平均每天女性社交与沟通的比例大于男性社交和沟通的比例的说法吗？

概念扩展

构建 $p_1 - p_2$ 的置信区间。可以使用下面的不等式构建两个总体比例之差 $p_1 - p_2$ 的置信区间：

$$(\hat{p}_1 - \hat{p}_2) - z_c\sqrt{\frac{\hat{p}_1\hat{q}_1}{n_1} + \frac{\hat{p}_2\hat{q}_2}{n_2}} < p_1 - p_2$$

$$< (\hat{p}_1 - \hat{p}_2) + z_c\sqrt{\frac{\hat{p}_1\hat{q}_1}{n_1} + \frac{\hat{p}_2\hat{q}_2}{n_2}}$$

在习题 23～26 中，构建 $p_1 - p_2$ 的置信区间，假设样本是随机的和独立的。

23. **学生计划学习视觉和表演艺术。**在一项针对 10000 名参加 SAT 考试的学生的调查中，7% 的学生计划在大学学习视觉和表演艺术。在十年前针对 8000 名学生进行的另一项调查中，8% 的学生计划在大学学习视觉和表演艺术。构建 $p_1 - p_2$ 的 95% 置信区间，其中 p_1 是最近调查的比例，p_2 是十年前调查的比例。

24. **尚未决定大学专业的学生。**在一项针对 10000 名参加 SAT 考试的学生的调查中，9% 的学生尚未决定大学专业。在十年前针对 8000 名学生进行的另一项调查中，7% 的学生尚未决定大学专业。构建 $p_1 - p_2$ 的 90% 置信区间，其中 p_1 是最近调查的比例，p_2 是十年前调查的比例。

25. **重要威胁。**在 6.3 节的习题 27 和 28 中，假设 p_1 是将网络恐怖主义视为对国家构成重要威胁的美国成年人的比例，p_2 是将传染病传播视为对国家构成重要威胁的美国成年人的比例。构建 $p_1 - p_2$ 的 95% 置信区间，并将结果与 6.3 节习题 27 中的结果进行比较。

26. **重要威胁。**重做习题 25，但置信区间为 99%。描述同等比例的总体将网络恐怖主义和传染病传播视为未来十年重大威胁的可能性。

现实世界中的统计量

使用

　　双样本的假设检验。假设检验可以确定样本的差异是否能表示总体的实际差异，或者仅仅是由抽样误差导致的。例如，一项针对约 1400 名美国儿童在各种环境中进行的研究，比较了参加日托的儿童和待在家里的儿童的行为。对两组儿童的攻击性行为，如偷玩具、推搡其他儿童和打架等行为进行了度量。研究表明，每周去托儿所超过 30 小时的孩子比待在家里的孩子更具攻击性——前者是后者的 3 倍。尽管研究中观察到的攻击性行为完全在健康儿童的正常范围内，但这些统计数据已被用来说服父母将孩子留在家中，直到他们开始上学。

滥用

混杂变量。 美国的研究发现，无论日托中心的质量和家庭收入如何，结果都是一样的。然而，大多数被研究儿童所经历的整体照看质量可能是问题所在：一项针对美国日托中心的调查发现，只有10%的美国日托中心提供高质量照看，该调查衡量了护理人员的数量和专业知识等。

在挪威，日托中心有严格的标准，成年照看者与儿童之比很高，一项关于学龄前儿童和攻击性行为的类似研究发现，日托出勤率和攻击性行为之间的联系很小。挪威的另一项研究包含了一个额外的变量，即兄弟姐妹之间的差异，并且发现日托出勤率和行为问题之间没有关系。这些通常不受研究人员控制的额外变量称为混杂变量。

研究基金。 针对减少吸烟者吸烟量的各种方法，人们进行了一系列研究。研究比较了仅被告知少吸烟的吸烟者和尝试尼古丁替代疗法、电子香烟和使用低焦油、低碳或低尼古丁香烟的吸烟者。一些方法被证明可以有效减少吸烟量。

有些研究是由烟草业资助的，烟草业可以从推广戒烟以外的有益于吸烟者健康的策略中获利。处理统计量时，知道谁在为一项研究付费以及研究人员是否公正总是好的。

习题

01. **混杂变量。** 一家制药公司申请批准销售一种新关节炎药物。研究涉及一个服用药物的实验组和另一个服用安慰剂的实验组。描述一些可能影响研究结果的混杂变量。

02. 医学研究通常涉及盲法检验和双盲法检验，解释这两个术语的含义。

8.5 第8章复习题

8.1 节

在复习题 01~04 中，将两个样本分类为独立样本或相关样本。

01. 样本 1：37 名儿童的身高；样本 2：相同 37 名儿童 1 年后的身高。

02. 样本 1：45 个橙子的重量；样本 2：40 个葡萄柚的重量。

03. 样本 1：20 辆摩托车的零售价格；样本 2：20 辆小型货车的零售价格。

04. 样本 1：12 辆汽车的燃油效率；样本 2：使用替代燃料的相同 12 辆汽车的燃油效率。

在复习题 05~08 中，以显著性水平 α 检验关于两个总体均值 μ_1 和 μ_2 之差的声明。假设样本是随机的和独立的，且总体呈正态分布。

05. 声明：$\mu_1 \geq \mu_2$，$\alpha = 0.05$；总体统计量：$\sigma_1 = 0.30$，$\sigma_2 = 0.23$；样本统计量：$\bar{x}_1 = 1.28$，$n_1 = 96$ 和 $\bar{x}_2 = 1.34$，$n_2 = 85$。

06. 声明：$\mu_1 = \mu_2$，$\alpha = 0.01$；总体统计量：$\sigma_1 = 52$，$\sigma_2 = 68$；样本统计量：$\bar{x}_1 = 5595$，$n_1 = 156$ 和 $\bar{x}_2 = 5575$，$n_2 = 216$。

07. 声明：$\mu_1 < \mu_2$，$\alpha = 0.10$；总体统计量：$\sigma_1 = 0.11$，$\sigma_2 = 0.10$；样本统计量：$\bar{x}_1 = 0.28$，$n_1 = 41$ 和 $\bar{x}_2 = 0.33$，$n_2 = 34$。

08. 声明：$\mu_1 \neq \mu_2$，$\alpha = 0.05$；总体统计量：$\sigma_1 = 14$，$\sigma_2 = 15$；样本统计量：$\bar{x}_1 = 87$，$n_1 = 410$ 和 $\bar{x}_2 = 85$，$n_2 = 340$。

在复习题 09 和 10 中，(a)确定声明并陈述 H_0 和 H_a；(b)求临界值并确定拒绝区域；(c)求标准化检验统计量 z；(d)决定是否拒绝原假设；(e)在原声明背景下解释所做的决定。假设样本是随机的和独立的，且总体呈正态分布。

09. 一名研究人员声称，餐厅 A 的三明治的平均钠含量低于餐厅 B 的三明治的平均钠含量。在餐厅 A 随机抽取的 22 个三明治中，平均钠含量为 670 毫克，总体标准差为 20 毫克。在餐厅 B 随机抽取的 28 个三明治中，平均钠含量为 690 毫克，总体标准差为 30 毫克。当 $\alpha = 0.05$ 时，是否有足够的证据支持该声明？

10. 一位职业顾问声称，在俄亥俄州代顿市和罗德岛州考文垂市，初级律师助理的平均年薪是相同的。在代顿市随机选出的 40 名初级律师助理的平均年薪为 58180 美元，总体标准差为 10990 美元。在考文垂市随机选出的 35 名初级律师助理的平均年薪为 61120 美元，总体标准差为 11850 美元。当 $\alpha = 0.10$ 时，是否有足够的证据拒绝该顾问的声明？

8.2 节

在复习题 11～16 中，以显著性水平 α 检验两个总体均值 μ_1 和 μ_2 的差异。假设样本是随机的和独立的，且总体呈正态分布。

11. 声明：$\mu_1 = \mu_2$，$\alpha = 0.05$；假设 $\sigma_1^2 = \sigma_2^2$；样本统计量：$\bar{x}_1 = 228$，$s_1 = 27$，$n_1 = 20$ 和 $\bar{x}_2 = 207$，$s_2 = 25$，$n_2 = 13$。

12. 声明：$\mu_1 < \mu_2$，$\alpha = 0.10$；假设 $\sigma_1^2 \neq \sigma_2^2$；样本统计量：$\bar{x}_1 = 0.015$，$s_1 = 0.011$，$n_1 = 8$ 和 $\bar{x}_2 = 0.019$，$s_2 = 0.004$，$n_2 = 6$。

13. 声明：$\mu_1 \leq \mu_2$，$\alpha = 0.10$；假设 $\sigma_1^2 \neq \sigma_2^2$；样本统计量：$\bar{x}_1 = 664.5$，$s_1 = 2.4$，$n_1 = 40$ 和 $\bar{x}_2 = 665.5$，$s_2 = 4.1$，$n_2 = 40$。

14. 声明：$\mu_1 \geq \mu_2$，$\alpha = 0.01$；假设 $\sigma_1^2 = \sigma_2^2$；样本统计量：$\bar{x}_1 = 44.5$，$s_1 = 5.85$，$n_1 = 17$ 和 $\bar{x}_2 = 49.1$，$s_2 = 5.25$，$n_2 = 18$。

15. 声明：$\mu_1 \neq \mu_2$，$\alpha = 0.01$；假设 $\sigma_1^2 = \sigma_2^2$；样本统计量：$\bar{x}_1 = 61$，$s_1 = 3.3$，$n_1 = 5$ 和 $\bar{x}_2 = 55$，$s_2 = 1.2$，$n_2 = 7$。

16. 声明：$\mu_1 > \mu_2$，$\alpha = 0.10$；假设 $\sigma_1^2 \neq \sigma_2^2$；样本统计量：$\bar{x}_1 = 520$，$s_1 = 25$，$n_1 = 7$ 和 $\bar{x}_2 = 500$，$s_2 = 55$，$n_2 = 6$。

在复习题 17 和 18 中，(a)确定声明并陈述 H_0 和 H_a，(b)求临界值并确定拒绝区域；(c)求标准化检验统计量 t；(d)决定是否拒绝原假设；(e)在原声明背景下解释所做的决定。假设样本是随机的和独立的，且总体呈正态分布。

17. 一种新数学教学方法正在六年级学生中进行检验。一组六年级学生使用新课程进行教学，控制组的六年级学生使用旧课程进行教学。两组的数学考试分数显示在下面的茎叶图中。

```
          旧课程            新课程
        4 5 8  | 0 |
  0 1 1 5 7  | 1 |
          1 6  | 2 | 2 4 5 7 7
    0 1 2 8  | 3 | 4 7
    0 2 6 9  | 4 | 2 5 6 7
    1 3 4 9  | 5 | 1 5 7
          0 7  | 6 | 2 3 5 6 6 7
3 3 3 4 4 6 8  | 7 | 0 0 2 5 5 6
          1 9  | 8 | 2 3 6 6 9
        4 4 4  | 9 | 0 1 4 6 8
```

主值：6|2|2 = 旧课程为26，新课程为22

当 $\alpha = 0.05$ 时，是否有足够的证据认同新数学教学方法比旧方法产生更高数学考试分数的说法？假设总体方差相等。

18. 一位房地产经纪人声称，两个社区的家庭平均收入没有差别。从第一个社区随机选择的 12 个家庭的平均收入为 52750 美元，标准差为 2900 美元。从第二个社区随机选择的 10 个家庭的平均收入为 51200 美元，标准差为 2225 美元。当 $\alpha = 0.01$ 时，你能拒绝该房地产经纪人的声明吗？假设总体方差相等。

8.3 节

在复习题 19～22 中，以显著性水平 α 检验配对数据总体的均值之差。假设样本是随机的和相关的，且总体呈正态分布。

19. 声明：$\mu_d = 0$，$\alpha = 0.01$；样本统计量：$\bar{d} = 8.5$，$s_d = 10.7$，$n = 16$。

20. 声明：$\mu_d < 0$，$\alpha = 0.10$；样本统计量：$\bar{d} = 3.2$，$s_d = 5.68$，$n = 25$。

21. 声明：$\mu_d \leq 0$，$\alpha = 0.10$；样本统计量：$\bar{d} = 10.3$，$s_d = 18.19$，$n = 33$。

22. 声明：$\mu_d \neq 0$，$\alpha = 0.05$；样本统计量：$\bar{d} = 17.5$，$s_d = 4.05$，$n = 37$。

在复习题 23 和 24 中，(a)确定声明并陈述 H_0 和 H_a；(b)求临界值并确定拒绝区域；(c)计算 $\bar{d}$ 和 s_d；(d)求标准化检验统计量 t；(e)决定是否拒绝原假设；(f)在原声明背景下解释所做的决定。假设样本是随机的和相关的，且总体呈正态分布。

23. 一位体育统计学家声称，从 2019 年到 2021 年，全美大学生体育协会（NCAA）一级棒球队在一个赛季中的得分发生了变化。下表显示了 10 支随机选择的 NCAA 一级棒球队在 2019 和 2021 赛季的得分情况。当 $\alpha = 0.05$ 时，是否有足够的证据支持该体育统计学家的说法？

棒球队	1	2	3	4	5	6	7	8	9	10
赛季(2019)	578	377	312	287	387	320	447	334	288	228
赛季(2021)	454	345	264	260	363	370	304	313	354	150

24. 一位健身教练声称，一种减肥补充剂将在两周后帮助使用者减肥。下表显示了 9 名成年人在使用补充剂前和使用补充剂两周后的体重（磅）。当 $\alpha = 0.10$ 时，是否有足够的证据支持该健身教练的说法？

用户	1	2	3	4	5	6	7	8	9
体重（之前）	228	210	245	272	203	198	256	217	240
体重（之后）	225	208	242	270	205	196	250	220	240

8.4 节

在复习题 25～28 中，确定是否可以使用正态抽样分布。如果可以使用，以显著性水平 α 检验关于两个总体比例 p_1 和 p_2 之差的声明。假设样本是随机的和独立的。

25. 声明：$p_1 = p_2$，$\alpha = 0.05$；样本统计量：$x_1 = 425$，$n_1 = 840$ 和 $x_2 = 410$，$n_2 = 760$。
26. 声明：$p_1 \leq p_2$，$\alpha = 0.01$；样本统计量：$x_1 = 36$，$n_1 = 100$ 和 $x_2 = 46$，$n_2 = 200$。
27. 声明：$p_1 > p_2$，$\alpha = 0.10$；样本统计量：$x_1 = 261$，$n_1 = 556$ 和 $x_2 = 207$，$n_2 = 483$。
28. 声明：$p_1 < p_2$，$\alpha = 0.05$；样本统计量：$x_1 = 86$，$n_1 = 900$ 和 $x_2 = 107$，$n_2 = 1200$。

在复习题 29 和 30 中，(a)确定声明并陈述 H_0 和 H_a；(b)求临界值并确定拒绝区域；(c)求标准化检验统计量 z；(d)决定是否拒绝原假设；(e)在原声明背景下解释所做的决定。假设样本是随机的和独立的。

29. 一个医学研究小组进行了一项研究，以检验一种消炎药的疗效。在这项研究中，68 名被试服用了药物，68 名被试服用了安慰剂，结果如下所示。当 $\alpha = 0.05$ 时，你能否定两组中至少有 24 周的累积缓解期的被试比例相同的声明吗？

是否至少有24周的累积缓解期？

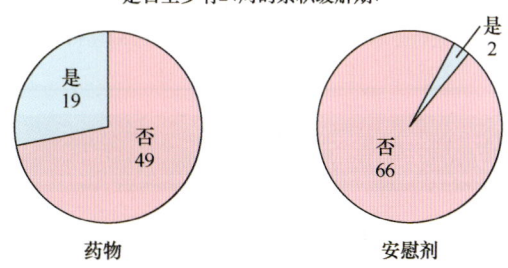

药物：是 19，否 49
安慰剂：是 2，否 66

30. 一个交通安全研究小组对摩托车头盔的使用情况进行了两年多的调查。在调查中，使用头盔的州的摩托车手被问及他们是否使用符合联邦安全法规的头盔。2019 年调查了 389 名摩托车手，2020 年调查了 338 名摩托车手，结果如下所示。当 $\alpha = 0.01$ 时，你能否支持这样的说法，即从 2019 年到 2020 年，在要求使用头盔的州，使用头盔的摩托车手的比例有所下降？

你使用符合联邦安全法规的头盔吗？

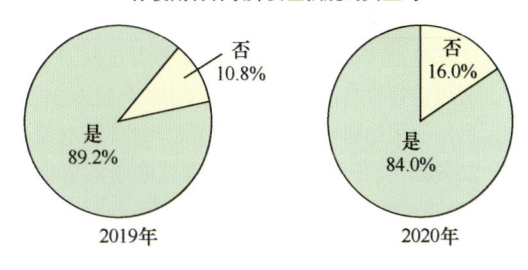

2019年：是 89.2%，否 10.8%
2020年：是 84.0%，否 16.0%

8.6 第 8 章测验题

对于每道测验题：(a)确定声明并陈述 H_0 和 H_a；(b)确定假设检验是左尾的、右尾的还是双尾的，以及是使用 z 检验还是使用 t 检验；(c)求临界值并确定拒绝区域；(d)求适当的标准化检验统计量；(e)决定是否拒绝原假设；(f)在原声明背景下解释所做的决定。

01. 随机选择的 49 名男高中生在阅读评估考试中的平均得分为 279 分，总体标准差为 41 分。随机选择的 50 名女高中生在同一考试中的平均得分为 292 分，总体标准差为 39 分。当 $\alpha = 0.05$ 时，你认同男高中生在阅读评估考试中的平均分低于女高中生的说法吗？

02. 一位音乐教师声称，公立学校和私立学校的八年级学生在音乐评估考试中的平均分是一样的。随机选择的 13 名公立学校学生的平均分为 146 分，标准差为 49 分，随机选择的 15 名私立学校学生的平均分为 160 分，标准差为 42 分。

当 $\alpha = 0.1$ 时，能拒绝这位教师的声明吗？假设总体呈正态分布且总体方差相等。

03. 下表显示了随机选择的 12 名成年人的信用评分，这些人在参加个人理财研讨会之前和之后两年被认为是高风险借款人。当 $\alpha = 0.01$ 时，是否有足够的证据支持个人理财研讨会帮助成年人提高信用评分的说法？假设总体呈正态分布。

成年人	1	2	3	4	5	6	7	8	9	10	11	12
信用评分（研讨会之前）	608	620	610	650	640	680	655	602	644	656	632	664

（续表）

成年人	1	2	3	4	5	6	7	8	9	10	11	12
信用评分（研讨会之后）	646	692	715	669	725	786	700	650	660	650	680	702

04. 在最近一年随机抽取的 1007 名美国成年人中，584 人对最高法院的工作表示认可。在 3 年前对 1022 名美国成年人进行的另一次随机抽样调查中，501 人对最高法院的工作表示认可。当 $\alpha = 0.05$ 时，你支持美国成年人认可最高法院工作的比例比 3 年前更高的说法吗？

8.7　第 8 章测试题

对于每道测试题：(a)确定声明并陈述 H_0 和 H_a；(b)确定假设检验是左尾的、右尾的还是双尾的，以及是使用 z 检验还是使用 t 检验；(c)求临界值并确定拒绝区域；(d)求适当的标准化检验统计量；(e)决定是否拒绝原假设；(f)在原声明背景下解释所做的决定。

01. 一项针对 5000 名参加 SAT 考试的学生的调查表明，350 名学生尚未决定大学专业。在十年前针对 12000 名学生进行的另一项调查中，360 名学生尚未决定大学专业。当 $\alpha = 0.10$ 时，你能拒绝参加 SAT 考试的学生中尚未决定大学专业的比例没有变化的说法吗？

02. 一家房地产机构表示，堪萨斯州奥拉西的平均房屋销售价格高于密苏里州罗拉。奥拉西 39 套房屋的平均售价为 392453 美元，总体标准差为 224902 美元。罗拉 38 套房屋的平均售价为 285787 美元，总体标准差为 330578 美元。当 $\alpha = 0.05$ 时，是否有足够的证据支持该机构的声明？

03. 一位理疗师建议，软组织按摩疗法有助于缩短患者头痛的时间。下表显示了 18 名患者在接受治疗 6 周之前和之后每天头痛的小时数。当 $\alpha = 0.05$ 时，是否有足够的证据支持该理疗师的说法？假设总体呈正态分布。

患　者	1	2	3	4	5	6	7	8	9
小时数（之前）	5.2	5.1	4.9	1.6	6.1	2.3	4.6	5.2	3.1
小时数（之后）	3.5	3.3	3.7	2.2	2.7	2.4	2.1	2.5	2.8
患　者	10	11	12	13	14	15	16	17	18
小时数（之前）	4.4	4.2	5.4	3.3	5.2	3.7	2.6	2.7	2.6
小时数（之后）	4.1	3.0	2.4	2.4	2.7	2.6	2.2	2.7	2.4

04. 一位总体统计研究人员声称，最近一年的平均家庭收入对本土家庭和外来家庭是不同的。18 个本土家庭样本的平均家庭收入为 69474 美元，标准差为 21249 美元。21 个外来家庭样本的平均家庭收入为 64900 美元，标准差为 17896 美元。当 $\alpha = 0.01$ 时，你认同该总体统计研究人员的说法吗？假设总体呈正态分布，且总体方差不相等。

真正的统计与决策

美国卫生与公众服务部（HHS）的宗旨是"改善美国的健康、安全和福祉"。医疗保险和医疗补助服务中心在 HHS 内工作，帮助管理医疗保险、医疗补助和其他健康计划。他们还收集有关医疗支出、项目利用情况和其他数据的信息。研究的一个领域是医疗保险患者短期住院的平均时间。假设你在医疗保险和医疗补助服务中心工作，且你想从随机抽样的住院记录中验证 2019 年患者住院的平均时间与 2000 年不同的说法。下面的柱状图显示了 2000 年和 2019 年几位住院患者的结果。

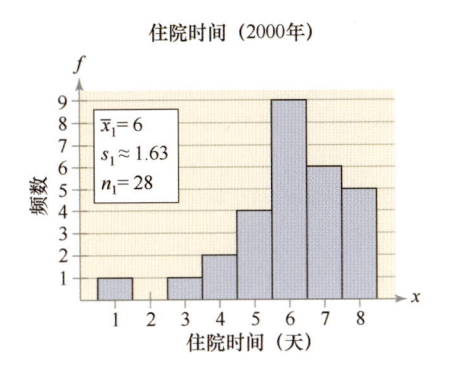

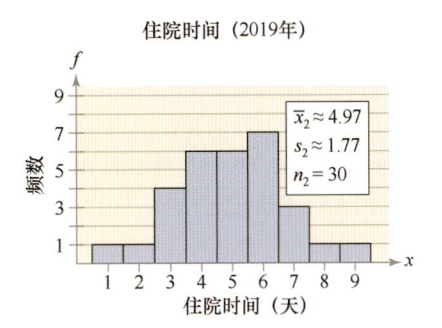

住院时间（2000年）

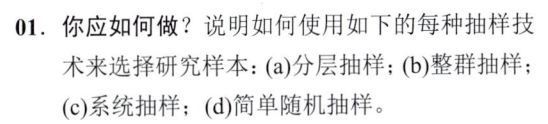

$\bar{x}_1 = 6$
$s_1 \approx 1.63$
$n_1 = 28$

住院时间（2019年）

$\bar{x}_2 \approx 4.97$
$s_2 \approx 1.77$
$n_2 = 30$

01. **你应如何做？** 说明如何使用如下的每种抽样技术来选择研究样本：(a)分层抽样；(b)整群抽样；(c)系统抽样；(d)简单随机抽样。

02. **选择抽样技术**：(a)你会选择习题 01 中的哪种抽样技术来进行研究？(b)确定研究中可能存在的缺陷或偏差。

03. **选择检验**。为了检验患者住院的平均时间存在差异的说法，是使用 z 检验还是使用 t 检验？样本是独立的还是相关的？需要知道每个总体的分布情况吗？需要了解总体方差吗？

04. **检验均值**。检验患者住院的平均时间存在差异的说法。假设总体是正态的，且总体方差相等。使用 $\alpha = 0.05$。解释检验的决定，该决定是否支持声明？

8.8 第6～8章总复习

01. 在一项针对 4860 名美国成年人的调查中，77% 的人表示会与或已经与宗教信仰不同的人约会。(a)为表示将与或已经与宗教信仰不同的人约会的美国成年人的比例构建一个 95% 的置信区间；(b)一名研究人员声称，超过 75% 的美国成年人表示，他们会与或已经与宗教信仰不同的人约会。当 $\alpha = 0.05$ 时，你支持该研究人员的说法吗？在原声明背景下解释所做的决定。

02. **汽油里程**。下表显示了使用和不使用燃料添加剂的 8 辆汽车的汽油里程（英里/加仑）。当 $\alpha = 0.10$ 时，是否有足够的证据表明添加剂提高了汽油里程？假设总体呈正态分布。

车　辆	1	2	3	4	5	6	7	8
汽油里程（使用燃油添加剂）	23.1	25.4	21.9	24.3	19.9	21.2	25.9	24.8
汽油里程（不使用燃油添加剂）	23.6	27.7	23.6	26.8	22.1	22.4	26.3	26.6

在习题 03～06 中，构建总体均值 μ 的置信区间。使用哪种分布来创建置信区间？

03. $c = 0.95$，$\bar{x} = 26.97$，$\sigma = 3.4$，$n = 42$。

04. $c = 0.95$，$\bar{x} = 3.46$，$\sigma = 1.63$，$n = 16$。

05. $c = 0.99$，$\bar{x} = 12.1$，$\sigma = 2.64$，$n = 26$。

06. $c = 0.90$，$\bar{x} = 8.21$，$\sigma = 0.62$，$n = 8$。

习题 07～10 中的语句表示声明，写出其补集，并说明哪个是 H_0，哪个是 H_a。

07. $\mu < 33$。

08. $p \geq 0.19$。

09. $\sigma = 0.63$。

10. $\mu \neq 2.28$。

11. 一位儿科医生声称，单胞胎婴儿的平均出生体重大于双胞胎婴儿的平均出生体重。随机抽取的 85 名单胞胎婴儿的平均出生体重为 3086 克，总体标准差为 563 克。随机抽样的 68 个双胞胎婴儿的平均出生体重为 2263 克，总体标准差为 624 克。当 $\alpha = 0.10$ 时，你认可该儿科医生的说法吗？在原声明背景下解释所做的决定。

12. 在辛辛那提随机抽取的 26 家三级酒店中，双人间平均价格的样本标准差为 31 美元，假设总体呈正态分布。(a)构建总体方差的 99% 置信区间；(b)构建总体标准差的 99% 置信区间；(c)一名旅行分析师声称，辛辛那提三星级酒店的双人间平均价格的标准差最多为 30 美元。当 $\alpha = 0.01$ 时，能够拒绝该旅行分析师的声明吗？在原声明背景下解释所做的决定。

13. 某教育学院声称，大学中男性运动员和男性非运动员的平均 SAT 分数是不同的。该学院随机抽取的 26 名男性运动员的 SAT 平均分为 1189，标准差为 218 分。该学院随机抽取的 18 名男性非运动员的 SAT 平均分为 1376，标准差为 186 分。当 $\alpha = 0.05$ 时，你认可该学院的说法吗？在原声明背景下解释所做的决定。假设总体呈正态分布且总体方差相等。

14. 随机选择的 30 名锁匠的年收入（美元）如下所示，假设总体呈正态分布：48694 46856 42912 61672 71112 54861 69454 71841 59751 69612 54284 52166 66360 48164 65272 35250 61127 65397 58925 58916 59017 53070 45199 69941 69492 57085 53829 52692 68298 53792。

    (a)为锁匠的总体平均年收入构建 95%的置信区间；(b)一名研究人员声称，锁匠的平均年收入为 55000 美元。当 $\alpha = 0.05$ 时，你能拒绝该研究人员的声明吗？在原声明背景下解释所做的决定。

15. 一个医学研究小组对使用大麻提取物治疗儿童癫痫进行了研究。在 52 名服用提取物的儿童中，惊厥发作的次数从每月 12 次减少到 6 次。在服用安慰剂的 56 名儿童中，惊厥发作的次数从每月 15 次减少到 14 次。当 $\alpha = 0.10$ 时，你是否认同以下说法，即服用提取物组的每月惊厥发作次数减少的比例大于服务安慰剂组？在原声明背景下解释所做的决定。

16. 随机抽取 40 枚鸵鸟蛋，平均孵化期为 42 天。总体标准差为 1.6 天。(a)构建总体平均孵化期的 95%置信区间；(b)一位动物学家声称，鸵鸟的平均孵化期至少为 45 天。当 $\alpha = 0.05$ 时，你能否定该动物学家的说法吗？在原声明背景下解释所做的决定。

17. 一位研究人员声称，戴眼镜的人中有 5%在网上购买眼镜。描述该声明的假设检验的第一类错误和第二类错误。

第 9 章　相关和回归

第 1~8 章介绍了描述统计学、概率和推断统计学。描述统计学中的技术之一是使用散点图绘制数据对（见 2.2 节）。例如，右方的散点图和下面表格中显示了最近一年美国职业棒球大联盟球队的薪资和平均主场比赛观众数量。

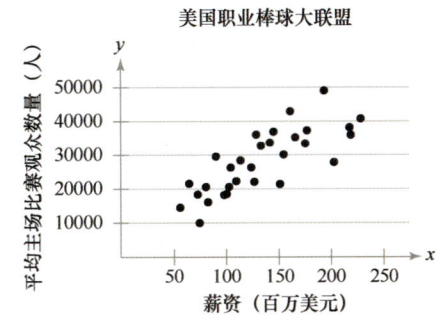

薪资（百万美元）	124.0	133.2	82.7	219.0	217.8	80.8	109.7	151.3	145.3	100.6
平均主场比赛观众数量	26364	32777	16146	35994	38208	20622	22334	21465	36954	18536
薪资（百万美元）	166.0	98.2	177.3	193.6	74.7	128.8	113.8	154.8	228.4	102.9
主场平均比赛观众数量	35276	18267	37321	49066	10016	36091	28436	30155	40795	20626
薪资（百万美元）	141.8	72.9	90.3	126.9	175.6	161.1	56.1	104.4	64.7	203.0
平均主场比赛观众数量	33672	18413	29585	22112	33429	42968	14552	26333	21607	27899

本章介绍数据以有序对的形式出现时，如何描述和检验两个变量之间的关系的显著性。例如，在前面的散点图中，似乎较高的团队薪资往往对应于较高的平均主场比赛观众数量，而较低的团队薪资往往对应于较低的平均主场比赛观众数量。这种关系被描述为球队薪资与平均主场比赛观众数量正相关。由下方左侧的图形看出，这种关系可以通过画一条直线来描述，这条直线称为回归直线，回归直线尽可能地拟合了这些点。下方右侧的幅散点图显示了同年美国职业棒球大联盟球队的薪资和胜场数，从中可以看出，球队薪资和胜场数之间似乎存在微弱的正相关。

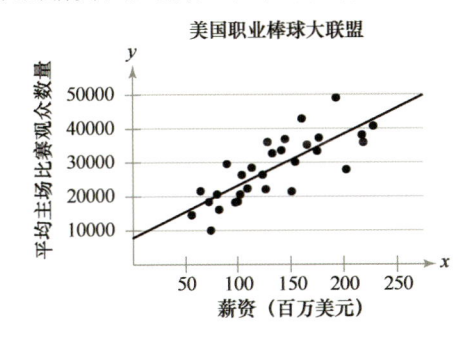

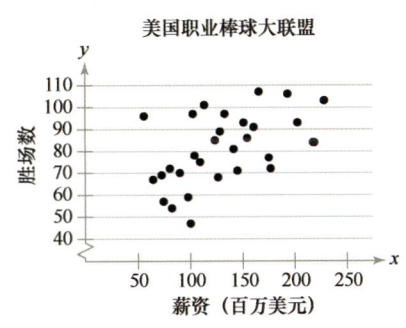

9.1　相关

> **学习目标**
>
> ▶ 介绍线性相关、自变量和因变量，以及相关的类型
> ▶ 求相关系数
> ▶ 使用表格检验总体相关系数 ρ
> ▶ 对总体相关系数 ρ 进行假设检验
> ▶ 区分相关和因果关系

9.1.1 相关概述

假设一名安全检查员想要确定员工的培训小时数与涉及该员工的事故次数之间是否存在关系，或者假设一位心理学家想要知道某人每晚的睡眠时间与该人的反应时间之间是否存在关系。如何确定是否存在任何关系呢？本节介绍如何描述两个变量之间存在的关系或相关类型，以及确定相关是否显著的方式。

定义 相关是两个变量之间的关系。数据可以由有序对 (x, y) 表示，其中 x 是自变量（或解释变量），y 是因变量（或反应变量）。

2.2 节说过，有序对 (x, y) 的图形称为散点图。在散点图中，有序对 (x, y) 被绘制为坐标平面上的点。横轴为自变量（解释变量）x，纵轴为因变量（反应变量）y。散点图可用于确定两个变量之间是否存在线性（直线）相关。下面的散点图显示了几种类型的相关。

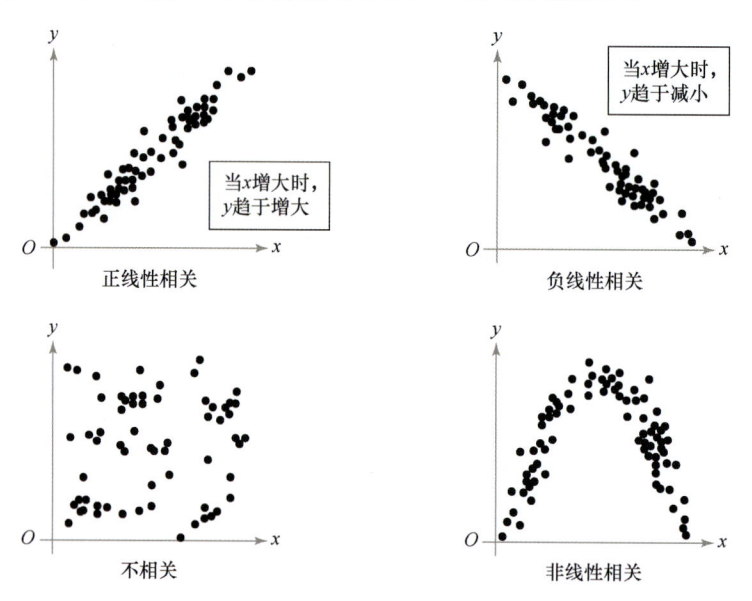

正线性相关（当 x 增大时，y 趋于增大）

负线性相关（当 x 增大时，y 趋于减小）

不相关

非线性相关

【例题 1】构建散点图

一位研究人员想要确定一个国家的国内生产总值（GDP）和二氧化碳（CO_2）排放量之间是否存在线性关系。最近一年 10 个不同国家的数据如下表所示，在散点图中显示数据并描述相关的类型。

GDP x（万亿美元）	二氧化碳排放量 y（百万公吨）	GDP x（万亿美元）	二氧化碳排放量 y（百万公吨）
1.7	620.1	2.3	352.9
2.4	475.2	0.9	235.0
3.0	457.6	1.8	297.8
1.2	389.7	2.9	413.9
4.1	810.8	5.4	1216.5

解答：

散点图如下所示。由散点图可以看出，变量之间存在正线性相关。

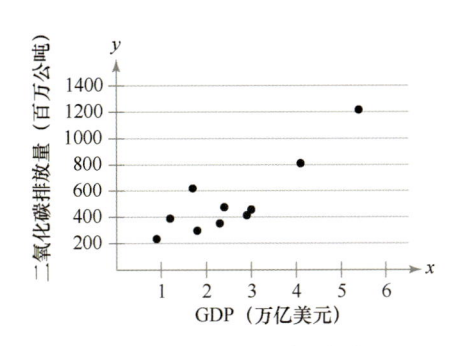

解释： 随着国内生产总值的增加，二氧化碳排放量呈增加趋势。

自测题 1

某学院的校友事务主管想要确定校友离开学校的年数与他们的年度捐款（千美元）之间是否存在线性关系。数据如下表所示。在散点图中显示数据并描述相关的类型。

离校年数 x	1	10	5	15	3	24	30
年度捐款 y	12.5	8.7	14.6	5.2	9.9	3.1	2.7

【例题 2】构建散点图

某学生进行一项研究，确定其每周做习题的小时数与平均成绩（GPA）之间是否存在线性关系。数据如下表所示。在散点图中显示数据并描述相关的类型。

做习题的小时数 x	12	3	0	6	10	2	18	14	15	5
平均成绩 y	3.6	4.0	3.9	2.5	2.4	2.2	3.7	3.0	1.8	3.1

解答：

散点图如下所示。可以看出，变量之间似乎不是线性相关的。

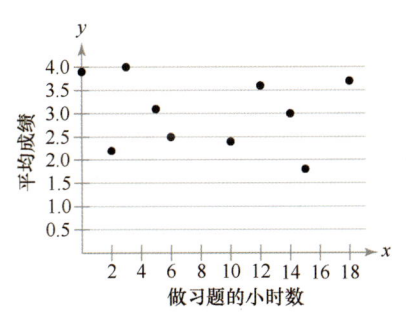

解释： 学生每周做习题的小时数似乎与学生的平均成绩无关。

自测题 2

一名研究人员进行了一项研究，以确定一个人的身高（英寸）和脉搏率（次/分钟）之间是否存在线性关系。数据如下表所示。在散点图中显示数据并描述相关的类型。

身高 x	68	72	65	70	62	75	78	64	68
脉搏率 y	90	85	88	100	105	98	70	65	72

第 9 章 相关和回归 299

【例题 3】使用软件构建散点图

黄石国家公园内的老忠实泉是世界上最著名的间歇泉。下表中显示了老忠实泉几次喷发的持续时间（分钟）和下一次喷发的时间（分钟）。使用软件在散点图中显示数据，并描述相关的类型。

持续时间 x	时间 y	持续时间 x	时间 y
1.80	56	3.78	79
1.82	58	3.83	85
1.90	62	3.88	80
1.93	56	4.10	89
1.98	57	4.27	90
2.05	57	4.30	89
2.13	60	4.43	89
2.30	57	4.47	86
2.37	61	4.53	89
2.82	73	4.55	86
3.13	76	4.60	92
3.27	77	4.63	91
3.65	77		

解答：

MINITAB、EXCEL、TI-84 PLUS 和 STATCRUNCH 都提供绘制散点图的功能。使用此类软件绘制的散点图如下所示，从图中可以看出，变量之间具有正线性相关。

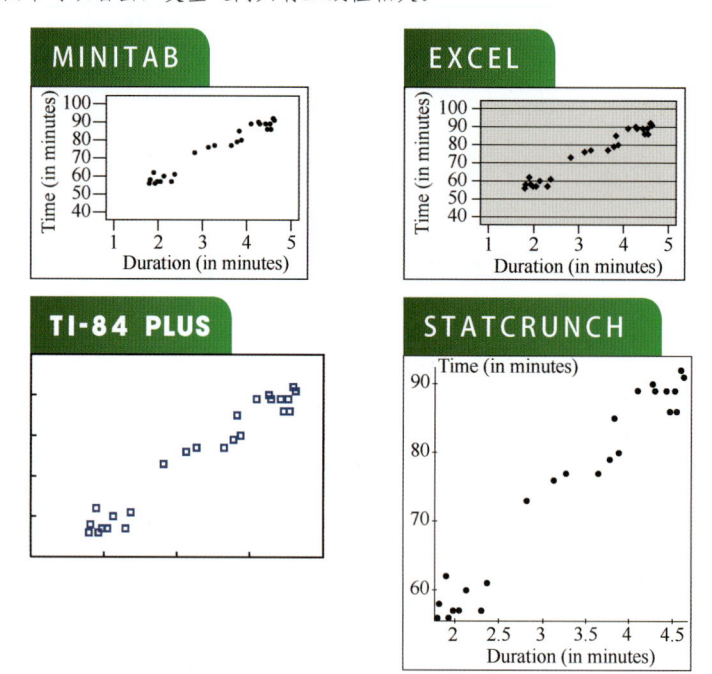

解释： 随着喷发持续时间的增加，下一次喷发的时间也增加。

自测题 3

考虑关于美国职业棒球大联盟球队的薪资和平均主场比赛观众数量的数据。使用软件在散点图中显示数据，并描述相关的类型。

9.1.2 相关系数

使用散点图解释相关是主观的。两个变量之间线性相关的类型和强度的精确度量是相关系数。虽然人们给出了计算样本相关系数的计算公式，但使用软件计算该值更方便。

> **定义** 相关系数是两个变量之间线性关系的强度和方向的度量。符号 r 表示样本相关系数，其公式是
> $$r = \frac{n\sum xy - (\sum x)(\sum y)}{\sqrt{n\sum x^2 - (\sum x)^2}\sqrt{n\sum y^2 - (\sum y)^2}}$$
> 式中，n 是数据对的数量。总体相关系数用 ρ 表示。

> **提示**：r 的正式名称是皮尔逊积矩相关系数，它以英国统计学家卡尔·皮尔逊（1857—1936）的名字命名。

相关系数的范围是从 –1 至 1，包括 –1 和 1。当 x 和 y 强正线性相关时，r 接近 1。当 x 和 y 强负线性相关时，r 接近 –1。当 x 和 y 完全正线性相关或完全负线性相关时，r 分别等于 1 或 –1。不存在线性相关时，r 接近 0。记住，当 r 接近 0 时，并不意味着 x 和 y 之间没有关系，只是没有线性关系。下面给出几个例子。

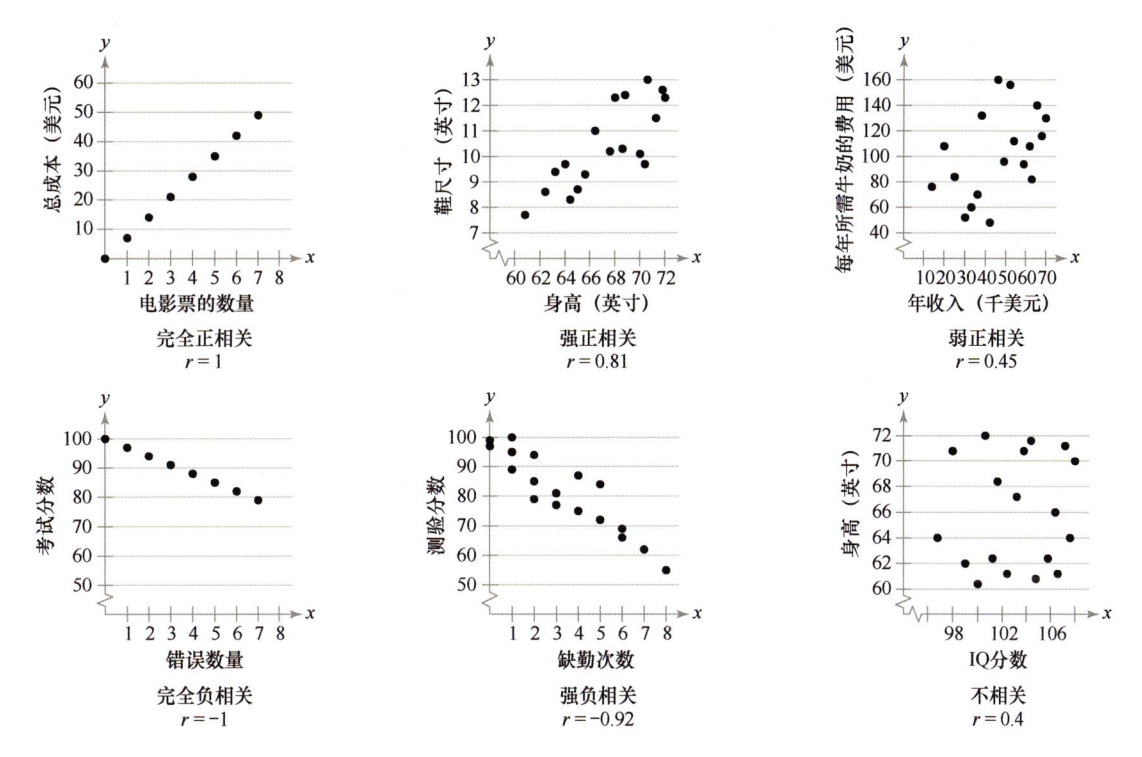

完全正相关 $r=1$

强正相关 $r=0.81$

弱正相关 $r=0.45$

完全负相关 $r=-1$

强负相关 $r=-0.92$

不相关 $r=0.4$

为了使用相关系数 r 对总体进行推断，需要：① 样本数据对 (x, y) 是随机的，② x 和 y 都是双变量正态分布的（见 9.3 节）。在本书中，除非另有说明，都假定这些要求已得到满足。

> **提示**：符号 $\sum x^2$ 表示先取每个值的平方，然后将每个平方相加；符号 $(\sum x)^2$ 表示先将各个值相加，然后取和的平方。

指南 计算相关系数

文字表述	符号表述
1. 求 x 值的总和	$\sum x$
2. 求 y 值的总和	$\sum y$

第 9 章 相关和回归 301

(续表)

文字表述	符号表述
3. 将每个 x 值乘以对应的 y 值，然后求和	$\sum xy$
4. 取每个 x 值的平方，然后求和	$\sum x^2$
5. 取每个 y 值的平方，然后求和	$\sum y^2$
6. 用五个和来计算相关系数	$r = \dfrac{n\sum xy - (\sum x)(\sum y)}{\sqrt{n\sum x^2 - (\sum x)^2}\sqrt{n\sum y^2 - (\sum y)^2}}$

【例题 4】计算相关系数

计算例题 1 中国内生产总值和二氧化碳排放量数据的相关系数，并在数据背景下解释结果。

解答：

使用下面的表格来帮助计算相关系数。

GDP x（万亿美元）	二氧化碳排放量 y（百万公吨）	xy	x^2	y^2
1.7	620.1	1054.17	2.89	384524.01
2.4	475.2	1140.48	5.76	225815.04
3.0	457.6	1372.8	9	209397.76
1.2	389.7	467.64	1.44	151866.09
4.1	810.8	3324.28	16.81	657396.64
2.3	352.9	811.67	5.29	124538.41
0.9	235.0	211.5	0.81	55225
1.8	297.8	536.04	3.24	88684.84
2.9	413.9	1200.31	8.41	171313.21
5.4	1216.5	6569.1	29.16	1479872.25
$\sum x = 25.7$	$\sum y = 5269.5$	$\sum xy = 16687.99$	$\sum x^2 = 82.81$	$\sum y^2 = 3548633.25$

使用这些和值与 $n = 10$，求得相关系数为

$$r = \frac{n\sum xy - (\sum x)(\sum y)}{\sqrt{n\sum x^2 - (\sum x)^2}\sqrt{n\sum y^2 - (\sum y)^2}}$$

$$= \frac{10 \times 16687.99 - 25.7 \times 5269.5}{\sqrt{10 \times 82.81 - 25.7^2}\sqrt{10 \times 3548633.25 - 5269.5^2}}$$

$$= \frac{31453.75}{\sqrt{167.61}\sqrt{7718702.25}} \approx 0.874$$

结果 $r \approx 0.874$ 显示了强正线性相关。

解释： 随着国内生产总值的增加，二氧化碳排放量呈增加趋势。

提示： 注意，例题 4 中的相关系数 r 被四舍五入到小数点后三位。这一舍入规则适用于全书。

自测题 4

计算自测题 1 中离校年数和年度捐款的相关系数，并在数据背景下解释结果。

离校年数 x	年度捐款 y（千美元）	离校年数 x	年度捐款 y（千美元）
1	12.5	3	9.9
10	8.7	24	3.1
5	14.6	30	2.7
15	5.2		

【例题 5】使用软件计算相关系数

使用软件计算例题 3 中老忠实泉的数据的相关系数，并在数据背景下解释结果。

解答：

MINITAB、EXCEL、TI-84 PLUS 和 STATCRUNCH 都提供计算成对数据集的相关系数的功能。使用这样的软件求 r，所得的结果应与下面所示的相似。

四舍五入到小数点后三位后，相关系数为 $r \approx 0.979$，表明了强正线性相关。

解释： 随着喷发持续时间的增加，距离下一次喷发的时间也增加。

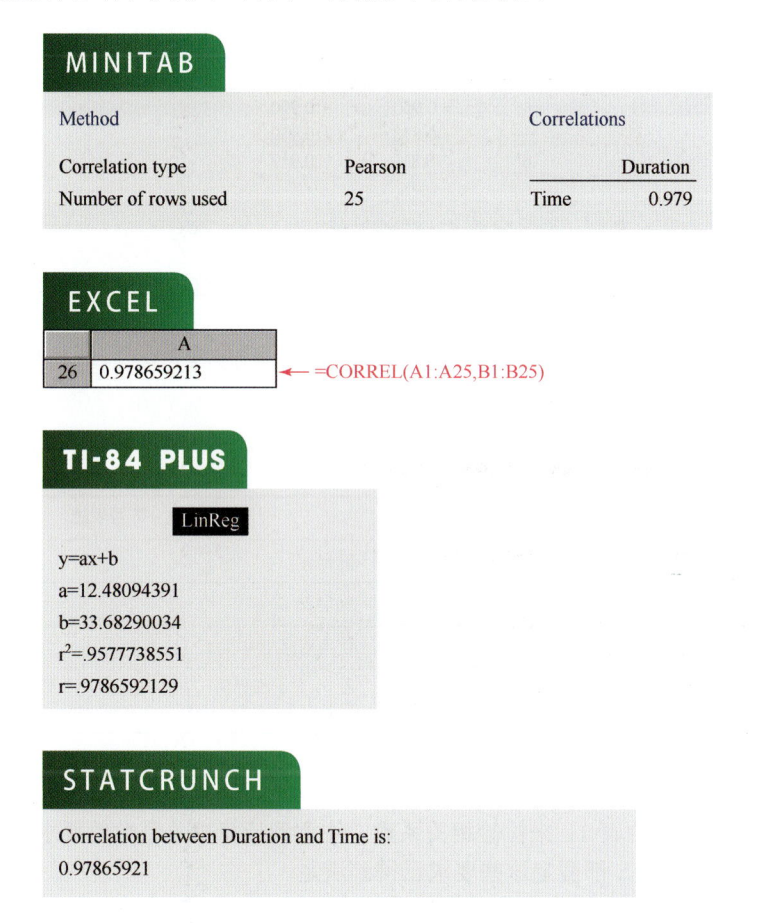

MINITAB

Method		Correlations	
Correlation type	Pearson		Duration
Number of rows used	25	Time	0.979

EXCEL

	A
26	0.978659213

← =CORREL(A1:A25,B1:B25)

TI-84 PLUS

LinReg
y=ax+b
a=12.48094391
b=33.68290034
r^2=.9577738551
r=.9786592129

STATCRUNCH

Correlation between Duration and Time is:
0.97865921

自测题 5

使用软件计算美国职业棒球大联盟球队的薪资和平均主场比赛观众数量的相关系数，并在数据背景下解释结果。

9.1.3 使用表格检验总体相关系数 r

算出样本相关系数 r 后，就会想要确定是否有足够的证据来决定总体相关系数 ρ 是显著的。换句话说，根据几对数据，能够推断出所有这些数据对的总体情况吗？记住，你是在使用样本数据来对总体数据做出决策，因此你的推断有可能是错误的。在相关研究中，你认为相关显著而实际上不显著的这一小部分时间称为显著性水平，通常设为 $\alpha = 0.01$ 或 0.05。当 $\alpha = 0.05$ 时，你可能认为总体相关系数在非 5%的情况下是显著的（当然，在 95%的情况下你能正确地确定相关系数是显著的）。当 $\alpha = 0.01$ 时，只有 1%的情况出现这种类型的错误。然而，使用较低的显著性水平时，你可能无法识别一些显著的相关。

要使相关系数显著，其绝对值就必须接近 1。为了确定总体相关系数 ρ 是否显著，可以使用附录 B 中的表 11 给出的临界值。该表的一部分如下所示。如果 $|r|$ 大于临界值，就有足够的证据来判定相关是显著的，否则没有足够的证据表明这种相关是显著的。例如，要确定 $\alpha = 0.01$ 的显著性水平下 ρ 对 5 对数据（$n = 5$）是否显著，需要将 $|r|$ 与临界值 0.959 进行比较，如表中所示。

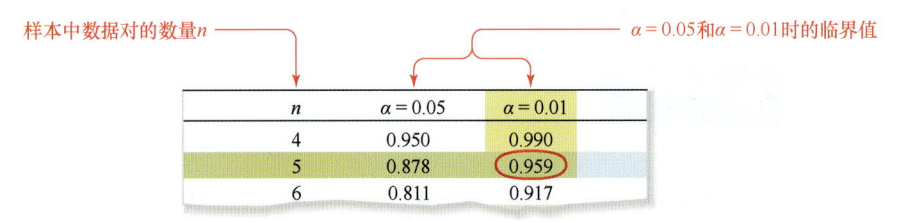

n	$\alpha = 0.05$	$\alpha = 0.01$
4	0.950	0.990
5	0.878	0.959
6	0.811	0.917

样本中数据对的数量 n — $\alpha = 0.05$ 和 $\alpha = 0.01$ 时的临界值

> **提示**：显著性水平用 α 表示，符号 $|r|$ 表示 r 的绝对值

如果 $|r| > 0.959$，则相关显著。否则，没有足够的证据表明这种相关是显著的。以下是该过程的指南。

> **提示**：如果确定线性相关是显著的，就能继续写出最能描述数据的直线的方程。这条直线称为回归直线，可用来预测给定 x 值时的 y 值。下一节将介绍如何列写这个方程。

指南 为相关系数 ρ 使用附录 B 中的表 11

文字表述	符号表述
1. 确定样本中数据对的数量	确定 n
2. 指定显著性水平	确定 α
3. 求临界值	使用附录 B 中的表 11
4. 判断相关是否显著	若 $|r|$ 大于临界值，则相关显著，否则没有足够的证据表明这种相关是显著的
5. 在原声明背景下解释所做的决定	

为了使用附录 B 中的表 11 来检验相关系数，注意到计算相关系数的要求也适用于该检验。在本书中，除非另有说明，都假定这些要求已得到满足。

【例题 6】为相关系数使用附录 B 中的表 11

例题 5 中使用 25 对数据求得 $r \approx 0.979$。相关系数是否显著？使用 $\alpha = 0.05$。

解答：数据对的数量为 25，因此 $n = 25$。显著性水平为 $\alpha = 0.05$。使用附录 B 中的表 11，求与 $n = 25$ 的行对应的 $\alpha = 0.05$ 列中的临界值，得到值 0.396。

n	α = 0.05	α = 0.01
4	0.950	0.990
5	0.878	0.959
6	0.811	0.917
7	0.754	0.875
8	0.707	0.834
9	0.666	0.798
10	0.632	0.765
11	0.602	0.735
12	0.576	0.708
13	0.553	0.684
14	0.532	0.661
15	0.514	0.641
16	0.497	0.623
17	0.482	0.606
18	0.468	0.590
19	0.456	0.575
20	0.444	0.561
21	0.433	0.549
22	0.423	0.537
23	0.413	0.526
24	0.404	0.515
25	0.396	0.505
26	0.388	0.496
27	0.381	0.487
28	0.374	0.479
29	0.367	0.471

因为 $|r| \approx 0.979 > 0.396$，所以可以确定总体相关是显著的。

解释：在 5% 的显著性水平上，有足够的证据表明老忠实火山喷发的持续时间与喷发间隔时间之间存在显著的线性相关。

自测题 6

在自测题 4 中，假设你算出的离校年数与年度捐款的相关系数为 $r \approx -0.908$。这个相关系数是否显著？使用 $\alpha = 0.01$。

在附录 B 的表 11 中，注意到对于较少的数据对（较小的 n 值），需要更有力的证据才能得出相关系数显著的结论。

9.1.4 总体相关系数 ρ 的假设检验

还可使用假设检验来确定样本相关系数 r 是否提供足够的证据来得出总体相关系数 ρ 显著的结论。ρ 的假设检验可以是单尾检验或双尾检验。下面列出了这些检验的原假设和备择假设。

$$\begin{cases} H_0: \rho \geqslant 0 (无显著负相关) \\ H_a: \rho < 0 (显著负相关) \end{cases} \quad 左尾检验 \qquad \begin{cases} H_0: \rho \leqslant 0 (无显著正相关) \\ H_a: \rho > 0 (显著正相关) \end{cases} \quad 右尾检验$$

$$\begin{cases} H_0: \rho = 0 (无显著相关) \\ H_a: \rho \neq 0 (显著相关) \end{cases} \quad 双尾检验$$

本书中只考虑 ρ 的双尾假设检验。

相关系数的 t 检验

t 检验可用于检验两个变量之间的相关是否显著。检验统计量是 r，标准化检验统计量

9.1.6 习题

培养基本技能和词汇

01. **两个变量线性正相关**。当自变量增大时，因变量是增大还是减小？两个变量线性负相关时呢？
02. 描述相关系数的取值范围。
03. 样本相关系数 r 度量的是什么？以下哪个值表示更强的相关：$r = 0.918$ 或 $r = -0.932$？
04. 给出两个变量完全正线性相关的例子及完全负线性相关的例子。
05. 说明如何确定样本相关系数是否表明总体相关系数是显著的。
06. 讨论 r 和 ρ 之间的区别。
07. 总体相关系数 ρ 的双尾 t 检验的原假设和备择假设是什么？什么时候拒绝原假设？
08. "相关并不意味着因果关系"是什么意思？列出一对有相关但无因果关系的变量。

在习题 09 和 10 中，确定自变量和因变量。

09. 营养学家想要确定相同体重和相同饮食的人每天的饮水量是否可以用来预测个体的体重减轻。
10. 保险公司的精算师想要确定安全驾驶课程的小时数是否可以用来预测每名驾驶员的驾驶事故次数。

图形分析。在习题 11～14 中，确定变量之间是否完全正线性相关、强正线性相关、完全负线性相关、强负线性相关或无线性相关。

11.

12.

13.

14.

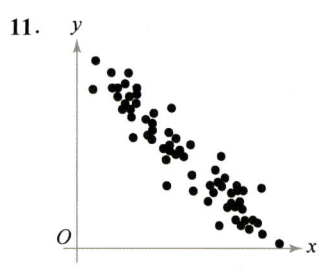

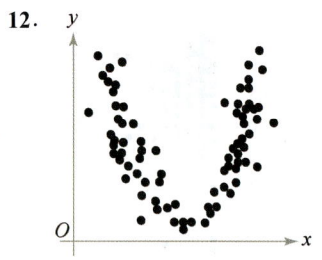

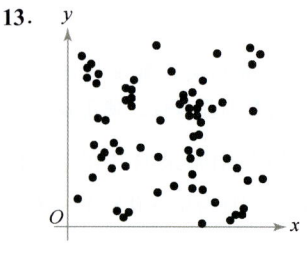

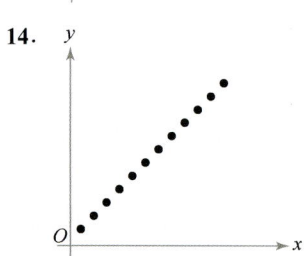

图形分析。在习题 15～18 中，散点图显示了随机选择的 20 名 24～35 岁成年人的调查结果。使用年龄作为自变量，将每个图表与适当的描述相匹配。(a)年龄和体温；(b)年龄和学生贷款余额；(c)年龄与收入；(d)年龄与身高。

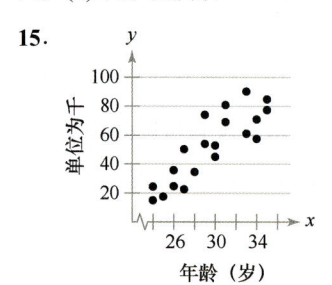

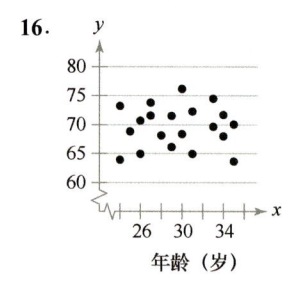

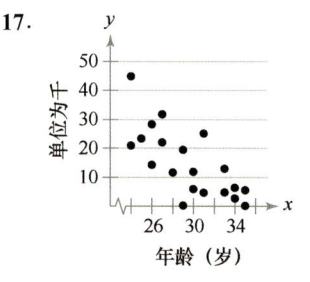

15.

16.

17.

18.

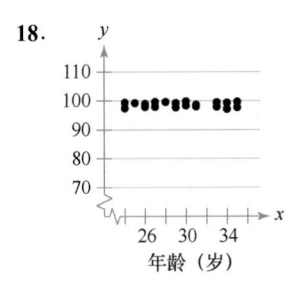

在习题19～22中，给出了两个变量，这两个变量已被证明是相关的，但没有因果关系。至少描述一种可能的相关原因。

19. 家的价值与寿命。

20. 饮酒与吸烟。

21. 冰激凌销量与谋杀率。

22. 肯塔基州的结婚率与从渔船上掉下来的死亡人数。

使用和解释概念

在习题23～28中，构建散点图并确定相关：(a)在散点图中显示数据；(b)计算样本相关系数 r；(c)描述相关的类型（如果有），并在数据背景下解释相关；(d)使用附录B中的表11得出相关系数的结论。方便时，使用软件。设 $\alpha = 0.01$。

23. 年龄和词汇量。11名儿童的年龄（岁）及其词汇量（个）。

年龄 x	1	2	3	4	5	6
词汇量 y	3	220	540	1100	2100	2600
年龄 x	3	5	2	4	6	
词汇量 y	730	2200	260	1200	2500	

24. 身高和智商。8名高中生的身高（英寸）和他们在智商测试中的得分。

身高 x	62	58	63	67	59	64	65	57
智商得分 y	109	102	107	114	96	110	116	128

25. 最大力量和跳跃高度。12名国际足球运动员可以重复一次半蹲的最大力量（千克）和跳跃高度（厘米）。

最大力量 x	190	185	155	180	175	170
跳跃高度 y	60	57	54	60	56	64
最大力量 x	150	160	160	180	190	210
跳跃高度 y	52	51	49	57	59	54

26. 最大力量和短跑成绩。12名国际足球运动员可以重复一次半蹲的最大力量（千克）和十米短跑的时间（秒）。

最大力量 x	175	180	155	210	150	190
时间 y	1.80	1.77	2.05	1.42	2.04	1.61
最大力量 x	185	160	190	180	160	170
时间 y	1.70	1.91	1.60	1.63	1.98	1.90

27. 收益和股息。6家公司最近一年的每股收益（美元）和每股股息（美元）。

每股收益 x	3.53	1.01	3.16	5.55	2.61	8.64
每股股息 y	1.18	0.88	2.64	2.16	0.90	2.68

28. 声速。11个高度（千英尺）和这些高度的声速（英尺/秒）。

高度 x	0	5	10	15	20	25
声速 y	1116.3	1096.9	1077.3	1057.2	1036.8	1015.8
高度 x	30	35	40	45	50	
声速 y	994.5	969.0	967.7	967.7	967.7	

29. 在习题23中添加一名6岁儿童的数据，他的词汇量为900个单词，这如何影响相关系数 r？

30. 在习题24中删除身高57英寸、智商测试得分128的学生的数据，这如何影响相关系数 r？

31. 在习题25中删除最大力量为170千克、跳跃高度为64厘米的国际足球运动员的数据，这如何影响相关系数 r？

32. 在习题26中添加一名国际足球运动员的数据，其完成一次半蹲的最大力量为210千克，且十秒短跑的时间为2.00秒，这如何影响相关系数 r？

相关系数的 t 检验。 在习题33～36中，使用附录B中的表5进行假设检验，得出相关系数的结论。

33. 制动距离：干燥路面。8辆车的重量（磅）及其在干燥路面上停车的制动距离（英尺）的变化如下表所示。当 $\alpha = 0.01$ 时，是否有足够的证据表明车辆重量与干燥路面上的制动距离变化之间存在显著的线性相关？

重量 x	5940	5340	6500	5100
制动距离 y	1.78	1.93	1.91	1.59
重量 x	5850	4800	5600	5890
制动距离 y	1.66	1.50	1.61	1.70

34. 制动距离：湿滑路面。8辆车的重量（磅）及其在湿滑路面上停车的制动距离（英尺）的变化如下表所示。当 $\alpha = 0.05$ 时，是否有足够的证据表明车辆重量与湿滑路面上的制动距离变化之间存在显著的线性相关？

重量 x	5890	5340	6500	4800
制动距离 y	2.92	2.40	4.09	1.72
重量 x	5940	5600	5100	5850
制动距离 y	2.88	2.53	2.32	2.78

35. **最大力量和跳跃高度**。习题 25 中的表格显示了 12 名国际足球运动员可以重复一次半蹲的最大力量（千克）和跳跃高度（厘米）。当 $\alpha = 0.05$ 时，是否有足够的证据表明数据之间存在显著的线性相关？（使用习题 25 中的 r 值。）

36. **最大力量和短跑成绩**。习题 26 中的表格显示了 12 名国际足球运动员可以重复一次半蹲的最大力量（千克）和十米短跑的时间（秒）。当 $\alpha = 0.01$ 时，是否有足够的证据表明数据之间存在显著的线性相关？（使用习题 26 中的 r 值。）

概念扩展

37. **互换 x 和 y**。在习题 26 中，让十米跑的时间（秒）表示 x 值，让可以重复一次半蹲的最大力量（千克）表示 y 值。计算相关系数 r。互换自变量和因变量对相关系数有什么影响？

38. **写作**。使用适当的研究来源，找到具有所示因果关系的真实数据集。写一段文字描述每个变量，并解释为什么你认为这些变量具有指定的因果关系。(a)直接因果关系：一个变量的变化引起另一个变量的变化；(b)其他因素：变量之间的关系是由第三个变量引起的；(c)巧合：变量之间的关系只是巧合。

9.2 线性回归

学习目标
▶ 求回归直线的方程
▶ 使用回归方程预测 y 值

9.2.1 回归直线

检验两个变量之间的线性相关是否显著后，下一步是确定对数据进行最佳建模的直线的方程。这条直线称为回归直线，它的方程可用来预测给定 x 值时的 y 值。尽管可以通过一组点来绘制多条直线，但回归直线是由特定标准确定的。

考虑下面所示的散点图和直线。对于每个数据点，d_i 表示给定 x 值时观测 y 值和预测 y 值之差值。这些差称为残差，可以是正的、负的或零。当点在线上方时，d_i 为正。当点在线下方时，d_i 为负。当观测 y 值等于预测 y 值时，d_i 为零。在通过一组点绘制的所有可能的直线中，回归直线是所有残差的平方和（$\sum d_i^2$）最小的直线。

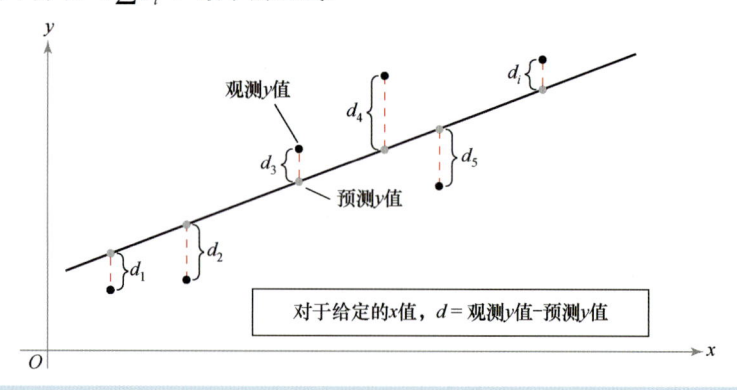

定义 回归直线，也称最佳拟合线，是残差平方和最小的直线。

代数课上讲过，通过求直线的斜率 m 和 y 截距 b，可以写出直线的方程，其形式为

$$y = mx + b$$

回想可知，直线的斜率是其上升高度与其水平运动距离之比，y 截距是直线与 y 轴相交的点

的 y 值。当 $x = 0$ 时，它是 y 值。例如，$y = 2x + 1$ 的图形如右图所示，其斜率为 2，y 截距为 1。在代数中，使用两个点来确定一条直线的方程。在统计学中，使用数据集中的每个点来确定回归直线的方程。

> **提示**：确定回归直线的方程时，构建数据的散点图来检查离群值是有帮助的，因为离群值会极大地影响回归直线。还应检查数据中的缺口和聚类。

回归直线方程允许我们用自变量（解释变量）x 来预测因变量（反应变量）y。

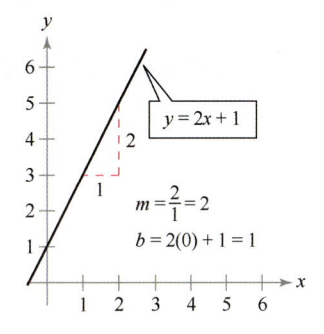

回归直线方程

自变量 x 和因变量 y 的回归直线方程为 $\hat{y} = mx + b$，其中 $\hat{y}$ 是给定 x 值的预测 y 值。斜率 m 和 y 截距 b 由下式给出：

$$m = \frac{n\sum xy - (\sum x)(\sum y)}{n\sum x^2 - (\sum x)^2} \quad \text{和} \quad b = \bar{y} - m\bar{x} = \frac{\sum y}{n} - m\frac{\sum x}{n}$$

式中，$\bar{y}$ 是数据集中 y 值的平均值，$\bar{x}$ 是 x 值的平均值，n 是数据对的数量。回归直线总是通过点 $(\bar{x}, \bar{y})$。

【例题 1】求回归直线方程

求 9.1 节中使用的国内生产总值和二氧化碳排放量数据的回归直线方程（见下表）。

GDP x（万亿美元）	CO_2 排放量 y（百万公吨）	GDP x（万亿美元）	CO_2 排放量 y（百万公吨）
1.7	620.1	2.3	352.9
2.4	475.2	0.9	235.0
3.0	457.6	1.8	297.8
1.2	389.7	2.9	413.9
4.1	810.8	5.4	1216.5

解答：

回顾 9.1 节中的例题 7 可知，国内生产总值和二氧化碳排放量之间存在显著的线性相关。此外，在 9.1 节的例题 4 中，有 $n = 10$，$\sum x = 25.7$，$\sum y = 5269.5$，$\sum xy = 16687.99$ 和 $\sum x^2 = 82.81$。可以使用这些值来计算回归直线的斜率及其 y 截距 b：

$$m = \frac{n\sum xy - (\sum x)(\sum y)}{n\sum x^2 - (\sum x)^2} = \frac{10 \times 16687.99 - 25.7 \times 5269.5}{10 \times 82.81 - 25.7^2} \approx 187.660343$$

$$b = \bar{y} - m\bar{x} \approx \frac{5269.5}{10} - 187.660343 \times \frac{25.7}{10} \approx 44.663$$

所以回归直线的方程是 $\hat{y} = 187.660x + 44.663$。为了绘制回归直线，首先在数据集中的最小和最大 x 值之间选择两个 x 值；接着，使用回归方程计算相应的 y 值；然后，过这两点画一条直线。数据的回归直线和散点图如右图所示。注意，该直线通过点 $(\bar{x}, \bar{y}) = (2.57, 526.95)$。

> **提示**：在例题 1 中写回归直线的方程时，斜率 m 和 y 截距 b 被四舍五入到小数点后三位。这一舍入规则适用于全书。

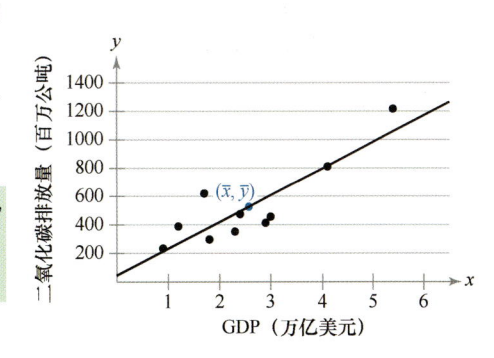

自测题 1

求 9.1 节自测题 4 中使用的离校年数和年度捐款的回归直线方程。

第 9 章 相关和回归

【例题 2】使用软件求回归直线方程

使用软件求 9.1 节中老忠实泉数据的回归直线方程（见下表）。

持续时间 x	时间 y	持续时间 x	时间 y	持续时间 x	时间 y
1.80	56	2.82	73	4.30	89
1.82	58	3.13	76	4.43	89
1.90	62	3.27	77	4.47	86
1.93	56	3.65	77	4.53	89
1.98	57	3.78	79	4.55	86
2.05	57	3.83	85	4.60	92
2.13	60	3.88	80	4.63	91
2.30	57	4.10	89		
2.37	61	4.27	90		

解答：

回顾 9.1 节中的例题 6，老忠实泉喷发的持续时间和喷发时间间隔之间存在显著的线性相关。MINITAB、EXCEL 和 TI-84 PLUS 都提供计算回归方程的功能。使用这样的软件求回归方程时，得到的结果应与如下所示的结果类似。

MINITAB

Regression Analysis: Time versus Duration

Regression Equation

Time=33.68+12.481 Duration

Coefficients

Term	Coef	SE Coef	T-Value	P-Value
Constant	33.68	1.89	17.79	0.000
Duration	12.481	0.546	22.84	0.000

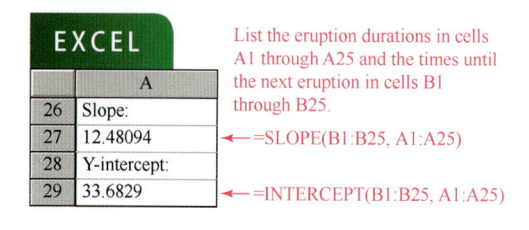

EXCEL

	A
26	Slope:
27	12.48094
28	Y-intercept:
29	33.6829

←=SLOPE(B1:B25, A1:A25)

←=INTERCEPT(B1:B25, A1:A25)

List the eruption durations in cells A1 through A25 and the times until the next eruption in cells B1 through B25.

TI-84 PLUS

LinReg
y=ax+b
a=12.48094391
b=33.68290034
r^2=.9577738551
r=.9786592129

从显示的结果可以看到回归方程为 $\hat{y} = 12.481x + 33.683$。TI-84 PLUS 的结果中显示了数据的回归直线和散点图，如右图所示。要这样做，可使用 Stat Plot 功能构建散点图并将回归方程输入为 y_1。

自测题 2

使用软件求美国职业棒球大联盟球队的薪资和平均主场比赛观众数量的回归直线方程。

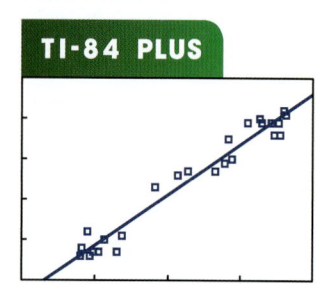

9.2.2 回归直线的应用

当 x 和 y 之间的相关显著时（见 9.1 节），回归直线方程可用于预测某些 x 值对应的 y 值。预测值仅对数据中观测 x 值范围内（或接近）的 x 值有意义。例如，在例题 1 中，数据中观测 x 值的范围从 0.9 万亿美元到 5.4 万亿美元。因此，使用例题 1 中的回归方程来预测国内生产总值（如 0.2 万亿美元或 14.5 万亿美元）的二氧化碳排放量是不合适的。

要预测 y 值，可将 x 值代入回归方程，然后计算预测的 y 值即 $\hat{y}$。该过程如下例所示。

描绘世界

右侧的散点图显示了一个州的农场数量（千）与该州农场的总净收入（百万美元）之间的关系。

描述这两个变量之间的相关类型。使用散点图预测拥有 150000 个农场（$x=150$）的州的总净收入。散点图的回归直线方程为 $\hat{y}=25.696x+622.707$，使用该方程预测一个拥有 150000 个农场的州的总净收入（根据 9.1 节的方法，x 和 y 显著线性相关）。你的代数预测与你的图形预测相比如何？

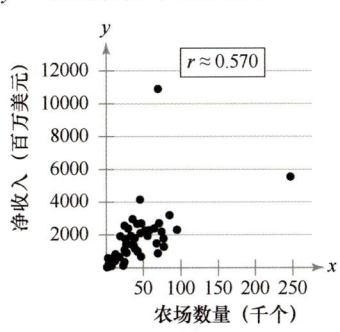

【例题 3】用回归方程预测 y 值

国内生产总值（万亿美元）和二氧化碳排放量（百万公吨）数据的回归方程为
$$\hat{y}=187.660x+44.663$$

使用该方程预测如下国内生产总值的二氧化碳排放量：（1）1.2 万亿美元；（2）2.0 万亿美元；（3）2.6 万亿美元。

解答：

回顾 9.1 节中的例题 7 可知，x 和 y 显著线性相关。因此，可以使用回归方程来预测 y 值。注意，给定的国内生产总值在观测 x 值的范围内（0.9 万亿美元至 5.4 万亿美元）。为了预测二氧化碳排放量，用每个国内生产总值代替回归方程中的 x，然后计算 $\hat{y}$。

（1）$\hat{y}=187.660\,x+44.663=187.660\times1.2+44.663=269.855$

当国内生产总值为 1.2 万亿美元时，CO_2 排放量为 26985.5 万公吨。

（2）$\hat{y}=187.660\,x+44.663=187.660\times2.0+44.663=419.983$

当国内生产总值为 2.0 万亿美元时，CO_2 排放量为 41998.3 万公吨。

（3）$\hat{y}=187.660\,x+44.663=187.660\times2.6+44.663=532.579$

当国内生产总值为 2.6 万亿美元时，CO_2 排放量为 53257.9 万公吨。

自测题 3

老忠实泉数据的回归直线方程为 $\hat{y}=12.481\,x+33.683$，使用它预测每次喷发持续时间的下一次喷发时间（回顾 9.1 节中的例题 6，x 和 y 显著线性相关）：（1）2 分钟；（2）3.32 分钟。

当 x 和 y 之间的相关不显著时，最佳的预测 y 值是 $\bar{y}$，即数据中 y 值的平均值。

9.2.3 习题

培养基本技能和词汇

01. 什么是残差？解释残差何时为正、负和零。

02. 两个变量线性正相关时，变量回归直线的斜率是正的还是负的？

03. 说明如何使用回归直线方程预测 y 值。

04. 对于一组数据和相应的回归直线，描述 x 的所有值为 y 提供有意义的预测。

05. 要使用回归直线方程预测 y 值，变量的相关系数必须是什么？

06. 为什么不适合使用回归直线来预测不在（或接近）数据中找到的 x 值范围内的 x 值的 y 值？

在习题 07～12 中，将左栏的描述与右栏的符号相匹配。

07. 对应于 x_i 的数据点的 y 值。　　　　a. $\hat{y}_i$
08. 对应于 x_i 的回归直线上的点的 y 值。　b. y_i
09. 斜率。　　　　　　　　　　　　　　　c. b
10. y 截距。　　　　　　　　　　　　　　d. $(\bar{x}, \bar{y})$
11. y 值的平均值。　　　　　　　　　　　e. m
12. 回归直线总通过的点。　　　　　　　　f. $\bar{y}$

图形分析。在习题 13～16 中，将回归方程与适当的图形相匹配。

13. $\hat{y} = -1.361x + 21.952$。
14. $\hat{y} = 2.115x + 21.958$。
15. $\hat{y} = 2.125x + 9.588$。
16. $\hat{y} = -0.705x + 27.214$。

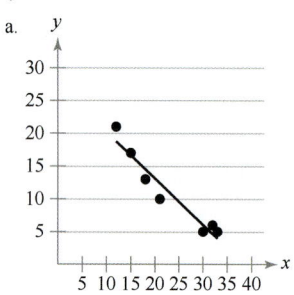

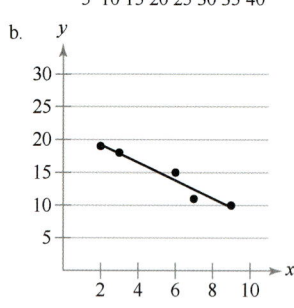

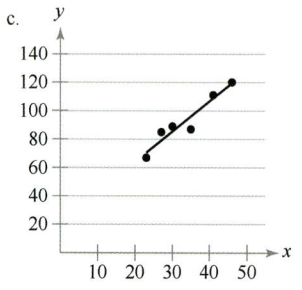

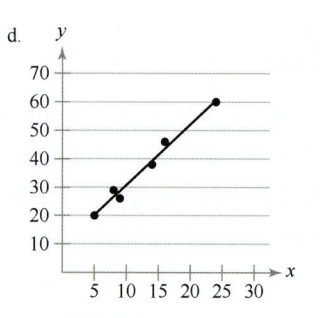

a.

b.

c.

d.

使用和解释概念

求回归直线方程。 在习题 17～26 中，求数据的回归直线方程，构建数据的散点图并绘制回归直线（每对变量都显著相关）。然后使用回归方程预测每个 x 值的 y 值（如果有意义）。如果 x 值对预测 y 值没有意义，请解释原因。方便时使用软件。

17. 高度和层数。 得克萨斯州休斯敦 9 座最高建筑的高度（英尺）和层数如下表所示。(a) $x = 950$ 英尺；(b) $x = 850$ 英尺；(c) $x = 800$ 英尺；(d) $x = 650$ 英尺。

高度 x	1002	992	901	780	762	756	752	741	735
层数 y	75	71	64	56	53	55	48	47	47

18. 建筑面积和房屋销售价格。 俄亥俄州阿克伦市 9 处房屋的建筑面积和销售价格（千美元）如下表所示。(a) $x = 1100$ 平方英尺；(b) $x = 725$ 平方英尺；(c) $x = 2575$ 平方英尺；(d) $x = 950$ 平方英尺。

建筑面积 x	1438	1280	1680	5627	1040
销售价格 y	120.0	109.5	289.0	915.0	49.9
建筑面积 x	1180	876	1552	2180	
销售价格 y	79.9	59.9	94.9	199.9	

19. 学习小时数和考试成绩。 9 名学生为一次考试而学习的小时数和他们的考试成绩如下表所示。(a) $x = 3$ 小时；(b) $x = 6.5$ 小时；(c) $x = 13$ 小时；(d) $x = 4.5$ 小时。

学习小时数 x	0	2	4	5	5	5	6	7	8
考试成绩 y	40	51	64	69	73	75	93	90	95

20. 净胜球数和获胜次数。 净胜球数（进球数减去失球数）和前 10 名球队在 2020—2021 赛季英超联赛中的获胜次数如下表所示。(a) $x = 0$ 个进球；(b) $x = 20$ 个进球；(c) $x = 40$ 个进球；(d) $x = 60$ 个进球。

净胜球数 x	51	29	26	22	18
获胜次数 y	27	21	20	19	20
净胜球数 x	15	23	16	8	-1
获胜次数 y	19	18	18	18	17

21. **心率和 QT 间期**。13 名男性的心率（次/分钟）和 QT 间期（毫秒）如下表所示。下图显示了心电图中心跳的 QT 间期。(a) $x = 120$ 次/分钟；(b) $x = 67$ 次/分钟；(c) $x = 90$ 次/分钟；(d) $x = 83$ 次/分钟。

心率 x	60	75	62	68	84	97	66
QT 间期 y	403	363	381	367	341	317	401
心率 x	65	86	78	93	75	88	
QT 间期 y	384	342	377	329	377	349	

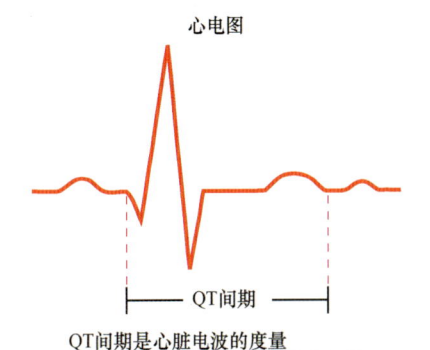

心电图

QT 间期

QT 间期是心脏电波的度量
QT 间期延长可能表明心脏健康问题

22. **斑海豹的长度和周长**。12 只斑海豹的长度（厘米）和周长（厘米）如下表所示。(a) $x = 140$ 厘米；(b) $x = 172$ 厘米；(c) $x = 164$ 厘米；(d) $x = 158$ 厘米。

长度 x	137	168	152	145	159	159
周长 y	106	130	116	106	125	119
长度 x	124	137	155	148	147	146
周长 y	103	104	120	110	107	109

23. **热狗：卡路里和钠含量**。12 个品牌的牛肉热狗的卡路里含量和钠含量（毫克）如下表所示。(a) $x = 170$ 卡路里；(b) $x = 100$ 卡路里；(c) $x = 260$ 卡路里；(d) $x = 210$ 卡路里。

卡路里含量 x	180	220	230	90	160	190
钠含量 y	510	740	740	280	530	580
卡路里含量 x	150	110	110	160	140	150
钠含量 y	490	480	330	640	480	460

24. **员工和收入**。14 家酒店和博彩公司的员工数量和 2020 年收入（百万美元）如下表所示。(a) $x = 32500$ 名员工；(b) $x = 6000$ 名员工；(c) $x = 1350$ 名员工；(d) $x = 100000$ 名员工。

员工数量 x	9000	42000	18000	19700	7600
年收入 y	1300	5162	2886	1728	1182
员工数量 x	7300	30200	14300	7000	46000
年收入 y	1964	2096	2179	1054	3612
员工数量 x	800	2600	141000	15500	
年收入 y	316	615	10571	2160	

25. **鞋码和身高**。14 个男人的鞋码和身高（英寸）如下表所示。(a) $x = 11.5$ 码；(b) $x = 8.0$ 码；(c) $x = 15.5$ 码；(d) $x = 10.0$ 码。

鞋码 x	8.5	9.0	9.0	9.5	10.0	10.0	10.5
身高 y	66.0	68.5	67.5	70.0	70.0	72.0	71.5
鞋码 x	10.5	11.0	11.0	11.0	12.0	12.0	12.5
身高 y	69.5	71.5	72.0	73.0	73.5	74.0	74.0

26. **年龄和睡眠时间**。10 个婴儿的年龄（岁）和一天的睡眠时间如下表所示。(a) $x = 0.3$ 岁；(b) $x = 3.9$ 岁；(c) $x = 0.6$ 岁；(d) $x = 0.8$ 岁。

年龄 x	0.1	0.2	0.4	0.7	0.6
睡眠时间 y	14.5	14.3	14.1	13.9	13.9
年龄 x	0.9	0.1	0.2	0.4	0.9
睡眠时间 y	13.7	14.3	14.2	14.0	13.8

注册护士工资。在习题 27～30 中使用下表，其中显示了 14 名注册护士的工作年限和年薪（千美元）。

27. **相关**。对于下面所示的注册护士工资数据的散点图，你认为数据具有什么类型的相关（如果有的话）？

工作年限 x	0.5	2	4	5	7	9	10
年薪 y	48.3	53.4	58.5	63.4	65.7	67.3	70.6
工作年限 x	12.5	13	16	18	20	22	25
年薪 y	71.8	69.8	73.2	75.5	74.3	78.9	76.6

注册护士

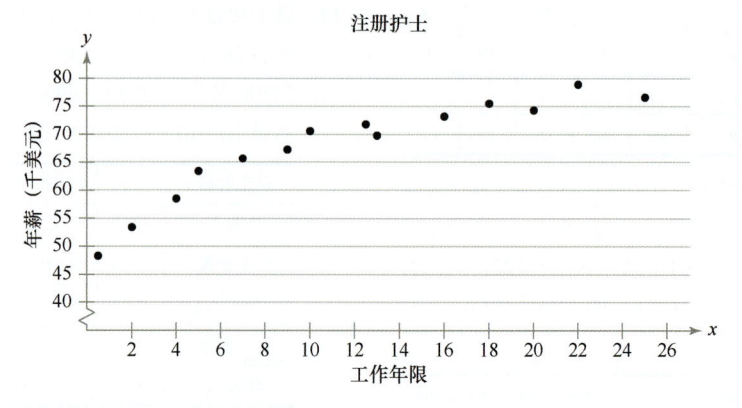

年薪（千美元）vs 工作年限的散点图

28. 回归直线。求数据的回归直线方程，绘制数据的散点图和回归直线。

29. 使用回归直线。一位分析师使用你在习题 28 中求得的回归直线来预测一位有 28 年工作经验的注册护士的年薪。这是有效的预测吗？

30. 显著相关？ 一位薪资分析师声称，当 $\alpha = 0.01$ 时，总体显著相关。检验这一说法。

概念扩展

互换 x 和 y。在习题 31 和 32 中，执行以下步骤：(a) 求数据的回归直线方程，让第 1 行表示 x 值，第 2 行表示 y 值，绘制数据的散点图和回归直线；(b) 求数据的回归直线方程，让第 2 行表示 x 值，第 1 行表示 y 值，绘制数据的散点图和回归直线；(c) 描述互换自变量和因变量对回归直线的影响。

31.

第1行	0	1	2	3	3	5	5	6	7
第2行	96	85	82	74	95	68	76	84	58	65

32.

第1行	16	25	39	45	49	64	70
第2行	109	122	143	132	199	185	199

残差图。残差图允许你评估相关数据，并检查回归模型可能存在的问题。为了构建残差图，可以绘制 $(x, y - \hat{y})$ 的散点图，其中 $y - \hat{y}$ 是每个 y 值的残差。如果结果图中显示了任何类型的模式，回归直线就不能很好地表示两个变量之间的关系。如果结果中未显示出模式（即残差在 0 附近波动），回归直线就是很好的表示。注意，若残差图上的一个点看起来在其他点的模式之外，它可就能是一个离群值。

在习题 33 和 34 中，(a) 求回归直线方程；(b) 构建数据的散点图并绘制回归直线；(c) 构建残差图；(d) 确定残差图中是否存在任何模式，并解释它们对变量之间关系的暗示。

33.

x	38	34	40	46	43	48	60	55	52
y	24	22	27	32	30	31	27	26	28

34.

x	8	4	15	7	6	3	12	10	5
y	18	11	29	18	14	8	25	20	12

影响点。影响点是数据集中能够极大地影响回归直线图形的点。离群值可能是影响点，也可能不是影响点。为了确定某个点是否是影响点，可求两条回归直线：一条包括数据集中的所有点，另一条排除可能的影响点。如果回归直线的斜率或 y 截距显示出显著变化，则认为该点是影响点。只有理由适当时，才能从数据集中删除影响点。

在习题 35 和 36 中，(a) 构建数据的散点图；(b) 识别任何可能的离群值；(c) 确定该点是否是影响点。

35.

x	5	6	9	10	14	17	19	44
y	32	33	28	26	25	23	23	8

36.

x	1	3	6	8	12	14
y	4	7	10	9	15	3

线性转换。当线性模型不适合表示数据时，可以使用其他模型。在某些情况下，必须转换 x 或 y 的值，以找到合适的模型。在对数转换中，创建散点图和计算回归直线时，使用的是变量的对数而不是原始变量。在习题 37～40 中，使用下表中的数据，这些数据是一定小时数后存在的细菌数量。

小时数 x	细菌数量 y	小时数 x	细菌数量 y
1	165	5	1310
2	280	6	1920
3	468	7	4900
4	780		

37. 求数据的回归直线方程，画出 (x,y) 的散点图和回归直线。

38. 将表中的每个 y 值替换为对数 $\log y$。求转换后数据的回归直线方程，画出 $(x, \log y)$ 的散点图和回归直线。你注意到了什么？

39. 指数方程是形如 $y = ab^x$ 的非线性回归方程。使用软件求出并绘制原始数据的指数方程，在图表中包括原始数据。注意，也可通过解习题 38 中的方程 $y = mx + b$ 来求该模型。

40. 将习题 39 中的结果与习题 37 中的回归直线方程及其图形进行比较。哪个方程是更好的数据模型？

在习题 41～44 中使用下表中显示的数据。

x	y	x	y
1	695	5	80
2	410	6	75
3	256	7	68
4	110	8	74

41. 求数据的回归直线方程，画出 (x,y) 的散点图和回归直线。

人体测量的相关性

发表在《运动与锻炼中的医学与科学》上的一项研究对 252 名男性（22～81 岁）进行了测量。在对每人进行的 14 次测量中，有些是显著相关的，有些则是不相关的。例如，右侧的散点图显示，男性的臀围和腹围是强线性相关的（$r \approx 0.874$）。表中只列出了数据的前九行。

42. 将表中的每个 x 值和 y 值替换为其对数。求转换后数据的回归直线方程，构建 $(\log x, \log y)$ 的散点图并画出回归直线。你注意到了什么？

43. 幂方程是形如 $y = ax^b$ 的非线性回归方程。使用软件求出并绘制原始数据的幂方程，在图表中包括散点图。注意，也可通过求解习题 42 中的方程 $y = m \log x + b$ 来求该模型。

44. 将习题 43 中的结果与习题 41 中的回归直线方程及其图形进行比较。哪个方程是更好的数据模型？

对数方程。 对数方程是形如 $y = a + b \ln x$ 的非线性回归方程。在习题 45～48 中，使用这些信息和软件。

45. 求出并画出习题 25 中数据的对数方程。

46. 求出并画出习题 26 中数据的对数方程。

47. 将习题 45 中的结果与回归直线方程及其图形进行比较。哪个方程是更好的数据模型？

48. 将你在习题 46 中的结果与回归直线的方程及其图形进行比较。哪个方程是更好的数据模型？

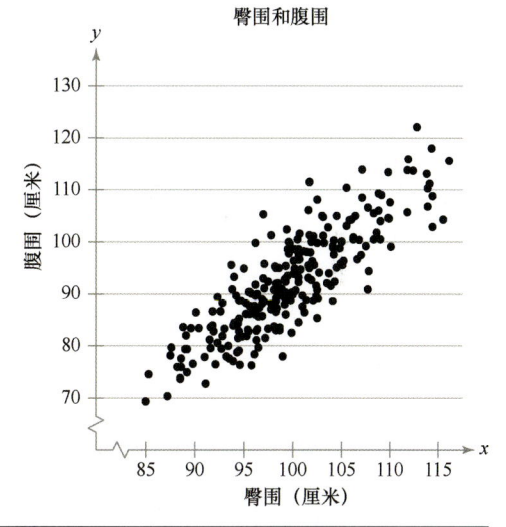

年龄（岁）	体重（磅）	身高（英寸）	颈围（厘米）	胸围（厘米）	腹围（厘米）	髋围（厘米）	大腿围（厘米）	膝盖围（厘米）	脚踝围（厘米）	二头肌围（厘米）	前臂围（厘米）	腕部围（厘米）	体脂（%）
22	173.25	72.25	38.5	93.6	83.0	98.7	58.7	37.3	23.4	30.5	28.9	18.2	6.1
22	154.00	66.25	34.0	95.8	87.9	99.2	59.6	38.9	24.0	28.8	25.2	16.6	25.3
23	154.25	67.75	36.2	93.1	85.2	94.5	59.0	37.3	21.9	32.0	27.4	17.1	12.3
23	198.25	73.50	42.1	99.6	88.6	104.1	63.1	41.7	25.0	35.6	30.0	19.2	11.7
23	159.75	72.25	35.5	92.1	77.1	93.9	56.1	36.1	22.7	30.5	27.2	18.2	9.4
23	188.15	77.50	38.0	96.6	85.3	102.5	59.1	37.6	23.2	31.8	29.7	18.3	10.3
24	184.25	71.25	34.4	97.3	100.0	101.9	63.2	42.2	24.0	32.2	27.7	17.7	28.7
24	210.25	74.75	39.0	104.5	94.4	107.8	66.0	42.0	25.6	35.7	30.6	18.8	20.9
24	156.00	70.75	35.7	92.7	81.9	95.3	56.4	36.5	22.0	33.5	28.3	17.3	14.2

第 9 章 相关和回归

习题

01. 根据直觉，将每对 (x, y) 分类为弱相关（$0 < r < 0.5$）、中等相关（$0.5 < r < 0.8$）或强相关（$0.8 < r < 1.0$）。(a)（体重，颈围）；(b)（体重，身高）；(c)（年龄，体脂）；(d)（胸围，臀围）；(e)（年龄，腕部围）；(f)（踝部围，腕部围）；(g)（前臂围，身高）；(h)（二头肌围，前臂围）；(i)（体重，大腿围）；(k)（臀围，腹围）；(l)（腹围，臀围）。

02. 使用软件求习题 01 中每对数据的相关系数，并将结果与凭直觉得到的结果进行比较。

03. 对习题 01 中的每对数据，使用软件求强相关回归直线。

04. 使用习题 03 的结果预测以下内容：(a)胸围为 95 厘米的男性的臀围；(b)前臂围为 28 厘米的男性的身高。

05. 是否存在相关系数大于 0.85 的测量对？利用软件和直觉得出结论。

9.3 回归和预测区间的测量

> **学习目标**
> ▶ 解释回归直线的三类变差
> ▶ 求出并解释决定系数
> ▶ 求出并解释回归直线估计标准误差
> ▶ 构建和解释 y 的预测区间

9.3.1 关于回归直线的变差

本节介绍相关和回归研究中使用的两个度量——决定系数和估计标准误差，并介绍如何使用回归方程和给定的 x 值来构建 y 的预测区间。在学习这些概念之前，需要了解回归直线的三类变差。

要求关于回归直线的总变差、已解释变差和未解释变差，必须首先计算数据集中每个有序对 (x_i, y_i) 的总偏差、已解释偏差和未解释偏差。这些偏差如右图所示。

计算每个数据点 (x_i, y_i) 的偏差后，就可以求出总变差、已解释变差和未解释变差。

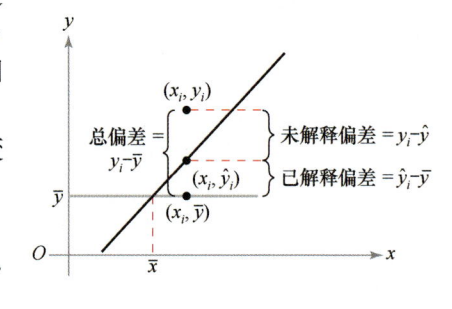

> **定义** 回归直线的总变差是每个有序对的 y 值与 y 的平均值之差的平方和：
> $$\text{总变差} = \sum(y_i - \overline{y})^2$$
> 已解释变差是每个预测的 y 值与 y 的平均值之差的平方和：
> $$\text{已解释变差} = \sum(\hat{y}_i - \overline{y})^2$$
> 未解释变差是每个有序对的 y 值与每个对应的预测 y 值之差的平方和：
> $$\text{未解释变差} = \sum(y_i - \hat{y}_i)^2$$
> 已解释变差和未解释变差之和等于总变差：
> $$\text{总变差} = \text{已解释变差} + \text{未解释变差}$$

如其名称所示，已解释变差可用 x 和 y 之间的关系来解释。未解释变差不能用 x 和 y 之间的关系来解释，因为它是由其他因素造成的，如抽样误差、巧合或潜伏变量（回顾 9.1 节可知，潜伏变量是指对所研究的变量有影响但不包括在研究中的变量）。

9.3.2 决定系数

前面介绍了如何计算相关系数 r，而相关系数的平方称为决定系数。可以证明，决定系数等于已解释变差与总变差之比：

$$r^2 = 已解释变差/总变差$$

正确解释决定系数很重要。例如，如果相关系数为 $r = 0.900$，那么决定系数为 $r^2 = 0.900^2 = 0.810$。这意味着 y 的 81%的变差可以用 x 和 y 之间的关系来解释，其余 19%的变差无法用其解释，而由其他因素造成，如抽样误差、巧合或潜伏变量。

描绘世界

丹佛大学心理学系珍尼特·本森教授进行了一项研究，研究内容是婴儿开始爬行的平均年龄（出生后的周数）与出生后 6 个月的月平均环境温度的关系（见右图）。结果基于 414 名婴儿的样本。本森认为，温度和爬行年龄相关的原因是，在寒冷的几个月里，父母倾向于给婴儿穿上更厚的衣服和毯子，而这种"捆绑"不允许婴儿有太多的机会移动和爬行。

相关系数为 $r \approx -0.700$。数据中百分多少的变差可以解释？由其他因素（如抽样误差、巧合或潜伏变量）造成的百分比是多少？

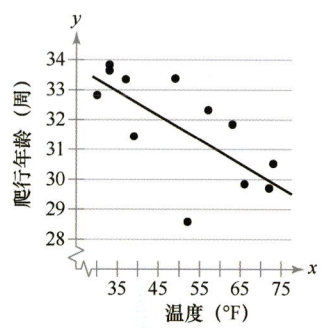

【例题 1】求决定系数

国内生产总值与二氧化碳排放量的相关系数为 $r \approx 0.874$（见 9.1 节中的例题 4），求决定系数。关于回归直线数据的已解释变差告诉了你什么？未解释变差呢？

解答：

决定系数为

$$r^2 \approx 0.874^2 \approx 0.764$$

解释：二氧化碳排放量中 76.4%的变差可用国内生产总值与二氧化碳排放量之间的关系来解释。约 23.6%的变差是无法解释的，而由其他因素造成，如抽样误差、巧合或潜伏变量。

自测题 1

老忠实泉数据的相关系数为 $r \approx 0.979$（见 9.1 节中的例题 5），求决定系数。关于回归直线数据的已解释变差告诉了你什么？未解释变差呢？

9.3.3 估计标准误差

由 x 值预测 $\hat{y}$ 值时，预测是点估计。可以构建 $\hat{y}$ 的区间估计，但先要计算估计标准误差。

定义 估计标准误差 s_e 是观测 y_i 值关于给定 x_i 值的预测 $\hat{y}$ 值的标准差，即

$$s_e = \sqrt{\frac{\sum(y_i - \hat{y}_i)^2}{n-2}}$$

式中，n 是数据对的数量。

由这个公式可以看出，估计标准误差是未解释变差的平方根与 $n-2$ 的平方根之比。因此，观测 y 值越接近预测 $\hat{y}$ 值，估计标准误差就越小。

指南 求估计标准误差 s_e

文字表述	符号表述
1. 制作一个包含 5 列且列标题如右所示的表格	$x_i, y_i, \hat{y}_i, (y_i - \hat{y}_i), (y_i - \hat{y}_i)^2$
2. 使用回归方程计算预测 y 值	$\hat{y}_i = mx_i + b$

(续表)

文字表述	符号表述
3. 计算每个观测 y 值与对应的预测 y 值之差的平方和	$\sum(y_i - \hat{y}_i)^2$
4. 求估计值的标准误差	$s_e = \sqrt{\dfrac{\sum(y_i - \hat{y}_i)^2}{n-2}}$

除了步骤 4 中使用的公式，还可以使用替代公式

$$s_e = \sqrt{\dfrac{\sum y^2 - b\sum y - m\sum xy}{n-2}}$$

来计算估计标准误差。计算斜率 m、y 截距 b 和几个和之后，可以使用此公式。例如，考虑国内生产总值和二氧化碳排放量数据（见 9.1 节中的例题 4 和 9.2 节中的例题 1）。为了使用替代公式，注意这些数据的回归直线方程为 $\hat{y} = 187.660x + 44.663$，和值为 $\sum y^2 = 3548633.25$，$\sum y = 5269.5$ 和 $\sum xy = 16687.99$。因此，使用替代公式，得到估计标准误差为

$$s_e = \sqrt{\dfrac{\sum y^2 - b\sum y - m\sum xy}{n-2}} = \sqrt{\dfrac{3548633.25 - 44.663 \times 5269.5 - 187.660 \times 16687.99}{10-2}} \approx 150.671$$

【例题 2】求估计标准误差

国内生产总值与二氧化碳排放量的回归直线方程为 $\hat{y} = 187.660x + 44.663$（见 9.2 节中的例题 1），求估计标准误差。

解答：

使用表格计算每个观测 y 值与对应的预测 y 值的平方差之和。

x_i	y_i	$\hat{y}_i$	$y_i - \hat{y}_i$	$(y_i - \hat{y}_i)^2$
1.7	620.1	363.685	256.415	65748.65223
2.4	475.2	495.047	−19.847	393.903409
3.0	457.6	607.643	−150.043	22512.90185
1.2	389.7	269.855	119.845	14362.82403
4.1	810.8	814.069	−3.269	10.686361
2.3	352.9	476.281	−123.381	15222.87116
0.9	235.0	213.557	21.443	459.802249
1.8	297.8	382.451	−84.651	7165.791801
2.9	413.9	588.877	−174.977	30616.95053
5.4	1216.5	1058.027	158.473	25113.69173
				$\sum = 181608.0754$ ← 未解释变差

因为使用了 $n = 10$ 和 $\sum(y_i - \hat{y}_i)^2 = 181608.0754$，所以估计标准误差为

$$s_e = \sqrt{\dfrac{\sum(y_i - \hat{y}_i)^2}{n-2}} = \sqrt{\dfrac{181608.0754}{10-2}} \approx 150.669$$

解释： 特定国内生产总值的二氧化碳排放量的估计标准误差约为 15066.9 万公吨。

自测题 2

一位研究人员收集了如下数据并得出结论：广播广告时间（分钟/周）与产品的周销售额（百美元）之间显著相关。

广播广告时间 x	15	20	20	30	40	45	50	60
周销售额 y	26	32	38	56	54	78	80	88

求估计标准误差。使用回归直线方程 $\hat{y} = 1.405x + 7.311$。

9.3.4 预测区间

回顾 9.1 节可知，计算相关系数的要求之一是两个变量 x 和 y 都是双变量正态分布的。两个变量呈双变量正态分布时，对于 x 的任何固定值，y 的对应值是正态分布的，且对于 y 的任何固定值，x 的对应值是正态分布的（见右图）。

因为回归方程是使用成对数据的随机样本确定的，且假设 x 和 y 都是双变量正态分布的，所以可以为 y 的真实值构建一个预测区间。要构建预测区间，可以使用有 $n-2$ 个自由度的 t 分布。

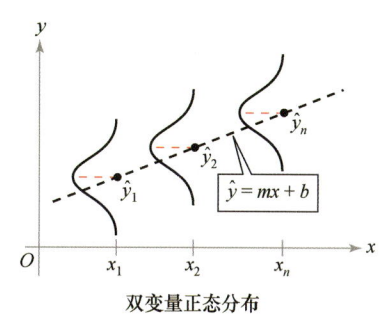

双变量正态分布

> **定义** 给定线性回归方程 $\hat{y} = mx + b$ 和 x 的特定值 x_0，y 的 c 预测区间为 $\hat{y} - E < y < \hat{y} + E$，其中
> $$E = t_c s_e \sqrt{1 + \frac{1}{n} + \frac{n(x_0 - \bar{x})^2}{n\sum x^2 - (\sum x)^2}}$$
> 点估计是 $\hat{y}$，误差幅度是 E。预测区间包含 y 的概率是 c（置信水平），假设估计过程重复了多次。

> **提示**：s_e 和 E 的公式中使用了量 $\sum (y_i - \hat{y}_i)^2$，$(\sum x)^2$ 和 $\sum x^2$，使用表格计算这些量。

指南 为 x 的特定值构建 y 的预测区间

文字表述	符号表述
1. 确定数据对的数量 n 和自由度	d.f. = $n - 2$
2. 使用回归直线方程和给定的 x 值求出点估计 $\hat{y}$	$\hat{y}_i = mx_i + b$
3. 求对应给定置信水平 c 的临界值 t_c	使用附录 B 中的表 5
4. 求估计标准误差 s_e	$s_e = \sqrt{\dfrac{\sum (y_i - \hat{y}_i)^2}{n - 2}}$
5. 求误差幅度 E	$E = t_c s_e \sqrt{1 + \dfrac{1}{n} + \dfrac{n(x_0 - \bar{x})^2}{n\sum x^2 - (\sum x)^2}}$
6. 求左端点和右端点，形成预测区间	左端点：$\hat{y} - E$；右端点 $\hat{y} + E$；区间：$\hat{y} - E < y < \hat{y} + E$

【例题 3】构建预测区间

使用例题 2 的结果，当国内生产总值为 2.8 万亿美元时，构建二氧化碳排放量的 90% 预测区间。你能得出什么结论？

解答：

$n = 10$，所以有 d.f. = $10 - 2 = 8$ 个自由度。使用回归方程 $\hat{y} = 187.660x + 44.663$ 和 $x = 2.8$，得到点估计为
$$\hat{y} = 187.660x + 44.663 = 187.660 \times 2.8 + 44.663 = 570.111$$

根据表 5，临界值为 $t_c = 1.860$；根据例题 2，临界值为 $s_e \approx 150.669$。在 9.1 节的例题 4 中，发现 $\sum x = 25.7$ 和 $\sum x^2 = 82.81$。此外，$\bar{x} = 2.57$。使用这些值，得到误差幅度为
$$E = t_c s_e \sqrt{1 + \frac{1}{n} + \frac{n(x_0 - \bar{x})^2}{n\sum x^2 - (\sum x)^2}} \approx 1.860 \times 150.669 \sqrt{1 + \frac{1}{10} + \frac{10 \times (2.8 - 2.57)^2}{10 \times 82.81 - 25.7^2}} \approx 294.344$$

使用 $\hat{y} = 570.111$ 和 $E \approx 294.344$，构建得到预测区间如下所示：

左端点   右端点
$$\hat{y}-E \approx 570.111-294.344 \qquad \hat{y}+E \approx 570.111+294.344$$
$$= 275.767 \qquad\qquad\qquad = 864.455$$

$$275.767 < y < 864.455$$

解释：有90%的把握确信国内生产总值为2.8万亿美元时，二氧化碳排放量将在27576.7万公吨到86445.5万公吨之间。

自测题 3

使用例题 2 的结果，当国内生产总值为 4 万亿美元时，构建二氧化碳排放量的 95% 预测区间。你能得出什么结论？

对于靠近 $\bar{x}$ 的 x 值，y 的预测区间变窄。对于远离 $\bar{x}$ 的 x 值，y 的预测区间变宽（这就是回归方程不应用于预测数据中观测 x 值范围外的 x 值的 y 值的原因之一）。例如，考虑右图所示的例题 3 中 y 的 90% 预测区间。x 值的范围是 $0.9 \leqslant x \leqslant 5.4$。注意，当 x 接近 0.9 或 5.4 时，置信区间条带是如何偏离回归直线的。

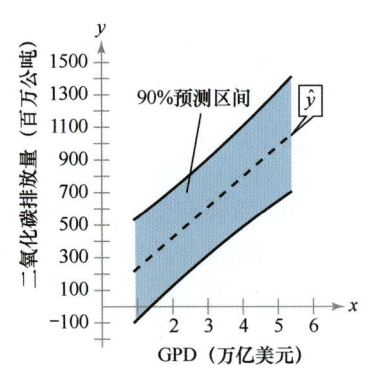

9.3.5 习题

培养基本技能和词汇

图形分析。在习题 01~03 中，使用下图。

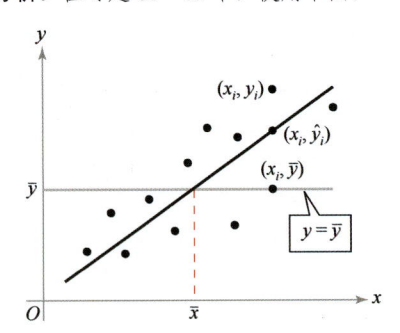

01. 用文字和符号描述回归直线的总变差。
02. 用文字和符号描述回归直线的已解释变差。
03. 用文字和符号描述回归直线的未解释变差。
04. 决定系数 r^2 是哪两种变差之比？r^2 度量什么？$1-r^2$ 度量什么？
05. 完全正线性相关或完全负线性相关的两个变量的决定系数是多少？
06. 两个变量呈双变量正态分布是什么意思？

在习题 07~10 中，使用相关系数 r 的值来计算决定系数 r^2。回归直线数据的已解释变差告诉你什么？未解释变差呢？

07. $r = 0.465$。
08. $r = -0.328$。
09. $r = -0.957$。
10. $r = 0.881$。

使用和解释概念

求决定系数和估计标准误差。在习题 11~20 中，使用数据 (a) 求决定系数 r^2 并解释结果；(b) 求估计标准误差 s_e 并解释结果。

11. **股票发行**。12 年来首次公开发行股票的数量和收益（百万美元）如下表所示。回归直线方程为 $\hat{y} = 222.346x + 5001.340$。

数量 x	42	101	82	104	162	225
收益 y	13307	30742	27750	32065	39093	46967
数量 x	125	79	118	143	115	165
收益 y	22296	13234	24044	34027	39479	61860

12. **时薪中位数和均值**。下表显示了最近一年 10 个州的时薪中位数（美元）和均值（美元）。回归直线方程为 $\hat{y} = 1.208x + 1.495$。

中位数 x	17.43	22.52	18.07	18.56	18.59
均值 y	22.52	29.25	24.05	23.39	23.37
中位数 x	22.41	18.63	20.08	18.98	19.79
均值 y	28.23	24.52	25.94	24.73	24.64

13. **失球数和总积分**。下表显示了 15 支北部和西部赛区球队在 2020—2021 北美职业冰球联盟赛季的失球数和总积分。回归直线方程为 $\hat{y} = -0.552x + 152.584$。

失球数 x	190	188	168	161	154	148	154	179
总积分 y	51	50	59	55	63	77	72	43
失球数 x	199	170	176	170	160	133	124	
总积分 y	49	49	54	63	75	82	82	

14. **树木。** 下表显示了 8 棵树的高度（英尺）和树干直径（英寸）。回归直线方程为 $\hat{y} = 0.479x - 24.086$。

高度 x	70	72	75	76	85	78	77	82
树干直径 y	8.3	10.5	11.0	11.4	14.9	14.0	16.3	15.8

15. **STEM 就业百分比和平均年薪。** 下表显示了最近一年 14 个行业的 STEM（科学、技术、工程和数学）就业百分比和平均年薪（千美元）。回归直线方程为 $\hat{y} = 1.224x + 81.643$。

STEM 就业百分比 x	15.4	1.7	11.6	8.0	1.2	27.0	18.7
平均年薪 y	102.5	82.7	98.5	95.5	89.3	110.3	107.8
STEM 就业百分比 x	3.9	4.8	1.1	0.8	0.1	1.8	8.6
平均年薪 y	88.9	82.5	86.4	81.0	72.8	84.3	88.7

16. **投票人数。** 下表显示了十个非总统选举年的美国投票年龄人数（百万）和联邦选举投票数（百万）。回归直线方程为 $\hat{y} = 0.429x - 10.763$。

投票年龄人数 x	166.0	177.9	186.2	195.3	205.3
联邦选举投票数 y	67.6	65.0	67.9	75.1	72.5
投票年龄人数 x	215.5	225.5	236.0	245.7	255.8
联邦选举投票数 y	78.4	83.3	89.1	81.7	117.1

17. **天然气。** 下表显示了七年来美国天然气的产量（十亿立方英尺）和出口量（十亿立方英尺）。回归直线方程为 $\hat{y} = 0.355x - 7960.686$。

产量 x	27498	28772	28400	29238
出口量 y	1514	1784	2335	3154
产量 x	33009	36515	36173	
出口量 y	3608	4656	5284	

18. **基金资产。** 下表显示了个人退休账户（IRA）和联邦固定收益（DB）计划十年总资产（十亿美元）。回归直线方程为 $\hat{y} = 0.122x + 558.880$。

IRA x	5550	6123	6961	7400	7610
联邦 DB 计划十年总资产 y	1220	1288	1364	1425	1504
IRA x	8415	9395	9925	9365	12555
联邦 DB 计划十年总资产 y	1589	1679	1781	1895	2006

19. **新车销量。** 下表显示了福特和通用 11 年来在美国的新车销量（千辆）。回归直线方程为 $\hat{y} = 0.937x + 637.674$。

新车销量（福特）x	1942	1656	1905	2111	2206	2435
新车销量（通用）y	2956	2072	2211	2504	2596	2786
新车销量（福特）x	2418	2549	2542	2513	1968	
新车销量（通用）y	2935	3082	3042	3000	2536	

20. **新车销量。** 下表显示了丰田和本田 11 年来在美国的新车销量（千辆）。回归直线方程为 $\hat{y} = 0.584x + 169.227$。

新车销量（丰田）x	2218	1770	1764	1645	2083	2236
新车销量（本田）y	1429	1151	1231	1147	1423	1525
新车销量（丰田）x	2374	2499	2500	2435	2113	
新车销量（本田）y	1541	1587	1638	1641	1347	

构建和解释预测区间

在习题 21~30 中，构建预测区间并解释结果。

21. **收益。** 当发行数量为 200 时，构建习题 11 中首次公开发行收益的 95%预测区间。

22. **平均时薪。** 当时薪中位数为 21.50 美元时，构建习题 12 中平均时薪的 95%预测区间。

23. **得分。** 当团队的失球数为 140 时，为习题 13 中的总积分构建了一个 90%的预测区间。

24. **树木。** 在习题 14 中，当高度为 80 英尺时，构建树干直径的 90%预测区间。

25. **平均年薪。** 当 STEM 就业百分比为 13%时，为习题 15 中的平均年薪构建一个 99%的预测区间。

26. **投票人数。** 当投票年龄人数为 2.1 亿时，为习题 16 中的投票数构建 99% 的预测区间。

27. **天然气**。当美国天然气的产量为 31 万亿立方英尺时，为习题 17 中美国天然气出口量构建 95% 的预测区间。

28. **总资产**。当个人退休账户的总资产为 64000 亿美元时，为习题 18 中的联邦 DB 计划十年的总资产构建一个 90% 的预测区间。

29. **新车销售**。当福特销售的新车数量为 202.8 万辆时，为习题 19 中通用的新车销量构建一个 95% 的预测区间。

30. **新车销售**。当丰田销售的新车数量为 215.9 万辆时，为习题 20 中本田的新车销量构建一个 99% 的预测区间。

旧车。在习题 31~34 中，使用下图所示的数字。

使车辆保持更长时间
美国道路上8个不同年份的平均车龄：

平均车龄

年份 x	年数 y
2014	11.4
2015	11.5
2016	11.6
2017	11.7
2018	11.7
2019	11.8
2020	11.9
2021	12.1

31. **散点图**。构建数据的散点图，在图上显示 $\bar{y}$ 和 $\bar{x}$。
32. **回归直线**。求出并绘制回归直线。
33. **决定系数**。求决定系数 r^2 并解释结果。
34. **估计误差**。求估计标准误差 s_e 并解释结果。

概念扩展

斜率的假设检验。检验总体回归直线的斜率 M 时，通常检验斜率为 0 或者 $H_0: M = 0$。斜率为 0 表示 x 和 y 之间不存在线性关系。为了对斜率 M 进行 t 检验，可以使用标准化检验统计量

$$t = \frac{m}{s_e}\sqrt{\sum x^2 - \frac{(\sum x)^2}{n}}$$

自由度为 $n - 2$。然后，使用附录 B 的表 5 中的临界值，决定是否拒绝原假设。还可使用 TI-84 PLUS 的 LinRegTTest 功能计算标准化检验统计量及相应的 P 值。若 $P \leq \alpha$，则拒绝 H_0，否则拒绝 H_0 失败。

在习题 35 和 36 中，检验声明并在问题背景下解释结果。方便时，使用软件。

35. 下表显示了随机抽取的婴儿的体重（磅）和一天的睡眠小时数。检验 $M \neq 0$ 的声明，使用 $\alpha = 0.01$。

体重 x	8.1	10.2	9.9	7.2	6.9	11.2	11	15
睡眠小时数 y	14.8	14.6	14.1	14.2	13.8	13.2	13.9	12.5

36. 下表显示了一家公司随机抽取的员工的年龄（岁）和年薪（千美元）。检验 $M \neq 0$ 的声明，使用 $\alpha = 0.05$。

年龄 x	25	34	29	30	42	38	49	52	35	40
年薪 y	57.5	61.2	59.9	58.7	87.5	67.4	89.2	85.3	69.5	75.1

y 截距和斜率的置信区间。使用下面的不等式，可以为总体的回归直线 $y = Mx + B$ 的 y 截距 B 和斜率 M 构建置信区间。

y 截距 B：$b - E < B < b + E$，其中

$$E = t_c s_e \sqrt{\frac{1}{n} + \frac{\bar{x}^2}{\sum x^2 - (\sum x)^2/n}}$$

斜率 M：$m - E < M < n + E$，其中

$$E = \frac{t_c s_e}{\sqrt{\sum x^2 - (\sum x)^2/n}}$$

m 和 b 的值是由样本数据获得的，临界值 t_c 是用附录 B 中的表 5 自由度为 $n-2$ 的情况下求得的。

在习题 37 和 38 中，使用例题 2 中的国内生产总值和二氧化碳排放量数据构建 B 和 M 的置信区间。

37. 95% 的置信区间。****
38. 99% 的置信区间。

9.4 多元回归

学习目标

▶ 使用软件求出并解释多元回归方程、估计标准误差和决定系数
▶ 使用多元回归方程预测 y 值

9.4.1 求多元回归方程

在许多情况下,使用一个以上的自变量(解释变量)可为因变量(反应变量)找到更好的预测模型。例如,考虑汽车数量和国内生产总值,可以更准确地预测前面讨论的二氧化碳排放量。包含多个自变量的模型称为多元回归模型。

> **定义** 自变量 $x_1, x_2, x_3, \cdots, x_k$ 和因变量 y 的多元回归方程具有以下形式:
> $$\hat{y} = b + m_1 x_1 + m_2 x_2 + m_3 x_3 + \cdots + m_k x_k$$
> 其中,$\hat{y}$ 是给定 x_i 值的预测 y 值,b 是 y 截距。当所有 x_i 都为 0 时,y 截距 b 是 $\hat{y}$ 的值。系数 m_i 是当自变量 x_i 改变一个单位而所有其他自变量保持不变时 $\hat{y}$ 的变化量。

与多元回归相关的数学很复杂,本节重点介绍如何用软件求多元回归方程并解释结果。

【例题 1】求多元回归方程

一位研究人员想要确定一家公司的员工年薪与工作年限、工作经验和教育程度之间的关系。研究人员从公司选取了 8 名员工,得到了下表中的数据。

员工	年薪(美元)	工作年限 x_1(年)	工作经验 x_2(年)	教育程度(年)
A	57310	10	2	16
B	57380	5	6	16
C	54135	3	1	12
D	56985	6	5	14
E	58715	8	8	16
F	60620	20	0	12
G	59200	8	4	18
H	60320	14	6	17

使用 MINITAB 求对数据建模的多元回归方程。

解答:

在 C1 中输入 y 值,在 C2、C3 和 C4 中分别输入 x_1, x_2 和 x_3 值。从 Stat 菜单中选择 Regression→Regression→Fit Regression Model。使用年薪作为因变量,使用其余数据作为连续预测变量,可得到与下面类似的结果。

MINITAB

Regression Analysis: Salary, y versus x1, x2, x3

Regression Equation

Salary, y = 49764 + 364.4 x1 + 228 x2 + 267 x3

Coefficients

Term	Coef	SE Coef	T-Value	P-Value
Constant	49764 (b)	1981	25.12	0.000
x1	364.4 (m_1)	48.3	7.54	0.002
x2	228 (m_2)	124	1.84	0.140
x3	267 (m_3)	147	1.81	0.144

Model Summary

S	R-sq	R-sq(adj)	R-sq(pred)
659.490	94.38%	90.17%	48.98%

回归方程为 $\hat{y} = 49764 + 364x_1 + 228x_2 + 267x_3$。

> **提示**：在例题 1 中，正确地说明系数 m_1, m_2 和 m_3 非常重要。例如，若 x_2 和 x_3 保持不变，x_1 增 1，则 y 增加 364 美元。类似地，若 x_1 和 x_3 保持不变，x_2 增 1，则 y 增加 228 美元。若 x_1 和 x_2 保持不变，x_3 增 1，则 y 增加 267 美元。

自测题 1

一位统计学教授想要确定学生的期末考试成绩与期中考试成绩和缺课次数之间的关系。这位教授选择了 10 名学生，获得了下表中的数据。使用软件求对数据建模的多元回归方程。

学 生	期末考试成绩 y（分）	期中考试成绩 x_1（分）	缺课次数 x_2
1	81	75	1
2	90	80	0
3	86	91	2
4	76	80	3
5	51	62	6
6	75	90	4
7	44	60	7
8	81	82	2
9	94	88	0
10	93	96	1

MINITAB 显示的不仅仅是回归方程和自变量的系数。例如，它还显示估计标准误差（用 S 表示）和决定系数（用 R-Sq 表示）。在例题 1 中，S = 659.490，R-Sq = 94.38%。因此，估计标准误差为 659.49 美元。决定系数告诉我们，多元回归模型可以解释 y 中 94.38% 的变差。剩下的 5.62% 无法解释，而由其他因素造成，如抽样误差、巧合或潜伏变量。

描绘世界

在芬兰的一个湖泊中捕获了 7 种鱼，共 159 条，且测量了质量 G（克）、长度 L（厘米）、高度 H 和宽度 W（H 和 W 是 L 的百分比）。G 与 L 的回归方程为 $G = -491 + 28.5L$，$r \approx 0.925$，$r^2 \approx 0.855$。同时使用这四个变量时，回归方程为 $G = -712 + 28.3L + 1.46H + 13.3W$，$r \approx 0.930$，$r^2 \approx 2.865$。

由以下测量值预测鱼的质量：$L = 40$，$H = 17$ 和 $W = 11$。使用单个变量和多个变量时，预测有什么不同？哪个更准确？

9.4.2 预测 y 值

求出多元回归直线的方程后，就可使用该方程来预测数据范围内的 y 值。要预测 y 值，可将每个自变量的给定值代入方程，然后计算 $\hat{y}$。

【例题 2】用多元回归方程预测 y 值

使用回归方程 $\hat{y} = 49764 + 364x_1 + 228x_2 + 267x_3$ 求例题 1 中用于预测员工在各组条件下的年薪。

1. 工作 12 年，5 年工作经验，16 年教育程度。
2. 工作 4 年，2 年工作经验，12 年教育程度。
3. 工作 8 年，7 年工作经验，17 年教育程度。

解答：

要预测每位员工的年薪，可将 x_1, x_2 和 x_3 的值代入回归方程，然后计算 $\hat{y}$。

1. $\hat{y} = 49764 + 364 x_1 + 228 x_2 + 267 x_3 = 49764 + 364 \times 12 + 228 \times 5 + 267 \times 16 = 59544$，该员工的预测年薪为 59544 美元。
2. $\hat{y} = 49764 + 364 x_1 + 228 x_2 + 267 x_3 = 49764 + 364 \times 4 + 228 \times 2 + 267 \times 12 = 54880$，该员工的预测年薪为 54880 美元。
3. $\hat{y} = 49764 + 364 x_1 + 228 x_2 + 267 x_3 = 49764 + 364 \times 8 + 228 \times 7 + 267 \times 17 = 58811$，该员工的预测年薪为 58811 美元。

自测题 2

使用自测题 1 中的回归方程预测学生在各组条件下的最终成绩。

1. 一名学生的期中考试成绩为 89 分，缺课 1 次。
2. 一名学生的期中考试成绩为 78 分，缺课 3 次。
3. 一名学生的期中考试成绩为 83 分，缺课 2 次。

9.4.3 习题

培养基本技能和词汇

01. 在多元回归方程 $\hat{y} = 112.1 + 0.43 x_1 - 8.2 x_2 + 29.5 x_3$ 中，系数 -8.2 的含义是什么？

02. 比较多元回归方程和一元回归方程中因变量与自变量的数量。

预测 y 值。 在习题 03～06 中，使用多元回归方程预测自变量的 y 值。

03. 花椰菜年产量。预测花椰菜年产量（磅/英亩）的方程为 $\hat{y} = 24791 + 4.508 x_1 - 4.723 x_2$，其中 x_1 是种植的英亩数，x_2 是收获的英亩数。(a) $x_1 = 36500$，$x_2 = 36100$；(b) $x_1 = 38100$，$x_2 = 37800$；(c) $x_1 = 39000$，$x_2 = 38800$；(d) $x_1 = 42200$，$x_2 = 42100$。

04. 高粱年产量。预测高粱年产量（蒲式耳/英亩）的方程为 $\hat{y} = 80.1 - 20.2 x_1 + 21.2 x_2$，其中 x_1 是种植的英亩数（百万），x_2 是收获的英亩数（百万）。(a) $x_1 = 5.5$，$x_2 = 3.9$；(b) $x_1 = 8.3$，$x_2 = 7.3$；(c) $x_1 = 6.5$，$x_2 = 5.7$；(d) $x_1 = 9.4$，$x_2 = 7.8$。

05. 黑樱桃树的体积。黑樱桃树的体积（立方英尺）可由方程 $\hat{y} = -52.2 + 0.3 x_1 + 4.5 x_2$ 建模，其中 x_1 是树的高度（英尺），x_2 是树的直径（英寸）。(a) $x_1 = 70$，$x_2 = 8.6$；(b) $x_1 = 65$，$x_2 = 11.0$；(c) $x_1 = 83$，$x_2 = 17.6$；(d) $x_1 = 87$，$x_2 = 19.6$。

06. 大象重量。预测大象重量（千克）的方程为 $\hat{y} = -4016 + 11.5 x_1 + 7.55 x_2 + 12.5 x_3$，其中 x_1 是大象的周长（厘米），x_2 是大象的长度（厘米），x_3 是脚垫的周长（厘米）。(a) $x_1 = 421$，$x_2 = 224$，$x_3 = 144$；(b) $x_1 = 311$，$x_2 = 171$，$x_3 = 102$；(c) $x_1 = 376$，$x_2 = 226$，$x_3 = 124$；(d) $x_1 = 231$，$x_2 = 135$，$x_3 = 86$。

使用和解释概念

求多元回归方程。 在习题 07 和 08 中，使用软件求 (a) 表中所示数据的多元回归方程；(b) 估计标准误差；(c) 求决定系数。

07. 二手车。下表显示了 9 辆二手本田思域轿车的价格（美元）、车龄（年）和里程数（千英里）。

价格 y	车龄 x_1	里程数 x_3
20368	2	11.0
16889	3	83.7
11300	5	83.0
19430	3	27.0
9777	7	94.9
9899	6	88.0
14600	6	27.8
19930	4	23.1
19000	5	46.5

08. 营养。下表显示了 8 种常见食物每份的卡路里、脂肪（克）、碳水化合物（克）和蛋白质（克）。

食物	卡路里 y	脂肪 x_1	碳水化合物 x_2	蛋白质 x_3
鸡蛋	80	5	0	7
西兰花	31	0	6	3
薯片	160	10	15	2
西冷牛排	240	16	0	22
鳄梨	240	22	13	3
切达干酪	110	9	2	7
士力架	250	12	32	4
小麦面包	70	1	13	3

概念扩展

调整后的 r^2。决定系数 r^2 的计算取决于数据对的数量和自变量的数量。使用公式

$$r_{\text{adj}}^2 = 1 - \left[\frac{(1-r^2)(n-1)}{n-k-1}\right]$$

可以计算基于自由度的 r^2 的调整值。式中，n 是数据对的数量，k 是自变量的数量。

在习题 09 和 10 中，计算 r_{adj}^2 并确定 y 的变化百分比，根据 r_{adj}^2 可以解释变量之间的关系。将得到的结果与使用 r^2 得到的结果进行比较。

09. 计算习题 07 中数据的 r_{adj}^2。

10. 计算习题 08 中数据的 r_{adj}^2。

现实世界中的统计量

使用

相关和回归。相关和回归分析可用于确定两个变量之间是否存在显著关系。如果存在，就可使用其中一个变量的值来预测另一个变量的值。例如，教育工作者使用相关和回归分析确认高中学生的 SAT 分数与大学一年级学生的平均绩点显著相关。因此，许多学院和大学使用高中申请者的 SAT 分数来预测申请者在大学的初步成功。

滥用

混淆相关和因果关系。研究中最常见的相关滥用是混淆相关和因果关系的概念。好的 SAT 成绩并不能带来好的大学成绩。相反，其他变量如良好的学习习惯和动机对两者都有贡献。发现两个变量强相关时，可找到与二者都相关的其他变量。

仅考虑线性相关。本章研究的相关为线性相关。当相关系数接近 ±1 时，可用直线对数据点进行建模。相关系数可能接近 0，但仍存在不同类型的强相关。考虑下表中列出的数据。相关系数的值为 0。然而，数据与方程 $x^2 + y^2 = 1$ 完全相关，如下图所示。

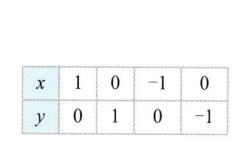

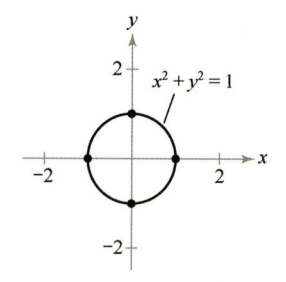

x	1	0	-1	0
y	0	1	0	-1

伦理道德

收集数据后，应在计算统计量时使用所有数据。在求回归直线的方程前，构建数据的散点图以检查数据中的离群值、缺口和聚类是很有帮助的。研究人员不能只选择使用那些符合他们的假设的数据点，或者那些显示出显著相关的数据点。尽管消除离群值可能有助于数据集与预测模式一致或拟合回归直线，但以这种方式修改数据是不道德的。影响回归模型的离群值或任何其他点，只有在其被适当证明时才能删除。

在大多数情况下，最好有时也最安全的统计度量方法是包含或不包含离群值。采用这种方式，是否识别离群值的决定就留给了读者。

习题

01. **混淆相关和因果关系。** 给出一个混淆相关和因果关系的文章的例子，讨论可能影响变量之间关系的其他变量。

02. 仅考虑线性相关，给出非线性相关的两个现实生活变量的例子。

9.5 第9章复习题

9.1 节

在复习题 01～04 中，(a)在散点图中显示数据；(b)计算样本相关系数 r；(c)描述相关类型并在数据背景下解释相关。

01. 7 名职业四分卫在最近一个常规赛中的传球次数和传球码数。

传球次数 x	626	595	608	492	390	443	368
传球码数 y	4581	4336	3803	3733	2942	2933	2657

02. 八年来，美国发生的荒地火灾（千起）和烧毁的荒地面积（百万英亩）。

荒地火灾 x	47.6	63.3	68.2	67.7	71.5	58.1	50.5	59.0
烧毁的荒地面积 y	4.3	3.6	10.1	5.5	10.0	8.8	4.7	10.1

03. 9 名成年人的智商（IQ）得分和大脑质量（克）。

智商得分 x	89	95	107	120	73
大脑质量 y	1400	1485	1570	1550	1446
智商得分 x	108	92	80	127	
大脑质量 y	1210	1620	1710	1570	

04. 七个国家 11 岁和 12 岁儿童的年均食糖消费量（千克）和平均蛀牙数量。

年均食糖消费量 x	2.1	5.0	6.3	6.5	7.7	8.7	11.6
平均蛀牙数量 y	0.59	1.51	1.55	1.70	2.18	2.10	2.73

在复习题 05～08 中，使用附录 B 中的表 11，或者使用附录 B 中的表 5 进行假设检验，得出相关系数的结论。

05. 参考复习题 01 中的数据。当 $\alpha = 0.05$ 时，是否有足够的证据表明数据之间存在显著的线性相关（使用复习题 01 中的 r 值）？

06. 参考复习题 02 中的数据。当 $\alpha = 0.05$ 时，是否有足够的证据表明数据之间存在显著的线性相关（使用复习题 02 中的 r 值）？

07. 参考复习题 03 中的数据。当 $\alpha = 0.01$ 时，是否有足够的证据表明数据之间存在显著的线性相关（使用复习题 03 中的 r 值）？

08. 参考复习题 04 中的数据。当 $\alpha = 0.01$ 时，是否有足够的证据表明数据之间存在显著的线性相关（使用复习题 04 中的 r 值）？

9.2 节

在复习题 09～12 中，求数据的回归直线方程，构建数据的散点图并绘制回归直线（每对变量之间都存在显著相关），使用回归方程预测每个 x 值的 y 值（如果有意义）。如果 x 值对预测 y 值没有意义，解释原因。方便时，使用软件。

09. 美国八年来奶牛的平均数量（千头）和牛奶产量（十亿磅）。

平均数量 x	9224	9261	9320	9334
牛奶产量 y	201.3	206.0	208.5	212.5
平均数量 x	9406	9398	9337	9388
牛奶产量 y	215.5	217.6	218.4	223.2

(a) $x = 9080$ 头奶牛；(b) $x = 9230$ 头奶牛；(c) $x = 9340$ 头奶牛；(d) $x = 9400$ 头奶牛。

10. 25～34 岁的成年人和 35～44 岁的成年人 10 年来每天看电视的平均时间（小时）。

25～34 岁的成年人 x	2.18	2.09	2.32	2.14	2.06
35～44 岁的成年人 y	2.23	2.22	2.3	2.24	2.16
25～34 岁的成年人 x	2.15	1.95	2.01	2.03	1.99
35～44 岁的成年人 y	2.09	2.07	2.09	2.12	2.03

(a) $x = 1.97$ 小时；(b) $x = 2.21$ 小时；(c) $x = 2.27$ 小时；(d) $x = 2.43$ 小时。

11. 7 名成年人的年龄（岁）和睡眠时间（小时）。

年龄 x	35	20	59	42	68	38	75
睡眠时间 y	7	9	5	6	5	8	4

第 9 章 相关和回归 **329**

(a) $x = 16$ 岁；(b) $x = 25$ 岁；(c) $x = 85$ 岁；(d) $x = 50$ 岁。

12. 7 辆汽车的发动机排量（立方英寸）和燃油效率（英里/加仑）

发动机排量 x	170	134	220	305	109	256	322
燃料效率 y	29.5	34.5	23.0	17.0	33.5	23.0	15.5

(a) $x = 86$ 立方英寸；(b) $x = 198$ 立方英寸；
(c) $x = 289$ 立方英寸；(d) $x = 407$ 立方英寸。

9.3 节

在复习题 13～16 中，使用相关系数 r 的值计算决定系数 r^2。关于回归直线的数据的已解释变差告诉了你什么？未解释变差呢？

13. $r = -0.450$。
14. $r = -0.937$。
15. $r = 0.642$。
16. $r = 0.795$。

在复习题 17 和 18 中，使用数据(a)求出决定系数 r^2 并解释结果；(b)求出估计标准误差 s_e 并解释结果。

17. 下表显示了 8 辆电动汽车从 0 加速到 60 英里/小时的时间（秒）和最高速度（英里/小时），回归方程为 $\hat{y} = -14.399x + 196.996$。

从 0 到 60 英里/小时的时间 x	6.4	6.7	5.1	5.1	4.3	5.1	2.4	2.4
最高速度 y	110	93	114	125	128	141	163	162

18. 下表显示了 18 个燃气烤架的面积（平方英寸）及其价格（美元），回归方程为 $\hat{y} = 1.501x - 341.501$。

面积 x	645	529	650	450	844	395	669	725	620
价格 y	249	519	299	469	1199	229	829	549	599
面积 x	445	575	454	529	710	935	710	300	673
价格 y	349	449	149	649	799	1149	849	325	518

在复习题 19～24 中，构建预测区间并解释结果。

19. 当平均有 9275000 头奶牛时，为复习题 09 中的产奶量构建 90%的预测区间。
20. 25～34 岁的成年人每天看电视的平均时间为 2.25 小时，为 35～44 岁的成年人在复习题 10 中每天看电视的平均时间构建 90%的预测区间。
21. 为 45 岁的成年人在复习题 11 中的睡眠时间构建 95%的预测区间。
22. 为复习题 12 中发动机排量是 265 立方英寸的汽车的燃油效率构建一个 95%的预测区间。
23. 为复习题 17 中的电动汽车的最高速度构建一个 99%的预测区间，从 0 加速到 60 英里/小时需要 5.9 秒。
24. 为复习题 18 中的燃气烤架的价格构建一个 99%的预测区间，烤架的可用面积为 900 平方英寸。

9.4 节

在复习题 25 和 26 中，使用软件求(a)表中数据的多元回归方程、(b)估计标准误差和(c)决定系数。

25. 下表显示了十种香烟的一氧化碳、焦油和尼古丁含量，均以毫克为单位。

一氧化碳含量 y	焦油含量 x_1	尼古丁含量 x_2
12	9.4	0.73
7	6.0	0.50
7	6.0	0.50
7	7.0	0.60
10	10.0	0.80
1	1.0	0.10
10	10.0	0.80
10	10.0	0.80
10	10.0	0.80
10	10.0	0.80

26. 下表显示了种植的英亩数、收获的英亩数以及五年内马铃薯的年产量（磅/英亩）。

年产量 y	种植的英亩数 x_1	收获的英亩数 x_2
43400	1056700	1037700
43200	1052600	1044500
44300	1026500	1014800
45300	963300	937300
45300	921000	914100

在复习题 27 和 28 中，使用多元回归方程预测自变量的 y 值。

27. 预测汽车燃油经济性（英里/加仑）的方程为 $\hat{y} = 41.3 - 0.004x_1 - 0.0049x_2$，其中 x_1 是发动机排量（立方英寸），x_2 是车辆重量（磅）。
(a) $x_1 = 305$，$x_2 = 3750$；(b) $x_1 = 225$，$x_2 = 3100$；
(c) $x_1 = 105$，$x_2 = 2200$；(d) $x_1 = 185$，$x_2 = 3000$。

28. 使用复习题 25 中的回归方程。
(a) $x_1 = 9.0$，$x_2 = 0.70$；(b) $x_1 = 3.0$，$x_2 = 0.25$；
(c) $x_1 = 8.0$，$x_2 = 0.60$；(d) $x_1 = 5.2$，$x_2 = 0.46$。

9.6　第9章测验题

对于测验题01~08，使用表中的数据，表中显示了美国中学和小学教师（不含特殊教育和职业教育教师）11年的平均年薪（千美元）。

中学教师 x	小学教师 y	中学教师 x	小学教师 y
56.0	54.3	61.4	59.0
56.8	55.3	62.9	60.8
57.8	56.1	64.3	62.2
58.3	56.3	65.9	63.9
59.3	56.8	67.3	65.4
60.4	57.7		

01. 构建数据的散点图。这些数据是正线性相关的、负线性相关的还是不线性相关？
02. 计算相关系数 r 并解释结果。
03. 检验你在测验题02中求出的相关系数 r 的显著性。使用 $\alpha = 0.05$。
04. 求数据的回归直线方程。在测验题01中构建的散点图上绘制回归直线。
05. 当中学教师的平均年薪为 63500 美元时，使用你在测验题 04 中求出的回归方程预测小学教师的平均年薪。
06. 求决定系数 r^2 并解释结果。
07. 求估计标准误差 s_e 并解释结果。
08. 当中学教师的平均年薪为 63500 美元时，构建小学教师平均年薪的95%预测区间。
09. **股票价格**。预测连锁餐厅年底股票价格（美元）的方程为 $\hat{y} = -86 + 7.46x_1 - 1.61x_2$，其中 x_1 为总收入（十亿美元），x_2 为股东收益（十亿美元）。使用多元回归方程预测自变量值的 y 值。
(a) $x_1 = 27.6$, $x_2 = 15.3$；(b) $x_1 = 24.1$, $x_2 = 14.6$；(c) $x_1 = 23.5$, $x_2 = 13.4$；(d) $x_1 = 22.8$, $x_2 = 15.3$。

9.7　第9章测试题

01. **净销售额**。预测服装零售商一个财年的净销售额（百万美元）的方程为 $\hat{y} = 23769 + 9.18 x_1 - 8.41 x_2$，其中 x_1 是财年结束时开业的商店数量，x_2 是每个商店的平均平方英尺数。使用多元回归方程预测自变量值的 y 值。(a) $x_1 = 1057$, $x_2 = 3698$；(b) $x_1 = 1012$, $x_2 = 3659$；(c) $x_1 = 952$, $x_2 = 3601$；(d) $x_1 = 914$, $x_2 = 3594$。

对于测试题02~09，使用下表中的数据，它显示了美国图书馆员和中学图书馆学教师12年的平均年薪（千美元）。

图书馆员 x	图书馆学教师 y	图书馆员 x	图书馆学教师 y
55.7	64.3	58.9	73.0
56.4	67.0	59.9	72.3
57.0	70.0	60.8	73.7
57.2	70.8	61.5	75.5
57.6	73.3	61.9	77.2
58.1	72.4	63.6	77.6

02. 构建数据的散点图。这些数据是正线性相关的、负线性相关的还是非线性相关的？
03. 计算相关系数 r 并解释结果。
04. 检验你在测试题03中求出的相关系数 r 的显著性。使用 $\alpha = 0.01$。
05. 求数据的回归直线方程。在测试题02中构建的散点图上绘制回归直线。
06. 当图书馆员的平均年薪为 61000 美元时，使用你在测试题 05 中求出的回归方程预测中学图书馆学教师的平均年薪。
07. 求决定系数 r^2 并解释结果。
08. 求估计标准误差 s_e 并解释结果。
09. 当图书馆员的平均年薪为 61000 美元时，构建中学图书馆学教师平均年薪的99%预测区间。

真正的统计与决策

酸雨会使湖泊和溪流的酸度达到危险水平，破坏树木和土壤，加速建筑材料和油漆的腐烂，破坏古迹，进而影响环境。环境保护署酸雨计划的目标是通过减少导致酸雨的主要因素——二氧化硫和氮氧化物的排放来实现环境健康。假设你为环保局工作，你想确定二氧化硫和二氧化氮的平均浓度是否显著相关。

习题

01. **分析数据。**(a)下表中的数据是二氧化硫和二氧化氮日最高浓度（ppb）17 年的平均浓度。构建数据的散点图，给出二氧化硫和二氧化氮平均浓度之间的相关类型；(b)计算相关系数 r，验证(a)问的结论；(c)检验(b)问中相关系数的显著性，使用 $\alpha = 0.05$；(d)求二氧化硫和二氧化氮平均浓度的回归直线方程，将回归直线的图形添加到(a)问的散点图中。回归直线看起来合适吗？(e)给定二氧化硫的平均浓度，你能用回归直线的方程预测二氧化氮的平均浓度吗？(f)求决定系数 r^2 和估计标准误差 s_e。

二氧化硫平均浓度 x	二氧化氮平均浓度 y	二氧化硫平均浓度 x	二氧化氮浓度平均 y
72.5	57.8	27.2	46.0
74.5	56.3	27.1	47.9
67.0	55.6	23.3	44.9
62.1	54.9	15.8	43.6
53.3	53.9	14.8	43.9
47.1	49.4	14.6	43.6
40.9	48.3	12.8	42.1
33.7	48.1	10.3	40.5
31.1	45.2		

02. **做出预测。**当二氧化硫平均浓度为 28ppb 时，构建二氧化氮平均浓度的 95% 预测区间。

早餐谷物中的营养素

美国食品和药物管理局（FDA）要求对大多数食品进行营养标注。根据 FDA 的规定，制造商必须列出食品中某些营养素的含量，如卡路里、糖、脂肪和碳水化合物。这些营养信息显示在食品包装的"营养成分"栏中。下表显示了 21 种不同早餐谷物（一杯）的营养成分。

$C =$ 卡路里　　$S =$ 糖，单位为克　　$F =$ 脂肪，单位为克　　$R =$ 碳水化合物，单位为克

C	S	F	R	C	S	F	R
100	12	0.5	25	150	15	0	36
130	11	1.5	29	160	15	1.5	35
100	1	2	20	150	12	2	29
130	15	2	31	150	15	1.5	29
130	13	1.5	29	110	6	1	23
120	3	1.5	26	190	19	1.5	45
100	2	0	24	100	3	0	23
120	10	0	29	120	4	0.5	23
150	16	1.5	31	120	11	1.5	28
110	4	0	25	130	5	0.5	29
110	12	1	25				

习题

01. 使用软件绘制每个数据集中的 (x,y) 对的散点图。(a)（卡路里，糖）；(b)（卡路里，脂肪）；(c)（卡路里，碳水化合物）；(d)（糖，脂肪）；(e)（糖，碳水化合物）；(f)（脂肪，碳水化合物）。

02. 从习题 01 中的散点图看，哪些变量对似乎强线性相关？

03. 使用软件求习题 01 中每对变量的相关系数。哪对变量强线性相关？

04. 使用软件求每对变量的回归直线方程。(a)（卡路里，糖）；(b)（卡路里，碳水化合物）。

05. 使用习题 04 的结果预测每个值。(a)一杯含有 120 卡路里的谷物的含糖量；(b)一杯含有 120 卡路里的谷物的碳水化合物含量。

06. 使用软件求如下形式的多元回归方程。
(a) $C = b + m_1 S + m_2 F + m_3 R$；
(b) $C = b + m_1 S + m_2 R$。

07. 使用习题 06 中的公式预测一杯含有 7 克糖、0.5 克脂肪和 31 克碳水化合物的谷物所含的热量。

第 10 章　卡方检验和 F 分布

第 8 章中介绍了如何通过基于样本统计量及其分布的决策来检验比较两个总体的假设。例如，美国公路安全保险协会每年都会购买新车，并以 40 英里/小时的速度撞向护栏，以比较不同车辆正面偏置碰撞时如何保护驾驶员。在该测试中，车辆总宽度的 40%撞击驾驶员侧的护栏。通过给假人配备特殊仪器并将其放在车内来测量碰撞实验过程中产生的力和冲击。碰撞测试结果包括头部、胸部和腿部受伤的数据。对于较少的碰撞实验次数，伤害可能性较低。碰撞实验次数越多，受伤的可能性就越高。使用第 8 章的技术，可以确定中型 SUV 和大型皮卡的平均胸部受伤可能性是否相同（假设总体呈正态分布且总体方差相等）。下表显示了样本统计量。

车　辆	编　号	胸部受伤均值	标　准　差
大型皮卡	$n_1 = 12$	$\bar{x}_1 = 23.0$	$s_1 = 2.09$
中型 SUV	$n_2 = 19$	$\bar{x}_2 = 22.4$	$s_2 = 4.26$

对于胸部受伤均值，假设 $\mu_1 = \mu_2$ 的 P 值约为 0.6655。当 $\alpha = 0.01$ 时，拒绝原假设失败。因此，没有足够的证据来得出结论：大型皮卡和中型 SUV 以 40 英里/小时的速度发生正面偏置碰撞时，胸部受伤的可能性存在显著差异。

本章介绍如何检验比较三个或更多总体的假设。例如，除了大型皮卡和中型 SUV 的碰撞测试，还对第三组车辆进行了测试。下表显示了所有三类车辆的结果。

车　辆	编　号	胸部受伤均值	标　准　差
大型皮卡	$n_1 = 12$	$\bar{x}_1 = 23.0$	$s_1 = 2.09$
中型 SUV	$n_2 = 19$	$\bar{x}_2 = 22.4$	$s_2 = 4.26$
大型轿车	$n_3 = 10$	$\bar{x}_3 = 27.2$	$s_3 = 6.65$

从三个样本来看，是否有证据表明以 40 英里/小时的速度发生正面偏置碰撞时，大型皮卡、中型 SUV 和大型轿车的胸部受伤可能性存在差异？可以通过检验三个均值相等的假设来回答这个问题。对于胸部受伤均值，假设 $\mu_1 = \mu_2 = \mu_3$ 的 P 值约为 0.0283。当 $\alpha = 0.01$ 时，拒绝原假设失败。因此，在 1%的显著性水平上，没有足够的证据表明至少有一个均值与其他均值不同。

10.1　拟合优度检验

> **学习目标**
> ▶ 使用卡方分布检验频数分布是否符合期望分布

10.1.1　卡方拟合优度检验

一家报税公司想要确定使用不同方法报税的人的比例。为了确定这些比例，该公司可以进行多项实验。多项实验是由固定数量的独立实验组成的概率实验，其中每个实验有两个以上的可能结果。每个结果的概率是固定的，且每个结果都被归类到组中（记住，二项实验只有两种可能的结果）。

该公司希望检验一家零售贸易协会关于使用不同方法报税的人的期望比例分布的说法。为此，公司可以将多项实验获得的比例分布与协会的期望分布进行比较。为了比较分布，公司可以进行卡方拟合优度检验。

定义 卡方拟合优度检验用于检验频数分布是否符合期望分布。

提示：10.1 节和 10.2 节所述的假设检验可用于定性数据。

为了进行拟合优度检验，首先要陈述一个原假设和一个备择假设。通常，原假设表示频数分布符合期望分布，而备择假设表示频数分布不符合期望分布。

例如，协会声称，使用不同方法报税的人的期望分布如右表所示。

使用不同方法报税的人的期望分布	
会计	24%
手工	20%
计算机软件	35%
朋友或家人	6%
报税服务	15%

为了检验该协会的声明，公司可以使用如下原假设和备择假设进行卡方拟合优度检验。

H_0：报税方式的期望分布是会计 24%、手工 20%、计算机软件 35%、朋友或家人 6%、报税服务 15%（声明）。

H_a：报税方式的分布与期望分布不同。

为了计算卡方拟合优度检验的检验统计量，可以使用观察频数和期望频数。要计算期望频数，必须假设原假设为真。

定义 组的观察频数 O 是在样本数据中观察到的组的频数。组的期望频数 E 是该组的计算频数。使用期望（或假设）分布和样本量来求期望频数。第 i 组的期望频数为 $E_i = np_i$，其中 n 是实验次数（样本量），p_i 是第 i 组的假设概率。

描绘世界

右侧的饼状图显示了去年到医生办公室、急诊科和家庭出诊的医疗保健出诊分布情况。

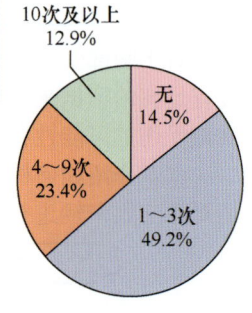

一名研究人员随机选择 200 人后，询问他们一年内看了多少次医生：1～3 次，4～9 次，10 次及以上，无。每个响应的期望频数是多少？

【例题 1】求观察频数和期望频数

一家报税公司随机选择 300 名成年人后，询问他们如何报税，结果如下表所示。求每种报税方式的观察频数和期望频数（使用前面的分布）。

调查结果（$n = 300$）	
会计	60
手工	43
计算机软件	117
朋友或家人	29
报税服务	51

解答：

每种报税方式的观察频数是调查中特定报税方式的成年人数量。每种报税方式的期望频数是调查中成年人数量和成年人特定报税方式的假设概率的乘积。观察频数和期望频数如下表所示。

报税方式	人员百分比	观察频数	期望频数
会计	24%	60	300×0.24 = 72
手工	20%	43	300×0.20 = 60
计算机软件	35%	117	300×0.35 = 105
朋友或家人	6%	29	300×0.06 = 18
报税服务	15%	51	300×0.15 = 45

自测题 1

例题 1 中的报税公司需要更大的样本量，因此随机选择了 500 名成年人。求 $n=500$ 时每种报税方式的期望频数。

期望频数之和始终等于观察频数之和。例如，在例题 1 中，观察频数之和与期望频数之和都是 300。

在执行卡方拟合优度检验之前，必须验证：①观察频数是从随机样本中获得的，②每个期望频数至少为 5。注意，当某组的期望频数小于 5 时，可将该组与另一组组合以满足第二个要求。

> **卡方拟合优度检验**
>
> 要执行卡方拟合优度检验，必须满足如下条件。
> 1. 观察频数必须通过随机抽样获得。
> 2. 每个期望频数必须大于或等于 5。
>
> 如果满足这些条件，检验的抽样分布就近似为有 $k-1$ 个自由度的卡方分布，其中 k 是组数。检验统计量是 $\chi^2 = \sum \frac{(O-E)^2}{E}$，其中 O 表示每组的观察频数，E 表示每组的期望频数。

> **提示**：卡方分布是正偏斜的，其形状由自由度决定。卡方分布的图形不对称，但随着自由度的增加，它似乎变得更加对称，如 6.4 节所示。

当观察频数与期望频数紧密匹配时，O 和 E 之差很小，且卡方检验统计量接近 0。因此，原假设不太可能被拒绝。然而，当观察频数与期望频数之差较大时，O 和 E 之差将较大，导致较大的卡方检验统计量。大的卡方检验统计量是拒绝原假设的证据。因此，卡方拟合优度检验始终是右尾检验。

指南　执行卡方拟合优度检验

文字表述	符号表述
1. 验证观察频数是从随机样本中获得的，且每个期望频数至少为 5	$E_i = np_i \geq 5$
2. 确定声明。陈述原假设和备择假设	陈述 H_0 和 H_a
3. 指定显著性水平	确定 α
4. 确定自由度	d.f. $= k-1$
5. 确定临界值	使用附录 B 中的表 6
6. 确定拒绝区域	
7. 求检验统计量并画出抽样分布图	$\chi^2 = \sum \frac{(O-E)^2}{E}$
8. 做出拒绝或不拒绝原假设的决定	若 χ^2 在拒绝区域中，则拒绝 H_0，否则拒绝 H_0 失败
9. 在原声明背景下解释所做的决定	

【例题 2】执行卡方拟合优度检验

零售行业协会声称，成年人的报税方式的分布如下方左侧的表所示。一家报税公司随机选择了 300 名成年人，询问他们如何报税，调查结果如下方右侧的表所示。当 $\alpha=0.01$ 时，检验协会的声明。

报税方式的分布	
会计	24%
手工	20%
计算机软件	35%
朋友或家人	6%
报税服务	15%

调查结果（$n=300$）	
会计	60
手工	43
计算机软件	117
朋友或家人	29
报税服务	51

第 10 章　卡方检验和 F 分布

解答：

观察频数和期望频数如右表所示。例题 1 中计算了期望频数。观察频数是使用随机样本获得的，且每个期望频数至少为 5，因此可以用卡方拟合优度检验来检验提议的分布。以下是原假设和备择假设。

H_0：报税方式的期望分布是会计 24%、手工 20%、计算机软件 35%、朋友或家人 6%、报税服务 15%（声明）。

H_a：报税方式的分布与期望分布不同。

报税方式	观察频数	期望频数
会计	60	72
手工	43	60
计算机软件	117	105
朋友或家人	29	18
报税服务	51	45

因为有 5 组，所以卡方分布的自由度为 d.f. = $k - 1$ = 5 − 1 = 4。当 d.f. = 4 和 $\alpha = 0.01$ 时，临界值为 $\chi_0^2 = 13.277$。拒绝区域为

$$\chi^2 > 13.277$$

根据观察频数和期望频数，卡方检验统计量为

$$\chi^2 = \sum \frac{(O-E)^2}{E}$$
$$= \frac{(60-72)^2}{72} + \frac{(43-60)^2}{60} + \frac{(117-105)^2}{105} +$$
$$\frac{(29-18)^2}{18} + \frac{(51-45)^2}{45}$$
$$\approx 15.710$$

右图显示了拒绝区域的位置和卡方检验统计量。因为 χ^2 在拒绝区域，因此拒绝原假设。

解释：在 1% 的显著性水平上，有足够的证据拒绝报税方式的分布与协会的期望分布相同的声明。

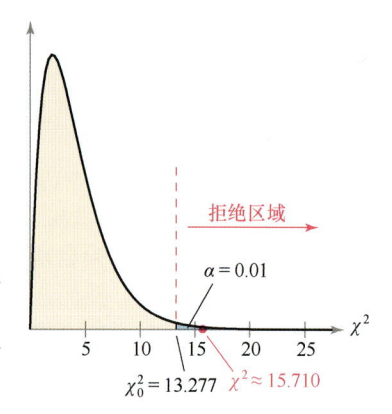

自测题 2

一位社会学家声称，一个城市的居民的年龄分布与 10 年前的分布不同。10 年前的年龄分布如下表所示。你随机选择 400 名居民并记录每个人的年龄后，调查结果如下表所示。当 $\alpha = 0.05$ 时，执行卡方拟合优度检验，以检验分布是否发生变化。

年　龄	10 年前的年龄分布	调查结果
0~9	16%	76
10~19	20%	84
20~29	8%	30
30~39	14%	60
40~49	15%	54
50~59	12%	40
60~69	10%	42
70+	5%	14

卡方拟合优度检验常用于确定分布是否均匀。对于这样的检验，组的期望频数是相等的。检验均匀分布时，可通过将样本大小除以组数来求每组的期望频数。例如，假设一家公司认为其销售人员在一周五天的工作时间内完成的销售数量是一致的。如果样本由 1000 个销售额组成，那么每天销售额的期望值将为 1000/5 = 200。

【例题 3】执行卡方拟合优度检验

一位研究人员声称，在黑巧克力 M&M's 袋子中，不同颜色糖果的数量是均匀分布的。为了检验这一说

法，你随机选择了一个装有 500 块黑巧克力 M&M's 袋子，并求每种颜色的频数，结果如下表所示。当 $\alpha = 0.10$ 时，检验研究人员的声明。

颜 色	频数 f	颜 色	频数 f
棕色	80	蓝色	83
黄色	95	橙色	76
红色	88	绿色	78

解答：

声明是"分布是均匀的"，因此颜色的期望频数是相等的。要求出每个期望频数，可用样本量除以颜色数量。因此，对于每种颜色，$E = 500/6 \approx 83.333$。因为每个期望频数至少为 5，而 M&M's 如果是随机选择的，就可使用卡方拟合优度检验来检验期望分布。以下是原假设和备择假设。

H_0：不同颜色糖果在黑巧克力 M&M's 袋子中的期望分布是均匀的。（声明）

H_a：不同颜色糖果在黑巧克力 M&M's 袋子中的期望分布是不均匀的。

因为有 6 组，所以卡方分布的自由度为 d.f. $k - 1 = 6 - 1 = 5$。使用 d.f. = 5 和 $\alpha = 0.10$，临界值为 $\chi_0^2 = 9.236$。拒绝区域为 $\chi^2 > 9.236$。要使用表格查找卡方检验统计量，可使用观察频数和期望频数，如下表所示。

O	E	$O - E$	$(O - E)^2$	$(O - E)^2/E$
80	83.333	−3.333	11.108889	0.133307201
95	83.333	11.667	136.118889	1.633433202
88	83.333	4.667	21.780889	0.261371713
83	83.333	−0.333	0.110889	0.001330673
76	83.333	−7.333	53.772889	0.645277249
78	83.333	−5.333	28.440889	0.341292033
				$\chi^2 = \sum (O - E)^2/E$ ≈ 3.016

右图中显示了拒绝区域的位置和卡方检验统计量。因为 χ^2 不在拒绝区域内，所以无法拒绝原假设。

解释： 在 10% 的显著性水平上，没有足够的证据来否定不同颜色的糖果在黑巧克力 M&M's 袋子中的分布是均匀的这一说法。

自测题 3

一位研究人员声称，花生 M&M's 袋子中不同颜色糖果的数量是均匀分布的。为了检验这一说法，你随机选择了一个装有 180 颗花生的 M&M's 袋子，并求出了每种颜色的频数，结果如下表所示。使用 $\alpha = 0.05$，检验研究人员的声明。

颜 色	频数 f	颜 色	频数 f
棕色	22	蓝色	41
黄色	27	橙色	41
红色	22	绿色	27

可以使用软件和 P 值来执行卡方拟合优度检验。例如，使用 TI-84 PLUS 和例题 3 中的数据，可得 $P = 0.6975171071$，如右图所示。因为 $P > \alpha$，因此拒绝原假设失败。

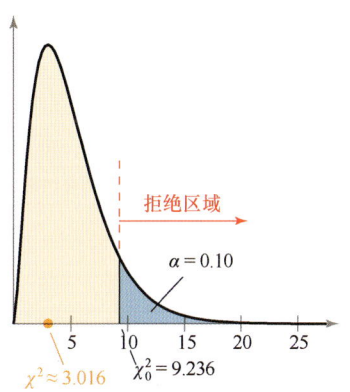

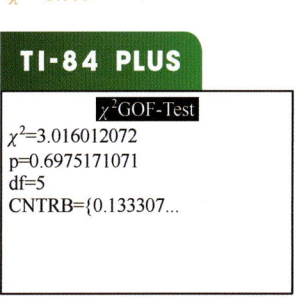

第 10 章 卡方检验和 F 分布

10.1.2 习题

培养基本技能和词汇

01. 什么是多项实验？

02. 使用卡方拟合优度检验需要哪些条件？

求期望频数。 在习题 03~06 中，求 n 和 p_i 的期望频数。

03. $n = 150$，$p_i = 0.3$。

04. $n = 500$，$p_i = 0.9$。

05. $n = 230$，$p_i = 0.25$。

06. $n = 415$，$p_i = 0.08$。

使用和解释概念

执行卡方拟合优度检验。 在习题 07~16 中，(a)确定声明并陈述 H_0 和 H_a；(b)求临界值并确定拒绝区域；(c)求卡方检验统计量；(d)决定是否拒绝原假设；(e)在原声明背景下解释所做的决定。

07. 电影观众的年龄。 一位研究人员声称，每年至少去看一次电影的人的年龄分布如下图所示。你随机选择 1000 名在 2020 年至少看过一次电影的人，并记录每人的年龄，调查结果如下表所示。当 $\alpha = 0.10$ 时，检验该研究人员的声明。

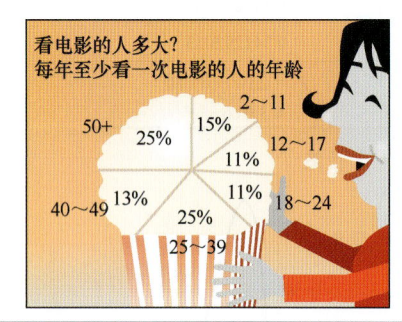

调查结果	
年 龄	频数 f
2~11	146
12~17	116
18~24	131
25~39	232
40~49	117
50+	258

08. 咖啡。 一位研究人员声称，美国成年人每天喝咖啡的杯数分布如下图所示。你随机选择了 1600 名美国成年人，问他们每天喝多少杯咖啡，结果如下表所示。当 $\alpha = 0.05$ 时，检验该研究人员的声明。

调查结果	
响 应	频数 f
0 杯	570
1 杯	432
2 杯	282
3 杯	152
4 杯及以上	164

09. 订购披萨。 一家研究公司声称，人们一周内最有可能订购披萨（包括外卖和堂食）的日子的分布与下图中所示的分布不同。你随机选择 500 人，并记录每人一周的哪一天最有可能订购披萨，调查结果如下表所示。当 $\alpha = 0.01$ 时，检验该研究公司的声明。

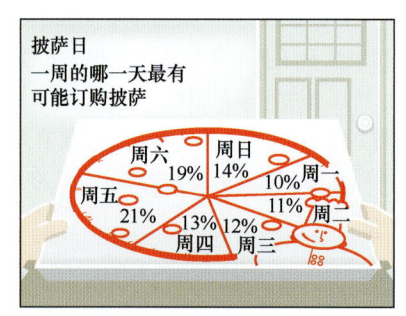

调查结果	
天	频数 f
周日	54
周一	32
周二	44
周三	75
周四	59
周五	114
周六	122

10. 支付方式。 一位金融分析师声称，人们对如何

支付商品的偏好分布与下图中所示的分布不同。你随机选择 600 人，并记录他们如何支付商品的偏好，调查结果如下表所示。当 $\alpha = 0.01$ 时，检验该分析师的声明。

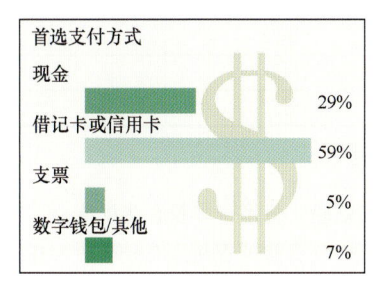

首选支付方式
- 现金 29%
- 借记卡或信用卡 59%
- 支票 5%
- 数字钱包/其他 7%

调查结果	
响 应	频数 f
现金	194
借记卡或信用卡	338
支票	21
数字钱包/其他	47

11. **各县凶杀案**。一位研究人员声称，加州各县的杀人犯罪数量是均匀分布的。为了检验这个说法，你随机选择去年的 1000 起凶杀案，并记录每起凶杀案所发生的县，结果如下表所示。当 $\alpha = 0.01$ 时，检验该研究人员的声明。

县	频数 f
阿拉米达	58
康特拉科斯塔	44
弗雷斯诺	53
克恩	79
洛杉矶	151
蒙特利	34
橙县	40
河畔	86
萨克拉门托	62
圣贝纳迪诺	98
圣迭哥	69
旧金山	38
圣华金	55
圣克拉拉	49
斯坦尼斯劳斯	45
图莱里	39

12. **各月凶杀案**。一名研究人员声称，加州各月的凶杀案数量是均匀分布的。为了检验这一说法，你从去年的凶杀案中随机选择 2000 起凶杀案，并记录每起凶杀案发生的月份，结果如下表所示。当 $\alpha = 0.10$ 时，检验该研究人员的声明。

月 份	频数 f	月 份	频数 f
1月	134	7月	184
2月	111	8月	181
3月	133	9月	205
4月	134	10月	215
5月	158	11月	184
6月	161	12月	200

13. **大学教育**。下面的饼状图显示了一项调查的结果，在该调查中，美国共和党家长被问及他们希望自己的孩子在高中毕业后走哪条路。一位政治家声称，美国民主党家长的意见分布与共和党家长的意见分布不同。为了检验这一说法，你随机选择 200 名美国民主党家长，询问他们希望自己的孩子在高中毕业后走哪条路，结果如下表所示。当 $\alpha = 0.05$ 时，检验该政治家的声明。

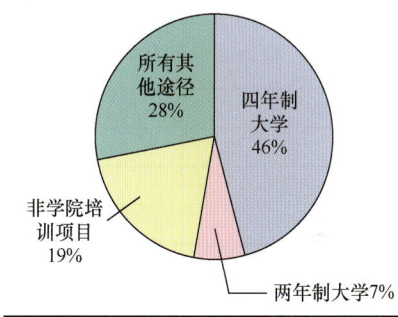

- 四年制大学 46%
- 两年制大学 7%
- 非学院培训项目 19%
- 所有其他途径 28%

调查结果	
响 应	频数 f
四年制大学	140
两年制大学	22
非学院培训项目	14
所有其他途径	24

14. **理财**。下面的饼状图显示了一项调查的结果，在该调查中，美国已婚成年男性被问及他们对配偶理财的信任度。一家金融服务公司声称，美国已婚成年女性对配偶理财的信任度分布与美国已婚成年男性的信任度分布相同。为了检验这一说法，你随机选择 400 名已婚美国成年女性，询问她们对配偶理财的信任度，调查结果如下表所示。当 $\alpha = 0.10$ 时，检验该公司的声明。

日	频数 f
周日	69
周一	106
周二	113
周三	111
周四	112
周五	111
周六	78

概念扩展

正态分布检验。使用卡方拟合优度检验，可以在一定程度上确定变量是否是正态分布的。在正态分布的所有卡方检验中，原假设和备择假设如下所示。

H_0：变量呈正态分布。

H_a：变量不呈正态分布。

执行正态分布卡方检验时，为了确定期望频数，首先要估计频数分布的均值和标准差，然后使用均值和标准差来计算每个组界的 z 分数。接着，使用 z 分数计算每组的标准正态曲线下的面积。所得组面积乘以样本量，就是每组的期望频数。

在习题 17 和 18 中，(a)求期望频数；(b)求临界值并确定拒绝区域；(c)求卡方检验统计量；(d)决定是否拒绝原假设；(e)在原声明背景下解释所做的决定。

17. **测试分数**。当 $\alpha = 0.01$ 时，检验频数分布中显示的 200 个测试分数是正态分布的声明。

组 界	49.5～58.5	58.5～67.5	67.5～76.5	76.5～85.5	85.5～94.5
频数 f	19	61	82	34	4

18. **测试分数**。当 $\alpha = 0.05$ 时，检验频数分布中显示的 400 个测试分数是正态分布的声明。

组 界	50.5～60.5	60.5～70.5	70.5～80.5	80.5～90.5	90.5～100.5
频数 f	46	88	151	97	18

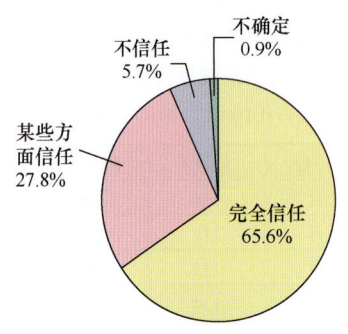

调查结果	
响 应	频数 f
完全信任	243
某些方面信任	108
不信任	36
不确定	13

15. **房屋面积**。一家企业声称，希望下一套房子更大、更小或与当前房屋面积相同的潜在购房者的数量不是均匀分布的。为了检验这一说法，你随机选择 800 名潜在购房者，询问他们希望下一套房子的大小，结果如下表所示。当 $\alpha = 0.05$ 时，检验该企业的声明。

响 应	频数 f
大	285
相同面积	224
小	291

16. **一周内每天的出生人数**。一位医生声称，一周内每天的出生人数是均匀分布的。为了检验这一说法，你从去年出生的新生儿中随机选择 700 名新生儿，并记录每名新生儿的出生日期，结果如下表所示。当 $\alpha = 0.10$ 时，检验该医生的说法。

10.2 独立

学习目标

▶ 使用列联表求期望频数
▶ 使用卡方分布检验两个变量是否独立

10.2.1 列联表

回顾 3.2 节可知，当一个事件的发生不影响另一个事件发生的概率时，两个事件是独立的。例如，掷骰子和抛硬币的结果是相互独立的。但是，当一位医学研究人员想要确定咖啡因摄入与心脏病发作风险之间是否存在关系时，这些变量是独立的还是相关的？本节介绍如何使用独立卡方检验来回答这样的问题。执行该检验涉及使用列联表中组织的样本数据。

定义 一个 $r\times c$ 的列联表显示了两个变量的观察频数。观察频数排列成 r 行和 c 列。行和列的交集称为单元格。

下面显示了一个 2×5 的列联表。它有 2 行 5 列，显示了 1984 名大学生的随机抽样结果，根据两个变量进行分类，即学生生活安排和家庭大学经历。从表中可以看到，在住校的学生中，97 人是家里第一代上大学的，428 人是家里第二代上大学的。

家庭大学经历	学生生活安排				
	与父母同住且免付租金	与父母同住且付租金	住校	校外合住	校外单住
第一代	190	39	97	43	17
第二代	651	109	428	349	61

如果假设两个变量是独立的，那么可以使用列联表来求每个单元格的期望频数，如下面的定义所示。

求列联表单元格的期望频数

列联表中单元格的期望频数 $E_{r,c}$ 为

$$E_{r,c} = \frac{\text{行}r\text{的和}\times\text{列}c\text{的和}}{\text{样本量}}$$

提示：在列联表中，符号 $E_{r,c}$ 表示行 r、列 c 单元格的期望频数。例如，在上表中，$E_{1,4}$ 表示第 1 行第 4 列单元格的期望频数。

求列联表中每行和每列的总和，就是计算边际频数。边际频数是其中一个变量的整个组出现的频数。例如，在上表中，与父母同住且付租金的学生的边际频数为 39 + 109 = 148。列联表内部的观察频数称为联合频数。

【例题 1】求期望频数

在前面的列联表中，求每个单元格的期望频数。假设变量"学生生活安排"和"家庭大学经历"是独立的。

解答：

边际频数如下表所示。

家庭大学经历	学生生活安排					
	与父母同住且免付租金	与父母同住且付租金	住校	校外合住	校外单住	合计
第一代	190	39	97	43	17	386
第二代	651	109	428	349	61	1598
合计	841	148	525	392	78	1984

为了求每个期望频数，可以使用以下公式：

$$E_{r,c} = \frac{\text{行}r\text{的和}\times\text{列}c\text{的和}}{\text{样本量}}$$

第一行的期望频数为

$E_{1,1} = \dfrac{386\times 841}{1984} \approx 163.622$，$E_{1,2} = \dfrac{386\times 148}{1984} \approx 28.794$，$E_{1,3} = \dfrac{386\times 525}{1984} \approx 102.142$，

$E_{1,4} = \dfrac{386\times 392}{1984} \approx 76.266$，$E_{1,5} = \dfrac{386\times 78}{1984} \approx 15.175$

第二行的期望频数为

$E_{2,1} = \dfrac{1598 \times 841}{1984} \approx 677.378$，$E_{2,2} = \dfrac{1598 \times 148}{1984} \approx 119.206$，$E_{2,3} = \dfrac{1598 \times 525}{1984} \approx 422.858$，

$E_{2,4} = \dfrac{1598 \times 392}{1984} \approx 315.734$，$E_{2,5} = \dfrac{1598 \times 78}{1984} \approx 62.825$

自测题 1

下面的列联表显示了随机抽样的 1996 名本科生的结果，这些学生是根据学生生活安排和借款情况进行分类的。求每个单元格的期望频数，假设变量学生生活安排和借款情况是独立的。

借款情况	学生生活安排				
	与父母同住且免付租金	与父母同住且付租金	住　校	校外合住	校外单住
已借款	364	92	303	203	42
未借款	484	58	236	186	28

> **提示**：在例题 1 中，求出 $E_{1,1} \approx 163.622$ 后，可以从第一列之和 841 中减去 163.622 来求 $E_{2,1}$。因此，$E_{2,1} \approx 841 - 163.622 = 677.378$。一般来说，可以通过从一列的总期望频数中减去该列中其他单元格的期望频数来得到该列中最后一个单元格的期望频数。类似地，可以通过从一行的总期望频数中减去该行中其他单元格的期望频数来得到该行中最后一个单元格的期望频数。

10.2.2　卡方独立检验

求出期望频数后，可以使用卡方独立检验来检验变量是否独立。

定义　卡方独立检验用于检验两个变量的独立性。使用该检验，可以确定一个变量的出现是否影响另一个变量出现的概率。

在执行卡方独立检验之前，必须验证：①观察频数是从随机样本中获得的，②每个期望频数至少为 5。

> **卡方独立检验**
>
> 要执行卡方独立检验，必须满足如下条件。
> 1. 观察频数必须通过随机抽样获得。
> 2. 每个期望频数必须大于或等于 5。
>
> 如果满足这些条件，检验的抽样分布就近似为 $\text{d.f.} = (r-1)(c-1)$ 的卡方分布，其中 r 和 c 分别是列联表的行数和列数。检验统计量为
>
> $$\chi^2 = \sum (O - E)^2 / E$$
>
> 式中，O 表示观察频数，E 表示期望频数。

描绘世界

一名研究人员想要确定变业人员的工作地点（工作场所或家）与他们的教育程度之间是否存在关系。随机抽样 275 名就业人员的结果显示在右侧的列联表中。

教育程度	工作地点	
	工作场所	家
高中以下	16	2
高中	56	10
大专	49	11
本科及以上	87	44

这名研究人员是否可以使用卡方独立检验来检验该样本的独立性？

在开始独立检验之前，必须先陈述一个原假设和一个备择假设。对于卡方独立检验，原假设和备择假设总是如下陈述的一些变体。

H_0：变量是相互独立的。
H_a：变量是相关的。

期望频数是在假设两个变量相互独立时计算的。若变量是独立的，则可以预期观察频数和期望频数之差很小。当观察频数与期望频数非常接近时，O 和 E 之差很小，且卡方检验统计量接近 0。因此，原假设不太可能被拒绝。然而，对于因变量，观察频数和期望频数之间有很大的差异。当 O 和 E 之差较大时，卡方检验统计量也较大。大的卡方检验统计量是拒绝原假设的证据。因此，卡方独立检验始终是右尾检验。

指南　执行卡方独立检验

文字表述	符号表述
1. 验证观察频数是从随机样本中获得的，且每个期望频数至少为 5	
2. 确定声明。陈述原假设和备择假设	陈述 H_0 和 H_a
3. 指定显著性水平	确定 α
4. 确定自由度	d.f. = $(r-1)(c-1)$
5. 确定临界值	使用附录 B 中的表 6
6. 确定拒绝区域	
7. 求检验统计量，并画出抽样分布图	$\chi^2 = \sum (O-E)^2 / E$
8. 做出拒绝原假设或拒绝原假设失败的决定	若 χ^2 位于拒绝区域中，则拒绝 H_0，否则拒绝 H_0 失败
9. 在原声明背景下解释所做的决定	

提示：例如，3 行和 4 列的列联表的自由度为 $(3-1)(4-1)=6$。

【例题 2】执行卡方独立检验

下面的列联表显示了 1984 名本科生的随机抽样结果，它是根据学生生活安排和家庭大学经历分类的。例题 1 中计算的期望频数显示在括号中。当 $\alpha = 0.01$ 时，能得出变量"学生生活安排"和"家庭大学经历"是相关的吗？

家庭大学经历	学生生活安排					合计
	与父母同住且免付租金	与父母同住且付租金	住校	校外合住	校外单住	
第一代	190（163.622）	39（28.794）	97（102.142）	43（76.266）	17（15.175）	386
第二代	651（677.378）	109（119.206）	428（422.858）	349（315.734）	61（62.825）	1598
合计	841	148	525	392	78	1984

解答：

因为每个期望频数至少为 5，且大学生是随机选择的，所以可以使用卡方独立检验来确定变量是否独立。以下是原假设和备择假设。

H_0：学生生活安排与家庭大学经历是独立的。

H_a：学生生活安排取决于家庭大学经历。（声明）

列联表有 2 行 5 列，所以卡方分布的自由度为

$$\text{d.f.} = (r-1)(c-1) = (2-1)(5-1) = 4$$

因为 d.f. = 4 和 $\alpha = 0.01$ 时，临界值为 $\chi_0^2 = 13.277$。拒绝区域为 $\chi^2 > 13.277$。可以使用表格来求卡方检验统计量，如下表所示。

O	E	$O-E$	$(O-E)^2$	$\dfrac{(O-E)^2}{E}$
190	163.622	26.378	695.798884	4.252477564
39	28.794	10.206	104.162436	3.617504897

（续表）

O	E	$O - E$	$(O - E)^2$	$\dfrac{(O - E)^2}{E}$
97	102.142	−5.142	26.440164	0.258856925
43	76.266	−33.266	1106.626756	14.510093043
17	15.175	1.825	3.330625	0.219481054
651	677.378	−26.378	695.798884	1.027194394
109	119.206	−10.206	104.162436	0.873801956
428	422.858	5.142	26.440164	0.062527288
349	315.734	33.266	1106.626756	3.504933761
61	62.825	−1.825	3.330625	0.053014326
				$\chi = \sum \dfrac{(O - E)^2}{E} \approx 28.380$

右图显示了拒绝区域的位置和卡方检验统计量。因为 $\chi^2 \approx 28.380$ 在拒绝区域内，所以拒绝原假设。

解释：在 1% 的显著性水平上，有足够的证据表明学生生活安排取决于家庭大学经历。

自测题 2

下面的列联表显示了随机抽样的 1996 名本科生的结果，这些学生是根据生活安排及借款情况分类的。当 $\alpha = 0.01$ 时，能得出学生生活安排和借款情况相关吗？期望频数显示在括号中。

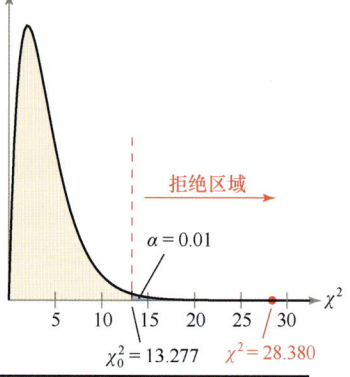

借款情况	与父母同住且免付租金	与父母同住且付租金	住校	校外合住	校外单住	合计
已借款	364（426.549）	92（75.451）	303（271.120）	203（195.669）	42（35.210）	1004
未借款	484（421.451）	58（74.549）	236（267.880）	186（193.331）	28（34.790）	992
合计	848	150	539	389	70	1996

学生生活安排

【例题 3】使用软件进行卡方独立检验

健身俱乐部经理想要确定成年人每周锻炼的天数是否与世代相关。随机抽样 275 名成年人，结果分类如下表所示。当 $\alpha = 0.05$ 时，是否有足够的证据表明成年人每周锻炼的天数与世代有关？

世代	每周锻炼的天数				合计
	0~1	2~3	4~5	6~7	
Z 世代（18~24 岁）	40	53	26	6	125
千禧一代（25~40 岁）	34	68	37	11	150
合计	74	121	63	17	275

解答：

以下是原假设和备择假设。

H_0：每周锻炼的天数与世代是相互独立的。

H_a：每周锻炼的天数取决于世代。（声明）

因为 d.f. = 3 和 $\alpha = 0.05$ 时，所以临界值为 $\chi_0^2 = 7.815$。因此，拒绝区域为 $\chi^2 = 7.815$。使用 MINITAB，检验统计量为 $\chi_0^2 \approx 3.493$。因为 $\chi^2 \approx 3.493$ 不在拒绝区域中，所以拒绝原假设失败。

```
MINITAB
Chi-Square Test for Association: Generation, Number of days of exercise
Rows: Generation        Columns: Number of days of exercise
               0 to 1      2 to 3      4 to 5      6 to 7      All
Gen Z           40          53          26           6         125
Millennial      34          68          37          11         150
All             74         121          63          17         275

Cell Contents               Chi-Square      DF      P-Value
    Count       Pearson       3.493          3       0.322
```

提示：还可以使用 P 值来执行卡方独立检验。例如，在例题 3 中，注意 MINITAB 显示 $P = 0.322$。因为 $P > \alpha$，所以拒绝原假设失败。

解释：没有足够的证据表明学生每周锻炼的天数与世代有关。

自测题 3

一位研究人员想要确定年龄是否与税收抵免影响成年人进行慈善捐赠有关。随机抽样 1250 名成年人，结果分类如下表所示。当 $\alpha = 0.01$ 时，是否有足够的证据表明年龄与影响有关？

影 响	年 龄				合 计
	18~34	35~54	55 以上	
是	257	189	143	589
否	218	261	182	661
合计	475	450	325	1250

10.2.3 习题

培养基本技能和词汇

01. 说明如何在列联表中求单元格的期望频数。
02. 说明列联表中边际频数和联合频数之间的差异。
03. 说明卡方独立检验和卡方拟合优度检验的异同。
04. 为什么卡方独立检验总是右尾检验。

判断正误。对习题 05 和 06，判断句子的正误并写出正确的句子。

05. 若卡方独立检验中的两个变量是相关的，则观察频数和期望频数之差很小。
06. 当卡方独立检验的检验统计量很大时，在大多数情况下你将拒绝原假设。

求期望频数。在习题 07~12 中，(a)计算边际频数；(b)求列联表中每个单元格的期望频数。假设变量是独立的。

07.

结 果	运动员	
	伸展身体	未伸展身体
受伤	18	22
未受伤	211	189

08.

结 果	治 疗	
	药 物	安 慰 剂
恶心	36	13
不恶心	254	262

09.

银行员工	优 惠		
	新 程 序	旧 程 序	无 优 惠
出纳员	92	351	50
客户服务代表	76	42	8

10.

餐厅大小	评级		
	很好	一般	差
座位100或更少	182	203	165
座位超过100	180	311	159

11.

性别	汽车类型			
	小型	全尺寸	SUV	卡车/货车
男性	28	39	21	22
女性	24	32	20	14

12.

所租电影	年龄				
	18～24	25～34	35～44	45～64	65及以上
喜剧	38	30	24	10	8
动作	15	17	16	9	5
戏剧	12	11	19	25	13

使用和解释概念

执行卡方独立检验。 在习题13～28中，通过以下步骤执行指定的卡方独立检验。(a)确定声明并陈述 H_0 和 H_a；(b)确定自由度，求临界值，并确定拒绝区域；(c)求卡方检验统计量；(d)决定是否拒绝原假设；(e)在原声明背景下解释所做的决定。

13. 使用习题07中的列联表和期望频数。当 $\alpha = 0.01$ 时，检验变量独立的假设。

14. 使用习题08中的列联表和期望频数。当 $\alpha = 0.05$ 时，检验变量相关的假设。

15. **肌肉骨骼损伤。** 下面的列联表显示了使用对乙酰氨基酚和布洛芬治疗肌肉骨骼损伤疼痛患者的随机样本结果。当 $\alpha = 0.10$ 时，能断定治疗与结果有关吗？

结果	治疗	
	对乙酰氨基酚	布洛芬
显著改善	58	81
略有改善	42	19

16. **关于安全的态度。** 下面的列联表显示了按学校类型对学生进行随机抽样的结果，以及学校工作人员对安全措施的态度。当 $\alpha = 0.01$ 时，是否可以得出学校工作人员对安全措施的态度与学校类型有关的结论？

学校类型	学校工作人员对安全措施的态度	
	采取一切必要措施确保学生安全	对学生安全采取一些措施
公立	40	51
私立	64	34

17. **尝试戒烟。** 下面的列联表显示了按性别随机抽取的戒烟者的结果，以及他们在戒烟之前尝试戒烟的次数。当 $\alpha = 0.05$ 时，能得出他们在戒烟之前尝试戒烟的次数与性别有关的结论吗？

性别	在戒烟之前尝试戒烟的次数		
	1	2～3	4或更多
男性	271	257	149
女性	146	139	80

18. **成绩和学校地点。** 下面的列联表显示了按学校地点对学生进行随机抽样的结果，以及在三个科目中达到基本技能水平的学生人数。当 $\alpha = 0.01$ 时，检验变量相互独立的假设。

学校地点	科目		
	阅读	数学	科学
城市	43	42	38
郊区	63	66	65

19. **继续教育。** 你在一所大学的继续教育部门工作，想要确定员工继续接受教育的原因是否与工人类型有关。在研究中，你随机收集了如下列联表中的数据。当 $\alpha = 0.01$ 时，能得出继续教育原因和工人类型相关的结论吗？

工人类型	继续教育原因		
	专业	个人	专业和个人
技术	30	36	41
其他	47	25	30

20. **年龄和目标。** 你正在调查美国成年人的年龄与他们认为最重要的职业发展方面之间的关系。你随机收集了如下列联表中的数据。当 $\alpha = 0.10$ 时，是否有足够的证据表明年龄与职业发展的哪个方面最重要有关？

年龄	职业发展方面		
	学习新技能	薪酬增加	职业道路
18～26岁	31	22	21
27～41岁	27	31	33
42～61岁	19	14	8

21. **大学参观。** 下面的列联表显示了一项调查的结果，该调查询问 1858 名不同收入的家长和学生在入学前是否访问了大学。当 $\alpha = 0.01$ 时，能得出家庭收入与访问大学有关的结论吗？

家庭收入	入学前的大学访问			
	个人	虚拟游	两者	都不
< 35000 美元	155	60	88	53
35000~100000 美元	461	136	171	85
> 100000 美元	415	52	130	52

22. **选择大学。** 下面的列联表显示了一项调查的结果，该调查询问 1858 名不同收入的家长和学生在选择大学时的决定因素是什么。当 $\alpha = 0.01$ 时，能得出选择大学的决定因素与家庭收入有关的结论吗？

家庭收入	选择大学的决定性因素			
	金融	学术	个人因素	不确定
< 35000 美元	138	121	78	14
35000~100000 美元	290	298	239	26
> 100000 美元	168	298	175	13

23. **车辆与碰撞。** 你正在研究车辆类型与其在乘员死亡碰撞中的初始碰撞点之间的关系。作为研究的一部分，你随机选择 3000 起有乘员死亡的车辆碰撞事故，并整理了结果数据，如下面的列联表所示。当 $\alpha = 0.05$ 时，是否可以得出车辆类型和碰撞的初始碰撞点与乘员死亡有关的结论？

车辆类型	初始碰撞地点		
	前面	侧面	后面
汽车	1435	697	161
小货车	523	150	34

24. **酒精相关事故。** 下面的列联表显示了按年龄和性别随机抽取的致命伤客运车辆驾驶员（血液酒精浓度大于或等于 0.08）的结果。当 $\alpha = 0.05$ 时，是否可以得出在此类酒驾相关事故中年龄与性别有关的结论？

性别	年龄					
	16~20	21~30	31~40	41~50	51~60	61 及以上
男性	27	148	107	71	66	54
女性	9	45	26	17	16	14

25. 使用习题 09 中的列联表和期望频数，当 $\alpha = 0.05$ 时，检验变量为相关变量的假设。

26. 使用习题 10 中的列联表和期望频数，当 $\alpha = 0.01$ 时，检验变量为相关变量的假设。

27. 使用习题 11 中的列联表和期望频数，当 $\alpha = 0.10$ 时，检验变量相互独立的假设。

28. 使用习题 12 中的列联表和期望频数，当 $\alpha = 0.10$ 时，检验变量为相关变量的假设。

概念扩展

比例同质性检验。 在习题 29~32 中，使用有关比例同质性检验的信息。另一种涉及列联表的卡方检验是比例同质性检验。该检验用于确定从不同总体中抽取样本时几个比例是否相等。在对总体进行抽样和制作列联表之前，首先要确定样本量。在对不同的总体进行随机抽样后，可以使用与卡方独立检验相同的准则来测试组中元素的比例对每个总体是否相同。原假设和备择假设总是如下陈述的变体。

H_0：比例相等。
H_a：至少有一个比例和其他的不一样。

执行比例同质性检验要求使用随机样本获得观察频数，且每个期望频数必须大于或等于 5。

29. **机动车事故死亡人数。** 下面的列联表显示了按年龄和性别对机动车事故死亡人数进行随机抽样的结果。当 $\alpha = 0.05$ 时，对每个年龄组涉及男性或女性的机动车碰撞死亡比例相同的声明进行比例同质性检验。

性别	年龄						
	16~24	25~34	35~44	45~54	55~64	65~74	75~84	85 及以上
男性	80	97	76	73	81	51	30	12
女性	33	35	26	27	26	23	19	9

30. **强迫症。** 下面的列联表显示了强迫症患者在接受药物或安慰剂治疗后的随机抽样结果。当 $\alpha = 0.10$ 时，对药物和安慰剂治疗的结果比例相同的声明进行比例同质性检验。

结果	治疗	
	药物	安慰剂
有效	39	25
无效	54	70

31. 卡方比例同质性检验是左尾检验、右尾检验还是双尾检验？

32. 解释卡方独立检验与卡方比例同质性检验有何不同。

列联表和频率。 在习题 33~36 中，使用以下信息。列联表中的频数可以通过将每个频数除以样本量而写成频率。下表按就业状况和教育程度显示了 25 岁及以上美国成年人的数量（百万）。

就业状况	教育程度			
	高中以下学历	高中学历	本科肄业	学士或更高学位
就 业	8.3	32.9	19.7	74.6
失 业	0.8	2.0	1.1	2.4
非劳动力	11.1	26.6	13.2	30.5

33. 使用频率重写列联表。
34. 解释为何不能对这些数据进行卡方独立检验。
35. 在 25 岁及以上的美国成年人中，(a)有学位但失业、(b)本科肄业且不是非劳动力的百分比是多少？
36. 在 25 岁及以上的美国成年人中，(a)有工作且只有高中学历、(b)非劳动力、(c)非高中毕业的百分比是多少？

条件频率。 在习题 37~42 中，使用习题 33~36 中的列联表和以下信息。

频率也可基于行总计（将每行的数据项除以行的总计）或列总计（将每列的数据项除以列的总计）来计算。这些频数是条件频率，可用于确定列联表中两组之间是否存在关联。

37. 根据行总计计算列联表中的条件频率。
38. 在 25 岁及以上的就业美国成年人中，拥有学位的比例是多少？
39. 在 25 岁及以上的美国成年人中，有多少人大学肄业且非劳动力？
40. 根据列总计计算列联表中的条件频率。
41. 在 25 岁及以上拥有学位的美国成年人中，非劳动力的百分比是多少？
42. 在 25 岁及以上高中以下学历的美国成年人中，有多大比例的人失业？

生活在火星上

你想在火星上生活吗？YouGov 对 1312 名美国成年人进行了调查，并向他们提出了以下问题。

想象一下，你有机会安全地前往火星，成为第一批在这个星球上生活的人类之一，并在一个殖民地中度过余生。你愿意住在火星上的殖民地吗？

下面的饼状图显示了对该问题的回答。你使用相同的问题进行了调查。列联表显示了按年龄组分类的调查结果。

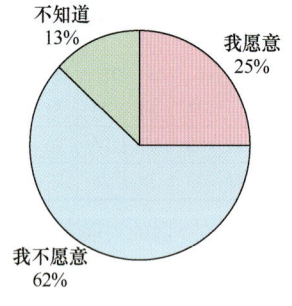

你愿意住在火星上的殖民地吗？
- 不知道 13%
- 我愿意 25%
- 我不愿意 62%

回 答	年 龄		
	18~34	35~54	55 及以上
我愿意	87	33	10
我不愿意	80	78	70
不知道	27	26	8

习题

01. 假设变量"年龄"和"回答"是独立的，18~34 岁、35~54 岁或 55 岁及以上年龄组的受访者人数是否超过了回答"我愿意"的预期人数？
02. 假设变量"年龄"和"回答"是独立的，18~34 岁、35~54 岁或 55 岁及以上年龄组的受访者人数是否超过了回答"我不愿意"的预期人数？
03. 当 $\alpha = 0.01$ 时，执行卡方独立检验，确定变量"回答"和"年龄"是否独立。你能得出什么结论？在习题 04 和 05 中，执行卡方拟合优度检验，将饼状图中显示的回答分布与每个年龄组的调查结果分布进行比较。使用饼状图中显示的分布作为期望分布。使用 $\alpha = 0.05$。
04. 将 18~34 岁人群的回答分布与期望分布进行比较，你能得出什么结论？

05. 将 35～54 岁人群的回答分布与期望分布进行比较，你能得出什么结论？
06. 除了上面使用的变量，在研究美国成年人对在火星上生活的感受的分布时，还有哪些变量值得考虑？

10.3 比较两个方差

> **学习目标**
> ▶ 解释 F 分布并使用 F 表求临界值
> ▶ 执行双样本 F 检验以比较两个方差

10.3.1 F 分布

第 8 章中介绍了如何执行假设检验以比较总体均值和总体比例。回顾 8.2 节可知，两个总体均值之差的 t 检验取决于总体方差是否相等。要确定总体方差是否相等，可以执行双样本 F 检验。本节介绍 F 分布及如何使用它来比较两个方差。记住，样本方差 s^2 是样本标准差 s 的平方。

定义 令 s_1^2 和 s_2^2 表示两个不同总体的样本方差。如果两个总体都是正态分布的，且总体方差 s_1^2 和 s_2^2 相等，那么抽样分布 $F = s_1^2 / s_2^2$ 是 F 分布。下面是 F 分布的几个性质。

1. F 分布是一簇曲线，每条曲线都由两类自由度确定：对应于分子中的方差的自由度，用 d.f.$_N$ 表示；对应于分母中的方差的自由度，用 d.f.$_D$ 表示。
2. F 分布是正偏斜的，因此分布不对称（如下图所示）。

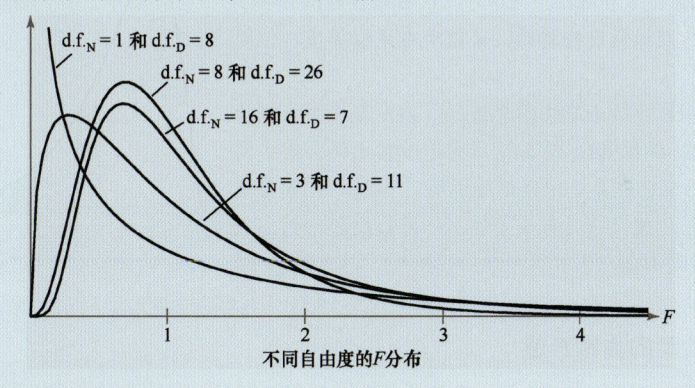

不同自由度的 F 分布

3. 每条 F 分布曲线下的总面积都等于 1。
4. F 的所有值都大于或等于 0。
5. 对于所有 F 分布，F 的均值近似等于 1。

对于不相等的方差，将较大的样本方差指定为 s_1^2。因此，在 $F = s_1^2 / s_2^2$ 的抽样分布中，分子中的方差大于或等于分母中的方差。这意味着 F 总是大于或等于 1。因此，所有的单尾检验都是右尾检验，而对于所有的双尾检验，只需求右尾临界值。

附录 B 中的表 7 列出了所选显著性水平 α 和自由度 d.f.$_N$ 和 d.f.$_D$ 的 F 分布的临界值。

指南 求 F 分布的临界值

1. 指定显著性水平 α。
2. 确定分子中的自由度 d.f.$_N$。
3. 确定分母中的自由度 d.f.$_D$。
4. 使用附录 B 中的表 7 求临界值。当假设检验为单尾检验时，使用 α F 表；当假设检验为双尾检验时，使用 $\frac{1}{2}\alpha$ F 表。注意，因为 F 总是大于或等于 1，所以所有的单尾检验都是右尾检验。对于双尾检验，只需求右尾临界值。

在下面的例题 1 和例题 2 中，给出了 d.f.$_N$ 和 d.f.$_D$ 的值。

【例题 1】求右尾检验的临界 F 值

当 $\alpha = 0.10$、d.f.$_N = 5$ 和 d.f.$_D = 28$ 时，求右尾检验的临界 F 值。

解答：

下面显示了附录 B 中表 7 的一部分。使用 $\alpha = 0.10$ 的 F 表，d.f.$_N = 5$ 和 d.f.$_D = 28$，可以求出临界值，如表中突出显示的区域所示。

d.f.$_D$: 分母中的自由度	\multicolumn{8}{c}{$\alpha = 0.10$}
	\multicolumn{8}{c}{d.f.$_N$: 分子中的自由度}
	1	2	3	4	5	6	7	8
1	39.86	49.50	53.59	55.83	57.24	58.20	58.91	59.44
2	8.53	9.00	9.16	9.24	9.29	9.33	9.35	9.37
26	2.91	2.52	2.31	2.17	2.08	2.01	1.96	1.92
27	2.90	2.51	2.30	2.17	2.07	2.00	1.95	1.91
28	2.89	2.50	2.29	2.16	2.06	2.00	1.94	1.90
29	2.89	2.50	2.28	2.15	2.06	1.99	1.93	1.89
30	2.88	2.49	2.28	2.14	2.05	1.98	1.93	1.88

从表中可以看出，临界值为 $F_0 = 2.06$。右图显示了 $\alpha = 0.10$、d.f.$_N = 5$、d.f.$_D = 28$ 和 $F_0 = 2.06$ 时的 F 分布。

自测题 1

当 $\alpha = 0.05$、d.f.$_N = 8$ 和 d.f.$_D = 20$ 时，求右尾检验的临界 F 值。使用 F 分布执行双尾假设检验时，只需求右尾临界值，但要使用 $\frac{1}{2}\alpha$ F 表。

> **提示：** 使用附录 B 中的表 7 求临界值时，会发现表中未包括 d.f.$_N$ 或 d.f.$_D$ 的某些值。如果 d.f.$_N$ 或 d.f.$_D$ 所需的数值正好在表中两个值的中间，就使用相应临界值中间的临界值。不过，在某些情况下，使用软件计算 P 值，将其与显著性水平进行比较，然后决定是否拒绝原假设要更容易。

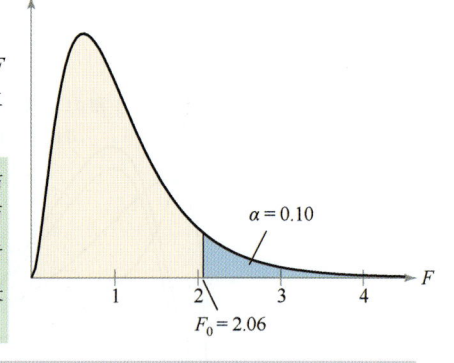

【例题 2】求双尾检验的临界 F 值

当 $\alpha = 0.05$、d.f.$_N = 4$ 和 d.f.$_D = 8$ 时，求双尾检验的临界 F 值。

解答：

下面显示了附录 B 中表 7 的一部分。使用 $\frac{1}{2}\alpha = \frac{1}{2} \times 0.05 = 0.025$ F 表，当 d.f.$_N = 4$ 且 d.f.$_D = 8$ 时，可以求出临界值，如表中突出显示的区域所示。

d.f.$_D$: 分母中的自由度	\multicolumn{8}{c}{$\alpha = 0.025$}
	\multicolumn{8}{c}{d.f.$_N$: 分子中的自由度}
	1	2	3	4	5	6	7	8
1	647.8	799.5	864.2	899.6	921.8	937.1	948.2	956.7
2	38.51	39.00	39.17	39.25	39.30	39.33	39.36	39.37
3	17.44	16.04	15.44	15.10	14.88	14.73	14.62	14.54
4	12.22	10.65	9.98	9.60	9.36	9.20	9.07	8.98
5	10.01	8.43	7.76	7.39	7.15	6.98	6.85	6.76
6	8.81	7.26	6.60	6.23	5.99	5.82	5.70	5.60
7	8.07	6.54	5.89	5.52	5.29	5.12	4.99	4.90
8	7.57	6.06	5.42	5.05	4.82	4.65	4.53	4.43
9	7.21	5.71	5.08	4.72	4.48	4.32	4.20	4.10

从表中可以看出，临界值为 $F_0 = 5.05$。右图显示了 $\frac{1}{2}\alpha = 0.025$、d.f.$_N$ = 4、d.f.$_D$ = 8 和 $F_0 = 5.05$ 时的 F 分布。

自测题 2

当 $\alpha = 0.01$、d.f.$_N$ = 2 和 d.f.$_D$ = 5 时，求双尾检验的临界 F 值。

10.3.2 方差的双样本 F 检验

本节的剩余部分介绍如何执行双样本 F 检验，以使用来自每个总体的样本来比较两个总体方差。

> **方差的双样本 F 检验**
>
> 使用双样本 F 检验来比较两个总体方差 s_1^2 和 s_2^2。为了执行该检验，必须满足如下条件。
> 1. 样本必须是随机的。
> 2. 样本必须是独立的。
> 3. 每个总体必须是正态分布的。
>
> 检验统计量为
> $$F = s_1^2 / s_2^2$$
>
> 式中，s_1^2 和 s_2^2 表示样本方差，且有 $s_1^2 \geq s_2^2$。分子中的自由度为 d.f.$_N = n_1 - 1$，分母中的自由度为 d.f.$_D = n_2 - 1$，其中 n_1 是方差为 s_1^2 的样本量，n_2 是方差为 s_2^2 的样本量。

指南 使用双样本 F 检验来比较 s_1^2 和 s_2^2

文字表述	符号表述
1. 验证样本是随机且独立的，且总体是正态分布的	
2. 确定声明。陈述原假设和备择假设	陈述 H_0 和 H_a
3. 指定显著性水平	确定 α
4. 确定分子和分母的自由度	d.f.$_N = n_1 - 1$，d.f.$_D = n_2 - 1$
5. 确定临界值	使用附录 B 中的表 7
6. 确定拒绝区域	
7. 求检验统计量，并画出抽样分布图	$F = s_1^2 / s_2^2$
8. 做出拒绝原假设或拒绝原假设失败的决定	若 F 在拒绝区域中，则拒绝 H_0，拒绝 H_0 失败
9. 在原声明背景下解释所做的决定	

在某些情况下，标准差 s_1 和 s_2 是已知的。在使用双样本 F 检验比较方差之前，要记住对两个标准差求平方以计算样本方差 s_1^2 和 s_2^2。

描绘世界

位置对房地产销售价格的方差有影响吗？下表中显示了加利福尼亚州洛杉矶县和圣迭戈县现有房屋销售价格（千美元）的随机样本。

洛 杉 矶	圣 迭 戈	洛 杉 矶	圣 迭 戈
443	639	649	779
347	369	250	425
495	649	449	595
595	665	580	649
595	699	369	549

假设销售价格的每个总体都是正态分布的，是否可以使用双样本 F 检验来比较总体方差？

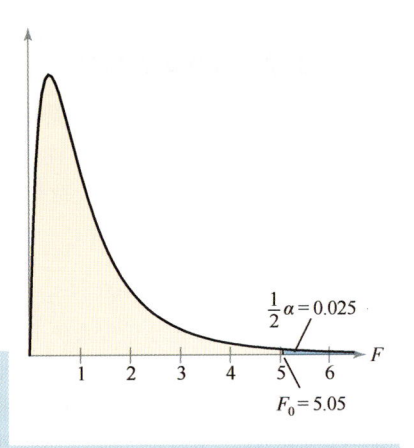

【例题 3】执行双样本 F 检验

一位餐厅经理正在设计一个系统，旨在减少顾客在用餐前的等待时间的方差。在旧系统下，随机抽取的 10 个客户的方差为 400。在新系统下，随机抽取的 21 名客户的方差为 256。当 $\alpha=0.10$ 时，是否有足够的证据说服经理改用新系统？假设两个总体都是正态分布的。

解答：

因为 $400 > 256$，$s_1^2 = 400$ 和 $s_2^2 = 256$。因此，s_1^2 和 σ_1^2 分别表示旧系统的样本方差和总体方差。根据"新系统下等待时间的方差小于旧系统下等待时间的方差"的声明，原假设和备择假设是

$$H_0: \sigma_1^2 \leq \sigma_2^2 \text{ 和 } H_a: \sigma_1^2 > \sigma_2^2 \text{（声明）}$$

注意，该检验是 $\alpha=0.10$ 的右尾检验，自由度为 d.f.$_N = n_1 - 1 = 10 - 1 = 9$ 和 d.f.$_D = n_2 - 1 = 21 - 1 = 20$。因此，临界值为 $F_0 = 1.96$，拒绝区域为 $F > 1.96$。检验统计量为

$$F = s_1^2 / s_2^2 = 400 / 256 \approx 1.56$$

右图显示了拒绝区域和检验统计量 F 的位置。因为 F 不在拒绝区域内，所以拒绝原假设失败。

解释： 在 10% 的显著性水平上，没有足够的证据说服经理改用新系统。

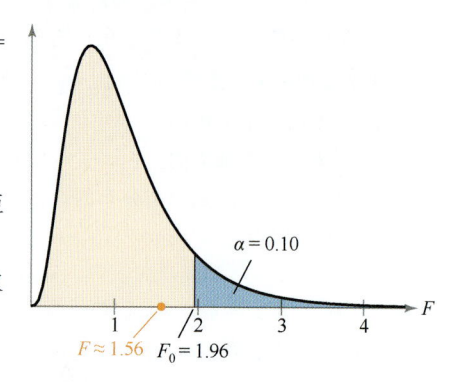

自测题 3

某医学研究人员声称，一种经过特殊处理的静脉注射溶液可以减少营养物质进入血液所需时间的方差。从每种类型的溶液中随机选择独立样本，结果如下表所示。当 $\alpha=0.01$ 时，是否有足够的证据支持这位研究人员的说法？假设总体呈正态分布。

正常溶液	处理后的溶液	正常溶液	处理后的溶液
$n=25$	$n=20$	$s^2=180$	$s^2=56$

【例题 4】使用双样本 F 检验技术

你想购买一家公司的股票，并在两只不同的股票之间做出选择。股票的风险可能与其每日收盘价的标准差有关，因此你可以随机选择每只股票的每日收盘价样本，以获得如下所示的结果。当 $\alpha=0.05$ 时，能断定这两只股票中的一只是风险较高的投资吗？假设股票收盘价服从正态分布。

股票 A	股票 B	股票 A	股票 B
$n_2=30$	$n_1=31$	$s_2=3.5$	$s_1=5.7$

解答：

因为 $5.7^2 > 3.5^2$，$s_1^2 = 5.7^2$，$s_2^2 = 3.5^2$，所以 s_1^2 和 σ_1^2 分别表示股票 B 的样本方差和总体方差。在"两只股票中的一只是风险较高的投资"的声明下，原假设和备择假设是

$$H_0: \sigma_1^2 = \sigma_2^2 \text{ 和 } H_a: \sigma_1^2 \neq \sigma_2^2 \text{（声明）}$$

注意，该检验是双尾检验，有 $\frac{1}{2}\alpha = \frac{1}{2} \times 0.05 = 0.025$，自由度为 d.f.$_N = n_1 - 1 = 31 - 1 = 30$ 和 d.f.$_D = n_2 - 1 = 30 - 1 = 29$。因此，临界值为 $F_0 = 2.09$，拒绝区域为 $F > 2.09$。

为了使用 TI-84 PLUS 执行双样本 F 检验，可按 STAT 键，选择 TESTS 菜单，然后选择 E:2-SampFTest。接着，设置双样本 F 检验，如下面的第一个屏幕所示。因为正在输入描述统计量，所以要选择 Stats 输入选项。输入原始数据时，选择 Data 输入选项。下面的其他屏幕是选择 Calculate 选项或 Draw 选项后的结果。

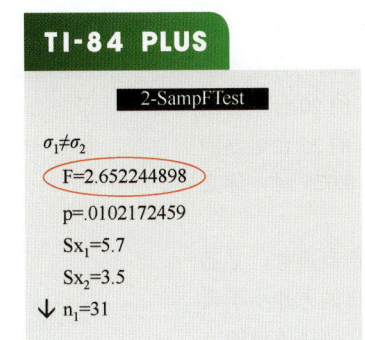

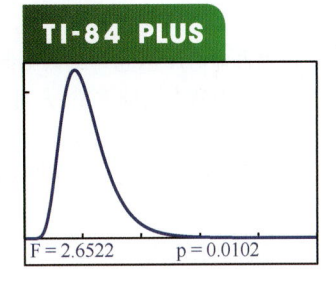

检验统计量 $F \approx 2.65$ 在拒绝区域内，所以可以拒绝原假设。

解释：在5%的显著性水平上，有足够的证据支持这两只股票中的一只是风险较高的投资。

自测题 4

一位生物学家声称，两个地理位置的土壤pH值具有相同的标准差。随机选择每个位置的独立样本，结果如下表显示。当 $\alpha = 0.01$ 时，是否有足够的证据拒绝该生物学家的声明？假设pH值呈正态分布。

位置 A	位置 B	位置 A	位置 B
$n = 16$	$n = 22$	$s = 0.95$	$s = 0.78$

还可以使用 P 值来执行双样本 F 检验。例如，在例题 4 中，注意到 TI-84 PLUS 显示了 $P = 0.0102172459$。因为 $P < \alpha$，所以可以拒绝原假设。

10.3.3 习题

培养基本技能和词汇

01. 说明如何求 F 检验的临界值。

02. 列出 F 分布的五个性质。

03. 列出使用双样本 F 检验必须满足的三个条件。

04. 说明在执行双样本 F 检验时如何确定 d.f.$_N$ 和 d.f.$_D$ 的值。

求右尾检验的临界 F 值。在习题 05～08 中，使用显著性水平 α 和自由度 d.f.$_N$ 和 d.f.$_D$ 求右尾检验的临界 F 值。

05. $\alpha = 0.05$，d.f.$_N = 9$，d.f.$_D = 16$。

06. $\alpha = 0.01$，d.f.$_N = 2$，d.f.$_D = 11$。

07. $\alpha = 0.10$，d.f.$_N = 10$，d.f.$_D = 15$。

08. $\alpha = 0.025$，d.f.$_N = 7$，d.f.$_D = 3$。

求双尾检验的临界 F 值。在习题 09～12 中，使用显著性水平 α 和自由度 d.f.$_N$ 和 d.f.$_D$ 求双尾检验的临界 F 值。

09. $\alpha = 0.01$，d.f.$_N = 6$，d.f.$_D = 7$。

10. $\alpha = 0.10$，d.f.$_N = 24$，d.f.$_D = 28$。

11. $\alpha = 0.05$，d.f.$_N = 60$，d.f.$_D = 40$。

12. $\alpha = 0.05$，d.f.$_N = 27$，d.f.$_D = 19$。

在习题 13～18 中，检验两个总体方差 σ_1^2 和 σ_2^2 在显著性水平 α 上的方差。假设样本是随机和独立的，且总体是正态分布的。

13. 声 明：$\sigma_1^2 > \sigma_2^2$，$\alpha = 0.10$；样本统计量：$s_1^2 = 773$，$n_1 = 5$，$s_2^2 = 765$，$n_2 = 6$。

14. 声 明：$\sigma_1^2 = \sigma_2^2$，$\alpha = 0.05$；样本统计量：$s_1^2 = 310$，$n_1 = 7$，$s_2^2 = 297$，$n_2 = 8$。

15. 声 明：$\sigma_1^2 \leq \sigma_2^2$，$\alpha = 0.01$；样本统计量：$s_1^2 = 842$，$n_1 = 11$，$s_2^2 = 836$，$n_2 = 10$。

16. 声 明：$\sigma_1^2 \neq \sigma_2^2$，$\alpha = 0.05$；样本统计量：$s_1^2 = 245$，$n_1 = 31$，$s_2^2 = 112$，$n_2 = 28$。

17. 声 明：$\sigma_1^2 = \sigma_2^2$，$\alpha = 0.01$；样本统计量：$s_1^2 = 9.8$，$n_1 = 13$，$s_2^2 = 2.5$，$n_2 = 20$。

18. 声 明：$\sigma_1^2 > \sigma_2^2$，$\alpha = 0.05$；样本统计量：$s_1^2 = 44.6$，$n_1 = 16$，$s_2^2 = 39.3$，$n_2 = 12$。

使用和解释概念

执行双样本 F 检验。在习题 19～26 中，(a)确定声明并陈述 H_0 和 H_a；(b)求临界值并确定拒绝区域；(c)求检验统计量 F；(d)决定是否拒绝原假设；(e)在原声明背景下解释所做的决定。假设样本是随机和独立的，并且总体是正态分布的。

19. **电器寿命**。A 公司声称其电器寿命的方差小于 B 公司电器寿命的方差。公司 A 的 20 台电器的寿命样本的方差为 1.8，公司 B 的 25 台电器的寿命样本的方差为 3.9。当 $\alpha = 0.025$ 时，你支持 A 公司的声明吗？

20. **一氧化碳排放量**。一家汽车制造商声称，某品牌和型号汽车的一氧化碳排放量的方差小于顶级竞争对手的同类车辆的一氧化碳排放量的方差。19 辆制造商指定车辆的一氧化碳排放样本的方差为 0.008，竞争对手 21 辆同类车辆的一氧化碳排放量样本的方差为 0.045。当 $\alpha = 0.10$ 时，你支持这家制造商的声明吗？

21. **高尔夫球手**。下表显示了两名高尔夫球手的击球距离（码）的样本。当 $\alpha = 0.10$ 时，能得出两名高尔夫球手的击球距离不同的结论吗？

高尔夫球手 1	高尔夫球手 2
227 234 235	262 257 258
246 223 268	269 253 262
231 235 245	258 265 255
248	262

22. **心脏移植等待时间**。下表显示了两个年龄组的心脏移植等待时间（天）的样本。当 $\alpha = 0.05$ 时，能得出两个年龄组的等待时间方差不同的结论吗？

18~34	35~49
384 326	434 415 413
318 385	420 408 428
371 327	454 392 385

23. **科学评估测试**。一所州立学校的管理人员声称，第一区和第二区八年级学生的科学评估测试分数的标准差是相同的。来自 1 区的 12 个测试分数的样本的标准差为 36.8 分，来自 2 区的 14 个测试分数的样本的标准差为 32.5 分。当 $\alpha = 0.10$ 时，能拒绝管理人员的声明吗？

24. **美国历史评估测试**。一所州立学校的管理人员声称，第一区和第二区八年级学生的美国历史评估测试分数的标准差是相同的。来自 1 区的 10 个测试分数的样本的标准差为 30.9 分，来自 2 区的 13 个测试分数的样本的标准差为 27.2 分。当 $\alpha = 0.01$ 时，能拒绝管理人员的声明吗？

25. **年薪**。一家就业信息服务机构声称，加州精算师年薪的标准差低于纽约。你从两个州各选择了一个精算师样本，各项调查结果如下图所示。当 $\alpha = 0.05$ 时，你支持该服务机构的声明吗？

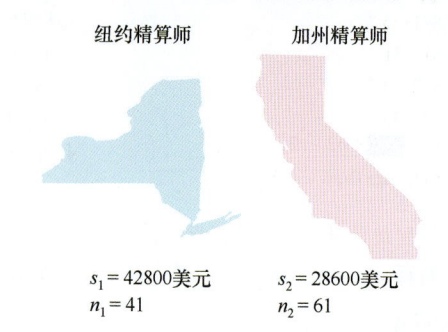

纽约精算师 加州精算师

$s_1 = 42800$ 美元 $s_2 = 28600$ 美元
$n_1 = 41$ $n_2 = 61$

26. **年薪**。一家就业信息服务机构声称，路易斯安那州公共关系经理年薪的标准差低于佛罗里达州。你从两个州各选择一个公共关系经理的样本，各项调查结果如下图所示。当 $\alpha = 0.05$ 时，你支持该服务机构的声明吗？

路易斯安那州 佛罗里达州
公关经理 公关经理

$s_1 = 27200$ 美元 $s_2 = 39100$ 美元
$n_1 = 24$ $n_2 = 28$

概念扩展

求左尾临界 F 值。本节中只需计算双尾检验的右尾临界 F 值。对于 F 分布的其他应用，需要计算左尾临界 F 值。要计算左尾临界 F 值，可执行如下步骤：
① 互换 $d.f._N$ 和 $d.f._D$ 的值。
② 在附录 B 的表 7 中找到相应的 F 值。
③ 计算 F 值的倒数，得到左尾临界 F 值。

在习题 27 和 28 中，使用显著性水平 α 及自由度 $d.f._N$ 和 $d.f._D$，求双尾检验的右尾和左尾临界 F 值。

27. $\alpha = 0.05$，$d.f._N = 6$，$d.f._D = 3$。

28. $\alpha = 0.10$，$d.f._N = 20$，$d.f._D = 15$。

σ_1^2/σ_2^2 **的置信区间**。当 s_1^2 和 s_2^2 是从正态分布总体中随机选择的独立样本的方差时，σ_1^2/σ_2^2 的置信区间为

$$\frac{s_1^2}{s_2^2} \cdot \frac{1}{F_R} < \frac{\sigma_1^2}{\sigma_2^2} < \frac{s_1^2}{s_2^2} \cdot \frac{1}{F_L}$$

式中，F_R 是右尾临界 F 值，F_L 是左尾临界 F 值。

在习题 29 和 30 中，构建 σ_1^2/σ_2^2 的置信区间。假设样本是随机的和独立的，且总体是正态分布的。

29. **胆固醇含量**。在最近一项关于快餐店供应的烤鸡三明治的胆固醇含量的研究中，一位营养学家发现，从餐厅 A 和餐厅 B 随机抽取的三明治样本的统计数据如下表所示。构建 σ_1^2/σ_2^2 的 95%置信区间，其中 σ_1^2 和 σ_2^2 分别是来自餐厅 A 和餐厅 B 的烤鸡肉三明治的胆固醇含量的方差。

烤鸡三明治的胆固醇含量	
餐厅 A	餐厅 B
$s_1^2 = 10.89$	$s_2^2 = 9.61$
$n_1 = 16$	$n_2 = 12$

30. **碳水化合物含量**。在最近一项关于快餐店供应的烤鸡肉三明治的碳水化合物含量的研究中，一位营养学家发现，从餐厅 A 和餐厅 B 随机抽取的三明治样本的统计数据如下表所示。构建 σ_1^2/σ_2^2 的 95%置信区间，其中 σ_1^2 和 σ_2^2 分别是来自餐馆 A 和餐馆 B 的烤鸡肉三明治的碳水化合物含量的方差。

烤鸡肉三明治的碳水化合物含量	
餐厅 A	餐厅 B
$s_1^2 = 5.29$	$s_2^2 = 3.61$
$n_1 = 16$	$n_2 = 12$

10.4 方差分析

学习目标
▶ 使用单向方差分析检验包含三个或以上均值的声明
▶ 双向方差分析简介

10.4.1 单向方差分析

假设一位医学研究人员正在分析三种止痛药的疗效，并希望确定这三种药物缓解疼痛所需的平均时间长度是否存在差异。为了确定这种差异是否存在，研究人员可以结合使用 F 分布与一种称为方差分析的技术。因为研究的是一个自变量，所以这个过程称为单向方差分析。

定义 单向方差分析是一种假设检验技术，用于比较三个或以上总体的均值。

为了执行单向方差分析检验，首先应该陈述原假设和备择假设。对于单向方差分析检验，原假设和备择假设类似于如下陈述。

$H_0: \mu_1 = \mu_2 = \mu_3 = \cdots = \mu_k$（所有总体均值相等）。

H_a：至少有一个均值与其他均值不同。

当你在单向方差分析检验中拒绝原假设时，可以得出至少有一个均值与其他均值不同的结论。但是，如果不执行更多的统计检验，就无法确定哪个均值是不同的。

在执行单向方差分析检验之前，必须检查是否满足如下条件。

1. 每个样本必须从正态分布或近似正态分布的总体中随机选取。
2. 样本必须相互独立。
3. 每个总体必须具有相同的方差。

单向方差分析检验的检验统计量是两个方差的比值，即

$$样本统计量 = \frac{样本间的方差}{样本内的方差}$$

1. 样本间的方差度量与给予每个样本的处理相关的差。该方差有时称为组间均方，用 MS_B 表示。
2. 样本内的方差度量与同一样本内的数据项相关的差，通常由抽样误差造成。该方差有时称为组内均方，用 MS_W 表示。

单向方差分析检验

要执行单向方差分析检验，必须满足如下条件。

1. $k(k \geq 3)$ 个样本中的每个样本必须从正态或近似正态分布的总体中随机选择。
2. 样本必须相互独立。
3. 每个总体必须具有相同的方差。

如果满足这些条件，检验的抽样分布就近似为 F 分布。检验统计量为

$$F = \frac{\mathrm{MS_B}}{\mathrm{MS_W}}$$

分子中的自由度为 $\mathrm{d.f._N} = k-1$，分母中的自由度为 $\mathrm{d.f._D} = N-k$，其中 k 为样本数，N 为样本量之和。

如果均值之差很小或者没有差异，则 $\mathrm{MS_B}$ 近似等于 $\mathrm{MS_W}$，且检验统计量近似为 1。F 的值接近 1 表明不应拒绝原假设。然而，如果其中一个均值与其他均值显著不同，那么 $\mathrm{MS_B}$ 将大于 $\mathrm{MS_W}$，且检验统计量大于 1。当 F 的值明显大于 1 时，表明应该拒绝原假设。因此，所有的单向方差分析检验都是右尾检验。也就是说，如果检验统计量大于临界值，就拒绝 H_0。

提示：符号 $n_i, \bar{x}_i$ 和 s_i^2 分别表示第 i 个样本的样本量、均值和方差。注意。$\bar{\bar{x}}$ 有时称为总均值。

指南 求单向方差分析检验的检验统计量

文字表述	符号表述
1. 求出每个样本的均值和方差	$\bar{x}_i = \dfrac{\sum x}{n}, \; s_i^2 = \dfrac{\sum(x-\bar{x}_i)^2}{n-1}$
2. 求出所有样本中所有数据项的均值	$\bar{\bar{x}} = \dfrac{\sum x}{N}$
3. 求样本间的平方和	$\mathrm{SS_B} = \sum n_i(\bar{x}_i - \bar{\bar{x}})^2$
4. 求样本内的平方和	$\mathrm{SS_W} = \sum(n_i-1)s_i^2$
5. 求样本间的方差	$\mathrm{MS_B} = \dfrac{\mathrm{SS_B}}{\mathrm{d.f._N}} = \dfrac{\sum n_i(\bar{x}_i - \bar{\bar{x}})^2}{k-1}$
6. 求样本内的方差	$\mathrm{MS_W} = \dfrac{\mathrm{SS_W}}{\mathrm{d.f._D}} = \dfrac{\sum(n_i-1)s_i^2}{N-k}$
7. 求检验统计量	$F = \dfrac{\mathrm{MS_B}}{\mathrm{MS_W}}$

注意，在指南的步骤 1 中只对一个样本的值求和，在步骤 2 中对所有样本的值求和。$\mathrm{SS_B}$ 和 $\mathrm{SS_W}$ 的和将在后面解释。

在求单向方差分析检验统计量的指南中，符号 $\mathrm{SS_B}$ 表示样本间的平方和，即

$$\mathrm{SS_B} = n_1(\bar{x}_1 - \bar{\bar{x}})^2 + n_2(\bar{x}_2 - \bar{\bar{x}})^2 + \cdots + n_k(\bar{x}_k - \bar{\bar{x}})^2 = \sum n_i(\bar{x}_i - \bar{\bar{x}})^2$$

而符号 $\mathrm{SS_W}$ 表示样本内的平方和，即

$$\mathrm{SS_W} = (n_1-1)s_1^2 + (n_2-1)s_2^2 + \cdots + (n_k-1)s_k^2 = \sum(n_i-1)s_i^2$$

指南 执行单向方差分析检验

文字表述	符号表述
1. 验证样本是随机的和独立的，总体呈正态分布，且总体方差相等	
2. 确定声明。陈述原假设和备择假设	陈述 H_0 和 H_a
3. 指定显著性水平	确定 α
4. 确定分子和分母的自由度	$\mathrm{d.f._N} = k-1, \; \mathrm{d.f._D} = N-k$
5. 确定临界值	使用附录 B 中的表 7

（续表）

文字表述	符号表述
6. 确定拒绝区域	
7. 求检验统计量并画出抽样分布图	$F = \dfrac{\mathrm{MS_B}}{\mathrm{MS_W}}$
8. 做出拒绝原假设或拒绝原假设失败的决定	当 F 在拒绝区域内时拒绝 H_0，否则拒绝 H_0 失败
9. 在原声明背景下解释所做的决定	

使用表格是汇总单向方差分析检验结果的简便方法之一。单向方差分析汇总表如下所示。

单向方差分析汇总表

方差	平方和	自由度	均方	F
组间	$\mathrm{SS_B}$	$\mathrm{d.f.}_N = k-1$	$\mathrm{MS_B} = \dfrac{\mathrm{SS_B}}{\mathrm{d.f.}_N}$	$\dfrac{\mathrm{MS_B}}{\mathrm{MS_W}}$
组内	$\mathrm{SS_W}$	$\mathrm{d.f.}_D = N-k$	$\mathrm{MS_W} = \dfrac{\mathrm{SS_W}}{\mathrm{d.f.}_D}$	

【例题 1】执行单向方差分析检验

一位医学研究人员想要确定三种止痛药缓解头痛所需的平均时间长度是否存在差异。随机选择几名头痛患者，并给予三种药物中的一种。对每名头痛患者，都会记录药物开始起作用的时间（分钟），结果如下表所示。当 $\alpha = 0.01$ 时，能断定至少有一个平均时间长度与其他平均时间长度不同吗？假设每个缓解时间总体呈正态分布，且总体方差相等。

药物 1	药物 2	药物 3
12	16	14
15	14	17
17	21	20
12	15	15
	19	
$n_1 = 4$	$n_2 = 5$	$n_3 = 4$
$\bar{x}_1 = 56/4 = 14$	$\bar{x}_2 = 85/5 = 17$	$x_3 = 66/4 = 16.5$
$s_1^2 = 6$	$s_2^2 = 8.5$	$s_3^2 = 7$

解答：

原假设和备择假设如下。

H_0：$\mu_1 = \mu_2 = \mu_3$

H_a：至少有一个均值与其他均值不同（声明）

因为有 $k = 3$ 个样本，所以 $\mathrm{d.f.}_N = k - 1 = 3 - 1 = 2$。样本量之和为 $N = n_1 + n_2 + n_3 = 4 + 5 + 4 = 13$，所以 $\mathrm{d.f.}_D = N - k = 13 - 3 = 10$。使用 $\mathrm{d.f.}_N = 2$、$\mathrm{d.f.}_D = 10$ 和 $\alpha = 0.01$，临界值为 $F_0 = 7.56$。拒绝区域为 $F > 7.56$。为了求检验统计量，首先要计算 $\bar{\bar{x}}$，$\mathrm{MS_B}$ 和 $\mathrm{MS_W}$：

$$\bar{\bar{x}} = \frac{\sum x}{N} = \frac{56 + 85 + 66}{13} \approx 15.92$$

$$\mathrm{MS_B} = \frac{\mathrm{SS_B}}{\mathrm{d.f.}_N} = \frac{\sum n_i(\bar{x}_i - \bar{\bar{x}})^2}{k - 1} \approx \frac{4(14 - 15.92)^2 + 5(17 - 15.92)^2 + 4(16.5 - 15.92)^2}{3 - 1} = \frac{21.9232}{2} = 10.9616$$

$$\mathrm{MS_W} = \frac{\mathrm{SS_W}}{\mathrm{d.f.}_D} = \frac{\sum (n_i - 1)s_i^2}{N - k} \approx \frac{(4-1)6 + (5-1)8.5 + (4-1)7}{13 - 3} = \frac{73}{10} = 7.3$$

使用 $MS_B \approx 10.9616$ 和 $MS_W = 7.3$，检验统计量为

$$F = \frac{MS_B}{MS_W} \approx \frac{10.9616}{7.3} \approx 1.50$$

右图显示了拒绝区域的位置和检验统计量 F。因为 F 不在拒绝区域内，因此拒绝原假设失败。

解释：在 1% 的显著性水平上，没有足够的证据表明三种止痛药缓解头痛的平均时间长度存在差异。

例题 1 的方差分析汇总表如下所示。

方 差	平 方 和	自 由 度	均 方	F
组 内	21.9232	2	10.9616	1.50
组 间	73	10	7.3	

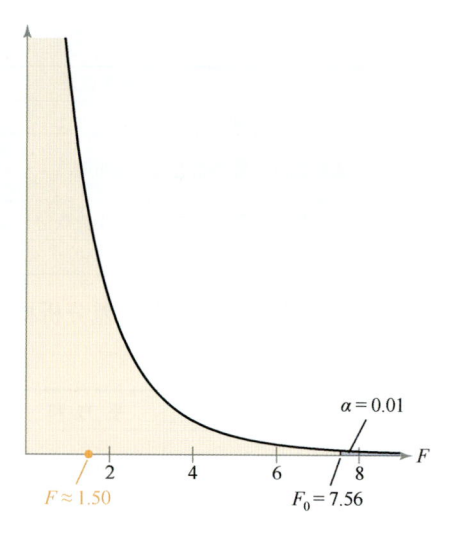

描绘世界

一位研究人员想要确定加利福尼亚州、佐治亚州和宾夕法尼亚州的人们在工作中浪费的平均时间长度是否存在差异。从每个州随机选择几名每天工作 8 小时的人，并要求他们估计每天在工作中浪费了多少时间（小时），结果如下表所示。

加利福尼亚州	佐治亚州	宾夕法尼亚州	加利福尼亚州	佐治亚州	宾夕法尼亚州
2	2	1.75	1.25	2.75	2.75
1.75	2.5	3	2	2.25	3.25
2.5	1.25	2.75	2.5	2	3
3	2.25	2	1.75	1	2.75
2.75	1.5	3	1.5		2.25
3.25	3	2.5	2.25		

当 $\alpha = 0.10$ 时，研究人员是否可以得出各州在工作中浪费的平均时间长度存在差异的结论？假设每个总体都是正态分布的，并且总体方差相等。

自测题 1

销售分析师想要确定公司四个销售区域的月平均销售额是否存在差异。从每个地区随机选择几名销售人员，由他们提供上个月的销售额（千美元），结果如右表所示。当 $\alpha = 0.05$ 时，分析师是否可以得出各销售区域之间的月平均销售额存在差异的结论？假设每个销售总体是正态分布的，并且总体方差是相等的。

使用软件可以简化单向方差分析过程。使用 MINITAB、EXCEL、STATCRUNCH 或 TI-84 PLUS 等执行单向方差分析检验时，可以使用 P 值来决定是否拒绝原假设。如果 P 值小于 α，则拒绝 H_0。

北部地区	东部地区	南部地区	西部地区
34	47	40	21
28	36	30	30
18	30	41	24
24	38	29	37
	44		23
$n_1 = 4$	$n_2 = 5$	$n_3 = 4$	$n_4 = 5$
$\bar{x}_1 = 26$	$\bar{x}_2 = 39$	$\bar{x}_3 = 35$	$\bar{x}_4 = 27$
$s_1^2 \approx 45.33$	$s_2^2 = 45$	$s_3^2 \approx 40.67$	$s_4^2 = 42.5$

【例题 2】使用软件执行单向方差分析检验

一位研究人员认为，在城市道路上驾驶时，小型车、中型车和大型车的燃油经济性是相同的。从每组中随机选择的几辆汽车在城市道路上行驶的汽油里程（英里/加仑）显示在下表中。假设总体呈正态分布，样

本相互独立,总体方差相等。当 $\alpha = 0.05$ 时,能拒绝在城市道上驾驶时平均汽油里程在三组中相同的声明吗?用软件来检验这个声明。

小型车	中型车	大型车	小型车	中型车	大型车
12	21	18	29	25	
23	23	17	17	16	
17	19	15	31	27	
20	14	17	24	22	
25	14	20	24	21	
18	21	17		25	
24	26	17		21	
27	18	13			

解答:

以下是原假设和备择假设。

$H_0: \mu_1 = \mu_2 = \mu_3$(声明)

H_a:至少有一个平均汽油里程与其他汽油里程不同

使用 EXCEL 执行检验得到的结果如下图所示。从结果可以看出,$P \approx 0.02$。因为 $P < \alpha$,因此拒绝原假设。

解释:在5%的显著性水平上,有足够的证据拒绝在城市道上驾驶时平均汽油里程相同的声明。

自测题 2

下表中显示的数据代表随机选择的大一、大二、大三和大四学生的 GPA。当 $\alpha = 0.05$ 时,是否可以得出 GPA 均值存在差异的结论?假设 GPA 的总体是正态分布的,且总体方差相等。用软件检验这个说法。

大一学生	2.34	2.38	3.31	2.39	3.40	2.70	2.34		
大二学生	3.26	2.22	3.26	3.29	2.95	3.01	3.13	3.59	2.84	3.00
大三学生	2.80	2.60	2.49	2.83	2.34	3.23	3.49	3.03	2.87
大四学生	3.31	2.35	3.27	2.86	2.78	2.75	3.05	3.31	

10.4.2 双向方差分析

当你想要检验两个自变量或因子对一个因变量的影响时,可以使用双向方差分析检验。例如,假设一位医学研究人员想要检验年龄和药物类型对止痛药缓解疼痛所需的平均时间长度的影响。为了进行这样的实验,研究人员可以使用如下图所示的双向方差分析区组设计。

	年龄 18~64岁	年龄 65岁及以上
药物类型 I	服用I型药物的 18~64岁成年人	服用I型药物的 65岁及以上成年人
II	服用II型药物的 18~64岁成年人	服用II型药物的 65岁及以上成年人
III	服用III型药物的 18~64岁成年人	服用III型药物的 65岁及以上成年人

双向方差分析检验有三个原假设——每个主效应一个，交互效应一个。主效应是一个自变量对因变量的影响，交互效应是两个自变量对因变量的影响。例如，下面列出了止痛药实验的假设。

主效应的假设如下。

H_0：年龄对止痛药缓解疼痛所需的平均时间长度没有影响。
H_a：年龄对止痛药缓解疼痛所需的平均时间长度有影响。
H_0：药物类型对止痛药缓解疼痛的平均时间长度没有影响。
H_a：药物类型对止痛药缓解疼痛所需的平均时间长度有影响。

> 提示：如果年龄和药物类型对止痛药缓解疼痛所需的平均时间长度没有影响，那么缓解疼痛所需的平均时间长度就不会有显著差异。

交互效应的假设如下。

H_0：年龄和药物类型对止痛药缓解疼痛所需的平均时间长度没有交互效应。
H_a：年龄和药物类型对止痛药缓解疼痛所需的平均时间长度有交互效应。

为了检验这些假设，可以进行双向方差分析检验。注意，双向方差分析检验的条件与单向方差分析检验的条件相同，但附加条件是所有样本量必须相同。使用 F 分布，双向方差分析检验计算每个假设的 F 检验统计量。因此，可以拒绝零个、一个、两个或所有原假设。

双向方差分析检验涉及的统计量超出了本书的范围，读者可以使用 MINITAB 等软件来执行双向方差分析检验。

10.4.3 习题

培养基本技能和词汇

01．陈述单向方差分析检验的原假设和备择假设。
02．使用单向方差分析检验需要什么条件？
03．描述样本间的方差 MS_B 和样本内的方差 MS_W 的不同。
04．描述双向方差分析检验的假设。

使用和解释概念

执行单向方差分析检验。在习题 05~14 中，(a)确定声明并陈述 H_0 和 H_a；(b)求临界值并确定拒绝区域；(c)求检验统计量 F；(d)决定是否拒绝原假设；(e)在原声明背景下解释所做的决定。假设样本是随机且独立的，总体是正态分布的，并且总体方差相等。

05．**牙膏**。下表显示了每盎司牙膏的成本（美元），这些牙膏分别用于美白、预防蛀牙和口气清新。当 $\alpha = 0.05$ 时，能得出至少有一个每盎司的平均成本与其他成本不同的结论吗？

美白	0.68	1.99	1.38	0.28	5.00	1.23
预防蛀牙	0.70	0.85	0.49	1.43	0.68	
口气清新	0.66	0.68	1.23	0.45		

06．**狗的寿命**。下表显示了三个不同品种的狗的寿命（年）。当 $\alpha = 0.05$ 时，是否有足够的证据表明至少有一种狗的平均寿命与其他狗的不同？

拳师犬	11.6	10.8	12.9	12.3	16.1	9.9
斗牛犬	10.5	13.6	12.3	11.1	11.0	10.7
罗威纳犬	9.1	11.0	11.5	10.4	12.2	12.4

07. **真空吸尘器**。下表显示了真空吸尘器样品的重量（磅）。根据真空吸尘器的类型对重量进行分类。当 $\alpha = 0.01$ 时，是否可以得出至少有一台真空吸尘器的平均重量与其他不同的结论？

袋装直立	21	22	23	21	17	19
无袋直立	16	18	19	18	17	20
袋装罐	26	24	23	25	27	21

08. **政府工资**。下表显示了来自联邦、州和地方各级政府的个人样本的年薪（千美元）。当 $\alpha = 0.01$ 时，能得出至少有一个平均年薪与其他平均年薪不同的结论吗？

联　邦	州	地　方
88.6	97.0	71.6
68.5	80.9	38.6
57.1	69.1	46.9
95.9	40.7	59.6
94.2	83.6	26.3
87.7	98.6	62.9
100.5	65.4	78.5
93.8	76.9	55.5
80.3	67.0	60.3
87.5	67.5	40.8

09. **职业运动员的年龄**。下表显示了来自几个运动项目的职业运动员样本的年龄（岁）。当 $\alpha = 0.05$ 时，能得出至少有一个平均年龄与其他平均年龄不同的结论吗？

MLB	NBA	NFL	NHL
30	28	26	29
25	27	28	23
26	29	27	26
31	30	26	30
27	24	29	27
29	27	27	25
27	28	26	24
25	33	26	26
27	26	27	29
23	28	27	32
26	27	29	28
34	28	25	25
29	26	24	27

10. **每英里成本**。下表显示了汽车样本的每英里成本（美分）。当 $\alpha = 0.01$ 时，能得出至少有一个平均每英里成本与其他平均每英里成本不同的结论吗？

小型轿车	中型轿车	大型轿车	四驱 SUV	小型货车
44	46	65	56	69
40	61	67	57	51
43	42	64	57	56
39	58	58	61	53
36	48	63		68
44	53			

11. **幸福指数**。幸福指数是一种衡量人们在身体、情感、社交和职业方面的表现，以及对他们的整体生活质量和对未来的展望进行评级的方法。下表显示了美国四个地区的州样本的幸福指数得分。当 $\alpha = 0.10$ 时，能拒绝所有地区的平均分数都相同的说法吗？

东北地区	中西地区	南部地区	西部地区
61.7	61.6	61.0	64.0
63.6	61.8	60.8	63.0
62.6	61.4	63.1	63.5
61.8	63.2	62.3	63.2
62.1	61.7	60.5	61.8
63.5	62.9	62.0	62.6
	62.9	61.3	62.5
	63.7	60.5	62.8
		62.3	62.5
		61.5	
		63.1	

12. **住院天数**。在最近的一项研究中，一家健康保险公司调查了患者住院的天数。在部分研究中，该公司从美国四个地区选择了患者样本，并且记录了每位患者住院的天数。下表显示了研究结果。当 $\alpha = 0.01$ 时，公司是否可以拒绝所有四个地区的患者在医院住院的平均天数相同的声明？

东北地区	中西部地区	南部地区	西部地区
6	6		3
4	6	3	4
7	7	5	6
2	3	6	6
3	5	6	4
4	4	3	6
6	4	7	6
8	3	4	5
9	2		2

13. **统计员工资。** 下表显示了来自六个大城市的初级统计员的工资样本。当 $\alpha = 0.05$ 时，是否可以得出平均工资至少在其中一个地区是不同的结论？

波士顿	休斯敦	洛杉矶	凤凰城	西雅图	弗吉尼亚海滩
65702	50500	58055	61314	63698	76750
60095	56237	68451	59400	64917	86660
71458	53913	69700	56359	58756	55650
58842	66603	59766	60046	56488	70850
84477	62818	70970	65200	69756	73170
51511	56066	60000	58945		
	50111	62109			

14. **住房价格。** 下表显示了三个城市的单户住宅样本的销售价格（千美元）。当 $\alpha = 0.10$ 时，能否得出至少有一个平均销售价格与其他不同的结论吗？

堪萨斯城	安阿伯	伯明翰
209.6	603.5	309.5
288.1	56.1	195.1
208.0	285.7	65.3
61.9	367.3	524.9
92.3	181.8	103.4
352.9	119.3	122.2
196.5	380.1	221.1
427.2	184.2	212.7
373.9	484.6	243.0
500.6	322.2	420.5
125.8	565.4	

概念扩展

使用软件执行双向方差分析检验。 在习题 15～18 中，使用软件和区组设计执行双向方差分析检验。使用 $\alpha = 0.10$。假设样本是随机且独立的，总体是正态分布的，且总体方差相等。

15. **广告。** 一项研究要求 20 名成年人对广告的效果进行评分。每名成年人对持续 30 秒或 60 秒的广播或电视广告进行评分。区组设计显示了这些分数（从 1 到 5，5 表示非常有效）。

	广告媒体	
	电台	电视
30秒	2, 3, 5, 1, 3	3, 5, 4, 1, 2
60秒	1, 4, 2, 2, 5	2, 5, 3, 4, 4

（广告长度）

16. **汽车销售。** 汽车经销商的老板想要确定销售人员的性别和销售的车辆类型是否会影响一个月内销售的车辆数量。区组设计显示了 8 名销售人员在一个月内销售的车辆数量，按类型列出。

	车辆类型		
	轿车	卡车	厢式货车/SUV
男性	6, 5, 4, 5	2, 2, 1, 3	4, 3, 4, 2
女性	5, 7, 8, 7	1, 0, 1, 3	4, 2, 0, 1

（性别）

17. **平均成绩。** 在一项研究中，24 名高中生被要求给出他们的平均成绩（GPA）。区组设计显示了四个不同年龄组的男女学生的 GPA。

	年龄			
	15	16	17	18
男	2.5, 2.1, 3.8	4.0, 1.4, 2.0	3.5, 2.2, 2.0	3.1, 0.7, 2.8
女	4.0, 2.1, 1.9	3.5, 3.0, 2.1	4.0, 2.2, 1.7	1.6, 2.5, 3.6

（性别）

18. **笔记本电脑维修。** 电脑维修服务经理想要确定四名技术人员维修不同品牌的笔记本电脑所需的时间是否存在差异。区组设计显示了每名技术人员维修每个品牌的三台笔记本电脑所需的时间（分钟）。

	技术人员			
	技术人员1	技术人员2	技术人员3	技术人员4
品牌A	67, 82, 64	42, 56, 39	69, 47, 38	70, 44, 50
品牌B	44, 62, 55	47, 58, 62	55, 45, 66	47, 29, 40
品牌C	47, 36, 68	39, 74, 51	74, 80, 70	45, 62, 59

（品牌）

沙菲检验。 如果在三个或更多均值的单向方差分析检验中，原假设被拒绝，那么可以进行沙菲检验，以求具有显著差异的均值。在沙菲检验中，一次比较两个均值。例如，对于三个均值可以进行如下比较：$\bar{x}_1$ 对 $\bar{x}_2$，$\bar{x}_1$ 对 $\bar{x}_3$，$\bar{x}_2$ 对 $\bar{x}_3$。对于每种比较，都计算

$$\frac{(\bar{x}_a - \bar{x}_b)^2}{\frac{SS_W}{\sum(n_i - 1)}(1/n_a + 1/n_b)}$$

式中，$\bar{x}_a$ 和 $\bar{x}_b$ 是被比较的均值，n_a 和 n_b 是相应的样本量。通过将单向方差分析检验的临界值乘以 $k-1$ 来计算临界值。然后，将使用上述公式计算的值与临界值进行比较。使用上述公式计算的值大于临界值时，均值具有显著差异。

使用以上信息解答习题 19～22。

19. 参考习题 07 中的数据。当 $\alpha = 0.01$ 时，进行沙菲检验，确定哪些均值具有显著差异。
20. 参考习题 08 中的数据。当 $\alpha = 0.01$ 时，进行沙菲检验，确定哪些均值具有显著差异。
21. 参考习题 10 中的数据。当 $\alpha = 0.01$ 时，进行沙菲检验，确定哪些均值具有显著差异。
22. 参考习题 11 中的数据。当 $\alpha = 0.10$ 时，进行沙菲检验，确定哪些均值具有显著差异。

现实世界中的统计量

使用

单向方差分析。方差分析可以帮助我们做出有关资源分配的重要决策。例如，假设你在一家大型制造公司工作，你的部分职责是确定公司在全球的销售分布，并决定公司的工作重点。因为错误的决定会让公司损失费用，所以要确保自己做出正确的决定。

滥用

先入为主。本章中介绍的检验被滥用的方式有多种。例如，很容易让先入为主的观念影响卡方拟合优度检验和卡方独立检验的结果。在检验分布是否发生变化时，不要让现有分布"掩盖"研究结果。同样，确定两个变量是否独立时，不要让直觉"碍事"。与任何假设检验一样，必须正确地收集适当的数据并执行相应的检验，才能得出符合逻辑的结论。

拒绝原假设的错误解释。记住，当你拒绝方差分析检验的原假设时，只说明你有足够的证据确定至少一个总体均值与其他均值不同。你不会发现它们都是不同的。在 10.4 节习题中的概念扩展中，解释了一种进一步检验总体均值与其他均值不同的方法。

习题

01. **先入为主**。方差分析依赖于自变量。描述因变量可能导致的滥用，并说明如何避免滥用。
02. **拒绝原假设的错误解释**。给出一个使用方差分析的例子。在使用中，描述"拒绝原假设"的含义。如何正确地解释对原假设的拒绝？

10.5 第 10 章复习题

10.1 节

在复习题 01～04 中，(a)确定声明并陈述 H_0 和 H_a；(b)求临界值并确定拒绝区域；(c)求卡方检验统计量；(d)决定是否拒绝原假设；(e)在原声明背景下解释所做的决策。

01. 一位研究人员声称，美国医生的年龄分布与如下饼状图中显示的分布不同。随机选择 400 名美国医生，询问他们的年龄，结果如下表所示。当 $\alpha = 0.01$ 时，检验研究人员的声明。

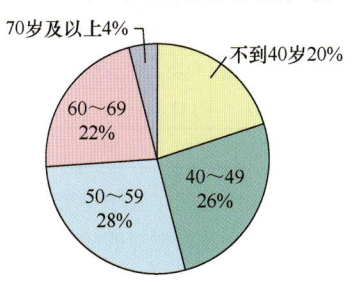

调查结果	
年　龄	频数 f
不到 40 岁	100
40～49	85
50～59	125
60～69	70
70 岁及以上	20

02. 一位研究人员声称，父母每周给孩子的零用钱的分布与如下饼状图中显示的分布不同。你随机选择了 1509 名家长，问他们每周给孩子多少零用钱，结果如下表所示。当 $\alpha = 0.10$ 时，检验研究人员的声明。

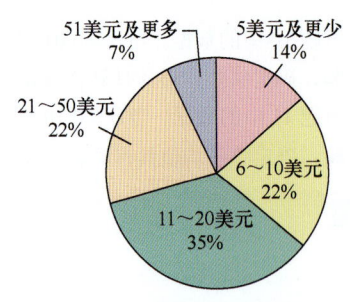

调查结果	
回 答	频数 f
5 美元或更少	220
6～10 美元	312
11～20 美元	539
21～50 美元	337
51 美元或更多	101

03. 一家体育网站声称，高尔夫球手对高尔夫球场上最让他们恼火的事情的看法分布如下面的饼状图所示。你随机选择了 1018 名高尔夫球手，问他们在高尔夫球场上什么最让他们恼火，结果显示在下表中。当 $\alpha = 0.05$ 时，检验体育网站的声明。

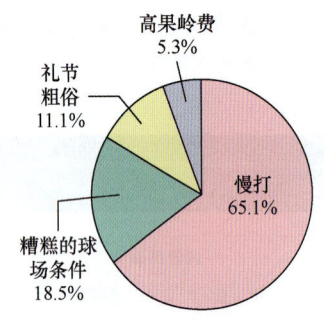

调查结果	
回 答	频数 f
慢打	646
糟糕的球场条件	201
礼节粗俗	126
高果岭费	45

04. 一位教育研究人员声称，四年制授予学位的高等教育机构的学杂费、食宿费都是均匀分布的。为了检验这一声明，你随机选择了 800 所授予四年制学位的高等教育机构，以确定每个机构的学杂费和食宿费，结果如下表所示。当 $\alpha = 0.05$ 时，检验该教育研究人员的声明。

调查结果	
成 本	频数 f
17000～19499美元	138
19500～21999美元	154
22000～24499美元	246
24500～26999美元	169
27000 及更多	93

10.2 节

在复习题 05～08 中，(a)求列联表中的每个单元格的期望频数；(b)确定声明并陈述 H_0 和 H_a；(c)确定自由度，求临界值，并确定拒绝区域；(d)求卡方检验统计量；(e)决定是否拒绝原假设；(f)在原声明背景下解释所做的决定。

05. 下面的列联表显示了对公立中小学教师和多年全职教学经验进行随机抽样的结果。当 $\alpha = 0.01$ 时，能得出教学水平与全职教学经验的年数有关的结论吗？

教学水平	多年全职教学经验			
	3 年以下	3～9 年	10～20 年	20 年或以上
小学	99	307	410	235
中学	211	670	1001	567

06. 下面的列联表显示了按所拥有车辆的世代和类型对个人进行随机抽样的结果。当 $\alpha = 0.01$ 的情况下，是否可以得出世代与所拥有的车辆类型有关的结论？

代 系	拥有车辆类型			
	轿 车	卡 车	SUV	面包车
X 世代（41～56 岁）	85	95	44	8
千禧一代（25～40 岁）	110	73	61	4

07. 下面的列联表显示了按现状和脊椎动物类群对濒危和受威胁物种进行随机抽样的结果。当 $\alpha = 0.05$ 时，检验变量相互独立的假设。

现 状	脊椎动物类群				
	哺乳动物	鸟类	爬行动物	两栖动物	鱼类
濒危	148	132	39	14	55
受威胁	23	20	24	8	38

08. 下面的列联表中显示了去年一天中不同时间行人和骑车人发生致命碰撞的随机样本的分布情

况。当 $\alpha = 0.10$ 时，能断定车祸受害者的类型和一天中的不同时间是相关的吗？

受害者	一天中的不同时间				
	12～5:59 上午	6～11:59 上午	12～5:59 下午	6～11:59 下午
行人	924	581	617	2054
骑车人	72	124	145	213

10.3 节

在复习题 09～12 中，使用显著性水平 α 和自由度 $d.f._N$ 和 $d.f._D$ 求右尾检验的临界 F 值。

09. $\alpha = 0.05$，$d.f._N = 6$，$d.f._D = 50$。
10. $\alpha = 0.01$，$d.f._N = 12$，$d.f._D = 10$。
11. $\alpha = 0.10$，$d.f._N = 5$，$d.f._D = 12$。
12. $\alpha = 0.05$，$d.f._N = 20$，$d.f._D = 25$。

在复习题 13～16 中，使用显著性水平 α 和自由度 $d.f._N$ 和 $d.f._D$ 求双尾检验的临界 F 值。

13. $\alpha = 0.10$，$d.f._N = 15$，$d.f._D = 27$。
14. $\alpha = 0.05$，$d.f._N = 9$，$d.f._D = 8$。
15. $\alpha = 0.01$，$d.f._N = 40$，$d.f._D = 60$。
16. $\alpha = 0.01$，$d.f._N = 11$，$d.f._D = 13$。

在复习题 17～20 中，(a)确定声明并陈述 H_0 和 H_a；(b)求临界值并确定拒绝区域；(c)求检验统计量 F；(d)决定是否拒绝原假设；(e)在原声明背景下解释所做的决定。假设样本是随机和独立的，且总体是正态分布的。

17. 一位旅游顾问声称，加州萨克拉门托和加州旧金山的酒店房价标准差是相同的。萨克拉门托 36 家酒店房价样本的标准差为 51 美元，旧金山 31 家酒店房价样本的标准差为 37 美元。当 $\alpha = 0.10$ 时，是否可以拒绝旅行顾问的声明？

18. 一位农业分析师正在比较俄克拉何马州各县的小麦产量。分析师声称，加菲尔德县小麦产量的变化比凯县的大。加菲尔德县 21 个农场样本的标准差为 0.76 蒲式耳/英亩，凯县 16 个农场样本的标准差为 0.58 蒲式耳/英亩。当 $\alpha = 0.10$ 时，你支持分析师的说法吗？

19. 一位教师声称，SAT 循证阅读和写作分数的方差与 SAT 数学分数的方差不同。下表显示了 12 名随机选择的学生的 SAT 循证阅读和写作成绩，以及 12 名随机选择的学生的SAT 数学成绩。当 $\alpha = 0.01$ 时，你支持这位教师的说法吗？

阅读和写作		数 学	
480	600	560	310
610	800	680	730
340	540	360	740
630	750	530	520
520	650	380	560
690	630	460	400

20. 一位质量技术人员声称，一家塑料公司使用新注塑模具生产的嵌件直径的方差小于该公司使用现有模具生产的嵌件直径的方差。下表显示了现有模具和新模具的嵌件直径（厘米）的样本。当 $\alpha = 0.05$ 时，你支持技术人员的说法吗？

新模具	9.611	9.618	9.594	9.580	9.611	9.597
现有模具	9.571	9.642	9.650	9.651	9.596	9.636
新模具	9.638	9.568	9.605	9.603	9.647	9.590
现有模具	9.570	9.537	9.641	9.625	9.626	9.579

10.4 节

在复习题 21 和 22 中，(a)确定声明并陈述 H_0 和 H_a；(b)求临界值并确定拒绝区域；(c)求检验统计量 F；(d)决定是否拒绝原假设；(e)在原声明背景下解释所做的决定。假设样本是随机且独立的，总体是正态分布的，并且总体方差相等。

21. 下表显示了美国四个地区的家庭样本的月电费（美元）。当 $\alpha = 0.10$ 时你是否可以得出至少有一个地区的月平均电费不同的结论？

东北部地区	中西部地区	西部地区	南部地区
150.71	92.37	119.16	83.07
100.53	100.23	97.62	95.43
125.89	108.15	131.84	106.83
120.04	95.52	127.92	80.04
121.62	113.26	144.73	75.63
97.18	99.02	150.45	101.92
105.07	117.82	109.46	127.29
115.47	120.60	134.07	168.21
103.60	120.74	113.93	95.83

22. 下表显示了美国四个地区抽样家庭的年收入（美元）。当 $\alpha = 0.05$ 时，能否得出至少在一个地区家庭的平均年收入不同的结论？

东北部地区	中西部地区	南部地区	西部地区
78123	63930	62623	79496
71388	73543	64182	77904
81251	71602	59668	74113
74379	65357	59373	72191
75210	62907	61536	75668
	70119	63073	76415
	66833		

10.6 第 10 章测验题

在每个习题中，(a)确定声明并陈述 H_0 和 H_a；(b)求临界值并确定拒绝区域；(c)求检验统计量；(d)决定是否拒绝原假设；(e)在原声明背景下解释所做的决定。

在测验题 01 和 02 中，使用如下表格，其中列出了美国 25 岁及以上人群的教育程度分布，还列出了另外两个年龄组的随机调查结果。

	年 龄		
教育程度	25 岁及以上	30～34	65～69
无～8 年级	3.5%	10	23
9～11 年级	5.5%	23	26
高中毕业	27.6%	80	136
大学肄业	15.2%	56	77
副学士学位	10.6%	34	41
学士学位	23.4%	75	78
硕士学位	10.6%	31	41
专业/博士学位	3.6%	11	18

01. 美国 25 岁及以上人群的分布是否与美国 30～34 岁人群的分布不同？使用 $\alpha = 0.05$。
02. 使用 30～34 岁和 65～69 岁的数据来检验年龄和教育程度是否相关。使用 $\alpha = 0.01$。

在测验题 03 和 04 中，使用如下数据，其中列出了从三个大都市地区随机选择的个人的年薪（千美元）。假设年薪是正态分布的，样本是独立的。

纽约州伊萨卡：53.0, 60.3, 34.6, 37.1, 46.6, 46.8, 41.4, 50.6, 50.8, 49.4, 35.0, 36.7, 57.1。

阿肯色州小石城：50.7, 43.7, 53.4, 40.0, 45.2, 52.7, 35.2, 60.4, 40.0, 45.9, 45.7, 47.3, 46.5, 44.5, 31.5。

威斯康星州麦迪逊：62.4, 53.9, 67.6, 52.9, 67.7, 50.7, 62.1, 58.9, 61.1, 65.0, 60.4, 59.6, 51.3, 44.8, 66.2。

03. 当 $\alpha = 0.01$ 时，是否有足够的证据表明纽约州伊萨卡市和阿肯色州小石城的年薪方差不同？
04. 三个城市的平均年薪相同吗？使用 $\alpha = 0.10$。假设总体方差相等。

10.7 第 10 章测试题

在每个习题中，(a)确定声明并陈述 H_0 和 H_a；(b)求临界值并确定拒绝区域；(c)求检验统计量；(d)决定是否拒绝原假设；(e)在原声明背景下解释所做的决定。

在测试题 01～03 中，使用如下数据，其中列出了从三个州随机选择的外科技师的时薪（美元）。假设时薪是正态分布的，样本是独立的。

缅因州：22.76, 27.60, 25.08, 17.01, 30.15, 27.09, 20.95, 25.52, 20.11, 23.67, 24.32。

俄克拉何马州：24.64, 21.66, 19.38, 18.19, 23.14, 20.58, 19.53, 30.77, 27.46, 23.80。

马萨诸塞州：27.07, 24.71, 32.80, 28.34, 33.45, 33.36, 36.81, 30.04, 29.01, 24.30, 29.22, 29.50。

01. 当 $\alpha = 0.05$ 时，是否有足够的证据表明缅因州和马萨诸塞州外科技师的时薪方差相同？
02. 当 $\alpha = 0.01$ 时，是否有足够的证据表明俄克拉何马州外科技师时薪的方差大于马萨诸塞州外科技师时薪的方差？
03. 三个州的外科技师的平均时薪是否相同？使用 $\alpha = 0.01$。假设总体方差相等。

在测试题 04～06 中，使用如下表格，其中列出了缅因州拼车员工的年龄分布，还列出了另外两个州的随机调查结果。

年龄	州 缅因州	俄克拉何马州	马萨诸塞州
16～19	7.1%	12	16
20～24	11.6%	25	21
25～44	43.1%	95	86
45～54	19.6%	36	37
55～59	7.8%	15	15
60+	10.8%	17	25

04. 缅因州拼车员工的年龄分布与俄克拉何马州拼车员工的年龄分布是否不同？使用 $\alpha = 0.10$。
05. 缅因州拼车员工的年龄分布是否与马萨诸塞州拼车员工的年龄分布相同？使用 $\alpha = 0.01$。
06. 使用俄克拉何马州和马萨诸塞州的数据检验州和年龄是否独立。使用 $\alpha = 0.05$。

真正的统计与决策

Fraud.org 由美国全国消费者联盟（NCL）创建，旨在通过改善预防和执法来打击日益严重的电话营销和互联网欺诈问题，致力于保护和促进美国和海外消费者与工人的社会和经济正义。你是 NCL 的一名统计分析师，你正在研究关于欺诈的数据。分析的一部分包括检验拟合优度、检验独立性、比较方差和执行方差分析。

习题

01. **拟合优度**。右表显示了欺诈受害者年龄的期望分布，还显示了对 1000 名随机选择的欺诈受害者的调查结果。使用 $\alpha = 0.01$ 进行卡方拟合优度检验，你能得出什么结论？

02. **独立**。下面的列联表显示了按年龄和欺诈类型分类的 2000 名欺诈受害者的随机抽样结果。这些欺诈行为是利用虚假的抽奖或信用卡优惠进行的。(a) 计算列联表中每个单元格的期望频数。假设变量"年龄"和"欺诈类型"是独立的；(b) 能否得出受害人的年龄与欺诈类型有关的结论？使用 $\alpha = 0.01$。

年 龄	期望分布	调查结果
18岁以下	0.71%	8
18～25	13.39%	148
26～35	15.54%	166
36～45	16.38%	185
46～55	14.00%	131
56～65	15.94%	153
65岁以上	24.05%	209

| 欺诈类型 | 年 龄 ||||||||合 计 |
	<20	20～29	30～39	40～49	50～59	60～69	70～79	80+	
抽奖	10	60	70	130	90	160	280	200	1000
信用卡	20	180	260	240	180	70	30	20	1000
合计	30	240	330	370	270	230	310	220	2000

教师工资

伊利诺伊州教育委员会每年都会对伊利诺伊州教师的工资进行研究。该研究基于学位和经验水平、地区规模和工会成员等因素，考察了教师的工资是如何分配的。该表显示了来自不同规模地区的伊利诺伊州教师随机样本的起薪。学区的规模是以注册学生的数量来衡量的。

| 教师工资 |||
500 名以下学生	1000～2999 名学生	至少 12000 名学生
37289	43127	38965
32736	45579	48507
44076	44279	44030
41087	46085	43133
36832	46361	41603
32227	43888	39167
41283	40321	51005

教师工资		
500 名以下学生	1000～2999 名学生	至少 12000 名学生
40305	50452	49616
36430	35945	44521
43375	37150	46552
39029	46405	43000
33561	35348	47186
34472	40459	45000

习题

在习题 01～03 中，参考下面列出的示例。使用 $\alpha = 0.05$。(a)500 名学生以下；(b)1000～2999 名学生；(c)至少 12000 名学生。

01. 样本是否相互独立？解释。

02. 使用软件确定每个样本是否来自正常或近似正常的人群。

03. 使用软件确定样本是否选自具有相同方差的总体。

04. 使用习题 01～03 的结果，讨论是否满足单向方差分析检验的三个条件。如果满足，使用软件检验来自三个规模地区的教师具有相同平均工资的说法。使用 $\alpha = 0.05$。

05. 使用下表中的数据重做习题 01～04。该表显示了具有不同工会会员资格的伊利诺伊州教师随机样本的起薪。

教师起薪					
IEA-NEA	IFT-AFT	无/其他	IEA-NEA	IFT-AFT	无/其他
52866	35122	42000	33561	48095	35034
60708	37989	33083	39404	31805	35692
34452	28915	40722	32951	40626	36703
40357	45422	39907	40525	39690	33833
49828	40459	36400	40606	35276	42000
48715	35697	34681	39521	39454	34750
37920	37880	50500			

10.8 第 9～10 章总复习

01. 下表显示了 1932 年至 2020 年夏季奥运会男子和女子百米赛跑的获胜时间（秒）。

男子 x	10.30	10.30	10.30	10.40	10.50	10.20	10.00
女子 y	11.90	11.50	11.90	11.50	11.50	11.00	11.40
男子 x	9.90	10.14	10.06	10.25	9.99	9.92	9.96
女子 y	11.00	11.07	11.08	11.06	10.97	10.54	10.82
男子 x	9.84	9.87	9.85	9.69	9.63	9.81	9.80
女子 y	10.94	11.12	10.93	10.78	10.75	10.71	10.61

(a)在散点图中显示数据，计算相关系数 r，并描述相关类型；(b)当 $\alpha = 0.05$ 时，是否有足够的证据表明男子和女子百米赛跑的获胜时间之间存在显著的线性相关？(c)求数据的回归直线方程，并在散点图上画出回归直线；(d)当男子百米赛跑的成绩为 9.90 秒时，用回归方程预测女子百米赛跑的成绩。

02. 下表显示了美国四个地区随机抽样家庭一年的住宅天然气支出（美元）。假设总体呈正态分布且总体方差相等。当 $\alpha = 0.10$ 时，能拒绝所有四个地区的平均住宅天然气支出相同的说法吗？

东北部地区	中西部地区	南部地区	西部地区
1091	318	403	499
529	734	312	425
654	471	609	853
884	859	597	391
775	652	738	229
1150	987	455	273
533	656	417	435
528	614	868	505

03. 用于预测甘薯年产量（磅/英亩）的方程为 $\hat{y} = 17106 - 0.318 x_1 + 0.303 x_2$，其中 x_1 为种植的英亩数，x_2 为收获的英亩数。对于如下自变量值，利用多元回归方程预测甘薯年产量：(a) $x_1 = 110000$，$x_2 = 100000$；(b) $x_1 = 125000$，$x_2 = 115000$。

04. 一位学校管理人员声称，伊利诺伊州和佐治亚州八年级学生阅读测试成绩的标准差是相同的。来自伊利诺伊州的 16 个测试分数的随机样本的标准差为 33.1 分，来自佐治亚州的 15 个测试分数的随机样本的标准差为 31.8 分。当 $\alpha = 0.10$ 时，能拒绝管理人员的声明吗？假设样本是独立的，且每个总体都呈正态分布。

05. 一位研究人员声称，家庭支付大学学费的分布情况如下面的饼状图所示。你随机选择了 900 个家庭，并记录了每个家庭是如何支付大学学费的，如下表所示，其中 f 是每个回答的频数。当 $\alpha = 0.05$ 时，检验这位研究人员的声明。

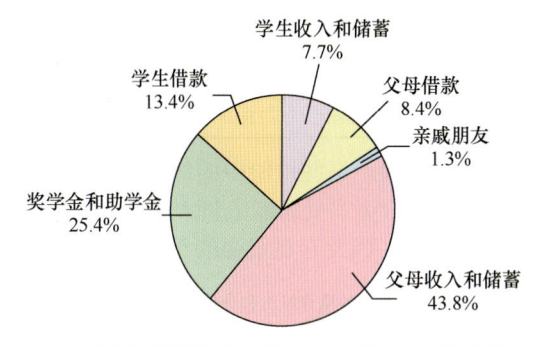

调查结果	
回 答	f
父母收入和储蓄	393
奖学金和助学金	222
学生借款	120
学生收入和储蓄	85
父母借款	66
亲戚朋友	14

06. **电影评价**。下面的列联表显示了随机抽样的成年人是如何评价一部新上映的电影和世代的。当 $\alpha = 0.05$ 时，能得出成年人的评分与世代有关的结论吗？

世 代	评 分			
	优秀	良好	一般	差
X 世代（41～56 岁）	97	42	26	11
千禧一代（25～40 岁）	101	33	25	5

07. 下图显示了人的掌骨，下表显示了 12 名成年人的第一掌骨长度（毫米）和高度（厘米）。回归直线方程为 $\hat{y} = 1.746x + 92.536$。

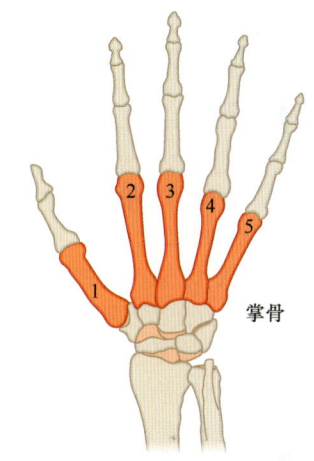

| 长度 x | 45 | 51 | 39 | 41 | 47 | 48 | 47 | 43 | 47 | 42 | 40 | 46 |
| 高度 y | 171 | 178 | 157 | 163 | 172 | 183 | 173 | 175 | 173 | 169 | 160 | 172 |

(a) 求决定系数 r^2 并解释结果；(b) 求估计的标准误差 s_e 并解释结果；(c) 构建第一掌骨长度为 50 毫米的成年人身高的 95% 预测区间，解释结果。

第 11 章　非参数检验

前面介绍了许多不同的统计公式和检验，这些公式和检验可以帮助你做出决策。为了使用这些公式和检验，必须满足特定的条件。假设人们相信，随着一个州的欺诈投诉数量的增加，身份盗窃受害者的数量也会增加。这一认识能否得到实际数据的支持？下表显示了去年随机选择的 25 个州的欺诈投诉数量和身份盗窃受害者的数量。

欺诈投诉数量	10092	3504	71328	35533	34375	8594	4064	15886	10970
身份盗窃受害者数量	2301	1266	24370	22801	7432	7183	637	3454	4374

欺诈投诉数量	48507	63115	11354	241262	85622	24539	79208	38947
身份盗窃受害者数量	13653	20718	2353	101367	30176	17470	15632	8246

欺诈投诉数量	4346	78412	28416	318698	111261	19700	53111	3582
身份盗窃受害者数量	810	32125	6821	147382	33886	11048	45575	875

本章介绍不要求总体分布满足任何特定条件的其他统计检验。这些检验中的每个检验在现实生活应用中都是有用的。根据上述数据，欺诈投诉数量 F 和身份盗窃受害者数量 V 可以通过回归直线方程 $V = 0.438F - 2114.066$ 联系起来。相关系数约为 0.971，因此存在很强的正相关。你可以使用附录 B 中的表 11 来确定相关是否显著。但是，对数据的进一步分析表明，变量似乎不具有双变量正态分布，而这是使用皮尔逊相关系数的要求之一。因此，尽管简单的相关检验可能表明欺诈投诉数量与身份盗窃受害者数量之间的关系，但是有人可能会质疑结果，因为数据不符合检验的要求。本章介绍类似的检验，如斯皮尔曼秩相关检验将提供额外的信息。这些数据的斯皮尔曼秩相关系数约为 0.920。事实上，当 $\alpha = 0.01$ 时，每个州的欺诈投诉数量与身份盗窃受害者数量之间是显著相关的。

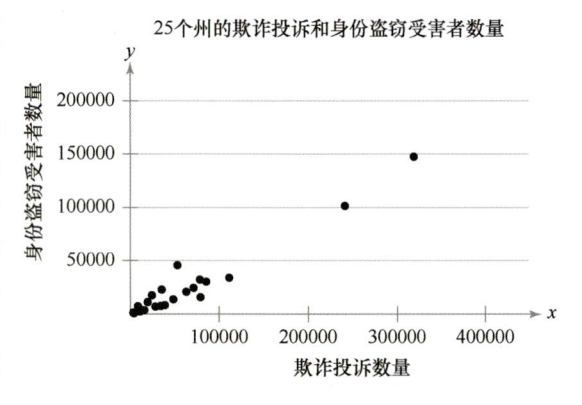

11.1　符号检验

学习目标
- 使用符号检验来检验总体中位数
- 使用配对样本符号检验来检验两个总体中位数（相关样本）的差异

11.1.1　总体中位数的符号检验

到目前为止，我们研究的许多假设检验都对总体分布提出了一个或多个要求。例如，一些检验要求总体必须是正态分布的，而另一些检验则要求总体方差相等。当这些要求不满足时，该怎么办呢？对于这些情况，统计学家开发了"无分布"假设检验，这样的检验称为非参数检验。

定义　非参数检验是一种假设检验，它不需要任何关于总体分布形状或总体参数值的特定条件。

非参数检验通常比相应的参数检验更容易进行。然而，它们通常不如参数检验有效。使用非参数检验的结果来拒绝原假设需要更有力的证据。因此，只要有可能，就应该使用参数检验。最简单的非参数检验之一是符号检验。使用符号检验的唯一一个必要条件是样本是随机选择的。

定义 符号检验是一种非参数检验，可用于检验总体中位数与假设值 k 的关系。

提示：对于许多非参数检验，统计学家检验的是中位数而不是均值。

总体中位数的符号检验可以是左尾检验、右尾检验或双尾检验。每种检验的原假设和备择假设如下所示。

左尾检验：H_0：中位数 $\geq k$ 和 H_a：中位数 $< k$

右尾检验：H_0：中位数 $\leq k$ 和 H_a：中位数 $> k$

双尾检验：H_0：中位数 $= k$ 和 H_a：中位数 $\neq k$

要使用符号检验，首先要将样本中的每个数据项与假设的中位数 k 进行比较。当数据项小于中位数时，将其指定为符号 −；当数据项大于中位数时，将其指定为符号 +；当数据项等于中位数时，将其赋值为 0。然后比较符号 + 和 − 的数量（0 被忽略）。当符号 + 的数量和符号 − 的数量有较大差异时，很可能是中位数与假设值不同，这时就拒绝原假设。

附录 B 中的表 8 列出了部分显著性水平和样本量的符号检验临界值。当使用符号检验时，样本量 n 是符号 + 和 − 的总数。当样本量大于 25 时，可以使用标准正态分布来求临界值。

符号检验的检验统计量

当 $n \leq 25$ 时，符号检验的检验统计量是 x，其中 x 是符号 + 或 − 的较小数量。当 $n > 25$ 时，符号检验的检验统计量是

$$z = \frac{(x + 0.5) - 0.5n}{\sqrt{n}/2}$$

其中 x 是符号 + 或 − 的较小数量，n 是样本量，即符号 + 或 − 的总数。

因为 x 定义为较小数的符号 + 或 −，所以拒绝区域总是位于左尾。因此，总体中位数的符号检验总是左尾检验或双尾检验。当检验为双尾时，仅使用左尾临界值（当 x 定义为较大数量的符号 + 或 − 时，拒绝区域总是在右尾。习题中提供了右尾符号检验）。

提示：因为 0 被忽略，所以在将数据项与假设的中位数进行比较时，有两种可能的结果：符号 + 或符号 −。如果中位数是 k，则约有一半的值高于 k，另一半的值低于 k。因此，每个符号的概率为 0.5。附录 B 中的表 8 是使用二项分布构建的，其中 $p = 0.5$。当 $n > 25$ 时，可以对二项分布使用正态近似（带有连续性校正）。在这种情况下，使用 $\mu = np = 0.5n$ 和 $\sigma = \sqrt{npq} = \sqrt{n}/2$。

指南 对总体中位数进行符号检验

文字表述	符号表述
1. 验证样本是随机的	
2. 确定声明。陈述原假设和备择假设	陈述 H_0 和 H_a
3. 指定显著性水平	确定 α
4. 对样本数据赋符号 +、− 和 0，确定样本量 n	$n = $ 符号 + 和 − 的总数
5. 确定临界值	当 $n \leq 25$ 时，使用附录 B 中的表 8；当 $n > 25$ 时，使用附录 B 中的表 4
6. 求检验统计量	当 $n \leq 25$ 时，使用 $x = $ 符号 + 或 − 的较小数量；当 $n > 25$ 时，使用 $$z = \frac{(x + 0.5) - 0.5n}{\sqrt{n}/2}$$
7. 做出拒绝原假设或拒绝原假设失败的决定	若检验统计量小于或等于临界值，则拒绝 H_0，否则拒绝 H_0 失败
8. 在原声明背景下解释所做的决定	

【例题 1】使用符号检验

一家公司的网站管理员声称,该公司网站每天的访问人数的中位数不超过 1500 人。一名员工对这一说法的准确性表示怀疑。下面列出了随机选择的 20 天内每天的访问人数。当 $\alpha = 0.05$ 时,员工是否可以拒绝管理员的声明?1469 1462 1634 1602 1500 1463 1476 1570 1544 1452 1487 1523 1525 1548 1511 1579 1620 1568 1492 1649。

解答:

声明是"公司网站每天访问人数的中位数不超过 1500 人"。因此,原假设和备择假设如下:
$$H_0: \text{中位数} \leq 1500 \ (\text{声明}) \quad \text{和} \quad H_a: \text{中位数} > 1500$$

要将每个数据项与假设的中位数 1500 进行比较,可从每个数据项中减去 1500,然后指定适当的符号或 0。例如,下面是前五个数据的比较:

$$1469 - 1500 = -31,\ \text{分配符号} -$$
$$1462 - 1500 = -38,\ \text{分配符号} -$$
$$1634 - 1500 = +134,\ \text{分配符号} +$$
$$1602 - 1500 = +102,\ \text{分配符号} +$$
$$1500 - 1500 = 0,\ \text{分配} 0$$

每个数据项与假设的中位数 1500 进行比较后的结果如下:

$$- \quad - \quad + \quad + \quad 0$$
$$- \quad - \quad + \quad + \quad -$$
$$- \quad + \quad + \quad + \quad +$$
$$+ \quad + \quad + \quad - \quad +$$

可以看到有 7 个符号 − 和 12 个符号 +。所以,$n = 12 + 7 = 19$。因为 $n \leq 25$,使用附录 B 中的表 8 找出临界值。该检验为单尾检验,$\alpha = 0.05$,$n = 19$。所以,临界值是 5。因为 $n \leq 25$,检验统计量 x 是符号 + 或 − 的较小数量。所以,$x = 7$。因为 $x = 7$ 大于临界值,所以员工不应拒绝原假设。

解释:在 5% 的显著性水平上,员工没有足够的证据拒绝网站管理员关于公司网站每天访问人数的中位数不超过 1500 人的声明。

自测题 1

一家房地产中介声称,其所在城市的房屋的上市平均天数不超过 120 天。一位房主想要验证这一说法的准确性。随机选择的 24 套房屋的上市天数如下所示。当 $\alpha = 0.025$ 时,房主可以拒绝该机构的声明吗?118 167 72 79 76 106 102 113 73 119 162 114 120 93 135 147 77 157 115 88 152 70 65 91。

【例题 2】使用符号检验

一家企业声称,去年全球艺术博物馆的平均参观人数(四舍五入到最接近的 1 万人)至少为 55 万人。对 100 家艺术博物馆的随机抽样显示,其中 65 家博物馆的参观人数少于 55 万人,33 家博物馆的参观人数超过 55 万人,2 家博物馆的参观人数超过 55 万人。当 $\alpha = 0.01$ 时,是否有足够的证据拒绝该企业的声明?

解答:

声明是"去年全球参观艺术博物馆的平均参观人数至少为 55 万人"。因此,原假设和备择假设如下:
$$H_0: \text{中位数} \geq 550000 \ (\text{声明}) \text{和} H_a: \text{中位数} < 550000$$

因为 $n > 25$,使用附录 B 中的表 4,即标准正态表,找出临界值。因为检验是 $\alpha = 0.01$ 的左尾检验,所以临界值为 $z_0 = -2.33$。在 100 家艺术博物馆中,有 65 个符号 − 和 33 个符号 +。如果忽略 0,则样本量为

372 统计学与生活(第 8 版)

$$n = 65 + 33 = 98 \text{ 和 } x = 33$$

有了这些值，就可得出检验统计量为

$$z = \frac{(33+0.5) - 0.5 \times 98}{\sqrt{98}/2} = \frac{-31}{\sqrt{98}} \approx -3.13$$

右图中显示了拒绝区域的位置和检验统计量 z。z 小于临界值，它在拒绝区域内，所以拒绝原假设。

解释：在 1% 的显著性水平上，有足够的证据来拒绝该企业的声明。

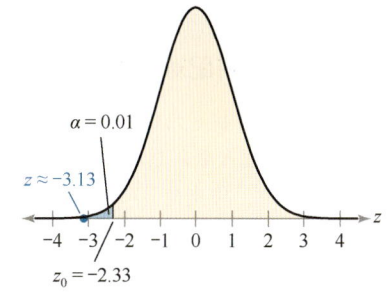

描绘世界

一位金融分析师声称，美国学生贷款债务的中位数为 17000 美元。对美国学生贷款债务的随机抽样显示，42 人低于 17000 美元，35 人高于 17000 美元。能使用参数检验或非参数检验来检验美国学生贷款债务中位数为 17000 美元的说法吗？

> **提示**：在应用符号检验之前，要确保数据是正确的。例如，假设例题 2 询问你是否可以支持而非拒绝声明。因为只有不到一半的样本数据满足这一声明，所以样本不支持这一声明。在这种情况下，不要应用符号检验，因为它可能导致错误。

自测题 2

一家网站声称，美国博物馆教育工作者的平均年龄为 44 岁。在随机抽取的 95 名博物馆教育工作者中，44 岁以下的有 45 人，44 岁以上的有 48 人，44 岁的有 2 人。当 $\alpha = 0.10$ 时，能拒绝该网站的声明吗？

> **提示**：执行双尾符号检验时，只使用左尾临界值。

11.1.2 配对样本符号检验

8.3 节介绍了如何使用 t 检验来确定相关样本均值之间的差异。该检验要求两个总体均呈正态分布。当正态参数条件不满足时，可以使用配对样本符号检验来检验两个总体中位数之间的差异。要对两个总体中位数之间的差异进行配对样本符号检验，必须满足如下条件。

1. 必须从每个总体中随机抽取样本。
2. 样本必须是相关的（成对的）。

配对样本符号检验可以是左尾、右尾或双尾检验，该检验类似于单个总体中位数的符号检验。但是，这不是将每个数据项与假设的中位数进行比较并记录符号 +、-或 0，而是找出相应数据项之间的差异并记录差异的符号。通常，为了求差异，首先从表示第一个变量的数据项中减去表示第二个变量的数据项，然后比较符号+和-的数量（0 被忽略）。当符号+的数量约等于符号-的数量时，应该无法拒绝原假设。当符号+的数量和符号-的数量相差很大时，应该拒绝原假设。

指南 执行配对样本符号检验

文字表述	符号表述
1. 验证样本是随机的和独立的	
2. 确定声明。陈述原假设和备择假设	陈述 H_0 和 H_a
3. 指定显著性水平	确定 α
4. 找出每个数据对的差异来确定样本量 n。为正差异分配符号 +，为负差异分配符号 -，为无差异分配 0	$n =$ 符号 + 和符号 - 的总数
5. 确定临界值	使用附录 B 中的表 8
6. 求检验统计量	$x =$ 符号 + 或符号 - 的较小数
7. 做出拒绝原假设或拒绝原假设失败的决定	若检验统计量小于或等于临界值，则拒绝 H_0，否则拒绝 H_0 失败
8. 在原声明背景下解释所做的决定	

【例题 3】使用配对样本符号检验

一位心理学家声称，当初犯完成特定的康复课程后，惯犯的数量会减少。你随机选择 10 所监狱，记录两年内的惯犯人数。然后，在初犯完成课程后，你再记录每个监狱两年内的惯犯人数。结果如下表所示。当 $\alpha = 0.025$ 时，你支持该心理学家的声明吗？

监狱	1	2	3	4	5	6	7	8	9	10
之前	21	34	9	45	30	54	37	36	33	40
之后	19	22	16	31	21	30	22	18	17	21

解答：

为了支持心理学家的声明，可以使用下面的原假设和备择假设。

H_0：惯犯的数量不会减少

H_a：惯犯的数量会减少（声明）

下表显示了"之前"和"之后"数据之间的差异符号。

监狱	1	2	3	4	5	6	7	8	9	10
之前	21	34	9	45	30	54	37	36	33	40
之后	19	22	16	31	21	30	22	18	17	21
符号	+	+	−	+	+	+	+	+	+	+

可以看到有 1 个符号 − 和 9 个符号 +。所以，$n = 1 + 9 = 10$。因为检验是单尾检验，$\alpha = 0.025$，$n = 10$，所以临界值为 1。检验统计量 x 是符号 + 或符号 − 的较小数量。所以，$x = 1$。因为 x 等于临界值，所以拒绝原假设。

解释： 在 2.5% 的显著性水平上，有足够的证据支持该心理学家的声明，即惯犯的数量会减少。

自测题 3

一位医学研究人员声称，一种新疫苗将减少成年人患感冒的次数。你随机选择 14 名成年人，记录他们在一年内患感冒的次数。在给每名成年人接种疫苗后，你再次记录每名成年人在一年内感冒的次数。结果如下表所示。当 $\alpha = 0.05$ 时，你支持该研究人员的声明吗？

成年人	1	2	3	4	5	6	7	8	9	10	11	12	13	14
接种疫苗前	3	4	2	1	3	6	4	5	2	0	2	5	3	3
接种疫苗后	2	1	0	1	1	3	3	2	2	1	2	3	4	2

11.1.3 习题

培养基本技能和词汇

01. 什么是非参数检验？非参数检验与参数检验有何不同？使用非参数检验的优缺点是什么？
02. 当使用符号检验时，检验的是什么总体参数？
03. 描述当样本量 n 小于或等于 25 以及 n 大于 25 时，符号检验的检验统计量。
04. 本节讨论的假设检验为何称为符号检验？
05. 解释如何使用符号检验来检验总体中位数。
06. 使用配对样本符号检验必须满足的两个条件是什么？

使用和解释概念

执行符号检验。 在习题 07～22 中，(a)确定声明并陈述 H_0 和 H_a；(b)求临界值；(c)求检验统计量；(d)决定是否拒绝原假设；(e)在原声明背景下解释所做的决定。

07. **信用卡费用。** 一位金融服务会计师声称，大学生信用卡余额的中位数超过 500 美元。你随机选择 12 名大学生的信用卡账户，并记录每个账户的余额。余额（美元）如下所示。当 $\alpha = 0.01$ 时，你支持该会计师的声明吗？ 976.16 138.26 1368.03 0.00 241.61 334.34 1067.87 1828.20 1457.67 1281.07 166.02 5.00。

08. 气温。一位气象学家声称，匹兹堡 7 月的日平均最高气温为 83℉。下面列出了匹兹堡 7 月随机选择的 15 天的高温（℉）。当 $\alpha = 0.01$ 时，是否有足够的证据拒绝该气象学家的声明？ 74 79 81 86 90 79 81 83 81 74 78 76 84 82 85。

09. 房屋销售价格。一位房地产经纪人声称，最近一个月，新泽西州纽瓦克市新建的私人独栋房屋的销售价格中位数为 50 万美元或更低。下面列出了随机选择的 10 套房屋的销售价格（美元）。当 $\alpha = 0.05$ 时，是否有足够的证据拒绝该代理人的声明？ 400000 595000 475000 299900 410000 605000 825000 355000 200000 299900。

10. 温度。在天气预报中，一位气象学家声称圣迭戈 1 月的日平均最高温度是 66℉。下面列出了圣迭戈 1 月随机选择的 16 天的高温（℉）。当 $\alpha = 0.01$ 时，能拒绝该气象学家的声明吗？ 78 74 72 72 70 70 72 78 74 71 72 74 77 79 75 73。

11. 医疗保险。一位保险代理人声称，在夏威夷，拥有雇主医疗保险的家庭每年支出的医疗保险费的平均金额至少为 600 美元。在随机抽样的 112 个此类家庭中，65 个家庭的支出低于 600 美元，47 个家庭的支出超过 600 美元。当 $\alpha = 0.02$ 时，能拒绝代理人的声明吗？

12. 家庭收入。一位会计师声称，加州四口之家的年收入中位数不到 10 万美元。在 66 个四口之家的随机样本中，42 个家庭的年收入低于 10 万美元，24 个家庭的年收入超过 10 万美元。当 $\alpha = 0.025$ 时，能支持该会计师的声明吗？

13. 社交媒体。一个研究小组声称，社交媒体用户的平均年龄超过 30 岁。在随机抽取的 24 位用户中，11 位的年龄小于 30 岁，10 位的年龄大于 30 岁，3 位的年龄为 30 岁。当 $\alpha = 0.01$ 时，能支持该研究小组的声明吗？

14. 社交网络。一个研究小组声称，社交网络用户的平均年龄不到 32 岁。在随机抽取的 20 位用户中，5 位的年龄小于 32 岁，13 位的年龄大于 32 岁，2 位的年龄为 32 岁。当 $\alpha = 0.05$ 时，能支持该研究小组的声明吗？

15. 单元大小。租户组织声称，租户自住单元的平均房间数为 4 间。你随机选择 120 个租户自住单元，得到了如下表所示的结果。当 $\alpha = 0.05$ 时，能拒绝该组织的声明吗？

房 间 数	单 元 数
少于 4 间	29
4 间	38
多于 4 间	53

16. 平方英尺。一个租户组织声称，租户自住单元的平均面积是 1000 平方英尺。你随机选择了 22 个租户自住单元，并得到了如下表显示的结果。当 $\alpha = 0.10$ 时，能拒绝该组织的声明吗？

平方英尺	单 元 数
少于 1000	13
1000	2
多于 1000	7

17. 时薪。一个劳工组织声称，计算机系统分析师的平均时薪为 41.93 美元。在随机抽取的 45 名计算机系统分析师中，18 人的时薪低于 41.93 美元，25 人的时薪高于 41.93 美元，2 人的时薪为 41.94 美元。当 $\alpha = 0.01$ 时，能拒绝该劳工组织的声明吗？

18. 时薪。一个劳工组织声称，足科医生的平均时薪至少为 70 美元。在随机抽取的 23 名足科医生中，17 名医生的时薪低于 70.00 美元，5 名医生的时薪超过 70.00 美元，1 名医生的时薪为 70.0 美元。当 $\alpha = 0.05$ 时，能拒绝该劳工组织的声明吗？

19. 下背部疼痛。一位内科医生声称，接受针灸治疗后，下背部疼痛强度评分降低。下表显示了 8 名患者接受针灸治疗 8 周前后的下背部疼痛强度评分。当 $\alpha = 0.05$ 时，是否有足够的证据支持该医生的声明？

患 者	1	2	3	4	5	6	7	8
强度评分（之前）	59.2	46.3	65.4	74.0	79.3	81.6	44.4	59.1
强度评分（之后）	12.4	22.5	18.6	59.3	70.1	70.2	13.2	25.9

20. 下背部疼痛。一位内科医生声称，服用消炎药后，下背部疼痛强度评分降低。下表显示了 12

名患者服用消炎药 8 周前后的下背部疼痛强度评分。当 $\alpha=0.05$ 时，是否有足够的证据支持该医生的声明？

患 者	1	2	3	4	5	6
强度评分（之前）	71.0	42.1	79.1	57.5	64.0	60.4
强度评分（之后）	60.1	23.4	86.2	62.1	44.2	49.7
患 者	7	8	9	10	11	12
强度评分（之前）	68.3	95.2	48.1	78.6	65.4	59.9
强度评分（之后）	58.3	72.6	51.8	82.5	63.2	47.9

21. **提高 SAT 成绩**。一家辅导机构声称，通过完成一门特殊课程，学生的 SAT 数学成绩将会提高。下面是随机抽取的 12 名学生的 SAT 数学成绩，这些学生首先参加了 SAT 数学考试，完成特殊课程后，再次参加了 SAT 数学考试。当 $\alpha=0.05$ 时，是否有足够的证据支持机构的声明？

学 生	1	2	3	4	5	6
第一次 SAT 成绩	300	450	350	430	300	470
第二次 SAT 成绩	300	520	400	410	300	480
学 生	7	8	9	10	11	12
第一次 SAT 成绩	530	200	200	350	360	250
第二次 SAT 成绩	700	250	390	350	480	300

22. **SAT 分数**。一名指导顾问声称，参加两次 SAT 考试的学生将在第二次参加 SAT 考试时提高他们的成绩。下表显示了 12 名参加了两次 SAT 考试的学生的数学成绩。当 $\alpha=0.01$ 时，能支持该指导顾问的声明吗？

学 生	1	2	3	4	5	6
第一次 SAT 成绩	440	510	420	450	620	450
第二次 SAT 成绩	440	570	510	470	610	450
学 生	7	8	9	10	11	12
第一次 SAT 成绩	350	470	320	510	630	570
第二次 SAT 成绩	370	530	290	500	640	600

23. **感觉你的年龄**。一家研究机构进行了一项调查，随机选择成年人，并询问每个人"相对于你的年龄，你感觉如何？"结果如下图所示。

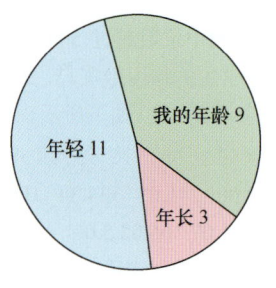

（饼图：我的年龄 9，年长 3，年轻 11）

(a)使用符号检验来检验原假设，即感觉较老的成年人的比例等于感觉较年轻的成年人的比例。给每个回答"年长"的成年人分配符号＋，给每个回答"年轻"的成年人分配符号－，给每个回答"我的年龄"的人分配 0。使用 $\alpha=0.05$；(b)你能得出什么结论？

24. **联系父母**。一家研究机构进行了一项调查，随机选择成年人，并询问每个人"你与父母电话联系的频率"，结果如下图所示。

(a)使用符号检验来检验原假设，即每周通过电话联系父母的成年人的比例等于每天通过电话联系父母的成年人的比例。给每个回答"每周"的成年人分配符号＋，给每个回答"每天"的成年人分配符号－，给每个回答"其他"的成年人分配 0。使用 $\alpha=0.05$；(b)你能得出什么结论？

（饼图：其他 6，每周 12，每天 8）

扩展概念

关于符号检验的更多信息。使用 $n>25$ 的符号检验时，对于左尾检验，如果检验统计量 $z=\dfrac{(x+0.5)-0.5n}{\sqrt{n}/2}$ 小于或等于左尾临界值，其中 x 是＋或－符号的较小数量，可以拒绝原假设；对于右尾检验，如果检验统计量 $z=\dfrac{(x-0.5)-0.5n}{\sqrt{n}/2}$ 大于或等于右尾临界值，其中 x 是＋或－符号的较大数量，可以拒绝原假设。

在习题 25~28 中，使用右尾检验，(a)确定声明并陈述 H_0 和 H_a；(b)求临界值；(c)求检验统计量；(d)决定是否拒绝原假设；(e)在原声明背景下解释所做的决定。

25. **周收入**。一个劳工组织声称，16～24 岁工人周收入的中位数低于或等于 600 美元。为了验证这一说法，你找到了随机选择的 50 名 16～24 岁工人的周收入。下表中显示了结果。当 $\alpha = 0.01$ 时，能拒绝该组织的声明吗？

周 收 入	工人数量
少于 600 美元	18
600 美元	3
多于 600 美元	29

26. **周收入**。一个劳工组织声称，25～34 岁工人的平均周收入超过 900 美元。为了验证这一说法，你找到了随机选择的 75 名 25～34 岁工人的周收入。下表中显示了结果。当 $\alpha = 0.01$ 时，能支持该组织的声明吗？

周 收 入	工人数量
少于 900 美元	25
900 美元	2
多于 900 美元	48

27. **初婚年龄**。一位婚姻顾问声称，女性初婚的平均年龄小于或等于 27 岁。在随机抽取的 65 名女性中，24 名初婚时小于 27 岁，35 名初婚时大于 27 岁，6 名初婚时为 27 岁。当 $\alpha = 0.05$ 时，能拒绝该顾问的声明吗？

28. **初婚年龄**。一位婚姻顾问声称，男性初婚的平均年龄大于 28 岁。在随机抽取的 56 名男性中，33 名初婚时不到 28 岁，23 名初婚时超过 28 岁。当 $\alpha = 0.05$ 时，能支持顾问的声明吗？

11.2 威尔科克森检验

学习目标

▶ 使用威尔科克森符号秩检验确定两个相关样本是否选自具有相同分布的总体

▶ 使用威尔科克森秩和检验确定两个独立样本是否选自具有相同分布的总体

11.2.1 威尔科克森符号秩检验

本节介绍威尔科克森符号秩检验和威尔科克森秩和检验。与 11.1 节中的符号检验不同，这两个非参数检验的优势在于，它们都考虑了数据项的数量。

8.3 节使用 t 检验和相关样本确定了两个总体之间是否存在差异。要用 t 检验来检验这种差异，必须假设（或知道）相关样本是从正态分布的总体中随机选择的。但是，当不能做出正态假设时，应该怎么做？这时，可以使用威尔科克森符号秩检验，而非使用双样本 t 检验。

定义 威尔科克森符号秩检验是一种非参数检验，可用于确定两个相关样本是否选自具有相同分布的总体。

指南 执行威尔科克森符号秩检验

文字表述	符号表述
1. 验证样本是随机的和独立的	
2. 确定声明。陈述原假设和备择假设	陈述 H_0 和 H_a
3. 指定显著性水平	确定 α
4. 确定样本量 n，即差值不为 0 的数据对的数量	
5. 确定临界值	使用附录 B 中的表 9
6. 求检验统计量 w_s。a. 使用右侧列出的标题完成表格；b. 求出正秩的总和与负秩的总和；c. 选择总和中较小的绝对值	标题：样本 1、样本 2、差值、绝对值、秩和符号秩。符号秩与其对应的差具有相同的符号
7. 做出拒绝原假设或拒绝原假设失败的决定	若 w_s 小于或等于临界值，则拒绝 H_0，否则拒绝 H_0 失败
8. 在原声明背景下解释所做的决定	

【例题1】执行威尔科克森符号秩检验

一家高尔夫球杆制造商声称,使用该制造商新设计的球杆可以降低分数。下表显示了在同一高尔夫球场上使用旧杆和新杆的10人的得分。当 $\alpha = 0.05$ 时,能支持制造商的声明吗?

人员	1	2	3	4	5	6	7	8	9	10
分数(旧杆)	89	84	96	74	91	85	95	82	92	81
分数(新杆)	83	83	92	76	91	80	87	85	90	77

解答:

声明是"使用新设计的球杆可以降低分数。"为了验证这一声明,使用下面的原假设和备择假设。

H_0:新杆不降低分数。
H_a:新杆降低分数(声明)

该检验是 $\alpha = 0.05$ 的单尾检验,因为一个数据对的差值为0,所以 $n = 9$ 而非10。根据附录B中的表9,临界值为8。要求检验统计量 w_s,可填写下表。

分数(旧杆)	分数(新杆)	差值	绝对值	秩	符号秩
89	83	6	6	8	8
84	83	1	1	1	1
96	92	4	4	5.5	5.5
74	76	−2	2	2.5	−2.5
91	91	0	0	—	—
85	80	5	5	7	7
95	87	8	8	9	9
82	85	−3	3	4	−4
92	90	2	2	2.5	2.5
81	77	4	4	5.5	5.5

负秩的总和为 $-2.5 + (-4) = -6.5$,正秩的总和为 $8 + 1 + 5.5 + 7 + 9 + 2.5 + 5.5 = 38.5$。

检验统计量是这两个和中较小的绝对值。因为 $|-6.5| < |38.5|$,所以检验统计量为 $w_s = 6.5$。因为检验统计量小于临界值,即 $6.5 < 8$,所以拒绝原假设。

解释: 在5%的显著性水平上,有足够的证据支持使用新杆可以降低分数的声明。

> **提示:** 不要将秩分配给任何差值0。如果数据项之间出现平局,则使用相应秩的平均值。例如,当两个数据项并列为第五个秩时,使用5和6的平均值即5.5作为两个数据项的秩。下一个数据项将赋给秩7而非秩6。当三个数据项并列为第五个秩时,使用5、6和7的平均值(即6)作为所有三个数据项的秩。下一个数据项将赋给秩8。

自测题 1

一位质量保证检查员想要检验喷雾防水剂是否有效的说法。为了验证这一说法,检查员选择了12块布料,在每块布料上喷水,并测量其排水量(毫升)。然后,检查员在布料上涂抹防水剂并重做实验。下表中显示了结果。当 $\alpha = 0.01$ 时,检查员是否可以得出防水剂有效的结论?

布料	1	2	3	4	5	6	7	8	9	10	11	12
涂抹防水剂	8	7	7	4	6	10	9	5	9	11	8	4
不涂抹防水剂	15	12	11	6	6	8	8	6	12	8	14	8

描绘世界

为了帮助确定膝关节镜手术患者手术后何时可以恢复驾驶，使用计算机连接的汽车模拟器测量了10名右膝关节镜手术患者手术前和手术后4周的驾驶反应时间（毫秒），结果如下表所示。

患 者	手术前的反应时间	手术后4周的反应时间	患 者	手术前的反应时间	手术后4周的反应时间
1	720	730	6	745	670
2	750	645	7	730	650
3	735	745	8	725	730
4	730	640	9	770	675
5	755	660	10	700	705

当 $\alpha = 0.05$ 时，能得出手术后4周的反应时间减少的结论吗？

11.2.2 威尔科克森秩和检验

8.1节和8.2节使用 z 检验（σ_1 和 σ_2 已知）或 t 检验（σ_1 和 σ_2 未知）以及独立样本来确定两个总体之间是否存在差异。要使用 z 检验或 t 检验来检验这种差异，就必须假设（或知道）样本是随机的和独立的，并且总体是正态分布的或者每个样本量至少为30。但是，当我们无法做出正态性和样本量的假设时，应该怎么做？答案是可以使用威尔科克森秩和检验来比较总体。

定义 威尔科克森秩和检验是一种非参数检验，可用于确定两个独立样本是否选自具有相同分布的总体。

威尔科克森秩和检验的一个要求是，每个样本的样本量必须至少为10。在计算威尔科克森秩和检验的检验统计量时，令 n_1 表示较小样本的样本量，令 n_2 表示较大样本的样本量。当两个样本大小相同时，n_1 和 n_2 并不重要。

计算秩和 R 时，合并两个样本并对合并后的数据进行排序。然后对两个样本中较小的样本的秩求和。当两个样本的大小相同时，可以使用任一样本中的秩，但必须使用与 n_1 关联的样本中的秩。

威尔科克森秩和检验的检验统计量

对于两个独立样本，威尔科克森秩和检验的检验统计量 z 为

$$z = \frac{R - \mu_R}{\sigma_R}$$

其中，R 是较小样本的秩的总和，

$$\mu_R = \frac{n_1(n_1 + n_2 + 1)}{2}, \quad \sigma_R = \sqrt{\frac{n_1 n_2 (n_1 + n_2 + 1)}{12}}$$

提示： 相关样本使用威尔科克森符号秩检验，独立样本使用威尔科克森秩和检验。

指南 执行威尔科克森秩和检验

文字表述	符号表述
1. 验证样本是随机的和独立的	
2. 确定声明。陈述原假设和备择假设	陈述 H_0 和 H_a
3. 指定显著性水平	确定 α
4. 确定临界值和拒绝区域	使用附录B中的表4
5. 确定样本量	$n_1 \leq n_2$
6. 求较小样本的秩总和。a. 按升序列出合并数据；b. 对合并数据进行排序； c. 将较小样本的秩总和 n_1 相加	R

文字表述	符号表述
7. 求检验统计量并画出抽样分布图	$z = \dfrac{R - \mu_R}{\sigma_R}$
8. 做出拒绝原假设或拒绝原假设失败的决定	若 z 在拒绝区域内，则拒绝 H_0，否则拒绝 H_0 失败
9. 在原声明背景下解释所做的决定	

(续表)

【例题 2】执行威尔科克森秩和检验

下表显示了随机抽取的 10 名男性和 12 名女性医药销售代表的收入（千美元）。当 $\alpha = 0.10$ 时，能得出男性和女性的收入存在差异的结论吗？

| 男性收入 | 78 | 93 | 114 | 101 | 98 | 94 | 86 | 95 | 117 | 99 | | |
| 女性收入 | 86 | 77 | 101 | 93 | 85 | 98 | 91 | 87 | 84 | 97 | 100 | 90 |

解答：

声明是"男性和女性的收入存在差异"。为了验证这一声明，可以使用下面的原假设和备择假设。

H_0：男性和女性的收入没有差别。
H_a：男性和女性的收入有差别（声明）

因为检验是双尾检验，$\alpha = 0.10$，所以临界值为 $-z_0 = -1.645$ 和 $z_0 = 1.645$。拒绝区域为 $z < -1.645$ 和 $z > 1.645$。

男性样本量为 10，女性样本量为 12。因为 $10 < 12$，$n_1 = 10$，$n_2 = 12$。在计算检验统计量之前，必须求出 R，μ_R 和 σ_R 的值。下表显示了按升序排列的合并数据和相应的秩。

排序数据	样 本	秩	排序数据	样 本	秩	排序数据	样 本	秩
77	F	1	91	F	9	99	M	17
78	M	2	93	M	10.5	100	F	18
84	F	3	93	F	10.5	101	M	19.5
85	F	4	94	M	12	101	F	19.5
86	M	5.5	95	M	13	114	M	21
86	F	5.5	97	F	14	117	M	22
87	F	7	98	M	15.5			
90	F	8	98	F	15.5			

因为较小的样本是男性样本，所以 R 是男性排名的总和，即

$$R = 2 + 5.5 + 10.5 + 12 + 13 + 15.5 + 17 + 19.5 + 21 + 22 = 138$$

使用 $n_1 = 10$ 和 $n_2 = 12$，可以求出 μ_R 和 σ_R，如下所示：

$$\mu_R = \frac{n_1(n_1 + n_2 + 1)}{2} = \frac{10(10 + 12 + 1)}{2} = \frac{230}{2} = 115$$

$$\sigma_R = \sqrt{\frac{n_1 n_2 (n_1 + n_2 + 1)}{12}} = \sqrt{\frac{(10)(12)(10 + 12 + 1)}{12}} = \sqrt{\frac{2760}{12}} = \sqrt{230} \approx 15.17$$

当 $R = 138$，$\mu_R = 115$，$\sigma_R \approx 15.17$ 时，检验统计量为

$$z = \frac{R - \mu_R}{\sigma_R} \approx \frac{138 - 115}{15.17} \approx 1.52$$

右图显示了拒绝区域和检验统计量 z 的位置。因为 z 不在拒绝区域内,所以无法拒绝原假设。

解释:在 10% 的显著性水平上,没有足够的证据表明男性和女性的收入存在差别。

自测题 2

假设你正在调查由两家保险公司支付的汽车保险索赔(千美元)。下表显示了由两家保险公司支付的 12 项索赔的随机样本。当 $\alpha = 0.05$ 时,是否可以得出公司支付的索赔存在差异的结论?

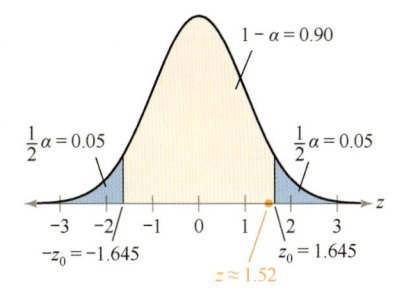

| A 公司 | 6.2 | 10.6 | 2.5 | 4.5 | 6.5 | 7.4 | 9.9 | 3.0 | 5.8 | 3.9 | 6.0 | 6.3 |
| B 公司 | 7.3 | 5.6 | 3.4 | 1.8 | 2.2 | 4.7 | 10.8 | 4.1 | 1.7 | 3.0 | 4.4 | 5.3 |

11.2.3 习题

培养基本技能和词汇

01. 如何知道是使用威尔科克森符号秩检验还是使用威尔科克森秩和检验?

02. 使用科克森秩和检验时,对每个样本的样本量有什么要求?

使用和解释概念

执行威尔科克森检验。在习题 03~08 中,(a)确定声明并陈述 H_0 和 H_a;(b)决定是使用威尔科克森符号秩检验还是使用威尔科克森秩和检验;(c)求临界值;(d)求检验统计量;(e)决定是否拒绝原假设,(f)在原声明背景下解释所做的决定。

03. 钙补充剂与血压。在一项测试钙补充剂对男性血压影响的研究中,随机选择了 12 名男性,并给予他们 12 周的钙补充剂。下表显示了每名被试 12 周治疗期之前和之后的舒张压测量值。当 $\alpha = 0.01$ 时,能拒绝舒张压没有降低的声明吗?

被 试	1	2	3	4	5	6
治疗期之前	108	109	120	129	112	111
治疗期之后	99	115	105	116	115	117
被 试	7	8	9	10	11	12
治疗期之前	117	135	124	118	130	115
治疗期之后	108	122	120	126	128	106

04. 批发贸易和制造业。一位私营行业分析师声称,批发贸易工人和制造业工人的工资没有差别。下表显示了随机抽样的 10 名批发贸易工人和 10 名制造业工人的工资(千美元)。当 $\alpha = 0.10$ 时,能拒绝该分析师的声明吗?

| 批发贸易 | 84 | 88 | 90 | 94 | 91 | 79 | 90 | 89 | 76 | 83 |
| 制造业 | 80 | 62 | 95 | 75 | 76 | 100 | 69 | 90 | 98 | 86 |

05. 按学位划分的收入。一位大学管理者声称,拥有学士学位的人和拥有更高学位的人的收入存在差异。下表显示了 11 个拥有学士学位的人和 10 个拥有更高学位的人的随机样本的收入(千美元)。当 $\alpha = 0.01$ 时,是否有足够的证据支持该管理人的声明?

| 学士学位 | 50 | 63 | 93 | 69 | 67 | 99 | 82 | 67 | 50 | 74 | 71 |
| 更高学位 | 138 | 88 | 99 | 113 | 104 | 102 | 116 | 84 | 114 | 96 | |

06. 头痛。一位医学研究人员想要确定一种新药是否会影响头痛患者的头痛时间。为此,研究人员随机选择了 7 名患者,并要求每位患者给出服药前后(每天)头痛的小时数。下表中显示了结果。当 $\alpha = 0.05$ 时,研究人员能得出新药影响头痛小时数的结论?

患 者	1	2	3	4	5	6	7
头痛时间(之前)	0.8	2.4	2.8	2.6	2.7	0.9	1.2
头痛时间(之后)	1.6	1.3	1.6	1.4	1.5	1.6	1.7

07. 教师工资。一名教师工会代表声称,弗吉尼亚州和密苏里州的教师工资存在差异。下表显示了来自弗吉尼亚州 11 名教师和来自密苏里州 12 名教师的随机样本的工资(千美元)。当 $\alpha = 0.05$ 时,是否有足够的证据支持该代表的声明?

| 弗吉尼亚州 | 61 | 61 | 56 | 60 | 63 | 53 | 66 | 60 | 64 | 50 | 66 | |
| 密苏里州 | 40 | 46 | 37 | 49 | 56 | 46 | 51 | 53 | 59 | 66 | 46 | 57 |

第 11 章 非参数检验 381

08. **心率。** 一位内科医生想要确定一种实验性药物是否会影响人的心率。该医生首先随机选择了 15 名患者并测量了每位患者的心率。然后让这些患者服用药物,并在 1 小时后测量了心率,结果如下表所示。当 $\alpha = 0.05$ 时,该医生是否可以得出实验性药物影响心率的结论?

患 者	1	2	3	4	5	6	7	8
心率(之前)	72	81	75	76	79	74	65	67
心率(之后)	73	80	75	79	74	76	73	67
患 者	9	10	11	12	13	14	15	
心率(之前)	76	83	66	75	76	79	68	
心率(之后)	74	77	70	77	76	75	74	

扩展概念

$n > 30$ 时威尔科克森符号秩检验。 当你执行威尔科克森符号秩检验且样本数 n 大于 30 时,可以使用标准正态表和下面的公式来求出检验统计量:

$$z = \frac{w_s - \frac{n(n+1)}{4}}{\sqrt{\frac{n(n+1)(2n+1)}{24}}}$$

在习题 09 和 10 中,使用 $n > 30$ 的检验统计量执行威尔科克森符号秩检验。

09. **燃料添加剂。** 一位石油工程师想知道某种燃料添加剂是否提高汽车的油耗。为此,这位工程师记录了随机选择的 33 辆汽车的汽油里程(英里/加仑),包括使用和不使用燃料添加剂的汽车,结果如下表所示。当 $\alpha = 0.10$ 时,工程师是否可以得出汽油里程得到改善的结论?

汽 车	1	2	3	4	5	6	7
不使用	36.4	36.4	36.6	36.6	36.8	36.9	37.0
使 用	36.7	36.9	37.0	37.5	38.0	38.1	38.4

(续)

汽 车	8	9	10	11	12	13	14
不使用	37.1	37.2	37.2	36.7	37.5	37.6	37.8
使 用	38.7	38.8	38.9	36.3	38.9	39.0	39.1
汽 车	15	16	17	18	19	20	21
不使用	37.9	37.9	38.1	38.4	40.2	40.5	40.9
使 用	39.4	39.4	39.5	39.8	40.0	40.0	40.1
汽 车	22	23	24	25	26	27	28
不使用	35.0	32.7	33.6	34.2	35.1	35.2	35.3
使 用	36.3	32.8	34.2	34.7	34.9	34.9	35.3
汽 车	29	30	31	32	33		
不使用	35.5	35.9	36.0	36.1	37.2		
使 用	35.9	36.4	36.6	36.6	38.3		

10. **燃油添加剂。** 一位石油工程师声称,一种燃油添加剂可以提高汽油里程。下表显示了随机选择的 32 辆汽车在使用和不使用燃料添加剂的情况下测量的汽油里程(英里/加仑)。当 $\alpha = 0.05$ 时,检验该石油工程师的声明。

汽 车	1	2	3	4	5	6	7
不使用	34.0	34.2	34.4	34.4	34.6	34.8	35.6
使 用	36.6	36.7	37.2	37.3	37.4	37.6	37.6
汽 车	8	9	10	11	12	13	14
不使用	35.7	30.2	31.6	32.3	33.0	33.1	33.7
使 用	37.7	34.2	34.9	34.9	34.9	35.7	36.0
汽 车	15	16	17	18	19	20	21
不使用	33.7	33.8	35.7	36.1	36.1	36.6	36.6
使 用	36.2	36.5	37.8	38.1	38.2	38.3	38.3
汽 车	22	23	24	25	26	27	28
不使用	36.8	37.1	37.1	37.2	37.9	37.9	38.0
使 用	38.7	38.8	38.9	39.1	39.1	39.2	39.4
汽 车	29	30	31	32			
不使用	38.0	38.4	38.8	42.1			
使 用	39.8	40.3	40.8	43.2			

大学排名

《福布斯》每年都发布美国最佳大学排行榜。排名前 600 的高校是根据七个方面的因素排名的。

1. **校友平均工资**,基于毕业生的收入数据。
2. **学生债务**,学生毕业后平均所欠的债务。
3. **投资回报率**,衡量学生用入学后收入的增加来支付大学费用所需的时间。
4. **毕业率。**
5. **美国领导人的产生**,各种权力榜上的校友人数。
6. **保留率**。根据获得学术荣誉和高级学位的学生人数,在大学一年级后留下来的学生的百分比。
7. **学术成就**。基于获得学术荣誉和高级学位的学生人数。

下表显示了 2021 年名单上按地区随机选择的大学的学生人数。

学生人数							
东北部	中西部	南部	西部	东北部	中西部	南部	西部
6608	21946	19593	1717	2631	1475	2692	17019
24027	44551	4524	895	14171	14297	46148	2214
2134	31240	2264	40445	22207	1445	28079	21003
2519	3004	36383	22517	33720	3570	69525	8847
1835	2098	17811	1109	3697	3906	14318	5319

习题

01. 为四个地区构建并排的盒须图。有没有学生人数的中位数相同？有什么不同吗？

在习题 02~05 中，使用符号检验来检验声明，你能得到什么结论？使用 $\alpha = 0.05$。

02. 东北部大学的学生人数中位数小于或等于 7000。

03. 中西部大学的学生人数中位数大于 8000。

04. 南部一所大学的平均学生人数为 10000 人。

05. 西部一所大学的平均学生人数为 8000 人。

在习题 06 和 07 中，使用威尔科克森秩和检验来检验声明。使用 $\alpha = 0.01$。

06. 中西部大学和西部大学的学生人数没有差异。

07. 东北部大学和南部大学的学生人数有差异。

11.3 克鲁斯卡尔-沃利斯检验

学习目标

▶ 使用克鲁斯卡尔-沃利斯检验来确定是否从具有相同分布的总体中选择了三个或更多样本

11.3.1 克鲁斯卡尔-沃利斯检验

10.4 节介绍了如何使用单向方差分析技术来比较三个或更多总体的均值。使用单向方差分析时，应检验每个独立样本是否选自正态或近似正态分布的总体。当无法检验总体是否呈正态分布时，仍然可以比较三个或更多总体的分布。此时，可以使用克鲁斯卡尔-沃利斯检验。

定义 克鲁斯卡尔-沃利斯检验是一种非参数检验，可用于确定是否从具有相同分布的总体中选择三个或更多独立样本。

对于克鲁斯卡尔-沃利斯检验，原假设和备择假设总与如下陈述相似：

H_0：所有的总体都具有相同的分布。

H_a：至少有一个总体的分布与其他总体的不同。

使用克鲁斯卡尔-沃利斯检验的条件是样本必须是随机的和独立的，并且每个样本的大小必须至少为 5。如果满足这些条件，克鲁斯卡尔-沃利斯检验的抽样分布就近似为自由度是 $k-1$ 的卡方分布，其中 k 为样本量。可以使用下面的公式来计算克鲁斯卡尔-沃利斯检验统计量。

克鲁斯卡尔-沃利斯检验的检验统计量

对于三个或更多的独立样本，克鲁斯卡尔-沃利斯检验的检验统计量为

$$H = \frac{12}{N(N+1)} \left(\frac{R_1^2}{n_1} + \frac{R_2^2}{n_2} + \cdots + \frac{R_k^2}{n_k} \right) - 3(N+1)$$

式中，k 是样本量，n_i 是第 i 个样本的大小，N 是样本大小的总和，R_i 是第 i 个样本的秩的总和。

执行克鲁斯卡尔-沃利斯检验包括对样本数据进行组合和排序，根据样本分离数据，并计算每个样本的秩的总和。

然后使用这些和来计算检验统计量 H，检验统计量 H 是秩和方差的近似值。当样本选自具有相同分布的总体时，秩和近似相等，H 很小，应该不会拒绝原假设。

当样本选自不具有相同分布的总体时，秩和将有很大的不同，H 很大，应该拒绝原假设。

因为只有当 H 很大时才会拒绝原假设，所以克鲁斯卡尔-沃利斯检验始终是右尾检验。

指南　执行克鲁斯卡尔-沃利斯检验

文字表述	符号表述
1. 验证样本是随机的和独立的，且每个样本大小至少为 5	
2. 确定声明。陈述原假设和备择假设	陈述 H_0 和 H_a
3. 指定显著性水平	确定 α
4. 确定自由度	d.f. $= k - 1$
5. 确定临界值和拒绝区域	使用附录 B 中的表 6
6. 求每个样本的秩和。a. 按升序列出合并数据；b. 对合并数据进行排序	
7. 求检验统计量并画出抽样分布图	$H = \dfrac{12}{N(N+1)} \cdot \left(\dfrac{R_1^2}{n_1} + \dfrac{R_2^2}{n_2} + \cdots + \dfrac{R_k^2}{n_k} \right) - 3(N+1)$
8. 做出拒绝原假设或拒绝原假设失败的决定	若 H 在拒绝区域内，则拒绝 H_0，否则拒绝 H_0 失败
9. 在原声明背景下解释所做的决定	

【例题 1】执行克鲁斯卡尔-沃利斯检验

假设你想比较一个城市三个警区的犯罪报告数量。为此，你为每个警区随机选择 10 周，并记录报告的犯罪数量，结果如下表所示。当 $\alpha = 0.01$ 时，能否得出至少有一个警区报告的犯罪报告数量的分布与其他警区的不同？

\multicolumn{6}{c}{犯罪报告数量}
101 警区（样本 1）	106 警区（样本 2）	113 警区（样本 3）	101 警区（样本 1）	106 警区（样本 2）	113 警区（样本 3）
60	65	69	48	58	65
52	55	51	57	50	62
49	64	70	45	54	59
52	66	61	44	70	60
50	53	67	56	62	63

解答：

声明为"至少有一个警区的犯罪报告数量的分布与其他警区的不同"。原假设和备择假设如下：

H_0：在所有三个警区中，犯罪报告数量的分布是相同的。

H_a：至少有一个警区犯罪报告数量的分布与其他辖区的不同（声明）

该检验为右尾检验，$\alpha = 0.01$，d.f. $= k - 1 = 3 - 1 = 2$。根据附录 B 中的表 6，临界值为 $\chi_0^2 = 9.210$。拒绝区域为 $\chi^2 > 9.210$。在计算检验统计量之前，必须求出每个样本的秩和。下表显示了按升序排列的合并数据和相应的秩。

排序数据	样　本	秩	排序数据	样　本	秩
44	第 101 个	1	51	第 113 个	7
45	第 101 个	2	52	第 101 个	8.5
48	第 101 个	3	52	第 101 个	8.5
49	第 101 个	4	53	第 106 个	10
50	第 101 个	5.5	54	第 106 个	11
50	第 106 个	5.5	55	第 106 个	12

（续表）

排序数据	样　本	秩	排序数据	样　本	秩
56	第 101 个	13	63	第 113 个	22
57	第 101 个	14	64	第 106 个	23
58	第 106 个	15	65	第 106 个	24.5
59	第 113 个	16	65	第 113 个	24.5
60	第 101 个	17.5	66	第 106 个	26
60	第 113 个	17.5	67	第 113 个	27
61	第 113 个	19	69	第 113 个	28
62	第 106 个	20.5	70	第 106 个	29.5
62	第 113 个	20.5	70	第 113 个	29.5

每个样本的秩和如下所示：

$R_1 = 1 + 2 + 3 + 4 + 5.5 + 8.5 + 8.5 + 13 + 14 + 17.5 = 77$
$R_2 = 5.5 + 10 + 11 + 12 + 15 + 20.5 + 23 + 24.5 + 26 + 29.5 = 177$
$R_3 = 7 + 16 + 17.5 + 19 + 20.5 + 22 + 24.5 + 27 + 28 + 29.5 = 211$

使用这些和以及值 $n_1 = 10$，$n_2 = 10$，$n_3 = 10$ 和 $N = 30$，可得检验统计量为

$$H = \frac{12}{30(30+1)} \left(\frac{77^2}{10} + \frac{177^2}{10} + \frac{211^2}{10} \right) - 3(30+1) \approx 12.521$$

右图显示了拒绝区域和检验统计量 H 的位置。因为 H 在拒绝区域内，所以拒绝原假设。

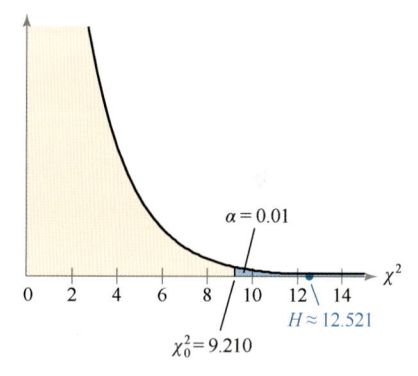

解释：在 1% 的显著性水平上，有足够的证据支持至少有一个警区犯罪报告数量的分布与其他警区的不同的声明。

描绘世界

以下随机收集的数据用于比较墨西哥湾沿岸城市的水温（　）。当 $\alpha = 0.05$ 时，能断定至少有一个水温分布与其他不同吗？

佛罗里达州喜达尔岛（样本 1）	路易斯安那州尤金岛（样本 2）	阿拉巴马州多芬岛（样本 3）
62	51	63
69	55	51
77	57	54
59	63	60
60	74	75
75	82	80
83	85	70
65	60	78
79	64	82
86	76	84
82	83	
	86	

自测题 1

你想比较在得克萨斯州、佛罗里达州和加利福尼亚州工作的兽医的工资。为了比较工资，你在每个州随机选择几名兽医，并记录他们的工资。下表显示了工资（千美元）。当 $\alpha = 0.05$ 时，能否得出至少有一个州的兽医工资分布与其他州不同的结论？

样本工资		
得克萨斯州（样本1）	佛罗里达州（样本2）	加利福尼亚州（样本3）
104.3	152.4	107.9
183.3	144.6	80.9
119.7	129.4	123.0
111.3	85.5	141.7
109.6	124.0	149.4
180.6	113.5	155.4
77.4	90.1	55.9
91.5	101.1	109.8
145.2	112.0	127.1
123.6		

11.3.2 习题

培养基本技能和词汇

01. 使用克鲁斯卡尔-沃利斯检验的条件是什么？

02. 为何克鲁斯卡尔-沃利斯检验总是右尾检验？

使用和解释概念

执行克鲁斯卡尔-沃利斯检验。 在习题 03~06 中，(a)确定声明并陈述 H_0 和 H_a；(b)求临界值并确定拒绝区域；(c)求检验统计量 H；(d)决定是否拒绝原假设；(e)在原声明背景下解释所做的决定。

03. SAT 成绩。 下表显示了宾州立大学、卡内基梅隆大学和匹兹堡大学随机抽样学生的综合 SAT 成绩。当 $\alpha = 0.05$ 时，是否可以得出至少一所学校的综合 SAT 成绩分布与其他学校不同的结论？

学 校	综合 SAT 成绩						
宾州大学	1290	1280	1220	1340	1290	1250	1190
卡内基梅隆大学	1490	1520	1500	1540	1570	1460	1490
匹兹堡大学	1260	1470	1250	1430	1280	1300	1340

04. 时薪。 一名研究人员想要确定印第安纳州、肯塔基州和俄亥俄州的注册护士的时薪是否存在差异。研究人员在每个州随机选择几名注册护士，并记录每人的时薪，结果如下表所示。当 $\alpha = 0.10$ 时，研究人员是否可以得出至少有一个州的注册护士的时薪分布与其他州不同的结论？

州	时薪（美元）						
印第安纳	27.46	29.53	29.74	34.78	27.77	39.72	36.26
肯塔基	33.12	31.52	37.35	28.54	31.85	43.96	30.00
俄亥俄	29.34	26.66	38.43	30.30	35.88	39.70	

05. 建筑成本。 下表显示了旧金山、芝加哥、亚特兰大和纽约单层商业建筑的随机样本的每平方英尺成本。当 $\alpha = 0.10$ 时，能否得出至少有一个城市的建筑成本分布与其他城市不同的结论？

城 市	每平方英尺成本（美元）					
旧金山	412	378	418	337	338	401	299
芝加哥	320	408	288	328	294	343	370
亚特兰大	260	174	243	271	228	259	255
纽约	452	291	350	391	441	395	357

06. 咖啡因含量。 下表显示了随机抽取的 16 盎司饮料中咖啡因的含量。当 $\alpha = 0.01$ 时，能否得出至少一种饮料中的咖啡因含量分布与其他饮料不同的结论？

饮 料	16 盎司饮料中咖啡因的含量（毫克）					
咖啡	320	300	206	150	266	
软饮料	95	96	56	51	71	72	47
能量饮料	200	141	160	152	154	166
茶	100	106	42	15	32	10

扩展概念

比较两种检验。 在习题 07 和 08 中，(a)执行克鲁斯卡尔-沃利斯检验；(b)执行单向方差分析检验，假设每个总体都呈正态分布且总体方差相等；(c)比较结果。

07. 病人住院时间。 保险公司声称，在美国至少有一个地区患者住院天数是不同的。下表显示了美国四个地区随机选择的患者住院天数。当 $\alpha = 0.01$ 时，能否支持该保险公司的声明？

地区	住院天数							
东北部	8	6	6	3	11	3	8	1	6
中西部	5	4	3	9	1	4	6	3	4	7
南部	5	8	1	5	8	7	5	1
西部	2	3	6	6	5	4	3	6	5

08. **能源消耗**。下表显示了美国四个地区的随机抽样家庭一年的能源消耗。当 $\alpha = 0.01$ 时，能否得出至少一个地区能源消耗不同的结论？

地区	能源消耗（百万英热）
东北部	61	95	140	127	93	97	84	123	89	163
中西部	59	158	169	140	95	187	123	104	88	37	72
南部	86	35	67	86	142	69	65	62
西部	81	39	85	35	113	46	125	70	77	63

11.4 秩相关

> **学习目标**
> ▶ 使用斯皮尔曼秩相关系数来确定两个变量之间的相关是否显著

11.4.1 斯皮尔曼秩相关系数

9.1 节介绍了如何使用皮尔逊相关系数 r 来度量两个变量之间的相关强度。皮尔逊相关系数的两个要求是变量是线性相关的，以及变量具有双变量正态分布。当不能满足这些要求时，可以使用与皮尔逊相关系数等效的非参数——斯皮尔曼秩相关系数来检查两个变量之间的关系。

斯皮尔曼秩相关系数与皮尔逊相关系数相比有几个优点。例如，斯皮尔曼秩相关系数可用于描述线性或非线性数据之间的关系。斯皮尔曼秩相关系数可用于定序数据。此外，斯皮尔曼秩相关系数要比皮尔逊相关系数更容易手工计算。

> **定义** 斯皮尔曼秩相关系数 r_s 是度量两个变量之间相关强度的指标。斯皮尔曼秩相关系数是使用配对样本数据项的秩来计算的。如果两个变量的秩都不相同，则斯皮尔曼秩相关系数的计算公式为
> $$r_s = 1 - \frac{6\sum d^2}{n(n^2-1)}$$
> 式中，n 是成对数据项的数量，d 是成对数据项的秩的差。如果秩中出现平局，并且平局的数量相对于数据对的数量较小，该公式仍可用于近似计算 r_s。

r_s 的值域是从-1 到 1，包括-1 和 1。当对应数据对的秩完全相同时，r_s 等于 1。当秩反序时，r_s 等于-1。当对应数据对的秩没有关系时，r_s 等于 0。

通过计算斯皮尔曼秩相关系数，可以判断变量之间的相关是否显著，方法是对总体相关系数 ρ_s 进行假设检验。下面列出了该检验的原假设和备择假设。

H_0：$\rho_s = 0$（变量之间不相关）

H_a：$\rho_s \neq 0$（变量之间显著相关）

附录 B 中的表 10 列出了部分显著性水平和样本量的斯皮尔曼秩相关系数的临界值。假设检验的检验统计量是斯皮尔曼秩相关系数 r_s。

指南	斯皮尔曼秩相关系数的显著性检验
文字表述	**符号表述**
1. 确定声明。陈述原假设和备择假设	陈述 H_0 和 H_a
2. 指定显著性水平	确定 α
3. 确定临界值	使用附录 B 中的表 10
4. 求检验统计量	$r_s = 1 - \dfrac{6\sum d^2}{n(n^2-1)}$
5. 做出拒绝原假设或拒绝原假设失败的决定	若 $\lvert r_s \rvert$ 大于临界值，则拒绝 H_0，否则拒绝 H_0 失败
6. 在原声明背景下解释所做的决定	

【例题 1】斯皮尔曼秩相关系数

下表显示了随机抽取的 10 所大学三年级和四年级学生的入学情况。当 $\alpha = 0.05$ 时，是否可以得出大学三年级学生的数量和大学四年级学生的数量显著相关的结论？

大学三年级	1786	4246	1419	1188	2394	1079	4049	3595	1102	1345
大学四年级	2182	4415	1537	1236	2182	919	4209	3741	1086	1282

解答：

声明为"大学三年级学生的数量和大学四年级学生的数量显著相关"。原假设和备择假设如下：

H_0： $\rho_s = 0$（大学三年级学生的数量和大学四年级学生的数量不相关）

H_a： $\rho_s \neq 0$（大学三年级学生的数量和大学四年级学生的数量显著相关）（声明）

每个数据集都有 10 个数据项。因为 $\alpha = 0.05$，$n = 10$，所以临界值为 0.648。在计算检验统计量之前，必须求 $\sum d^2$，即数据集的秩的差的平方和。可以使用表格计算 $\sum d^2$，如下表所示。

大学三年级	秩	大学四年级	秩	d	d^2
1786	6	2182	6.5	−0.5	0.25
4246	10	4415	10	0	0
1419	5	1537	5	0	0
1188	3	1236	3	0	0
2394	7	2182	6.5	0.5	0.25
1079	1	919	1	0	0
4049	9	4209	9	0	0
3595	8	3741	8	0	0
1102	2	1086	2	0	0
1345	4	1282	4	0	0
					$\sum d^2 = 0.5$

当 $n = 10$，$\sum d^2 = 0.5$，检验统计量为

$$r_s = 1 - \frac{6 \sum d^2}{n(n^2 - 1)} = 1 - \frac{6 \times 0.5}{10(10^2 - 1)} \approx 0.997$$

因为 $|r_s| \approx 0.997 > 0.648$，所以拒绝原假设。

解释： 在 5% 的显著性水平上，有足够的证据表明大学三年级学生的数量和大学四年级学生的数量显著相关。

提示： 记住，在数据项之间出现平局的情况下，可以使用相应秩的平均值。

描绘世界

下表显示了从美国九家杂货店随机抽样的碎牛肉和鸡肉的零售价格（美元/磅）。杂货店的碎牛肉和鸡肉价格是否显著相关？使用 $\alpha = 0.10$。

碎牛肉	4.03	3.95	3.97	3.99	4.04	4.1	4.1	4.36	4.39
鸡 肉	1.64	1.62	1.6	1.58	1.54	1.52	1.49	1.47	1.44

自测题 1

下表显示了七个美国农民随机抽样的燕麦和小麦价格（美元/蒲式耳）。当 $\alpha = 0.10$ 时，能否得出燕麦和小麦价格显著相关的结论？

燕 麦	2.97	2.69	3	3.11	3.07	3.41	3.42
小 麦	5.24	5.46	5.48	5.83	5.86	6.04	6.46

11.4.2 习题

培养基本技能和词汇

01. 与皮尔逊相关系数相比，斯皮尔曼秩相关系数有哪些优点？
02. 描述斯皮尔曼秩相关系数和皮尔逊相关系数的范围。
03. r_s 等于 1 时意味着什么？r_s 等于 -1 时意味着什么？r_s 等于 0 时意味着什么？
04. 例题 1 中的 r_s 和 ρ_s 分别代表什么？

使用和解释概念

检验声明。在习题 05～08 中，(a)确定声明并陈述 H_0 和 H_a；(b)求临界值；(c)求检验统计量；(d)决定是否拒绝原假设；(e)在原声明背景下解释所做的决定。

05. **农业费用**。在一份农业报告中，一位商品分析师声称，购买种子的费用与购买化肥和石灰的费用显著相关。下表显示了去年随机选择的八个州的农场购买种子的总费用以及购买化肥和石灰的费用。当 $\alpha = 0.05$ 时，是否有足够的证据支持该分析师的声明？

州	购买种子的费用 （百万美元）	购买化肥和石灰的 费用（百万美元）
加利福尼亚	1760	2280
佛罗里达	510	430
印第安纳	960	950
路易斯安那	234	248
明尼苏达	1570	1330
北卡罗来纳	400	430
南达科他	748	783
威斯康星	760	680

06. **健身器**。下表显示了随机抽取的九种不同健身器的总分和价格(美元)。总分代表人体工程学、运动范围、易用性、结构、心率监测和安全性。当 $\alpha = 0.05$ 时，能得出总分与价格显著相关的结论吗？

总分	77	75	73	71	66	66	64	62	58
价格	3700	1700	1300	900	1000	1400	1800	1000	700

07. **个人消费**。下表显示了美国九个州在住房、公用事业和医疗保健方面的人均支出（千美元）。当 $\alpha = 0.01$ 时，能得出住房和公用事业人均支出与医疗保健人均支出显著相关的结论吗？

住房和 公用事业	7.0	6.7	7.2	6.8	6.8	9.1	5.8	7.4	11.1
医疗保健	5.3	6.6	7.2	7.6	7.0	11.3	6.3	8.2	7.7

08. **真空吸尘器**。下表显示了随机抽取的 12 种不同真空吸尘器的总分和价格（美元）。总分代表清洁、气流、处理、噪音和排放。当 $\alpha = 0.10$ 时，能否得出总分与价格显著相关的结论？

总 分	65	71	69	47	55	38	47	47	57	34	65
价 格	150	200	550	350	470	90	80	130	210	190	300	260

平均成绩和人均国民总收入。在习题 09～12 中，使用下表，其中显示了 15 岁学生在科学和数学方面的平均成绩，以及去年随机选择的 9 个国家的人均国民总收入（GNI）。

国 家	科学 平均成绩	数学 平均成绩	人均国民总 收入（美元）
澳大利亚	503	491	53730
巴西	404	384	7850
加拿大	518	512	43440
德国	503	500	46980
印度尼西亚	396	379	3870
意大利	468	487	32200
墨西哥	419	409	8480
瑞典	499	502	53800
瑞士	495	515	87950

09. **科学和 GNI**。当 $\alpha = 0.05$ 时，能得出科学平均成绩与人均 GNI 显著相关的结论吗？

10. **数学和 GNI**。当 $\alpha = 0.05$ 时，能得出数学平均成绩与人均 GNI 显著相关的结论吗？

11. **科学和数学**。当 $\alpha = 0.05$ 时，能得出科学和数学平均成绩显著相关的结论吗？

12. **推理**。使用习题 09~11 的结果，当 $\alpha = 0.10$ 时，能得出平均成绩和人均国民总收入显著相关的结论吗？

扩展概念

检验 $n > 30$ 的斯皮尔曼秩相关系数。检验斯皮尔曼秩相关系数的显著性且样本容量 n 大于 30 时，可以使用下面的表达式求临界值：

$$\frac{\pm z}{\sqrt{n-1}}, z \text{ 对应于显著性水平}$$

在习题 13 和 14 中，检验斯皮尔曼秩相关系数。

13. **工伤**。下表显示了去年美国公司随机抽样的每周平均工作时间和工伤次数。当 $\alpha = 0.10$ 时，是否可以得出平均工作时间与工伤次数显著相关的结论？

工作时间	46	43	41	40	41	42	45	45	42	45	44	44
工伤次数	22	25	18	17	20	22	28	29	24	26	26	25
工作时间	45	46	47	47	46	46	49	50	50	42	41	42
工伤次数	27	29	29	30	29	29	30	30	30	23	22	23
工作时间	41	41	41	41	40	39	38	39	39			
工伤次数	21	19	18	18	17	16	16	16				

14. **建筑行业的工伤事故**。下表显示了去年美国建筑公司随机抽样的每周平均工作时间和工伤次数。当 $\alpha = 0.05$ 时，是否可以得出平均工作时间与工伤次数显著相关的结论？

工作时间	38	38	37	38	38	40	39	39	39	40	39	41
工伤次数	11	11	9	10	10	17	15	14	14	16	15	17
工作时间	41	42	41	41	41	42	42	42	42	41	41	39
工伤次数	17	21	18	18	22	21	19	21	18	17	17	12
工作时间	38	38	39	39	36	37	36	37	37	37		
工伤次数	12	11	13	12	6	7	6	6	7	8	7	

11.5 游程检验

> **学习目标**
> ▶ 使用游程检验来确定数据集是否随机

11.5.1 随机性游程检验

当我们获取数据样本时，随机选择数据是很重要的。然而，怎样才能知道样本数据是否随机呢？检验数据集中的随机性的一种方法是使用随机性游程检验。在使用随机性游程检验前，必须知道如何确定数据集中的游程数。

> **定义** 游程是具有相同特征的数据序列。每个游程之前和之后都有特征不同的数据，或者根本没有数据。游程中的数据数量称为游程长度。

【**例题 1**】求游程数

人们设计了一种液体分配机来填充容量为 1 升的瓶子。质量控制检验员决定每个瓶子是否被填充到可接受的水平并通过检验（P）或者不通过检验（F）。确定每个序列的游程数，并求每个游程的长度。

1. $PPPPPPPPFFFFFFFF$
2. $PFPFPFPFPFPFPFPF$
3. $PPFFFFFPFFFPPPPPP$

解答：

1. 有两次游程。前 8 个 P 形成长度为 8 的游程，前 8 个 F 形成另一个长度为 8 的游程，如下所示。

$$PPPPPPP \quad FFFFFFF$$

第 1 个游程　　第 2 个游程

2. 有 16 个游程，每个游程的长度为 1，如下所示。

$$P F P F P F P F P F P F P F P F$$
第 1 个游程　第 2 个游程　　　　　　　　　第 16 个游程

3. 有 5 个游程，第 1 个游程的长度为 2，第 2 个游程的长度为 4，第 3 个游程的长度为 1，第 4 个游程的长度为 3，第 5 个游程的长度为 6，如下所示。

$$P P \quad FFFF \quad P \quad FFF \quad PPPPPP$$
第 1 个游程　第 2 个游程　第 3 个游程　第 4 个游程　第 5 个游程

自测题 1

一台机器生产发动机零件。检查员测量每个发动机零件的直径，并确定零件是通过检查（P）还是不通过检查（F），结果如下所示。确定序列中的游程数，并求每个游程的长度。

$$PPPFPFPPPPFFPFPPFFFPPPFPPP$$

当一组数据中的每个值都可以归类到两个单独的类别之一时，可以使用随机性游程检验来确定数据是否是随机的。

定义　随机性游程检验是一种非参数检验，可用于确定样本数据序列是否是随机的。

随机性游程检验考虑样本数据序列中的游程数，以检验序列是否随机。当序列的游程数过少或过多时，它通常不是随机的。例如，例题 1 第 1 部分的序列

$$PPPPPPPFFFFFFF$$

的游程数过少（2），例题 1 第 2 部分的序列

$$PFPFPFPFPFPFPFPF$$

的游程数过多（16）。因此，这些样本数据可能不是随机的。

我们可以使用假设检验来确定样本数据序列中的游程数是否过高或过低。游程检验是双尾检验，下面列出了原假设和备择假设。

H_0：数据序列是随机的

H_a：数据序列不是随机的

使用游程检验时，令 n_1 表示具有一个特征的数据的数量，令 n_2 表示具有另一个特征的数据的数量。选择用 n_1 表示哪种特征并不重要。令 G 表示游程数。

n_1 = 具有一个特征的数据的数量

n_2 = 具有另一个特征的数据的数量

G = 游程数

附录 B 中的表 12 列出了 $\alpha = 0.05$ 时，部分 n_1 和 n_2 值的游程检验的临界值（在本书中执行游程检验时仅使用 $\alpha = 0.05$）。当 n_1 或 n_2 大于 20 时，可用标准正态分布来求临界值。

我们可以按如下方式计算游程检验的检验统计量。

> **游程检验的检验统计量**
>
> 当 $n_1 \leq 20$ 和 $n_2 \leq 20$ 时，游程检验的检验统计量为 G，即游程数。
>
> 当 $n_1 > 20$ 或 $n_2 > 20$ 时，游程检验的检验统计量为
>
> $$z = \frac{G - \mu_G}{\sigma_G}$$

式中，$\mu_G = \dfrac{2n_1 n_2}{n_1 + n_2} + 1$，$\sigma_G = \sqrt{\dfrac{2n_1 n_2 (2n_1 n_2 - n_1 - n_2)}{(n_1 + n_2)^2 (n_1 + n_2 - 1)}}$。

指南　执行随机性游程检验

文字表述	符号表述
1. 确定声明。陈述原假设和备择假设	陈述 H_0 和 H_a
2. 指定显著性水平（对于游程检验，使用 $\alpha = 0.05$）	确定 α
3. 确定具有各个特征的数据数量和游程数	确定 n_1, n_2, G
4. 确定临界值	当 $n_1 \leq 20$ 和 $n_2 \leq 20$ 时，使用附录 B 中的表 12；当 $n_1 > 20$ 或 $n_2 > 20$ 时，使用附录 B 中的表 4
5. 求检验统计量	当 $n_1 \leq 20$ 和 $n_2 \leq 20$ 时，使用 G；当 $n_1 > 20$ 或 $n_2 > 20$ 时，使用 $z = \dfrac{G - \mu_G}{\sigma_G}$
6. 做出拒绝原假设或拒绝原假设失败的决定	若 G 小于或等于下临界值，或者大于或等于上临界值，则拒绝 H_0，否则拒绝 H_0 失败。或者，若 z 在拒绝区域内，则拒绝 H_0，否则拒绝 H_0 失败
7. 在原声明背景下解释所做的决定	

【例题 2】使用游程检验

当学生进入礼堂参加集会时，监视器将记录他们坐在哪里。下面显示了 13 名学生的结果，其中 M 代表主楼层座位，B 代表包厢座位。当 $\alpha = 0.05$ 时，能得出座位位置序列不随机的结论吗？

$$M\,M\,M\,B\,B\,M\,B\,B\,B\,M\,M\,B\,M$$

解答：

声明是"座位位置序列不随机"。要检验该声明，可以使用下面的原假设和备择假设。

H_0：座位位置序列是随机的

H_a：座位位置序列不是随机的（声明）

为了求临界值，首先确定 n_1, n_2 和 G。

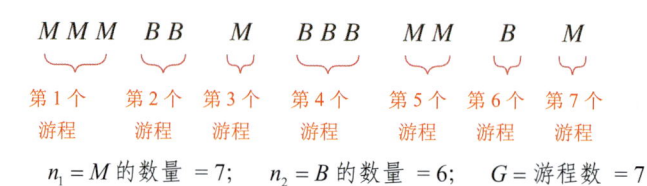

$\underbrace{M\,M\,M}_{\text{第 1 个游程}}\ \underbrace{B\,B}_{\text{第 2 个游程}}\ \underbrace{M}_{\text{第 3 个游程}}\ \underbrace{B\,B\,B}_{\text{第 4 个游程}}\ \underbrace{M\,M}_{\text{第 5 个游程}}\ \underbrace{B}_{\text{第 6 个游程}}\ \underbrace{M}_{\text{第 7 个游程}}$

$n_1 = M$ 的数量 $= 7$；　　$n_2 = B$ 的数量 $= 6$；　　$G = $ 游程数 $= 7$

因为 $n_1 \leq 20, n_2 \leq 20, \alpha = 0.05$，利用附录 B 中的表 12 求出下临界值 3 和上临界值 12，检验统计量是游程数 $G = 7$。因为检验统计量 G 在临界值 3 和 12 之间，所以不能拒绝原假设。

解释： 在 5% 的显著性水平上，没有足够的证据支持座位位置序列不随机的声明。因此，座位位置序列似乎是随机的。

自测题 2

当学生进入礼堂参加集会时，监视器将记录他们坐在哪里。下面显示了 15 名学生的结果，其中 M 代表主楼层座位，B 代表包厢座位。当 $\alpha = 0.05$ 时，能得出座位位置序列不随机的结论吗？

$$M\,B\,B\,B\,M\,M\,B\,B\,M\,B\,M\,M\,B\,B\,B$$

【例题 3】使用游程检验

你想要确定大公司最近雇佣的员工的年龄是否是随机的。最近雇佣的 36 名员工的年龄如下所示,其中 F 代表 40 岁及以上的员工,U 代表 40 岁以下的员工。当 $\alpha = 0.05$ 时,能得出员工年龄序列不随机的结论吗?

UUFFFFUUUUUFFFFFUUUUUUUFFFUUUUFUUFU

解答:

声明是"员工年龄序列不随机"。要检验这一声明,可以使用下面的原假设和备择假设。

H_0:员工年龄序列是随机的

H_a:员工年龄序列不是随机的(声明)

为了求临界值,首先求 n_1, n_2 和 G。

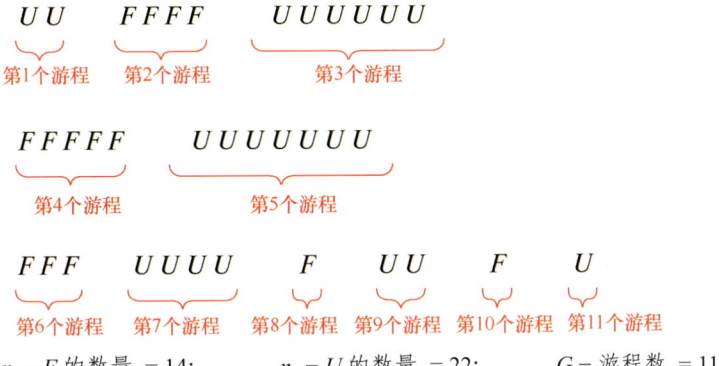

UU 第1个游程　FFFF 第2个游程　UUUUUU 第3个游程

FFFFF 第4个游程　UUUUUUU 第5个游程

FFF 第6个游程　UUUU 第7个游程　F 第8个游程　UU 第9个游程　F 第10个游程　U 第11个游程

$n_1 = F$ 的数量 $= 14$;　　$n_2 = U$ 的数量 $= 22$;　　$G = $ 游程数 $= 11$

因为 $n_2 > 20$,使用附录 B 中的表 4 找到临界值。因为该检验是 $\alpha = 0.05$ 的双尾检验,所以临界值为 $-z_0 = -1.96$ 和 $z_0 = 1.96$。在计算检验统计量之前,先求出 μ_G 和 σ_G 的值,如下所示:

$$\mu_G = \frac{2n_1 n_2}{n_1 + n_2} + 1 = \frac{2 \times 14 \times 22}{14 + 22} + 1 = \frac{616}{36} + 1 \approx 18.11$$

$$\sigma_G = \sqrt{\frac{2n_1 n_2 (2n_1 n_2 - n_1 - n_2)}{(n_1 + n_2)^2 (n_1 + n_2 - 1)}} = \sqrt{\frac{2 \times 14 \times 22(2 \times 14 \times 22 - 14 - 22)}{(14 + 22)^2 (14 + 22 - 1)}} \approx 2.81$$

我们可按如下方式求检验统计量:

$$z = \frac{G - \mu_G}{\sigma_G} \approx \frac{11 - 18.11}{2.81} \approx -2.53$$

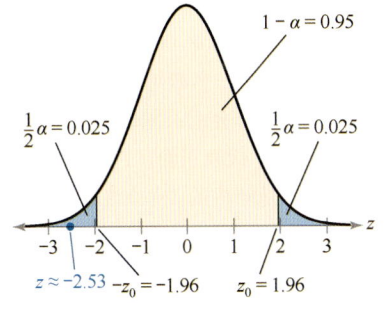

右图显示了拒绝区域和检验统计量 z 的位置。因为 z 在拒绝区域内,所以拒绝原假设。

解释:在 5% 的显著性水平上,有足够的证据支持员工年龄序列不随机的声明。

自测题 3

令 S 代表某小镇下雪的一天,令 N 代表同一个小镇不下雪的一天。整个 1 月的降雪结果如下所示。当 $\alpha = 0.05$ 时,能断定该序列不随机吗?

NNNSSNNSNNNNNSNSNNSSNNNNN

当 n_1 或 n_2 大于 20 时,还可使用 P 值对数据的随机性进行假设检验。在例题 3 中,可以将 P 值计算为 0.0114。因为 $P < \alpha$,所以拒绝原假设。

11.5.2 习题

培养基本技能和词汇

01. 为什么本节讨论的假设检验称为游程检验？
02. 描述当样本量 n_1 和 n_2 小于或等于 20 以及 n_1 或 n_2 大于 20 时，游程检验的检验统计量。

使用和解释概念

求游程数。在习题 03～06 中，确定序列中的游程数，然后求每个游程的长度。

03. T F T F T T T F F F T F。
04. U U D D U D U U D D U D U U。
05. M F M F M F F F F F M M M F F M M M M。
06. A A A B B B A B B A A A A A B A A B A B B。
07. 求习题 03 中 n_1 和 n_2 的值。
08. 求习题 04 中 n_1 和 n_2 的值。
09. 求习题 05 中 n_1 和 n_2 的值。
10. 求习题 06 中 n_1 和 n_2 的值。

求临界值。在习题 11～14 中，使用附录 B 中的序列和表 12 来确定过高的游程数和过低的游程数，使数据按随机顺序排列。

11. T F T F T F T F T F。
12. M F M M M M M M F F M M。
13. N S S S N N N N S N S N S S S N N N。
14. X X X X X X X Y Y Y Y Y Y Y Y Y Y Y Y。

执行游程检验。在习题 15～20 中，(a)确定声明并陈述 H_0 和 H_a；(b)求临界值；(c)求检验统计量 F；(d)决定是否拒绝原假设；(e)在原声明背景下解释所做的决定。使用 $\alpha = 0.05$。

15. **抛硬币**。一名教练在一个赛季的每场足球比赛开始时都会记录抛硬币的结果，结果如下所示，其中 H 代表正面，T 代表反面。教练声称抛硬币不是随机的，检验该教练的声明。H T T T H T H H T T T H T H H。

16. **参议院**。下面的序列显示了最近几年每次选举后美国参议院的多数党，其中 R 代表共和党，D 代表民主党。能断定这个序列不随机吗？R D D D R R R R R R D D D D D D D R D D R D D D D D D D D D D D D D D D R R R D D D D R R R D R R D D D D R R R D。

17. **棒球**。下面的序列显示了从 1969 年到 2019 年各世界大赛冠军球队的美国职业棒球大联盟，其中 N 代表国家联盟，A 代表美国联盟。能得出世界大赛冠军球队联盟序列不随机的结论吗？N A N A A N N A A N N N A A A N A N A A A N A N A A A N A N A A N A N A N N N A N A N A A N。

18. **数字生成器**。数字生成器输出如下所示的序列，其中 O 表示奇数，E 表示偶数。检验数字不是随机生成的声明。O O O E E E E O O O O O E E E E O O E E E E O O O O E E E E O O。

19. **狗的身份鉴定**。一组兽医在一个月内按顺序记录了宠物医院里每只植入芯片的狗的性别。下面显示了最近植入芯片的狗的性别，其中 F 代表雌性，M 代表雄性。一名兽医声称，芯片是根据性别随机选择的。你有足够的证据拒绝该兽医的声明吗？M M F M F F F F F M M M F F F M F F F F F F M F F F M F F F。

20. **高尔夫锦标赛**。高尔夫锦标赛官方记录每位冠军是在美国出生的(A)还是在外国出生的(F)。下面显示了每年锦标赛的结果。能断定这个序列不随机吗？F F A F F A F F A F F A F F A F F A F F F F F F A F F A F F A F F A F A F F A F F F F F F A F F F F F A F F F A。

扩展概念

使用定量数据进行游程检验。在习题 21～23 中，使用以下信息执行游程检验。也可对定量数据的随机性进行游程检验。首先，计算中位数，然后为中位数以上的值指定符号 +，为中位数以下的值指定符号 −。忽略任何等于中位数的值。使用 $\alpha = 0.05$。

21. **日最高温度**。下面的序列显示了一个城市 7 月的日最高温度（℉）。检验日最高温度不随机发生的声明。84 87 92 93 95 84 82 83 81 87 92 98 99 93 84 85 86 92 91 95 84 92 83 81 87 92 98 89 93 84 85。

22. **考试分数**。下面是根据学生完成考试的顺序列出的考试分数，检验分数随机出现的声明。83 94 80 76 92 89 65 75 82 87 90 91 81 99 97 72 72 89 90 92 87 76 74 66 88 81 90 92 89 76 80。

23. 使用软件生成从 1 到 99（含）的 30 个数字的序列，检验数字序列不随机的声明。

现实世界中的统计量

使用

非参数检验。在执行前几章中介绍的许多假设检验之前，必须确保总体的某些条件得到满足。例如，在执行 t 检验之前，必须检验总体是否呈正态分布或者样本量是否至少为 30。本章介绍的非参数检验的优点之一是它们不受分布的限制。也就是说，它们不需要关于被检验的一个或多个总体的任何特定信息。非参数检验的另一个优点是，它们通常要比参数检验更容易执行。这意味着它们相对更容易理解，使用起来也相对更快。当数据为定类或定序数据时，通常使用非参数检验。

滥用

证据不足。与相应的参数检验相比，在非参数检验中需要更强的证据来拒绝原假设。也就是说，当你试图支持备择假设所代表的声明时，进行非参数检验就可能需要更大的样本量。当非参数检验的结果导致无法拒绝原假设时，应该调查所用的样本量。更大的样本量可能会产生不同的结果。

使用不适当的检验。一般来说，当关于总体的信息（如正态性条件）已知时，使用参数检验更有效。然而，当关于总体的信息未知时，非参数检验可能是有帮助的。

习题

01. **证据不足**。给出一个非参数检验的例子，其中没有足够的证据来拒绝原假设。
02. **使用不适当的检验**。讨论本章中描述的非参数检验，并将每种检验与前几章介绍的参数检验匹配起来。

11.6　第 11 章复习题

11.1 节

在复习题 01～06 中，通过执行如下操作，使用符号检验来检验声明。(a)确定声明并陈述 H_0 和 H_a；(b)求临界值；(c)求检验统计量；(d)决定是否拒绝原假设；(e)在原声明背景下解释所做的决定。

01. 一位商店经理声称每天顾客数量的中位数不超过 650 人。下面列出了随机选择的 17 天的每天顾客数量。当 $\alpha = 0.01$ 时，能拒绝该经理的声明吗？675 665 601 642 554 653 639 650 645 550 677 569 650 660 682 689 590。

02. 一家公司声称美国成年人的信用评分中位数至少为 710 分。下面列出了随机选择的 13 名美国成年人的信用评分。当 $\alpha = 0.05$ 时，能拒绝该公司的声明吗？750 782 805 695 700 706 625 589 690 772 745 704 710。

03. 某政府机构声称所有联邦囚犯的平均刑期是 2 年。在 180 名联邦囚犯的随机样本中，65 人的刑期超过 2 年，109 人的刑期少于 2 年，6 人的刑期为 2 年。当 $\alpha = 0.10$ 时，能拒绝该机构的声明吗？

04. 在一项测试钙补充剂对男性血压影响的研究中，10 名随机选择的男性连续 12 周服用钙补充剂。下表显示了每名被试在 12 周治疗期之前和之后的舒张压测量值。当 $\alpha = 0.05$ 时，能拒绝舒张压未降低的声明吗？

被 试	1	2	3	4	5	6	7	8	9	10
治疗期之前	107	110	123	129	112	111	107	112	136	102
治疗期之后	100	114	105	112	115	116	106	102	125	104

05. 在一项检验草药补充剂对男性血压影响的研究中，11 名随机选择的男性连续 12 周服用草药补充剂。下表显示了每名被试在 12 周治疗期之前和之后的舒张压测量值。当 $\alpha = 0.05$ 时，能否定舒张压未下降的声明吗？

被 试	1	2	3	4	5	6
治疗之前	123	109	112	102	98	114
治疗之后	124	97	113	105	95	119
被 试	7	8	9	10	11	
治疗期之前	119	112	110	117	130	
治疗期之后	114	114	121	118	133	

06. 某协会声称律师的平均年薪是 126930 美元。在随机抽取的 125 名律师中，76 名律师的年薪低于 126930 美元，49 名律师的年薪高于 126930 美元。当 $\alpha = 0.05$ 时，能否定该协会的声明吗？

11.2 节

在习题 07 和 08 中，通过执行以下操作，使用威尔科克森检验来检验声明。(a)确定声明并陈述 H_0 和 H_a；(b)决定是否使用威尔科克森符号秩检验或威尔科克森秩和检验；(c)求临界值；(d)求检验统计量；(e)决定是否拒绝原假设；(f)在原声明背景下解释所做的决定。

07. 一位职业安置顾问声称，女性和男性研究生获得博士学位所需的总时间存在差异。下表显示了随机抽取的 12 名女性和 12 名男性研究生获得博士学位的总时间（年）。当 $\alpha = 0.01$ 时，能支持该顾问的声明吗？

| 女性 | 9 | 11 | 9 | 12 | 11 | 9 | 10 | 13 | 6 | 8 | 9 | 5 |
| 男性 | 8 | 7 | 8 | 10 | 9 | 7 | 7 | 9 | 10 | 8 | 9 | 7 |

08. 一位医学研究人员声称，一种新药可以影响头痛患者头痛的小时数。随机选择的 8 名患者在服药前后经历的头痛小时数（每天）如下表所示。当 $\alpha = 0.05$ 时，能支持该研究人员的声明吗？

患者	1	2	3	4	5	6	7	8
头痛小时数（之前）	0.9	2.3	2.7	2.4	2.9	1.9	1.2	3.1
头痛小时数（之后）	1.4	1.5	1.4	1.8	1.3	0.6	0.7	1.9

11.3 节

在习题 09 和 10 中，通过执行以下操作，使用克鲁斯卡尔-沃利斯检验来检验声明。(a)确定声明并陈述 H_0 和 H_a；(b)求临界值和确定拒绝区域；(c)求检验统计量 H；(d)决定是否拒绝原假设；(e)在原声明背景下解释所做的决定。

09. 下表显示了三个研究领域的博士学位获得者的年龄。当 $\alpha = 0.01$ 时，是否可以得出至少在一个研究领域博士学位获得者的年龄分布与其他领域不同的结论？

研究领域	年龄								
生命科学	31	32	34	33	30	32	35	31	32	34	29
物理科学	30	31	34	31	30	29	31	34	32	33	30
社会科学	32	35	34	33	34	31	35	36	32	30	33

10. 下表显示了在四个工程领域随机抽样的大学毕业生的起薪。当 $\alpha = 0.05$ 时，是否可以得出至少有一个工程领域的起薪分布与其他领域不同的结论？

工程领域	起薪（千美元）				
化学	71.7	72.0	72.2	71.4	71.7
计算机	68.6	74.2	67.1	68.0	71.6
电气	72.8	69.4	70.9	71.2	73.0
机械	68.5	69.6	68.1	69.2	69.7

工程领域	起薪（千美元）				
化学	71.2	70.5	72.1	72.5
计算机	72.3	70.6	73.7	70.7	69.9
电气	68.8	71.7	71.3	71.0	69.8
机械	70.4	67.8	68.0	69.5	69.0

11.4 节

在习题 11 和 12 中，通过执行以下操作，使用斯皮尔曼秩相关系数来检验声明。(a)确定声明并陈述 H_0 和 H_a；(b)求临界值；(c)求检验统计量 r_s；(d)决定是否拒绝原假设；(e)在原声明背景下解释所做的决定。

11. 下表显示了随机选择的六辆摩托车的发动机容量（立方厘米）和价格。当 $\alpha = 0.01$ 时，是否可以得出发动机容量和价格（美元）显著相关的结论？

| 发动机容量 | 1700 | 1000 | 999 | 645 | 471 | 399 |
| 价　格 | 16799 | 8999 | 11599 | 8799 | 6699 | 5999 |

12. 下表显示了随机选择的八个汽车品牌的汽车在拥有的第一年和第三年中，每百辆车报告的问题数量。当 $\alpha = 0.10$ 时，能得出第一年和第三年的汽车问题数量显著相关的结论吗？

| 第一年 | 148 | 147 | 151 | 182 | 146 | 240 | 128 | 144 |
| 第三年 | 102 | 97 | 125 | 125 | 128 | 127 | 123 | 116 |

11.5 节

在习题 13 和 14 中，(a)确定声明并陈述 H_0 和 H_a；(b)求临界值；(c)求检验统计量；(d)决定是否拒绝原假设；(e)在原声明背景下解释所做的决定。使用 $\alpha = 0.05$。

13. 一名公路巡警在州际公路上拦截超速车辆。下面显示了最后 25 名被拦下的驾驶员的性别，其中 F 代表女性驾驶员，M 代表男性驾驶员。能断定停车不按性别随机发生的结论吗？$F M M F M F M F F F M M F F F M M M F M M F F M$。

14. 下面的序列显示了最后离开公共汽车站的 18 辆公共汽车的发车状态，其中 T 表示准时发车的公共汽车，L 表示晚点发车的公共汽车。能断定公交车的发车状态不随机的结论吗？$T\,T\,T\,T\,L$ $L\,L\,L\,T\,L\,L\,L\,T\,T\,T\,T\,T$。

11.7 第 11 章测验题

在测验题 01～05 中，(a)确定声明并陈述 H_0 和 H_a；(b)决定使用哪种非参数检验；(c)求临界值；(d)求检验统计量；(e)决定是否拒绝原假设；(f)在原声明背景下解释所做的决定。

01. 某组织声称，每年志愿服务时间的中位数为 50 小时。在去年随机抽取的 75 名志愿者中，47 名志愿者的志愿服务时间少于 50 小时，23 名志愿者的志愿服务时间超过 50 小时，5 名志愿者的志愿服务时间为 50 小时。当 $\alpha = 0.05$ 时，能拒绝该组织的声明吗？

02. 某劳工组织声称，在州和地方政府中，工会员工和非工会员工的时薪存在差异。下表显示了州和地方政府随机抽取的 10 名工会员工和 10 名非工会员工的时薪（美元）。当 $\alpha = 0.10$ 时，能拒绝该组织的声明吗？

工 会	非 工 会
32.75 31.15 35.30	29.15 26.10 24.20
38.52 35.88	29.95 25.05
30.85 30.35 32.05	27.75 25.50 25.25
30.60 29.75	24.40 23.45

03. 下表显示了美国四个地区公寓和合住公寓的随机抽样销售价格。当 $\alpha = 0.01$ 时，能得出至少一个地区的销售价格分布与其他地区不同的结论吗？

地区	销售价格（千美元）						
东北部	314.4	307.4	299.8	332.1	327.8	311.9	321.3	300.5
中西部	193.0	209.2	205.0	180.0	174.6	196.0	189.4	191.2
南部	219.6	195.0	193.9	208.7	213.6	234.6	216.7	205.1
西部	389.1	372.5	426.3	400.4	360.5	396.3	390.6	376.9

04. 下表显示了随机抽取的 9 人在一周内发送的电子邮件数量和接收的电子邮件数量。当 $\alpha = 0.01$ 时，是否可以得出发送的电子邮件数量与接收的电子邮件数量显著相关的结论？

发送的电子邮件	30	30	25	26	24	18	18	25	28
收到的电子邮件	32	36	21	22	20	20	22	24	23

05. 一位气象学家想要确定其家乡在 4 月是否随机出现雨天。为此，这位气象学家记录了 4 月的每天是否下雨，结果如下所示，其中 R 表示雨天，N 表示非雨天。当 $\alpha = 0.05$ 时，这位气象学家能得出雨天不随机出现的结论吗？$N\,R\,R\,N$ $N\,N\,N\,R\,N\,R\,R\,N\,R\,R\,R\,N\,N\,N\,N\,R\,N$ $R\,N\,N\,R$。

11.8 第 11 章测试题

在习题 01～05 中，(a)确定声明并陈述 H_0 和 H_a；(b)决定使用哪种非参数检验；(c)求临界值；(d)求检验统计量；(e)决定是否拒绝原假设；(f)在原声明背景下解释所做的决定。

01. 市长在一次城镇会议上召集议员，序列如下所示，其中 R 代表共和党议员，D 代表民主党议员。当 $\alpha = 0.05$ 时，能得出成员选择不随机的结论吗？$R\,D\,D\,D\,R\,R\,D\,R\,D\,D\,R\,D\,D\,D\,R\,R\,D$ $R\,R\,R\,R\,D\,R\,R\,R\,D\,D\,D\,R\,D\,R\,D\,R\,R$。

02. 某职业介绍所的一名代表想要确定美国四个地区的家庭年收入是否存在差异。这名代表在每个地区随机选择 7 户家庭并记录它们的年收入，结果如下表所示。当 $\alpha = 0.01$ 时，这名代表能否得出至少一个地区的家庭年收入分布与其他地区不同的结论？

地区	家庭收入（千美元）					
东北部	78.2	71	79.6	78.7	73.9	76.4	75.5
中西部	67.3	72.4	63.2	66.5	68.7	69.8	70
南部	60	61.2	64.8	57.1	62	64.8	62.6
西部	78.3	76.2	72.9	75	73.9	75.5	77.4

03. 一家投资公司声称，拥有共同基金的户主的中位数年龄是 50 岁。下面列出了随机选择的 20 个拥有共同基金的户主的年龄（岁）。当 $\alpha = 0.01$ 时，是否有足够的证据拒绝该公司的声明？ 45 33 32 26 57 63 53 35 37 41 25 50 48 43 45 49 38 33 50 62。

04. 一家职业介绍所声称，加入工会的员工和不加入工会的员工的周薪存在差异。下表显示了随机抽取的 9 名工会员工和 8 名非工会员工的周薪（美元）。当 $\alpha = 0.05$ 时，能支持该机构的声明吗？

工会员工	1091	1230	928	1036	1120	1227
非工会员工	1006	939	1110	805	903	1062
工会员工	1276	1140	1030	1059	1166	
非工会员工	1051	886	946	843		

05. 下表显示了去年随机抽取的八辆新车的专家评分和价格（千美元）。当 $\alpha = 0.05$ 时，是否可以得出专家评分与价格显著相关的结论？

| 专家评分 | 4.8 | 4.7 | 4.6 | 4.5 | 4.4 | 4.3 | 4.2 | 4.1 |
| 价 格 | 20.9 | 22.0 | 26.3 | 25.7 | 21.1 | 17.0 | 27.5 | 26.2 |

真正的统计与决策

根据美国劳工统计局的数据，去年，工资和薪金员工为当前雇主工作的平均年数（员工任期）为 4.1 年。自 1996 年以来，通过"当前人口调查"（CPS）收集了有关员工任期的信息。CPS 是一项对约 60000 个家庭的月度调查，它提供有关美国 16 岁及以上人口的就业、失业、收入、人口统计和其他特征的信息。关于员工任期，这些问题衡量的是员工在当前雇主那里工作了多长时间，而不是他们计划在雇主那里工作多长时间。

习题

01. **你会怎么做？** (a)你会使用什么抽样技术来选择 CPS 的样本？(b)你认为(a)问的技术会给你一个代表美国人口的样本吗？为什么？(c)根据你在(a)问中选择的技术，确定调查中可能存在的缺陷或偏差。

02. **有区别吗？** 一位国会代表声称，该代表选区员工的平均任期低于全国平均任期 4.1 年。该声明基于如下数据（假设员工是随机选择的）。(a)这种说法有可能是真的吗？关于数据是如何收集的，你应该问什么问题？(b)你将如何检验代表的声明？是否可以使用参数检验？或者是否需要使用非参数检验？(c)陈述原假设和备择假设；(d)使用 $\alpha = 0.05$ 检验声明，你能得出什么结论？ 4.6 2.6 3.3 2.8 1.5 1.9 4.0 5.0 3.9 5.1 3.7 5.4 3.6 3.9 6.2 1.7 4.6 3.1 4.4 3.6。

03. **比较男性和女性员工任期**。国会代表声称，男性员工和女性员工的平均任期存在差异。该声明基于如下数据（假设员工是从该代表的地区随机选择的）。(a)如何检验该代表的声明？是否可以使用参数检验？或者是否需要使用非参数检验？(b)陈述原假设和备择假设；(c)使用 $\alpha = 0.05$ 检验声明，你能得出什么结论？

男性员工的平均任期	女性员工的平均任期
3.9	4.4
4.4	4.9
4.7	5.4
4.3	4.3
4.9	4.0
3.8	1.8
3.6	5.1
4.7	5.1
2.3	3.3
6.5	2.2
0.9	5.2
5.1	3.0
	1.3
	4.0

美国收入与经济研究

美国国家经济研究局（NBER）是一家无党派的非营利研究机构，它为更好地了解美国经济如何运行提供了信息。美国国家经济研究局的研究人员专注于四类实证研究：开发新的统计方法，估计经济行为的定量模型，评估公共政策对美国经济的影响，以及预测替代政策建议的影响。美国国家经济研究局的兴趣之一是美国不同地区人们的收入中位数。下表显示了美国四个地区（东北部、中西部、南部和西部）的随机抽样人群（15 岁及以上）去年的年收入（美元）。

年收入（美元）								
东北部	中西部	南部	西部	东北部	中西部	南部	西部
62904	37584	6024	39510	17782	68098	15835	65978
10914	21002	79644	124339	5677	54275	69942	34756
29964	31011	22718	83519	165096	27288	105148	36294
68401	64429	90374	57573	36849	78962	82786	78917
0	146005	32832	42236	198817	34793	33125	28445
44201	57250	35643	83144	68867	3669	21681	2112

习题

在习题 01~05 中，请参考表格中的年收入。所有检验均使用 $\alpha = 0.05$。

01. 为每个地区构建盒须图。不同地区的年收入中位数是否存在差异？

02. 使用软件执行符号检验，以检验中西部地区年收入中位数大于 30000 美元的声明。

03. 使用软件执行威尔科克森秩和检验，以检验东北部和南部地区年收入中位数不同的声明。

04. 使用软件执行克鲁斯卡尔-沃利斯检验，以检验所有四个地区的平均年收入分布相同的声明。

05. 使用软件执行单向方差分析，以检验所有四个地区的平均年收入相同的声明。假设收入总体呈正态分布，样本相互独立，总体方差相等。你的结果与习题 04 的结果相比如何？

06. 使用下表中的数据重做习题 01、03、04 和 05。下表显示了去年美国四个地区（东北部、中西部、南部和西部）随机抽样家庭的年收入（美元）。

家庭年收入（美元）								
东北部	中西部	南部	西部	东北部	中西部	南部	西部
130680	138282	159397	160489	88501	77248	131159	61610
98855	121976	183202	85316	93301	126405	49767	91233
149852	173356	39923	66160	127629	83175	77476	143600
129907	69154	137770	225048	219302	85022	123442	57232
91586	81223	99549	82350	89373	34777	42088	130928
244643	187285	74741	292000	87710	66834	79906	143092
144983	161938	96765	37765	94385	241490	144806	150549
171885	71259	112878	61691				

附录 A　标准正态分布的另一种表示方法

在本附录中，我们使用 0 到 z 表替代标准正态分布。本附录拟在学习 5.1 节后使用。使用本附录时，它可取代 5.1 节中的内容，但习题除外。

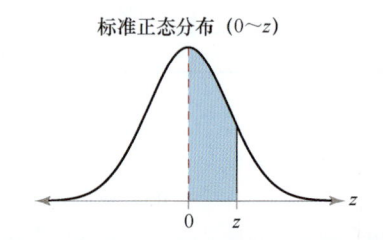

标准正态分布（0~z）

z	.00	.01	.02	.03	.04	.05	.06	.07	.08	.09
0.0	.0000	.0040	.0080	.0120	.0160	.0199	.0239	.0279	.0319	.0359
0.1	.0398	.0438	.0478	.0517	.0557	.0596	.0636	.0675	.0714	.0753
0.2	.0793	.0832	.0871	.0910	.0948	.0987	.1026	.1064	.1103	.1141
0.3	.1179	.1217	.1255	.1293	.1331	.1368	.1406	.1443	.1480	.1517
0.4	.1554	.1591	.1628	.1664	.1700	.1736	.1772	.1808	.1844	.1879
0.5	.1915	.1950	.1985	.2019	.2054	.2088	.2123	.2157	.2190	.2224
0.6	.2257	.2291	.2324	.2357	.2389	.2422	.2454	.2486	.2517	.2549
0.7	.2580	.2611	.2642	.2673	.2704	.2734	.2764	.2794	.2823	.2852
0.8	2881	.2910	.2939	.2967	.2995	.3023	.3051	.3078	.3106	.3133
0.9	.3159	.3186	.3212	.3238	.3264	.3289	.3315	.3340	.3365	.3389
1.0	.3413	.3438	.3461	.3485	.3508	.3531	.3554	.3577	.3599	.3621
1.1	.3643	.3665	.3686	.3708	.3729	.3749	.3770	.3790	.3810	.3830
1.2	.3849	.3869	.3888	.3907	.3925	.3944	.3962	.3980	.3997	.4015
1.3	.4032	.4049	.4066	.4082	.4099	.4115	.4131	.4147	.4162	.4177
1.4	.4192	.4207	.4222	.4236	.4251	.4265	.4279	.4292	.4306	.4319
1.5	.4332	.4345	.4357	.4370	.4382	.4394	.4406	.4418	.4429	.4441
1.6	.4452	.4463	.4474	.4484	.4495	.4505	.4515	.4525	.4535	.4545
1.7	.4554	.4564	.4573	.4582	.4591	.4599	.4608	.4616	.4625	.4633
1.8	.4641	.4649	.4656	.4664	.4671	.4678	.4686	.4693	.4699	.4706
1.9	.4713	.4719	.4726	.4732	.4738	.4744	.4750	.4756	.4761	.4767
2.0	.4772	.4778	.4783	.4788	.4793	.4798	.4803	.4808	.4812	.4817
2.1	.4821	.4826	.4830	.4834	.4838	.4842	.4846	.4850	.4854	.4857
2.2	.4861	.4864	.4868	.4871	.4875	.4878	.4881	.4884	.4887	.4890
2.3	.4893	.4896	.4898	.4901	.4904	.4906	.4909	4911	.4913	.4916
2.4	.4918	.4920	.4922	.4925	.4927	.4929	.4931	.4932	.4934	.4936
2.5	.4938	.4940	.4941	.4943	.4945	.4946	.4948	.4949	.4951	.4952
2.6	.4953	.4955	.4956	.4957	.4959	.4960	.4961	.4962	.4963	.4964
2.7	.4965	.4966	.4967	.4968	.4969	.4970	.4971	.4972	.4973	.4974
2.8	.4974	.4975	.4976	.4977	.4977	.4978	.4979	.4979	.4980	.4981
2.9	.498	.4982	.4982	.4983	.4984	.4984	.4985	.4985	.4986	.4986
3.0	.4987	.4987	.4987	.4988	.4988	.4989	.4989	.4989	.4990	.4990
3.1	.4990	.4991	.4991	.4991	.4992	.4992	.4992	.4992	.4993	.4993
3.2	.4993	.4993	.4994	.4994	.4994	.4994	.4994	.4995	4995	.4995
3.3	.4995	.4995	.4995	.4996	.4996	.4996	.4996	.4996	.4996	.4997
3.4	.4997	.4997	.4997	.4997	.4997	.4997	.4997	.4997	.4997	.4998

A.1 标准正态分布的另一种表示方法

A.1.1 标准正态分布

正态分布有无穷多个,每个正态分布又都有自己的均值和标准差。均值为 0、标准差为 1 的正态分布称为标准正态分布。标准正态分布图的水平刻度对应于 z 分数。2.5 节说过,z 分数是位置的度量,它表示一个值与平均值的标准差的数量。回顾可知,我们可以使用以下公式将 x 值转换为 z 分数:

$$z = \frac{\text{值} - \text{均值}}{\text{标准差}} = \frac{x - \mu}{\sigma} \quad \text{四舍五入到百分位}$$

定义 标准正态分布是均值为 0、标准差为 1 的正态分布。正态曲线下的总面积为 1。

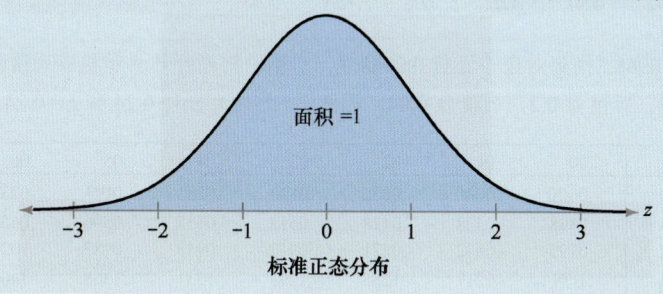

提示:因为每个正态分布都可以转换为标准正态分布,所以可以使用 z 分数和标准正态曲线来求任何正态曲线下的面积(以及概率)。

将正态分布随机变量 x 的每个数据值转换为 z 分数时,结果是标准正态分布。该变换发生后,在相应的 z 边界内,落在非标准正态曲线下的面积与落在标准正态曲线下的面积相同。

2.4 节说过,当随机变量 x 的值对应于均值的 $-3, -2, -1, 0, 1, 2$ 或 3 个标准差时,可以使用经验规则来近似正态曲线下的面积。下面介绍如何计算与其他 x 值对应的面积。使用上述公式将 x 值转换为 z 分数后,可以使用前面的标准正态表(0~z),其中列出了 0 和给定 z 分数之间标准正态曲线下的面积。检查该表时,要注意以下内容。

提示:重要的是,要知道 x 和 z 之间的区别。随机变量 x 有时称为原始分数,表示非标准正态分布中的值,而 z 表示标准正态分布中的值。

标准正态分布的性质

1. 分布关于均值($z = 0$)对称。
2. $z = 0$ 左侧标准正态曲线下的面积是 0.5,$z = 0$ 右侧标准正态曲线下的面积是 0.5。
3. 标准正态曲线下的面积随着 0 和 z 之间距离的增大而增加。

乍看之下,前面的表格中似乎只给出了正 z 分数的面积。然而,由于标准正态曲线的对称性,该表也给出了负 z 分数的面积(见例题 1)。

【例题 1】使用标准正态表(0~z)

1. 求 $z = 0$ 和 $z = 1.15$ 之间标准正态曲线下的面积。
2. 求对应于面积 0.0948 的 z 分数。

解答：

1. 在左列中找到 1.1，然后在该行中移到 0.05 下的列，找到对应于 $z = 1.15$ 的面积。该行和该列中的数字是 0.3749。因此，$z = 0$ 和 $z = 1.15$ 之间的面积为 0.3749，如下图所示。

z	.00	.01	.02	.03	.04	.05	.06
0.0	.0000	.0040	.0080	.0120	.0160	.0199	.0239
0.1	.0398	.0438	.0478	.0517	.0557	.0596	.0636
0.2	.0793	.0832	.0871	.0910	.0948	.0987	.1026
0.3	.1179	.1217	.1255	.1293	.1331	.1368	.1406
0.9	.3159	.3186	.3212	.3238	.3264	.3289	.3315
1.0	.3413	.3438	.3461	.3485	.3508	.3531	.3554
1.1	.3643	.3665	.3686	.3708	.3729	.3749	.3770
1.2	.3849	.3869	.3888	.3907	.3925	.3944	.3962
1.3	.4032	.4049	.4066	.4082	.4099	.4115	.4131
1.4	.4192	.4207	.4222	.4236	.4251	.4265	.4279

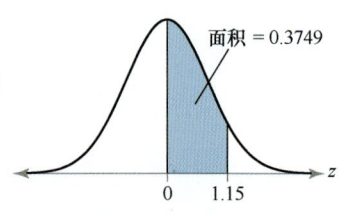

面积 = 0.3749

2. 在表中定位 0.0948，找到对应于面积 0.0948 的 z 分数。相应行开头和相应列顶部的值给出了 z 分数。对面积 0.0948，行值为 0.2，列值为 0.04。因此，z 分数为 $z = -0.24$ 和 $z = 0.24$，如下图所示。

z	.00	.01	.02	.03	.04	.05	.06
0.0	.0000	.0040	.0080	.0120	.0160	.0199	.0239
0.1	.0398	.0438	.0478	.0517	.0557	.0596	.0636
0.2	.0793	.0832	.0871	.0910	.0948	.0987	.1026
0.3	.1179	.1217	.1255	.1293	.1331	.1368	.1406
0.4	.1554	.1591	.1628	.1664	.1700	.1736	.1772
0.5	.1915	.1950	.1985	.2019	.2054	.2088	.2123

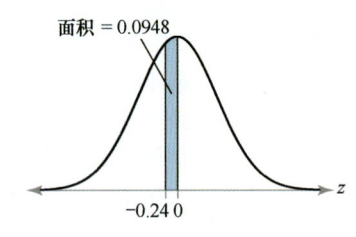

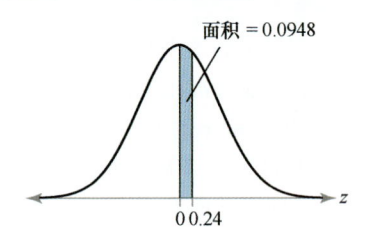

面积 = 0.0948   面积 = 0.0948

自测题 1

1. 求 $z = 0$ 和 $z = 2.19$ 之间标准正态曲线下的面积。
2. 求对应于面积 0.4850 的 z 分数。

当 z 分数不在表中时，可以使用与其最接近的数据项。当 z 分数正好位于两个 z 分数中间时，可以使用相应区域中间的面积。除了使用表格，还可使用软件来求与 z 分数对应的标准正态曲线下的面积，例如，例题 1 中第一问使用 TI-84 PLUS 的结果如右图所示。

可以使用以下指南来求标准正态曲线下的各类面积。

TI-84 PLUS

normalcdf(0,1.15)
　　　　0.3749280109

指南　求标准正态曲线下的面积

1. 绘制标准正态曲线，并对曲线下的适当区域着色。
2. 使用标准正态表（0～z）查找与 z 分数对应的面积。
3. 按照如下每种情况的说明求面积。
   a. z 左侧的面积
      i. 当 $z < 0$ 时，该面积减去 0.5。
      ii. 当 $z > 0$ 时，该面积加上 0.5。

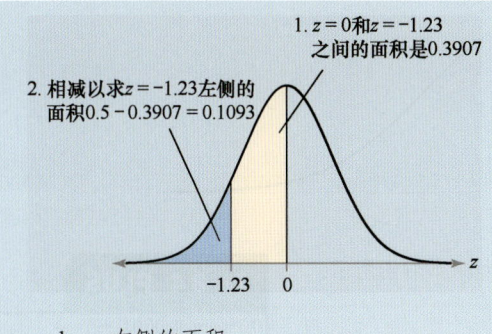

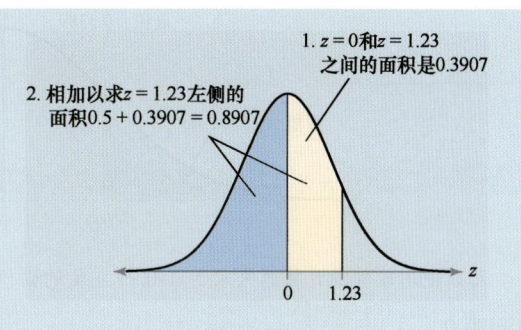

b. z 右侧的面积

　　i. 当 $z < 0$ 时，该面积加上 0.5。

　　ii. 当 $z > 0$ 时，该面积减去 0.5。

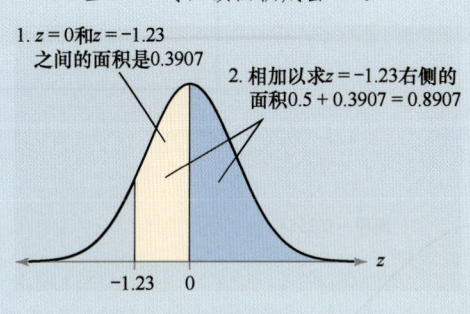

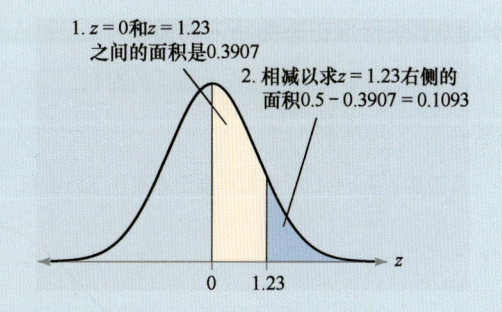

c. 两个 z 分数之间的面积

　　i. 当两个 z 分数的符号相同（都为正或都为负）时，从较大面积中减去较小面积。

　　ii. 当两个 z 分数的符号相反（一个为正、一个为负）时，将两个面积相加。

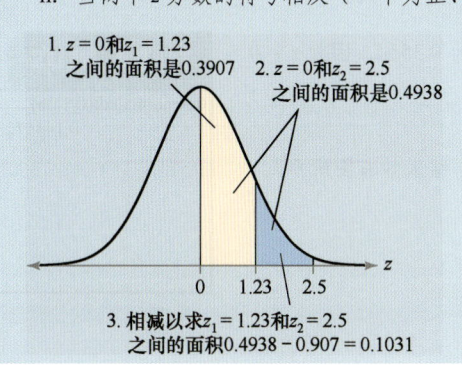

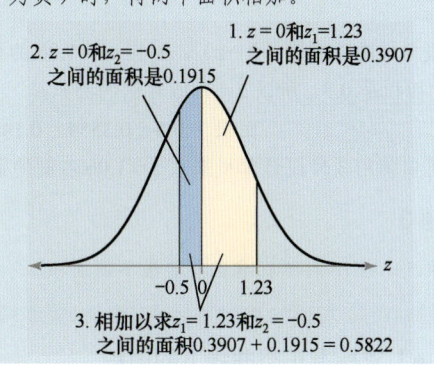

【例题 2】求标准正态曲线下的面积

求 $z = -0.99$ 左侧标准正态曲线下的面积。

解答：

下面显示了 $z = -0.99$ 左侧标准正态曲线下的面积。

根据标准正态表（0～z），对应 $z = -0.99$ 的面积为 0.3389。因为 $z = 0$ 左侧的面积是 0.5，所以 $z = -0.99$ 左侧的面积是

$$面积 = 0.5 - 0.3389 = 0.1611$$

附录 A　标准正态分布的另一种表示方法　403

面积 = 0.3389

面积 = 0.5−0.3389

−0.99　0

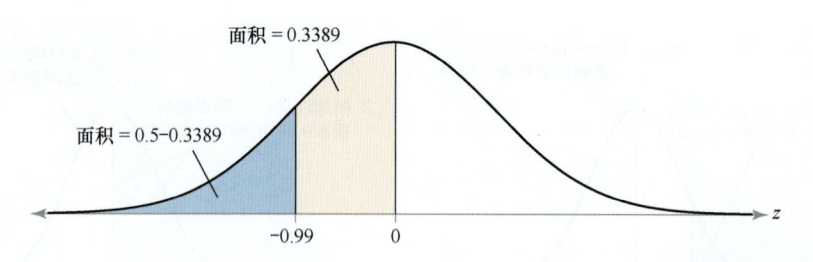

可以使用软件或计算器来求 $z = -0.99$ 左侧的面积，结果如右图所示。

自测题 2

求 $z = 2.13$ 左侧标准正态曲线下的面积。

TI-84 PLUS
0.5−normalcdf(0,0.99)
　　　　　0.1610870617

【例题 3】求标准正态曲线下的面积

求 $z = 1.06$ 右侧标准正态曲线下的面积。

解答：

下图显示了 $z = 1.06$ 右侧标准正态曲线下的面积。

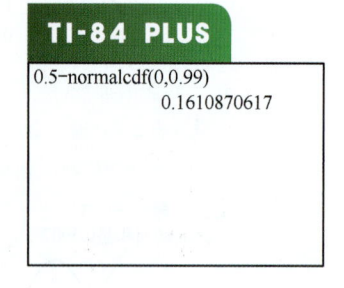

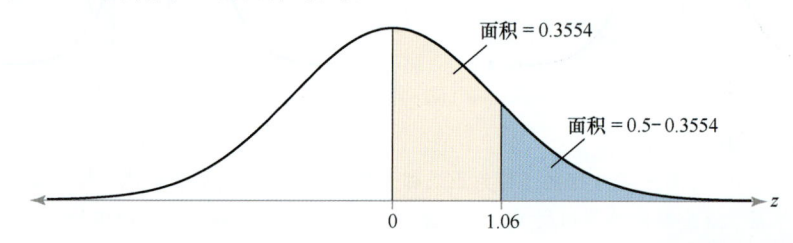

面积 = 0.3554

面积 = 0.5−0.3554

0　1.06

根据标准正态表（0~z），对应 $z = 1.06$ 的面积为 0.3554。因为 $z = 0$ 右侧的面积是 0.5，所以 $z = 1.06$ 右侧的面积是

$$面积 = 0.5 - 0.3554 = 0.1446$$

可以使用软件或计算机来求 $z = 1.06$ 右侧的面积，结果如右图所示。

TI-84 PLUS
0.5−normalcdf(0,1.06)
　　　　　0.1445723279

自测题 3

求 $z = -2.16$ 右侧标准正态曲线下的面积。

【例题 4】求标准正态曲线下的面积

求 $z = -1.5$ 和 $z = 1.25$ 之间标准正态曲线下的面积。

解答：

下图显示了 $z = -1.5$ 和 $z = 1.25$ 之间标准正态曲线下的面积。

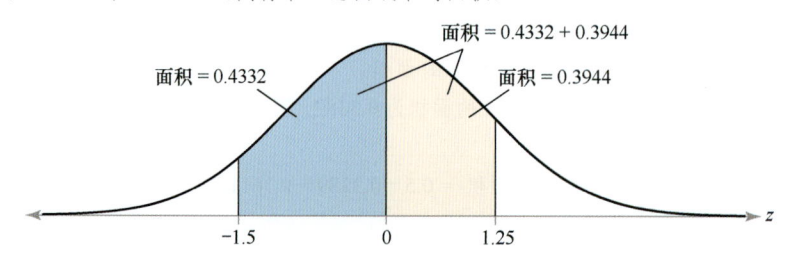

面积 = 0.4332 + 0.3944

面积 = 0.4332　　面积 = 0.3944

−1.5　0　1.25

根据标准正态表（0~z），对应 $z=-1.5$ 的面积为 0.4332，对应 $z=1.25$ 的面积为 0.3944。要求这两个 z 分数之间的面积，可将结果面积相加：
$$\text{面积} = 0.4332 + 0.3944 = 0.8276$$

注意，使用软件或计算器时，得到的答案可能与使用标准正态表找到的稍有不同。例如，在 TI-84 PLUS 上求 $z=-1.5$ 和 $z=1.25$ 之间的面积时，会得到右图所示的结果。

解释：因此，约 82.76% 的曲线下面积落在 $z=-1.5$ 和 $z=1.25$ 之间。

自测题 4

求 $z=-2.165$ 和 $z=-1.35$ 之间标准正态曲线下的面积。

因为正态分布是连续的概率分布，所以 z 分数左侧标准正态曲线下的面积给出了 z 小于该 z 分数的概率。例如，在例题 2 中，$z=-0.99$ 左侧的面积是 0.1611。因此，$P(z<-0.99)=0.1611$，即 "z 小于 -0.99 的概率为 0.1611"。下表显示了例题 3 和例题 4 的概率。

	面积	概率
例题 3	$z=1.06$ 右侧：0.1446	$P(z>1.06)=0.1446$
例题 4	$z=-1.5$ 和 $z=1.25$ 之间：0.8276	$P(-1.5<z<1.25)=0.8264$

回顾 2.4 节可知，超过均值两个标准差的值被认为是异常的，超过均值三个标准差的值被认为是极度异常的。因此，z 分数大于 2 或小于 -2 是异常的，z 分数大于 3 或小于 -3 是极度异常的。

现在可以继续练习 5.1 节中的习题。

附录 B 随机数与各种分布表

表 1 随机数

92630	78240	19267	95457	53497	23894	37708	79862	76471	66418
79445	78735	71549	44843	26104	67318	00701	34986	66751	99723
59654	71966	27386	50004	05358	94031	29281	18544	52429	06080
31524	49587	76612	39789	13537	48086	59483	60680	84675	53014
06348	76938	90379	51392	55887	71015	09209	79157	24440	30244
28703	51709	94456	48396	73780	06436	86641	69239	57662	80181
68108	89266	94730	95761	75023	48464	65544	96583	18911	16391
99938	90704	93621	66330	33393	95261	95349	51769	91616	33238
91543	73196	34449	63513	83834	99411	58826	40456	69268	48562
42103	02781	73920	56297	72678	12249	25270	36678	21313	75767
17138	27584	25296	28387	51350	61664	37893	05363	44143	42677
28297	14280	54524	21618	95320	38174	60579	08089	94999	78460
09331	56712	51333	06289	75345	08811	82711	57392	25252	30333
31295	04204	93712	51287	05754	79396	87399	51773	33075	97061
36146	15560	27592	42089	99281	59640	15221	96079	09961	05371
29553	18432	13630	05529	02791	81017	49027	79031	50912	09399
23501	22642	63081	08191	89420	67800	55137	54707	32945	64522
57888	85846	67967	07835	11314	01545	48535	17142	08552	67457
55336	71264	88472	04334	63919	36394	11196	92470	70543	29776
10087	10072	55980	64688	68239	20461	89381	93809	00796	95945
34101	81277	66090	88872	37818	72142	67140	50785	21380	16703
53362	44940	60430	22834	14130	96593	23298	56203	92671	15925
82975	66158	84731	19436	55790	69229	28661	13675	99318	76873
54827	84673	22898	08094	14326	87038	42892	21127	30712	48489
25464	59098	27436	89421	80754	89924	19097	67737	80368	08795
67609	60214	41475	84950	40133	02546	09570	45682	50165	15609
44921	70924	61295	51137	47596	86735	35561	76649	18217	63446
33170	30972	98130	95828	49786	13301	36081	80761	33985	68621
84687	85445	06208	17654	51333	02878	35010	67578	61574	20749
71886	56450	36567	09395	96951	35507	17555	35212	69106	01679
00475	02224	74722	14721	40215	21351	08596	45625	83981	63748
25993	38881	68361	59560	41274	69742	40703	37993	03435	18873
92882	53178	99195	93803	56985	53089	15305	50522	55900	43026
25138	26810	07093	15677	60688	04410	24505	37890	67186	62829
84631	71882	12991	83028	82484	90339	91950	74579	03539	90122
34003	92326	12793	61453	48121	74271	28363	66561	75220	35908
53775	45749	05734	86169	42762	70175	97310	73894	88606	19994
59316	97885	72807	54966	60859	11932	35265	71601	55577	67715
20479	66557	50705	26999	09854	52591	14063	30214	19890	19292
86180	84931	25455	26044	02227	52015	21820	50599	51671	65411

(续表)

21451	68001	72710	40261	61281	13172	63819	48970	51732	54113
98062	68375	80089	24135	72355	95428	11808	29740	81644	86610
01788	64429	14430	94575	75153	94576	61393	96192	03227	32258
62465	04841	43272	68702	01274	05437	22953	18946	99053	41690
94324	31089	84159	92933	9989	89500	91586	02802	69471	68274
05797	43984	21575	09908	70221	19791	51578	36432	33494	79888
10395	14289	52185	09721	25789	38562	54794	04897	59012	89251
35177	56986	25549	59730	64718	52630	31100	62384	49483	11409
25633	89619	75882	98256	02126	72099	57183	55887	09320	73463
16464	48280	94254	45777	45150	68865	11382	11782	22695	41988

表2 二项分布

该表显示了 n 次独立实验成功 x 次的概率，每次实验的成功概率为 p。

n	x	.01	.05	.10	.15	.20	.25	.30	.35	.40	.45	.50	.55	.60	.65	.70	.75	.80	.85	.90	.95
2	0	.980	.902	.810	.723	.640	.563	.490	.423	.360	.303	.250	.203	.160	.123	.090	.063	.040	.023	.010	.002
	1	.020	.095	,180	.255	.320	.375	.420	.455	.480	,495	.500	.495	.480	.455	.420	.375	.320	.255	.180	.095
	2	.000	.002	.010	.023	.040	.063	.090	.123	.160	.203	.250	.303	.360	.423	.490	.563	.640	.723	.810	.902
3	0	.970	.857	.729	.614	.512	.422	.343	.275	.216	.166	.125	.091	.064	.043	.027	.016	.008	.003	.001	.000
	1	.029	.135	.243	.325	.384	.422	.441	.444	.432	.408	.375	.334	.288	.239	.189	.141	.096	.057	.027	.007
	2	.000	.007	.027	.057	.096	.141	.189	.239	.288	.334	.375	.408	.432	.444	.441	.422	.384	.325	.243	.135
	3	.000	.000	.001	.003	.008	.016	.027	.043	.064	.091	.125	.166	.216	.275	.343	.422	.512	.614	.729	.857
4	0	.961	.815	.656	.522	.410	.316	.240	.179	.130	.092	.062	.041	.026	.015	.008	.004	.002	.001	.000	.000
	1	.039	.171	.292	.368	.410	.422	.412	.384	.346	.300	.250	.200	.154	.112	.076	.047	.026	.011	.004	.000
	2	.001	.014	.049	.098	.154	.211	.265	.311	.346	.368	.375	.368	.346	.311	.265	.211	.154	.098	.049	.014
	3	.000	.000	.004	.011	.026	.047	.076	.112	.154	.200	.250	.300	.346	.384	.412	.422	.410	.368	.292	.171
	4	.000	.000	.000	.001	.002	.004	.008	.015	.026	.041	.062	.092	.130	.179	.240	.316	.410	.522	.656	.815
5	0	.951	.774	.590	.444	.328	.237	.168	.116	.078	.050	.031	.019	.010	.005	.002	.001	.000	.000	.000	.000
	1	.048	.204	.328	.392	.410	.396	.360	.312	.259	206	.156	.113	.077	.049	.028	.015	.006	.002	.000	.000
	2	.001	.021	.073	.138	.205	.264	.309	.336	.346	.337	.312	.276	.230	.181	.132	.088	.051	.024	.008	.001
	3	.000	.001	.008	.024	.051	.088	.132	.181	,230	.276	.312	.337	.346	.336	.309	.264	.205	.138	.073	.021
	4	.000	.000	.000	.002	.006	.015	.028	.049	.077	.113	.156	.206	.259	.312	.360	.396	.410	.392	.328	.204
	5	.000	.000	.000	.000	.000	.001	.002	.005	.010	.019	.031	.050	.078	.116	.168	.237	.328	.444	.590	.774
6	0	.941	.735	.531	.377	.262	.178	.118	.075	.047	.028	.016	.008	.004	.002	.001	.000	.000	.000	.000	.000
	1	.057	.232	.354	.399	.393	.356	.303	.244	.187	.136	.094	.061	.037	.020	.010	.004	.002	.000	.000	.000
	2	.001	.031	.098	.176	.246	.297	.324	.328	.311	.278	.234	.186	.138	.095	.060	.033	.015	.006	.001	.000
	3	.000	.002	.015	.042	.082	.132	.185	.236	.276	.303	.312	.303	.276	.236	.185	.132	.082	.042	.015	.002
	4	.000	.000	.001	.006	.015	.033	.060	.095	.138	.186	.234	.278	.311	.328	.324	.297	.246	.176	.098	.031
	5	.000	.000	.000	.000	.002	.004	.010	.020	.037	.061	.094	.136	.187	.244	.303	.356	.393	.399	.354	,232
	6	.000	.000	.000	.000	.000	.000	.001	.002	.004	.008	.016	.028	.047	.075	.11	.178	.262	.377	.531	.735
7	0	.932	.698	.478	.321	.210	.133	.082	.049	.028	.015	.008	.004	.002	.001	.000	.000	.000	.000	.000	.000
	1	.066	.257	.372	.396	.367	.311	.247	.185	.131	.087	.055	.032	.017	.008	.004	.001	.000	.000	.000	.000
	2	.002	.041	.124	.210	.275	.311	.318	.299	.261	.214	.164	.117	.077	.047	025	.012	.004	.001	.000	.000
	3	.000	.004	.023	.062	.11	.173	.227	.268	.290	.292	.273	.239	.194	.144	.097	.058	.029	.011	.003	.000

附录B 随机数与各种分布表 407

(续表)

		p																		
n	x	.01	.05	.10	.15	.20	.25	.30	.35	.40	.45	.50	.55	.60	.65	.70	.75	.80	.85	.90	.95
7	4	.000	.000	.003	.011	.029	.058	.097	.144	.194	.239	.273	.292	.290	.268	.227	.173	.115	.062	.023	.004
	5	.000	.000	.000	.001	.004	.012	.025	.047	.077	.11	.164	.214	.261	.299	.318	.311	.275	.210	.124	.041
	6	.000	.000	.000	.000	.000	.001	.004	.008	.017	.032	.055	.087	.131	.185	.247	.311	.367	.396	.372	.257
	7	.000	.000	.000	.000	.000	.000	.000	.001	.002	.004	.008	.015	.028	.049	.082	.133	.210	.321	.478	.698
8	0	.923	.663	.430	.272	.168	.100	.058	.032	.017	.008	.004	.002	.001	.000	.000	.000	.000	.000	.000	.000
	1	.075	.279	.383	.385	.336	.267	.198	.137	.090	.055	.031	.016	.008	.003	.001	.000	.000	.000	.000	.000
	2	.003	.051.	149	.238.	294	.311	296.	259.	209.	157.	109	.070	.041	.022	.010	004	.001	.000	.000	.000
	3	.000	.005	.033	.084	.147	.208	.254	.279	.279	.257	.219	.172	.124	.081	.047	.023	.009	.003	.000	.000
	4	.000	.000	.005	.018	.046	.087	.136	.188	.232	.263	.273	.263	.232	.188	.136	.087	.046	.018	.005	.000
	5	.000	.000	.000	.003	.009	.023	.047	.081	.124	.172	.219	.257	.279	.279	.254	.208	.147	.084	.033	.005
	6	.000	.000	.000	.000	.001	.004	.010	.022	.041	.070	.109	.157	.209	.259	.296	.311	.294	.238	.149	.051
	7	.000	.000	.000	.000	.000	.000	.001	.003	.008	.016	.031	.055	.090	.137	.198	.267	.336	.385	.383	.279
	8	.000	.000	.000	.000	.000	.000	.000	.000	.001	.002	.004	.008	.017	.032	.058	.100	.168	.272	.430	.663
9	0	.914	.630	.387	.232	.134	.075	.040	.021	.010	.005	.002	.001	.000	.000	.000	.000	.000	.000	.000	.000
	1	.083	.299	.387	.368	.302	.225	.156	.100	.060	.034	.018	.008	.004	.001	.000	.000	.000	.000	.000	.000
	2	.003	.063	.172	.260	.302	.300	.267	.216	.161	.111	.070	.041	.021	.010	.004	.001	.000	.000	.000	.000
	3	.000	.008	.045	.107	.176	.234	.267	.272	.251	.212	.164	.116	.074	.042	.021	.009	.003	.001	.000	.000
	4	.000	.001	.007	.028	.066	.117	.172	.219	.251	.260	.246	.213	.167	.118	.074	.039	.017	.005	.001	.000
	5	.000	.000	.001	.005	.017	.039	.074	.118	.167	.213	.246	.260	.251	.219	.172	.117	.066	.028	.007	.001
	6	.000	.000	.000	.001	.003	.009	.021	.042	.074	.111	.164	.212	.251	.272	.267	.234	.176	.107	.045	.008
	7	.000	.000	.000	.000	.000	.001	.004	.010	.021	.041	.070	.111	.161	.216	.267	.300	.302	.260	.172	.063
	8	.000	.000	.000	.000	.000	.000	.000	.001	.004	.008	.018	.034	.060	.100	.156	.225	.302	.368	.387	.299
	9	.000	.000	.000	.000	.000	.000	.000	.000	.001	.002	.005	.010	.021	.040	.075	.134	.232	.387	.630
10	0	.904	.599	.349	.197	.107	.056	.028	.014	.006	.003	.001	.000	.000	.000	.000	.000	.000	.000	.000	.000
	1	.091	.315	.387	.347	.268	.188	.121	.072	.040	.021	.010	.004	.002	.000	.000	.000	.000	.000	.000	.000
	2	.004	.075	.194	.276	.302	.282	.233	.176	.121	.076	.044	.023	.011	.004	.001	.000	.000	.000	.000	.000
	3	.000	.010	.057	.130	.201	.250	.267	.252	.215	.166	.117	.075	.042	.021	.009	.003	.001	.000	.000	.000
	4	.000	.001	.011	.040	.088	.146	.200	.238	.251	.238	.205	.160	.11	.069	.037	.016	.006	.001	.000	.000
	5	.000	.000	.001	.008	.026	.058	.103	.154	.201	.234	.246	.234	.201	.154	.103	.058	.026	.008	.001	.000
	6	.000	.000	.000	.001	.006	.016	.037	.069	.111	.160	.205	.238	.251	.238	.200	.146	.088	.040	.011	.001
	7	.000	.000	.000	.000	.001	.00	.009	.021	.042	.075	.117	.166	.215	.252	.267	.250	.201	.130	.057	.010
	8	.000	.000	.000	.000	.000	.000	.001	.004	.011	.023	.044	.076	.121	.176	.233	.282	.302	.276	.194	.075
	9	.000	.000	.000	.000	.000	.000	.000	.000	.002	.004	.010	.021	.040	.072	.121	.188	.268	.347	.387	.315
	10	.000	.000	.000	.000	.000	.000	.000	.000	.000	.001	.003	.006	.014	.028	.056	.107	.197	.349	.599
11	0	.895	.569	.314	.167	.06	.042	.020	.009	.004	.001	.000	.000	.000	.000	.000	.000	.000	.000	.000	.000
	1	.099	.329	.384	.325	.236	.155	.093	.052	.027	.013	.005	.002	.001	.000	.000	.000	.000	.000	.000	.000
	2	.005	.087	.213	.287	.295	.258	.200	.140	.089	.051	.027	.013	.005	.002	.001	.000	.000	.000	.000	.000
	3	.000	.014	.071	.152	.221	.258	.257	.225	.177	.126	.081	.046	.023	.010	.004	.001	.000	.000	.000	.000
	4	.000	.001	.016	.054	.111	.172	.220	.243	.236	.206	.161	.113	.070	.038	.017	.006	.002	.000	.000	.000
	5	.000	.000	.002	.013	.039	.080	.132	.183	.221	.236	.226	.193	.147	.099	.057	.027	.010	.002	.000	.000
	6	.000	.000	.000	.002	.010	.027	.057	.099	.147	.193	.226	.236	.221	.183	.132	.080	.039	.013	.002	.000
	7	.000	.000	.000	.000	.002	.006	.017	.038	.070	.113	.161	.206	.236	.243	.220	.172	.111	.054	.016	.001

(续表)

n	x	.01	.05	.10	.15	.20	.25	.30	.35	.40	.45	.50	.55	.60	.65	.70	.75	.80	.85	.90	.95
11	8	.000	.000	.000	.000	.000	.001	.004	.010	.023	.046	.081	.126	.177	.225	.257	.258	.221	.152	.071	.014
	9	.000	.000	.000	.000	.000	.000	.001	.002	.005	.013	.027	.051	.089	.140	.200	.258	.295	.287	.213	.087
	10	.000	.000	.000	.000	.000	.000	.000	.000	.001	.002	.005	.013	.027	.052	.093	.155	.236	.325	.384	.329
	11	.000	.000	.000	.000	.000	.000	.000	.000	.000	.000	.000	.001	.004	.009	.020	.042	.086	.167	.314	.569
12	0	.886	.540	.282	.142	.069	.032	.014	.006	.002	.001	.000	.000	.000	.000	.000	.000	.000	.000	.000	.000
	1	.107	.341	.377	.301	.206	.127	.071	.037	.017	.008	.003	.001	.000	.000	.000	.000	.000	.000	.000	.000
	2	.006	.099	.230	.292	.283	.232	.168	.109	.064	.034	.016	.007	.002	.001	.000	.000	.000	.000	.000	.000
	3	.000	.017	.085	.172	.236	.258	.240	.195	.142	.092	.054	.028	.012	.005	.001	.000	.000	.000	.000	.000
	4	.000	.002	.021	.068	.133	.194	.231	.237	.213	.170	.121	.076	.042	.020	.008	.002	.001	.000	.000	.000
	5	.000	.000	.004	.019	.053	.103	.158	.204	.227	.223	.193	.149	.101	.059	.029	.011	.003	.001	.000	.000
	6	.000	.000	.000	.004	.016	.040	.079	.128	.177	.212	.226	.212	.177	.128	.079	.040	.016	.004	.000	.000
	7	.000	.000	.000	.001	.003	.011	.029	.059	.101	.149	.193	.223	.227	.204	.158	.103	.053	.019	.004	.000
	8	.000	.000	.000	.000	.001	.002	.008	.020	.042	.076	.121	.170	.213	.237	.231	.194	.133	.068	.021	.002
	9	.000	.000	.000	.000	.000	.000	.001	.005	.012	.028	.054	.092	.142	.195	.240	.258	.236	.172	.085	.017
	10	.000	.000	.000	.000	.000	.000	.000	.001	.002	.007	.016	.034	.064	.109	.168	.232	.283	.292	.230	.099
	11	.000	.000	.000	.000	.000	.000	.000	.000	.001	.003	.008	.017	.037	.071	.127	.206	.301	.377	.341
	12	.000	.000	.000	.000	.000	.000	.000	.000	.000	.000	.001	.002	.006	.014	.032	.069	.142	.282	.540
15	0	.860	.463	.206	.087	.035	.013	.005	.002	.000	.000	.000	.000	.000	.000	.000	.000	.000	.000	.000	.000
	1	.130	.366	.343	.231	.132	.067	.031	.013	.005	.002	.000	.000	.000	.000	.000	.000	.000	.000	.000	.000
	2	.009	.135	.267	.286	.231	.156	.092	.048	.022	.009	.003	.001	.000	.000	.000	.000	.000	.000	.000	.000
	3	.000	.031	.129	.218	.250	.225	.170	.111	.063	.032	.014	.005	.002	.000	.000	.000	.000	.000	.000	.000
	4	.000	.005	.043	.116	.188	.225	.219	.179	.127	.078	.042	.019	.007	.002	.001	.000	.000	.000	.000	.000
	5	.000	.001	.010	.045	.103	.165	.206	.212	.186	.140	.092	.051	.024	.010	.003	.001	.000	.000	.000	.000
	6	.000	.000	.002	.013	.043	.092	.147	.191	.207	.191	.153	.105	.061	.030	.012	.003	.001	.000	.000	.000
	7	.000	.000	.000	.003	.014	.039	.081	.132	.177	.201	.196	.165	.118	.071	.035	.013	.003	.001	.000	.000
	8	.000	.000	.000	.001	.003	.013	.035	.071	.118	.165	.196	.201	.177	.132	.081	.039	.014	.003	.000	.000
	9	.000	.000	.000	.000	.001	.003	.012	.030	.061	.105	.153	.191	.207	.191	.147	.092	.043	.013	.002	.000
	10	.000	.000	.000	.000	.000	.001	.003	.010	.024	.051	.092	.140	.186	.212	.206	.165	.103	.045	.010	.000
	11	.000	.000	.000	.000	.000	.000	.001	.002	.007	.019	.042	.078	.127	.179	.219	.225	.188	.116	.043	.005
	12	.000	.000	.000	.000	.000	.000	.000	.002	.005	.014	.032	.063	.111	.170	.225	.250	.218	.129	.031
	13	.000	.000	.000	.000	.000	.000	.000	.001	.003	.000	.022	.048	.092	.156	.231	.286	.267	.135
	14	.000	.000	.000	.000	.000	.000	.000	.000	.002	.005	.013	.031	.067	.132	.231	.343	.366
	15	.000	.000	.000	.000	.000	.000	.000	.000	.000	.000	.002	.005	.013	.035	.087	.206	.463
16	0	.851	.440	.185	.074	.028	.010	.003	.001	.000	.000	.000	.000	.000	.000	.000	.000	.000	.000	.000	.000
	1	.138	.371	.329	.210	.113	.053	.023	.009	.003	.001	.000	.000	.000	.000	.000	.000	.000	.000	.000	.000
	2	.010	.146	.275	.277	.211	.134	.073	.035	.015	.006	.002	.001	.000	.000	.000	.000	.000	.000	.000	.000
	3	.000	.036	.142	.229	.246	.208	.146	.089	.047	.022	.009	.003	.001	.000	.000	.000	.000	.000	.000	.000
	4	.000	.006	.051	.131	.200	.225	.204	.155	.101	.057	.028	.011	.004	.001	.000	.000	.000	.000	.000	.000
	5	.000	.001	.014	.056	.120	.180	.210	.201	.162	.112	.067	.034	.014	.005	.001	.000	.000	.000	.000	.000
	6	.000	.000	.003	.018	.055	.110	.165	.198	.198	.168	.122	.075	.039	.017	.006	.001	.000	.000	.000	.000
	7	.000	.000	.000	.005	.020	.052	.101	.152	.189	.197	.175	.132	.084	.044	.019	.006	.001	.000	.000	.000
	8	.000	.000	.000	.001	.006	.020	.049	.092	.142	.181	.196	.181	.142	.092	.049	.020	.006	.001	.000	.000

(续表)

n	x	.01	.05	.10	.15	.20	.25	.30	.35	.40	.45	.50	.55	.60	.65	.70	.75	.80	.85	.90	.95
16	9	.000	.000	.000	.000	.001	.006	.019	.044	.084	.132	.175	.197	.189	.152	.101	.052	.020	.005	.000	.000
	10	.000	.000	.000	.000	.000	.001	.006	.017	.039	.075	.122	.168	.198	.198	.165	.110	.055	.018	.003	.000
	11	.000	.000	.000	.000	.000	.000	.001	.005	.014	.034	.067	.112	.162	.201	.210	.180	.120	.056	.014	.001
	12	.000	.000	.000	.000	.000	.000	.000	.001	.004	.011	.028	.057	.101	.155	.204	.225	.200	.131	.051	.006
	13	.000	.000	.000	.000	.000	.000	.000	.000	.001	.003	.009	.022	.047	.089	.146	.208	.246	.229	.142	.036
	14	.000	.000	.000	.000	.000	.000	.000	.000	.000	.001	.002	.006	.015	.035	.073	.134	.211	.277	.275	.146
	15	.000	.000	.000	.000	.000	.000	.000	.000	.000	.000	.000	.001	.003	.009	.023	.053	.113	.210	.329	.371
	16	.000	.000	.000	.000	.000	.000	.000	.000	.000	.000	.000	.000	.000	.001	.003	.010	.028	.074	.185	.440
20	0	.818	.358	.122	.039	.012	.003	.001	.000	.000	.000	.000	.000	.000	.000	.000	.000	.000	.000	.000	.000
	1	.165	.377	.270	.137	.058	.021	.007	.002	.000	.000	.000	.000	.000	.000	.000	.000	.000	.000	.000	.000
	2	.016	.189	.285	.229	.137	.067	.028	.010	.003	.001	.000	.000	.000	.000	.000	.000	.000	.000	.000	.000
	3	.001	.060	.190	.243	.205	.134	.072	.032	.012	.004	.001	.000	.000	.000	.000	.000	.000	.000	.000	.000
	4	.000	.013	.090	.182	.218	.190	.130	.074	.035	.014	.005	.001	.000	.000	.000	.000	.000	.000	.000	.000
	5	.000	.002	.032	.103	.175	.202	.179	.127	.075	.036	.015	.005	.001	.000	.000	.000	.000	.000	.000	.000
	6	.000	.000	.009	.045	.109	.169	.192	.171	.124	.075	.036	.015	.005	.001	.000	.000	.000	.000	.000	.000
	7	.000	.000	.002	.016	.055	.112	.164	.184	.166	.122	.074	.037	.015	.005	.001	.000	.000	.000	.000	.0c0
	8	.000	.000	.000	.005	.022	.061	.114	.161	.180	.162	.120	.073	.035	.014	.004	.001	.000	.000	.000	.000
	9	.000	.000	.000	.001	.007	.027	.065	.116	.160	.177	.160	.119	.071	.034	.012	.003	.000	.000	.000	.000
	10	.000	.000	.000	.000	.002	.010	.031	.069	.117	.159	.176	.159	.117	.069	.031	.010	.002	.000	.000	.000
	11	.000	.000	.000	.000	.000	.003	.012	.034	.071	.119	.160	.177	.160	.116	.065	.027	.007	.001	.000	.000
	12	.000	.000	.000	.000	.000	.001	.004	.014	.035	.073	.120	.162	.180	.161	.114	.061	.022	.005	.000	.000
	13	.000	.000	.000	.000	.000	.000	.001	.005	.015	.037	.074	.122	.166	.184	.164	.112	.055	.016	.002	.000
	14	.000	.000	.000	.000	.000	.000	.000	.001	.005	.015	.037	.075	.124	.171	.192	.169	.109	.045	.009	.000
	15	.000	.000	.000	.000	.000	.000	.000	.000	.001	.005	.015	.036	.075	.127	.179	.202	.175	.103	.032	.002
	16	.000	.000	.000	.000	.000	.000	.000	.000	.000	.001	.005	.014	.035	.074	.130	.190	.218	.182	.090	.013
	17	.000	.000	.000	.000	.000	.000	.000	.000	.000	.000	.001	.004	.012	.032	.072	.134	.205	.243	.190	.060
	18	.000	.000	.000	.000	.000	.000	.000	.000	.000	.000	.000	.001	.003	.010	.028	.067	.137	.229	.285	.189
	19	.000	.000	.000	.000	.000	.000	.000	.000	.000	.000	.000	.000	.002	.007	.021	.058	.137	.270	.377	
	20	.000	.000	.000	.000	.000	.000	.000	.000	.000	.000	.000	.000	.000	.001	.003	.012	.039	.122	.358	

表3 泊松分布

x	0.1	0.2	0.3	0.4	0.5	0.6	0.7	0.8	0.9	1.0
0	.9048	.8187	.7408	.6703	.6065	.5488	.4966	.4493	.4066	.3679
1	.0905	.1637	.2222	.2681	.3033	.3293	.3476	.3595	.3659	.3679
2	.0045	.0164	.0333	.0536	.0758	.0988	.1217	.1438	.1647	.1839
3	.0002	.0011	.0033	.0072	.0126	.0198	.0284	.0383	.0494	.0613
4	.0000	.0001	.0003	.0007	.0016	.0030	.0050	.0077	.0111	.0153
5	.0000	.0000	.0000	.0001	.0002	.0004	.0007	.0012	.0020	.0031
6	.0000	.0000	.0000	.0000	.0000	.0000	.0001	.0002	.0003	.0005
7	.0000	.0000	.0000	.0000	.0000	.0000	.0000	.0000	.0000	.0001

(续表)

x	μ									
	1.1	1.2	1.3	1.4	1.5	1.6	1.7	1.8	1.9	2.0
0	.3329	.3012	.2725	.2466	.2231	.2019	.1827	.1653	.1496	.1353
1	.3662	.3614	.3543	.3452	.3347	.3230	.3106	.2975	.2842	.2707
2	.2014	.2169	.2303	.2417	.2510	.2584	.2640	2678	.2700	.2707
3	.0738	.0867	.0998	.1128!	.1255	.1378	.1496	.1607	.1710	.1804
4	.0203	.0260	.0324	.0395	.0471	.0551	.0636	.0723	.0812	.0902
5	.0045	.0062	.0084	.0111!	.0141	.0176	.0216	.0260	.0309	.0361
6	.0008	.0012	.0018	.0026	.0035	.0047	.0061	.0078	.0098	.0120
7	.0001	.0002	.0003	.0005	.0008	.0011	.0015	.0020	.0027	.0034
8	.0000	.0000	.0001	.0001	.0001	.0002	.0003	.0005	.0006	.0009
9	.0000	.0000	.0000	.0000	.0000	.0000	.0001	.0001	.0001	.0002

x	μ									
	2.1	2.2	2.3	2.4	2.5	2.6	2.7	2.8	2.9	3.0
0	.1225	.1108	.1003	.0907	.0821	.0743	.0672	.0608	.0550	.0498
1	.2572	.2438	.2306	.2177	.2052	.1931	.1815	.1703	.1596	.1494
2	.2700	.2681	.2652	.2613	.2565	.2510	.2450	.2384	.2314	.2240
3	.1890	.1966	.2033	.2090	.2138	.2176	.2205	.2225	.2237	.2240
4	.0992	.1082	.1169	.1254	.1336	.1414	.1488	.1557	.1622	.1680
5	.0417	.0476	.0538	.0602	.0668	.0735	.0804	.0872	.0940	.1008
6	.0146	.0174	.0206	.0241	.0278	.0319	.0362	.0407	.0455	.0504
7	.0044	.0055	.0068	.0083	.0099	.0118	.0139	.0163	.0188	.0216
8	.0011	.0015	.0019	.0025	.0031	.0038	.0047	.0057	.0068	.0081
9	.0003	.0004	.0005	.0007	.0009	.0011	.0014	.0018	.0022	.0027
10	.0001	.0001	.0001	.0002	.0002	.0003	.0004	.0005	.0006	.0008
11	.0000	.0000	.0000	.0000	.0000	.0001	.0001	.0001	.0002	.0002
12	.0000	.0000	.0000	.0000	.0000	.0000	.0000	.0000	.0000	.0001

x	M									
	3.1	3.2	3.3	3.4	3.5	3.6	3.7	3.8	3.9	4.0
0	.0450	.0408	.0369	.0334	.0302	.0273	.0247	.0224	.0202	.0183
1	.1397	.1304	.1217	.1135	.1057	.0984	.0915	.0850	.0789	.0733
2	.2165	.2087	.2008	.1929	.1850	.1771	.1692	.1615	.1539	.1465
3	.2237	.2226	.2209	.2186	.2158	.2125	.2087	.2046	2001	.1954
4	.1734	.1781	.1823	.1858	.1888	.1912	.1931	.1944	.1951	.1954
5	.1075	.1140	.1203	.1264	.1322	.1377	.1429	.1477	.1522	.1563
6	.0555	.0608	.0662	.0716	.0771	.0826	.0881	.0936	.0989	.1042
7	.0246	.0278	.0312	.0348	.0385	.0425	.0466	.0508	.0551	.0595
8	.0095	.0111	.0129	.0148	.0169	.0191	.0215	.0241	.0269	.0298
9	.0033	.0040	.0047	.0056	.0066	.0076	.0089	.0102	.0116	.0132
10	.0010	.0013	.0016	.0019	.0023	.0028	.0033	.0039	.0045	.0053
11	.0003	.0004	.0005	.0006	.0007	.0009	.0011	.0013	.0016	.0019
12	.0001	.0001	.0001	.0002	.0002	.0003	.0003	.0004	.0005	.0006
13	.0000	.0000	.0000	.0000	.0001	.0001	.0001	.0001	.0002	.0002
14	.0000	.0000	.0000	.0000	.0000	.0000	.0000	.0000	.0000	.0001

（续表）

| x | μ ||||||||||
	4.1	4.2	4.3	4.4	4.5	4.6	4.7	4.8	4.9	5.0
0	.0166	.0150	.0136	.0123	.0111	.0101	.0091	.0082	.0074	.0067
1	.0679	.0630	.0583	.0540	.0500	.0462	.0427	.0395	.0365	.0337
2	.1393	.1323	.1254	.1188	.1125	.1063	.1005	.0948	.0894	.0842
3	.1904	.1852	.1798	.1743	.1687	.1631	.1574	.1517	.1460	.1404
4	.1951	.1944	.1933	.1917	.1898	.1875	.1849	.1820	.1789	.1755
5	.1600	.1633	.1662	.1687	.1708	.1725	.1738	.1747	.1753	.1755
6	.1093	.1143	.1191	.1237	.1281	.1323	.1362	.1398	.1432	.1462
7	.0640	.0686	.0732	.0778	.0824	.0869	.0914	.0959	.1002	.1044
8	.0328	.0360	.0393	.0428	.0463	.0500	.0537	.0575	.0614	.0653
9	.0150	.0168	.0188	.0209	.0232	.0255	.0280	.0307	.0334	.0363
10	.0061	.0071	.0081	.0092	.0104	.0118	.0132	.0147	.0164	.0181
11	.0023	.0027	.0032	.0037	.0043	.0049	.0056	.0064	.0073	.0082
12	.0008	.0009	.0011	.0014	.0016	.0019	.0022	.0026	.0030	.0034
13	.0002	.0003	.0004	.0005	.0006	.0007	.0008	.0009	.0011	.0013
14	.0001	.0001	.0001	.0001	.0002	.0002	.0003	.0003	.0004	.0005
15	.0000	.0000	.0000	.0000	.0001	.0001	.0001	.0001	.0001	.0002

| x | μ ||||||||||
	5.1	5.2	5.3	5.4	5.5	5.6	5.7	5.8	5.9	6.0
0	.0061	.0055	.0050	.0045	.0041	.0037	.0033	.0030	.0027	.0025
1	.0311	.0287	.0265	.0244	.0225	.0207	.0191	.0176	.0162	.0149
2	.0793	.0746	.0701	.0659	.0618	.0580	.0544	.0509	.0477	.0446
3	.1348	.1293	.1239	.1185	.1133	.1082	.1033	.0985	.0938	.0892
4	.1719	.1681	.1641	.1600	.1558	.1515	.1472	.1428	.1383	.1339
5	.1753	.1748	.1740	.1728	.1714	.1697	.1678	.1656	.1632	.1606
6	.1490	.1515	.1537	.1555	.1571	.1584	.1594	.1601	.1605	.1606
7	.1086	.1125	.1163	.1200	.1234	.1267	.1298	.1326	.1353	.1377
8	.0692	.0731	.0771	.0810	.0849	.0887	.0925	.0962	.0998	.1033
9	.0392	.0423	.0454	.0486	.0519	.0552	.0586	.0620	.0654	.0688
10	.0200	.0220	.0241	.0262	.0285	.0309	.0334	.0359	.0386	.0413
11	.0093	.0104	.0116	.0129	.0143	.0157	.0173	.0190	.0207	.0225
12	.0039	.0045	.0051	.0058	.0065	.0073	.0082	.0092	.0102	.0113
13	.0015	.0018	.0021	.0024	.0028	.0032	.0036	.0041	.0046	.0052
14	.0006	.0007	.0008	.0009	.0011	.0013	.0015	.0017	.0019	.0022
15	.0002	.0002	.0003	.0003	.0004	.0005	.0006	.0007	.0008	.0009
16	.0001	.0001	.0001	.0001	.0001	.0002	.0002	.0002	.0003	.0003
17	.0000	.0000	.0000	.0000	.0000	.0000	.0001	.0001	.0001	.0001

| x | μ ||||||||||
	6.1	6.2	6.3	6.4	6.5	6.6	6.7	6.8	6.9	7.0
0	.0022	.0020	.0018	.0017	.0015	.0014	.0012	.0011	.0010	.0009
1	.0137	.0126	.0116	.0106	.0098	.0090	.0082	.0076	.0070	.0064
2	.0417	.0390	.0364	.0340	.0318	.0296	.0276	.0258	.0240	.0223
3	.0848	.0806	.0765	.0726	.0688	.0652	.0617	.0584	.0552	.0521

(续表)

x	μ 6.1	6.2	6.3	6.4	6.5	6.6	6.7	6.8	6.9	7.0
4	.1294	.1249	.1205	.1162	.1118	.1076	.1034	.0992	.0952	.0912
5	.1579	.1549	.1519	.1487	.1454	.1420	.1385	.1349	.1314	.1277
6	.1605	.1601	.1595	.1586	.1575	.1562	.1546	.1529	.1511	.1490
7	.1399	.1418	.1435	.1450	.1462	.1472	.1480	.1486	.1489	.1490
8	.1066	.1099	.1130	.1160	.1188	.1215	.1240	.1263	.1284	.1304
9	.0723	.0757	.0791	.0825	.0858	.0891	.0923	.0954	.0985	.1014
10	.0441,	.0469	.0498	0.528	.0558	.0588	.0618	.0649	.0679	.0710
11	.0245	.0265	.0285	.0307	.0330	.0353	.0377	.0401	.0426	.0452
12	.0124	.0137	.0150	.0164	.0179	.0194	.0210	.0227	.0245	.0264
13	.0058	.0065	.0073	.0081	.0089	.0098	.0108	.0119	.0130	.0142
14	0025	.0029	.0033	.0037	.0041	.0046	.0052	.0058	.0064	.0071
15	.0010	.0012	.0014	.0016	.0018	.0020	.0023	.0026	.0029	.0033
16	.0004	.0005	.0005.	.0006	.0007	.0008	.0010	.0011	.0013	.0014
17	.0001	.0002	.0002	.0002	.0003	.0003	.0004	.0004	.0005	.0006
18	.0000	.0001	.0001	.0001	.0001	.0001	.0001	.0002	.0002	.0002
19	.0000	.0000	.0000	.0000	.0000	.0000	.0000	.0001	.0001	.0001

x	μ 7.1	7.2	7.3	74	75	76	7.7	7.8	7.9	8.0
0	.0008	.0007	.0007	.0006	.0006	.0005	.0005	.0004	.0004	.0003
1	.0059	.0054	.0049	.0045	.0041	.0038	.0035	.0032	.0029	.0027
2	.0208	.0194	.0180	.0167	.0156	.0145	.0134	.0125	.0116	.0107
3	0492	.0464	.0438	.0413	.0389	.0366	.0345	.0324	.0305	.0286
4	.0874	.0836	.0799	.0764	.0729	.0696	.0663	.0632	.0602	.0573
5	.1241	.1204	.1167	.1130	.1094	.1057	.1021	.0986	.0951	.0916
6	.1468	.1445	.1420	.1394	.1367	.1339	.1311	.1282	.1252	.1221
7	.1489	.1486	.1481	.1474	.1465	.1454	.1442	.1428	.1413	.1396
8	.1321.	.1337	.1351.	.1363	.1373	.1382	.1388	.1392	.1395	.1396
9	.1042	.1070	.1096	.1121	.1144	.1167	.1187	.1207	.1224	.1241
10	.0740	.0770	.0800	.0829	.0858	.0887	.0914	.0941	.0967	.0993
11	.0478	.0504	.0531	.0558	.0585	.0613	.0640	.0667	.0695	.0722
12	.0283	.0303	.0323	.0344	.0366	.0388	.0411	.0434	.0457	.0481
13	.0154	.0168	.0181	0196	.0211	.0227	.0243	.0260	.0278	.0296
14	.0078	.0086	.0095	.0104	.0113	.0123	.0134	.0145	.0157	.0169
15	.0037	.0041	.0046	.0051	.0057	.0062	.0069	.0075	.0083	.0090
16	.0016	.0019	.0021	.0024	.0026	.0030	.0033	.0037	.0041	.0045
17	.0007	.0008	.0009	.0010	.0012	.0013	.0015	.0017	.0019	.0021
18	.0003	.0003	.0004	.0004	.0005	.0006	.0006	.0007	.0008	.0009
19	.0001	.0001	.0001	.0002	.0002	.0002	.0003	.0003	.0003	.0004
20	.0000	.0000	.0001	.0001	.0001	.0001	.0001	.0001	.0001	.0002
21	.0000	.0000	.0000	.0000	.0000	.0000	.0000	.0000	.0001	.0001

(续表)

					μ					
x	8.1	8.2	8.3	8.4	8.5	8.6	8.7	8.8	8.9	9.0
0	.0003	.0003	.0002	.0002	.0002	.0002	.0002	.0002	.0001	.0001
1	.0025	.0023	.0021	.0019	.0017	.0016	.0014	.0013	.0012	.0011
2	.0100	.0092	.0088	.0079	.0074	.0068	.00683	.0058	.0054	.0050
3	.0269	.0252	.0237	.0222	.0208	.0195	.0183	.0171	.0160	.0150
4	.0544	.0517	.0491	.0466	.0443	.0420	.0398	.0377	.0357	.0337
5	.0882	.0849	.0816	.0784	.0752	.0722	.0692	.0663	.0635	.0607
6	.1191	.1160	.1128	.1097	.1066	.1034	.1003	.0972	.0941	.0911
7	.1378	.1358	.1338	.1317	.1294	.1271	.1247	.1222	.1197	.1171
8	.1395	.1392	.1388	.1382	.1375	.1366	.1356	.1344	.1332	.1318
9	.1256	.1269	.1280	.1290	.1299	.1306	.1311	.1315	.1317	.1318
10	.1017	.1040	.1063	.1084	.1104	.1123	.1140	.1157	.1172	.1186
11	.0749	.0776	.0802	.0828	.0853	.0878	.0902	.0925	.0948	.0970
12	.0505	.0530	.0555	.0579	.0604	.0629	.0654	.0679	.0703	.0728
13	.0315	.0334	.0354	.0374	.0395	.0416	.0438	.0459	.0481	.0504
14	.0182	.0196	.0210	.0225	.0240	.0256	.0272	.0289	.0306	.0324
15	.0098	.0107	.0116	.0126	.0136	.0147	.0158	.0169	.0182	.0194
16	.0050	.0055	.0060	.0066	.0072	.0079	.0088	.0093	.0101	.0109
17	.0024	.0026	.0029	.0033	.0036	.0040	.0044	.0048	.0053	.0058
18	.0011	.0012	.0014	.0015	.0017	.0019	.0021	.0024	.0026	.0029
19	.0005	.0005	.0006	.0007	.0008	.0009	.0010	.0011	.0012	.0014
20	.0002	.0002	.0002	.0003	.0003	.0004	.0004	.00050	.0005	.0006
21	.0001	.0001	.0001	.0001	.0001	.0002	.0002	.0002	.0002	.0003
22	.0000	.0000	.0000	.0000	.0001	.0001	.0001	.0001	.0001	.0001

					μ					
x	9.1	9.2	9.3	9.4	9.5	9.6	9.7	9.8	9.9	10.0
0	.0001	.0001	.0001	.0001	.0001	.0001	.0001	.0001	.0.001	.0000
1	.0010	.0000	.0000	.0008	.0007	.0007	.0006	.0005	.0005	.0005
2	.0046	.0043	.0040	.0037	.0034	.0031	.0029	.0027	.0025	.0023
3	.0140	.0131	.0123	.0115	.0107	.0100	.0093	.0087	.0081	.0076
4	.0319	.0302	.0285	.0269	.0254	.0240	.0226	.0213	.0201,	.0189
5	.0581	.0555	.0530	.0506	.0483	.0460	.0439	.0418	.0398	.0378
6	.0881	.0851	.0822	.0793	.0764	.0736	.0709	.0682	.0656	.0631
7	.1145	.1111	.1091	.1064	.1037	.1010	.0982	.0955	.0928	.0901
8	.1302	.1286	.1269	.1251	.1232	.1212	.1191	.1170	.1148	.1126
9	.1317	.1315	.1311	.1306	.1300	.1293	.1284	.1274	.1263	.1251
10	.1198	.1210	.1219	.1228	.1235	.1241	.1245	.1249	.1250	.1251
11	.0991	.1012	.1031	.1049	.1067	.1083	.1098	.11121	.1125	.1137
12	.0752	.0776	.0799	.0822	.0844	.0866	.0888	.0908	.0928	.0948
13	.0526	.0549	.0572	.0594	.0617	.0640	.0662	.0685	.0707	.0729
14	.0342	.0361	.0380	.0399	.0419	.0439	.0459	.0479	.0500	.0521
15	.0208	.0221	.0235	.0250	.0265	.0281	.0297	.0313	.0330	.0347
16	.0118	.0127	.0137	.0147	.0157	.0168	.0180	.0192	.0204	.0217
17	.0063	.0089	.0075	.0081	.0088	.00905	.0103	.0111	.0119	.0128

（续表）

x	μ									
	9.1	9.2	9.3	9.4	9.5	9.6	9.7	9.8	9.9	10.0
18	.0032	.0035	.0039	.0042	.0046	.0051	.0055	.0080	.0065	.0071
19	.0015	.0017	.0019	.0021	.0023	.0026	.0028	.0031	.0034	.0037
20	.0007	.0008	.0000	.0010	.0011	.0012	.0014	.0015	.0017	.0019
21	.0003	.0003	.0004	.0004	.0005	.0006	.0006	.0007	.0008	.0009
22	.0001	.0001	.0002	.0002	.0002	.0002	.0003	.0003	.0004	.0000
23	.0000	.0001	.0001	.0001	.0001	.0001	.0001	.0001	.0002	.0002
24	.0000	.0000	.0000	.0000	.0000	.0000	.0000	.0001	.0001	.0001

x	μ									
	11	12	13	14	15	16	17	18	19	20
0	.0000	.0000	.0000	.0000	.0000	.0000	.0000	.0000	.0000	.0000
1	.0002	.0001	.0000	.0000	.0000	.0000	.0000	.0000	.0000	.0000
2	.0010	.0004	.0002	.0001	.0000	.0000	.0000	.0000	.0000	.0000
3	.0037	.0018	.0008	.0004	.0002	.0001	.0000	.0000	.0000	.0000
4	.0102	.0053	.0027	.0013	.0006	.0003	.0001	.0001	.0000	.0000
5	.0224	.0127	.0070	.0037	.0019	.0010	.0005	.0002	.0001	.0001
6	.0411	.0255	.0152	.0087	.0048	.0026	.0014	.0007	.0004	.0002
7	.0646	.0437	.0281	.0174	.0104	.0060	.0034	.0018	.0010	.0005
8	.0888	.0655	.0457	.0304	.0194	.0120	.0072	.0042	.0024	.0013
9	.1085	.0874	.0661	.0473	.0324	.0213	.0135	.0083	.0050	.0029
10	.1194	.1048	.0859	.0663	.0486	.0341	.0230	.0150	.0005	.0058
11	.1194	.1144	.1015	.0844	.0663	.0496	.0355	.0245	.0164	.0106
12	.1094	.1144	.1099	.0984	.0829	.0661	.0504	.0368	.0259	.0176
13	.0926	.1056	.1099	.1060	.0956	.0814	.0658	.0509	.0378	.0271
14	.0728	.0905	.1021	.1060	.1024	.0930	.0800	.0655	.0514	.0387
15	.0534	.0724	.0885	.0989	.1024	.0992	.0906	.0786	.0650	.0516
16	.0367	.0543	.0719	.0866	.0960	.0992	.0963	.0884	.0772	.0646
17	.0237	.0383	.0550	.0713	.0847	.0934	.0963	.0936	.0863	.0760
18	.0145	.0256	.0397	.0554	.0706	.0830	.0909	.0936	.0911	.0844
19	.0084	.0161	.0272	.0409	.0557	.0699	.0814	.0887	.0911	.0888
20	.0046	.0097	.0177	.0286	.0418	.0559	.0692	.0798	.0866	.0888
21	.0024	.0055	.0109	.0191	.0299	.0426	.0560	.0684	.0783	.0846
22	.0012	.0030	.0065	.0121	.0204	.0310	.0433	.0560	.0676	.0769
23	.0006	.0016	.0037	.0074	.0133	.0216	.0320	.0438	.0559	.0669
24	.0003	.0008	.0020	.0043	.0083	.0144	.0226	.0328	.0442	.0557
25	.0001	.0004	.0010	.0024	.0050	.0092	.0154	.0237	.0336	.0446
26	.0000	.0002	.0005	.0013	.0029	.0057	.0101	.0164	.0246	.0343
27	.0000	.0001	.0002	.0007	.0016	.0034	.0063	.0109	.0173	.0254
28	.0000	.0000	.0001	.0003	.0009	.0019	.0038	.0070	.0117	.0181
29	.0000	.0000	.0001	.0002	.0004	.0011	.0023	.0044	.0077	.0125
30	.0000	.0000	.0000	.0001	.0002	.0006	.0013	.0026	.0049	.0083
31	.0000	.0000	.0000	.0000	.0001	.0003	.0007	.0015	.0030	.0054
32	.0000	.0000	.0000	.0000	.0001	.0001	.0004	.0009	.0018	.0034
33	.0000	.0000	.0000	.0000	.0000	.0001	.0002	.0005	.0010	.0020
34	.0000	.0000	.0000	.0000	.0000	.0000	.0001	.0002	.0006	.0012
35	.0000	.0000	.0000	.0000	.0000	.0000	.0000	.0001	.0003	.0007
36	.0000	.0000	.0000	.0000	.0000	.0000	.0000	.0001	.0002	.0004
37	.0000	.0000	.0000	.0000	.0000	.0000	.0000	.0000	.0001	.0002
38	.0000	.0000	.0000	.0000	.0000	.0000	.0000	.0000	.0000	.0001
.39	.0000	.0000	.0000	.0000	.0000	.0000	.0000	.0000	.0000	.0001

表4 标准正态分布

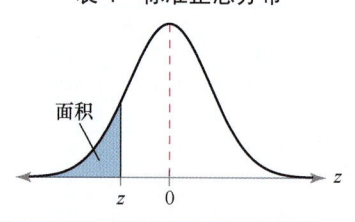

z	.09	.08	.07	.06	.05	.04	.03	.02	.01	.00
−3.4	.0002	.0003	.0003	.0003	.0003	.0003	.0003	.0003	.0003	.0003
−3.3	.0003	.0004	.0004	.0004	.0004	.0004	.0004	.0005	.0005	.0005
−3.2	.0005	.0005	.0005	.0006	.0006	.0006	.0006	.0006.	.0007	.0007
−3.1	.0007	.0007	.0008	.0008	.0008	.0008	.0009	.0009	.0009	.0010
−3.0	.0010	.0010	.0011	.0011	.0011	.0012	.0012	.0013	.0013	.0013
−2.9	.0014	.0014	.0015	.0015	.0016	.0016	.0017	.0018	.0018	.0019
−2.8	.0019	.0020	.0021	.0021	.0022	.0023	.0023	.0024	.0025	.0026
−2.7	.0026	.0027	.0028	.0029	.0030	.0031	.0032	.0033	.0034	.0035
−2.6	.0036	.0037	.0038	.0039	.0040	.0041	.0043	.0044	.0045	.0047
−2.5	.0048	.0049	.0051	.0052	.0054	.0055	.0057	.0059	.0060	.0062
−2.4	.0064	.0066	.0068	.0069	.0071	.0073,	.0075	.0078	.0080	.0082
−2.3	.0084	.0087	.0089	.0091	.0094	.0096	.0099	.0102	.0104	.0107
−2.2	.0110	.0113	.0116	.0119	.0122,	.0125	.0129	.0132	.0136	.0139
−2.1	.0143	.0146	.0150	.0154	.0158	.0162	.0166	.0170	.0174	.0179
−2.0	.0183	.0188	.0192	.0197	.0202	.0207	.0212	.0217	.0222	.0228
−1.9	.0233	.0239	.0244	.0250	.0256	.0262	.0268	.0274	.0281	.0287
−1.8	.0294	.0301	.0307	.0314	.0322	.0329	.0336	.0344	.0351	.0359
−1.7	.0367	.0375	.0384	.0392	.0401	.0409	.0418	.0427	.0436	.0446
−1.6	.0455	.0465	.0475	.0485	.0495	.0505	.0516	.0526	.0537	.0548
−1.5	.0559	.0571	.0582	.0594	.0606	.0618	.0630	.0643	.0655	.0668
−1.4	.0681	.0694	.0708	.0721	.0735	.0749	.0764	.0778	.0793	.0808
−1.3	.0823	.0838	.0853	.0869	.0885	.0901	.0918	.0934	.0951	.0968
−1.2	.0985	.1003	.1020	.1038	.1056	.1075	.1093	.1112	.1131	.1151
−1.1	.1170	.1190	.1210	.1230	.1251!	.1271	.1292	.1314	.1335	.1357
−1.0	.1379	.1401	.1423	.1446	.1469	.1492	.1515	.1539	.1562	.1587
−0.9	.1611	.1635	.1660	.1685	.1711	.1736	.1762	.1788	.1814	.1841
−0.8	.1867	.1894	.1922	.1949	.1977.	.2005	.2033	.2061	.2090	.2119
−0.7	.2148	.2177	.2206	.2236	.2266	.2296	.2327	2358	.2389	.2420
−0.6	.2451	.2483	.2514	.2546	.2578	.2611	.2643	.2676	.2709	.2743
−0.5	.2776	.2810	.2843	.2877	.2912	.2946	.2981	.3015	.3050	.3085
−0.4	.3121	.3156	.3192	.3228	.3264	.3300	.3336	.3372	.3409	.3446
−0.3	.3483	.3520	.3557	.3594	.3632	.3669	.3707	.3745	.3783	.3821
−0.2	.3859	.3897	.3936	.3974	.4013	.4052	.4090	.4129	.4168	.4207
−0.1	.4247	.4286	.4325	.4364	.4404	.4443	.4483	.4522	.4562	.4602
−0.0	.4641	.4681.	.4721	.4761	.4801	.4840	.4880	.4920	.4960	.5000

置信水平 c	z_c
0.80	1.28
0.90	1.645
0.95	1.96
0.99	2.575

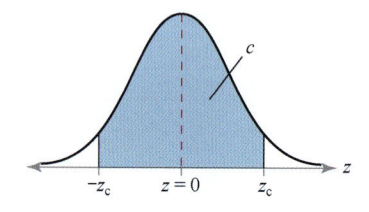

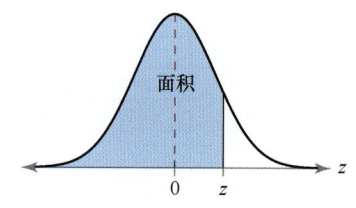

z	.00	.01	.02	.03	.04	.05	.06	.07	.08	.09
0.0	.5000	.5040	.5080	.5120	.5160	.5199	.5239	.5279	.5319	.5359
0.1	.5398	.5438	.5478	.5517	.5557	.5596	.5636	.5675	.5714	.5753
0.2	.5793	.5832	.5871	.5910	.5948	.5987	.6026	.6064	.6103	.6141
0.3	.6179	.6217	.6255	.6293	.6331	.6368	.6406	.6443	.6480	.6517
0.4	.6554	.6591	.6628	.6664	.6700	6736	.6772	.6808	.6844	.6879
0.5	.6915	.6950	.6985	.7019	.7054	.7088	.7123	.7157	.7190	.7224
0.6	.7257	.7291	.7324	.7357	.7389	.7422	.7454	.7486	.7517	.7549
0.7	.7580	.7611	.7642	.7673	.7704	7734	.7764	.7794	.7823	.7852
0.8	.7881	.7910	.7939	.7967	.7995	.8023	.8051	.8078	.8106	.8133
0.9	.8159	.8186	.8212	.8238	.8264	.8289	.8315	.8340	.8365	.8389
1.0	.8413	.8438	.8461	.8485	.8508	.8531	.8554	.8577	.8599	.8621
1.1	.8643	.8665	.8686	.8708	.8729	.8749	.8770	.8790	.8810	.8830
1.2	.8849	.8869	.8888	.8907	.8925	.8944	.8962	.8980	.8997	.9015
1.3	.9032	.9049	.9066	.9082	.9099	.9115	.9131	.9147	.9162	.9177
1.4	.9192	.9207	.9222	.9236	.9251	.9265	.9279	.9292	.9306	.9319
1.5	.9332	.9345	.9357	.9370	.9382	.9394	.9406	.9418	.9429	.9441
1.6	.9452	.9463	.9474	.9484	.9495	.9505	.9515	.9525	.9535	.9545
1.7	.9554	.9564	.9573	.9582	.9591	.9599	.9608	.9616	.9625	.9633
1.8	.9641	.9649	.9656	.9664	.9671	.9678	.9686	.9693	.9699	.9706
1.9	.9713	.9719	9726	.9732	.9738	.9744	.9750	.9756	.9761	.9767
2.0	.9772	.9778.	.9783	.9788	.9793	.9798	.9803	.9808	.9812	.9817
2.1	.9821	.9826	.9830	.9834	.9838	.9842	.9846	.9850	.9854	.9857
2.2	.9861	.9864	.9868	.9871	.9875	.9878	.9881	.9884	.9887	.9890
2.3	.9893	.9896	.9898	.9901	.9904	.9906	.9909	.9911	.9913	.9916
2.4	.9918	.9920	.9922	.9925	.9927	.9929	.9931	.9932	.9934	.9936
2.5	.9938	.9940	.9941	.9943	.9945	.9946	.9948	.9949	.9951	.9952
2.6	.9953	.9955	.9956	.9957	.9959	.9960	.9961	.9962	.9963	.9964
2.7	.9965	.9966	.9967	.9968	.9969	.9970	.9971	.9972	.9973	.9974
2.8	.9974	.9975	.9976	.9977	.9977	.9978	.9979	.9979	.9980	.9981
2.9	.9981	.9982	.9982	.9983	.9984	.9984	.9985	.9985	.9986	.9986
3.0	.9987	.9987	.9987	.9988	.9988	.9989	.9989	.9989	.9990	.9990
3.1	.9990	.9991	.9991	.9991	.9992	.9992	.9992	.9992	.9993	.9993
3.2	.9993	.9993	.9994	.9994	.9994	.9994	.9994	.9995	.9995	.9995
3.3	.9995	.9995	.9995	.9996	.9996	.9996	.9996	.9996	.9996	.9997
3.4	.9997	.9997	.9997	.9997	.9997	.9997	.9997	.9997	.9997	.9998

表 5 t 分布

	置信水平	0.80	0.90	0.95	0.98	0.99
	单尾,α	0.10	0.05	0.025	0.01	0.005
d.f.	双尾,α	0.20	0.10	0.05	0.02	0.01
1		3.078	6.314	12.706	31.821	63.657
2		1.886	2.920	4.303	6.965	9.925
3		1.638	2.353	3.182	4.541	5.841
4		1.533	2.132	2.776	3.747	4.604
5		1.476	2.015	2.571	3.365	4.032
6		1.440	1.943	2.447	3.143	3.707
7		1.415	1.895	2.365	2.998	3.499
8		1.397	1.860	2.306	2.896	3.355
9		1.383	1.833	2.262	2.821	3.250
10		1372	1.812	2.228	2.764	3.169

（续表）

d.f.	置信水平 单尾，α 双尾，α	0.80 0.10 0.20	0.90 0.05 0.10	0.95 0.025 0.05	0.98 0.01 0.02	0.99 0.005 0.01
11		1.363	1.796	2.201	2.718	3.106
12		1.356	1.782	2.179	2.681	3.055
13		1.350	1.771	2.160	2.650	3.012
14		1.345	1.761	2.145	2.624	2.977
15		1.341	1.753	2.131	2.602	2.947
16		1.337	1.746	2.120	2.583	2.921
17		1.333	1.740	2.110	2.567	2.898
18		1.330	1.734	2.101	2.552	2.878
19		1.328	1.729	2.093	2.539	2.861
20		1.325	1.725	2.086	2.528	2.845
21		1.323	1.721	2.080	2.518	2.831
22		1.321	1.717	2.074	2.508	2.819
23		1.319	1.714	2.069	2.500	2.807
24		1.318	1.711	2.064	2.492	2.797
25		1.316	1.708	2.060	2.485	2.787
26		1.315	1.706	2.056	2.479	2.779
27		1.314	1.703	2.052	2.473	2.771
28		1.313	1.701	2.048	2.467	2.763
29		1.311	1.699	2.045	2.462	2.756
30		1.310	1.697	2.042	2.457	2.750
31		1.309	1.696	2.040	2.453	2.744
32		1.309	1.694	2.037	2.449	2.738
33		1.308	1.692	2.035	2.445	2.733
34		1.307	1.691	2.032	2.441	2.728
35		1.306	1.690	2.030	2.438	2.724
36		1.306	1.688	2.028	2.434	2.719
37		1.305	1.687	2.026	2.431	2.715
38		1.304	1.686	2.024	2.429	2.712
39		1.304	1.685	2.023	2.426	2.708
40		1.303	1.684	2.021	2.423	2.704
45		1.301	1.679	2.014	2.412	2.690
50		1.299	1.676	2.009	2.403	2.678
60		1.296	1.671	2.000	2.390	2.660
70		1.294	1.667	1.994	2.381	2.648
80		1.292	1.664	1.990	2.374	2.639
90		1.291	1.662	1.987	2.368	2.632
100		1.290	1.660	1.984	2.364	2.626
500		1.283	1.648	1.965	2.334	2.586
1000		1.282	1.646	1.962	2.330	2.581
∞		1.282	1.645	1.960	2.326	2.576

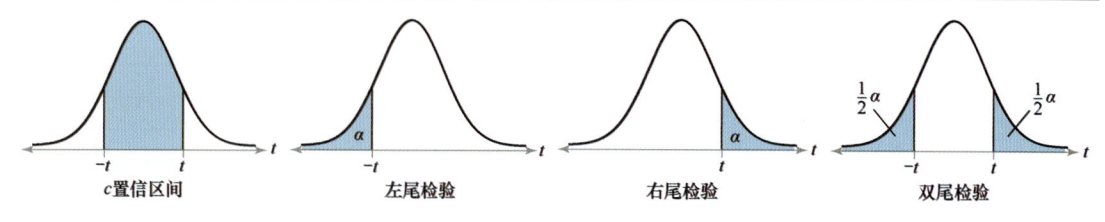

c 置信区间　　左尾检验　　右尾检验　　双尾检验

表6 卡方分布

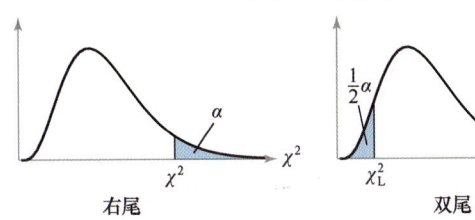

右尾　　双尾

自由度	α									
	0.995	0.99	0.975	0.95	0.90	0.10	0.05	0.025	0.01	0.005
1	—	—	0.001	0.004	0.016	2.706	3.841	5.024	6.635	7.879
2	0.010	0.020	0.051	0.103	0.211	4.605	5.991	7.378	9.210	10.597
3	0.072	0.115	0.216	0.352	0.584	6.251	7.815	9.348	11.345	12.838
4	0.207	0.297	0.484	0.711	1.064	7.779	9.488	11.143	13.277	14.860
5	0.412	0.554	0.831	1.145	1.610	9.236	11.071	12.833	15.086	16.750
6	0.676	0.872	1.237	1.635	2.204	10.645	12.592	14.449	16.812	18.548
7	0.989	1.239	1.690	2.167	2.833	12.017	14.067	16.013	18.475	20.278
8	1.344	1.646	2.180	2.733	3.490	13.362	15.507	17.535	20.090	21.955
9	1.735	2.088	2.700	3.325	4.168	14.684	16.919	19.023	21.666	23.589
10	2.156	2.558	3.247	3.940	4.865	15.987	18.307	20.483	23.209	25.188
11	2.603	3.053	3.816	4.575	5.578	17.275	19.675	21.920	24.725	26.757
12	3.074	3.571	4.404	5.226	6.304	18.549	21.026	23.337	26.217	28.299
13	3.565	4.107	5.009	5.892	7.042	19.812	22.362	24.736	27.688	29.819
14	4.075	4.660	5.629	6.571	7.790	21.064	23.685	26.119	29.141	31.319
15	4.601	5.229	6.262	7.261	8.547	22.307	24.996	27.488	30.578	32.801
16	5.142	5.812	6.908	7.962	9.312	23.542	26.296	28.845	32.000	34.267
17	5.697	6.408	7.564	8.672	10.085	24.769	27.587	30.191	33.409	35.718
18	6.265	7.015	8.231	9.390	10.865	25.989	28.869	31.526	34.805	37.156
19	6.844	7.633	8.907	10.117	11.651	27.204	30.144	32.852	36.191	38.582
20	7.434	8.260	9.591	10.851	12.443	28.412	31.410	34.170	37.566	39.997
21	8.034	8.897	10.283	11.591	13.240	29.615	32.671	35.479	38.932	41.401
22	8.643	9.542	10.982	12.338	14.042	30.813	33.924	36.781	40.289	42.796
23	9.260	10.196	11.689	13.091	14.848	32.007	35.172	38.076	41.638	44.181
24	9.886	10.856	12.401	13.848	15.659	33.196	36.415	39.364	42.980	45.559
25	10.520	11.524	13.120	14.611	16.473	34.382	37.652	40.646	44.314	46.928
26	11.160	12.198	13.844	15.379	17.292	35.563	38.885	41.923	45.642	48.290
27	11.808	12.879	14.573	16.151	18.114	36.741	40.113	43.194	46.963	49.645
28	12.461	13.565	15.308	16.928	18.939	37.916	41.337	44.461	48.278	50.993
29	13.121	14.257	16.047	17.708	19.768	39.087	42.557	45.722	49.588	52.336
30	13.787	14.954	16.791	18.493	20.599	40.256	43.773	46.979	50.892	53.672
40	20.707	22.164	24.433	26.509	29.051	51.805	55.758	59.342	63.691	66.766
50	27.991	29.707	32.357	34.764	37.689	63.167	67.505	71.420	76.154	79.490
60	35.534	37.485	40.482	43.188	46.459	74.397	79.082	83.298	88.379	91.952
70	43.275	45.442	48.758	51.739	55.329	85.527	90.531	95.023	100.425	104.215
80	51.172	53.540	57.153	60.391	64.278	96.578	101.879	106.629	112.329	116.321
90	59.196	61.754	65.647	69.126	73.291	107.565	113.145	118.136	124.116	128.299
100	67.328	70.065	74.222	77.929	82.358	118.498	124.342	129.561	135.807	140.169

表7 F分布

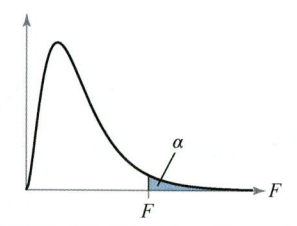

d.f.$_D$: 分母中的自由度	\multicolumn{16}{c	}{$\alpha=0.005$}
	\multicolumn{16}{c	}{d.f.$_N$: 分子中的自由度}
	1	2	3	4	5	6	7	8	9	10	12	15	20	24	30	40	60	120	∞
1	16211	20000	21615	22500	23056	23437	23715	23925	24091	24224	24426	24630	24836	24940	25044	25148	25253	25359	25465
2	198.5	199.0	199.2	199.2	199.3	199.3	199.4	199.4	199.4	199.4	199.4	199.4	199.4	199.5	199.5	199.5	199.5	199.5	199.5
3	55.55	49.80	47.47	46.19	45.39	44.84	44.43	44.13	43.88	43.69	43.39	43.08	42.78	42.62	42.47	42.31	42.15	41.99	41.83
4	31.33	26.28	24.26	23.15	22.46	21.97	21.62	21.35	21.14	20.97	20.70	20.44	20.17	20.03	19.89	19.75	19.61	19.47	19.32
5	22.78	18.31	16.53	15.56	14.94	14.51	14.20	13.96	13.77	13.62	13.38	13.15	12.90	12.78	12.66	12.53	12.40	12.27	12.14
6	18.63	14.54	12.92	12.03	11.46	11.07	10.79	10.57	10.39	10.25	10.03	9.81	9.59	9.47	9.36	9.24	9.12	9.00	8.88
7	16.24	12.40	10.88	10.05	9.52	9.16	8.89	8.68	8.51	8.38	8.18	7.97	7.75	7.65	7.53	7.42	731	7.19	7.08
8	14.69	11.04	9.60	8.81	8.30	7.95	7.69	7.50	7.34	7.21	7.01	6.81	6.61	6.50	6.40	6.29	6.18	606	5.95
9	13.61	10.11	8.72	7.96	7.47	7.13	6.88	6.69	6.54	6.42	6.23	6.03	5.83	5.73	5.62	5.52	5.41	5.30	5.19
10	12.83	9.43	8.08	7.34	6.87	6.54	6.30	6.12	5.97	5.85	5.66	5.47	5.27	5.17	5.07	4.97	4.86	4.75	4.64
11	12.73	8.91	7.60	6.88	6.42	6.10	5.86	5.68	5.54	5.42	5.24	5.05	4.86	4.76	4.65	4.55	4.44	4.34	4.23
12	11.75	8.5	2.23	6.52	6.07	5.76	5.52	5.35	5.20	5.09	4.91	4.72	4.53	4.43	4.33	4.23	4.12	4.01	3.90
13	11.37	8.19	6.93	6.23	5.79	5.48	5.25	5.08	4.94	4.82	4.64	4.46	4.27	4.17	4.07	3.97	3.87	3.76	3.65
14	11.06	7.92	6.68	6.00	5.56	5.26	5.03	4.86	4.72	4.60	4.43	4.25	4.06	3.96	3.86	3.76	3.66	3.55	3.44
15	10.80	7.70	6.48	5.80	5.37	5.07	4.85	4.67	4.54	4.42	4.25	4.07	3.88	3.79	3.69	3.58	3.48	3.37	3.26
16	10.58	7.51	6.30	5.64	5.21	4.91	4.69	4.52	4.38	4.27	4.10	3.92	3.73	3.64	3.54	3.44	3.33	322	3.11
17	10.38	7.35	6.16	5.50	5.07	4.78	4.56	4.39	4.25	4.14	3.97	3.79	3.61	3.51	3.41	3.31	3.21	3.10	2.98
18	10.22	7.21	6.03	5.37	4.96	4.66	444	4.28	4.14	4.03	3.86	3.68	3.50	3.40	330	3.20	3.10	2.99	2.87
19	10.07	7.09	5.92	5.27	4.85	4.56	4.34	4.18	4.04	3.93	3.76	3.59	3.40	3.31	3.21	3.11	3.00	2.89	2.78
20	9.94	6.99	5.82	5.17	4.76	4.47	4.26	4.09	3.96	3.85	3.68	3.50	3.32	3.22	3.12	3.02	2.92	2.81	2.69
21	9.83	6.89	5.73	5.09	4.68	4.39	4.18	4.01	3.88	3.77	3.60	3.43	3.24	3.15	3.05	2.95	2.84	2.73	2.61
22	9.73	6.81	5.65	5.02	4.61	4.32	4.11	3.94	3.81	3.70	3.54	3.36	3.18	3.08	2.98	2.88	2.77	2.66	2.55
23	9.63	6.73	5.58	4.95	4.54	4.26	4.05	3.88	3.75	3.64	3.47	3.30	3.12	3.02	2.92	2.82	2.71	2.60	2.48
24	9.55	6.66	5.52	4.89	4.49	4.20	3.99	3.83	3.69	3.59	3.42	3.25	3.06	2.97	2.87	2.77	2.66	2.55	2.43
25	9.48	.6.60	5.46	4.84	4.43	4.15	3.94	3.78	3.64	3.54	3.37	3.20	3.01	2.92	2.82	2.72	2.61	2.50	2.38
26	9.41	6.54	5.41	4.79	4.38	4.10	3.89	3.73	3.60	3.49	3.33	3.15	2.97	2.87	2.77	2.67	2.56	2.45	2.33
27	9.34	6.49	5.36	4.74	4.34	4.06	3.85	3.69	3.56	3.45	3.28	3.11	2.93	2.83	2.73	2.63	2.52	241	2.25
28	9.28	6.44	5.32	4.70	4.30	4.02	3.81	3.65	3.52	3.41	3.25	3.07	2.89	2.79	2.69	2.59	2.48	2.37	2.29
29	9.23	6.40	5.28	4.66	4.26	3.98	3.77	3.61	3.48	3.38	3.21	3.04	2.86	2.76	2.66	2.56	2.45	2.33	2.24
30	9.18	6.35	5.24	4.62	4.23	3.95	3.74	3.58	3.45	334	3.18	3.01	2.82	2.73	2.63	2.52	2.42	2.30	2.18
40	8.83	6.07	4.98	4.37	3.99	3.71	3.51	3.35	3.22	3.12	2.95	2.78	2.60	2.50	2.40	2.30	2.18	2.06	1.93
60	8.49	5.79	4.73	4.14	3.76	3.49	3.29	3.13	3.01	290	2.74	2.57	2.39	2.29	2.19	2.08	1.96	1.83	1.69
120	8.18	5.54	4.50	3.92	3.55	3.28	3.09	2.93	2.81	2.71	2.54	2.37	2.19	2.09	1.98	1.87	1.75	1.61	1.43
∞	7.88	5.30	4.28	3.72	3.35	3.09	2.90	2.74	2.62	2.52	2.36	2.19	2.00	1.90	1.79	1.67	1.53	1.36	1.00

d.t.$_D$: 分母中的自由度	\multicolumn{16}{c	}{$\alpha=0.01$}
	\multicolumn{16}{c	}{d.f.$_N$: 分子中的自由度}
	1	2	3	4	5	6	7	8	9	10	12	15	20	24	30	40	60	120	∞
1	4052	4999.5	5403	5625	5764	5859	5928	5982	6022	6056	6106	6157	6209	6235	6261	6287	6313	6339	6366
2	98.50	99.00	99.17	99.25	99.30	99.33	99.36	99.37	99.39	99.40	99.42	99.43	99.45	99.46	99.47	99.47	99.48	99.49	99.50

(续表)

d.f.$_D$: 分母中的自由度	$\alpha = 0.01$ d.f.$_N$: 分子中的自由度																	
	1	2	3	4	5	6	7	8	9	10	12	15	20	24	30	40	60	120	∞
3	34.12	30.82	29.46	28.71	28.24	27.91	27.67	27.49	27.35	27.23	27.05	26.87	26.69	26.60	26.50	26.41	26.32	26.22	26.13
4	21.20	18.00	16.69	15.98	15.52	15.21	14.98	14.80	14.66	14.55	4.37	14.20	14.02	13.93	13.84	13.75	13.65	13.56	13.46
5	16.26	13.27	12.06	11.39	10.97	10.67	10.46	10.29	10.16	10.05	9.89	9.72	9.55	9.47	9.38	9.29	9.20	9.11	9.02
6	13.75	10.92	9.78	9.15	8.75	8.47	8.26	8.10	7.98	7.87	7.72	7.56	7.40	7.31	7.23	7.14	7.06	6.97	6.88
7	12.25	9.55	8.45	7.85	7.46	7.19	6.99	6.84	6.72	6.62	6.47	6.31	6.16	6.07	5.99	5.91	5.82	5.74	5.65
8	11.26	8.65	7.59	7.01	6.63	6.37	6.18	6.03	5.91	5.81	5.67	5.52	5.36	5.28	5.20	5.12	5.03	4.95	4.86
9	10.56	8.02	6.99	6.42	6.06	5.80	5.61	5.47	5.35	5.26	5.11	4.96	4.81	4.73	4.65	4.57	4.48	4.40	4.31
10	10.04	7.56	6.55	5.09	5.64	5.39	5.20	5.06	4.94	4.85	4.71	4.56	4.41	4.33	4.25	4.17	4.08	4.00	3.91
11	9.65	7.21	6.22	5.67	5.32	5.07	4.89	4.74	4.63	4.54	4.40	4.25	4.10	4.02	3.94	3.86	3.78	3.69	3.60
12	9.33	6.93	5.95	5.41	5.06	4.82	4.64	4.50	4.39	4.30	4.16	4.01	3.86	3.78	3.70	3.62	3.54	3.45	3.36
13	9.07	6.70	5.74	5.21	4.86	4.62	4.44	4.30	4.19	4.10	3.96	3.82	3.66	3.59	3.51	3.43	3.34	3.25	3.17
14	8.88	6.51	5.56	5.04	4.60	4.46	4.28	4.14	4.03	3.94	3.80	3.66	3.51	3.43	3.35	3.27	3.18	3.09	3.00
15	8.68	6.36	5.42	4.80	4.56	4.32	4.14	4.00	3.89	3.80	3.67	3.52	3.37	3.29	3.21	3.13	3.05	2.96	2.87
16	8.53	6.23	5.29	4.77	4.44	4.20	4.03	3.89	3.78	3.69	3.55	3.41	3.26	3.18	3.10	3.02	2.93	2.84	2.75
17	8.40	6.11	5.18	4.67	4.34	4.10	3.93	3.79	3.68	3.59	3.46	3.31	3.16	3.08	3.00	2.92	2.83	2.75	2.65
18	8.29	6.01	5.09	4.58	4.25	4.01	3.84	3.71	3.60	3.51	3.37	3.23	3.08	3.00	2.92	2.84	2.75	2.66	2.57
19	8.18	5.93	5.01	4.50	4.17	3.94	3.77	3.63	3.52	3.43	3.30	3.15	3.00	2.92	2.84	2.76	267	2.58	2.49
20	8.10	5.85	4.94	4.43	4.10	3.87	3.70	3.56	3.46	3.37	3.23	3.09	2.94	2.86	278	2.69	2.61	2.52	2.42
21	8.02	5.78	4.87	4.37	4.04	3.81	3.64	3.51	3.40	3.31	3.17	3.03	2.88	2.80	2.72	2.64	2.55	2.46	2.36
22	7.95	5.72	4.82	4.31	3.99	3.76	3.59	3.45	3.35	3.26	3.12	2.98	2.83	2.75	2.67	2.58	2.50	2.40	2.31
23	7.88	5.66	4.76	4.26	3.94	3.71	3.54	3.41	3.30	3.21	3.07	2.03	2.78	2.70	2.62	2.54	2.45	2.35	2.26
24	7.82	5.61	4.72	4.22	3.90	3.67	3.50	3.36	3.26	3.17	3.03	2.89	2.74	266	2.58	2.49	2.40	2.31	2.21
25	2.77	5.57	4.68	4.18	3.85	3.63	3.46	3.32	3.22	3.13	2.99	2.85	2.70	2.62	2.54	2.45	2.36	2.27	2.17
26	7.72	5.53	4.64	4.14	3.82	3.59	3.42	3.29	3.18	3.09	2.96	2.81	2.66	2.58	2.50	2.42	2.33	2.23	2.13
27	2.68	5.49	4.60	4.11	3.78	3.56	3.39	3.26	3.15	3.06	2.93	2.78	2.63	2.55	2.47	2.38	229	2.20	2.10
28	7.64	5.45	4.57	4.07	3.75	3.53	3.36	3.23	3.12	3.03	2.90	2.75	2.60	2.52	2.44	2.35	2.26	2.17	2.06
29	7.60	5.42	4.54,	4.04	3.73	3.50	3.33	3.20	3.00	3.00	2.87	2.73	2.57	2.49	2.41	2.33	2.23	2.14	2.03
30	7.56	5.39	4.51	4.02	3.70	3.47	3.30	3.17	3.07	2.98	2.84	2.70	2.55	2.47	2.39	2.30	2.21	2.11	2.01
40	7.31	5.18	4.31	3.83	3.51	3.29	3.12	2.00	2.89	2.80	2.66	2.52	2.37	2.29	2.20	2.11	2.02	1.92	1.80
60	7.08	4.98	4.13	3.65	3.34	3.12	2.95	2.82	2.72	2.63	2.50	2.35	2.20	2.12	2.03	1.94	1.84	1.73	1.60
120	6.85	4.79	3.95	3.48	3.17	2.96	2.79	2.66	2.56	2.47	2.34	2.19	203	1.95	1.86	1.76	1.66	1.53	1.38
∞	6.63	4.61	3.78	3.32	3.02	2.80	2.64	2.51	2.41	2.32	2.18	2.04	1.88	1.79	1.70	1.59	1.47	1.32	1.00

d.f.$_D$: 分母中的自由度	$\alpha = 0.025$ d.f.$_N$: 分子中的自由度																	
	1	2	3	4	5	6	7	8	9	10	12	15	20	24	30	40	60	120	∞
1	647.8	799.5	864.2	899.6	921.8	937.1	948.2	956.7	963.3	968.6	976.7	984.9	993.1	997.2	1001	1006	1010	1014	1018
2	38.51	39.00	39.17	39.25	39.30	39.33	39.36	39.37	39.39	39.40	39.41	39.43	39.45	39.46	39.46	39.47	39.48	39.49	39.50
3	17.44	16.04	15.44	15.10	14.88	14.73	14.62	14.54	14.47	14.42	14.34	14.25	14.17	14.12	14.08	14.04	13.99	13.95	13.90
4	12.22	10.65	9.98	9.60	9.36	9.20	9.07	8.98	8.90	8.84	8.75	8.66	8.56	8.51	8.46	8.41	8.36	8.31	8.26
5	10.01	8.43	7.76	7.39	7.15	6.98	6.85	6.76	6.68	6.62	6.52	6.43	6.33	6.28	6.23	6.18	6.12	6.07	6.02
6	8.81	7.26	6.60	6.23	5.99	5.82	5.70	5.60	5.52	5.46	5.37	5.27	5.17	5.12	5.07	5.01	4.96	4.90	4.85
7	8.07	6.54	5.89	5.52	5.29	5.12	4.99	4.90	4.82	4.76	4.67	4.57	4.47	4.42	4.36	4.31	4.25	4.20	4.14
8	7.57	6.06	5.42	5.05	4.82	4.65	4.53	4.43	4.36	4.30	4.20	4.10	4.00	3.95	3.89	3.84	3.78	3.73	3.67
9	7.21	5.71	5.08	4.72	4.48	4.32	4.20	4.10	4.03	3.96	3.87	3.77	3.67	3.61	3.56	3.51	3.45	3.39	3.33
10	6.94	5.46	4.83	4.47	4.24	4.07	3.95	3.85	3.78	3.72	3.62	3.52	3.42	3.37	3.31	3.26	3.20	3.14	3.08
11	6.72	5.26	4.63	4.28	4.04	3.88	3.76	3.66	3.59	3.53	3.43	3.33	3.23	3.17	3.12	3.06	3.00	2.94	2.88
12	6.55	5.10	4.47	4.12	3.89	3.73	3.61	3.51	3.44	3.37	3.28	3.18	3.07	3.02	2.96	2.91	2.85	2.79	2.72

附录 B 随机数与各种分布表

(续表)

d.f.$_D$：分母中的自由度	\multicolumn{17}{c}{$\alpha = 0.025$}
	\multicolumn{17}{c}{d.f.$_N$：分子中的自由度}
	1	2	3	4	5	6	7	8	9	10	12	15	20	24	30	40	60	120	∞
13	6.41	4.97	4.35	4.00	3.77	3.60	3.48	3.39	3.31	3.25	3.15	3.05	2.95	2.89	2.84	2.78	2.72	2.66	2.60
14	6.30	4.86	4.24	3.89	3.66	3.50	3.38	3.29	3.21	3.15	3.05	2.95	2.84	2.79	2.73	2.67	2.61	2.55	2.49
15	6.20	4.77	4.15	3.80	3.58	3.41	3.29	3.20	3.12	3.06	2.98	2.86	2.76	2.70	2.64	2.59	2.52	2.46	2.40
16	6.12	4.69	4.08	3.73	3.50	3.34	3.22	3.12	3.05	2.99	2.89	2.79	2.68	2.63	2.57	2.51	2.45	2.38	2.32
17	6.04	4.62	4.01	3.66.	3.44	3.28	3.16	3.06	2.98	2.92	2.82	2.72	2.62	2.56	2.50	2.44	2.38	2.32	2.25
18	5.98	4.56	3.95	3.61	3.38	3.22	3.10	3.01	2.93	2.87	2.77	2.67	2.56	2.50	2.44	2.38	2.32	2.26	2.19
19	5.92	4.51	3.90	3.56	3.33	3.17	3.05	2.96	2.88	2.82	2.72	2.62	2.51	2.45	2.39	2.33	2.27	2.20	2.13
20	5.87	4.46	3.86	3.51	3.29	3.13	3.01	2.91	2.84	2.77	2.68	2.57	2.46	2.41	2.35	2.29	2.22	2.16	2.09
21	5.83	4.42	3.82	3.48	3.25	3.09	2.97	2.87	2.80	2.73	2.64	2.53	2.42	2.37	2.31	2.25	2.18	2.11	2.04
22	5.79	4.38	3.78	3.44	3.22	3.05	2.93	2.84	2.76	2.70	2.60	2.50	2.39	2.33	2.27	2.21	2.14	2.08	2.00
23	5.75	4.35	3.75	3.41	3.18	3.02	2.90	2.81	2.73	2.67	2.57	2.47	2.36	2.30	2.24	2.18	2.11	2.04	1.97
24	5.72	4.32	3.72	3.38	3.15	2.99	2.87	2.78	2.70	2.64	2.54	2.44	2.33	2.27	2.21	2.15	2.08	2.01	1.94
25	5.69	4.29	3.69	3.35	3.13	2.97	2.85	2.75	2.68	2.61	2.51	2.41	2.30	2.24	2.18	2.12	2.05	1.98	1.91
26	5.66	4.27	3.67	3.33	3.10	2.94	2.82	2.73	2.65	2.59	2.49	2.39	2.25	2.22	2.16	2.09	2.03	1.95	1.88
27	5.63	4.24	3.65	3.31	3.08	2.92	2.80	2.71	2.63	2.57	2.47	2.36	2.25	2.19	2.13	2.07	2.00	1.93	1.85
28	5.61	4.22	6.63	3.29	3.06	2.90	2.78	2.69	2.61	2.55	2.45	2.34	2.23	2.17	2.11	2.05	1.98	1.91	1.83
29	5.59	4.20	3.61	3.27	3.04	2.88	2.76	2.67	2.59	2.53	2.43	2.32	2.21	2.15	2.09	2.03	1.96	1.89	1.81
30	5.57	4.18	3.59	3.25	3.03	2.87	2.75	2.65	2.57	2.51	2.41	2.31	2.20	2.14	2.07	2.01	1.94	1.87	1.79
40	5.42	4.05	3.46	3.13	2.90	2.74	2.62	2.53	2.45	2.39	2.29	2.18	2.07	2.01	1.94	1.88	1.80	1.72	1.64
60	5.29	3.93	3.34	3.01	2.79	2.63	2.51	2.41	2.33	2.27	2.17	2.06	1.94	1.88	1.82	1.74	1.67	1.58	1.48
120	5.15	3.80	3.23	2.89	2.67	2.52	2.39	2.30	2.22	2.16	2.05	1.94	1.82	1.76	1.69	1.61	1.53	1.43	1.31
∞	5.02	3.69	3.12	2.79	2.57	2.41	2.29	2.19	2.11	2.05	1.94	1.83	1.71	1.64	1.57	1.48	1.39	1.27	1.00

d.f.$_D$：分母中的自由度	\multicolumn{17}{c}{$\alpha = 0.05$}
	\multicolumn{17}{c}{d.f.$_N$：分子中的自由度}
	1	2	3	4	5	6	7	8	9	10	12	15	20	24	30	40	60	120	∞
1	161.4	199.5	215.7	224.6	230.2	234.0	236.8	238.9	240.5	241.9	243.9	245.9	248.0	249.1	250.1	251.1	252.2	253.3	254.3
2	18.51	19.00	19.16	19.25	19.30	19.33	19.35	19.37	19.38	19.40	19.41	19.43	19.45	19.45	19.46	19.47	19.48	19.49	19.50
3	10.13	9.55	9.28	9.12	9.01	8.94	8.89	8.85	8.81	8.79	8.74	8.70	8.66	8.64	8.62	8.59	8.57	8.55	8.53
4	7.71	6.94	6.59	6.39	6.26	6.16	6.09	6.04	6.00	5.96	5.91	5.86	5.80	5.77	5.75	5.72	5.69	5.66	5.63
5	6.61	5.79	5.41	5.19	5.05	4.95	4.88	4.82	4.77	4.74	4.68	4.62	4.56	4.53	4.50	4.46	4.43	4.40	4.36
6	5.99	5.14	4.76	4.53	4.39	4.28	4.21	4.15	4.10	4.06	4.00	3.94	3.87	3.84	3.81	3.77	3.74	3.70	3.67
7	5.59,	4.74	4.35	4.12	3.97	3.87	3.79	3.73	3.68,	3.64	3.57	3.51	3.44	3.41	3.38	3.34	3.30	3.27	3.23
8	5.32	4.46	4.07	3.84	3.69	3.58	3.50	3.44	3.39	3.35	3.28	3.22	3.15	3.12	3.08	3.04	3.01	2.97	2.93
9	5.12	4.26	3.86	3.63	3.48	3.37	3.29	3.23	3.18	3.14	3.07	3.01	2.94	2.90	2.86	2.83	2.79	2.75	2.71
10	4.96	4.10	3.71	3.48	3.33	3.22	3.14	3.07	3.02	2.98	2.91	2.85	2.77	2.74	2.70	2.66	2.62	2.58	2.54
11	4.84	3.98	3.59	3.36	3.20	3.09	3.01	2.95	2.90	2.85	2.79	2.72	2.65	2.61	2.57	2.53	2.49	2.45	2.40
12	4.75	3.89	3.49	3.26	3.11	3.00	2.91	2.85	2.80	2.75	2.69	2.62	2.54	2.51	2.47	2.43	2.38	2.34	2.30
13	4.67	3.81	3.41	3.18	3.03	2.92	2.83	2.77	2.71	2.67	2.60	2.53	2.46	2.42	2.38	2.34	2.30	2.25	2.21
14	4.60	3.74	3.34	3.11	2.96	2.85	2.76	2.70	2.65	2.60	2.53	2.46	2.39	2.35	2.31	2.27	2.22	2.18	2.13
15	4.54	3.68	3.29	3.06	2.90	2.79	2.71	2.64	2.59	2.54	2.48	2.40	2.33	2.29	2.25	2.20	2.16	2.11	2.07
16	4.49	3.63	3.24	3.01	2.85	2.74	2.66	2.59	2.54	2.49	2.42	2.35	2.28	2.24	2.19	2.15	2.11	2.06	2.01
17	4.45	3.59	3.20	2.96	2.81	2.70	2.61	2.55	2.49	2.45	2.38	2.31	2.23	2.19	2.15	2.10	2.06	2.01	1.96
18	4.41	3.55	3.16	2.93	2.77	2.66	2.58	2.51	2.46	2.41	2.34	2.27	2.19	2.15	2.11	2.06	2.02	1.97	1.92
19	4.38	3.52	3.13	2.90	2.74	2.63	2.54	2.48	2.42	2.38	2.31	2.23	2.16	2.11	2.07	2.03	1.98	1.93	1.88
20	4.35	3.49	3.10	2.87	2.71	2.60	2.51	2.45	2.39	2.35	2.28	2.20	2.12	2.08	2.04	1.99	95	1.90	1.84
21	4.32	3.47	3.07	2.84	2.68	2.57	2.49	2.42	2.37	2.32	2.25	2.18	2.10	2.05	2.01	1.96	1.92	1.87	1.81
22	4.30	3.44	3.05	2.82	2.66	2.55	2.46	2.40	2.34	2.30	2.23	2.15	2.07	2.03	1.98	1.94	1.89	1.84	1.78

(续表)

d.f.$_D$: 分母中的自由度	\multicolumn{18}{c	}{$\alpha = 0.05$}
	\multicolumn{18}{c	}{d.f.$_N$: 分子中的自由度}
	1	2	3	4	5	6	7	8	9	10	12	15	20	24	30	40	60	120	∞
23	4.28	3.42	3.03	2.80	2.64	2.53	2.44	2.37	2.32	2.27	2.20	2.13	2.05	2.01	1.96	1.91	1.86	1.81	1.76
24	4.26	3.40	3.01	2.78	2.62	2.51	2.42	2.36	2.30	2.25	2.18	2.11	2.03	1.98	1.94	1.89	1.84	1.79	1.73
25	4.24	3.39	2.99	2.76	2.60	2.49	2.40	2.34	2.28	2.24	2.16	2.09	2.01	1.96	1.92	1.87	1.82	1.77	1.71
26	4.23	3.37	2.98	2.74	2.59	2.47	2.39	2.32	2.27	2.22	2.15	2.07	1.99	1.95	1.90	1.85	1.80	1.75	1.69
27	4.21	3.35	2.96	2.73	2.57	2.46	2.37	2.31	2.25	2.20	2.13	2.06	1.97	1.93	1.88	1.84	1.79	1.73	1.67
28	4.20	3.34	2.95	2.71	2.56	2.45	2.36	2.29	2.24	2.19	2.12	2.04	1.96	1.91	1.87	1.82	1.77	1.71	1.65
29	4.18	3.33	2.93	2.70	2.55	2.43	2.35	2.28	2.22	2.18	2.10	2.03	1.94	1.90	1.85	1.81	1.75	1.70	1.64
30	4.17	3.32	2.92	2.69	2.53	2.42	2.33	2.27	2.21	2.16	2.09	2.01	1.93	1.89	1.84	1.79	1.74	1.68	1.62
40	4.08	3.23	2.84	2.61	2.45	2.34	2.25	2.18	2.12	2.08	2.00	1.92	1.84	1.79	1.74	1.69	1.64	1.58	1.51
60	4.00	3.15	2.76	2.53	2.37	2.25	2.17	2.10	2.04	1.99	1.92	1.84	1.75	1.70	1.65	1.59	1.53	1.47	1.39
120	3.92	3.07	2.68	2.45	2.29	2.17	2.09	2.02	1.96	1.91	1.83	1.75	1.66	1.61	1.55	1.50	1.43	1.35	1.25
∞	3.84	3.00	2.60	2.37	2.21	2.10	2.01	1.94	1.88	1.83	1.75	1.67	1.57	1.52	1.46	1.39	1.32	1.22	1.00

d.f.$_D$: 分母中的自由度	\multicolumn{18}{c	}{$\alpha = 0.10$}
	\multicolumn{18}{c	}{d.f.$_N$: 分子中的自由度}
	1	2	3	4	5	6	7	8	9	10	12	15	20	24	30	40	60	120	∞
1	39.86	49.50	53.59	55.83	57.24	58.20	58.91	59.44	59.86	60.19	60.71	61.22	61.74	62.00	62.26	62.53	62.79	63.06	63.33
2	8.53	9.00	9.16	9.24	9.29	9.33	9.35	9.37	9.38	9.39	9.41	9.42	9.44	9.45	9.46	9.47	9.47	9.48	9.49
3	5.54	5.46	5.39	5.34	5.31	5.28	5.27	5.25	5.24	5.23	5.22	5.20	5.18	5.18	5.17	5.16	5.15	5.14	5.13
4	4.54	4.32	4.19	4.11	4.05	4.01	3.98	3.95	3.94	3.92	3.90	3.87	3.84	3.83	3.82	3.80	3.79	3.78	3.76
5	4.06	3.78	3.62	3.52	3.45	3.40	3.37	3.34	3.32	3.30	3.27	3.24	3.21	3.19	3.17	3.16	3.14	3.12	3.10
6	3.78	3.46	3.29	3.18	3.11	3.05	3.01	2.98	2.96	2.94	2.90	2.87	2.84	2.82	2.80	2.78	2.76	2.74	2.72
7	3.59	3.26	3.07	2.96	2.88	2.83	2.78	2.75	2.72	2.70	2.67	2.63	2.59	2.58	2.56	2.54	2.51	2.49	2.47
8	3.46	3.11	2.92	2.81	2.73	2.67	2.62	2.59	2.56	2.54	2.50	2.46	2.42	2.40	2.38	2.36	2.34	2.32	2.29
9	3.36	3.01	2.81	2.69	2.61	2.55	2.51	2.47	2.44	2.42	2.38	2.34	2.30	2.28	2.25	2.23	2.21	2.18	2.16
10	3.29	2.92	2.73	2.61	2.52	2.46	2.41	2.38	2.35	2.32	2.28	2.24	2.20	2.18	2.16	2.13	2.11	2.08	2.06
11	3.23	2.86	2.66	2.54	2.45	2.39	2.34	2.30	2.27	2.25	2.21	2.17	2.12	2.10	2.08	2.05	2.03	2.00	1.97
12	3.18	2.81	2.61	2.48	2.39	2.33	2.28	2.24	2.21	2.19	2.15	2.10	2.06	2.04	2.01	1.99	1.96	1.93	1.90
13	3.14	2.76	2.56	2.43	2.35	2.28	2.23	2.20	2.16	2.14	2.10	2.05	2.01	1.98	1.96	1.93	1.90	1.88	1.85
14	3.10	2.73	2.52	2.39	2.31	2.24	2.19	2.15	2.12	2.10	2.05	2.01	1.96	1.94	1.9	1.89	1.86	1.83	1.80
15	3.07	2.70	2.49	2.36	2.27	2.21	2.16	2.12	2.09	2.06	2.02	1.97	1.92	1.90	1.87	1.85	1.82	1.79	1.76
16	3.05	2.67	2.46	2.33	2.24	2.18	2.13	2.09	2.06	2.03	1.99	1.94	1.89	1.87	1.84	1.81	1.78	1.75	1.7
17	3.03	.	2.64	2.44	2.31	2.22	2.15	2.10	2.06	2.03	2.00	1.96	1.91	1.86	1.84	1.81	1.75	1.72	1.69
18	3.01	2.62	2.42	2.29	2.20	2.13	2.08	2.04	2.00	1.98	1.93	1.89	1.84	1.81	1.78	1.75	1.72	1.69	1.66
19	2.99	2.61	2.40	2.27	2.18	2.11	2.06	2.02	1.98	1.96	1.91	1.86	1.81	1.79	1.76	1.73	1.70	1.67	1.63
20	2.97	2.59	2.38	2.25	2.16	2.09	2.04	2.00	1.96	1.94	1.89	1.84	1.79	1.77	1.74	1.71	1.68	1.64	1.61
21	2.96	2.57	2.36	2.23	2.14	2.08	2.02	1.98	1.95	1.92	1.87	1.83	1.78	1.75	1.72	1.69	1.66	1.62	1.59
22	2.95	2.56	2.35	2.22	2.13	2.06	2.01	1.97	1.93	1.90	1.86	1.81	1.76	1.73	1.70	1.67	1.64	1.60	1.57
23	2.94	2.55	2.34	2.21	2.11	2.05	1.99	1.95	1.92	1.89	1.84	1.80	1.74	1.72	1.69	1.66	1.62	1.59	1.55
24	2.93	2.54	2.33	2.19	2.10	2.04	1.98	1.94	1.91	1.88	1.83	1.78	1.73	1.70	1.67	1.64	1.61	1.57	1.53
25	2.92	2.53	2.32	2.18	2.09	2.02	1.97	1.93	1.89	1.87	1.82	1.77	1.72	1.69	1.66	1.63	1.59	1.56	1.52
26	2.91	2.52	2.31	2.17	2.08	2.01	1.96	1.92	1.88	1.86	1.81	1.76	1.71	1.68	1.65	1.61	1.5	1.54	1.50
27	2.90	2.51	2.30	2.17	2.07	2.00	1.95	1.91	1.87	1.85	1.80	1.75	1.70	1.67	1.64	1.60	1.57	1.53	1.49
28	2.89	2.50	2.29	2.16	2.06	2.00	1.94	1.90	1.87	1.84	1.79	1.74	1.69	1.66	1.63	1.59	1.56	1.52	1.48
29	2.89	2.50	2.28	2.15	2.06	1.99	1.93	1.89	1.86	1.83	1.78	1.73	1.68	1.65	1.62	1.58	1.55	1.51	1.47
30	2.88	2.49	2.28	2.14	2.05	1.98	1.93	1.88	1.85	1.82	1.77	1.72	1.67	1.64	1.61	1.57	1.54	1.50	1.46
40	2.84	2.44	2.23	2.09	2.00	1.93	1.87	1.83	1.79	1.76	1.71	1.66	1.61	1.57	1.54	1.51	1.47	1.42	1.38
60	2.79	2.39	2.18	2.04	1.95	1.87	1.82	1.77	1.74	1.71	1.66	1.60	1.54	1.51	1.48	1.44	1.40	1.35	1.29
120	2.75	2.35	2.13	1.99	1.90	1.82	1.77	1.72	1.68	1.65	1.60	1.55	1.48	1.45	1.41	1.37	1.32	1.26	1.19
∞	2.71	2.30	2.08	1.94	1.85	1.77	1.72	1.67	1.63	1.60	1.55	1.49	1.42	1.38	1.34	1.30	1.24	1.17	1.00

表8 符号检验的临界值

当检验统计量 x 小于或等于表中的值时,拒绝原假设。

n	单尾,$\alpha = 0.005$ 双尾,$\alpha = 0.01$	$\alpha = 0.01$ $\alpha = 0.02$	$\alpha = 0.025$ $\alpha = 0.05$	$\alpha = 0.05$ $\alpha = 0.10$
8	0	0	0	1
9	0	0	1	1
10	0	0	1	1
11	0	1	1	2
12	1	1	2	2
13	1	1	2	3
14	1	2	3	3
15	2	2	3	3
16	2	2	3	4
17	2	3	4	4
18	3	3	4	5
19	3	4	4	5
20	3	4	5	5
21	4	4	5	6
22	4	5	5	6
23	4	5	6	7
24	5	5	6	7
25	5	6	6	7

注:表8适用于单尾或双尾检验。样本量 n 表示符号+和符号-的总数。检验值是较小数量的符号+或符号-。

表9 威尔科克森符号秩检验的临界值

当检验统计量 w_s 小于或等于表中的值时,拒绝原假设。

n	单尾,$\alpha = 0.025$ 双尾,$\alpha = 0.05$	$\alpha = 0.01$ $\alpha = 0.02$	$\alpha = 0.01$ $\alpha = 0.02$	$\alpha = 0.05$ $\alpha = 0.01$
5	1	—	—	—
6	2	1	—	—
7	4	2	0	—
8	6	4	2	0
9	8	6	3	2
10	11	8	5	3
11	14	11	7	5
12	17	14	10	7
13	21	17	13	10
14	26	21	16	13
15	30	25	20	16
16	36	30	24	19
17	41	35	28	23
18	47	40	33	19
19	54	46	38	32
20	60	52	43	37
21	68	59	49	43
22	75	66	56	49
23	83	73	62	55
24	92	81	69	61
25	101	90	77	68

（续表）

n	单尾，$\alpha = 0.025$ 双尾，$\alpha = 0.05$	$\alpha = 0.01$ $\alpha = 0.02$	$\alpha = 0.01$ $\alpha = 0.02$	$\alpha = 0.05$ $\alpha = 0.01$
26	110	98	85	76
27	120	107	93	84
28	130	117	102	92
29	141	127	111	100
30	152	137	120	109

表 10　斯皮尔曼秩相关系数的临界值

当 r_s 的绝对值大于表中的值时，拒绝 $H_0: \rho_s = 0$。

n	$\alpha = 0.10$	$\alpha = 0.05$	$\alpha = 0.01$
5	0.900	—	—
6	0.829	0.886	—
7	0.714	0.786	0.929
8	0.643	0.738	0.881
9	0.600	0.700	0.833
10	0.564	0.648	0.794
11	0.536	0.618	0.818
12	0.497	0.591	0.780
13	0.475	0.566	0.745
14	0.457	0.545	0.716
15	0.441	0.525	0.689
16	0.425	0.507	0.666
17	0.412	0.490	0.645
18	0.399	0.476	0.625
19	0.388	0.462	0.608
20	0.377	0.450	0.591
21	0.368	0.438	0.576
22	0.359	0.428	0.562
23	0.351	0.418	0.549
24	0.343	0.409	0.537
25	0.336	0.400	0.526
26	0.329	0.392	0.515
27	0.323	0.385	0.505
28	0.317	0.377	0.496
29	0.311	0.370	0.487
30	0.305	0.364	0.478

表 11　皮尔逊相关系数的临界值

当 r 的绝对值大于表中的值时，相关性显著。

n	$\alpha = 0.05$	$\alpha = 0.01$
4	0.950	0.990
5	0.878	0.959
6	0.811	0.917
7	0.754	0.875
8	0.707	0.834
9	0.666	0.798
10	0.632	0.765
11	0.602	0.735

（续表）

n	α = 0.05	α = 0.01
12	0.576	0.708
13	0.553	0.684
14	0.532	0.661
15	0.514	0.641
16	0.497	0.623
17	0.482	0.606
18	0.468	0.590
19	0.456	0.575
20	0.444	0.561
21	0.433	0.549
22	0.423	0.537
23	0.413	0.526
24	0.404	0.515
25	0.396	0.505
26	0.388	0.496
27	0.381	0.487
28	0.374	0.479
29	0.367	0.471
30	0.361	0.463
35	0.334	0.430
40	0.312	0.403
45	0.294	0.380
50	0.279	0.361
55	0.266	0.345
60	0.254	0.330
65	0.244	0.317
70	0.235	0.306
75	0.227	0.296
80	0.220	0.286
85	0.213	0.278
90	0.207	0.270
95	0.202	0.263
100	0.197	0.256

表 12　游程数的临界值

当检验统计量 G 小于或等于较小项或者大于或等于较大项时，拒绝原假设。

		\multicolumn{19}{c	}{n_2 的值}
		2	3	4	5	6	7	8	9	10	11	12	13	14	15	16	17	18	19	20
n_1 的值	2	1	1	1	1	1	1	1	1	1	1	2	2	2	2	2	2	2	2	2
		6	6	6	6	6	6	6	6	6	6	6	6	6	6	6	6	6	6	6
	3	1	1	1	1	2	2	2	2	2	2	2	2	2	3	3	3	3	3	3
		6	8	8	8	8	8	8	8	8	8	8	8	8	8	8	8	8	8	8
	4	1	1	1	2	2	2	3	3	3	3	3	3	3	3	4	4	4	4	4
		6	8	9	9	9	10	10	10	10	10	10	10	10	10	10	10	10	10	10
	5	1	1	2	2	3	3	3	3	3	4	4	4	4	4	4	4	5	5	5
		6	8	9	10	10	11	11	12	12	12	12	12	12	12	12	12	12	12	12
	6	1	2	2	3	3	3	3	4	4	4	4	5	5	5	5	5	5	6	6
		6	8	9	10	11	12	12	13	13	13	13	14	14	14	14	14	14	14	14

(续表)

n_1的值		2	3	4	5	6	7	8	9	10	11	12	13	14	15	16	17	18	19	20
										n_2的值										
	7	1	2	2	3	3	3	4	4	5	5	5	5	5	6	6	6	6	6	6
		6	8	10	11	12	13	13	14	14	14	14	15	15	15	16	16	16	16	16
	8	1	2	3	3	3	4	4	5	5	5	6	6	6	6	6	7	7	7	7
		6	8	10	11	12	13	14	14	15	15	16	16	16	16	17	17	17	17	17
	9	1	2	3	3	4	4	5	5	5	6	6	6	7	7	7	7	8	8	8
		6	8	10	12	13	14	14	15	16	16	16	17	17	18	18	18	18	18	18
	10	1	2	3	3	4	4	5	5	5	6	6	6	7	7	7	7	8	8	8
		6	8	10	12	13	14	15	16	16	17	17	18	18	18	19	19	19	20	20
	11	1	2	3	4	4	5	5	6	6	7	7	7	8	8	8	9	9	9	9
		6	8	10	12	13	14	15	16	17	17	18	19	19	19	20	20	20	21	21
	12	2	2	3	4	4	5	6	6	7	7	7	8	8	8	9	9	9	10	10
		6	8	10	12	13	14	16	16	17	18	19	19	20	20	21	21	21	22	22
	13	2	2	3	4	5	5	6	6	7	7	8	8	9	9	9	10	10	10	10
		6	8	10	12	14	15	16	17	18	19	19	20	20	21	21	22	22	23	23
	14	2	2	3	4	5	5	6	7	7	8	8	9	9	9	10	10	10	11	11
		6	8	10	12	14	15	16	17	18	19	20	20	21	22	22	23	23	23	24
	15	2	3	3	4	5	6	6	7	7	8	8	9	9	10	10	11	11	11	12
		6	8	10	12	14	15	16	18	18	19	20	21	22	22	23	23	24	24	25
	16	2	3	4	4	5	6	6	7	8	8	9	9	10	10	11	11	11	12	12
		6	8	10	12	14	16	17	18	19	20	21	21	22	23	23	24	25	25	25
	17	2	3	4	4	5	6	7	7	8	9	9	10	10	11	11	11	12	12	13
		6	8	10	12	14	16	17	18	19	20	21	22	23	23	24	25	25	26	26
	18	2	3	4	5	5	6	7	8	8	9	9	10	10	11	11	12	12	13	13
		6	8	10	12	14	16	17	18	19	20	21	22	23	24	25	25	26	26	27
	19	2	3	4	5	6	6	7	8	8	9	10	10	11	11	12	12	13	13	13
		6	8	10	12	14	16	17	18	20	21	22	23	23	24	25	26	26	27	27
	20	2	3	4	5	6	6	7	8	9	9	10	10	11	12	12	13	13	13	14
		6	8	10	12	14	16	17	18	20	21	22	23	24	25	25	26	27	27	28

注：表12适用于 $\alpha = 0.05$ 的双尾检验。

附录 C　正态概率图

C.1　正态概率图

本附录中的许多例题和练习，都假设是从正态分布的总体中随机选择样本的。从分布未知的总体中选择随机样本后，如何确定样本是否选自正态分布的总体呢？

前面说过，柱状图或茎叶图可以揭示分布的形状及分布中的任何离群值、聚类或缺口（见 2.1 节、2.2 节和 2.3 节）。这些数据显示对于评估大型数据集是很有用的，但以这种方式评估小型数据集可能很困难且不可靠。评估任何数据集的正态性的可靠方法是使用正态概率图。

> **定义**　正态概率图（也称正态分位数图）是绘制数据集中每个观测值及其期望 z 分数的图形。观测值通常沿横轴绘制，而期望 z 分数则沿纵轴绘制。

下面的指南可以帮助我们确定数据是否来自正态分布的总体。

1. 如果在正态概率图中绘制的点是近似线性的，就可以断定数据来自正态分布。
2. 如果绘制的点不是近似线性的，或者遵循某种类型的非线性模式，就可以断定数据来自非正态分布。
3. 多个离群值或点簇表示非正态分布。

下面显示了两幅正态概率图。左侧的正态概率图是近似线性的，可以得出数据来自一个正态分布的总体的结论；右侧的正态概率图遵循非线性模式，可以得出这些数据不来自正态分布的总体的结论。

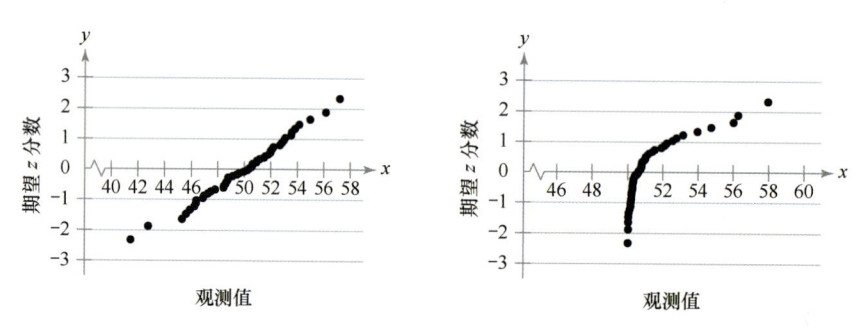

手工绘制正态概率图相当烦琐。可以使用 MINITAB、EXCEL、STATCRUNCH 或 TI-84 PLUS 等软件或计算器来构建正态概率图，如例题 1 所示。

【例题 1】构建正态概率图

下面列出了随机选择的 12 名现役国家篮球协会球员的身高（英寸），使用软件构建正态概率图，确定数据是否来自具有正态分布的总体：74，70，78，75，73，71，80，82，81，76，86，77。

解答：

使用 MINITAB，在 C1 列中输入高度。从 Graph 菜单中，选择 Probability Plot，选择 Single 选项，然后单击 OK 按钮。接着，选择列 C1 作为图形变量。然后单击 Distribution 并从下拉菜单中选择 Normal。单击 Data Display 选项卡，选择 Symbols only，然后单击 OK 按钮。单击 Scale 后，单击 Y-Scale Type 选项卡，选择 Score，然后单击 OK 按钮。单击 OK 按钮构建正态概率图。得到的结果应与下图显示的结果类似。

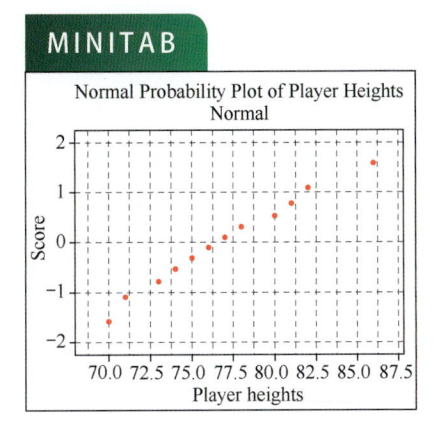

MINITAB

Normal Probability Plot of Player Heights
Normal

解释：由于这些点是近似线性的，因此可以得出样本数据来自具有正态分布的总体的结论。

自测题 1

下面列出了随机选择的 18 名大学高年级学生的贷款余额（美元），使用软件构建正态概率图，确定数据是否来自具有正态分布的总体：29150, 16980, 12470, 19235, 15875, 8960, 16105, 14575, 39860, 20170, 9710, 19650, 21590, 8200, 18100, 25530, 9285, 10075。

为了了解这些点是否是近似线性的，可以绘制数据集的观测值及其期望 z 分数的回归直线。来自例题 1 的高度和预期 z 分数的回归直线显示在下图中。从图中可以看出，这些点位于回归直线上。还可以通过确定直线与 z 轴的相位位置来估计数据集的均值。

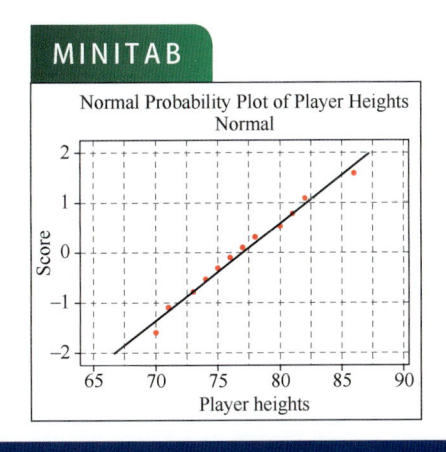

MINITAB

Normal Probability Plot of Player Heights
Normal

C.2 习题

01. 在正态概率图中，通常沿横轴绘制什么？沿纵轴绘制什么？

02. 描述如何使用正态概率图来确定数据是否来自正态分布的总体。

图形分析。在习题 03 和 04 中，使用直方图和正态概率图确定数据是否来自正态分布的总体。

03.

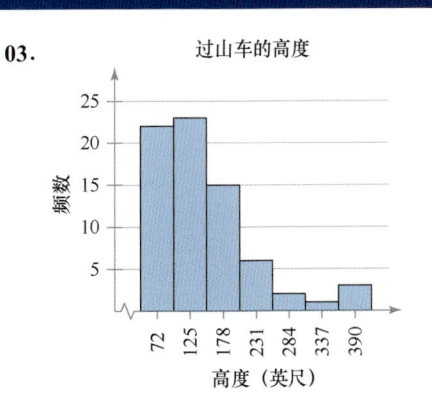

过山车的高度

附录 C 正态概率图　**429**

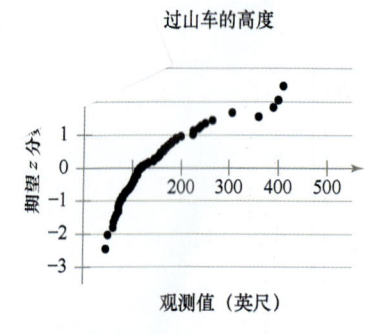

过山车的高度

观测值（英尺）

成年人股骨长度

观测值（厘米）

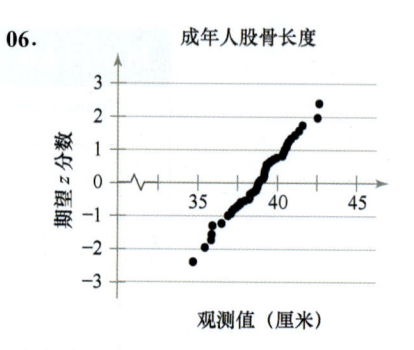

构建正态概率图。在习题 05 和 06 中，使用软件构建正态概率图，确定数据是否来自具有正态分布的总体。

05.

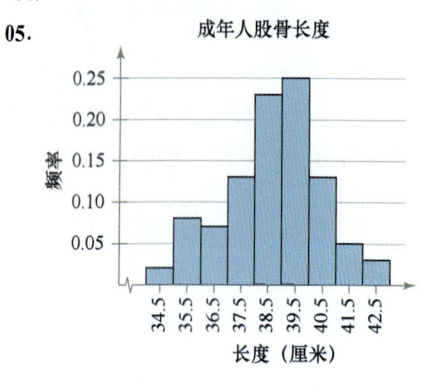

成年人股骨长度

长度（厘米）

06.

07. **反应时间**。30 名随机选择的成年人对听觉刺激的反应时间(毫秒)：507, 389, 305, 291, 336, 310, 514, 442, 373, 428, 387, 454, 323, 441, 388, 426, 411, 382, 320, 450, 309, 416, 359, 388, 307, 337, 469, 351, 422, 413。

08. **甘油三酯水平**。随机选择的 26 名患者的甘油三酯水平（毫克/分升血液）：209, 140, 155, 170, 265, 138, 180, 295, 250, 320, 270, 225, 215, 390, 420, 462, 150, 200, 400, 295, 240, 200, 190, 145, 160, 175。